# 研发制胜

上册

## 100个地产项目研发档案

100 REAL ESTATE R&D ARCHIVES

金盘地产传媒有限公司 / 策划　　广州市唐艺网络科技有限公司 / 编著

海峡出版发行集团 | 福建科学技术出版社
THE STRAITS PUBLISHING & DISTRIBUTING GROUP | FUJIAN SCIENCE & TECHNOLOGY PUBLISHING HOUSE

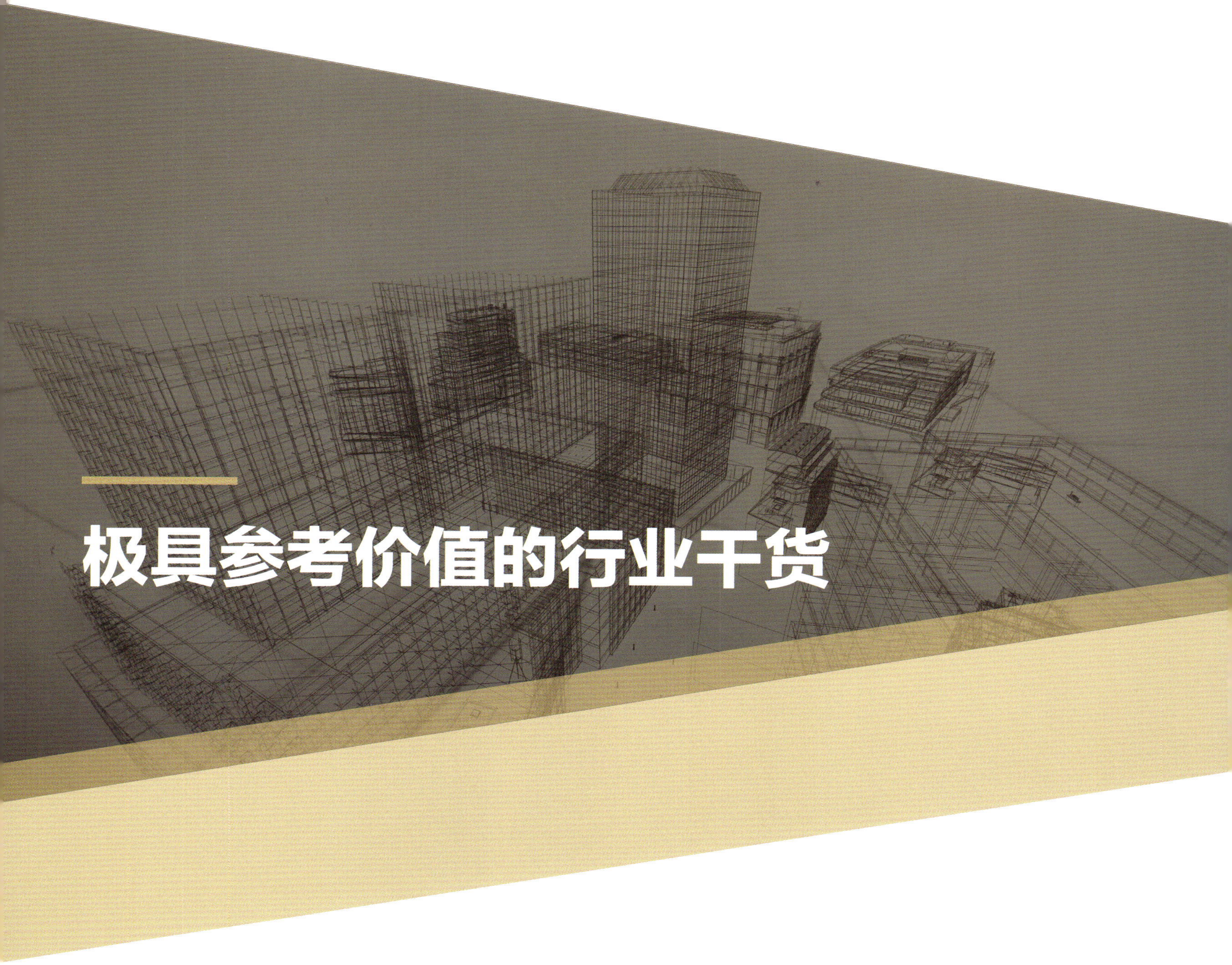

# 极具参考价值的行业干货

## 热点
Hotspot

**品牌开发商项目：** 万科、融创、龙湖等一线品牌项目；

**知名设计师作品：** 房地产设计竞争力TOP 设计大咖作品；

**行业热点专题：** 产品系、城市更新、情景化设计、创新产品；

**行业网红项目：** 创意亮点、借鉴意义。

## 密档
Secret files

**全套资料：** 精选项目建筑、景观、室内设计全套方案；

**未公开：** 开发商或设计师限于形式、篇幅、传播途径等未公开的研发、设计档案；

**完成度高：** 包含深化方案、专项设计、技术图纸等深度资料，专业性强。

## 系统
System

**地产开发：** 包括区域分析、市场分析、开发策略、项目定位等；

**规划设计：** 地块分析、功能分区、规划方案对比、产品布局等；

**建筑设计：** 售楼部设计、大区建筑设计、立面设计、户型设计等；

**景观设计：** 示范区设计、大区景观设计、景观专项设计等；

**室内设计：** 售楼部室内设计、样板房室内设计等。

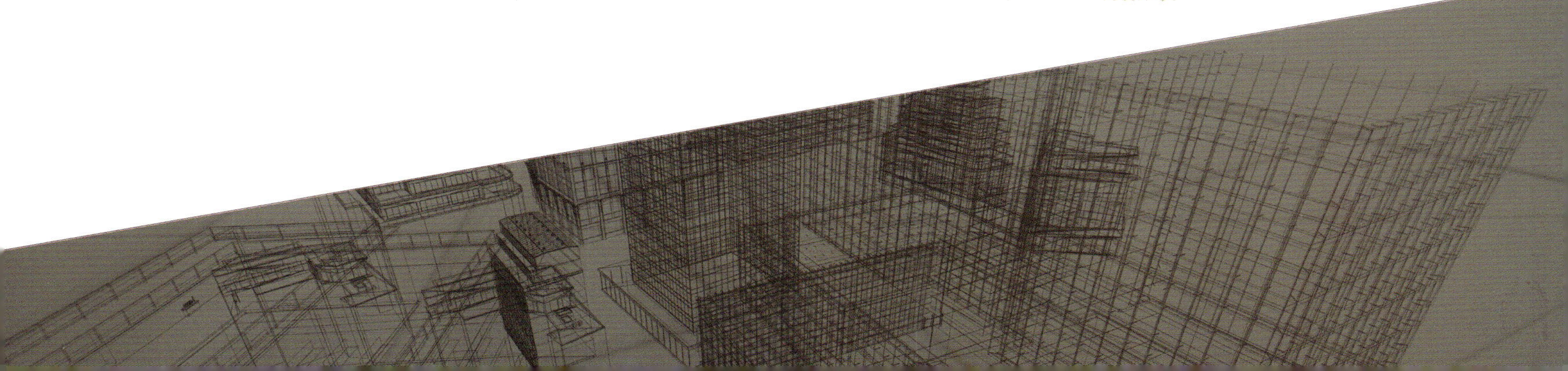

金盘，以“让居住更美好”为使命，遵循“创新、品质、人居、价值”四大价值观，将在未来 5 年发展成为中国乃至全球领先的房地产开发平台。

## 金盘简介

金盘平台涵盖金盘网、金盘奖、金盘周、金盘联、金盘学院、金盘参谋六大服务板块，旨在利用互联网技术重新整合优质的地产开发资源，重塑开发、土地、设计、工程、材料、金融、购房者之间的关系，创建全新的地产开发模式，为人们营造更美好的居住环境。

## 金盘内参简介

### 覆盖地产设计全流程的体系化档案

Systematic archives covering the entire process of real estate design

地产开发　规划设计　建筑设计　景观设计　室内设计

金盘内参精选一线开发商、知名设计师的作品，整合成热门专题，涉及地产研发、建筑、景观、室内等多方面的内容。参考图书则作为地产研发档案的目录册使用，我们从中精选部分项目，为读者提供这些项目未公开的内部研究档案，让读者更深入、更全面地了解项目的研发与设计，从而带来新的灵感和启发。

#### 根据市场热点精选分类，直击要点

1 TOP 系列：万科翡翠系、旭辉铂悦系等
2 改善系列：金科博翠系、保利和光系等
3 刚需系列：刚改项目、创新刚需项目
4 别墅项目：风格别墅、户型创新别墅
5 商业办公：公寓、酒店、办公、商业街项目
6 文旅度假：特色小镇、旅游度假

#### 及时更新最热门、最典型的项目

1 品牌开发商项目：万科、融创、龙湖等一线品牌项目
2 知名设计师作品：房地产设计竞争力 TOP 设计大咖作品
3 行业热点专题：产品系、城市更新、情景化设计、创新产品
4 行业网红项目：创意亮点、借鉴意义

金盘内参

## 采用年费消费的模式

## 服务于广大开发商及设计师

9800元/年

### TOP 系列档案

- 融创壹号院系
- 融创桃花源系
- 融信世纪系
- 万科翡翠系
- 龙湖天系
- 龙湖原著系
- 旭辉铂悦系
- 建发央系金茂府系
- 蓝光芙蓉系
- 北大资源府系
- 金辉铭著系

……（精彩待续）

### 改善系列档案

- 金科博翠系
- 首创天阅系
- 保利和光系
- 蓝光雍锦系
- 北大资源颐和系

……（精彩待续）

### 刚需系列档案

- 刚需产品系
- 刚改产品系
- 创新产品系

……（精彩待续）

### 别墅项目档案

- 风格别墅
- 户型创新别墅

……（精彩待续）

### 商业办公档案

- 办公系列
- 公寓系列
- 酒店系列

……（精彩待续）

### 文旅度假档案

- 特色小镇
- 旅游度假

……（精彩待续）

# 示 例

## TOP 系列档案

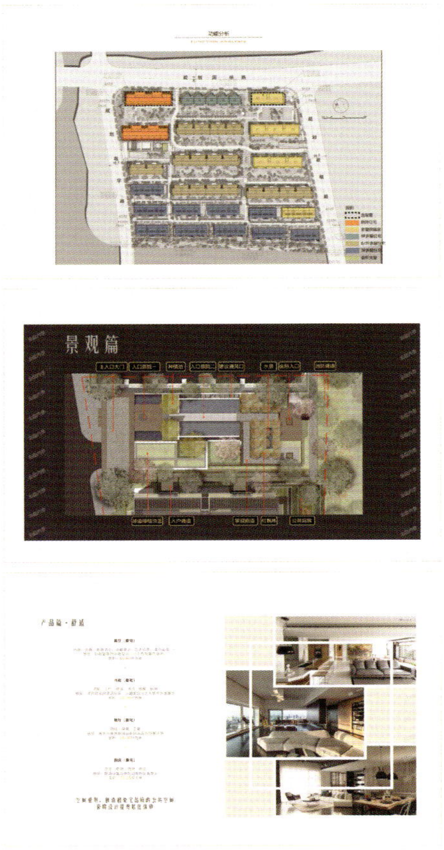


上海融信世纪江湾

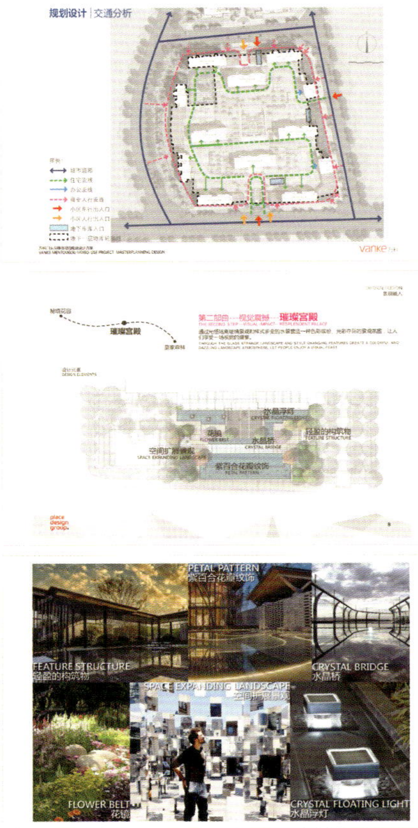


北京万科翡翠长安

合肥旭辉铂悦·庐州府

## 改善系列档案

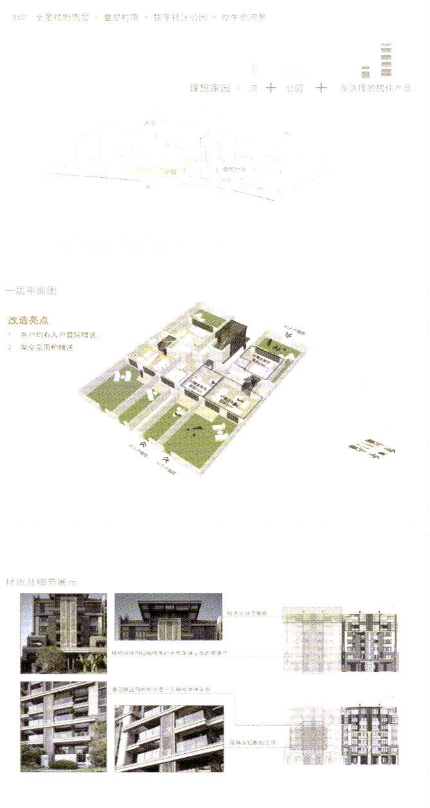


广州保利半岛

重庆首创天阅嘉陵

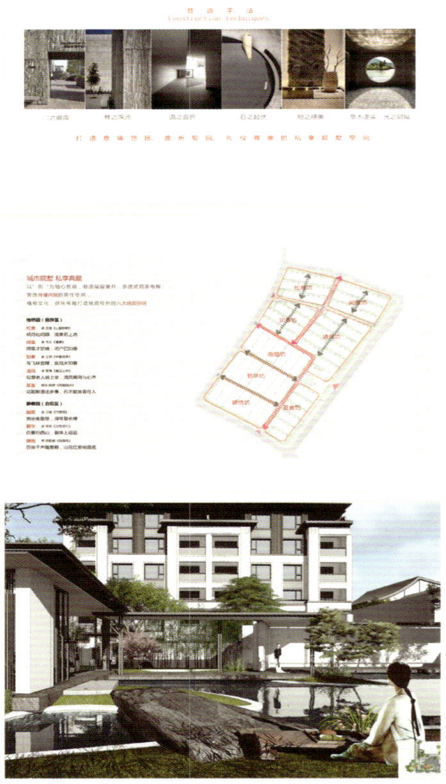

绍兴招商阳光城檀院

## 刚需系列档案

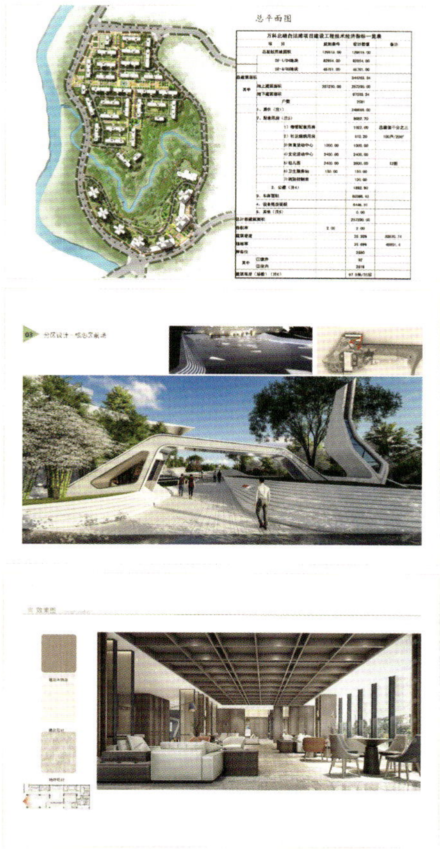


重庆万科金域华府

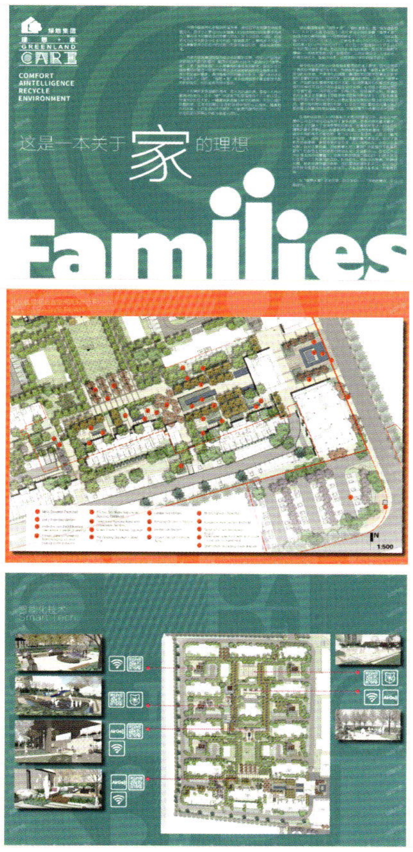


上海绿地·璀璨天城

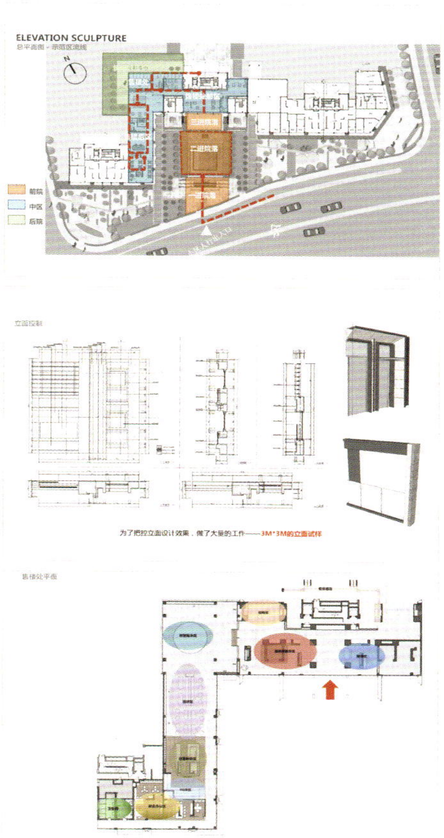


杭州融信万科西雅图

## 商业办公档案

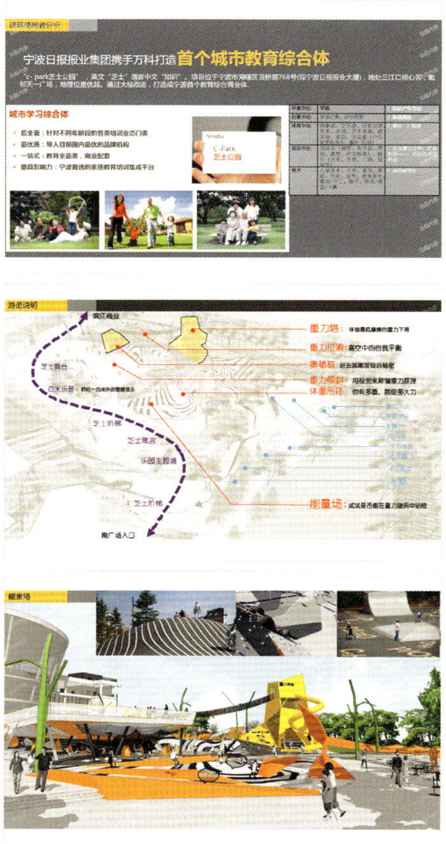


宁波万科芝士公园

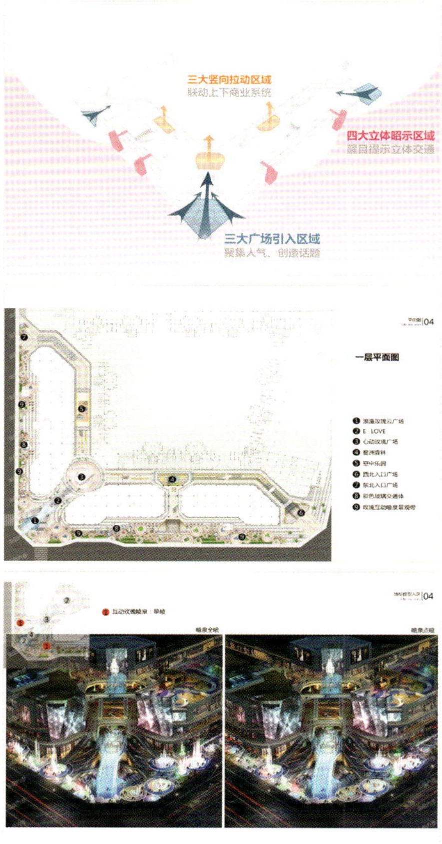


成都建发鹭洲国际商业街

柬埔寨太子西港酒店

# contents 目录

## TOP 系列



## 改善系列

改善系列



刚改系列



创新系列

金·盘 内·参

# TOP系列

设计方案

# 滨江度假大宅 国际都心桃源

## 上海融创滨江壹号院设计方案

开发商：融创中国 / 项目地址：上海市黄浦区中山南一路500弄
用地面积：105 045平方米 / 建筑面积：408 817平方米（地上）、261 863平方米（地下）/ 容积率：4.0 / 绿地率：31%

融创·滨江壹号院是融创中国于上海打造的一线江景 TOP 系封面作品，坐落于世界级滨水生活核心区黄浦滨江岸线，拥有 270° 瞰江环幕视野。项目尊重城市文脉和土地资源，对标全球城市豪宅，携手国际地标设计公司精心构思“都心桃源”的生活愿景，为塔尖人群定制超五星级度假酒店式的滨江理想居所，重新定义上海高端生活。

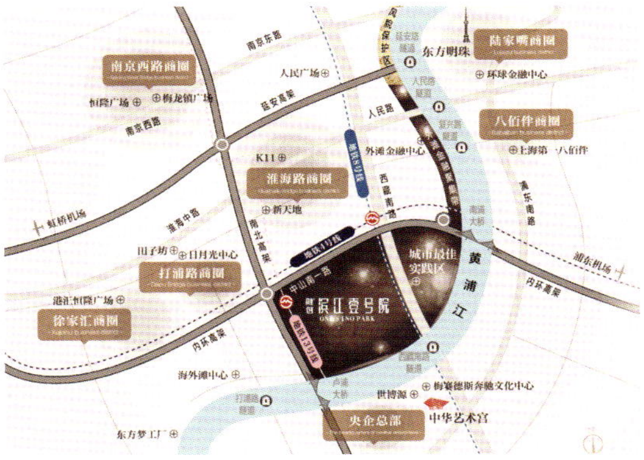


## 定位策略

房地产的锥尖产品已告别贵重材料的堆砌，而是回归到人们追求的极致生活体验，而这种追求永无止境。上海融创滨江壹号院是融创中国在上海打造的第一座壹号院产品，择址于世界级城市滨江文化带，拥有黄浦江一线江景和周边高端的生态文化生活圈。在产品打造上，项目以领先的国际视野糅合国际豪宅、顶级度假酒店、东方园林空间的精髓，最大限度地利用江景资源，并打造丰富多样的高端滨江生活。

## 景观设计

### 世界级城市滨江文化带

**世界级滨水核心区：**黄浦滨江地区定位为“世界级滨水公共开放空间的核心区”，未来将成为更有文化韵味、更具活力氛围、更舒适宜人、更能引领时代的标志性地区。

**黄浦滨江艺术带：**黄浦滨江将实现“休闲步行道、健身慢跑道、自行车骑行道、陆上观光车道、水上游览船道”五道融合。

**都市滨水慢生活：**项目毗邻草地音乐广场、儿童运动游乐场、沙滩运动场、远望广场、游艇滨水时尚空间、世博城市最佳实践区六大主题空间。

**国家级艺术生活圈：**项目对望中国馆，坐拥世博艺术建筑群、42 家文化艺术场馆，并环视 6 大城市公园。

### 超五星级滨江度假生活区

壹号院系是融创最高端的产品系，是占据发达城市中心稀缺资源与洞悉时代的产品，在匠心产品之上营造精致生活，为高净值人群提供理想、极致的生活方式。

上海融创滨江壹号院集滨江豪宅、精品商业、高端办公、酒店式公寓于一体，由全球顶尖大师团队联袂打造，以世界顶级度假酒店为蓝本，秉承东方人居理念，提出“都心桃源”这一住宅产品新理念，打造上海前所未有的超五星级滨江度假生活区。

## 现代度假酒店园林

项目融入“都心桃源”的设计理念，将东方桃源意境与世界级滨水居住体验融合一体，打造约 3 万平方米尊贵、舒适的度假园林景观。设计取境东方，融合西方，将园林划分为：心之境、水之境、森之境。而气派的落客区与层次递进的灰空间展现了酒店的高贵气质。

在心之境中，项目精心营造三进式收放有度的归家景境。三进庭院层层递进，配合水景、雕塑及绿植，使每个空间互为延续与衬托。

水之境设计了约 900 平方米的泳池与水景，通过树阵广场与建筑相连，泳池边界、休息平台及建筑构架整体高度统一，极具视觉震撼力。泳池区以简约的折线勾勒出不同尺度的空间结构，水吧在夏季提供休息座椅和饮品服务，营造五星级度假酒店的感觉。

F 户型图

## 室内设计

### 智能江景大宅

F 户型建筑面积约 410 平方米，四室三厅四卫，三面采光，享有 270°一线江景。大面宽客餐厅保证辽阔的观景视野和充足的家庭活动空间。四开间朝南，南向双套房设计，让生活更舒适、从容。

**住宅产品融合九大工艺系统：**六重安保系统、人性化定制系统、全屋收纳系统、奢侈卫浴系统、意式厨房系统、智能家居系统、新风净化系统、健康净水系统、超级静音系统，营造极致的人居体验。

ADORN YOUR LIFE II
ADORN YOUR LIFE II
ADORN YOUR LIFE II

# 灵动江南 姑苏新韵

## 苏州中粮·天悦示范区设计方案

开发商：大悦城控股苏南区域公司（中粮集团）/ 项目地址：苏州市相城区御窑路
建筑设计：上海骏地建筑设计事务所 / 景观设计：源创易集团（中国）有限公司 / 景观面积：19 800平方米

以灵动的手法，对传统美学进行解构重组，这是传统与现代的灵魂碰撞，也是对姑苏城这片文化圣地最深情的致意……
本案以"流动的自然"为主题，将苏州园林中传统的审美情趣进行提炼，将太湖石"皱、漏、瘦、透"之美抽象化运用于空间层次变幻上，旨在打造一种别样的苏式格调。

二期示范区平面图

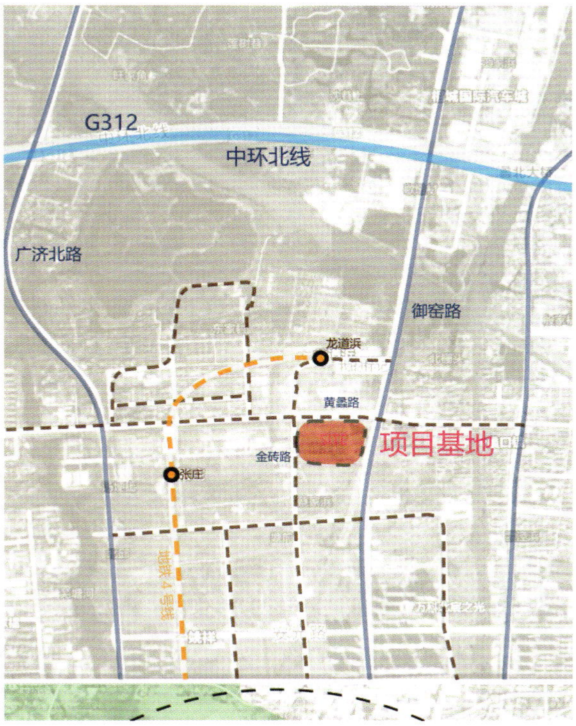

一期示范区平面图

## 项目概况

苏州中粮·天悦示范区在姑苏城深厚的文化背景之下，寻求文化古城与现代都市的临界点，打造与江南水乡融为一体的理想居所。项目以灵动的手法对传统美学进行解构、重组，传统与现代在此碰撞、融汇。

示范区面积较大，采用分期施工、分期开放的形式，分期界限将前庭的大水面划分成两部分，二期开工时将原有水面范围扩展并进行整体施工。

## 区位分析

项目位于江苏省苏州市相城区，基地距离苏州主要交通站点较近，生态风景区环绕，自然资源条件良好。基地周边城市干道分布密集，并毗邻环中线，交通便利。

# 景观设计

## 一期景观设计

项目以“流动的自然”为主题，提炼苏州园林中传统的审美情趣，将太湖石“皱、漏、瘦、透”之美抽象化运用于空间层次变幻上，营造别样的苏式格调。

**透・前场空间：**在较为平坦的十字路口中，项目以传统“八”字形开口，既让两块场地之间通透连贯，又以高大的立面形象提升项目的标识度。

**皱・香水门庭：**该空间以景墙间隔外部空间，而自然流动的曲线沿着景墙向下延伸，将打通原已分离的空间。似隔非隔的设计手法兼顾了空间的独立性和连贯性。

**漏・迎宾门厅：**半透明的外立面搭配曲线环绕的格栅，在保证建筑主体内部私密性的同时还予人无限的想象。在光影变化的环境中，透光的玻璃与略微反光的拉丝面不锈钢金属材质相结合，将周遭的自然山水引入其中。

**瘦・细节引导：**从平面布局到细节设计，细长轻盈的曲线将原本格局单调死板的场地温柔地划分开了，张弛有度，开合回转，让每一个空间紧密地串联起来，又不失其独立性。

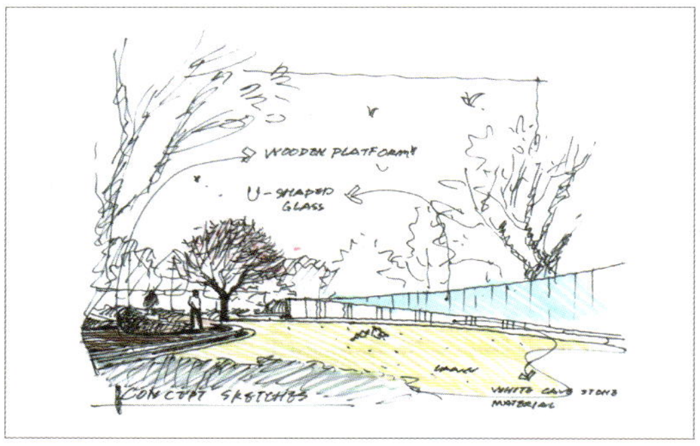


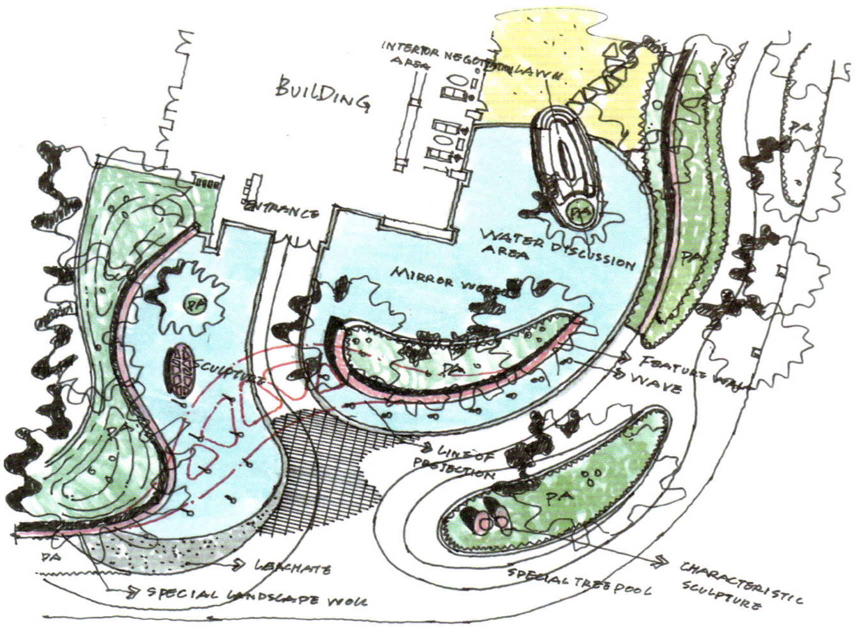

## 二期景观设计

**静止·前场：**人在曲线的引导下进入前场，首先映入眼帘的是一池宛若明镜的清水，风吹波动，风过即止。水面与路面近乎平行，光影之下，脚不知是踏在石板上还是浸于水中。

**悦动·后院：**项目利用下沉庭院 4.6 米的高差打造一处宽度超过 8 米的景观跌水。叮叮咚咚的水声在这狭小的空间里回荡，活跃整个后院的氛围，墙上的鲤鱼似乎也跳动起来。

**深远·连廊：**连廊静立在“高山流水”之上，一端从会所伸出，另一端接入会所后方，贯穿整个后院，形成了曲折连贯的游园路线。连廊环绕在水台四周，将其紧紧围住，对空间进行划分，无论是从空间上还是视觉上，都加深了整个后院的进深感。

**流长·曲线：**略有起伏的路面让铺装线不得不拐起弯来，原本僵直的连廊也随之迂回。看似多余的曲线不经意间将空间拉长了。路延长了，风景自然也就变多了。

## 示范区设计

**图例**
LEGEND

1. LOGO 案名
2. 精神堡垒
3. 特色铜雕塑
4. 入口形象构筑物
5. 亲水平台
6. 镜面水景
7. 景观草阶
8. 风雨连廊
9. 洽谈茶座区
10. 样板区
11. 多功能活动草坪
12. 竹语小径
13. 怡石径
14. 生态停车场（客户）
15. 生态停车场（员工）

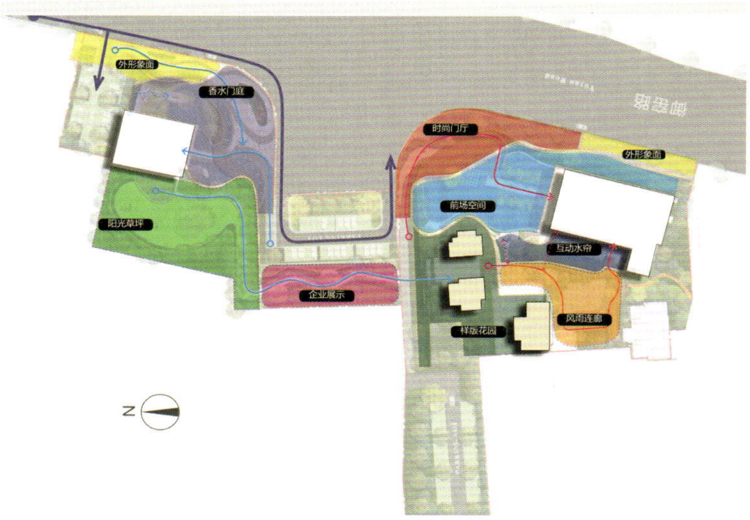

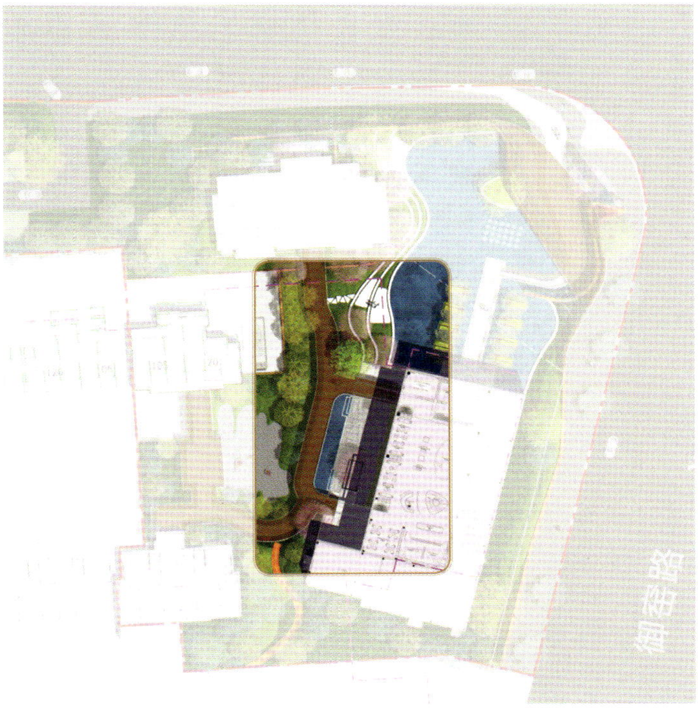

**互动水帘**

打造三维环绕型景观，利用场地高差关系通过层级处理方式达到跌瀑水幕效果，效仿古典园林假山跌水。

**风雨连廊**

将廊架把全区的样板间连接起来，提高用户的看房体验。

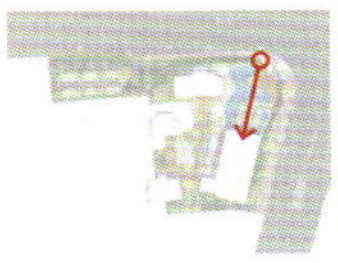

# 川派大宅风范 东方园林雅境

## 达州蓝光芙蓉风华示范区设计方案

开发商：蓝光地产 / 项目地址：达州市通川区金龙大道塔石路6号

建筑设计：柏涛建筑设计（北京）有限公司 / 景观设计：四川蓝本工程设计有限公司 / 室内设计：四川蓝本工程设计有限公司 / 景观面积：8 562平方米

作为蓝光在四川区域的第一个芙蓉系项目，达州蓝光芙蓉风华旨在诠释川派大宅的风度、风雅、风骨。示范区凝聚了中国古典园林的精髓，强调人与城市、建筑、园林和谐共处，通过空间、形式、材料、工艺表达东方美学之神韵，构筑新时代中国人居范本。

## 区位分析

项目位于达州市通川区，地理位置优越，交通便利。通川区是达州市政治、经济、文化中心，区位条件优越，各种资源集中。

项目靠近莲花湖湿地公园，自然环境良好，且紧邻达州市重要文化活动场地巴山大剧院。项目周边教育、文化、卫生等配套齐全，达州市第二医院、达州火车站均距离项目在5千米内。

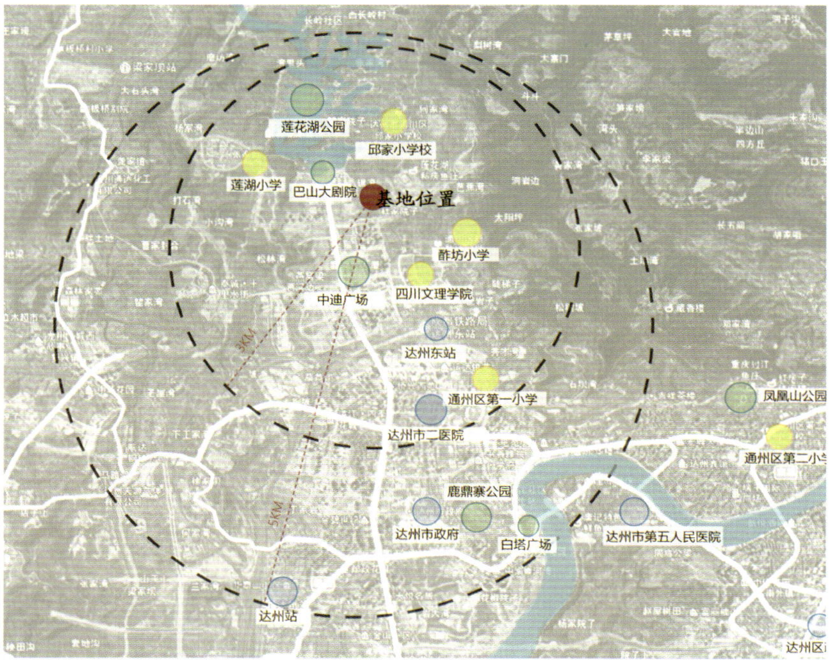

## 设计理念

### 五进式布局

项目因地制宜，重现恭王府“五进”式布局：一进府院芳华、四水归一；二进云水瑶台、登堂入室；三进芙蓉映空、风华绝代；四进禅意山水、木干鸟栖；五进桃源之地、镜花水月。五进之间，彼此叠合，环环紧扣，利用花岗岩、汉白玉、黄铜、紫铜等传统用料，为园林细节处打上“中式”符号。

### 设计细节

**前场**：项目广泛应用芝麻灰、福鼎黑等黑白色系的硬质铺装，凸显沉稳、庄重的中式氛围。主墙及构筑物则选择暖色系的材料，且考虑新型的石材替代材料——陶瓷石英砖，让墙面主体色泽更为均匀、细腻。该材料也运用于局部的铺装材料上。

**后场**：项目力图营造纯正的中式景观风格，白墙、黑瓦、红木，在精致、清雅的中式古风中透出低调和矜贵，并以素净的色彩和优雅的线条将东方古典意境美学体现得淋漓尽致。传统手工艺人精心打磨砖、瓦等构件，如依循古制设置滴水瓦当，保护木质椽头。福寿纹滴水瓦、檐头花边、精雕细琢的装饰线条、质朴淡雅的小青砖、精致多变的花街铺地，尽显古典建筑之美。

風華閣

## 样板房设计

138 平方米户型样板间汲取法式美学的雅奢精髓，力求用多元的细节雕琢极富格调的生活场景。设计延续欧洲正统古典宫廷的华丽，结合象征法式宫廷的蓝色、米色，以及丝质、刺绣面料，营造浓烈的法式优雅氛围。

客厅以法式古典、典型洛可可元素定义家具细节及饰品，优雅而华丽。陶瓷餐具与铜制蜡烛交相辉映，再现法国贵族生活方式。卧室以平静的蓝、浪漫的粉、深沉的灰为主色调，点缀以金色、米色，摈弃过于浮夸的造型，强调法式古典宫廷风的精神。

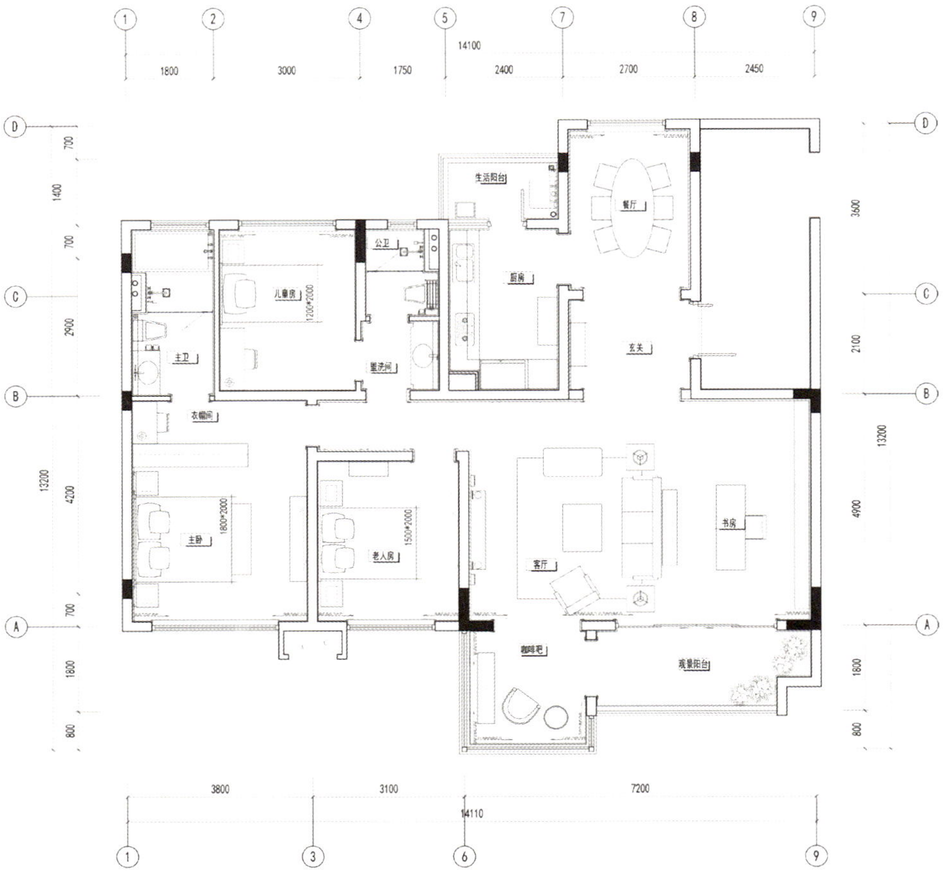

138 平方米户型图

# 亚洲新尚 全龄社区

## 合肥旭辉铂悦庐州府设计方案

开发商：旭辉集团 / 项目地址：合肥市庐阳区北二环与西二环交会处
建筑设计：水石设计 / 用地面积：101 700平方米 / 建筑面积：276 737.86平方米 / 容积率：1.88 / 绿地率：40%

旭辉集团基于多年来打造高品质住宅社区的经验，因时因地作出创新与改善，打造出设计美学与生活品质完美结合的经典作品——合肥旭辉铂悦庐州府。项目深谙现代精英人士的人居理想，强调项目与自然的和谐共生以及对文脉的继承，以新亚洲风格规划设计多元的居住产品和公园式景观，并基于以人为本的理念精心打造"七大功能模块 + 一环串联"，打造高端全龄生态社区。

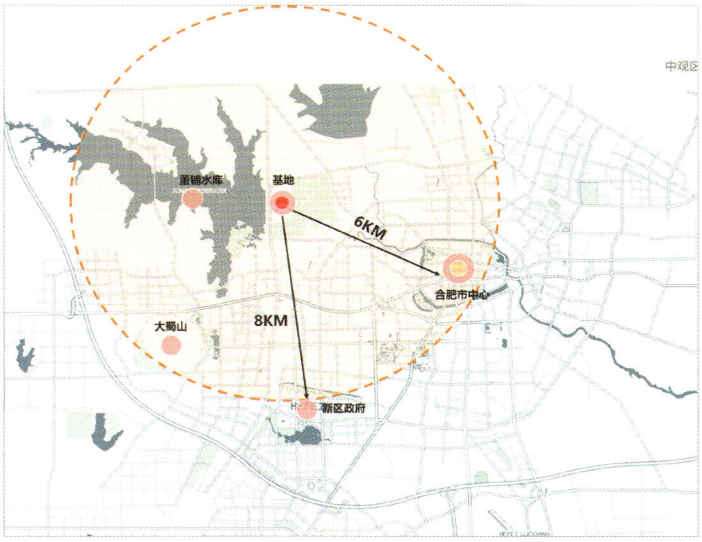


## 项目概况

合肥旭辉铂悦庐州府位于合肥市庐阳区北二环与西二环交会处，坐享森林公园板块，东南侧为庐州公园，西侧为董铺水库，距离城中核心区仅约 6 千米，2 千米范围内商圈云集，生活氛围良好。

项目的开发定位为面向改善人群及城市精英的低密度产品，充分利用基地良好的区域条件，倡导自然、悠闲、浪漫的栖居方式，创造经典、尊贵的定制居住空间。

## 区位分析

本项目位于合肥市庐阳区北二环与西二环交叉口东南角，坐享森林公园板块区域，距离城中核心区仅约 6km；地块居住氛围好，东南侧为庐州公园、西侧为董铺水库，自然环境极好。2 千米范围内商圈云集（万科森林公园商业街区、明发商业广场、万科城市之光），生活氛围良好，地理位置极其优越。

## 景观设计

项目沿景观主轴打造大面积公园式的景观框架，营造富有层次的景观空间；以业主的生活需求和社区行为作导向，精心营造功能空间；联合物业、客服、品牌等部门反复研讨，为每一处功能空间设计出丰富、专业、有趣的活动运营设定。经过严谨的设计和调研及实践，项目将场地配置划分为“七大功能模块 + 一环串联”，打造幸福的回家之路。

**儿童天地：**该区域以自然生态为主题，让场地成为场景和舞台，打造一片自然的丛林。彩虹桥、组合设施、大面开敞空间，结合安全的活动路线和距离设计，倡导和引导孩子更多地运动和交流。

**室内儿童游乐区：**项目针对儿童对新鲜事物的求知欲，加入探索新知的墙体设计，与大自然充分结合；采用滑梯、海洋球等组合，让室内游乐更精彩；充分利用架空区域，打造室内外一体的无限空间。

**水上欢乐岛：**戏水区设置小水车、互动涌泉等装置，为孩子营造集玩耍、休闲、互动于一体的室外水上乐园。临水的会客灰空间和变化的绿岛可以举办夏日踩水节、生日轰趴、自然认知等社区活动。幽静的走廊、温和的灯光，让散步变得格外惬意。

**阳光休闲区：**项目利用大量的绿地构建开放的社区花园，并放置摇椅等休闲设施。泛会所模式模糊了空间界限，园区提供多个聊天会友的场所。

**亲子阅读：**阅读区打造渐层式的地板阶梯，添加阅读的乐趣。社区将为小读者开设图书交流日、共读伴成长、丰富阅读等活动。

**尚酷派运动：**项目为中青年业主配备专业性强的运动器械，并为有需求的人提供精准的指导与建议；为长者增设运动指导标识，对其进行安全指导，并配置腰肩关节等部位的运动器械。

**长者家园：**项目为长者开辟安逸、和谐的活动环境，以架空区域做室内外的连接，增加与自然的关联性，并以主题活动丰富业主的日常生活。

## 户型设计

本地块内产品含沿湖高层观景户型、多层花园洋房户型以及低层别墅，强调尊贵感，力求在功能上满足生活需要和善用景观资源。高层户型沿湖一侧设计大面宽观景阳台，客厅沿湖方向打开将极致湖景引入室内，卧室沿湖方向同样设置转角窗，将湖景用到极致；别墅产品做到多赠送，多溢价，顶层赠送阁楼层，底层送两层地下室，附送三个停车位外加首层私家花园；洋房户型合理化、人性化，四面宽朝南房间尽显户型之舒适精致，组团景观尽收眼底。

户型设计合理化、人性化，起居室、卧室尽量采用大面积景观窗或落地玻璃门，充分把自然光引入室内，营造更加舒适的生活空间。房型布置注重高品质的生活需求，做到动静分离，流线紧凑合理，构筑人性化的居住空间。

## 建筑设计

建筑采用新亚洲建筑风格，将传统意境和现代风格对称运用，用现代设计隐喻中国的传统，既能满足现代生活的舒适性，又能呈现中国传统文化的韵味。

双拼别墅使用典雅的米色石材，点缀以咖啡色金属漆，让建筑立面更显雅致，顶部出挑的飞檐，具有传统建筑神韵。入口门头重新演绎合肥在庐州府时期的青铜器纹饰，形成项目的标志符号。洋房的立面采用简约的三段式处理，并利用形体的穿插及现代的玻璃栏杆让建筑具有轻盈、雅致的特质，满足现代人的生活方式。

高层产品

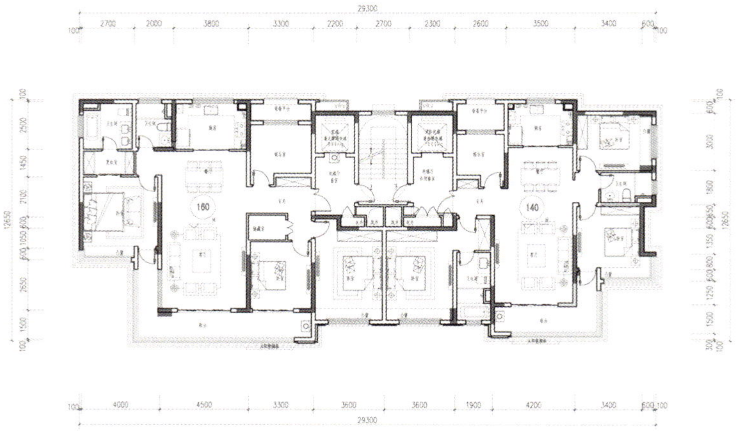


标准层平面图

立面图

剖面图

**洋房产品**

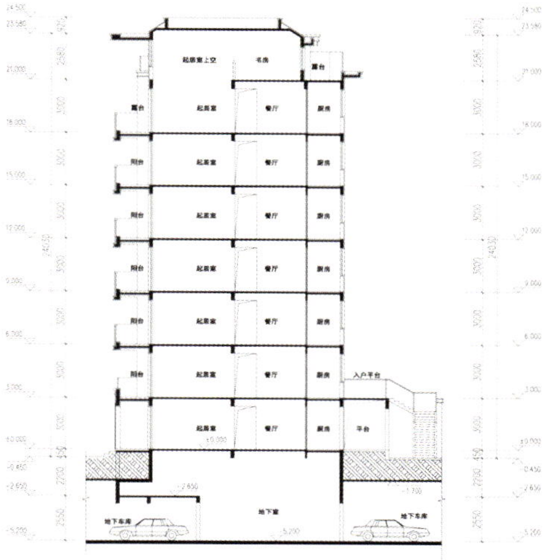

七层住宅剖面图

南立面图

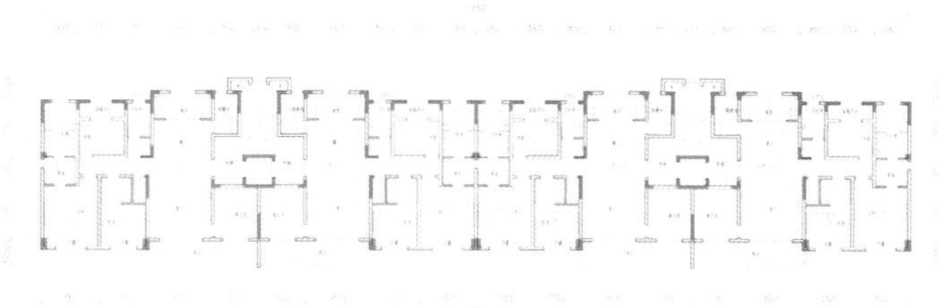

顶层平面图

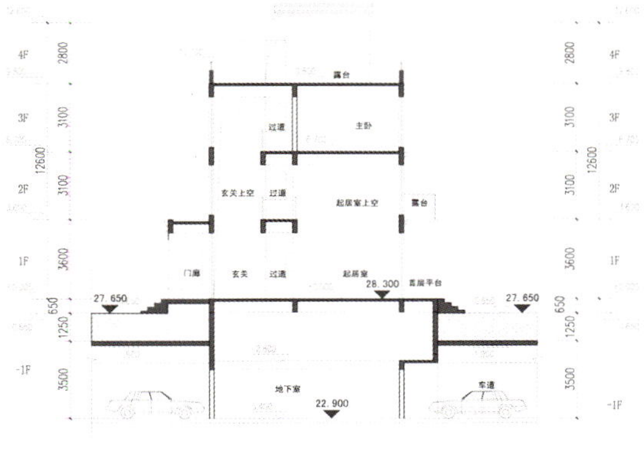

剖面图

**别墅产品**

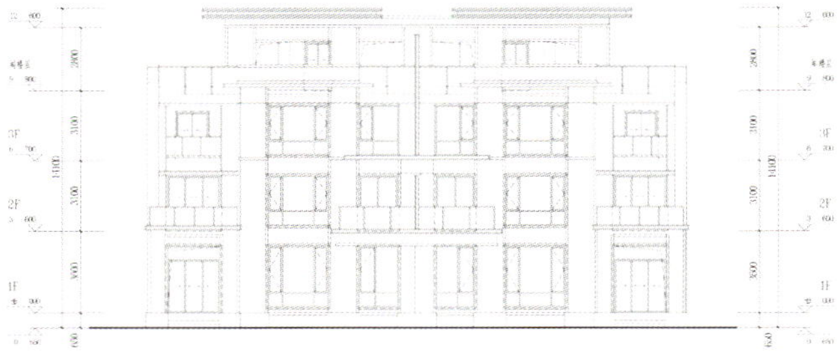

南立面图

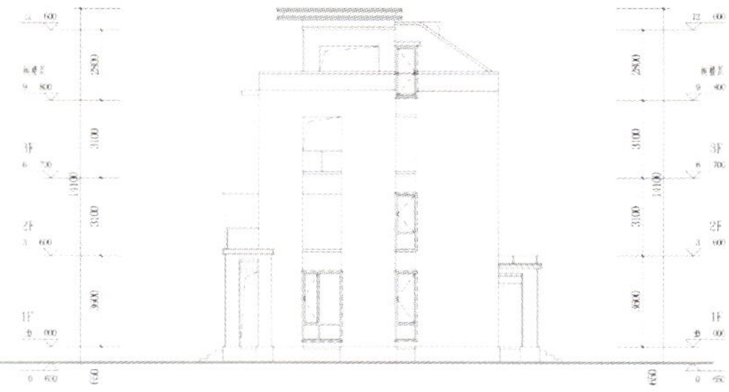

东立面图

# 城心桃源生活 创新品质叠拼

## 苏州金辉弘阳·姑苏铭著设计方案

开发商：苏州辉耀弘阳置业有限公司 / 项目地址：苏州市相城区润元路与人民路交会处
用地面积：80 669平方米 / 建筑面积：约195 870平方米 / 容积率：1.60 / 绿化率：37%

苏州金辉弘阳·姑苏铭著择址于人民路旁，三面环水，堪称是城市核心区域中不可多得的世外桃源。项目充分了解和利用规划指标及条件，打造出集效益、创新、品质于一体的居住产品。外立面取意于自然的设计原则，赋予建筑写意山水般的柔和意境，又不失传统府院的贵气与奢雅。新东方园林向苏式园林致敬，户型设计结合整体规划和建筑结构最大限度地提高舒适性和实用性。

## 项目概况

《江苏省城市规划管理技术规定——苏州市实施细则之一指标核定规则》(2015年版)分别对永久性顶盖或梁格的平台，阳台面积，位于门厅、餐厅或起居厅上空的共享空间，设备平台等方面进行限定。

姑苏铭著是金辉集团面对苏州房地产市场新局面的破题之作，充分了解和利用规划条件及面积计算规则，有效地控制户型面积和提升居住品质。项目定义为具有苏州文化特质的小面积墅质社区。

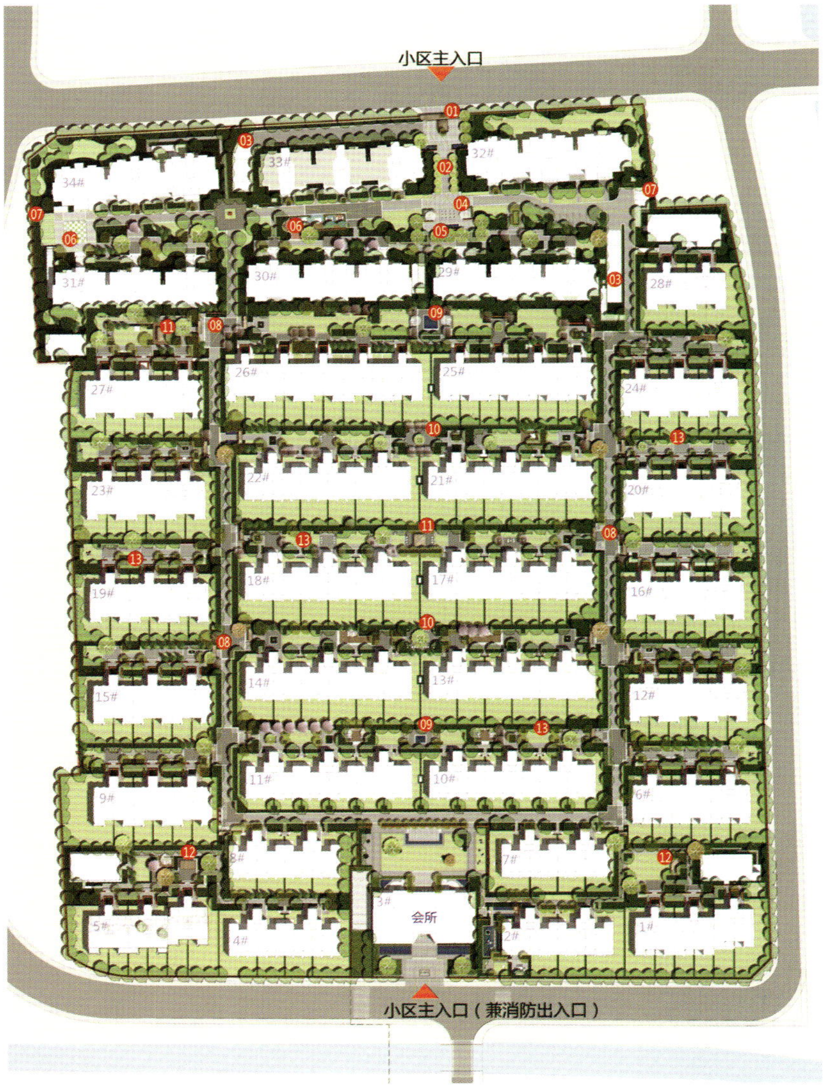


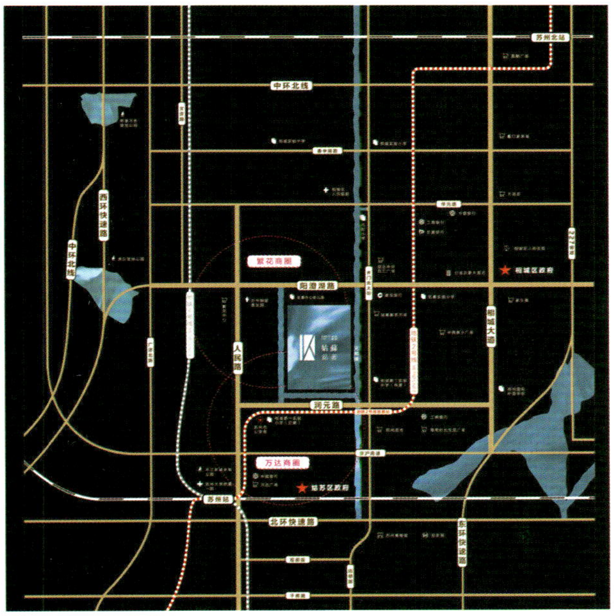


## 区位分析

地块位于相城区中心与活力岛交界处，同时受相城区两大中心配套辐射，与姑苏平江新城无缝对接，距离古城两个传统商圈很近，区位优势突出。同时，距离苏州站、苏州西站、苏州园区站等轨道交通站点很近，交通便利。

## 设计理念

**苏州印象**
**IMPRESSION OF SUZHOU**

我国古代早期的建城规划、大型群体建筑以及单一建筑等都采取了轴线的安排方法，各组建筑串在同一轴线上，形成统一而有主次的整体。轴线对称的规划布局方法可以提高建筑的尊贵感与仪式感，打造出具有“王府”调性的建筑群体。

**营造院落**
**CREATE OF THE COURTYARD**

苏州的传统建筑重视庭院式的群组布局方式，是内向含蓄的、多层次的，力求均衡。庭院空间具有舒适性、安全性和私密性，可以提供良好的居住环境，并带来安全感、归属感、领域感和美好的生活情趣。

**大师规制：**讲究东方中正格局与西方对称主义的融合。

项目致力于打造苏州高端住宅市场的标杆性作品，严格遵守中轴对称、两边分布的规划原则，这种大气的布局不仅体现庄严的仪式感，更是对传统礼制的敬畏，体现出世家大族的尊贵感。

**大师空间：**讲究立面角度与阳光的合作，材质与自然的和谐。

项目外立面创新性地将石材与玻璃搭配，利用材质的碰撞消除石材的沉闷并增加通透感，形成“高山流水”式的外立面流线。专业的立面斜角设计技术搭配建筑框架的悬空设计，造就错落有致的立体感，降低窗墙比，增加30%采光面，巧妙地将阳光和自然纳入室内。同时，建筑内部结构均为南向大开间，最大限度地与外界相连。

**大师造园：**讲究基于原生风貌的归家仪式，人与自然的连接与互动。

项目采用四重进制的社区布局，铺陈出优雅的生活场景，通过“一进入园、二进入府、三进入景、四进入户”的设计层层递进，让业主每进一层，便多一份归属感，并通过外部借景、内部造景的手法营造出连续又富有变化和层次的景观环境。

## 规划分析

**1. 建筑密度：**用足规划 25% 的建筑密度，使用地得到充分利用。

**2. 户型面宽：**采用大面宽、小进深的户型产品，用足地块的总面宽，提高产品档次。

**3. 建筑高度：**采用 11 层以下高层产品及 6~8F 墅质产品，在提升整个小区品质的同时，实现货值最大化。

**4. 景观规划：**充分利用庭院景观，保证每户的景观均好性。

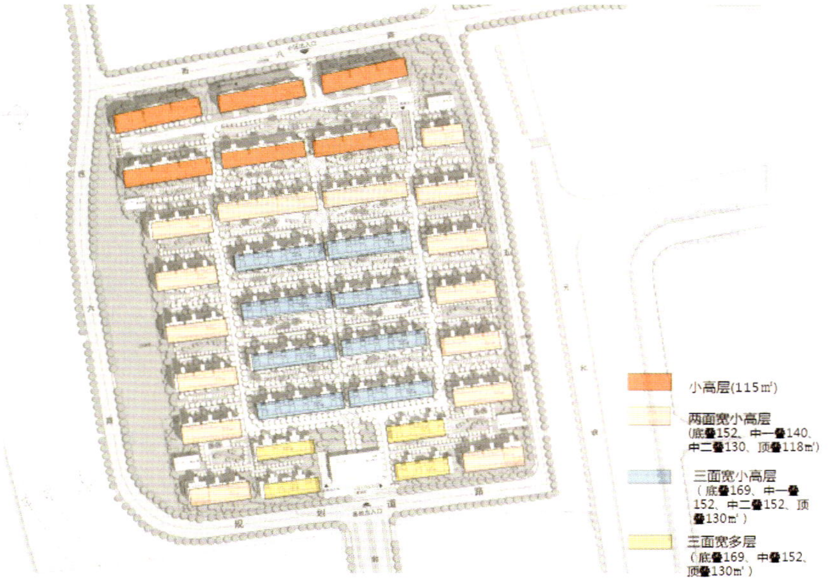


规划结构分析图

## 产品分布及赠送

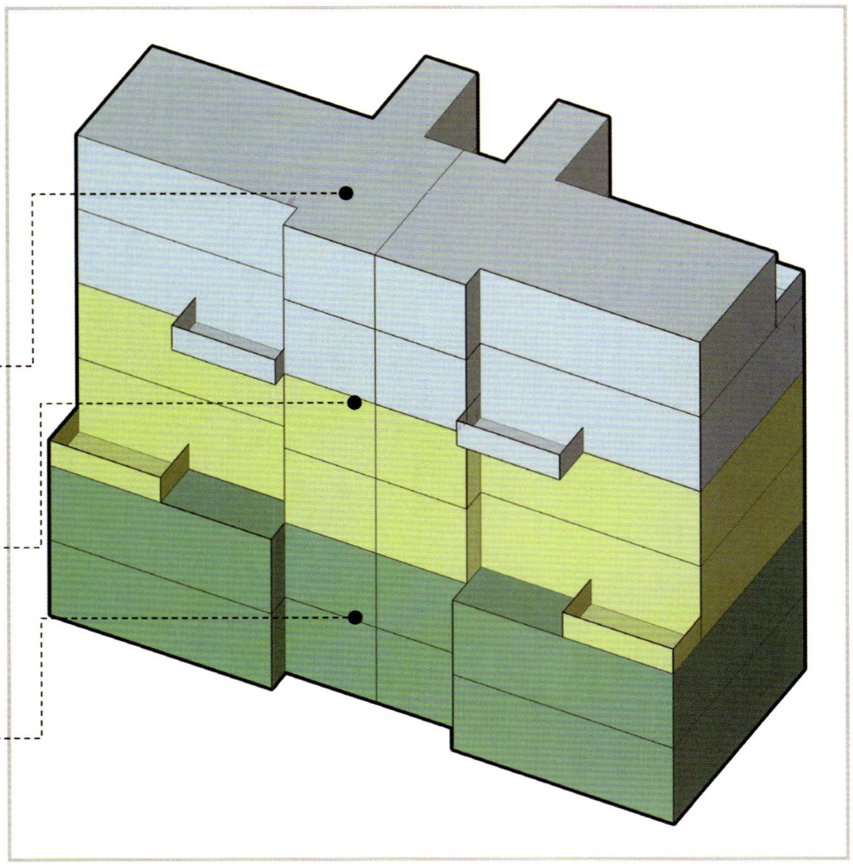

**约125㎡ 跃层**
（送露台、入户花园、阁楼）

**约145㎡ 跃层**
（送露台、入户花园）

**约165㎡ 跃层**
（送地下室、南北院、室外花架）

## 建筑设计

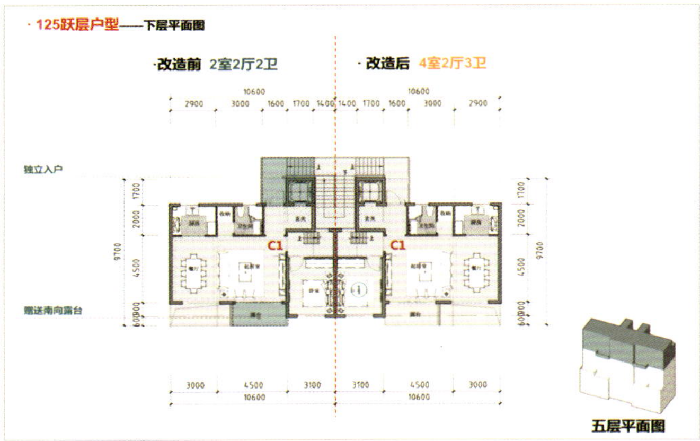
·125跃层户型——下层平面图
·改造前 2室2厅2卫
·改造后 4室2厅3卫
独立入户
赠送南向露台
五层平面图

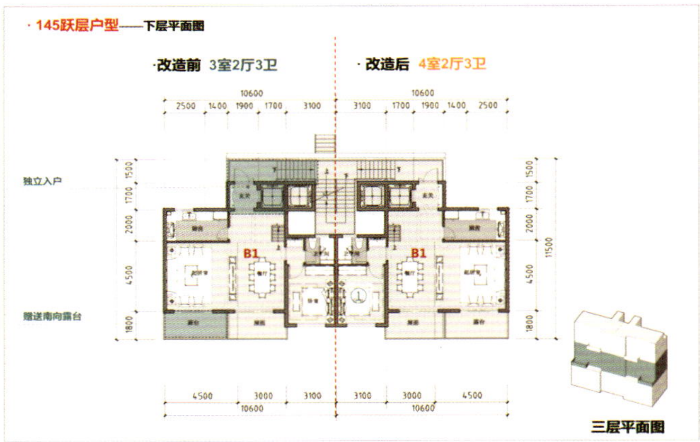
·145跃层户型——下层平面图
·改造前 3室2厅3卫
·改造后 4室2厅3卫
独立入户
赠送南向露台
三层平面图

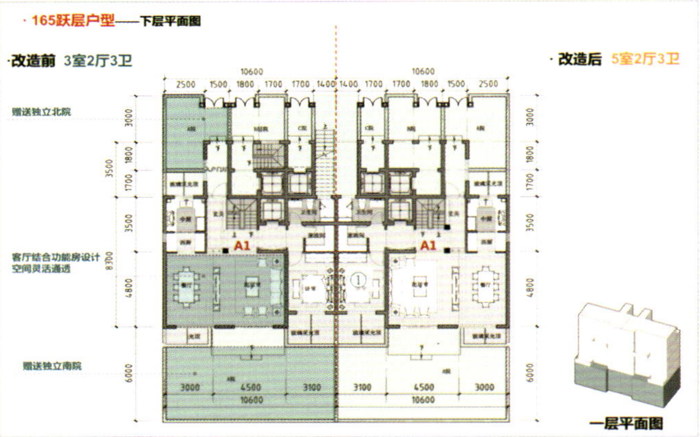
·165跃层户型——下层平面图
·改造前 3室2厅3卫
·改造后 5室2厅3卫
赠送独立北院
客厅结合功能房设计 空间灵活通透
赠送独立南院
一层平面图

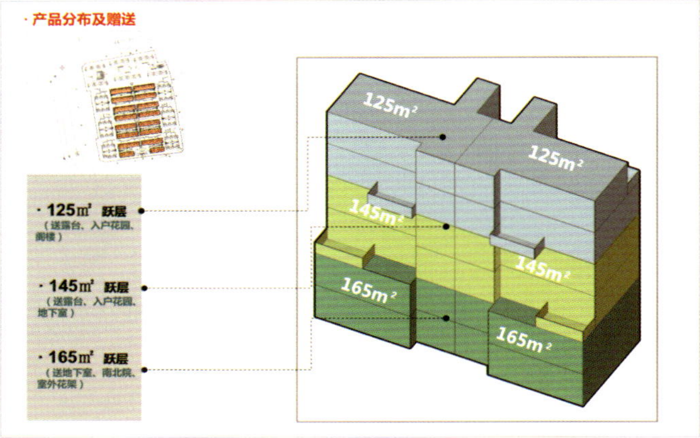
·产品分布及赠送
·125㎡ 跃层
（送露台、入户花园、阁楼）
·145㎡ 跃层
（送露台、入户花园、地下室）
·165㎡ 跃层
（送地下室、南北院、室外花架）
125m²
125m²
145m²
145m²
165m²
165m²

# 户型设计

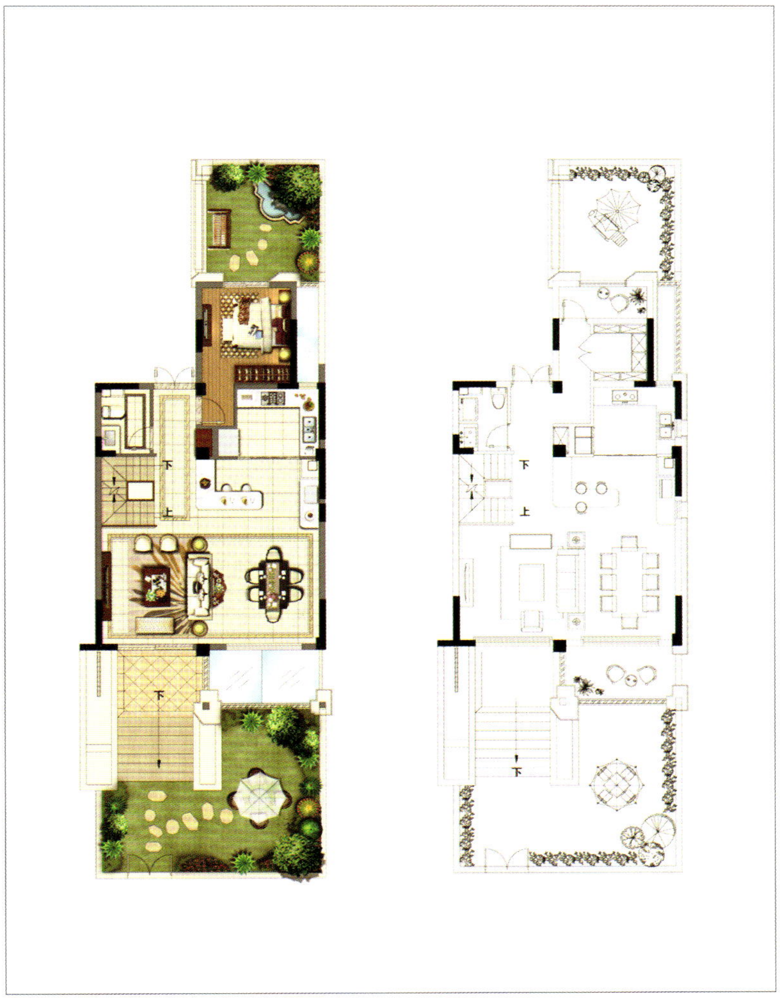

## 户型设计策略

**1. 户型面宽：**采用大面宽、小进深的户型产品，用足地块的总面宽，提高产品档次。

**2. 共享空间：**客厅上空，做到复式下层水平投影面积的 20%，增加建筑附加值及南向开间。

**3. 露台：**隔 2 层一个，或高度超过 8 米。

**4. 阳台：**将户型的阳台做到极限，满足楼层水平投影面积的 15%。

**5. 设备平台：**按规范要求做设备平台，最大值可达 4 平方米。

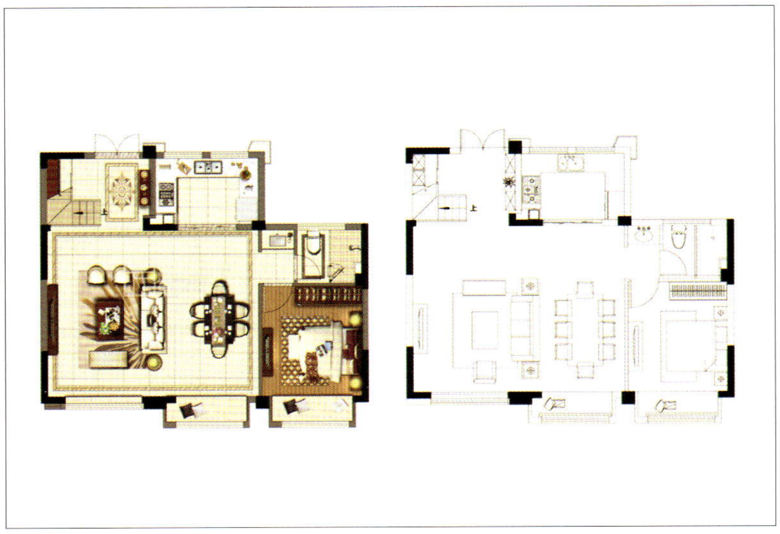

# 高端生态人文社区

## 上海融信世纪江湾设计方案

开发商：融信中国 / 项目地址：上海市杨浦区国帆路与国权北路交会处

建筑设计：上海骏地建筑设计事务所股份有限公司 / 用地面积：39 805.8平方米 / 建筑面积：59 708.69平方米 / 容积率：1.50

上海融信·世纪江湾位于集生态、人文、科技为一体的新江湾城，南邻复旦大学江湾校区与新江湾公园，拥有深厚的文化底蕴和丰富的景观资源。作为融信 TOP 系作品，项目启用大师级的设计，融入先进的设计理念，从人居环境的品质感与舒适性等方面精心设计，营造富有诗意的栖居环境与优质的居住产品，打造高水准、高溢价的生态人文社区。

## 设计理念

上海融信·世纪江湾所在的新江湾城国际住区拥有浓厚的人文气息、优美的自然环境和高端的生活配套，是产品溢价的要素。在产品打造的层面上，项目采用了极高的设计标准，兼顾整体的效果和细节的精细，同时以国际化的设计手法演绎传统的文脉，契合中国人的心理特性，让人对社区产生深层次的认同感和归属感。

## 区位分析

**城中绿肺：**杨浦区北侧的新江湾城是上海的新潜力区。辖区绿化面积 273.4 公顷，城区绿化覆盖率高达 60%，是上海难得一见的城中绿肺。世纪江湾南侧为新江湾公园。

**文化底蕴：**项目依托杨浦区优质的教育资源，包括复旦大学、复旦大学第二附属中学（规划中）、同济大学第一附属中学、复旦科技园小学。

**完善设施：**项目位于新江湾城国际住区，资源配套高端、完善；邻近逸仙高架桥和军工路高架，距离地铁 3 号线以及 10 号线延长线 1 千米。

## 总体规划

**功能分析：**

项目整体规划为 22 栋住宅，两面环绕江景，南侧毗邻湿地公园。地块南侧布局联排别墅，以充分利用南向最佳景观面，建筑高度由南往北递增，最北侧布局 8F 多层住宅。

**建筑间距：**

别墅楼间距 12.3 米，高层楼间距约 24-25 米，满足了必需的日照时长、通风、采光、隔音等需求，让住户享受惬意舒适的居住环境。

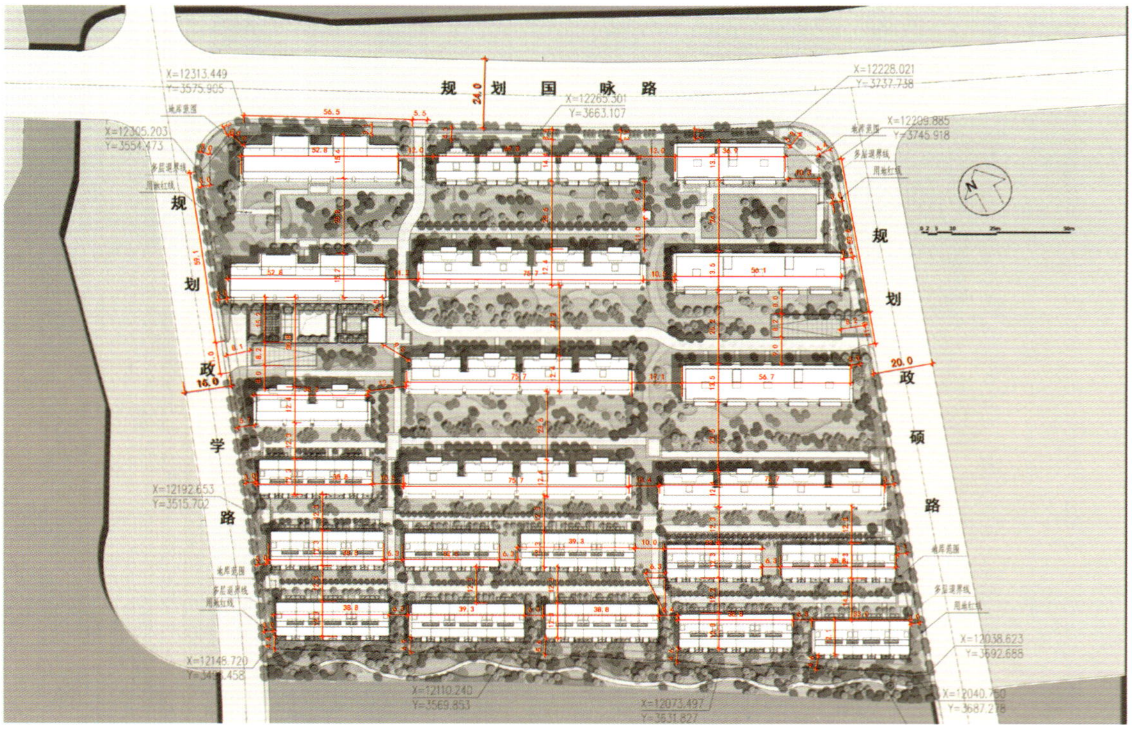

# 建筑设计

## 承接文脉的轻奢立面

文化底蕴与水网是项目周边文脉的核心，项目从立面的角度回应文脉所指向的传统空间偏好——一种内向性与外向性的矛盾与和谐：士大夫们既偏爱用高墙封闭空间，又热衷于为自己营造一个小世界。

**框架的双重属性：**立面使用大量框架，分出不同的居住单元，承担“院墙”的功能，圈定某一层级的空间，暗示界限，从而建立起私属的领域感。框架还可以通过嵌套（大块玻璃面与转角窗）如实地反映室内与室外的交互关系，成为观察外界的“取景框”与向外界展示自己的“橱窗框”。

**精致的近景：**在人视尺度上，立面注重对细节的推敲。两厘米的线脚、几毫米的金属折板等小尺度的细节提升了立面的挺括度，且优化靠近建筑与使用建筑的人们的视觉感受。高档的建筑用材和工艺凸显项目的品质感。

洋房南立面图

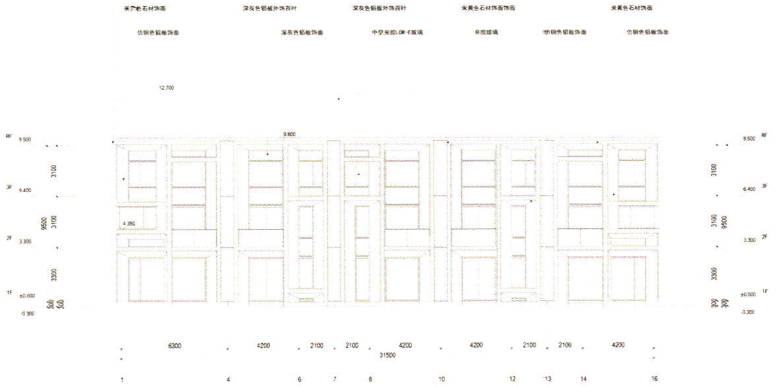

联排南立面图

## 景观设计

景观分析图

### 庭院深深的风雅生活

**多重景观：** 项目通过花木繁盛的小区绿植与南侧的新江湾公园相呼应，沿着东西向的小区主入口流线依次设置水景镜亭、片墙庭院、树廊等景观。多重的门庭与景观序列提供了丰富的空间体验。

**公共客厅：** 供人停留的景观桥、休憩的镜亭等能与人产生互动的公共空间将一部分客厅的功能释放到小区的层面，不仅放大了这部分功能的面积，更为居民提供了举行活动、拉近邻里关系的场地。

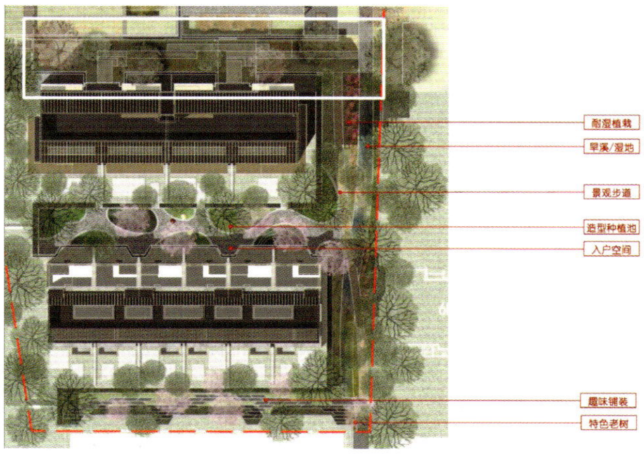

四季如诗，满目盛景

# 室内设计

## 灵活可变户型

项目的户型设计在提供远超同面积段产品的优质居住体验的同时，也兼顾了户型变化的可能。

洋房 90 户型独享南向三开间，9.3 米超宽视野带来卓越体验；转角起居室将景观界面拓宽至 270°；主卧配备卫生间与衣帽间，带来大面积户型中的套房空间。开敞书房结合起居室成为 6 米宽厅，它既是书房，也可隔断成为其他功能区，如育儿房、客房，满足家庭的全生命周期需求。

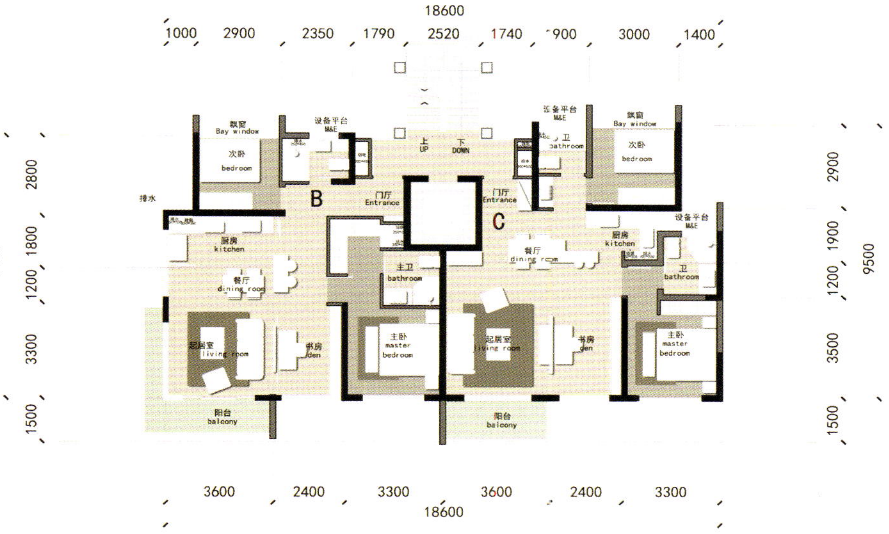


洋房平面图

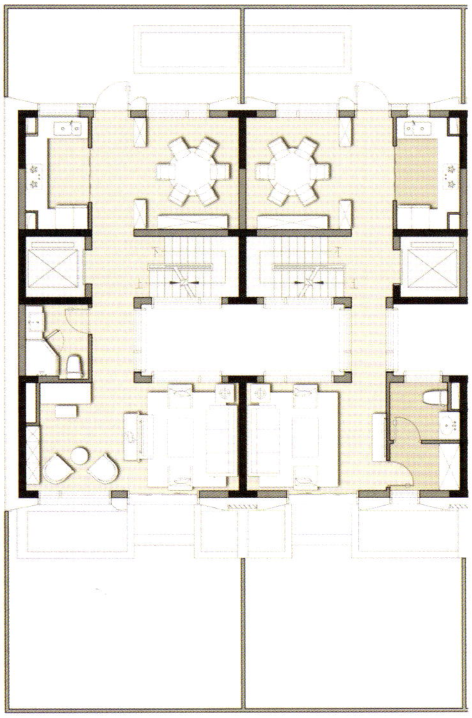

联排一层平面图

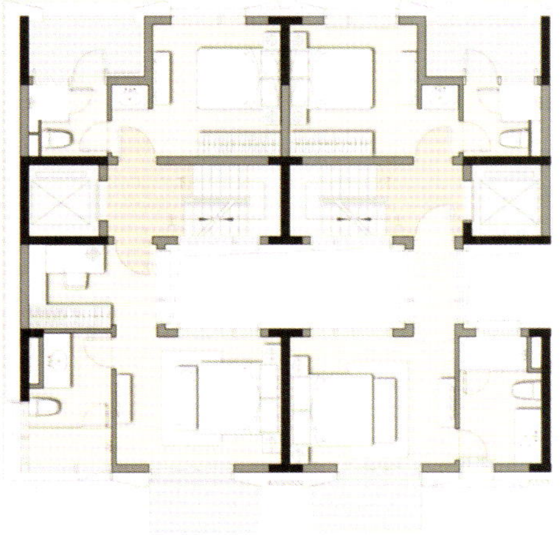

联排二层平面图

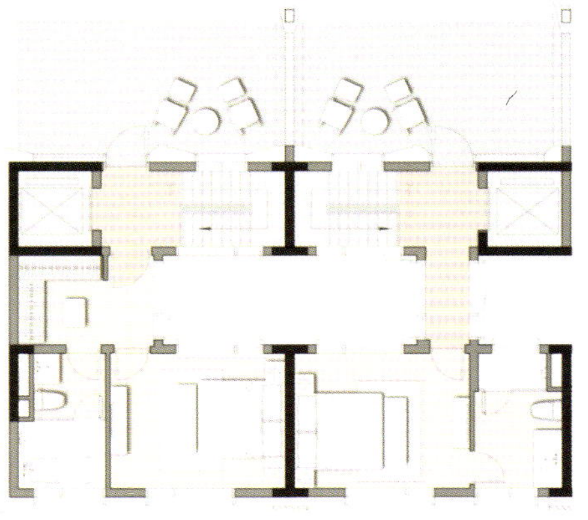

联排三层平面图

# 六合知造院 生活体验馆

## 镇江中南珑悦府设计方案

开发商：中南置地、新城控股、建发集团 / 项目地址：镇江市京口区经五路与丁卯桥路交会处
建筑设计：上海方大建筑设计事务所 / 室内设计：赛拉维室内装饰设计（天津）有限公司 / 室内面积：1 440平方米

珑悦府选址于素有“天下第一江山”之美誉的镇江，以“东境西技”的理念打造“新亚洲文化大宅”。营销中心回归生活的本质，挖掘江南文化的根源，打破传统售楼处的功能和形式，结合江南文人雅士的生活情趣和现代都市精英的生活美学，不仅利用高山流水之意象营造出行云流水般的现代诗意空间，还以“六合知造院”的概念打造各种富有人文气息的生活体验场所。

| 序号 | 项目 | | | 单位 | 数值 | 规划条件要求 | 备注 |
|---|---|---|---|---|---|---|---|
| 1 | 总用地面积 | | | h㎡ | 7.08 | 7.08 | |
| | | | | h㎡ | -- | | |
| | | 可开发用地面积 | | h㎡ | 7.08 | 7.08 | |
| | 其中 | | 号地面积 | h㎡ | 1.95 | 1.95 | 居住用地 |
| | | 其中 | 号地面积 | h㎡ | 0.41 | 0.41 | 道路用地 |
| | | | 号地面积 | h㎡ | 4.72 | 4.72 | 居住用地 |
| 2 | 计容建筑面积 | | | ㎡ | 166000.00 | ≤166000 | |
| | | 住宅建筑面积 | | ㎡ | 157700.00 | 152700~157700 | |
| | 其中 | 商业建筑面积 | | ㎡ | 7445.00 | 13300~8300 | |
| | | 物业管理服务用房建筑面积 | | ㎡ | 855.00 | 总建筑面积的4‰ | |
| 3 | 市政设施配套指标(不计容) | | | ㎡ | 990.00 | | |
| 4 | 容积率 | | | | 2.34 | ≤2.34 | |
| 5 | 建筑基底面积 | | | ㎡ | 13595.23 | ≤20010 | |
| 6 | 绿地面积 | | | ㎡ | 20150.00 | ≥20010 | |
| 7 | 居住户数 | | | 户 | 1312 | | |
| 8 | 居住人数 | | | 人 | 4592 | | 3.5人/每户 |
| 9 | 机动车停车位数 | 地上 | | ㎡ | 132 | | |
| | | 地下 | | ㎡ | 1188 | | |
| 10 | 非机动车停车位 | | | ㎡ | 3561 | | |
| 11 | 地下建筑面积 | | | ㎡ | 44604.10 | | |
| | | 地下储藏室面积 | | | 2546.60 | | |
| | 其中 | 地下汽车库 | | | 36828.00 | | |
| | | 地下非机动车库 | | | 5229.50 | | |
| 12 | 总建筑面积 | | | ㎡ | 210604.10 | | |

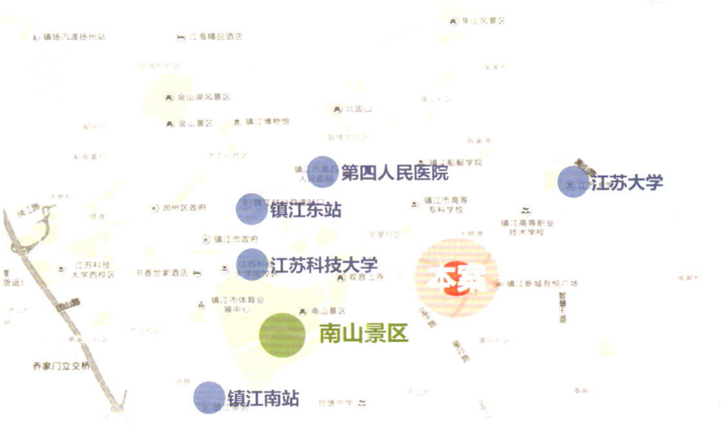


## 项目概况

镇江地处长江和京杭大运河的交汇处，并有焦山、北固山、南山、金山等自然资源，素有“天下第一江山”之美誉。珑悦府位于镇江市京口区经五路与丁卯桥路交会处，紧邻南山景区以及科技新城品质社区、文化创意片区、江苏大学等高校的新兴学区。

项目以东境西技为理念，融合深厚的东方文化和先进的西方技艺，打造“新亚洲文化大宅”。示范区秉承江南建筑尊重自然山水的特点，三进院落的视野有收有放，意境丰富。营销中心运用“减法”对方盒子体量进行切割，在改善建筑通透性和采光的同时让建筑与自然共生。

## 区位分析

本案位于江苏省镇江市镇江新区丁卯桥路与经五路交汇处，紧邻南山景区，长江和京杭大运河在此汇就中国"江河立交桥"坐标，素有"天下第一江山'之美誉。基地北邻丁卯高架桥、东侧为吾悦广场， 西南侧为东郡华庭。且项目周边紧邻科技新城品质社区、文化创意片区，江苏大学等高校的新兴学区。距镇江东站 4km。

## 规划分析

城市天际线

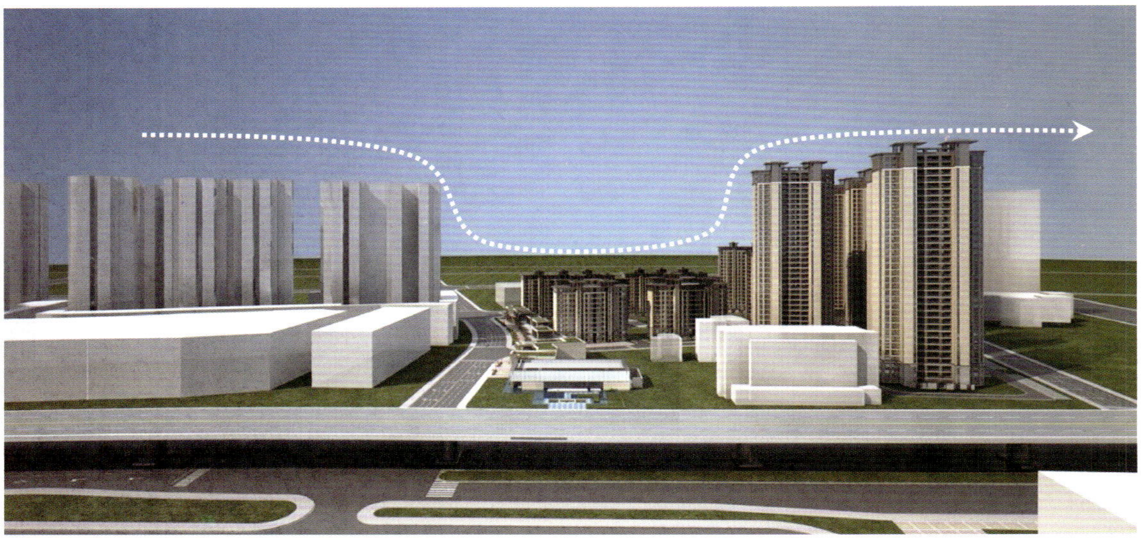

形成视觉通廊

高低错落有致

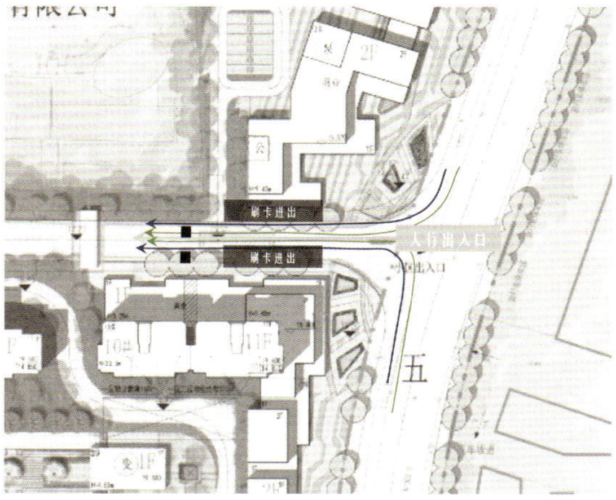


东侧出入口规划分析图

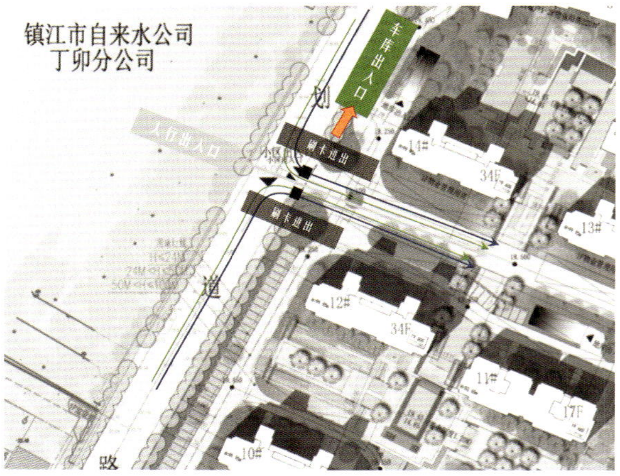


西侧出入口规划分析图

社区前场

**社区前场： 动线明确，归属感、视觉感强**

1. 在社区入口加入前场设计，人流导入。
2. 社区前场考虑 “人、车、非机动车”的分流设计，同时进行统一管理。
3. 社区前区尺度合理，视觉效果端庄，提升社区尊贵感。
4. 通过东西向人行与南北向非机动车路线，形成 “十” 字动线，具有仪式感。
5. 社区前场设置自动刷卡门卫闸机，便于管理。毗邻景观主轴对称设置，风格与小区保持一致，不影响社区形象。

## 建筑设计

**部位：**大线脚处
**问题：**常规大线脚因结构关系较为厚重
**解决方式：**将大线脚分为 2 个部分，分上部为深灰色（“虚”的部分），使得“实”的部分更加纤细 。

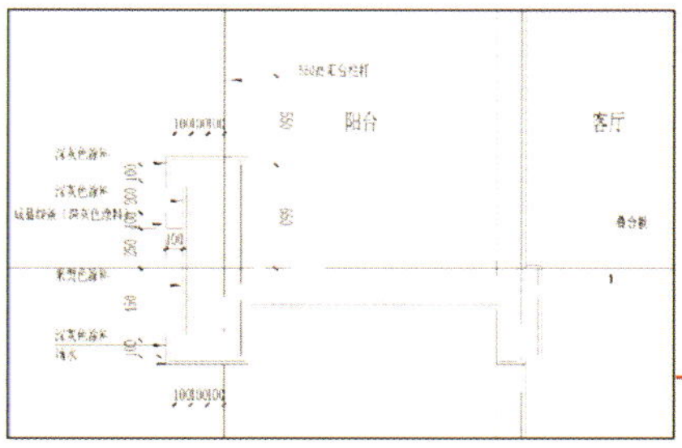


**部位：**立面与屋顶飘板交接
**问题：**交接生硬
**解决方式：**在交接部分，增加一处凸出的小线脚，丰富立面的同时在交接处形成一个缓冲地带。

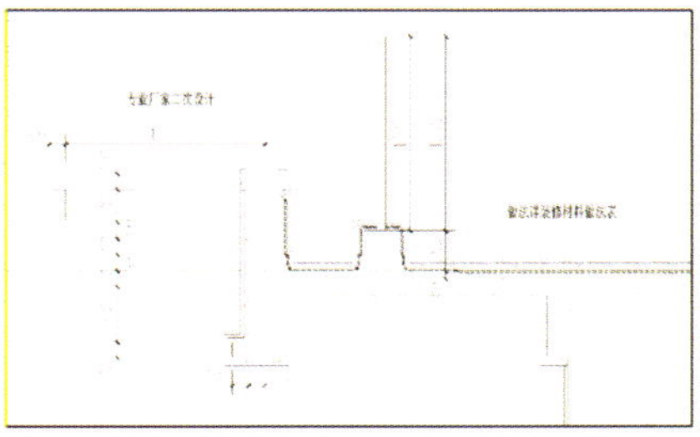

**部位：**空调机与大线脚交接
**问题：**当两个房间共用空调机位时，常规大线脚的处理方式对上下共用空调机位的下方空调机的出风率产生影响。
**解决方式：**将大线脚上部虚的部分打断，保留下部“实”的部分，保证空调出风的同时不破坏立面。

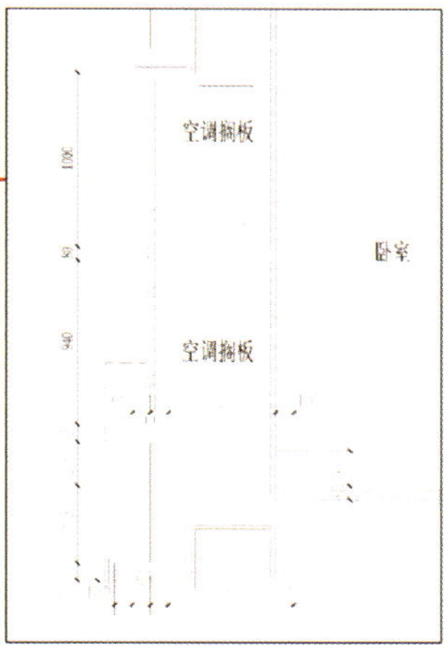


### 立面材质色彩

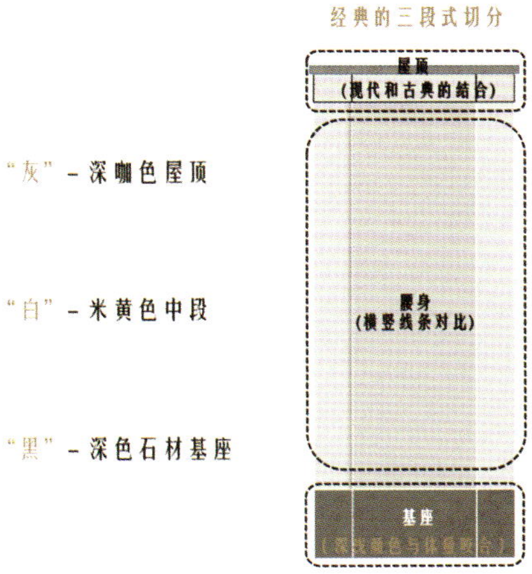

### 高层入口

## 景观设计

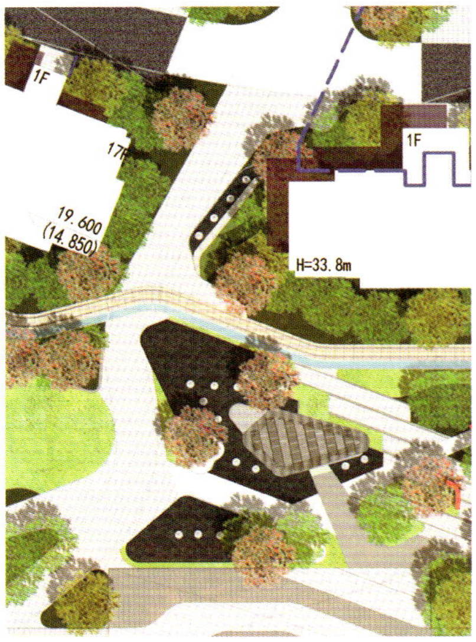

**社区空间 – 中心景观**

1. 开阔的景观，功能场地布置给人以变化和韵律感。
2. 水景结合观会客厅，为业主的日常生活、社区交流提供了活动性与观赏性相结合的空间。
3. 大片的镜面水景，形成强烈的视觉焦点。

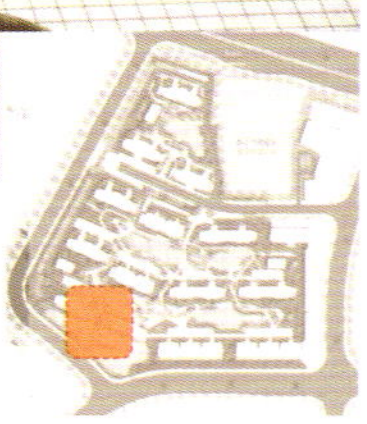

**社区空间 – 宅前景观**

1. 登高场地，功能化设计。
2. 亲人设计，提升居住体验。

## 室内设计

### 六合知造院

营销中心在室内设计上深谙当代精英阶层的审美趣味、个性和艺术选择，巧妙撷取中式意境于当代都会空间，打造共享书吧、共享厨房、社区食堂、社区客厅、儿童天地等圈层之上的沉浸式生活体验场所——六合知造院，提倡“知停而行，悠然品味”的生活美学。

**1. 社区客厅：**提供会友、社交的场所，还包括临时的公文处理功能。

**2. 社区食堂：**提供精致简餐，如面包、咖啡、早点、下午茶等。

**3. 共享厨房：**居民可通过预约利用设备，举行聚会，举办美食课程、烘培课程等活动。

**4. 儿童天地：**提供绘本阅读空间，同时也是亲子空间，可开展阅读课程、戏剧表演等儿童课余活动，家长也可以在此暂时托放孩子。

**5. 生鲜超市：**是大型电商的最终供应端，提供有质量保证的食物、日常用品，甚至包括社区的快递收发、分拣、递送服务。

**6. 共享书吧：**提供会议、学生课后写作业的空间，有补习课堂、阅读以及书法、插花等文化生活活动。

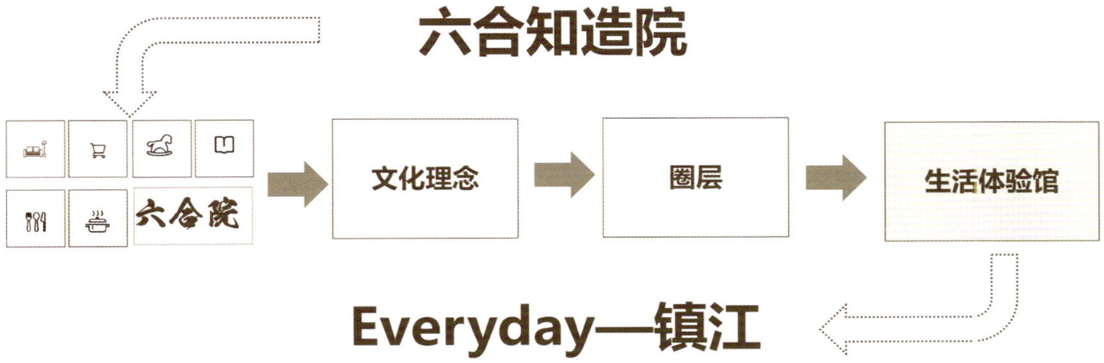


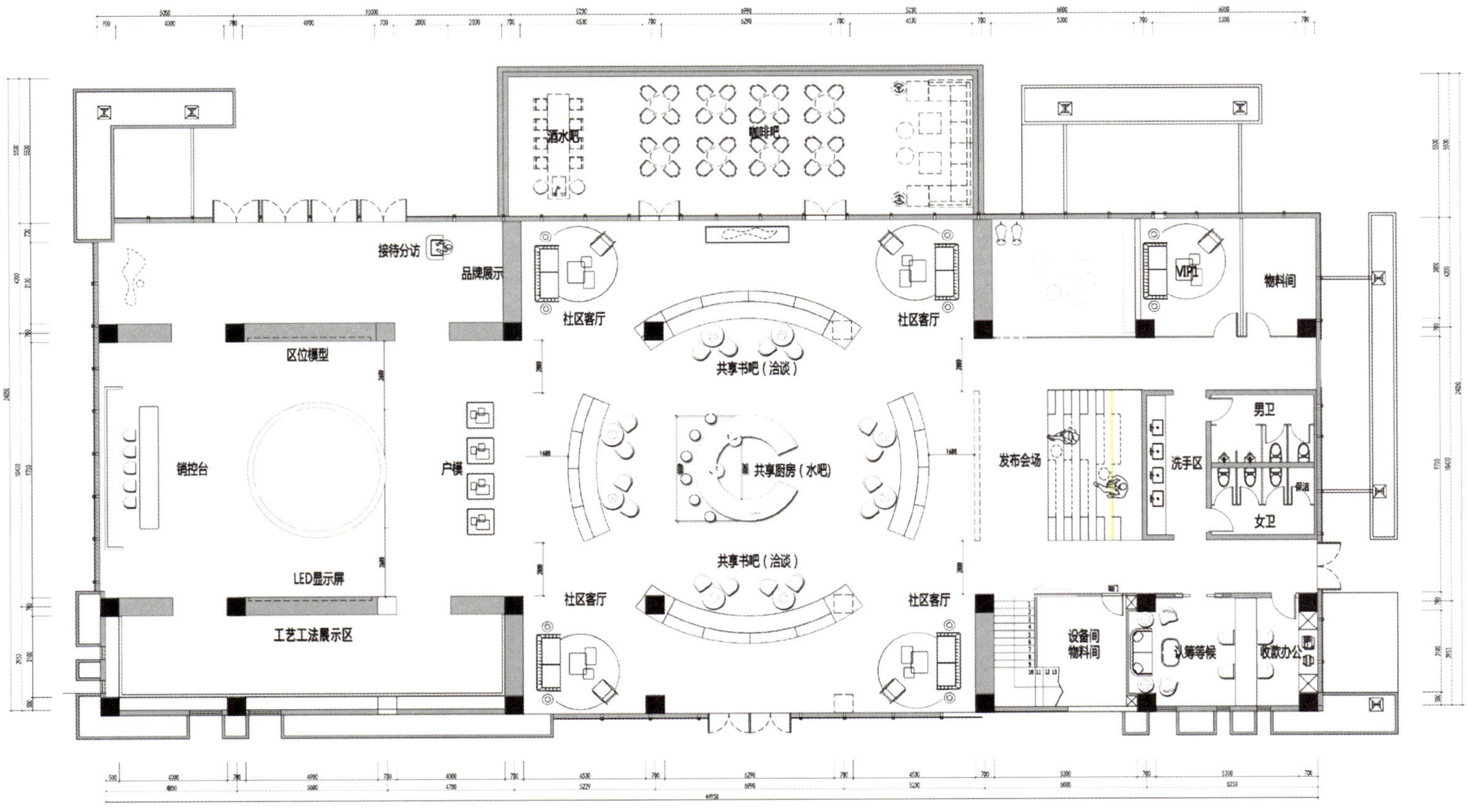


营销中心一层平面图

# 云山空中院墅 新城时尚地标

## 广州首开龙湖·天奕示范区设计方案

开发商：东原地产 / 项目地址：苏州市相城区华元路北、旺湖路西

整体规划及住宅部分单体设计：上海齐越建筑设计有限公司 / 占地面积：69 913平方米 / 建筑面积：188 600平方米 / 容积率：1.6 / 绿地率：37%

广州首开龙湖 · 天奕占据白云新城黄金中轴，拥有稀缺的自然资源和巨大的发展潜力。
作为中国豪宅专家，龙湖对标国际顶级豪宅，邀请世界大师担纲设计，精心打造优雅的流线型建筑、富有创意的下沉式景观谷、收纳白云山美景的 270° 广角阳台，结合全屋覆盖的德系顶奢品牌，树立广州新一代豪宅标杆。

### 项目概况

广州首开龙湖 · 天奕毗邻南中国城市核心唯一的“国家 5A 级风景区”白云山，拥有稀缺的自然资源和巨大的发展潜力。项目秉承中国豪宅专家龙湖之修为，萃取塔尖作品之大成，追寻经典与摩登的审美高度，为广州打造一个引领时代的地标作品。对望白云山，洞悉未来，追寻经典与摩登的审美高度，重塑当代名流绅士的归属之地。

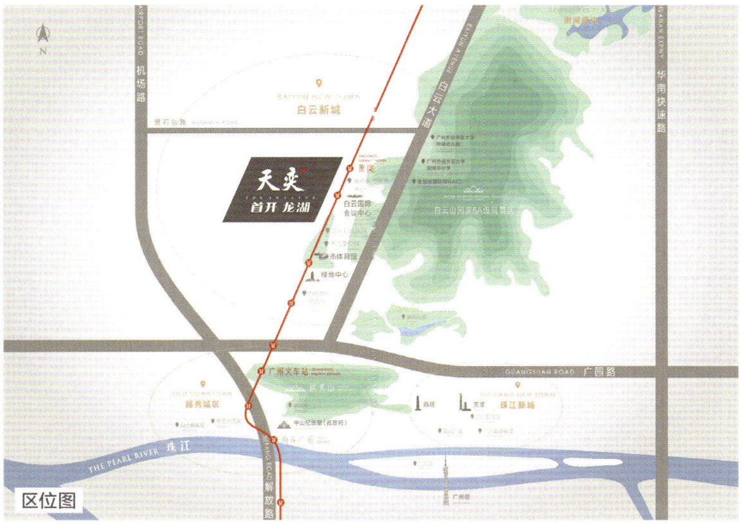

区位图

## 区位分析

广州首开龙湖·天奕位于广州市白云区，紧邻云城西路，南可望白云新城中轴，东南可观白云山风景区，距离 2 号线萧岗站仅 300 米，虽远离闹市，亦出行便利，属稀缺资源，区位优势数不胜数。

## 规划分析

整体布局彰显尊贵感和仪式感，着重公共空间和私密活动空间的营造，以公园式的核心景观环抱建筑，并利用私属休闲空间提升尊贵专属感。项目采用不同景观手法，结合独栋专属大堂接待、绿化隔离等手法，为每栋打造专属的前后庭院；结合下沉花园，打造风雨无阻的立体花园，自然美与艺术美兼得。

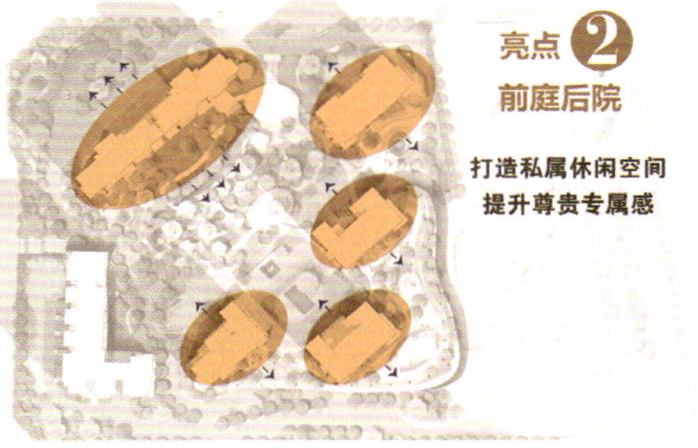


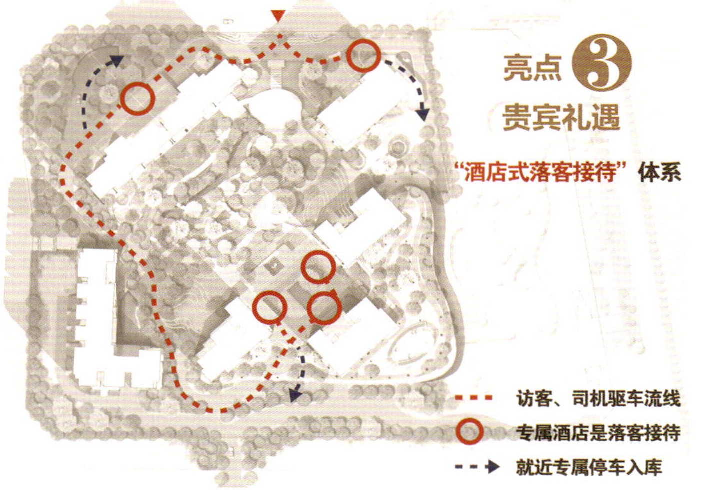


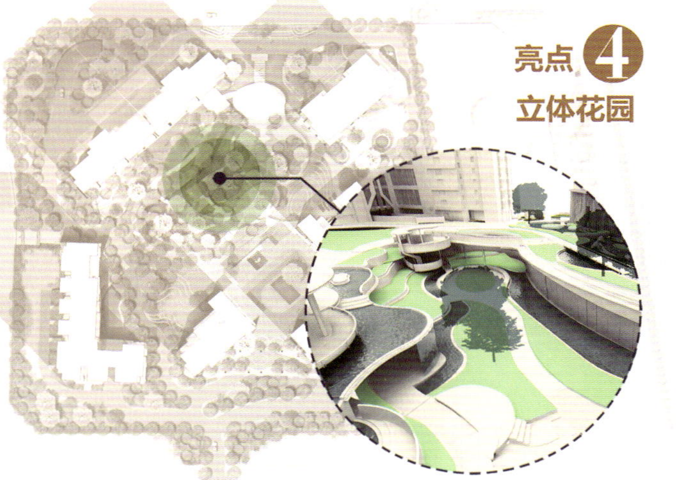

## 建筑设计

汲取游轮“弧线”元素，体现整体的灵动概念，强调整体序列与节奏，摈弃一切冗繁，营造极致之美。

建筑头部与立面线脚汲取天鹅展翅的形态，犹如优雅的天鹅荡漾于湖面，有着“高贵、典雅”的寓意。

借高山流水之形态，表现人与自然的紧密相连，致力于营造自然、亲近大地的艺术景观，有着伯牙与子期、山与水、人和自然相知、相惜、相爱共存的寓意。

## 示范区设计

**曲线艺术：**流线型建筑体的下沉位置嵌入一个绿色生态岛，透过切点延展，利用高低起伏的曲线艺术，将平淡的地势精心裁剪，创造出和谐、律动、随性的现代多变景观。

**移景入室：**下沉式花园被打造出三层园林景观，并将园林景观引入室内，实现移步换景的独特体验，提升整个项目的绿化率。

## 室内设计

**空中院墅：**入户对景，独特的中景院落设计，打造出“开门见山”的对景效果，住平层犹如住院墅之感。

**270° 观景体验：**270° 环形弧度大阳台，极致连续观景面，创造IMAX般景观效果，施展个人气场，打造“有田有地”的别墅体验。

**奢华五面宽**
**180° 观景体验**

1. 南北通透
2. 豪华主卧套房，奢华独立主卧，豪华体验
3. 独立电梯入户，专享尊贵入户体验
4. 南向奢华阳台，极致景观体验
5. 空中院墅，高层别墅居住体验

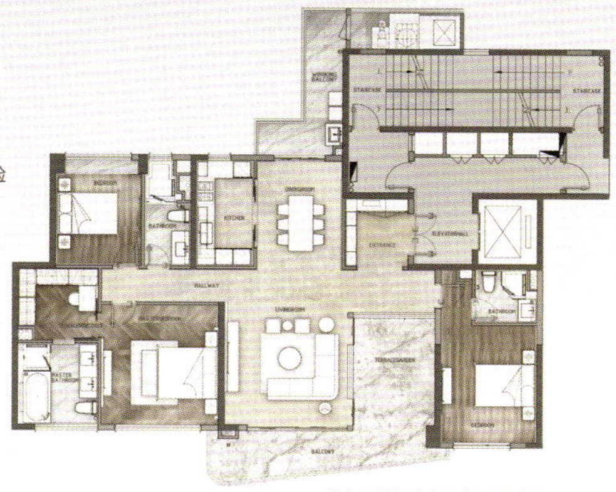

(以上户型平面为创意式布局示意图，仅供参考)

**南向三面宽**
**270° 观景体验**

1. 豪华主卧套房，奢华独立主卧，豪华体验
2. 独立电梯入户，专享尊享入户体验
3. 南向奢华阳台，极致景观体验
4. 空中院墅，高层别墅居住体验

(以上户型平面为创意式布局示意图，仅供参考)

**南向四面宽**
**270° 观景体验**

1. 豪华主卧套房，奢华独立主卧，豪华体验
2. 独立电梯入户，专享尊享入户体验
3. 中西双厨，随性烹饪体验
4. 空中院墅，高层别墅居住体验
5. L形270°超大景观阳台，缔造高层别墅居住体验

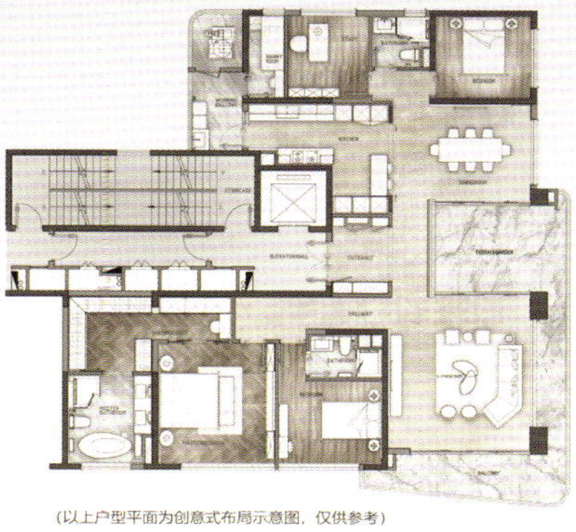

(以上户型平面为创意式布局示意图，仅供参考)

# 流体艺术立面 塔尖人居范本

## 杭州融信世纪示范区设计方案

开发商：融信中国第三事业部 / 项目地址：杭州市萧山区市心北路与建设一路交会处
用地面积：47 326平方米 / 建筑面积：177 964.97平方米 / 容积率：2.5 / 绿地率：30.4%

致力于城市美学传播的融信，入杭以来从未停止过对建筑立面升级的追求。继创世纪之后，融信为杭州带来全新的世纪系——融信·（新）杭州（新）世纪，为杭州树立塔尖人居范本。示范区秉承大区的设计理念，结合革新的豪宅美学和流动的园林场景，精心打造出精致、灵动的先锋高端生活空间。

## 项目概况

融信·杭州世纪位于钱江南岸价值地段——市心路和建设一路交会的黄金十字位置，距离地铁 2 号线建设一路站约 200 米。

项目以 11 幢流体风格高层围合约 18 万方流体住区，结合下沉式会所、沉浸式主体园林等先进生活体系，以折线为主的设计语汇，创造空间的流动艺术，旨在打造 2018 年融信世纪系塔尖作品。

融信·杭州世纪位于市心北路和建设一路的交汇处，属于江南黄金主轴上的市北板块。北接钱江新城金融核心区，西达滨江高新产业区，南临萧山主城核心区，拥有成熟的城市界面。

建筑由 11 幢 23-25 层的高层围合而成，融合了国际化美学观，在建筑上大量运用弧线，打造出流动的立面风格，将超现代的流体艺术呈现得淋漓尽致。

项目空间布局层层递进，层次分明。下沉式中央景观大庭院、风雨连廊、八大主题架空层，室内泳池、健身场所以及屋顶花园等，通过运用大量的水景和落地玻璃与建筑的流体艺术形成融合。将一线的流体建筑美学领入杭州的同时，更将建筑、设计、生活场景的跨界流动表达。一种自由流动的生活革新场景，将成为互联网时代的杭州高端住宅。

室内设计方面更携手九度获得有“室内设计奥斯卡”之称的 Andrew Martin International 大奖的亚洲著名设计师梁志天先生，携团队共同打造七大户型空间，融合流体建筑立面美学和流动生活的先锋感知力，为未来生活增添新意。

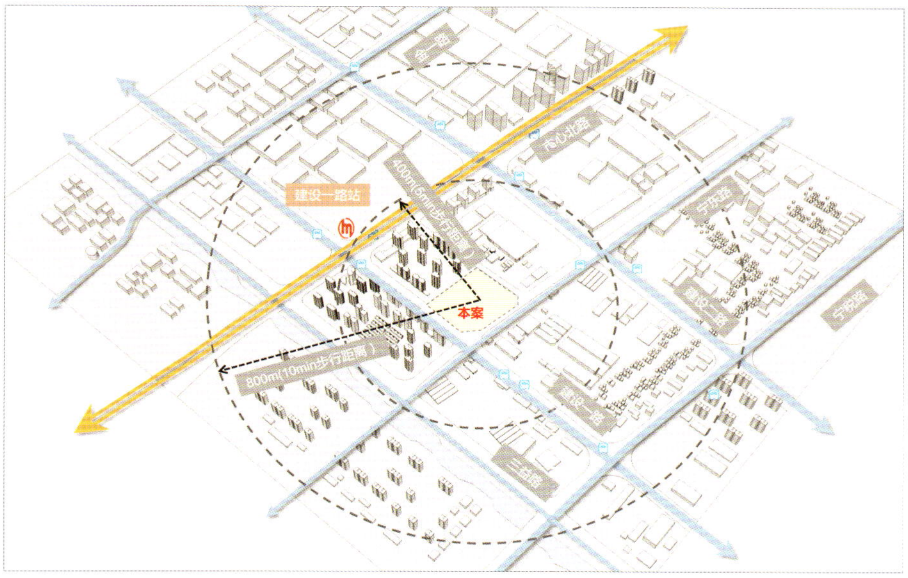


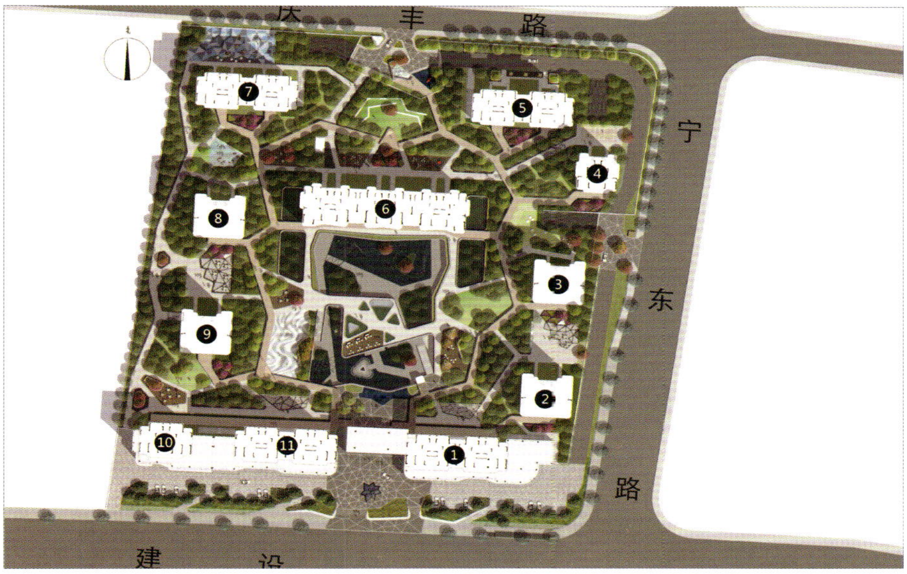

## 示范区设计

售楼处交付后用作高端会所，其设计围绕下沉中心花园展开，以分置功能的方式打造一个地下建筑群落。售楼处主体坐落于下沉中心花园中心，造型酷似被水流冲刷的晶莹之石，置身其中可以环视不同的景观主题。下沉区西侧为恒温泳池区，北侧楼王底部为艺术廊，东侧为精装地库展示区，环绕下沉花园，在体验丰富的空间层次所带来的不同生活感受之外，还提供一块相对独立的阳光与水的交互空间。

## 建筑立面设计

### 设计灵感

市北住宅项目整体立面风格延续融信高端产品系现代简约风格，主要灵感来自于杭州水系的静怡和涌动并存的特点，通过立面横向跃动的线条变化，塑造建筑主体有序的形体节奏，将柔美和刚毅糅于一体，注重建筑物体量的虚实对比，弱化建筑物的空间压迫感，强化建筑阳台，转角窗等主要观景位的视觉广度，并通过线条的趋势引导，让居住者更多地感受到社区景观和生活空间的舒适感。

### 立面色彩灵感

杭州的印象色彩本身就蕴含了一种安逸的美，江南的白墙黛瓦和宋瓷的简约飘逸已融于杭州的文化血液之中，本案选用微暖的瓷白色作为建筑主色系，即是品牌色彩的延续，也是对文脉色彩的记忆呼唤，在辅助色彩上选用深银灰、棕银和深香槟金三色，精心安排色彩比例和对比：以深香槟金勾勒瓷白线条边沿，结合视觉透视变化，形成由下而上的序列变化；以棕银作为侧山墙主色，并以型材工艺形成表面变化肌理，在阳光下增添光影变化层次，强化建筑俊朗感；以深银灰作为全楼宇色彩的调节色，银灰具有微冷的色彩感知，衬托其他色彩特别是瓷白的暖色感知度，整体营造一种“高级灰”的社区质感。

“高级灰”是通过色彩调和，达到视觉柔和、稳重，令人心生舒适的灰色系列，早已被高定服装、饰品等借用，备受那些具有专业知识的，理性的，矜持的高端人群的喜爱，并日益成为顶级品味的代名词。而意大利的著名艺术家乔治·莫兰迪，则是公认的西方灰色系大师，其画作色彩能使观画者眼球始终处于平衡的视觉感知状态，从而产生恬淡安逸的感受。本案在色彩的色系搭配上正是一次对“莫兰迪色”的致敬和运用，没有什么比“莫兰迪色”所传递出的优雅、舒适温柔和对家的依赖感更符合本案的气质和定位。

### 立面细节工艺

建筑立面采用铝板幕墙体系，在主线条转折和形体转角区以圆弧加工手法呈现建筑的柔和立面特质。社区主入口雨棚底部网状造型的编织感脱胎于“萧山花边”的元素意向，是对传统元素的现代演绎。主体建筑线条细节考究，关注材质间衔接的契合度，并在设计工艺上，通过鹰嘴滴水的特殊处理，减少建筑雨水流挂影响。

中心花园售楼处（后期为社区配套建筑）整个售楼处设计围绕下沉中心花园展开，以分置功能的方式打造一个地下建筑群落，售楼处主体坐落于下沉中心花园中心，造型酷似被水流冲刷的晶莹之石，坐于其内可以环视不同的景观主题，即在空间上有机地将大花园氛围相互贯通的前后两园。下沉区西侧为恒温泳池区、北侧楼王底部为艺术廊、东侧为精装地库展示区，环绕下沉花园，在体验丰富的空间层次带来的不同生活感受外，还拥有一块相对独占的阳光与水的交互空间。

精装地库区将能充分体验到我们在地下车库设计方面的设想，地下车库主车道基本临近环绕下沉庭院区，行车途中依然能感受到户外的景观，在地下入户大堂前区预留候车落客空间，提升归家舒适度和仪式感。

1#南立面　1#西立面

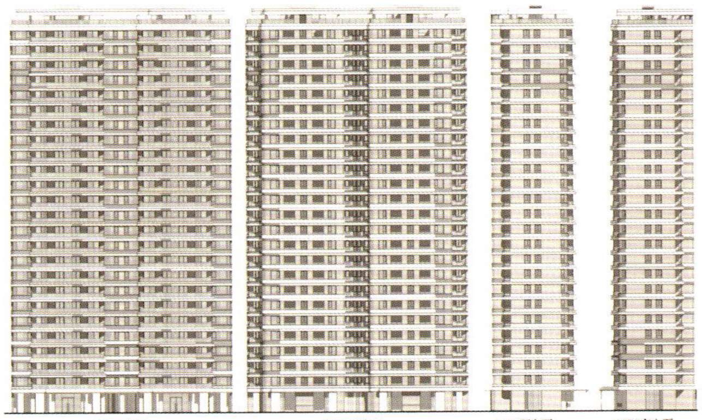

5#7#南立面　5#7#北立面　5#7#西立面　5#7#东立面

10#南立面　10#北立面　10#西立面　10#东立面

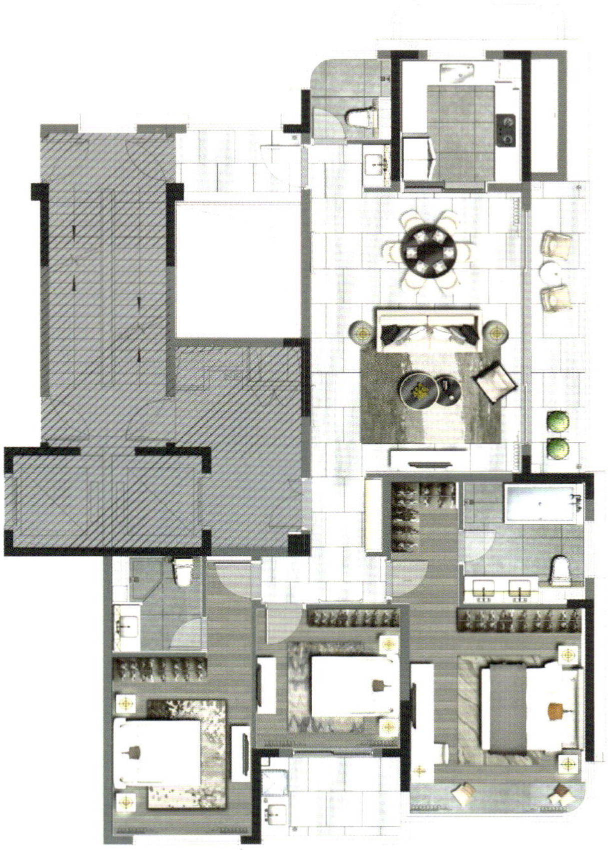

164 平方米户型图

## 样板房设计

D 户型（端户侧厅）为四房两厅三卫产品，位于中心景观两侧。整体户型方正，使用率极高。此户型最大的特点是侧向 6.8 米的餐客通厅和观景尺度超大的阳台。入户仪式型玄关给予人尊贵的生活体验。南向三开间设计保证良好的采光和通风。南向次卧套间设计可变老人房。

# 科技精工 城市华宅

## 杭州滨江金茂府设计方案

开发商：中国金茂 / 项目地址：杭州市滨江区滨盛路与西兴路交汇处

景观设计：深圳奥雅设计股份有限公司 / 占地面积：72 000平方米 / 建筑面积：270 000平方米 / 容积率：2.5 / 绿地率：35%

杭州滨江金茂府是杭州首个金茂府系作品，
以“精工优质、绿色健康、智慧科技”的产品理念打造新古典景观高层和法式精工叠墅，
高层精装修设计融合了 12 大科技系统、主题风格、人性化设计、高端品牌产品等，重新定义杭州的豪宅居住价值观。

调整鸟瞰图

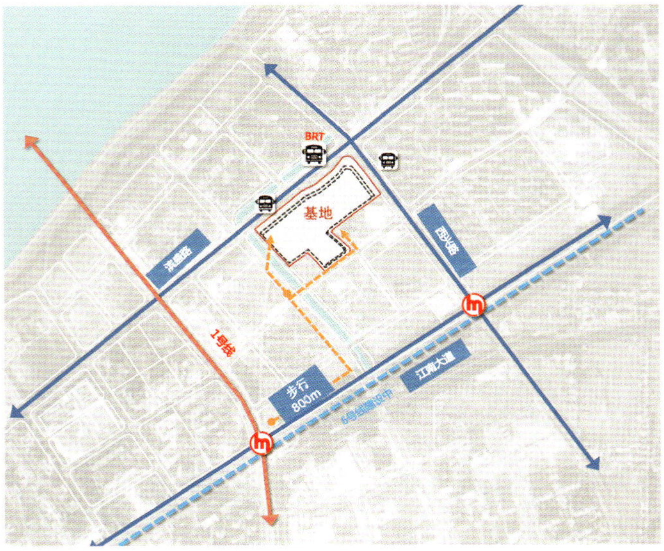


## 定位策略

项目是中国金茂在杭州的首个府系作品，秉承了府系产品的精髓，坚持“精工优质、绿色健康、智慧科技”的产品定位，引入 12 大科技系统，重新定义杭州高端住宅标准。项目由 9 栋 17~32 层的高层和 13 栋叠墅组成，分两期进行开发。

## 区位分析

随着 G20 峰会和亚运会等重大国际活动的成功举办，滨江区已经成为杭州的“陆家嘴”，杭州的发展也正式从“西湖时代”跨向“钱塘江时代”。杭州滨江金茂府位于滨江区核心地段，与钱江新城隔江相望，区域内商业、交通、教育、医疗、生态等配套一应俱全。

## 规划设计

项目是中国金茂在杭州的首个府系作品，秉承了府系产品的精髓，坚持“精工优质、绿色健康、智慧科技”的产品定位，引入 12 大科技系统，重新定义杭州高端住宅标准。项目由 9 栋 17~32 层的高层和 13 栋叠墅组成，分两期进行开发。

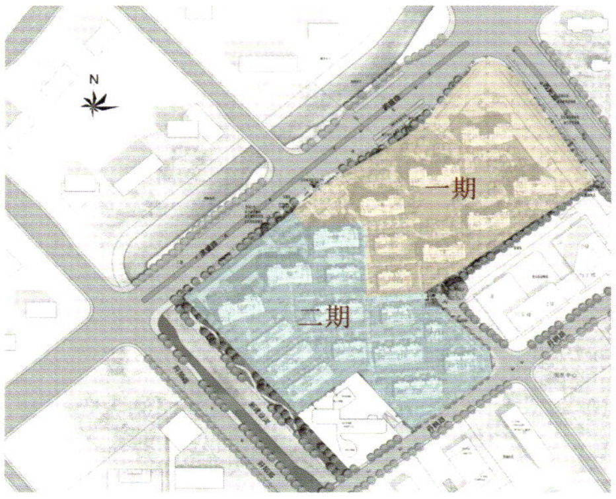

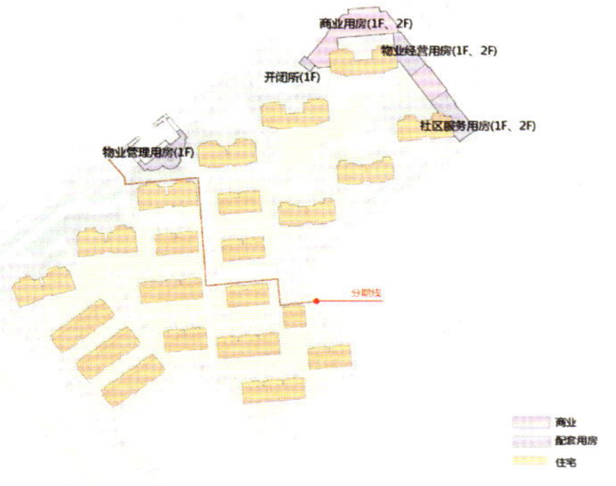

**功能分析**

沿滨盛路与西兴路交叉处布置商业及物业经营，最大价值化商业，其他物业配套分布合理。

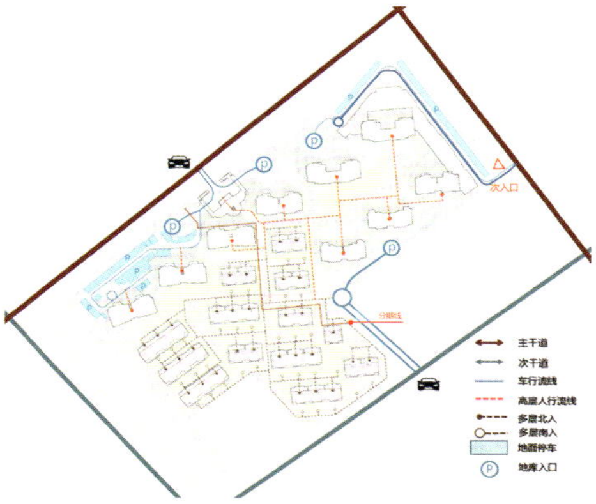

**交通分析**

人车分流，流线清晰。

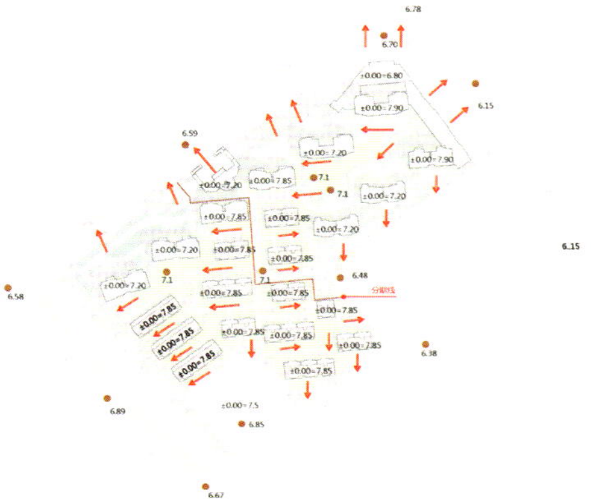

**竖向分析**

场地由内向平缓走低。

## 建筑设计

高层采用新古典主义风格，外立面采用天然石材，主体色彩为米黄色系，体现细腻的质感和高雅的建筑品质。

叠墅采用法式建筑风格，采用经典考究的立面设计，遴选高品质建材，以匠心技艺精细雕琢，廊拱、窗柱、纹饰、线脚，处处透露着匠人的严谨与细腻。

叠墅正立面效果图

叠墅正立面线稿图

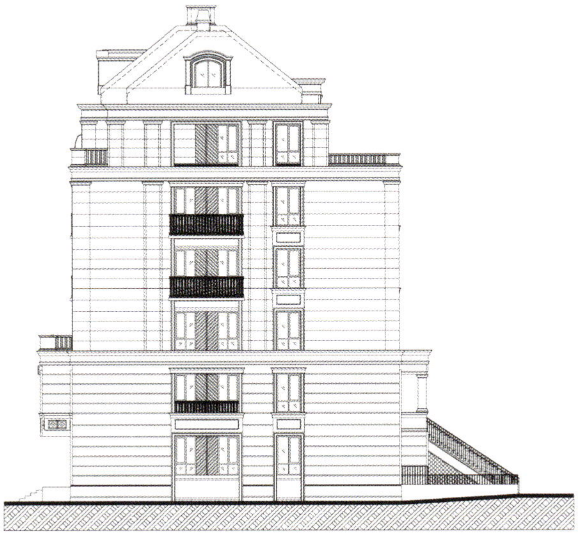

叠墅侧立面线稿图

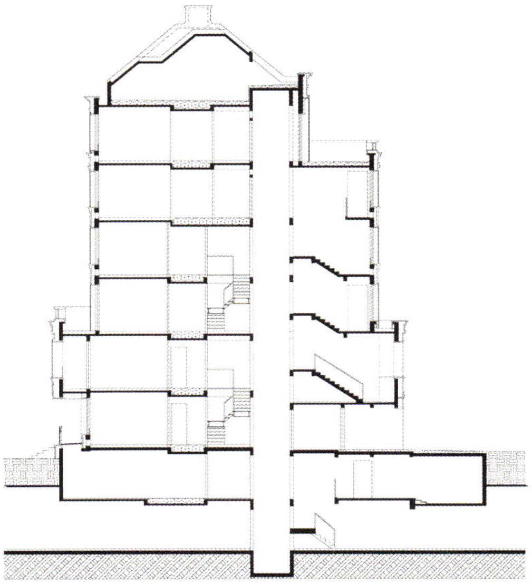

叠墅剖面线稿图

## 景观设计

项目整体上以“花园里的府邸”为主题来打造园区景观。一期采用围合式布局，形成“一轴、一厅、一苑、三园”的景观空间，主要体现庄重的归家礼仪感。二期以钱塘江水文化为背景，引水入园，贯穿高层与叠墅，配合自然水生植物，令景观更灵动、充满生趣。叠墅区采用苏州园林的设计手法，不仅注重建筑与景观的融合，而且注重邻里间的互动性和私密性。

**项目理念：**花园里的府邸。

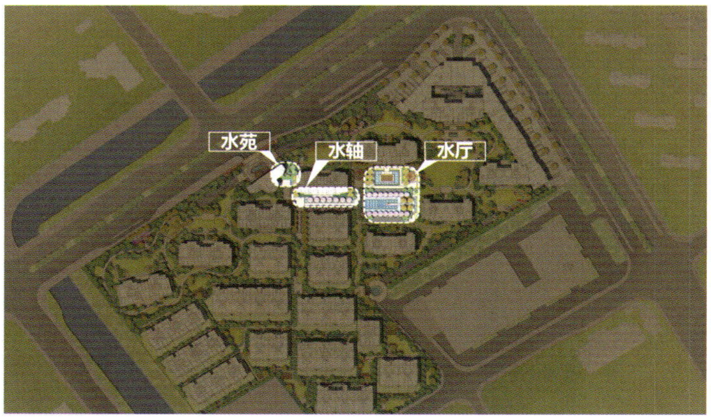


**钱塘文化的记忆：**寻回“水”的记忆，重拾场地荣誉感……

分区设计

## 户型设计

叠墅产品分为四叠墅和六叠墅，建筑面积为 190~215 平方米，精装交付，设有地暖和新风系统。叠墅的户型方正，格局大气，面宽约 7.8 米，客餐厅的设计开阔、通透；采用准全套房设计，尊重家庭的每一位成员；下叠和中叠设计双地下室，上叠还拥有地下储藏室、多功能阁楼与大面积屋顶星空露台，空间实用率高；每户配置独立电梯，以保证安全、私密和便捷的生活。

科技系统：配置包括毛细管网辐射系统、循环地源热泵系统、抗霾防 PM2.5 除尘系统在内的 12 大科技系统，从空气、温度、湿度、净水、噪声等方面全方位解决城市的居住环境问题。

主题风格：采用爱马仕、香奈儿主题风格，加入国际顶级酒店的雅致风尚。

高端品牌：甄选国际大牌的高端产品系，通过其卓越的性能营造健康、舒适、愉悦的生活氛围。

人性化设计：配置入户挂钩、衣帽间感应灯、下拉挂衣杆、柔光小夜灯、防潮面板、一键式断电、淋浴间凹槽收纳等，让生活更舒心。

细节工艺：内外双色入户钢木复合门保证门色与装修风格统一；淋浴间边角特别设计凹槽，便于水快速排出；飘窗以增宽、增高的设计提升舒适度与实用性。

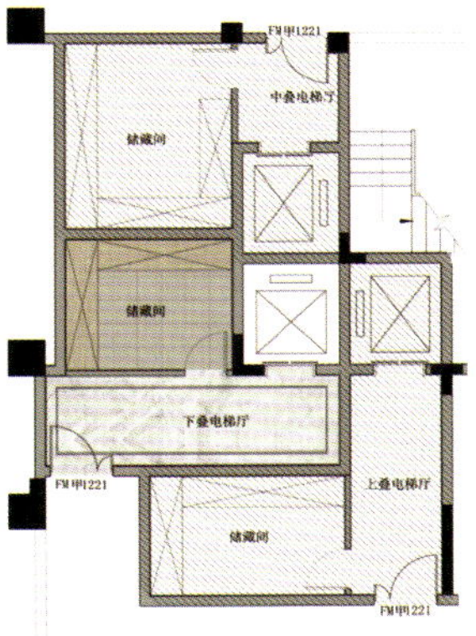

下叠地下二层

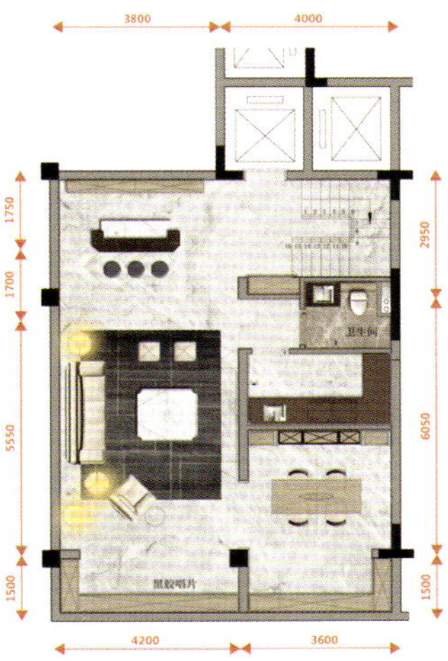

下叠地下一层

下叠一层

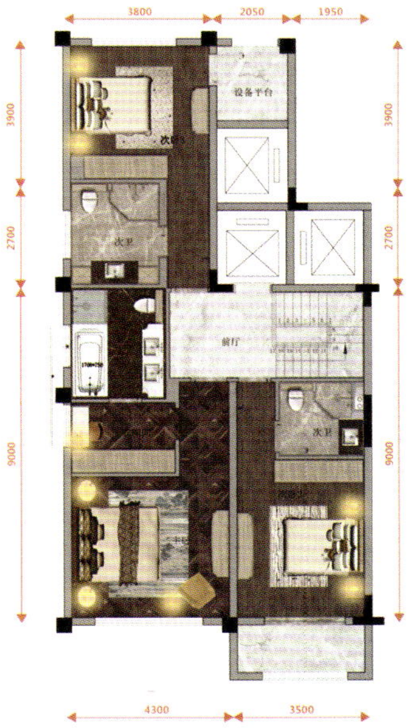

下叠二层

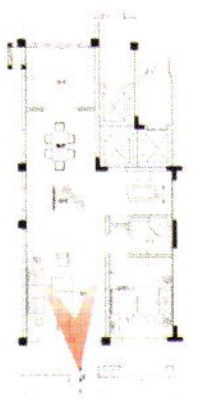

客餐厅效果图

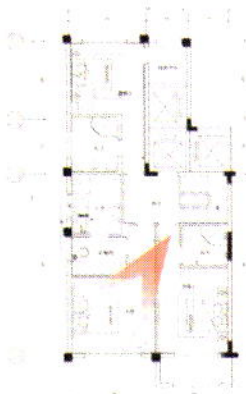

二楼主卧效果图

**下叠户型**

**风格定位：**新古典

新古典主义更像是一种多元化的思考方式，将怀古的浪漫情怀与现代人对生活的需求相结合，兼容华贵典雅与时尚现代，碰撞出后工业时代个性化的美学观点和文化品位。

# 中魂西技 山地墅居

## 广州龙湖首开·云峰原著设计方案

开发商：广州市君庭房地产有限公司 / 项目地址：广州市黄埔区科学城永和大道转云峰路
景观设计：山水比德集团 / 用地面积：135 000平方米 / 建筑面积：452 000平方米 / 容积率：2.8 / 绿化率：35%

作为龙湖产品系中的顶级之作，原著系作品体现了龙湖地产对土地、人文、城市与自然的深入理解，渗透着龙湖地产对人的深切关怀与专属定制意识。
广州龙湖首开·云峰原著在原著系作品的基础上进行创新和突破，在文化、精神层面达到了原著系作品的新高度。

云峰原著占据优质的自然资源，依山傍水，这个地块风水上曰：玉带缠腰。项目在规划设计上遵循“临水而立，循山而居”的理念，同时秉承原著系对细节的坚守和对匠心的追求，精心设计兼具品质感与艺术感的新中式别墅与新古典高层，结合地形特点营造人性化的五维景观园林，实现“出则通达世界，入则归隐山林”的理想生活。

## 项目概况

广州龙湖首开·云峰原著汇集龙湖四代原著建筑之精髓，遵循“无贵脉，无原著”的营造标准，并且从土地、资源、社区、人文、美学等层面进一步优化原著系产品，以“三水五园七法十卷”的蓝图与山地环境相融合，始创国家专利山地院墅，构建高品质的城市低密墅区。

## 原著系别墅

原著系别墅是龙湖 Top 级别墅作品，以“中魂西技”作为核心理念，中学为体，西学为用，在建筑上融合西方石材建构与中国传统建筑元素，适当糅合区域文化特色，强调规制、秩序、人文；在园林上从五重景观发展到五维景观，从“生态、健康、交融、精筑、人文”五个维度打造人性化体验式景观，继承传统造园手法，集城居豪宅、私家园林、世家府邸于一体。

2008年，原著系的开山之作——北京颐和原著以中魂西技的设计手法精心打造中式府邸，确定了原著系产品的核心与标准。

2013年，北京双珑原著将“院子”升级至“园子”，开辟了园林礼序，并在地下室的设计上实现了开创性的突破。

2016年，北京景粼原著融合“八法二十四式”，筑造新中式合院别墅。

2018年，广州云峰原著在营造上道法自然，融合东方建筑的精髓，重新定义山地别墅。

## 土地观——城市东进第三中轴

云峰原著坐落于广州市科学城板块，于城市东进的第三中轴之上，临近黄埔区永和大道，距离香雪地铁站约 4 千米，毗邻萝岗万达、高德万象汇等商业配套，距离珠江新城 CBD 约 20 千米。

## 资源观——山宅相生相长

项目北面临水，南面望山，占据科学城板块稀缺的山地资源，坐享自西向东绵延 1 千米的一线山景，绿化率高达 40%。项目的规划遵循“临水而立，循山而居”的理念，让山地肌理与建筑空间相生相长。

## 社区观——高端低密墅区

项目以低密标准规划别墅和高层，结合精心设计的出入口，围合出高端低密住区。项目整体地势抬高 9 米，铺排高层归家、别墅归家双动线，并实现人车分流。

## 人文观——匠心定制专利别墅

**专利别墅：**依山地之肌理与地势，承袭传统三段式黄金分割，结合平顶长檐、减墙开窗等创新设计手法，打造专利山地院墅：山地联排别墅、山地四叠拼别墅、山地六叠拼别墅。

**定制别墅：**遵循中国府邸人居礼制，定制专属门匾，彰显大宅风范；追溯中国艺术美学，独创入户“云”字纹，寓意平步青云、高升如意。

## 美学观——三水五园七法十卷

**三水：**以绕城水、叠云瀑、溯源溪打造三水归庭的动线，让自然与礼制相结合。

**五园：**继承原著系造园之精髓，将人文、艺术、自然相交融，打造“云峰五园”：知书园、观霞园、浣溪园、怡乐园、嬉趣园，步移景异。

**七法：**精简实墙面，取代以大面积阔景透光玻璃，开窗率达到 44%；精简厚重坡屋顶，采用带有金属质感的平屋面错位而置，呈现峰峦叠嶂的意境。

**十卷：**循山而建，规划“寻山五景”：花树见山、仙桥寻山、霞阳观山、花港悦山、云峰乐山；以水聚气，营造“亲水五景“：瑶池仙境、浣溪叠石、水月叠瀑、溯流而上、问水寻源。

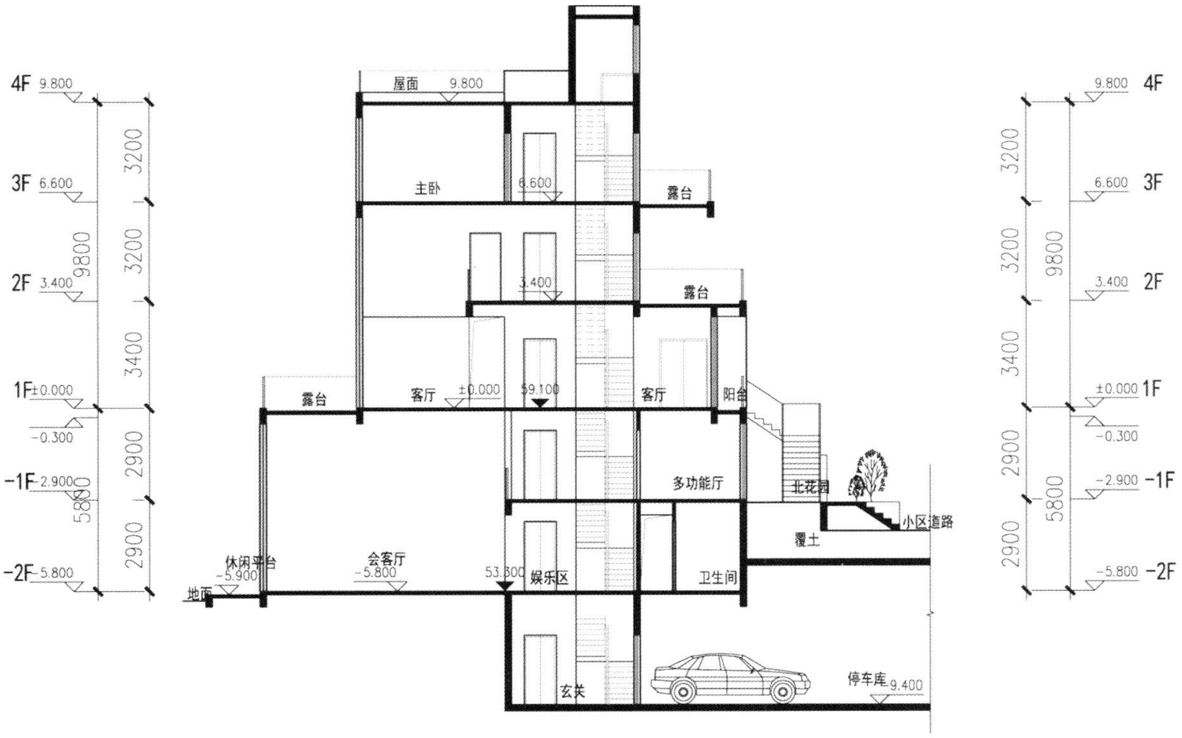


联排剖面图

## 空间设计

**5 大空间设计亮点**

**高低配：**项目最大化别墅组团，提升整个项目的圈层和调性。高层和低层等高端圈层均同质而居。

**依山：**高层沿平地布置，多层依山而建，尊重自然，减少对山体的破坏。

**点式：**高层全点式布置，形成城市视线通廊，同时利于整个小区的通风对流。

**高差空间：**利用原地形高差，融合景观，丰富别墅的入户空间与景观步行空间。

**园区提高：**提升整个小区的园林台地 9m，打造垂直边界，远离噪音。

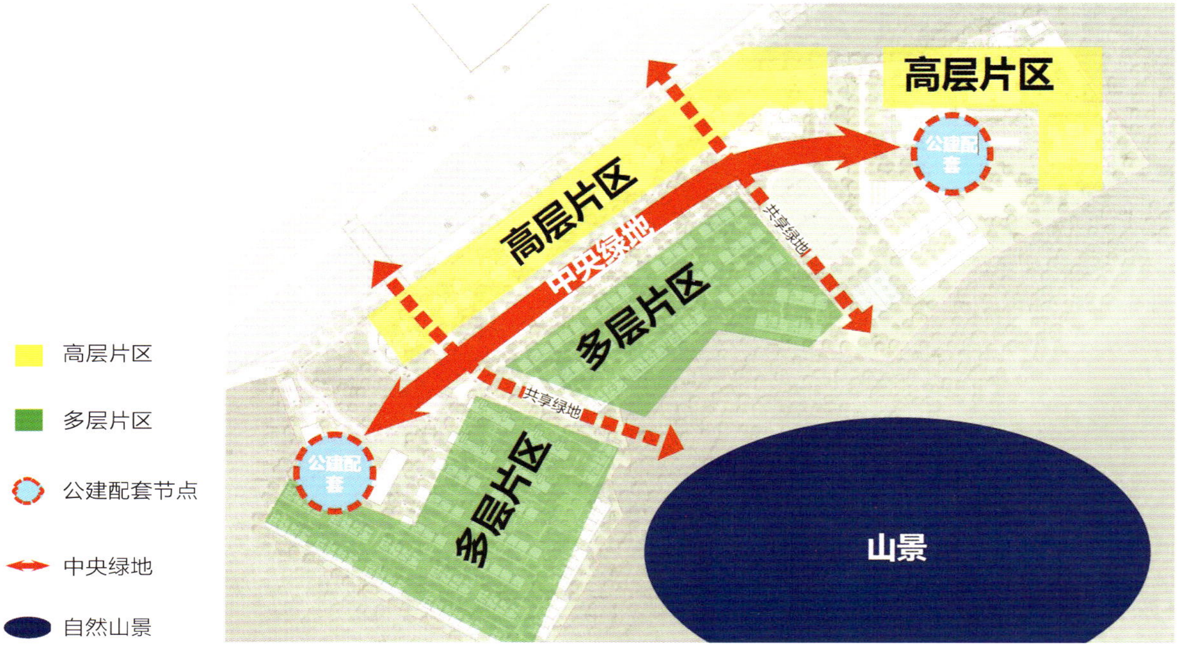


**高层布置原则——高层沿北侧贴线布置，用地效率最高**

- 用地西北侧有已建有楼栋且距离甚远，本地块即使贴线布置也能满足与其之间的日照间距，故高层沿此面布置时，仅需退用地最小退距12m即可

- 高层沿东北面布置，因北侧有规划建设用地，需退让北面红线0.5倍日照间距（点式高层为25m）

**高业态产品布置原则：**

- 高业态 产品放置在南侧，结合等高线沿红线边界方向直线布置，土地效率最大化

## 户型设计

大面宽——8.8 米面宽，横厅设计，南向采光。
大花园——南向大花园，独立入户。
阳光地下室——约 320 平方米的两层地下室空间，设计采光井；配套 2 个私家车位。
私享电梯——预留电梯井道。
大观景——高开窗率，设置宽敞的南向露台。
大天面——天面层可灵活改造。

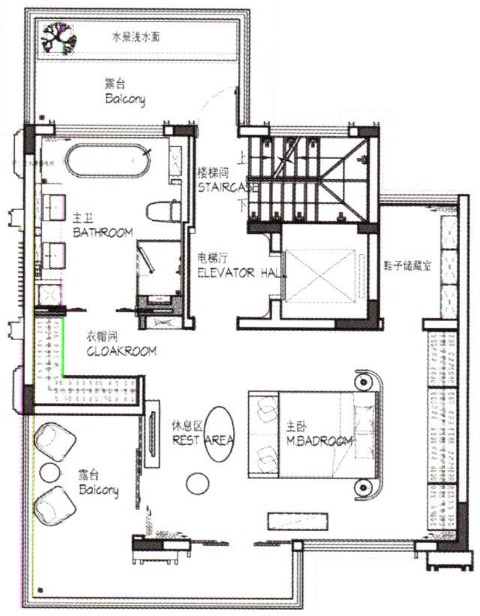



联排端户三层平面图

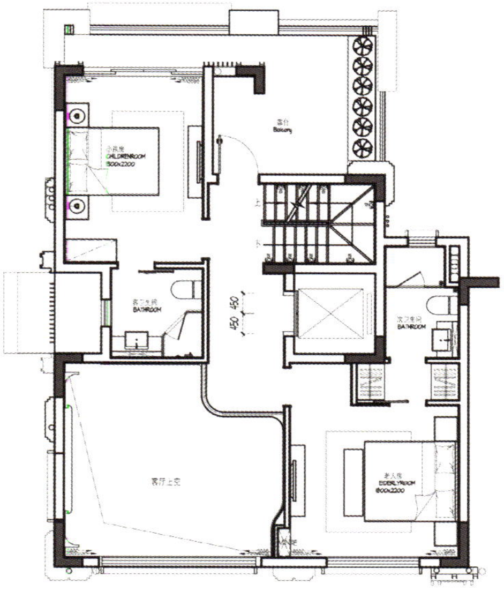

联排端户二层平面图

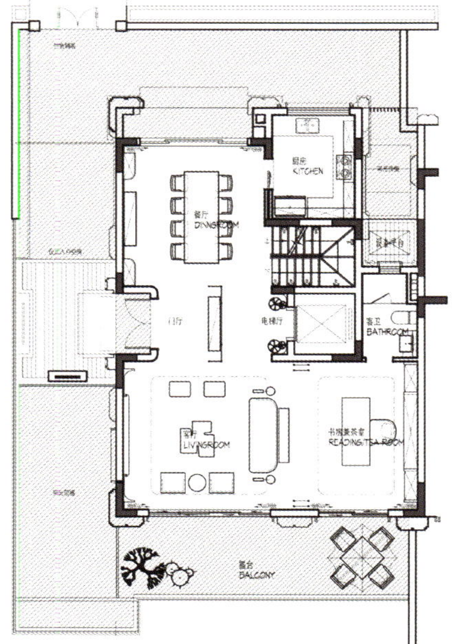



联排端户一层平面图

内含 30P 核心资料
扫一扫开通金盘会员
200 多个精选项目研发档案随意看



# 大院小墅 湖山风光

## 无锡弘阳三万顷·小别设计方案

开发商：弘阳地产 / 项目地址：无锡市滨湖区马山太湖国家旅游度假区

景观设计：上海易境环境艺术设计有限公司 / 占地面积：359 800平方米 / 建筑面积：74 514平方米 / 容积率：0.19 / 绿地率：75%

无锡弘阳三万顷·小别凭借得天独厚的山地滨湖环境，遵循“半山半坡、依山傍水”的造墅理念，打造现代中式度假大宅，并依附太湖的深厚文化积淀，充分体现太湖的山水文化与人文情怀，提升项目本身的气质与精神。类独栋别墅以“大院小墅”的理念构造三重庭院，在色彩、材质等方面糅合了江南水乡的建筑风格，营造自然写意、格调高雅的湖山墅居生活。

## 定位策略

小别是弘阳地产 TOP 系别墅产品，属于弘阳三万顷的二期项目。项目推出 90–190 平方米的别墅户型，打造高端精品路线和旅游度假风格。项目遵循“半山半坡，依山傍水”的造墅理念，打造如同生长于近百米坡地的类独栋别墅，引太湖活水贯穿整个墅区，让户户拥有湖山风光。

## 选址研究

无锡弘阳三万顷 · 小别择址于无锡市滨湖区马山太湖国家旅游度假区，紧邻灵山风景旅游区，三面环山，一面望水，环境优美。项目位于环山东路西侧，西临圣旨岭，南倚窑塘山，北靠冯家山，距离市中心约 40 分钟车程。

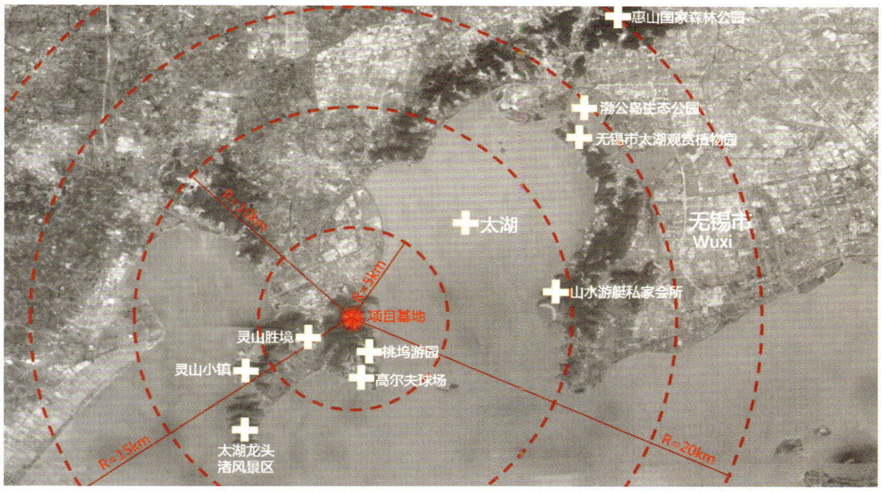

## 规划设计

山地别墅的精髓在于其不可复制的环境与文化之美。因此，项目因地制宜，依照地势地形而建，采用阶梯状的布局方式，彰显其独有的资源；同时注重文化的植入，打造颐和系文化大宅，体现浪漫奢华的项目气质。小区四周分散设置出入口，其中主入口拥有绝佳的景观朝向。

### 机动车流线

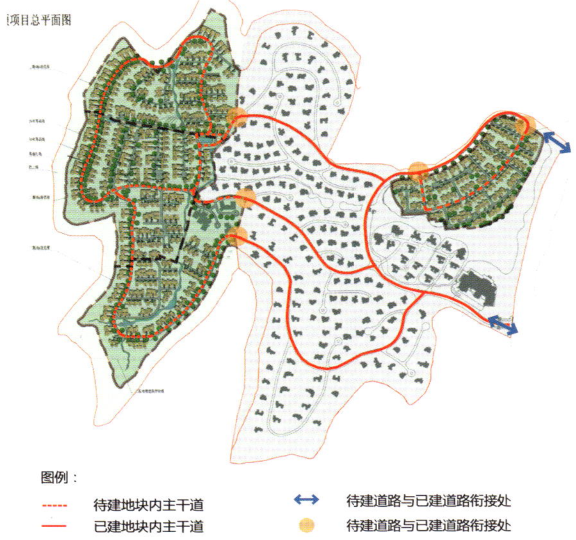


### 人行流线

### 消防流线

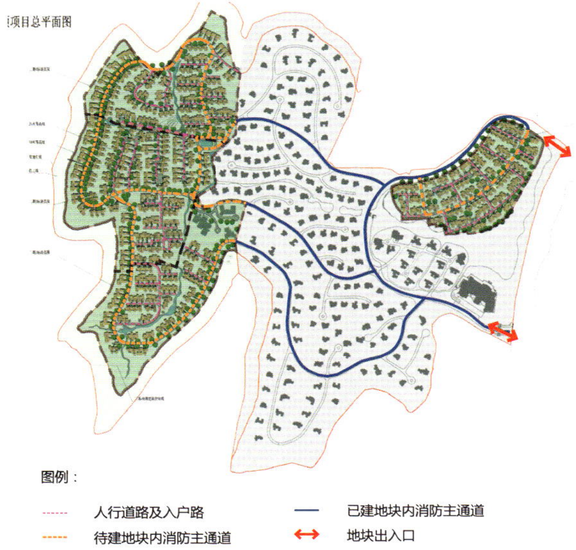


### 高程分析

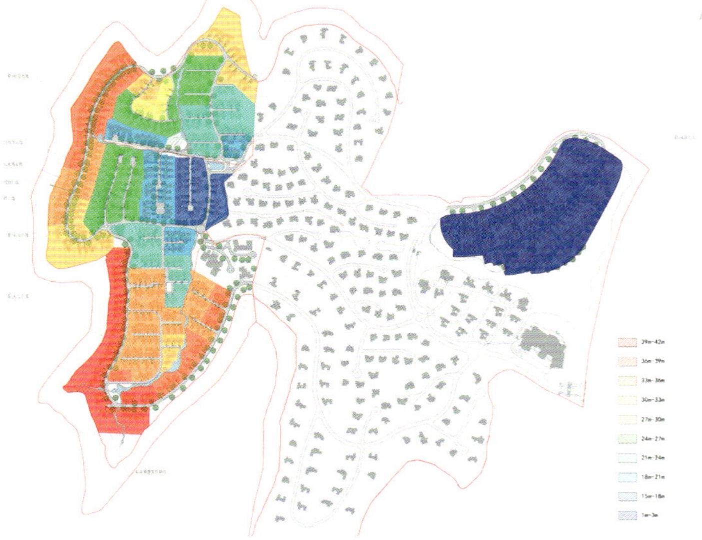

## 建筑设计

项目以现代简约的设计手法打造江南新中式建筑。项目提炼江南建筑“粉墙黛瓦”的特色，运用具有现代质感的材质，结合传统建筑坡顶与飞檐的特点，突显江南建筑风格。同时，项目遵循“大院小墅”的造墅法则，打造独门独院、三重庭院的空间格局。

效果图

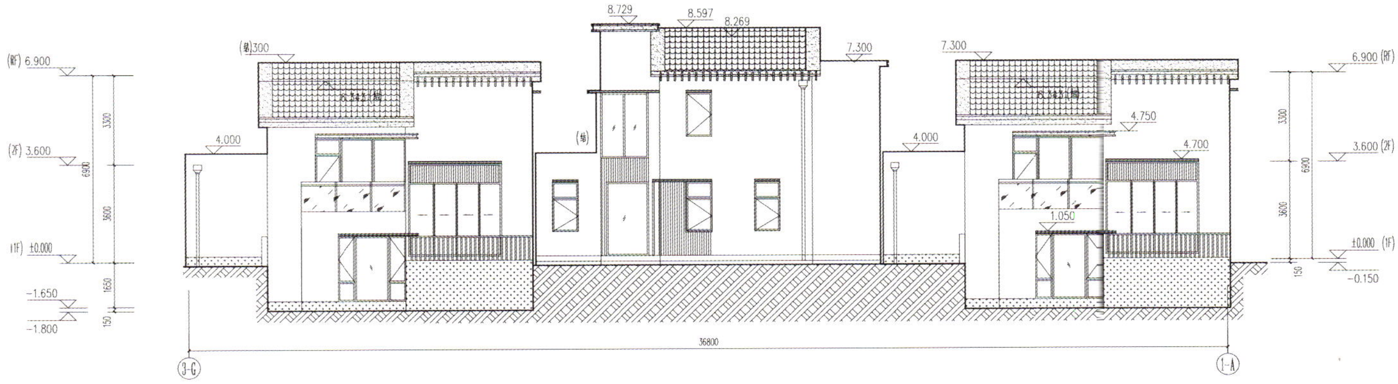


3-G 轴～ 1-A 轴立面图

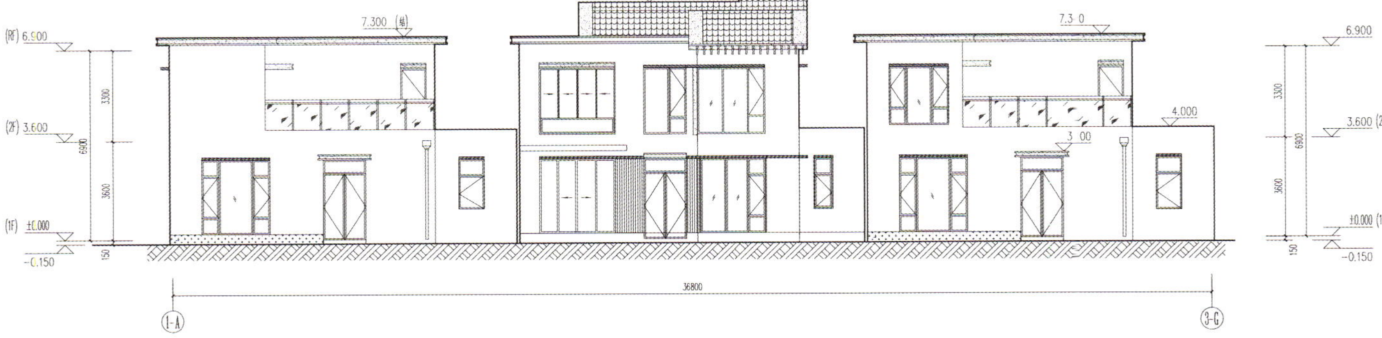


1-A 轴～ 3-G 轴立面图

## 景观设计

项目运用“筑高台、建深院、制礼门、御精奢、承造境”的理念；在规划上分为“一屿四台”五部分，分别是掬月屿、印月台、皎月台、揽月台、抱月台；并根据地形与寓意设计十个景点。

巷道与合院是设计的重点之一，设计师运用高墙深院、空间的转换形式增加空间的层次，丰富参观路径的视觉体验。

## 户型设计

T1 别墅户型的建筑面积约 157.61 平方米。

一层：内庭外院设计，收纳天地至美之景；南北动静分区，空间功能布局合理，采光效果好；客餐厨一体化设计，凸显大宅礼仪；套房卧室衔接室外庭院花园。

二层：南北双卧室套房设计，让每位家人享受尊贵、私密的生活；宽敞的套房主卧配置独立的卫浴间与衣帽间；拥景套房卧室衔接超大景观露台。

效果图

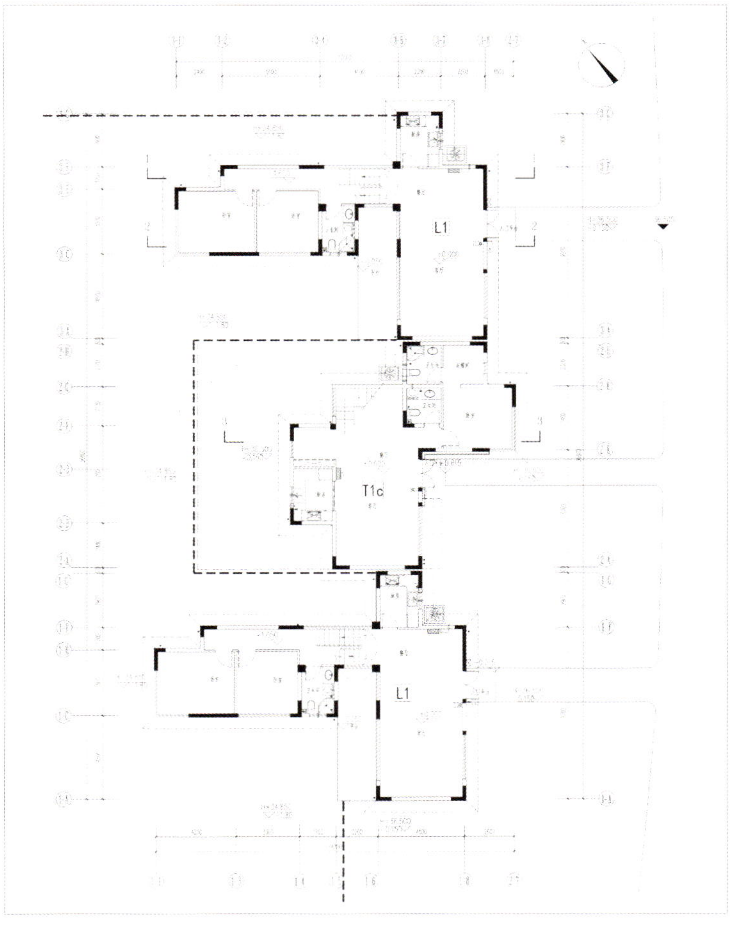


T1 别墅一层平面图

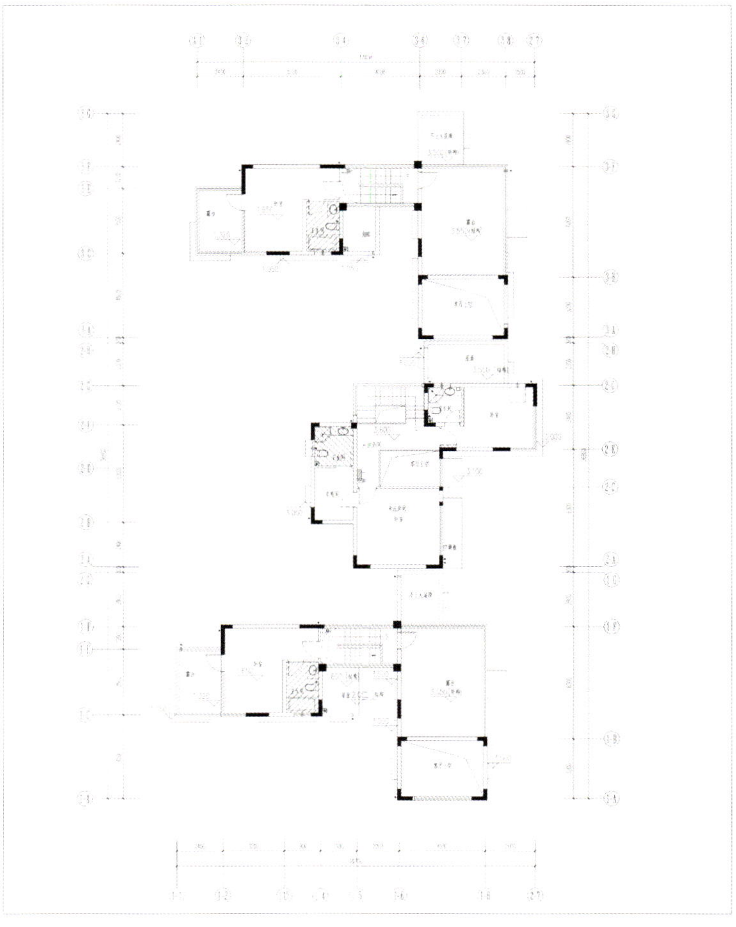

T1 别墅二层平面图

# 中式情怀 现代演绎

## 厦门建发·央玺设计方案

开发商：建发集团 / 项目地址：厦门市金山路与钟宅路交叉口东南侧
规划与建筑设计：上海齐越建筑设计有限公司 / 占地面积：24 216.08平方米 / 建筑面积：109 342平方米 / 容积率：3.2 / 绿地率：31.12%

厦门建发·央玺位于厦门岛东北部的城市高端住宅区五缘湾，区位条件优越。项目在产品理念上将中式情怀融入现代空间，无论是会所、园林，还是公共空间，都将中式美学情怀贯彻到底，并融合现代人的审美需求，打造富有传统韵味的现代生活空间。

## 定位策略

项目共规划 9 栋新中式高层建筑，中轴对称式排布，高层包括沿街商铺和住宅两部分，主力户型为 140-250 平方米的复式户型，定位为中高端客群。项目整体为新中式风格，通过对传统文化的理解和提炼，将现代元素与传统元素相结合，让传统艺术在当今社会焕发新生。

## 区域分析

项目位于厦门市金山路与钟宅路交叉口东南侧，属于城市高端住宅片区五缘湾，距离东西向城市快速道仙岳路、南北向城市快速道环岛干道各约 2 千米，机场和五缘湾游艇码头近在咫尺，交通网立体便捷。项目还临近五缘湾湿地公园、中央湾区城市综合体和万达广场。

## 规划设计

**土地价值最大化：**通过设计趋利避害，既能保证高等级土地的价值，又能提升低等级土地的价值。第一等住宅用地位于地块中部和东部，受外部环境干扰少，坐拥中心观景；第二等住宅用地位于地块南部和北部，受一定的外部环境干扰，主要为单侧观景；第三等住宅用地位于地块西部，易受外部环境干扰，主要为侧向观景。

**住宅景观最大化：**通过整体布局保证每户均有最好的景观朝向，处处有景，最大限度地利用小区景观资源；将景观提升到空中，创造空中花园，拥有自己独有的微景观。

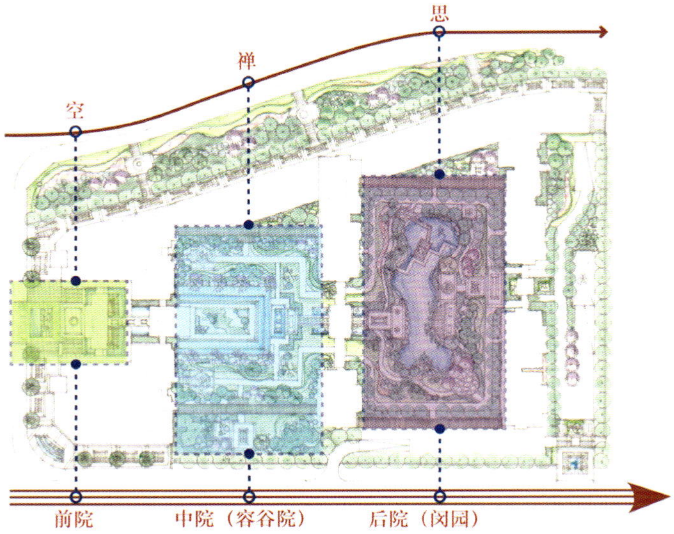


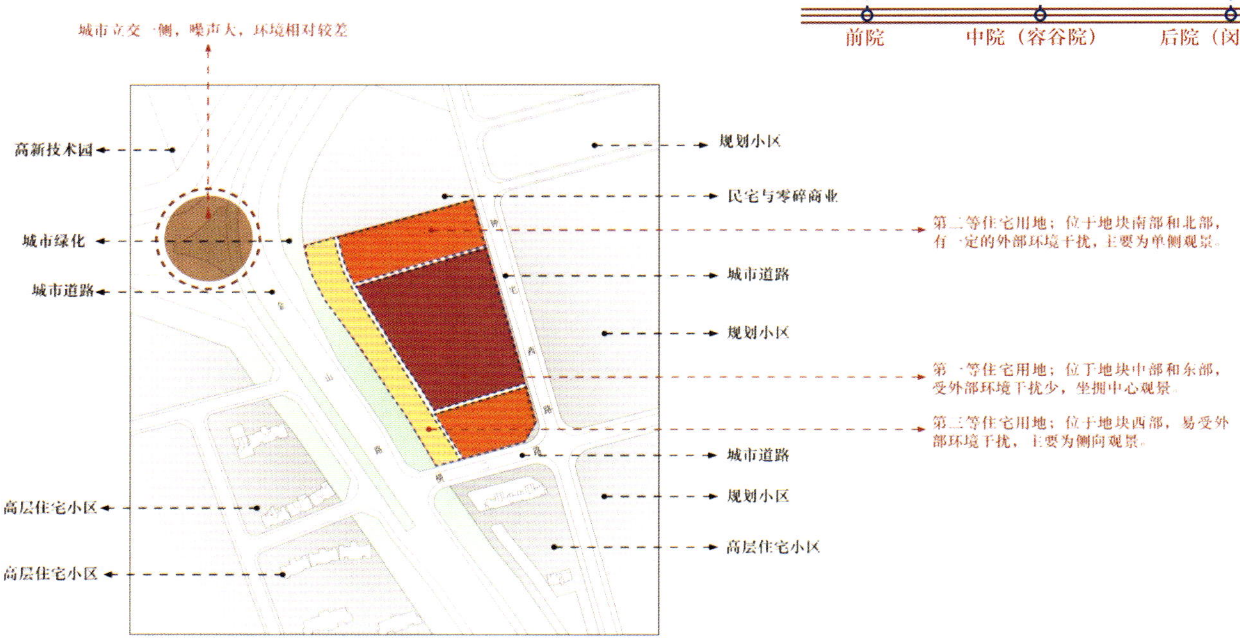


通过设计趋利避害,既保证高等级土地的价值延续,又能提升低等级土地的价值。

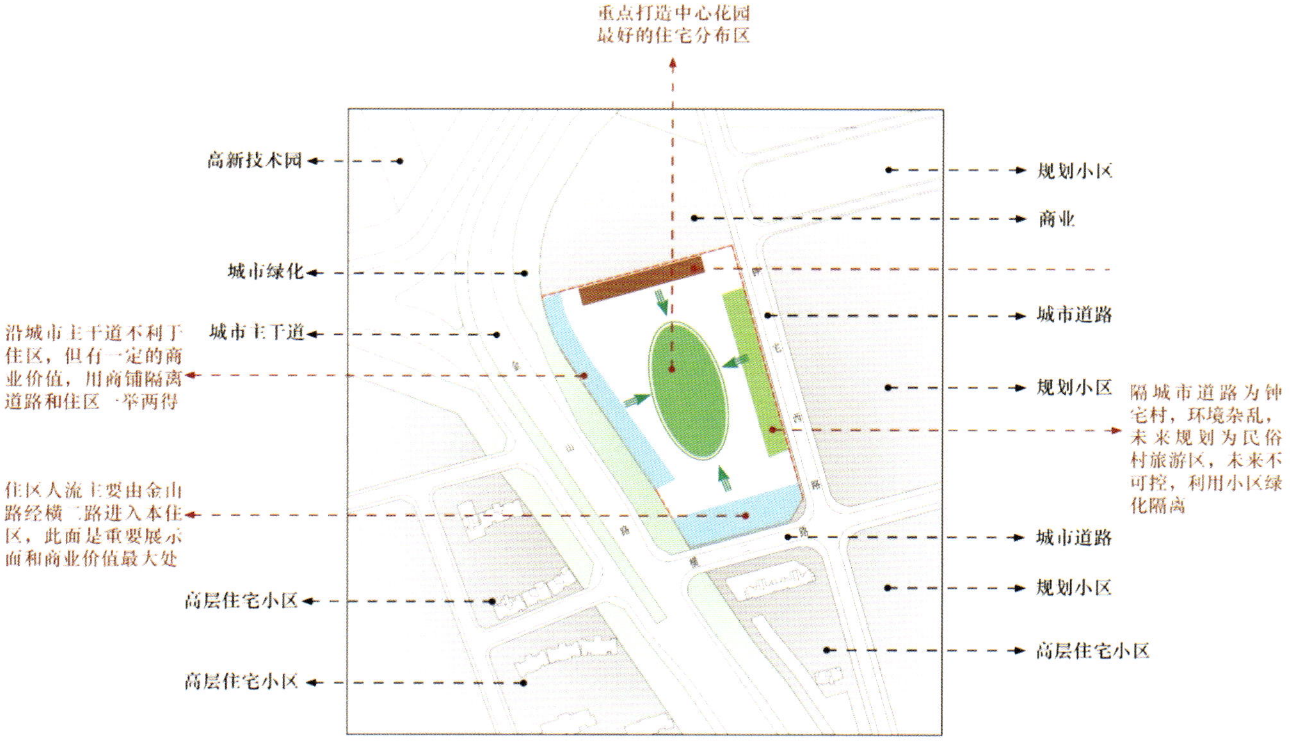


分析周边环境特征，评价基地不同区域特性

## 建筑设计

建筑的立面造型力求体现出传统的地域特征，又兼具古典风格，以独特的气质与周围的建筑形式形成对比。建筑抽象地运用当地建筑语言，以现代平屋顶诠释古典中的经典，以线条诠释现代中式风格，以高级石材贴面装饰，形成蕴含厦门文化的新中式风格。建筑基座、腰身与顶部皆镶嵌了手工打造的长条形纹样，使建筑外立面更富有层次和内容，具有很强的标识性，并体现尊贵感。

### 建筑地域特色的抽象提炼

用现代平屋顶诠释古典中的经典，对当地建筑语言的抽象运用。

### 立面设计理念

- 蕴含厦门文化的新古典风格
- 打造尊贵 / 优雅的经典立面

- 拥有精致、细腻的细节设计
- 使用功能与立面形式的完美结合

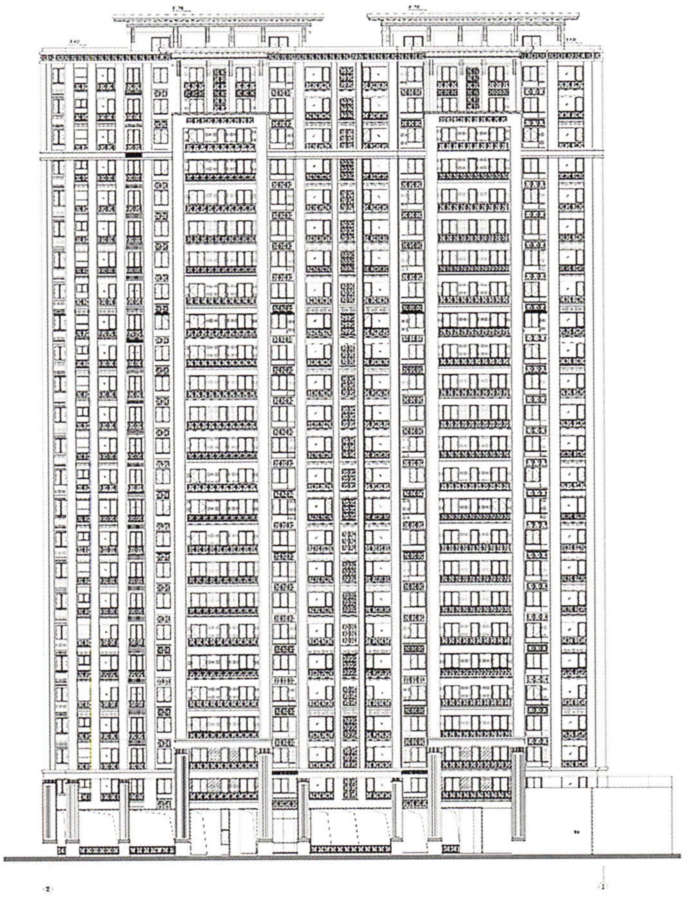

正立面图

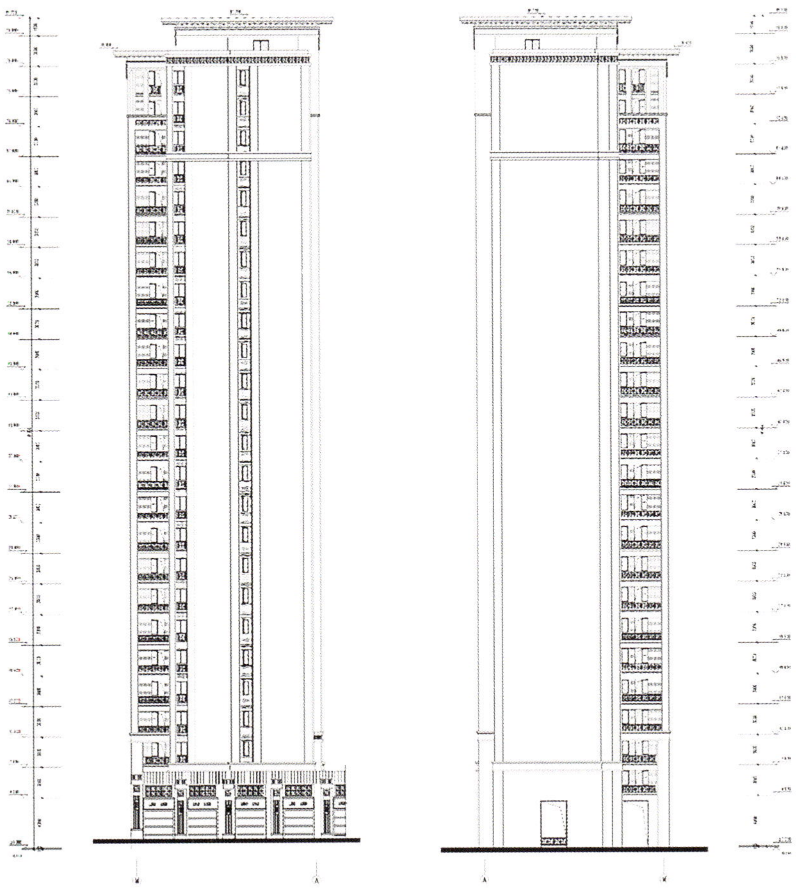

侧立面图

## 景观设计

景观设计从“桃花源”的意境出发，借鉴传统山水园林的神韵，将“居山水之间”的传统人居思想与“出则繁华，入则幽静”的现代人居追求相融合，探索古典园林在当今时代的全新演绎。项目通过对景、借景、框景、障景等手法，重视动观与静观的结合，注重空间的分割与不同空间的不同用途，创造出自然舒适、温馨典雅的生活空间。

尊贵感由空间序列产生——闽南民居院落空间秩序

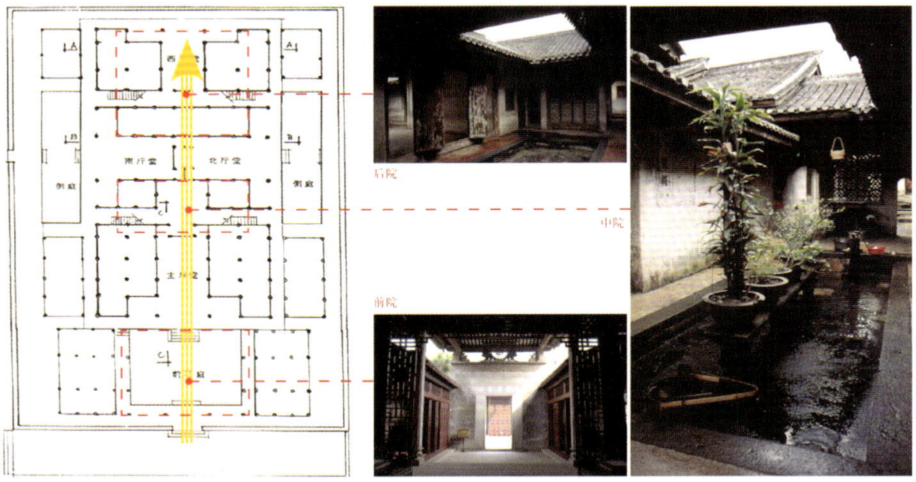

基于闽南文化的
养身养心意境化

【定】——入口前庭

【幽】——中心景观

【静】——会所水院

## 室内设计

**整体布局：**每户都有最好的景观朝向，处处有景，做到小区景观资源利用最大化。

**立体景观：**将景观提升到空中，创造空中花园，打造拥有自己独有的微景观。

**户型设计：**可分可合的空间设计，让居住空间具有可变性，更灵活地适应不同需求。

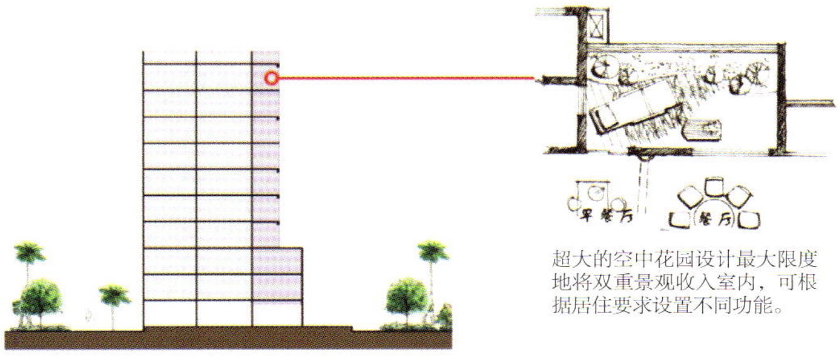

超大的空中花园设计最大限度地将双重景观收入室内，可根据居住要求设置不同功能。

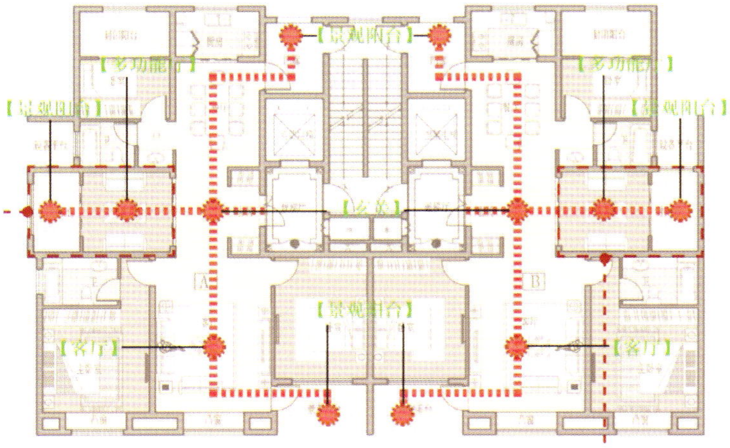


可变的功能设计，为住户根据自己的喜好或者要求进行改造创造了方便；多功能房间，更增添了空间的趣味性和灵动性。

# 现代经典 城市豪宅

## 合肥融创·壹号院设计方案

开发商：融创中国 / 项目地址：合肥市政务区天鹅湖路与齐云山路交汇处
用地面积：56 746.7平方米 / 建筑面积：237 501.8平方米 / 容积率：2.8 / 绿地率：35%

合肥融创·壹号院择址于合肥核心区域，集聚城市顶级配套资源。
其建筑立面糅合现代主义与新古典主义的设计精华，既诠释了古典建筑的品质感与尊贵感，
又展示了当代建筑的时尚质感和灵巧轻盈，形成独树一帜的城市风尚，为合肥现代精装豪宅树立新典范。

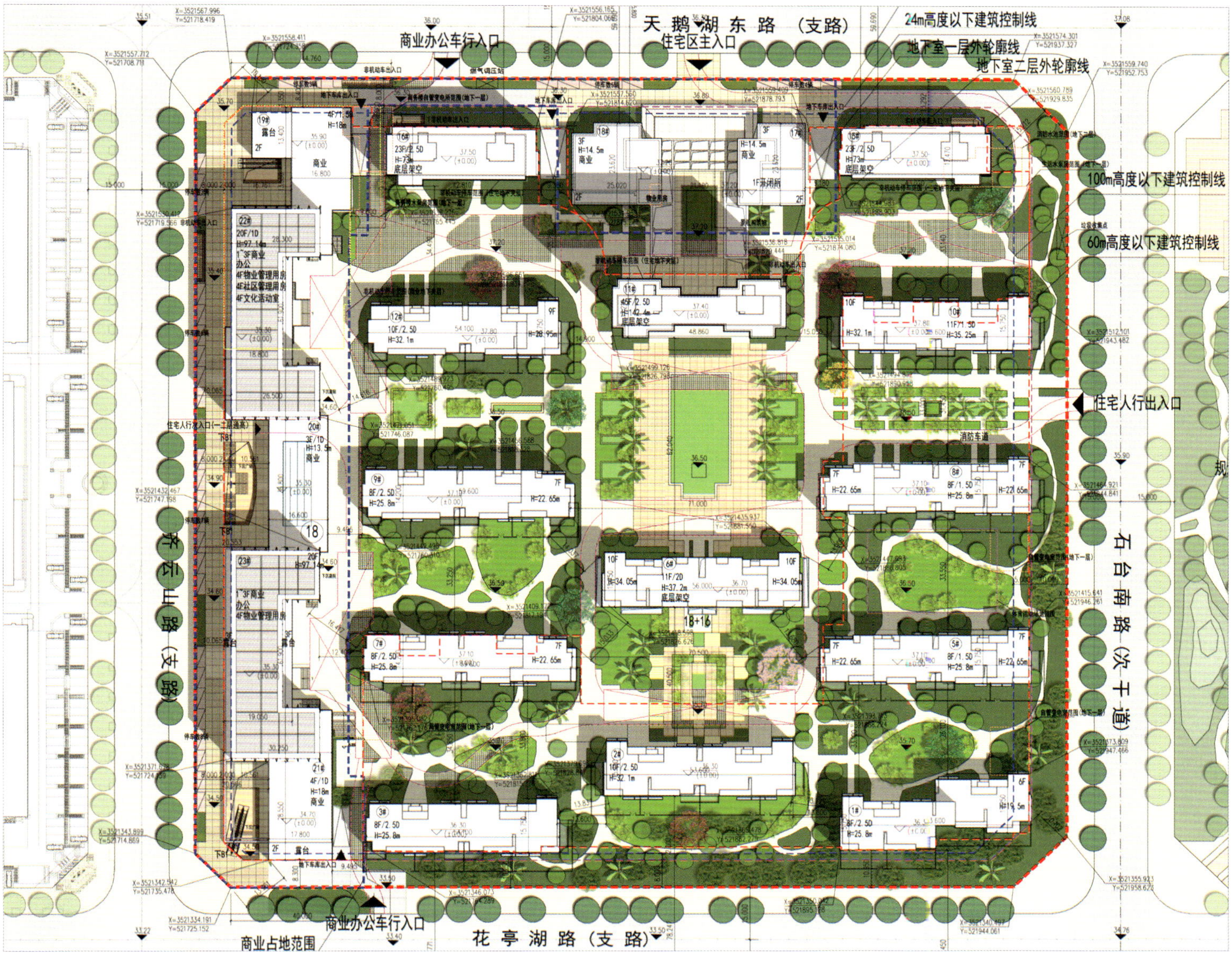

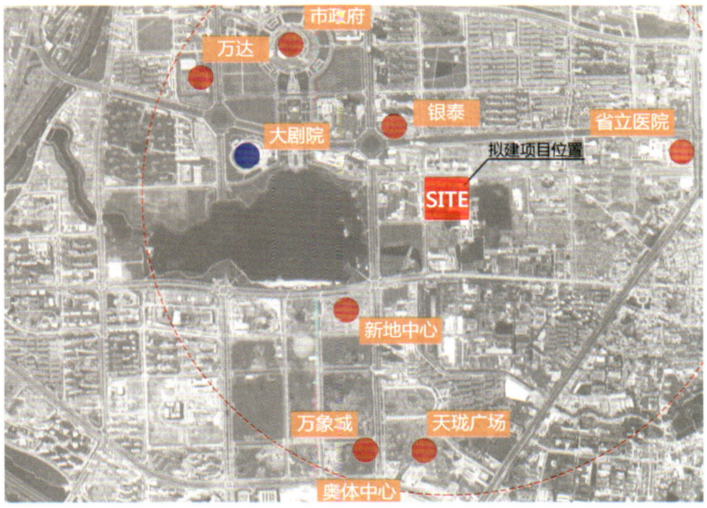


## 定位策略

项目是融创中国的“壹号院系”作品，规划精装低密洋房、精装瞰景高层、精装复式私寓以及高端精品商业配套。建筑整体呈中轴对称排布，采用现代化的新古典建筑风格。精装设计以居住体验为本源，重视人性化细节营造，力争打造合肥乃至安徽的城市豪宅典范。

## 区位分析

合肥融创·壹号院位于合肥市政务区，西临齐云山路商务核心区域及天鹅湖，东面隔石台南路连接城市公园，南邻花亭湖路，北面为天鹅湖东路，正对高层商办楼及住宅区，周边商业办公氛围浓厚，景观资源得天独厚，交通便利。

## 规划设计

项目由 13 栋 8~45 层的住宅楼、2 栋 20 层办公楼及沿街商业裙房组成，商办用地主要位于地块西侧，居住用地位于地块东侧。规划布局强调南北轴线，整体串联地块南、北侧的高层居住用地空间。

用地西面及北面布置高层建筑，东南及内部布置多层及小高层住宅，小区轴线中心布置一栋 150 米高的超高层建筑，沿西侧齐云山路布置四层街区式商业及办公主出入口。居住小区主出入口设于北侧，入口两侧设置三层独立商业建筑，次出入口设于东侧，连接城市公园。高层住宅及内部轴线的 10 层住宅的底部架空，为住户提供更多层次的户外活动场地。

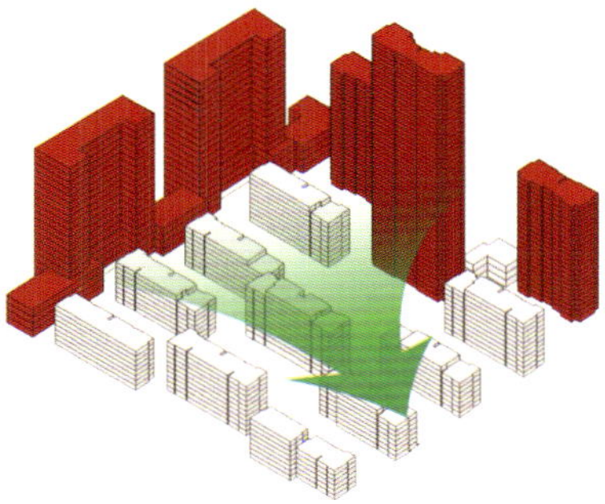

通过建筑围合，预示了城市未来发展方向

**方案特点：**

住宅部分由三栋高层住宅和十栋洋房组成，建筑错落有致，通过建筑的高低错落，塑造出形如山峦的多变天际线；通过建筑布局的错动，形成了两个较大的中心花园；整体呈现西高东低的布局，获得了良好的东侧景观视线；办公部分顶层设置了空中会所，丰富了城市屋顶形态。

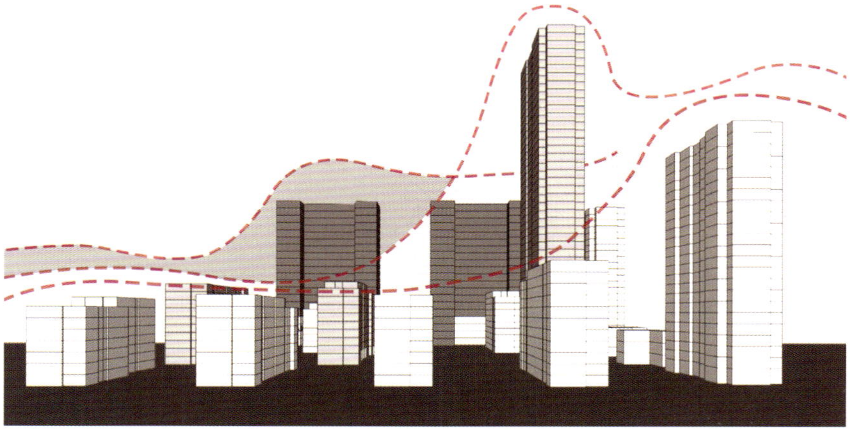

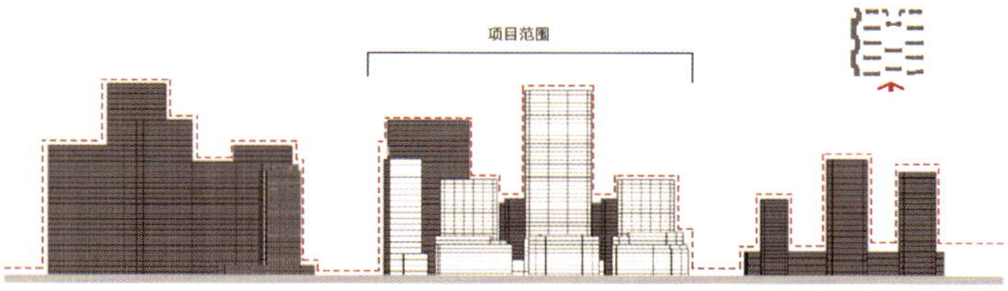


沿花亭湖路天际线

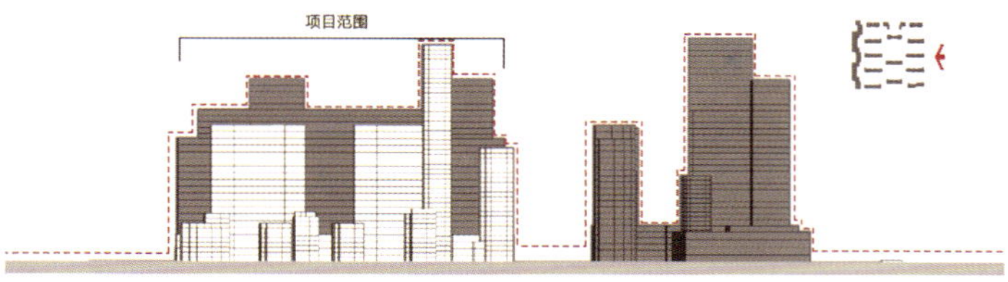


沿石台南路天际线

## 建筑设计

建筑采用简洁一致的形式语言，形成既现代又蕴含古典气息的建筑群形象。立面细节设计以典雅精致的表皮为主，而形体设计在凸显标志性的同时避免过于浮华的设计，体现项目对于品质的追求。

**住宅建筑：**外立面的色彩基调为暖色及深咖啡色，打造深沉、稳重、高贵的气质。外立面基部采用石材面饰，主楼部分采用高级仿石涂料。局部架空的手法不仅丰富了建筑造型，还有利于设置高档次的公寓大厅。

**商业建筑：**立面材质以玻璃、仿石涂料与铝型材为主，通过精细划分的比例表现高品质的建筑形象。

## 景观设计

项目内部通过建筑围合形成中心花园，沿轴线形成三进空间，并通过建筑的错落及花园的设置，将东侧公园的景观引入场地，形成景观渗透。整体布局既有利于争取最大的景观观赏角度和面宽，又保证了城市的视觉要求，同时还保持了地块内部景观的完整度。

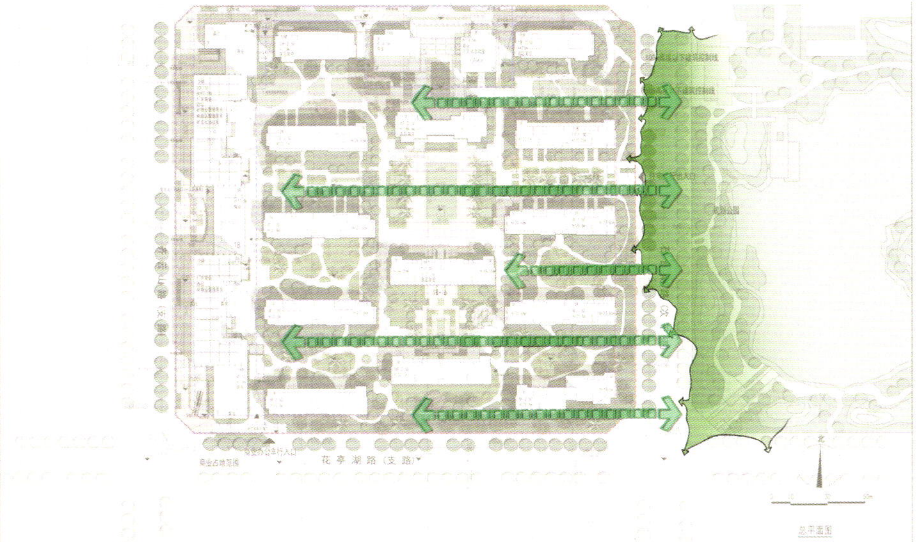


通过建筑的错落及花园的设置，将东侧公园的景观引入场地，形成景观渗透

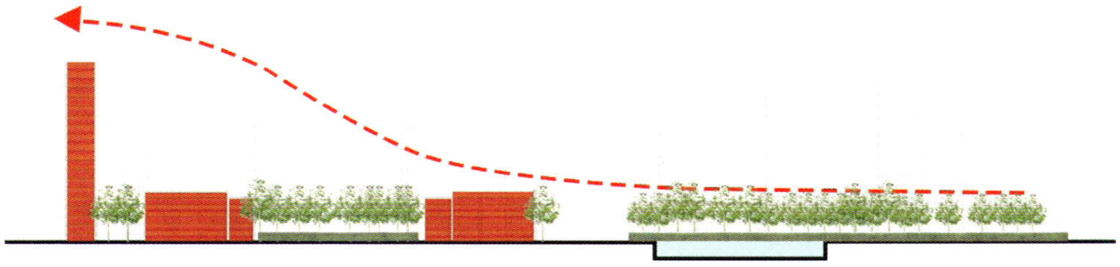

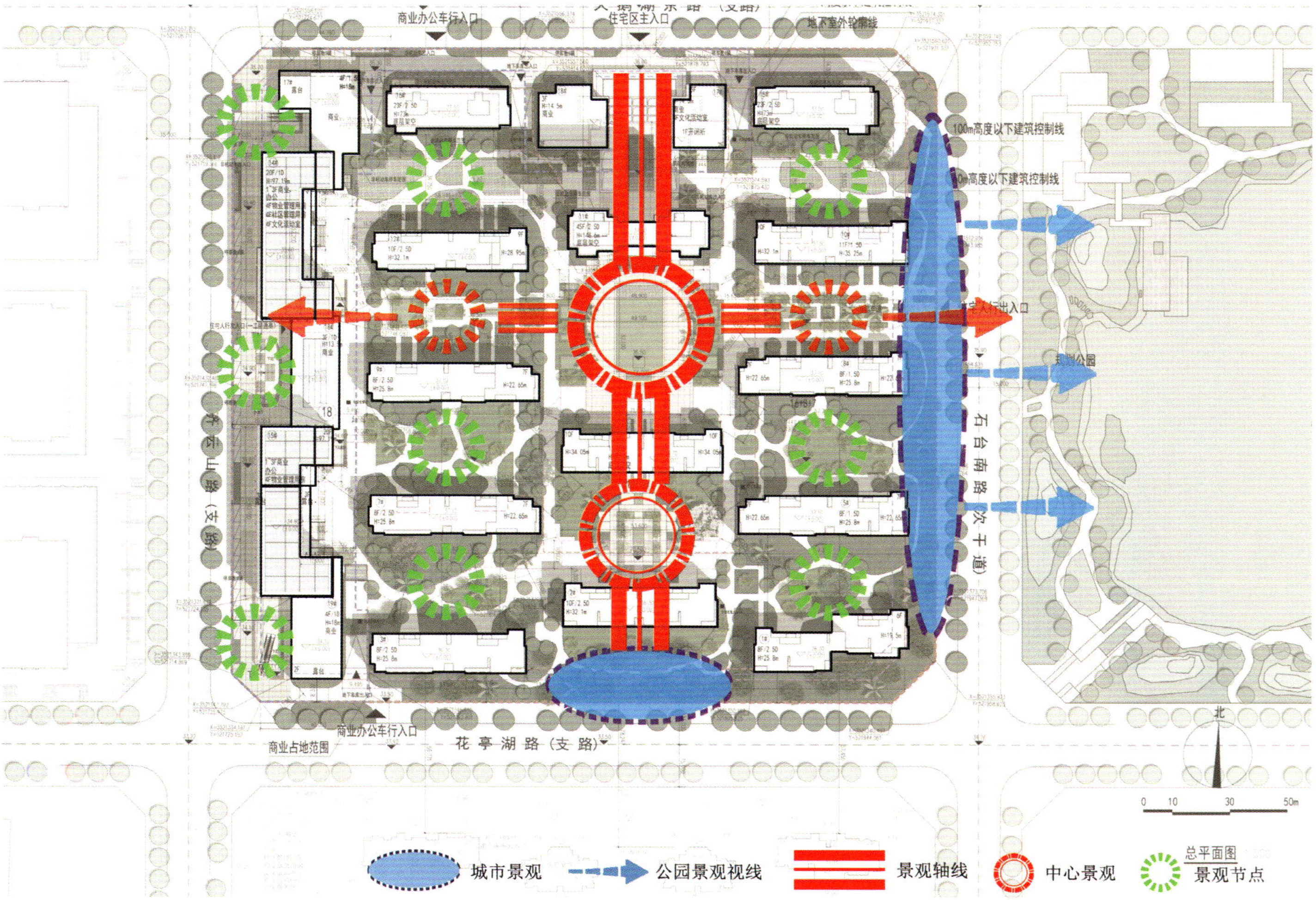

## 户型设计

约 165 平方米的洋房户型精心规划成 4 室 2 厅 2 卫；采用大空间横厅格局，设有近 8 米长的飘窗，提供宽广的视野；双套房设计，主卧设有步入式衣帽间；独立书房可与卧室进行结构调整，形成第三套房，让空间灵活多变。

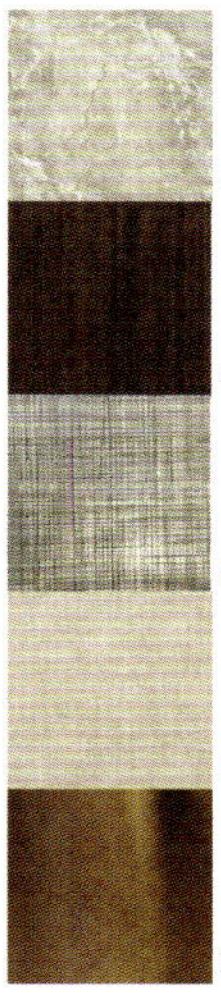


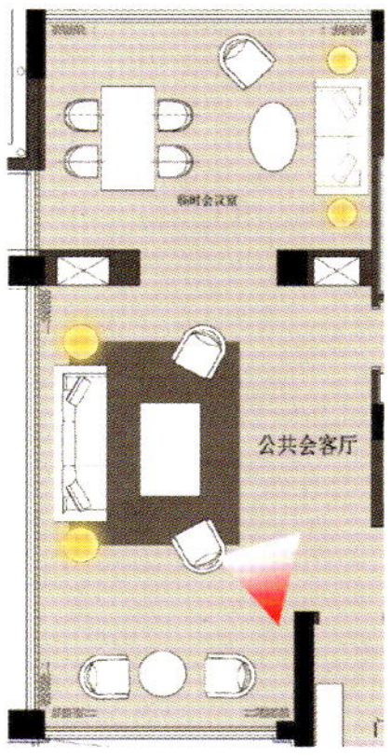

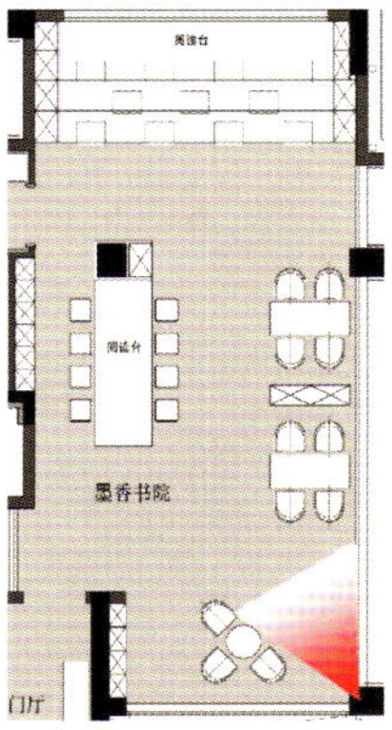

# 山水书院 心之奢园

## 宁波龙湖天宸原著设计方案

开发商：龙湖 / 项目地址：宁波东部新城中轴海晏路旁

龙湖·天宸原著，坐落于宁波东部新城中轴海晏路旁。项目建设理念传承于“世界 / 中国十大豪宅”颐和原著，按别墅专家龙湖地产于 2008 年发布的《别墅标准》——择地、建筑、景观、物业中的最高标准所造，项目品质值得信赖！龙湖叠墅实际上是别墅在城市中心稀缺土地上的新形态，它实现了城市中高端家庭对城市稀缺土地资源的占有！

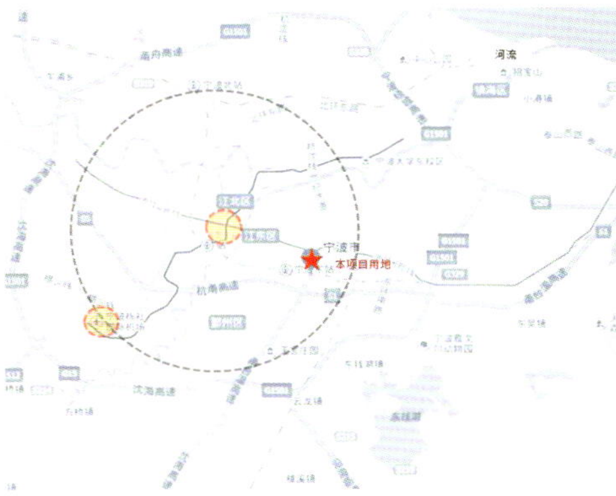

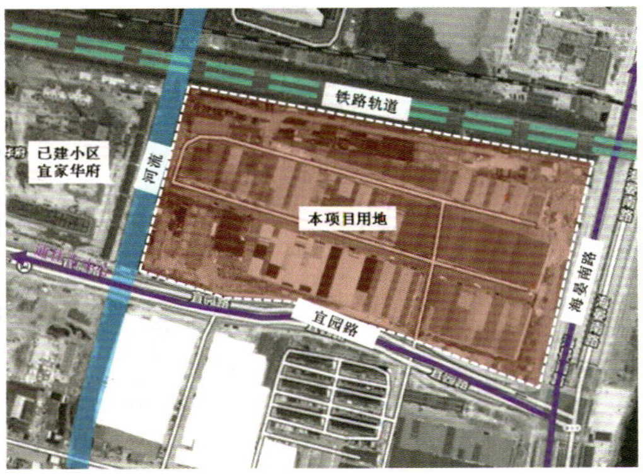


## 区位分析

龙湖天宸原著，地处于东部新城中轴海晏路旁。东部新城，宁波国际化发展策源地。自2005年破土动工，以“中国的高度，世界的标准，未来的眼光”为开发理念，已连续7年投资破百亿，10年累计投资超千亿元。而海晏路，可以说是宁波东部新城核心区真正的中轴带，宁波市政府、国际航运中心、国际会展中心、国际金融服务中心、宁波中心、城市之光、宏泰广场、阪急商业、文化广场等市政、金融、商业、国际化经济产业群，几乎都排布于海晏路两侧。龙湖天宸原著，项目位置优势不言而喻。

## 规划设计

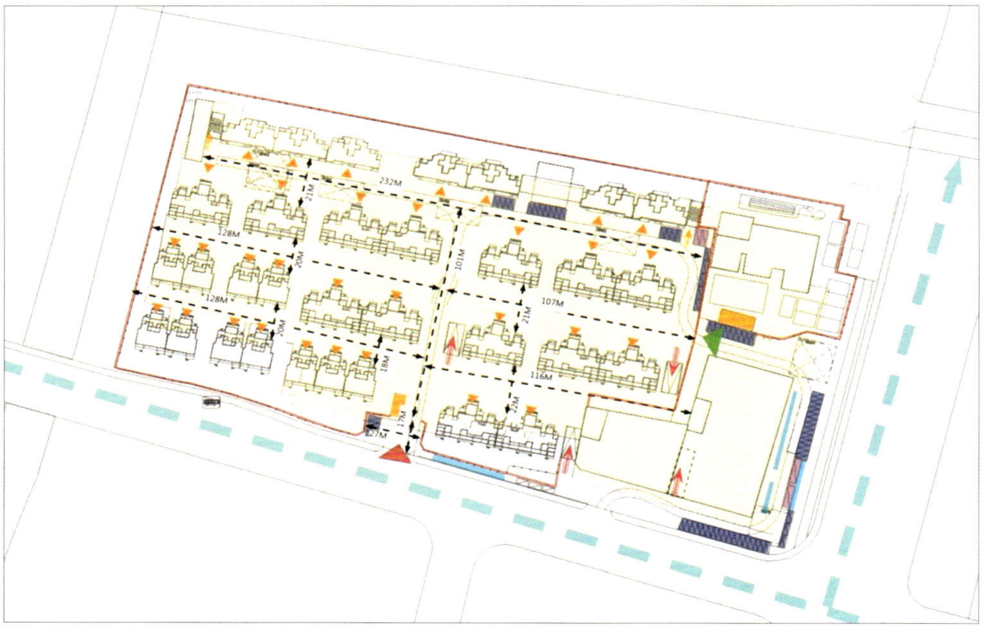


图例：

- 市政道路
- 小区围界（930m）
- 地面普通停车位（66 辆）
- 地面装卸停车位（4 辆）
- 非机动车停车位（1395 辆）
- 消控室、门卫（监控室）
- 地下车库
- 地下机动车库出入口
- 地下非机动车库出入口
- 小区主出入口
- 紧急消防出入口
- 入户

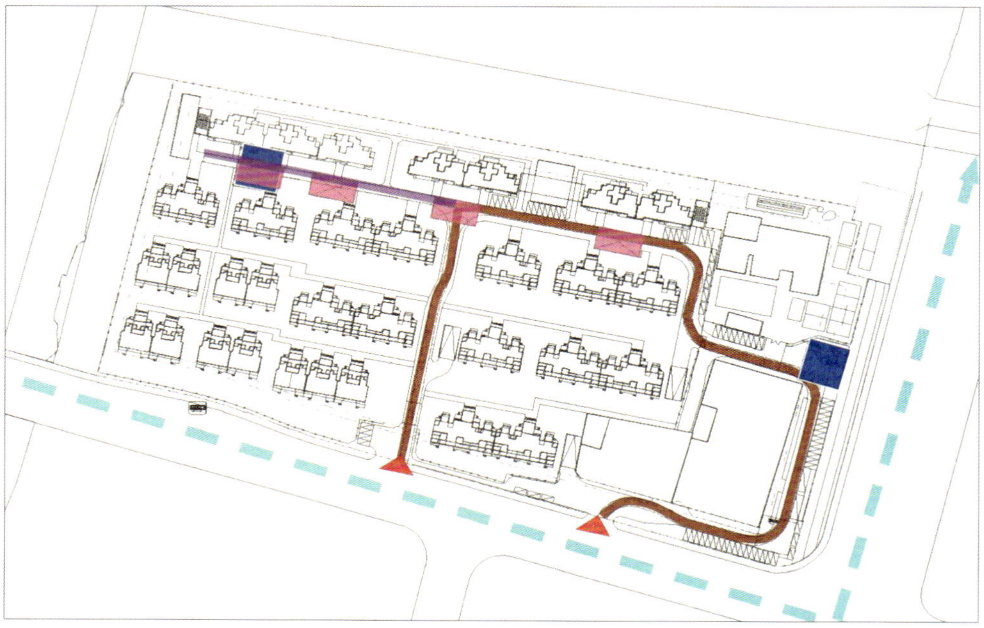

图例：

- 市政道路
- 消防车道（4m）
- 消防交评车道（7m）
- 消防登高面
- 消防回车场
- 消防通道出入口

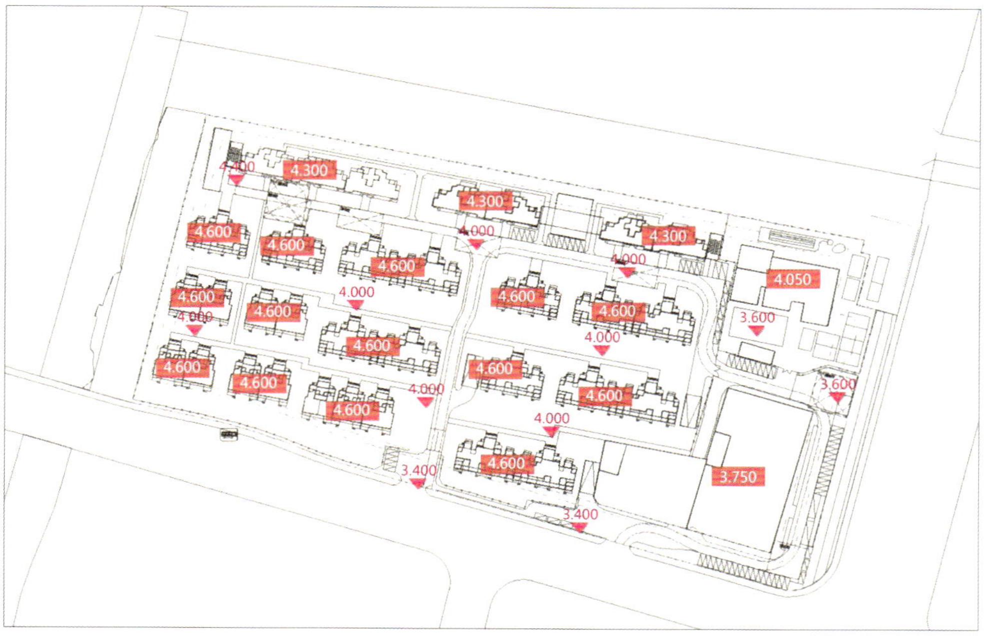


图例：

- 建筑首层标高
- 景观及道路标高

## 建筑设计

龙湖天宸原著主要由 14 栋城心花园叠墅以及3幢墅区高层华宅组成。

龙湖城心花园叠墅，建筑面积约161 ㎡，最大可享 450 ㎡。

龙湖叠墅，就是站立的别墅。由上下两户相叠组成。一楼二楼为下叠，设计私家院子、地下空间、花园独门入户；三楼四楼为上叠，可拥有屋顶花园、多重露台、独享一片星空。

因此从本质上讲，龙湖叠墅的居住感受，与别墅并无二致，同样可以尊享有天、有地，独拥一隅花园的私密生活空间，但购置成本却比别墅低许多。更重要的是，与以往远离城市中心的传统别墅不同，龙湖叠墅总能抢占城市中的稀缺宝地，得繁华左右拥戴，却又能私享一方静谧。

因此，龙湖叠墅实际上是别墅在城市中心稀缺土地上的新形态，它实现了城市中高端家庭对城市稀缺土地资源的占有！

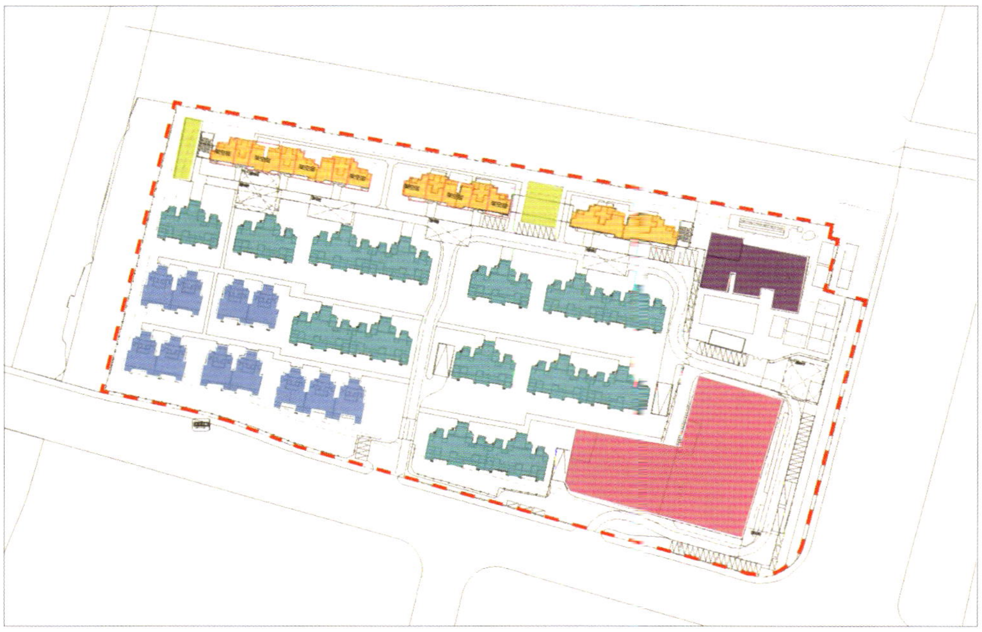

图例：

- 6F 叠拼别墅
- 4F 叠拼别墅
- 33F 高层
- 幼儿园
- 商铺及菜市场、社区用房
- 变电站
- 用地红线
- 架空层

## 景观设计

图例

1 主入口
2 翰林学士大道
3 岚影院
4 清风院
5 悦溪院
6 儿童活动场地
7 幼儿园
8 车库出入口

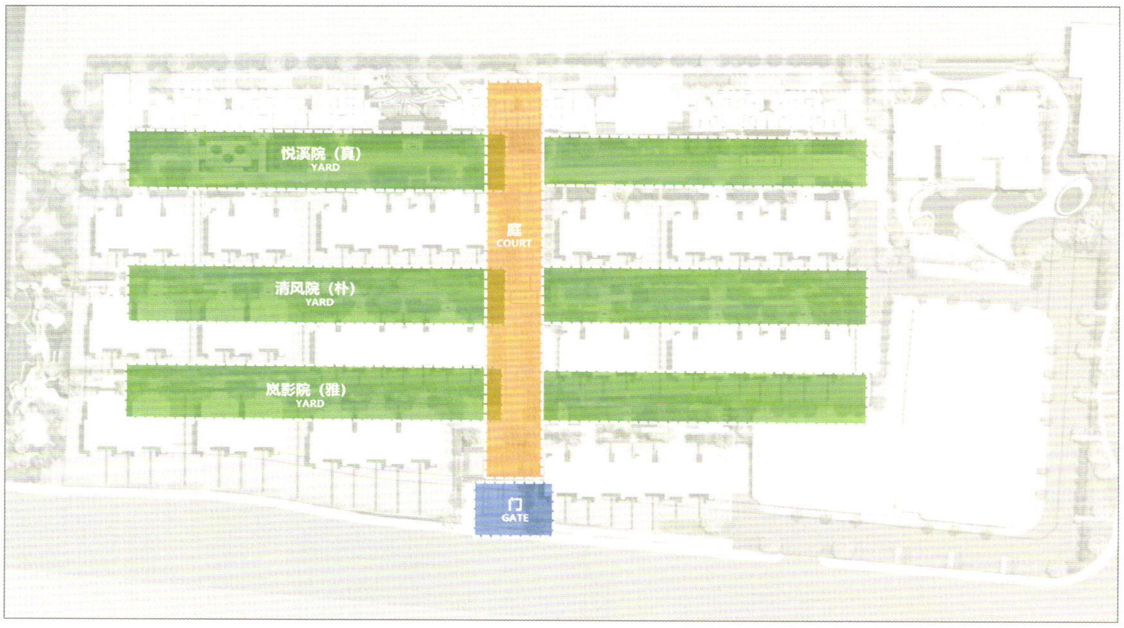


景观框架：一门三进院

门为礼：

深宅豪门，将世界一分为二。关上门，退却浮华，淡去功名，拂去一身浮尘，做一名隐市，这是外人不可窥见的礼遇。

庭为和：

庭和则宁，家和则兴。深宅庭院，中国式贵族最完美的归属。中国人讲究“家和万事兴”的传统。

院为乐：

庭院对于国人来说，既是一个物质空间，也是一个精神空间。她象征着天地，是文化与情感的积淀传承处。

## 室内设计

龙湖天宸原著，作为龙湖原著系的宁波首发作品，项目建设理念传承于“世界 / 中国十大豪宅”颐和原著，特规划 80% 住宅用地面积打造与别墅一样有天、有地、有花园的空间，建筑面积约 161 ㎡的叠墅，同时搭配建筑面积约 109-133 ㎡的 3 幢高层。

龙湖叠墅，建筑面积约 161 ㎡，最大可享 450 ㎡。一楼二楼为下叠，设计私家院子、地下空间、花园独门入户；三楼四楼为上叠，可拥有屋顶花园、多重露台、独享一片星空。龙湖叠墅实际上是别墅在城市中心稀缺土地上的新形态，它实现了城市中高端家庭对城市稀缺土地资源的占有！

天宸原著高层主要分为 109 和 133 户型，其中魔方 133 方户型更是做到了市场上罕见的“同面积大功能、同功能小面积”，类一梯一户设计、高拓展利用空间、高拓展飘窗空间等让客户心动的设计，不断提供附加居住惊喜。133 魔方户型最大的亮点在于，同一个户型，设计有三种阳台与露台的格局，考虑到不同家庭的不同需求喜好。无论是喜欢拥有一个独立大阳台，还是喜欢拥有一个浪漫大飘窗，无论是对于客厅、主卧还是次卧，都将能找到一个合适的选择。

龙湖天宸原著，以品牌别墅级标准要求锻造项目园林景观与物业标准，一门三院五维景、诞生即成熟的繁茂花园以及 2578 条服务标准，让龙湖业主真正实现墅居生活享受。

1F 花园叠墅

2F 花园叠墅

# 人文艺术 滨江生活

## 重庆融创滨江壹号设计方案

开发商：融创地产 / 项目地址：重庆市沙坪坝区沙滨路 / 建筑设计：上海大椽建筑设计事务所
景观设计：重庆纬图景观设计有限公司 / 占地面积：96 000平方米 / 建筑面积：376 000平方米 / 容积率：3.92 / 绿地率：30%

重庆融创·滨江壹号位于重庆中央带的滨江高端生活区核心，
面朝嘉陵江，背靠歌乐山，坐拥"一江一山八公园"城市极致自然资源、便捷的立体交通网络、丰富的多元商业配套、
一站式名校教育以及城市丰富的文化资源。

## 定位亮点

**“方便来，留得住”**

组织易通达、昭示强的人流动线，塑造“金角银边”之外的利润线。

**互动的特色体验商业环境**

从生活与情境出发，塑造感官体验及思维认同，抓住消费者的注意力，引导其消费行为。

**商业的灵魂——文化性**

反映社会市场显现及潜在的需求，并及时洞察、满足这种需求。

**24 小时活力城**

引入独立书吧（猫的天空之城，回声书吧）、深夜食堂等业态，吸引喜欢夜生活等最时髦人群，引领重庆格调夜晚生活。

**智慧商城**

在移动互联网的时代下，通过 WIFI 为用户带来更多购物体验，包括路径指引、扫码停车、排队取号和购物指南等丰富的线上功能。

**混搭业态**

多元业态、混合经营利于形成丰富、多元、情趣化的体验式购物中心，给予购物者极具风情的消费体验。

## 区域分析

重庆融创 · 滨江壹号位于重庆中央带的滨江高端生活区核心，面朝嘉陵江，背靠歌乐山，坐拥“一江一山八公园”城市极致自然资源、便捷的立体交通网络、丰富的多元商业配套、一站式名校教育以及城市丰富的文化资源。

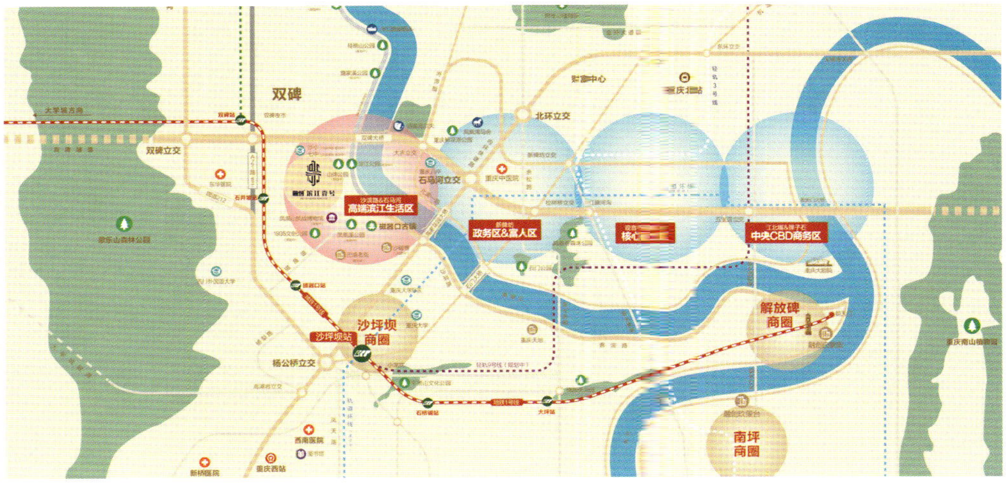

## 规划设计

项目从一户一户的老居民居住开始，对土地现状反复踏勘，试图去发掘地块更深层次的价值。项目以多首层疏导人流，用一个“C”字形串联起交通核心与4个地块的关系，完美切入商业、住宅和景观，同时为了呼应嘉陵江景，用另一个“C”字形串联起江畔和地块内部的景观。

| | |
|---|---|
| **一带** | 城市纽带 情感纽带<br>记忆纽带 生活纽带 |
| **一岸** | 生态水岸 文化公园 |
| **两地** | 商业谷地 人文高地 |
| **四大社区** | 新悦生活社区 尊崇生活社区<br>风尚商业社区 菁英生活片区 |

规划结构

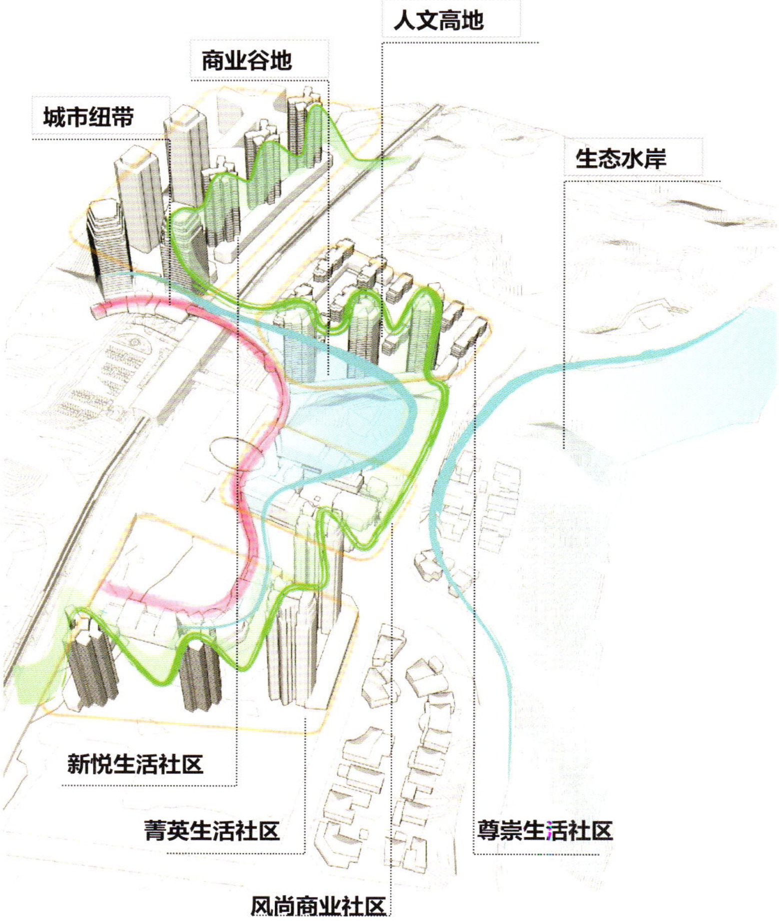


项目商业化为主题乐园，把体验空间放在第一位，其次才是商业，将两个原有商业街区与山体及滨江公园通过一条莫比乌斯环道结合成为一个更大的统一体，在建筑与山体与滨江公园之间形成互通内街或通廊，使得购物与娱乐一体化。

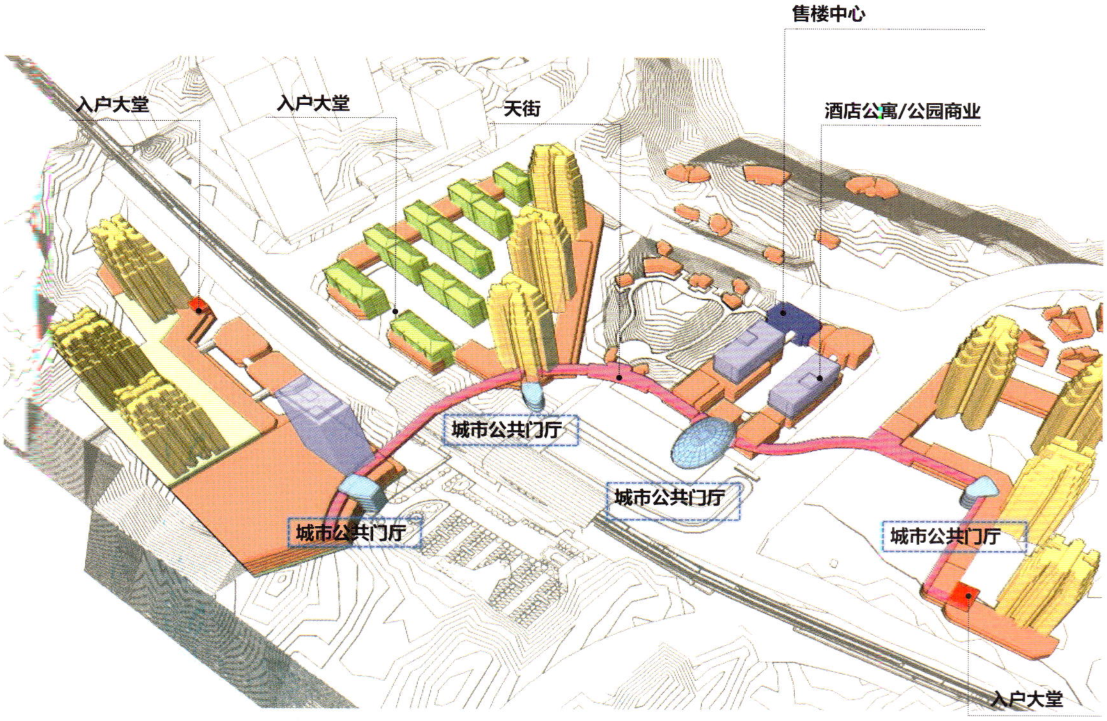

# 建筑设计

**销售中心**

采用大都会建筑设计风格，建筑遵循横三竖五的古典造型，强调对称感以及向心力；在建筑头部进行收分，并增加层次，提升视觉冲击力，使建筑更挺拔，更具有气势；实墙面与开窗面线条平直，框体约束感明显，结合中央玻璃体的龙骨构架，共同组成网格型构图；区分建筑重心并强化，使建筑拥有很强的视觉记忆点；选材上运用金属、玻璃等现代感十足的材料，重新演绎都会风格中的古典元素，让建筑形式更加时尚。

**化商业空间为剧场**

把体验空间放在第一位，其次才是商业。将两个原有商业街区与山体及滨江公园通过一条莫比乌斯环道结合成为一个更大的统一体，在建筑与山体与滨江公园之间形成互通内街或通廊，使得购物与娱乐一体化。犹如都市中的一个多元化奇迹花园。包罗万象，其乐无穷。是当地举办大型节日庆典、商品市场推广及社区公益表演的最佳场所。

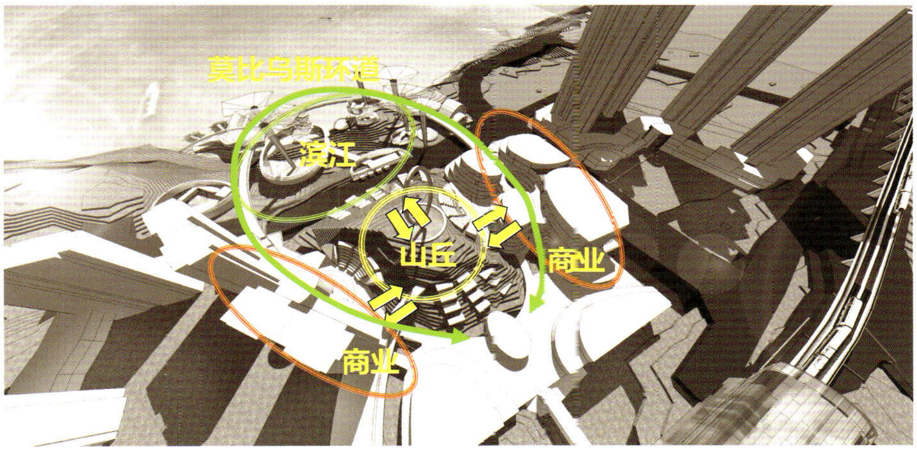


**超高层双子星**

项目以恢复城市文脉和改善人居环境，提振城市精神为目的，打造经典都市复兴风格——美式都会风，与重庆多元、开放、包容的城市精神和沙区文化艺术功能最为契合。

两栋超高层双子星，直面江北，毗邻嘉陵江，以律动的城市天际线、不可复制的稀世之姿，压阵城市江南，成为沙区的形象地标、城市名片！

两栋 140m 超高层滨江大宅，270 度揽江视野，精工美学，实用奢华，建立滨江人文华宅标杆示范。

## 景观设计

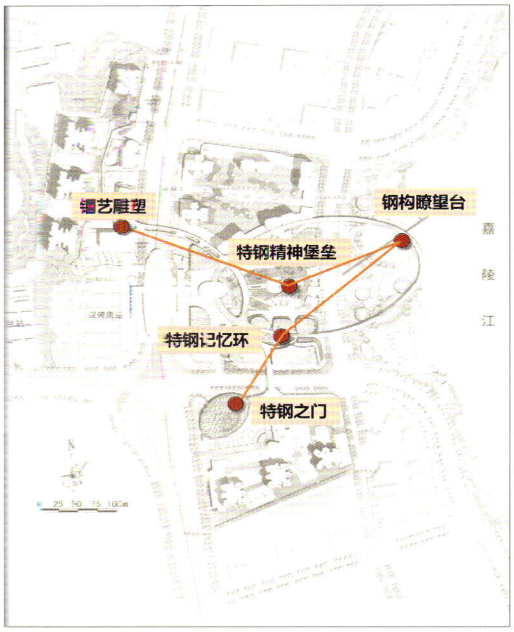


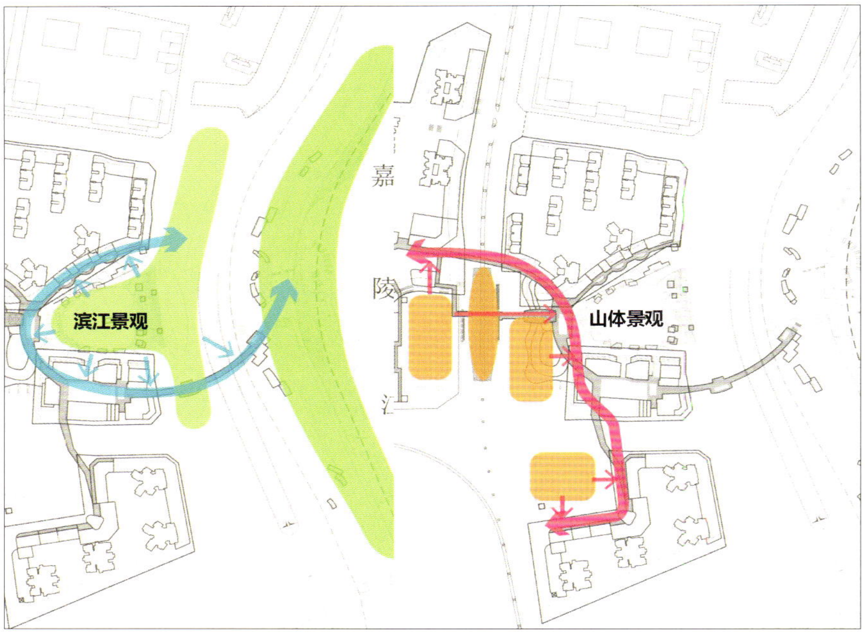


### 特钢文化再现——工业旅游线路图

为了保留建筑的品质感，工业文化的体现转移至景观构筑。在一带一环的大结构内布置5个关键节点，从文化影响上串联起各个地块，形成项目本身的完整的工业旅游版图。

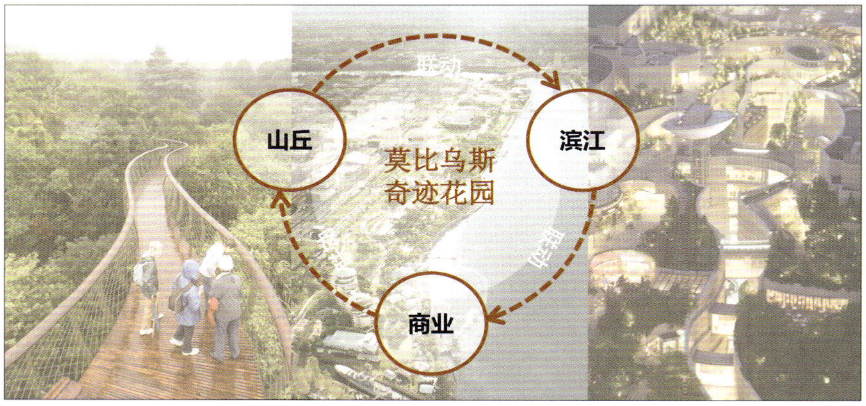


### 整合景观资源

延续磁器口传统旅游动线，补充时尚、创意旅游功能，整合区域旅游资源、复兴特钢文化产业，转文化价值为商业价值，打造市民文化旅游假日公园。山与水结合，打造以体验为主的购物、娱乐公园。

### 大围合&全观江

**大围合：**超大尺度无阻挡，收放有致，围合领域感。超大尺度赋予了高层组团大气通透的整体氛围，建筑排布的节奏韵律感使花园更具优雅气质与流动感。

**全观江：**错落布局，户户观江，孤帆远影，尽收眼底，江水为伴，美好生活。
临江超大尺度开阔的观江视野，望嘉陵江，人生格局豁然开朗，建筑排布的节奏韵律感与嘉陵江的蜿蜒曲折融为一体。

### 酒店式大公馆

酒店式大公馆，给予尊贵礼遇和家园的归属感，宏大的入口空间形成视觉中心，门卫房两侧架空，作为车道和人行入口，便于物业管理，形成高端小区模式。

## 户型设计

### 美式都会风

对称造型、恢弘气势、庄重大方、不求简单协调，崇尚冲突之美、高贵而内敛，典雅而浪漫。

建筑比例切分源于古典三段式，在此比例上又进行了灵活切分，形成自己独特的风格——都会风格，多运用对比、均衡、统一、韵律、轴对称等建筑手法来诠释建筑稳重典雅的气质。

### 多样化的物业品类

多达 8 种的主流产品类型，满足不同业主需求。

恪守对生活细节的细微观察和科学考量，从入户大堂、玄关、客厅、卫生间、厨房、收纳体系、家政空间到智能家居，创造更人性、更优越的居住体验。

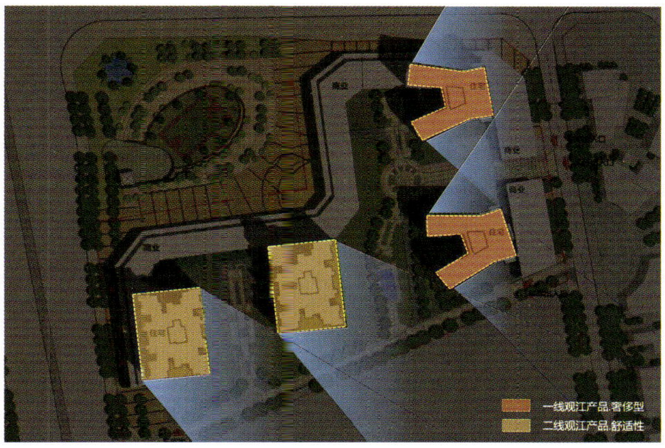

**套内面积：116.70㎡四房两厅两卫（1#2# T-1）**

**改造要点：**

- 院馆取消，连同储藏空间改造成卧室。
- 飘窗敲掉，卧室书房进深均增加至舒适尺度，主卫安装浴缸。

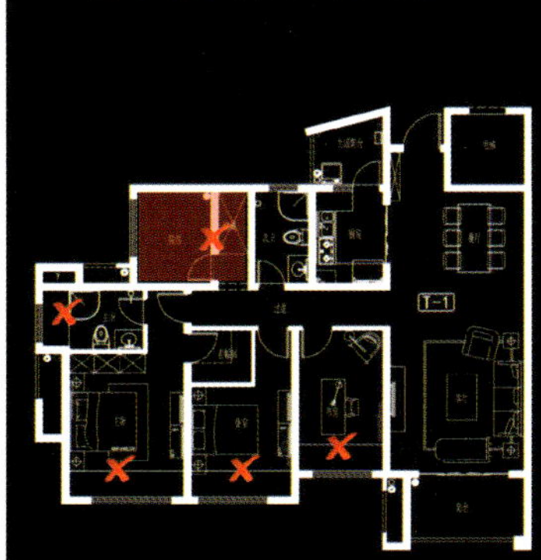

**户型特点：**

- 经典十字轴线空间设计

采用空间轴线设计，增加空间的序列感和层次感，使室内空间更显高贵和大气。

- 豪华四开间观江面，占尽最优资源
- 客餐厅南北竖厅，入户感受通透明亮
- 动静分区明确
- 主卧功能精细化设计

主卧布置在空间轴线上的尽端处，增加私密感。步入式衣帽间。

- 多变空间

书房可灵活使用，与客厅相隔墙体打开，就能打造成观江大气横厅，还可改造成儿童房，满足二胎时代的生活需求。

- 附赠空间

南面4.2m×2.1m观江大阳台，北侧通过厨房有2.25m×2.35m生活阳台，赠送6.2㎡院馆，改造成功能房间。

# 璀璨植物水晶宫

## 北京万科翡翠长安展示区设计方案

开发商：北京万科 / 项目地址：北京市门头沟区石龙北路

占地面积：65 820平方米 / 建筑面积：252 082平方米 / 容积率：3.5 / 绿地率：30%

翡翠长安是万科与中铁在北京西长安街上联手打造的高端生活社区，循迹翡翠系最为经典的新古典外立面，带来文艺复兴时期的艺术与人文情怀；凝聚万科30年精工建筑优势，全面引入万科三好社区、定制家装美好家、V—LINK社区以及万科无限系户型，打造可以生长的房子，陪伴全家庭生命周期。

## 设计理念

翡翠长安展示区提出“将植物的生命气息带进建筑空间”的理念，以“一个咖啡馆，一个植物园”为设计主题，通过天然与人工环境相融合的理念来表达万科对于未来绿色生活的追求。整体设计中，如何使建筑空间成为适合植物生长的环境是设计的主要命题。

① 北入口尽端水景墙
② 中轴尽端雕塑跌水池
③ 下沉水景花园
④ 下沉式儿童活动广场
⑤ 运动草坪花园
⑥ 南入口雕塑水景回车广场
⑦ 观景亭休闲花园
⑧ 台地式树阵广场
⑨ 绿篱迷宫花园
⑩ 商业街铺装

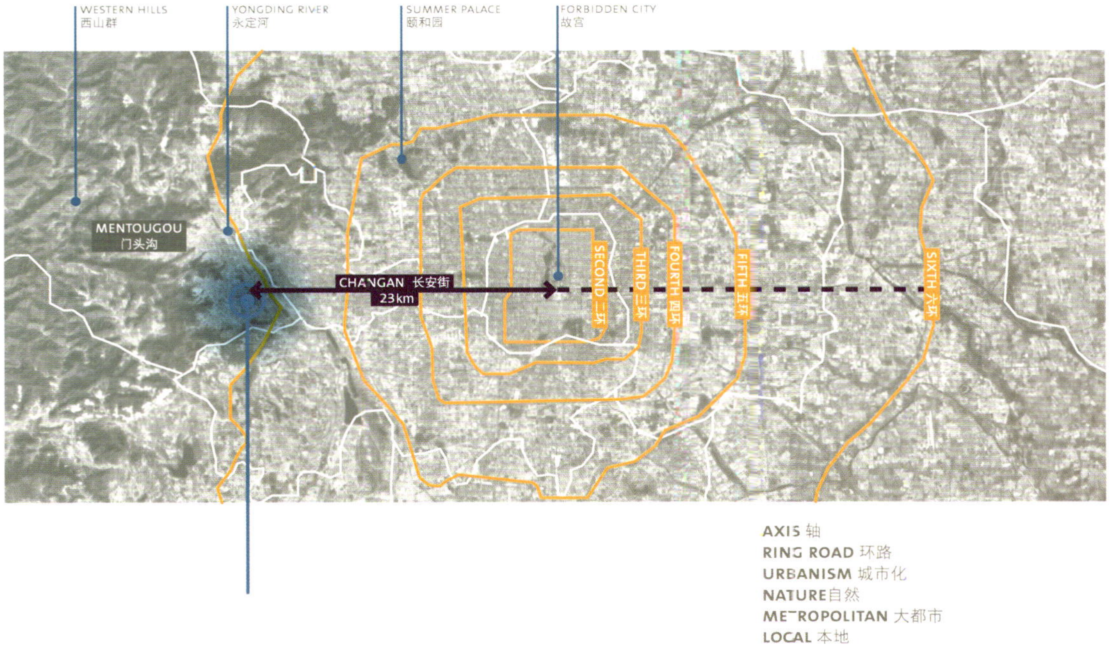


## 区域定位

翡翠长安落址北京西长安新城，属于政府斥资 2 200 亿元打造的 WSD 核心位置，可通过一线长安街、阜石路、莲石路、西五环、S1 号线（规划中）等快速联通项目至石景山、万寿路、中关村、金融街等各大核心商圈，同时享受京西山体绿肺及永定河水域涵养的绿色生态区域，43 个公园环绕，自然环境优越。

## 建筑设计

销售中心的建筑以“玻璃植物温室”作为设计灵感，利用拱形的通透玻璃天光打造出轻盈的水晶宫。玻璃拱顶区域区分出不同尺度的结构性空间，扩展了展示中心的多重空间体验。此外，曲面拱顶保证了更多的阳光入射，满足室内植物的存活条件，同时获得更高的室内覆盖空间，成功“使建筑空间转为适合植物生长的环境”。

翡翠长安的建筑高层从南向北进退有序，城市天际线错落有致；以南北向塔楼为主，结合局部东西向建筑及配套设施、园林小品，半围合成错落有致的庭院、半敞开空间。翡翠长安建筑单体挺拔，立面造型具有浓烈的文化艺术感，用建筑的语言诠释了时代精神。建筑类型包括限价商品房、商品房、办公及配套设施等，全商业城市界面，小区围墙。

沿街商业办公效果图

单体南立面效果图

# 景观设计

第一部曲——皇家森林：通过郁郁葱葱的植物和玻璃相结合，营造出一种仪式感，形成尊贵神秘的入口感觉，勾起人们的好奇心，以吸引人们进入内部观赏。

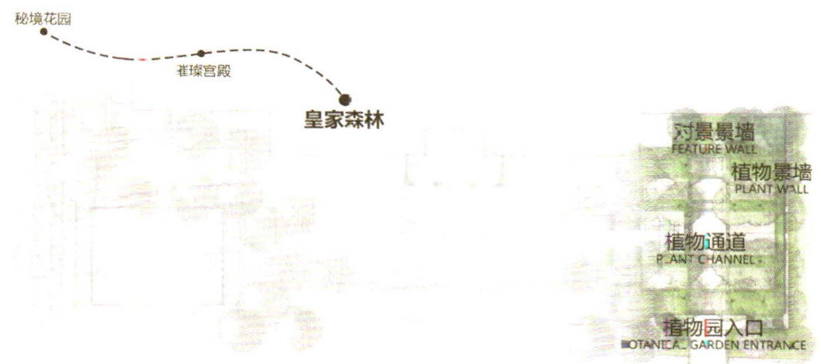


第二部曲——璀璨宫殿：通过光怪陆离的玻璃景观和样式多变的水景，营造一种色彩缤纷、光彩夺目的景观氛围，让人们享受一场视觉的盛宴。

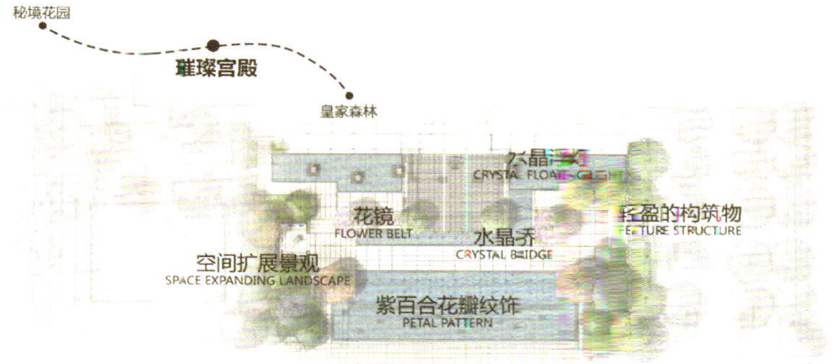


第三部曲——秘境花园：通过一些异于常规的景观设计方式，结合植物、声音、气候和玻璃等元素，给人以不同的季节景观的体验感，通过这种新奇的景观体验予人一种独特的放松感受。

## 景观方案总平面图

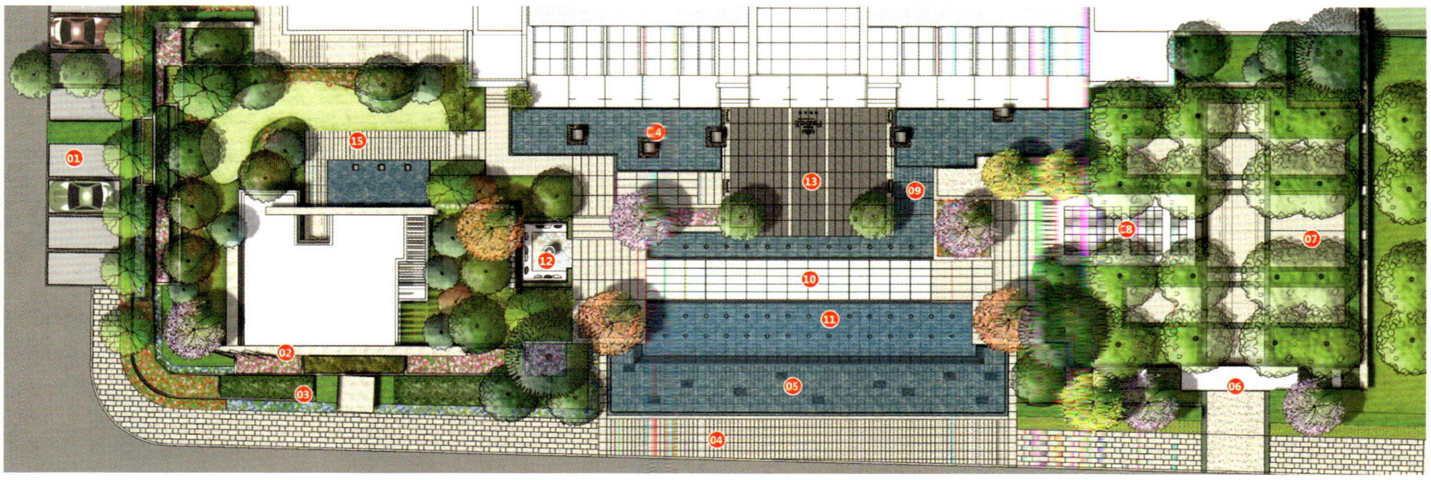

LEGEND / 图例

01 CARPARKING 停车场
02 SINAGE WALL 精神堡垒(景观标识墙)
03 PLANTING TERRACE 台地种植
04 MUNICIPAL PATH 市政人行路
05 MIRROR WATERFEATURE 镜面水池
06 MAIN ENTRY 主入口
07 VIP CARPARKING 贵宾停车场
08 ENTRANCE STRUCTURE 入口构筑物
09 DROP WATER 跌水
10 SUNKEN PATH 下沉步道
11 FOUNTAIN 涌泉
12 RELAX SPACE 休憩空间
13 ENTRANCE PLAZA 售楼处入口平台
14 FLOATING CRYSTAL LAMP (EXISTING WELLS) 漂浮的水晶灯（结合现状井，可检修）
15 LEADING TO DISPLAY UNIT 通往展示区的步道

## 销售中心设计

**销售中心：**以展现大自然之美的植物园为设计概念，用 230 平方米的绿墙，近 300 余种，13 000 多棵植物，贯穿整个空间，分别构思了垂直花园、东方花园、缤纷花园和奇趣花园 4 个不同主题花园空间，以响应“植物园”的设计理念。植物的设计与室内“时尚东方”的气质相得益彰，最终呈现浑然一体的视觉效果。

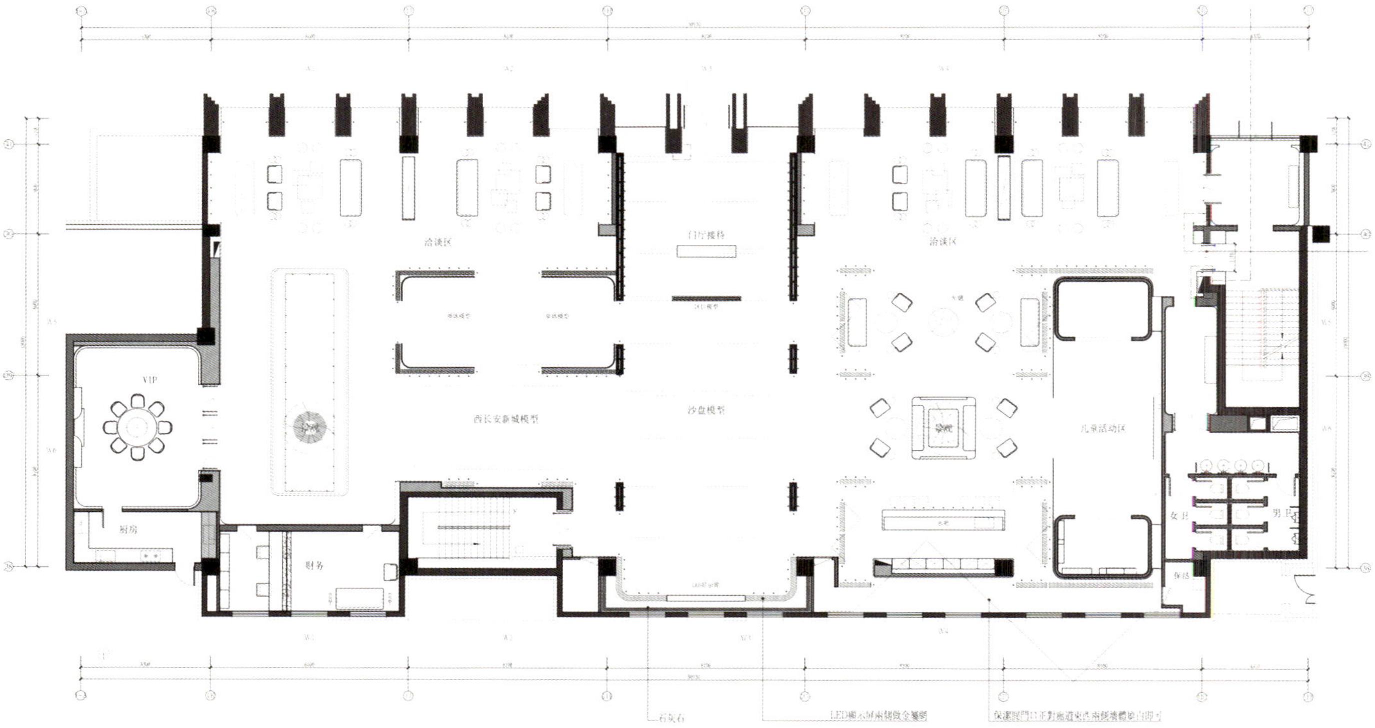

售楼处平面图

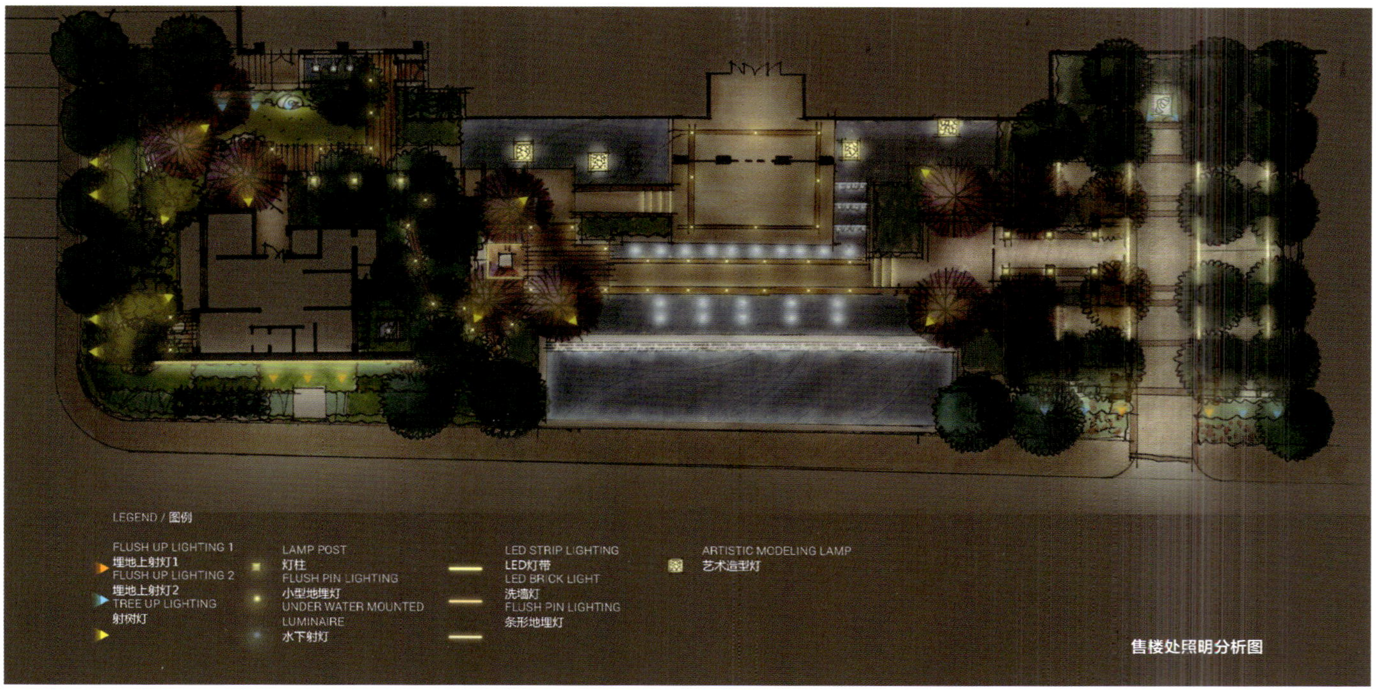


售楼处照明分析图

## 样板房设计

样板房：以波士顿的地标“翡翠项链”为线索，承载着对东方文化的热爱和对西方文化的好奇。客厅设计以翡翠绿为中心，采用禅意飘窗，搭配金灿灿的挂饰和具有山水意境的装饰画，再以西方艺术头像雕塑作点缀。餐厅则选用绿纹大理石餐桌、金属竹节餐椅和西式吧台，搭配翠绿而精致的餐具及玉石餐巾扣，让时尚与传统激情碰撞，东方与西方巧妙结合。主卧采用翡翠绿和啡色调，搭配镜面挂饰、花瓣装饰画、山水意境装饰画、玉石摆件和玉石檀香，使整个空间浪漫又高雅。

140平方米户型图

# 京西低密奢装平层

## 北京龙湖·西宸原著设计方案

开发商：北京葛洲坝龙湖置业有限公司 / 项目地址：北京丰台西局玉璞园东侧
占地面积：38 000平方米 / 建筑面积：156 000平方米 / 容积率：0.87 / 绿化率：30%

北京龙湖·西宸原著是龙湖原著系在北京内城的匠心之作。
其高端平层产品“玉府”致力营造室外空间的仪式感，用心布置室内空间，通过对每一个生活空间的反复推演和考量，为居者提供极致的居住体验。
玉府传承所在地的文化，广泛应用英伦玉、珊瑚海等珍贵石材，搭配简洁优雅的设计和百年品牌配置，赋予大宅生活品质与内涵。

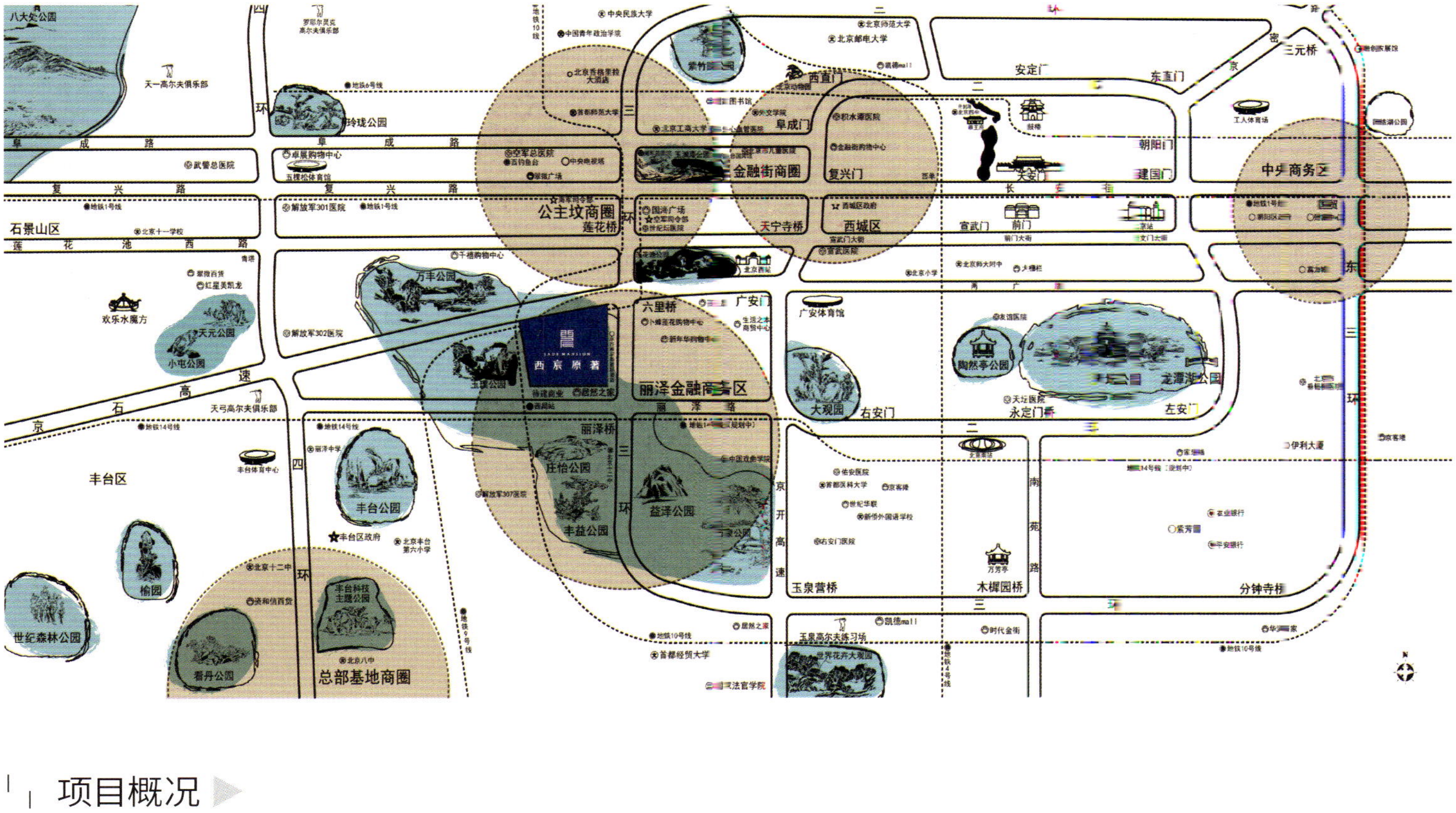


## 项目概况

北京龙湖·西宸原著位于京西三环内城，所处地段为 800 年皇家磨玉局旧址，并与丽泽金融商务区相邻，文化氛围浓厚，周边配套齐全，被以玉渊潭为首的 6 大公园环绕，周围还有北京 SKP、国家大剧院、丽思卡尔顿酒店、钓鱼台国宾馆、解放军 301 医院等成熟配套。

项目基于优势地段价值，创新演绎原著系“中技西魂”的建筑精髓，景观师法恭王府，复原堪比紫禁城规格的三进府园，打造京西内城的传世府园。龙湖西宸原著主要分为高层商品房、别墅区和双限房三个区域。

## 建筑设计

“原著系”作品的精髓在于对建筑的原创精神，即原创著作。玉府采用最经典的高层建筑美学立面，以三段式的新古典主义造型向经典致敬，并结合西宸中式细节雕琢：雕花柱头、粗腰线、浮雕、回纹装饰等近 10 种元素，构成了“中魂西技”的挺拔外观。

腰线、窗框、门头、雕花等立面元素的搭配，充分考虑横向和竖向线条之间的拼接，以及金属、石材等丰富材质之间的结合，创造了立面上凹凸的幅度和层次感。整个立面从设计到施工极尽复杂细腻，让玉府更接近于一个手工艺品。

## 样板房设计

玉府样板间的营造从居住和生活的角度出发，严格遵循动静分区的原则，设置全套房、L形采光的明亮边厅、大阳台以及可作为保姆间的大设备平台，细节处处见匠心。

**玉石精装：**西宸原著利用了800年皇家磨玉局的概念，大量采用了阿玛尼酒店御用的英伦玉材，打造出了山水玉宫的精装效果，这也是对“玉府”命名的溯源。客厅、餐厅和卫浴间采用珊瑚海石材铺装，仿佛置身深海，呈现流动的艺术感官体验。在壁纸和装修材料的选择上，玉府的纺线壁纸和可食用的壁纸胶体现了极致的环保理念。

**厨电设备：**玉府注重品牌对质量提升的努力以及卓越品质的追求，其厨电从使用者的角度出发，选择了排烟小、营养损失小的嘉格纳品牌厨电，并用蒸箱取代微波炉。此外，净水和新风PM2.5过滤等设备是对用户健康的保证。

**智能化家居：**玉府选择了美国成熟的智能家居体系：停车刷卡后电梯就会在车库层等候主人归家；空调可以远程开启和监控；新风系统的监测和自动开启；和手机相连接的墨镜系统，全面超越了以往豪宅标准。这些都集成在西宸原著的服务系统APP中，用手机可轻松操作。

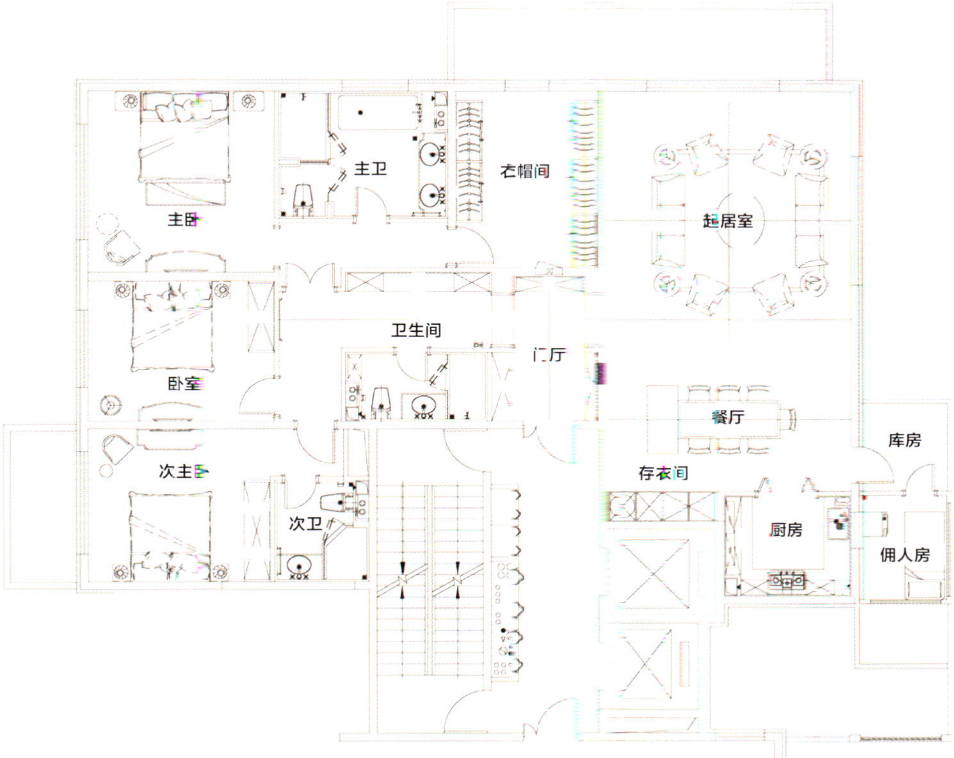

金·盏 内·参

# 改善系列

设计方案

# 院承紫禁 园藏西山

## 北京世茂·西山龙胤设计方案

开发商：国泰土地整理集团有限公司 / 项目地址：北京市海淀区上庄镇
用地面积：约299 485平方米 / 建筑面积：约225 373.5平方米 / 容积率：约0.6 / 绿地率：约30%

北京世茂·西山龙胤择址六百年北京皇家西山龙脉，毗邻世界级博物馆——故宫北院，坐落于国家科创中心，三湖一河环绕，文脉、生态及配套一应俱全。
项目以“院承紫禁，园藏西山”作为理念，在传承中国建筑文化的同时注入西方建筑美学精髓，亦西亦中，亦贵亦雅，包容而创新，
致力于打造一个承千年文明、启盛世辉煌的新中式传世府邸。
园林师法圆明园，糅合文人院落雅韵，形制典雅而不失自然；诗情画意而不失气度。

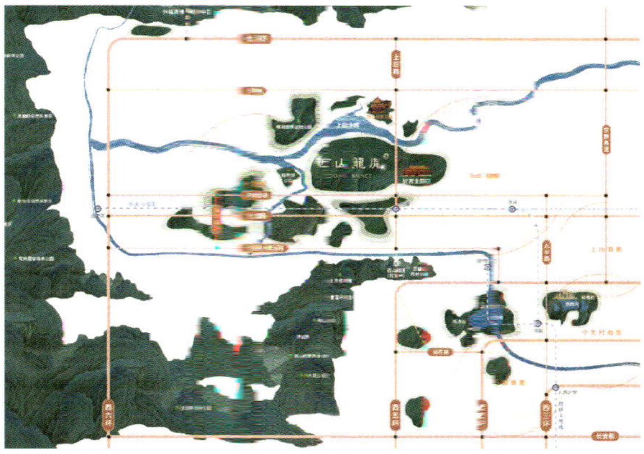

## 项目概况

北京海淀北部新区是国家级定位的全球科技创新基地，规划“一心一带一园多组团”，北京世茂·西山龙胤正坐落于规划的30平方千米“科技绿心”——以翠湖国家湿地公园为核心打造的生态科技含氧区，邻近翠湖湿地公园、稻香湖公园、上庄水库和南沙河，与西山遥相对望。

项目坐享“六横三纵双轨道”国际化立体交通网络、优质的教育资源、丰富的医疗养老资源以及高级的休闲、商业配套。

## 定位策略

项目定位为承袭京西北皇家文脉的传世合院，以“院承紫禁，园藏西山”的理念匠心构筑194栋新中式合院。

为了将项目打造成代表当代建筑及园林技艺的作品，世茂联手多位国匠大师，结合海淀独有的皇家历史文脉，借鉴紫禁城的建筑手法和圆明园的园林技艺，再以现代的审美加以革新和演绎，形成以“藏、隐、秀”为特色的大规模院落式住宅区。

## 景观设计

### 西山皇家园林，一境三园六景

项目借鉴明代画家仇英创作的山水画《桃源仙境图》，结合皇家御苑与江南园林的设计精髓，秉承“文化开物”的产品主张与传统园林的神韵，营造一方山水胜境。

为了传承西山皇家园林之精髓，项目在造园手法上借鉴圆明园集锦式的布局，以圆明园四十景之一的“西峰秀色”为蓝本，对望西山，形成“一境三园”的园林格局。在近 6 万平方米的公共园林中，珍贵植物高达 200 多种，奇石重达千吨，精心打造“春华园、迎晖园、海岳园”别具特色的“三园六景”园林组团。

双鹤斋

## 户型设计

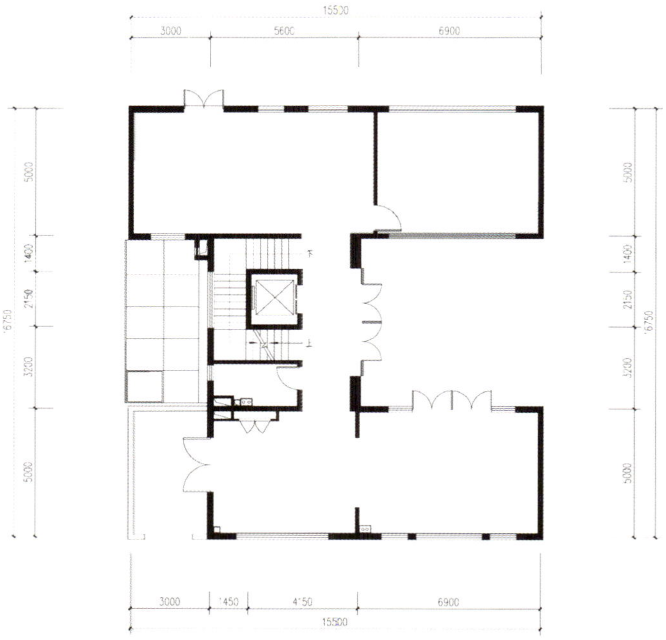

一层户型图

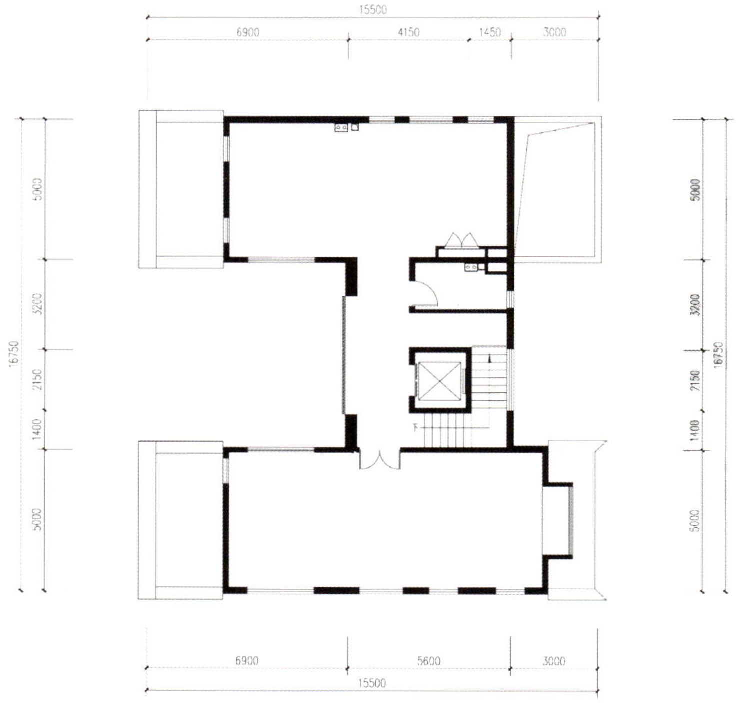

二层户型图

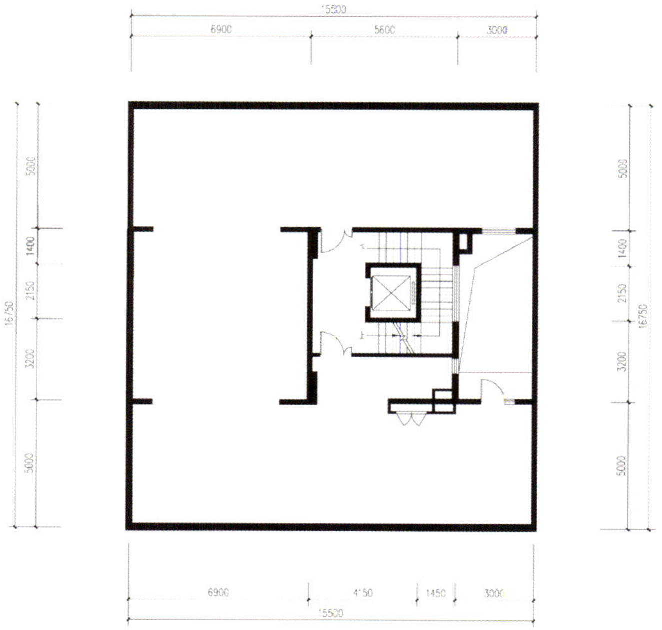

地下一层户型图

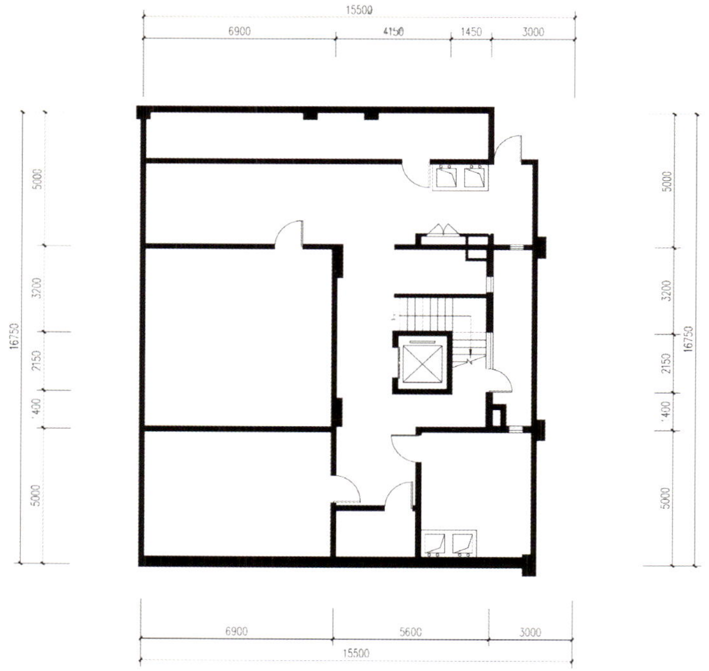

地下二层户型图

## 双围合格局，新宋代美学

**户型设计：**“踏月”户型设计从乾隆花园“C”字形布局中汲取灵感，设计建筑围合中庭、外院围合建筑的双围合格局，将室内外空间完美相融。前二后三的双首层设计让花园层相当于自然层，超大的面宽与楼间距保证每户的私密性，采光、通风、观景效果均优于传统项目。

**精装设计：**“踏月”户型样板间以宋代美学格调为底，将宋词中缠绵婉转的描写转化为具象的空间情境，再在细节处加入现代新巧的元素。

空间造型设计主张比例适宜、平正修长，突出“少即是多”的简雅之美；空间用色以轻淡、清雅为主，如宋瓷由内而外透出的温煦光彩；软装配饰着力效仿宋代士大夫“玩物适情”的休闲审美志趣。

# 创新有机空间 仿生艺术景观

## 成都万科·公园传奇示范区设计方案

开发商：万科集团 / 项目地址：成都市天府新区
建筑设计：上海成执建筑设计有限公司 / 景观设计：重庆纬图景观设计有限公司 / 室内设计：广州燕语堂装饰设计有限公司 / 景观面积：12 000平方米

成都万科·公园传奇是万科在天府新区麓湖板块精心打造的改善品质环景平层社区，其示范区结合幼儿园的空间特质，巧妙地协调了自然与城市、未来与现代、意境与形式之间的关系，赋予建筑、景观、室内统一又不失独特的精神，构建出超越形式、以人为本的现代创意空间。
有机的建筑结构、仿生的景观设计、立体的室内空间，返璞归真、趣味无穷。

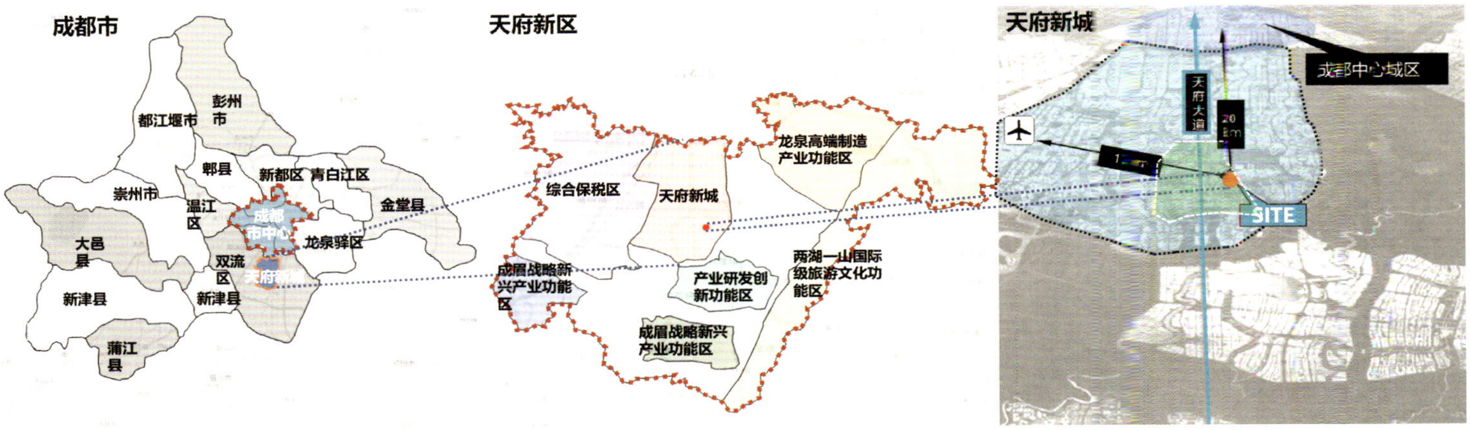


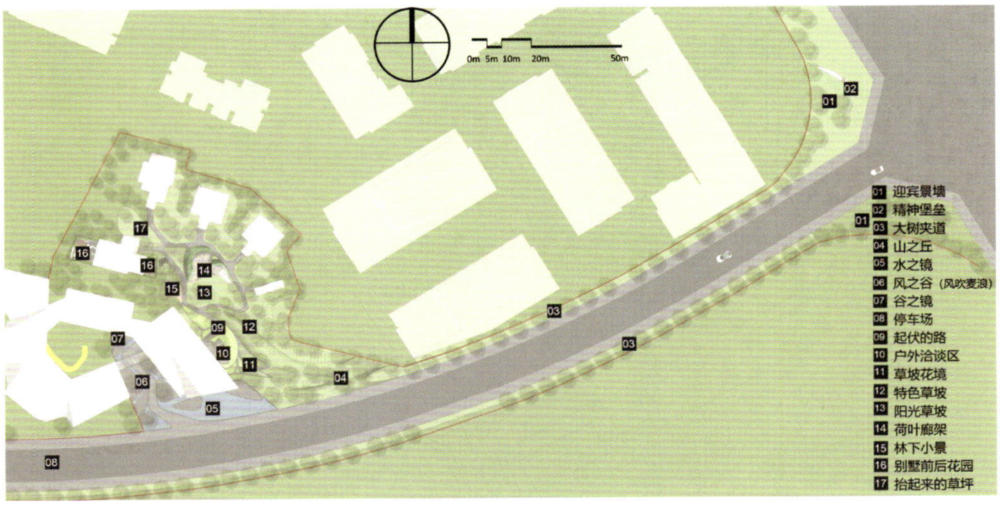


## 项目概况

成都万科·公园传奇示范区为幼儿园用地，并以此作为设计的原点，将周围丰富的自然生态资源与儿童天真、活泼、纯粹的特点相融合，打造出自然、清新、有趣的展示空间。整体设计向自然致敬，从山丘、麦浪、荷叶等提取设计元素，结合仿生设计手法，打破自然与人工、感性和理性之间的界限，构建出创新、有机的当代艺术空间。

## 景观设计

**风之谷：**前场以干净纯粹的空间结合动态的麦浪。路与高低错落的麦浪板块形成多维度且丰富的视觉变化，而麦浪装置也使风能够更加具象化。风与麦浪共同打造景观记忆点，唤醒内心深处的情感记忆，并加强前场的引导效果。麦浪装置以麦秆塑料为原料，并采用 3D 打印技术。

**谷之镜：**售楼处的中庭通过磨砂玻璃向镜面玻璃的过渡，在景墙中间反射出清晰的风之谷景象，映出麦浪、建筑、城市与人的影像。人、景与镜中本我在上产生奇妙的交流，形成奇幻的交互型体验。

**天空之城：**后场更为注重自然与舒适。飞起来的桥像一条纽带，穿过起伏的地形与草坪，联系了花境中的林下洽谈空间与荷叶廊架下的参与式休憩空间。廊架采用了倾斜的形态，既符合荷叶的自然形态，又增加了动感。

vanke

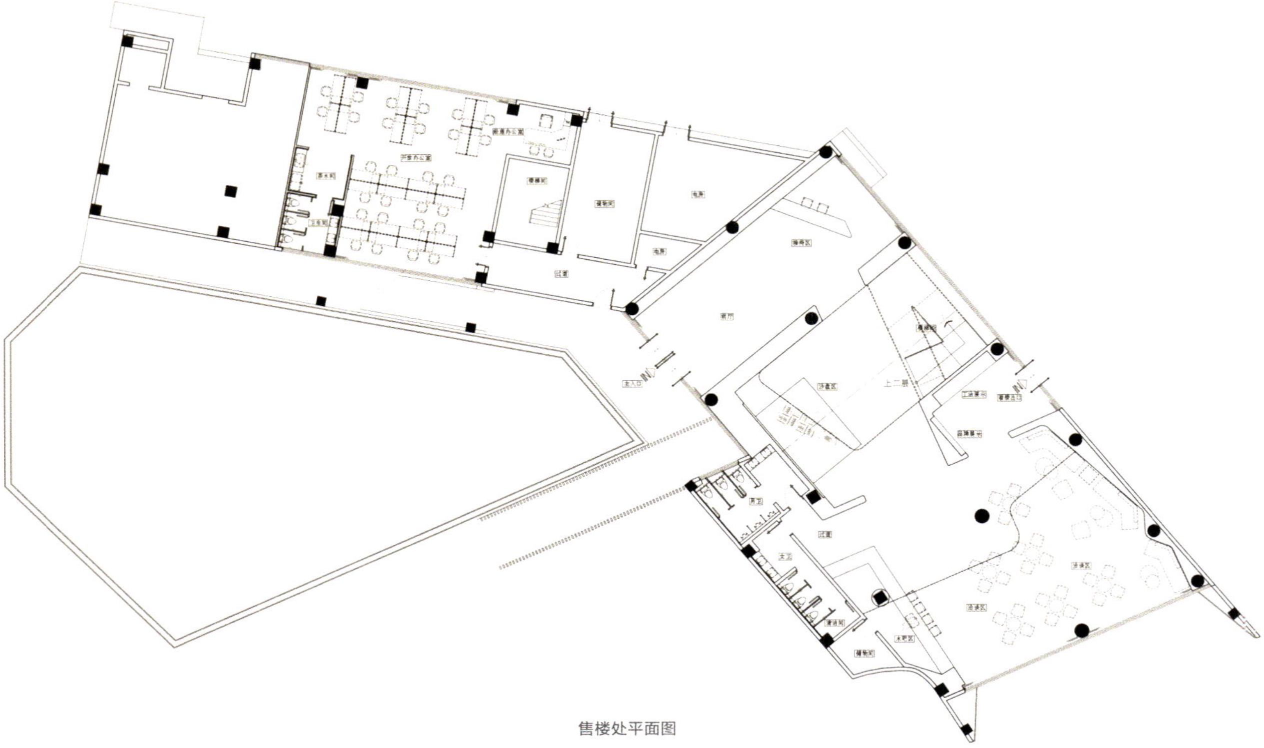

售楼处平面图

## 室内设计

项目运用自由游走在规则与不规则之间的个性手笔，空间中旋变、叠加、交错的建筑体块带来视觉上的多维立体感，丰富设计的表达。设计师改变一贯棱角分明的冷峻体块，换以弧形的表征，呼应自然主题的柔和。

绒绒的麦草装点在前厅两侧，白净萌趣的太空熊在麦浪与草垛中嬉戏玩耍。在挑高的空间架构中，天花与墙面的连续设计塑造出空间整体的延伸性，各个区域直接的转换自然而流畅。沙盘模型底座运用大理石的错落与隐形灯带的装点，于简单中加以微妙的变化，营造简净、大方的当代空间。

洽谈区以温和的大地色系统筹，线条元素呼应空间脉络，家具的形制延续硬装体块的线性语言。水吧区以纯净的形式、生长的线条、酷黑与原木色的碰撞，让空间宁静而富有节奏、张力。

# 现代东方大境 城市山水雅院

## 杭州路劲远洋·江南院子示范区设计方案

开发商：路劲地产、远洋地产 / 项目地址：杭州市余杭区崇贤新城尚贤路北
建筑设计：上海柏涛建筑设计咨询有限公司 / 景观设计：上海地尔景观设计有限公司 / 用地面积：40 368平方米 / 建筑面积：80 736平方米

“江南院子”不仅是“烟柳繁华地，温柔富贵乡”，更是有历史、有风光、有东方品位的风雅之地。杭州路劲远洋·江南院子接壤杭州主城区，被环绕在绿水之中，繁华与静谧兼得。示范区的设计摒弃浮夸、繁复的中式符号，深入思考现代东方美学的本质，取杭州之韵、山水之势，造清幽安居之境。建筑的山墙面起伏跌宕，环抱一面静水，结合典雅安静的下沉庭院与舒适的主题功能会所，彰显山水间的诗意生活。

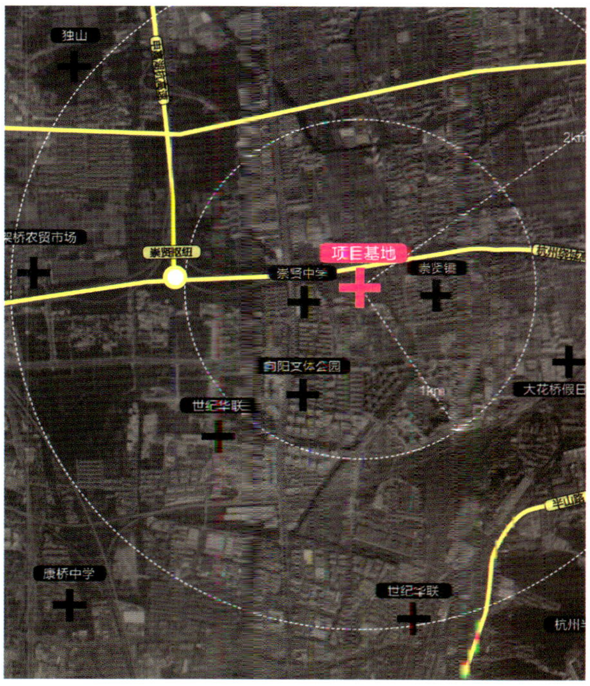


## 项目概况

杭州路劲远洋·江南院子择址于杭州市主城区北部的崇贤新城，西邻京杭大运河，周围为约 1 100 米长的水岸线，如岛屿藏于绿带之中。项目融合了现代东方主义和中式建筑形制，精心布局一线水景联排、挺拔优雅的观景高层建筑，为城市精英打造现代都市山水雅院。

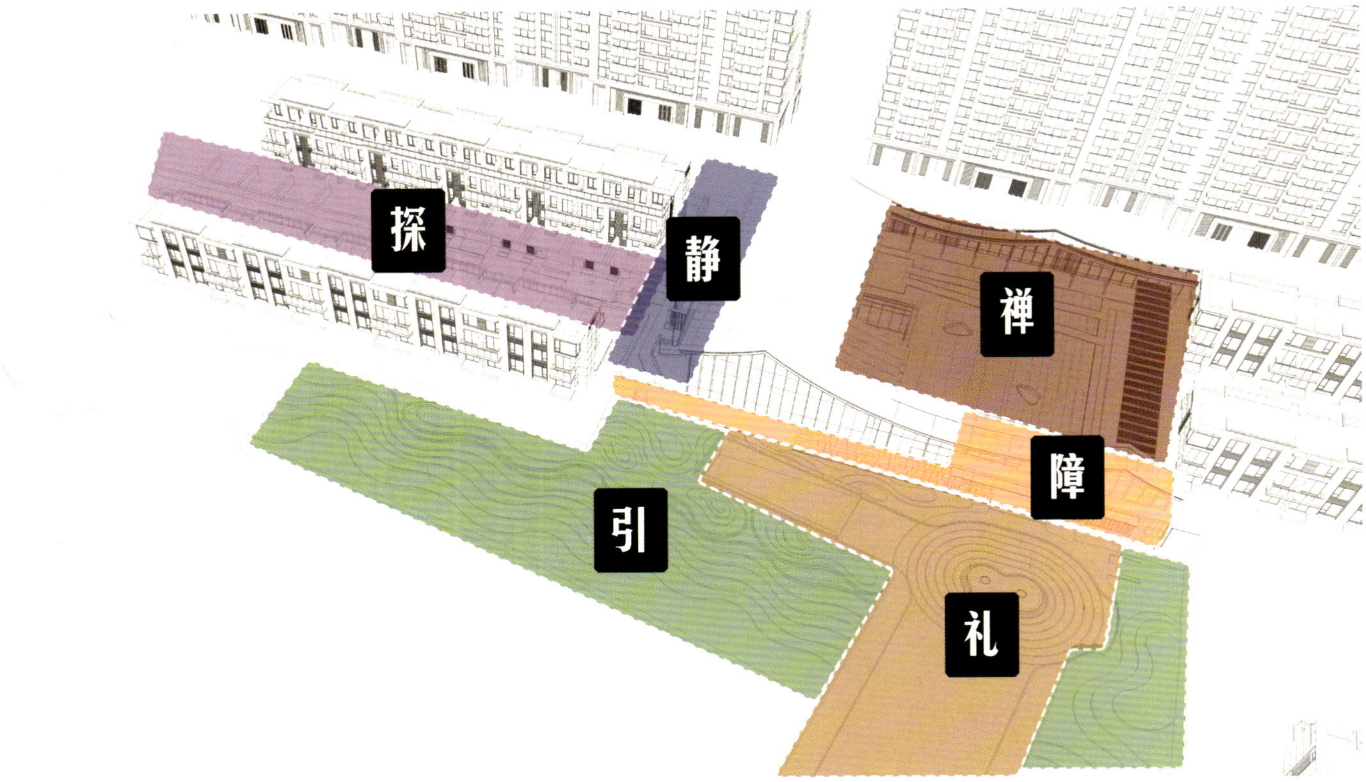


**引** **展示空间**
起伏地形柔和过渡
加微型山水引入主题

**礼** **迎宾空间**
——一池三山——主题水景
展现中式传统天人合一
的思想

**障** **入口空间**
沿袭传统中式入口屏
风障景设计理念

**禅** **前庭空间**
水镜最大程度倒映天
光游云与建筑的山形
边际，俯仰皆景

**静** **后院空间**
小巧后院过渡迎客前
庭与内院住宅区域

**探** **通幽空间**
克服狭长基地的景观
限制，打造步步有景
变化有序的幽静宅间
过渡空间

## 建筑设计

建筑秉承传统东方庭院之意境，借鉴西方现代主义之手法，在空间上将曲折回环的江南庭院空间处理得更加通达简洁、大气洒落。建筑呈山形，整体规划主次分明，流线简洁，流畅地串联起多个功能空间。项目在细节之处精雕细琢，对材料、构造进行细化研究，采用高透玻璃幕墙、水墨黑钛锌板、金属屋面、仿木色格栅等材料，以现代的空间语言重新诠释传统东方庭院文化。

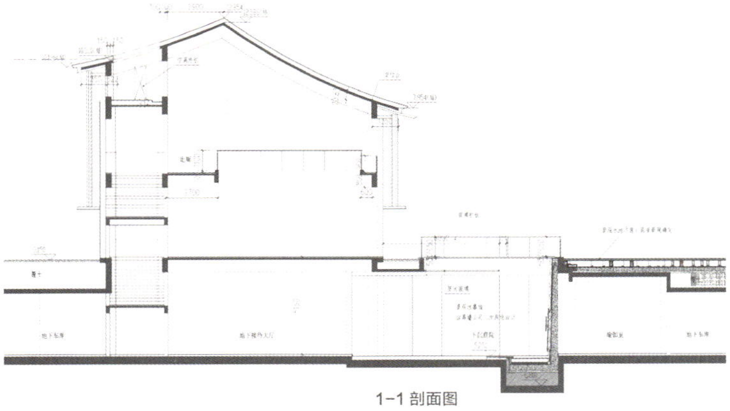

1-1 剖面图

## 景观设计

入口风格简洁现代，点线面配以仿木格栅，渲染出东方文化的诗情和韵律。灰空间和格栅的运用增强了建筑内外之间的联系，格栅半透出院内水景与对面围廊。

院内空间随屋顶山势高低错落，抑扬顿挫，围廊一侧是轻透格栅，人可倚廊观山品水。格栅与卷帘垂水而立，倒映水中，富有江南风情。大面积镜面水景映衬着屋顶山势和垂坠帘幕，半隐半透，通透转折间蕴含着东方的含蓄。步道以极简的几何水景串联出“曲水流觞”的东方诗意。

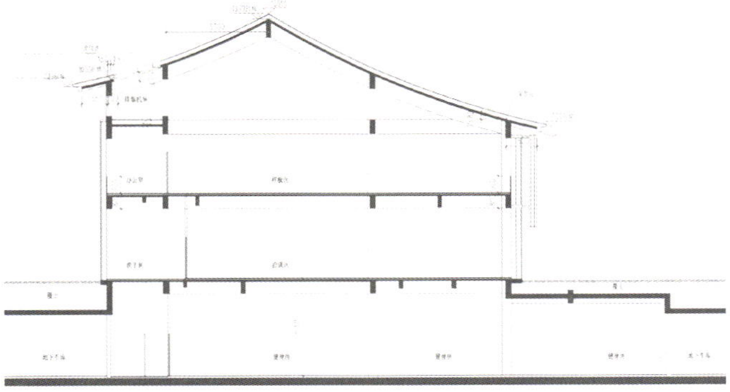

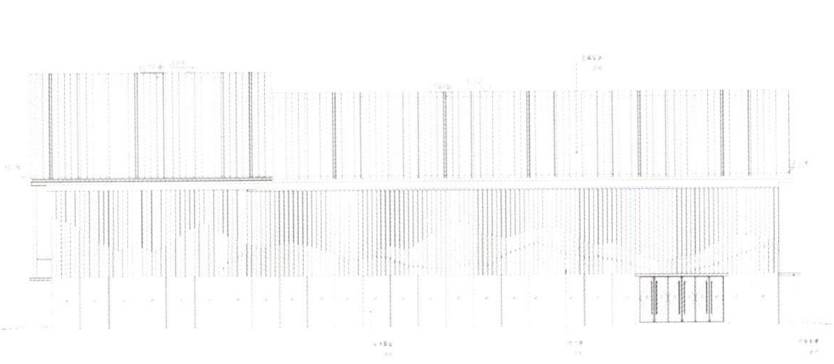

东立面图

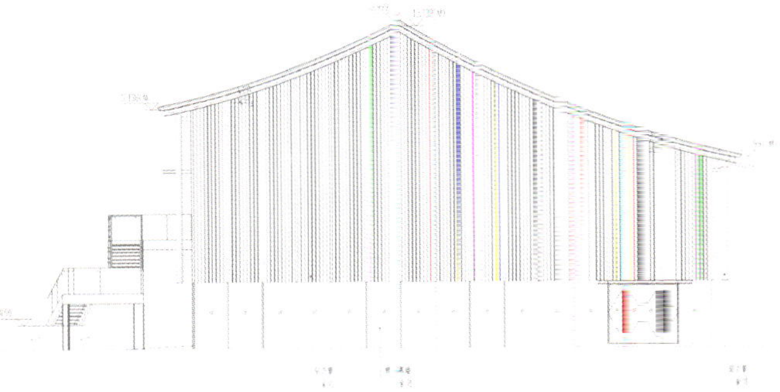

南立面图

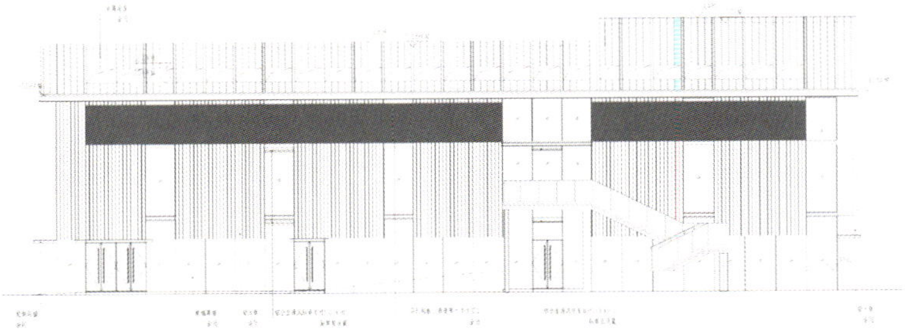

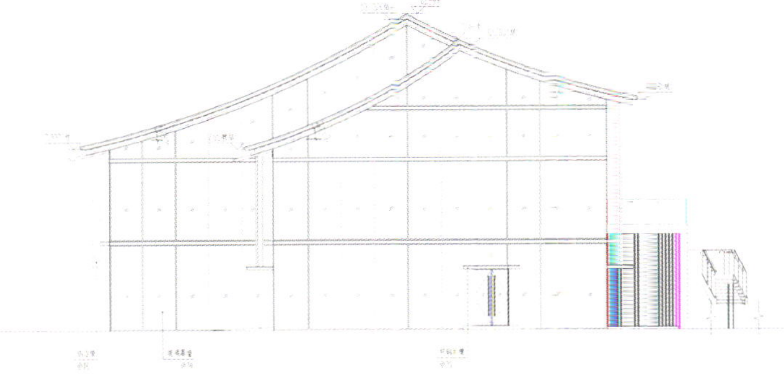

## 室内设计

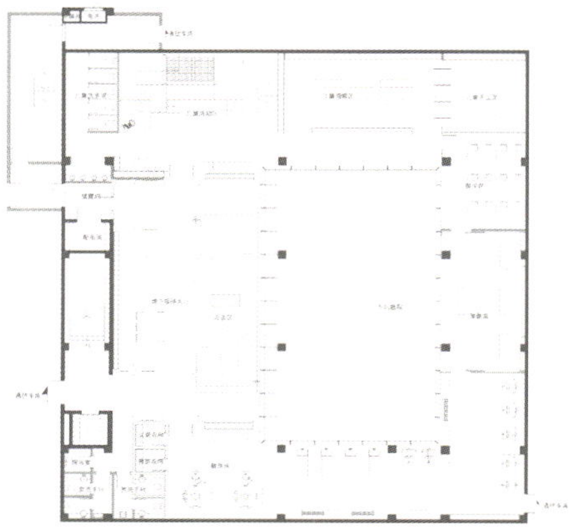
售楼处负一层平面图

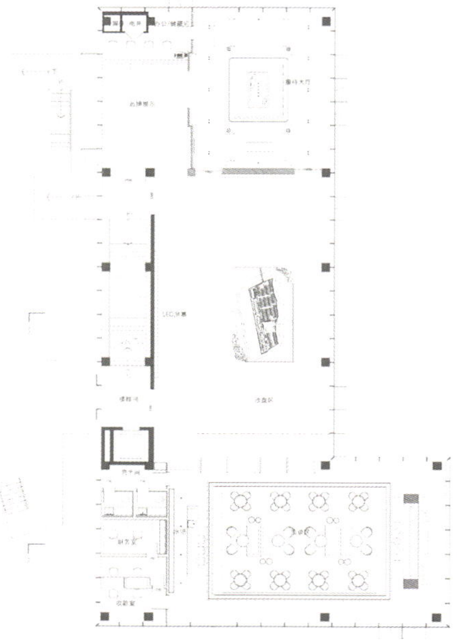
售楼处一层平面图

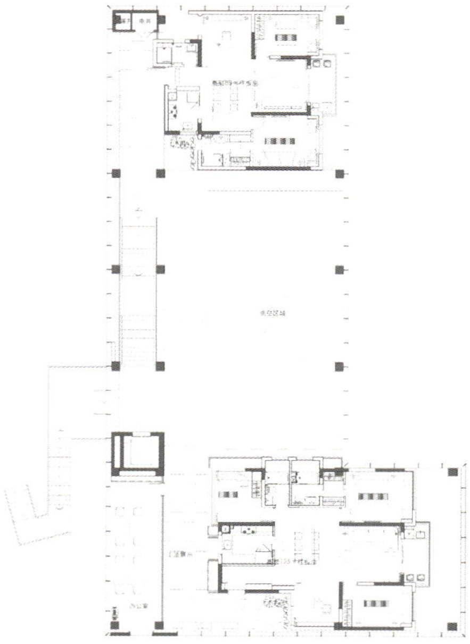
售楼处二层平面图

售楼处后期作为大区的会所，在设计上回归生活本质，以业主未来真实生活场景为摹本，精心打造六大主题功能会所。国学区、健身区、瑜伽室、儿童阅读区、儿童手工区、儿童活动区等满足成人和儿童多元的文化生活需求。

整体设计延续优雅的现代东方风格。空间布局方正大气，分区分明，落地玻璃窗和格栅让室内外空间相交融。设计以不同的形式呈现山水的意象，地毯上如水墨晕染般的图案、石材细腻丰富的自然肌理，营造出悠远、无穷的意蕴。

# 灵动云水间 岛上艺术馆

## 杭州越秀·湖山悦示范区设计方案

开发商：越秀地产 / 项目地址：杭州市临安市望湖路和创业路交会处
建筑设计：AAI国际建筑师事务所（加拿大） / 景观设计：LAURENT罗朗景观 / 室内设计：上海曼图室内设计有限公司
用地面积：61 835平方米 / 建筑面积：233 961.5平方米 / 容积率：2.7 / 绿地率：42.5%

建筑整体风格汲取了现代东方洒脱留白意境，弧形步道流畅地串联起场地入口、水景、建筑入口。传统中式空间的起、承、转、合通过曲线步道的串联演绎，形成有节奏、流动、静谧的空间。随着人的主体位置及视线的转移，空间变得异常丰富，让中式园林步移景异的精髓得到全新的体现。

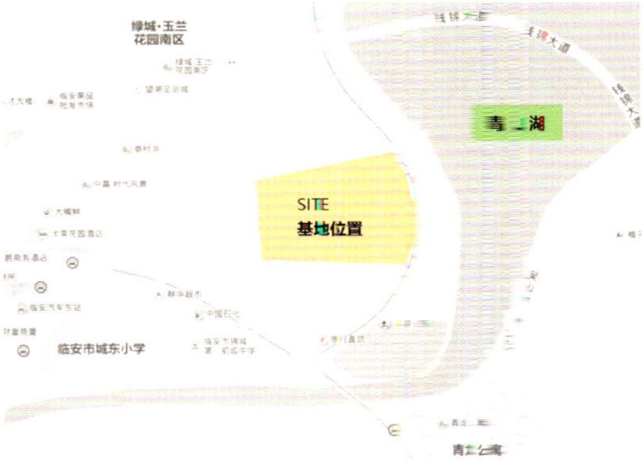


## 项目概况

杭州越秀·湖山悦位于临安市青山湖新区，紧邻中心商业区，直面青山湖，东望椤子山。项目致力于打造精工匠筑之宽境大宅，以临安传统文化为基底，提炼“隐、禅、朴、雅、静”精神内涵为符号，成就一座高品质的艺术府邸。

## 建筑设计

售楼中心摈弃常规单一的销售功能，引入公益性质的临安图书馆，将艺术生活与社区精神融合，并命名为岛上艺术馆。

弧形的建筑体量似一笔苍劲有力的勾勒，传承了临安书画的写意。建筑整体风格汲取了现代东方洒脱留白意境，弧形步道流畅地串联起场地入口、水景、建筑入口。传统中式空间的起、承、转、合通过曲线步道的串联演绎，形成有节奏、流动、静谧的空间。随着人的主体位置及视线的转移，空间变得异常丰富，让中式园林步移景异的精髓得到全新的体现。

建筑的主体颜色选用黑、白、灰，避免用过强的颜色打扰这片青山绿树，而低饱和度的色彩让人更关注空间所传达的精神——纯净、清新。

## 景观设计

**入口：**两侧墙面的强烈对比、静态的水纹、廊架下的光影变幻，整体大气又不失细节。

**前场：**天光、云影、流水共同组成了媒介，成为了天空流入屋舍的通道，而场景随时间而变化。风吹水动，自成纹理，姿态横生。

**衔接空间：**项目表达了直接、简单的设计意图：“停一下，感受。”空间经过水的沉淀，迎接阳光的洗礼。阳光透过天窗，将斑驳的竹影映在地面上，空间一下子安静了。

**后场通道：**设计通过景墙与植物的虚实结合将空间分割，让建筑与自然在相互的界定中融会贯通，形成一个相互渗透的空间长廊。

## 室内设计

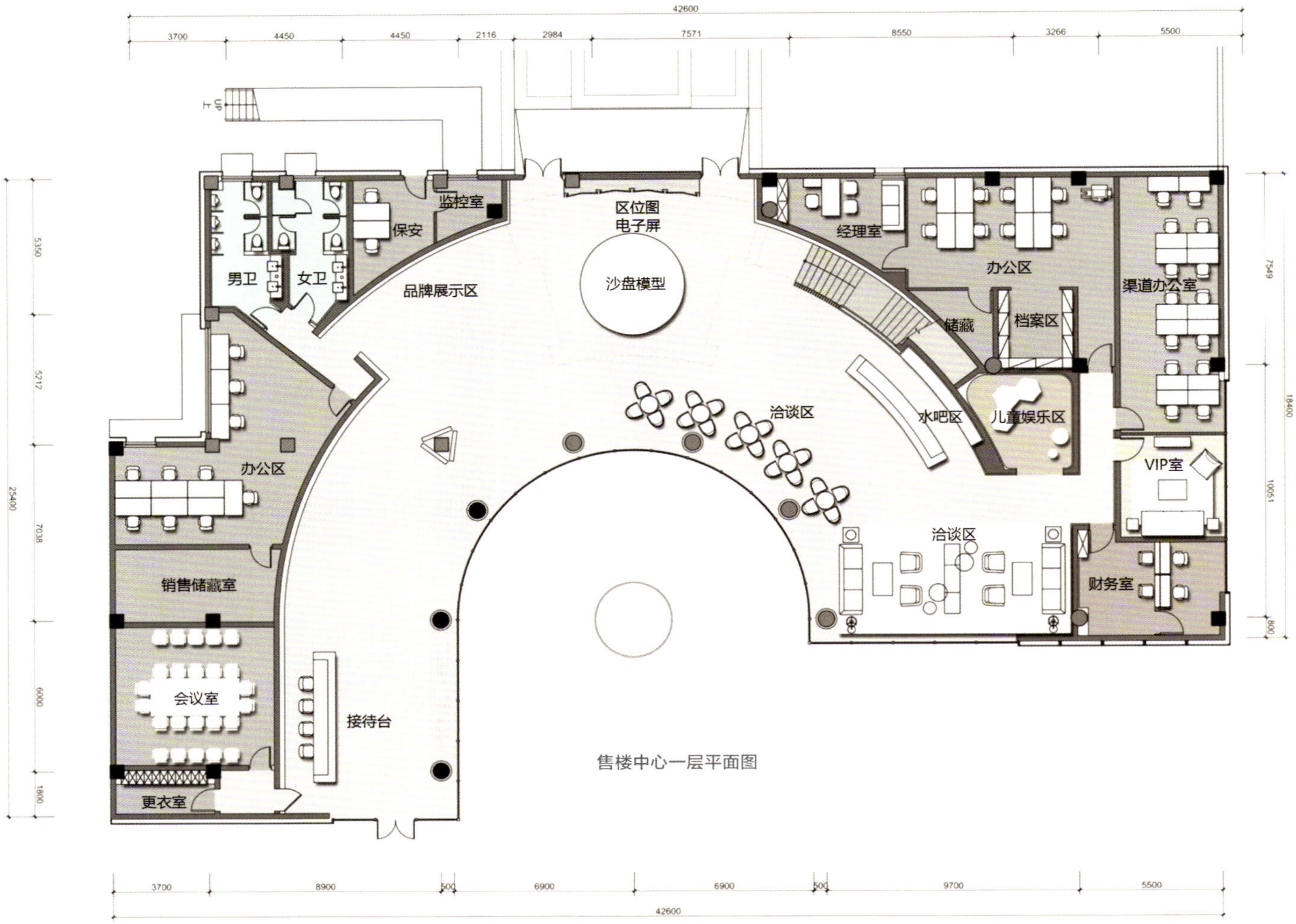


售楼中心一层平面图

售楼中心的室内空间以现代手法演绎行云流水，呈现自然与生活的琴瑟和鸣。设计将建筑一层方形空间与二层弧形空间有机结合，并让室内空间与户外中心景观及门廊形成呼应关系，达到室内外一体化的设计。

项目延续建筑造型，设计圆形沙盘。大厅的灯具设计独具匠心，线条清晰的框架上点缀着多个晶莹闪烁的小灯泡，组成一个巨大的魔方结构，如瀑布般垂直而下，奢华大气。东方园林式假山上方一根根金属灯管整齐排列，星光熠熠，寻找如古画般的山水意境。

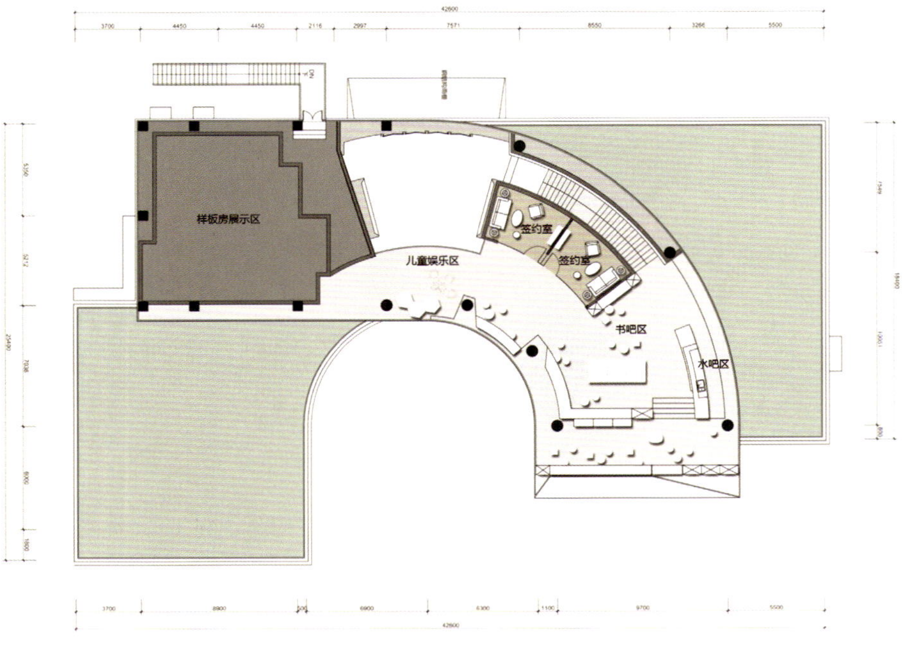


售楼中心二层平面图

# 碧水远山 简约写意

## 沈阳中南旭辉·和樾示范区设计方案

开发商：中南置地、旭辉集团 / 项目地址：沈阳市铁西区北一西路
景观设计：辽宁陆玛文旅景观设计股份有限公司 / 用地面积：99 540.79平方米 / 建筑面积：33 540.79平方米 / 容积率：2.0

“晴山看不厌，流水趣何长”是中国古人对大好河山的描写。在沙盘区的设计中，吊灯的设计与硬装整体层峦叠嶂的山峰形成呼应，绵延起伏的吊灯给人山与水的灵动感，这也是本案的设计要点。体现在空间的灯具，挂画，摆件等，都化为山和水的载体。在每一个细节和不易发现的地方都深藏陈设艺术的魅力，犹如走在大好河山之中，阅风光无数，拓展了视野，抒发了情怀。水吧区的雕塑摆件，以山的形式、水的姿态来呈现，飘零的落叶，灵动而沉稳。

**图例/LEGEND:**

1. 形象转角
2. 精神堡垒
3. 围合景墙
4. 引导绿化
5. 主入口
6. 主入口大门
7. 入口平台
8. 水上步道
9. 涌泉
10. 种植池
11. 步道对景墙
12. 后场对景雕塑
13. 游览步道
14. 静水景观
15. 洽谈平台
16. 户外洽谈
17. 停车场入口
18. 停车场
19. 停车导视

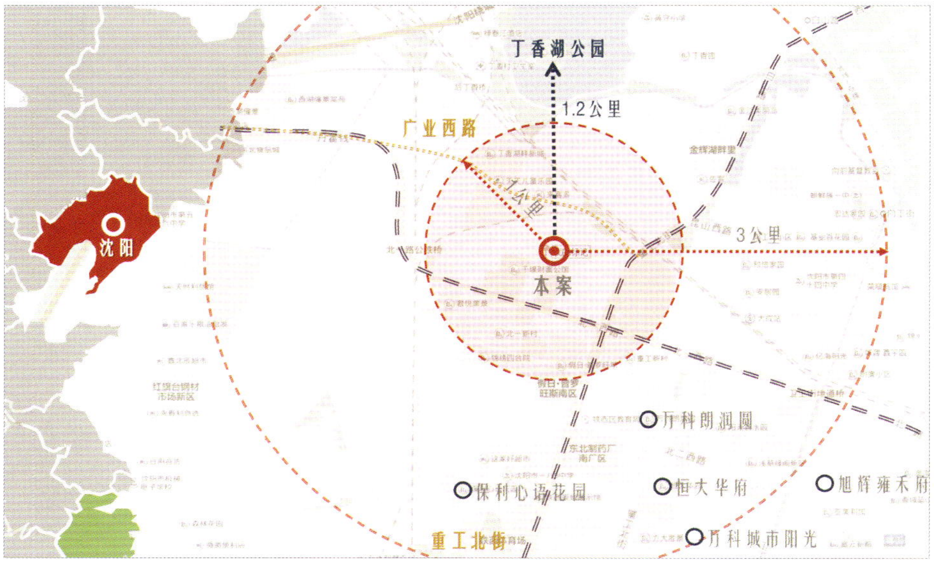


## 项目概况

沈阳中南旭辉·和樾位于沈阳市铁西区重点规划区域，是中南集团进驻东北的重点项目，也是中南置地和旭辉集团合作的项目，产品类型有高层、小高层、洋房。示范区作为大区品质的体现，赋予楼盘不同的“性格特点”，以新中式写意山水为设计点，融合简约的线条、简洁有力的景观层次、奢华细腻的细节处理，造就别具一格的艺术。

## 设计亮点

项目以沈阳盛京文化为基底，提炼“礼、赏、合、隐”精神内涵为符号，造和樾四境：春台山水、明水如镜、山藏千树、曲径通幽，以境生景，营造礼厅、赏堂、合庭、隐院四式景色。

**礼厅 · 春台山水：**项目采取“隐”的做法，以简约、厚重的片墙诠释山水之韵，以葱茏的植物和丰富的细节营造现代东方意境。设计通过回廊连接主入口空间，结合灰白色调，引入光线，让空间显得灵动。景观大门以泼墨山水的灰白色作主调，与线条明快、层次分明的建筑相得益彰，形成简约、明快的新中式风格。

**赏堂 · 明水如镜：**项目从山水画中汲取灵感，以现代手法将山水元素进行改编、重制，并将山水墨画卷横置于水面之上，以“U”字形玻璃打造清幽之境。设计采用古典园林的框景、借景的手法，树影斑驳、澄净空灵。墙后一方水池，取中国人传颂千年的“方”之形，承古典园林框景之韵，富有诗情画意。

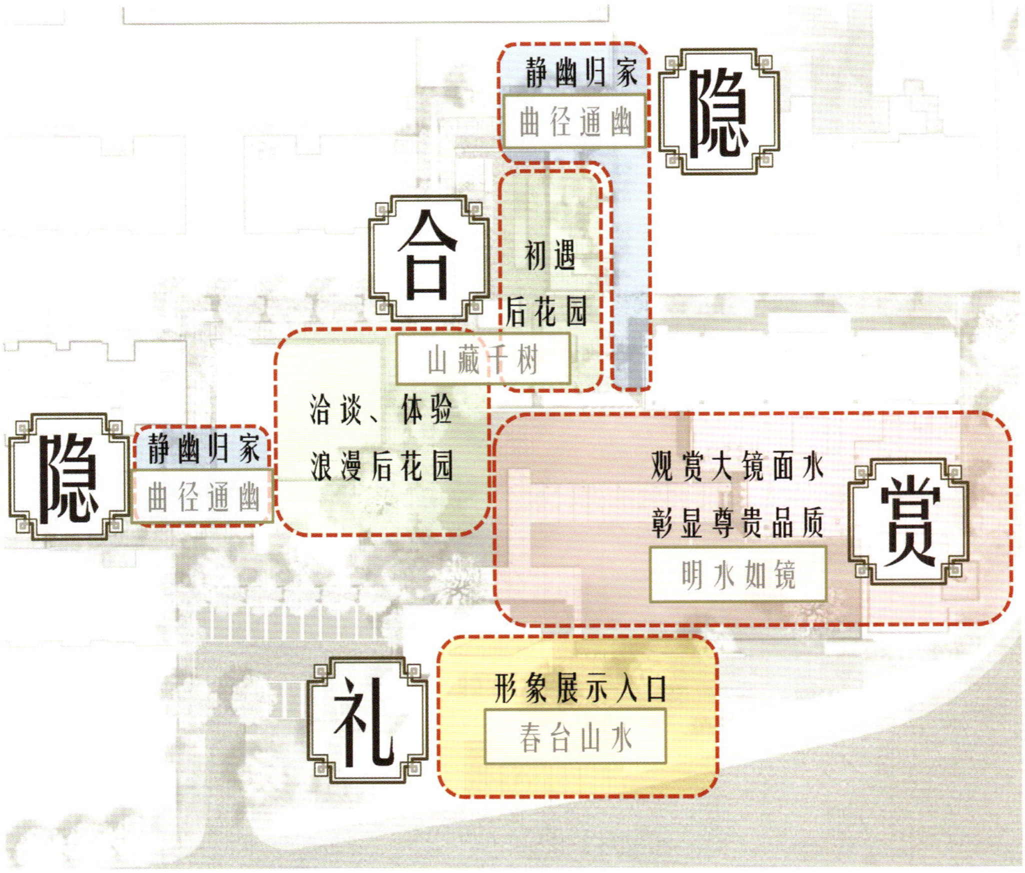

**合庭·山藏千树：**景观植被与建筑一层对接，进一步提升建筑空间的设计感。丁香、水蜡、银杏等植物共同打造出清幽的户外洽谈、静心之地。两侧是一幅山水画卷，人身在其中，犹如行走于山、水、云之间。延绵的山结合了传统山体与现代材料，丝丝线条构成隐喻山体，意境悠远。

**隐院·曲径通幽：**项目以黄金麻荔枝面花岗岩为特色铺装标准段，营造写意山水的灰白空间，与自然交融，让树影、水声、风声都成为景观的一部分，在光影变化中，将禅意灵动表现得淋漓尽致。

## 样板房设计

内含 190P 核心资料
扫一扫开通金盘会员
200多个精选项目研发档案随意看



# 光影美学画舫 现代东方山水

## 佛山金科·博翠天下府示范区设计方案

开发商：金科集团 / 项目地址：佛山市顺德区大良东乐路
建筑设计：深圳市霍普建筑设计有限公司 / 景观设计：柏涛景观
用地面积：57 800平方米 / 建筑面积：205 200平方米 / 容积率：2.5 / 绿地率：35%

以新亚洲风格为主，新亚洲风格主张以具有浓厚地域特色的传统文化为根基，融入西方文化。以亚洲文化为根基，具备强烈的设计感，把亚洲元素植入现代建筑语系，将传统意境和现代风格对称运用。

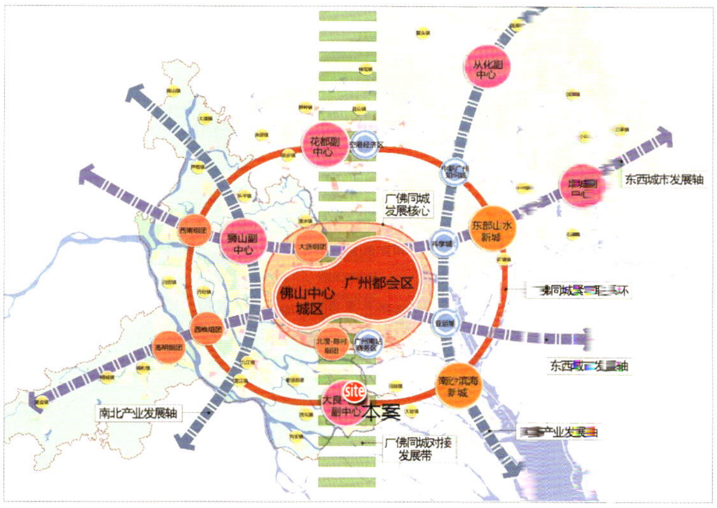


## 项目概况

佛山金科·博翠天下府位于佛山市顺德创智[illegible]片区，紧邻城市主干道，东侧为广珠城轨路线、广珠西线高速，西侧为地铁3号线（在建），交通便捷。

项目充分利用上位规划为区域带来的机遇，融入[illegible]园林独有的居住理念，引入金科博翠高端系列人居理念，打造高品质的生态人文社区。

## 建筑设计

展示中心远看俨然一座古韵盎然的画舫，近看光纤水帘熠熠生辉，形成独有的光影特点。建筑以亚洲文化为根基，将亚洲元素植入现代设计语系，打造别具一格的都市山水桃源。设计巧妙地让光影斑驳错落地洒在建筑外立面上，塑造静谧、隐逸的诗意人居环境。超白玻璃幕墙则诠释出强烈的时代感和现代感，与室外的无边际水池结合，让室内外融合在一起。

博翠天下 NATUREEMERALD

## 景观设计

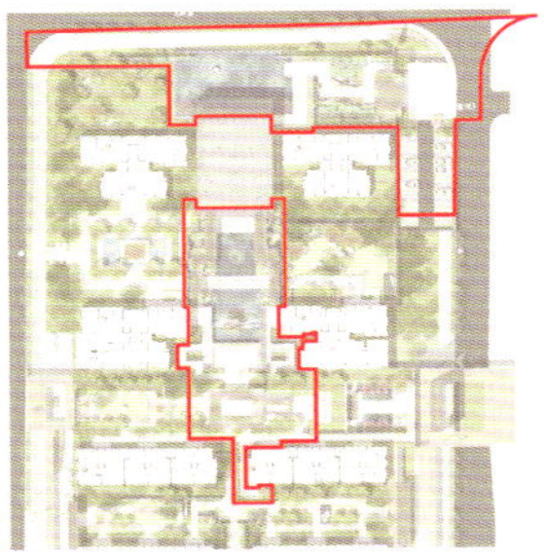

示范区平面图

景观汲取独具地域特色的传统文化，突出围而不堵、通透灵动的造园艺术，将传统意境和现代风格对称运用，营造轻奢、雅致的现代岭南园林。

设计采用较大的间距和宽松布局强化庭院空间，提高私密性，同时形成多空间的景观，提供较为开阔的景观面。几种风格混合杂糅之后依旧简单、质朴，绿色植物随处可见，镜面水景环绕四周，现代简洁又不失传统园林之恬静优雅。

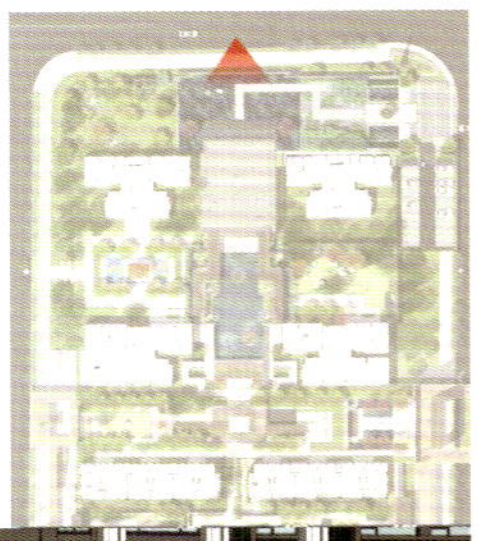

前场主入口效果图

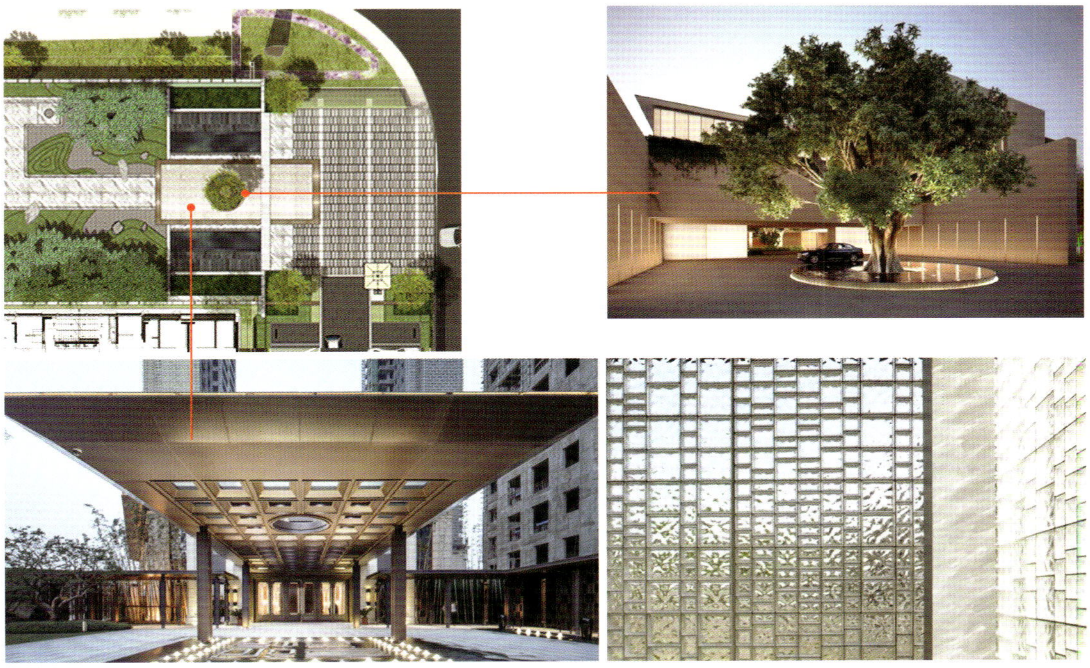

前场主入口意向

廊架意向图

中庭空间意向

# 未来都市体验 优雅艺术生活

## 扬州弘阳悦江湾示范区设计方案

开发商：弘阳集团 / 项目地址：扬州市仪征市江城路与国民路交会处
建筑设计：上海睿风建筑设计咨询有限公司 / 景观设计：LAURENT罗朗景观 / 用地面积：136 100平方米
/ 建筑面积：272 300平方米 / 容积率：2.0 / 绿地率：35.1%

"最好的建筑是这样的，我们深在其中，却不知道自然在哪里终了，艺术在哪里开始。"
——林语堂

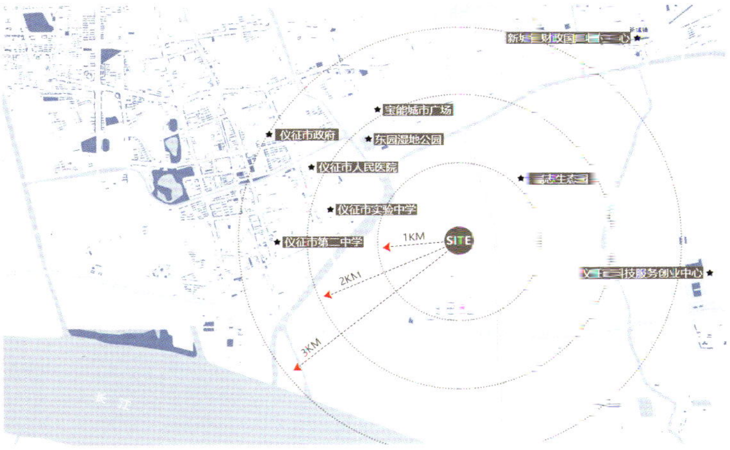


## 项目概况

扬州悦江湾生活体验馆的设计思考来自于如何对场地未来气质进行塑造：从城市的角度来构建建筑的形态，让建筑作为片段来映射未来都市形象。在这个显得有些“荒芜”的地界中，我们希望以这样一个兼具展示功能与优雅艺术的建筑形体组合，彰显人文情怀，带来全新的都市体验感。

## 区位分析

项目位于扬州市仪征滨江新城，西接南京，南靠长江，地块东侧为天宁大道，南侧为国民路，中间有水系穿过直通长江，地块区位为仪征未来规划的新的行政中心，教育、文化、商业、公园等配套，具备了成为未来仪征繁华都市圈的条件。

## 设计理念

示范区后期将改造成沿街商业，选址考虑到周边现状缺少现代城市建筑，而用地西南角作为市区人流来向的第一门户，最有利于城市界面的塑造，并能给后续商业的运营最大化地聚拢人气。设计重点考虑如何塑造场地的未来气质：从城市的角度来构建建筑的形态，让建筑作为片段来映射未来都市形象。

## 设计亮点

建筑用四组不同肌理、水平向伸展的体块塑造都市界面，自然庭院的过渡和斜向光影长廊的强势介入，形成有机而令人印象深刻的建筑组群。高大通透的落地玻璃、精致挺拔的金属格栅、景墙分别透出不同强度的光，抚平周边自然的荒芜，点燃都市人的心灵。

**入口：**项目以纯粹的几何形体作为建筑组合单元，极具雕塑感的圆形入口落在轻盈的金属丝线上，带来悬浮感。离心圆的天窗投射出灵动、奇异的影子，一段奇妙旅程在此开启。

**长廊：**廊桥组合不同直径和间距搭配的不锈钢线条，营造出金色雨丝的效果。明与暗、虚与实、自然与几何的对比，给予人富有乐感的前行体验。长廊内侧错落有致的枯山水景观是场地外自然的延续。

**镜水：**正圆的镜水限定了两个方向的入口并且带来了精致、高雅的场所特质。银色的山峦仿佛从水面生长，倒影扩大了空间的边界，让建筑与大地融为一体。

**过渡庭院：**整个建筑空间的精髓是连接接客区与样板区的过渡庭院。洽谈区一面用通透的玻璃引入水院景观，样板房一面用半透金属格栅予人“犹抱琵琶半遮面”的神秘感。水面上一弯桥，为整个静谧的内院空间带来动感。

**楔形空间：**斜向长廊与建筑形成精巧的楔形空间，光透过金属格栅，穿越如纱的薄雾，形成斑驳的影子，照在绵延起伏的石头上，仿佛一个有神性的教堂，或是一个冥想的斗室。

## 细节设计

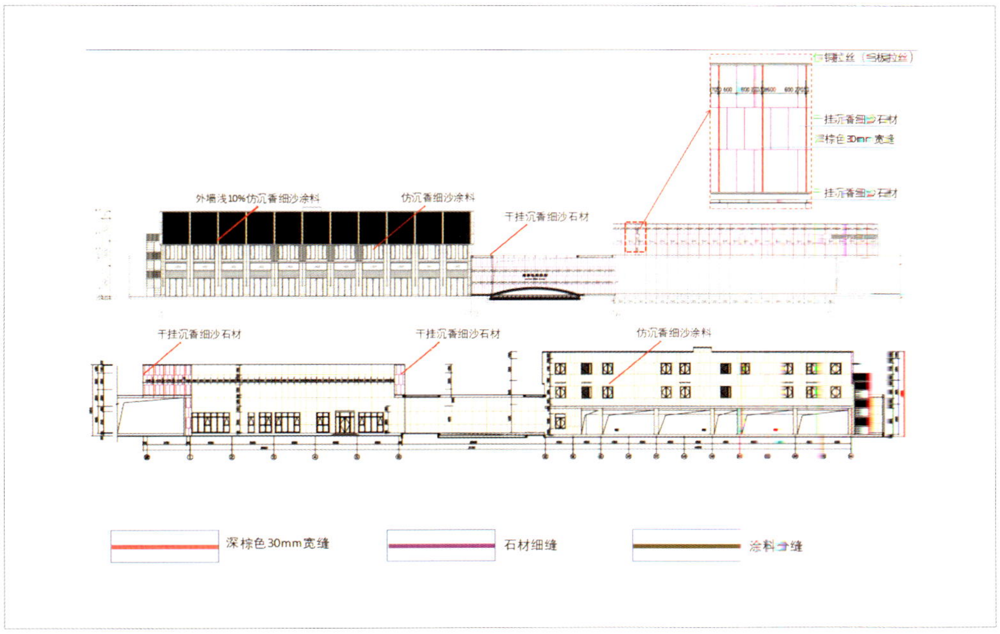


大虚实比例关系的里面是各种小尺度细部组合。格栅与灯光线条的呼应，在金属廊架的细节中并不是平铺直叙的简单排列，而是从框架到密格栅之间寻找一些节奏，尽量让近人的格栅看上去更富有层次。这一道斜向的金属长廊，将整个建筑的轻与重、虚与实有机地串联，展示出整个建筑最具有昭示性的一面。

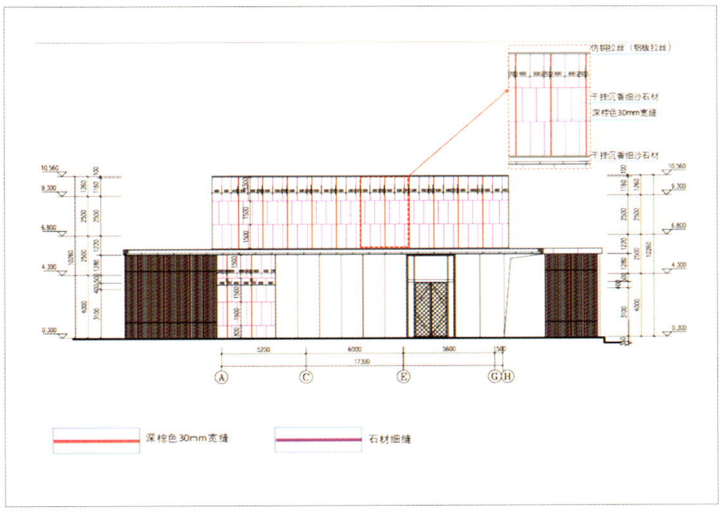


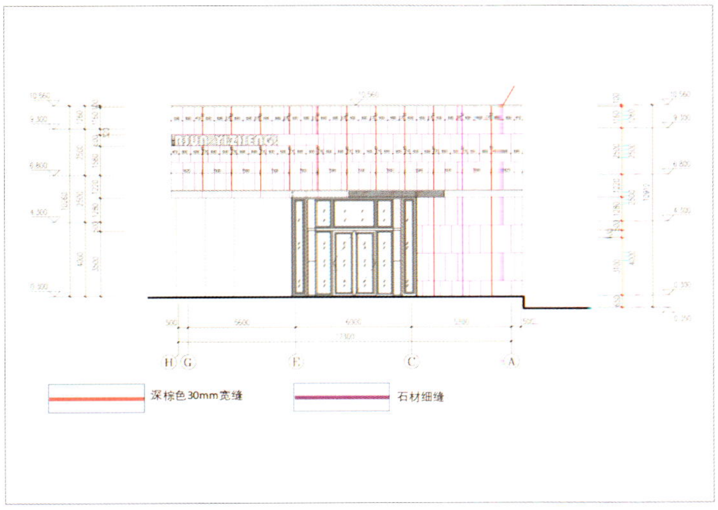


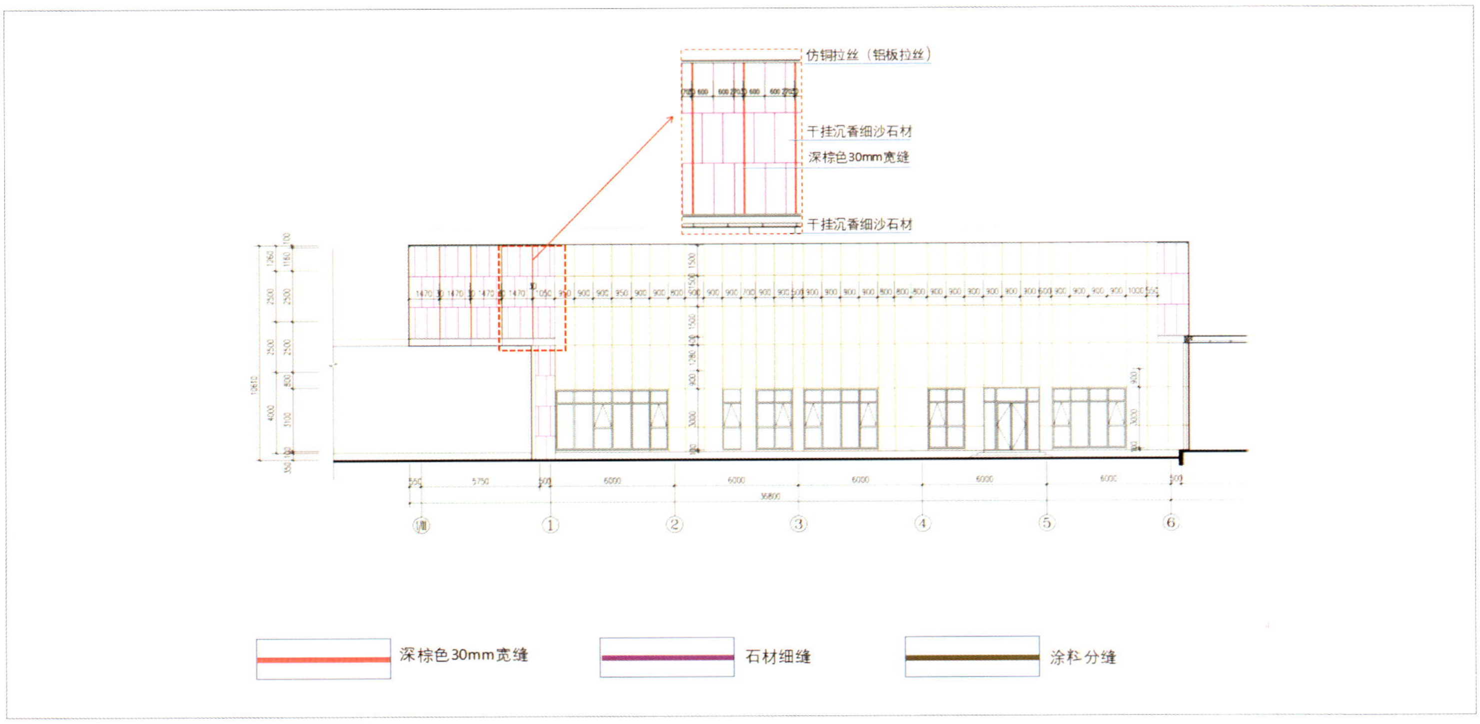

## 规划分析

1. 沿河景观带及绿化公园设置高层，形成最多的景观产品，使其最大化提升溢价。

2. 洋房产品独立成区，独享宅间景观大花园。

3. 整体规划高低搭配，天际线丰富。

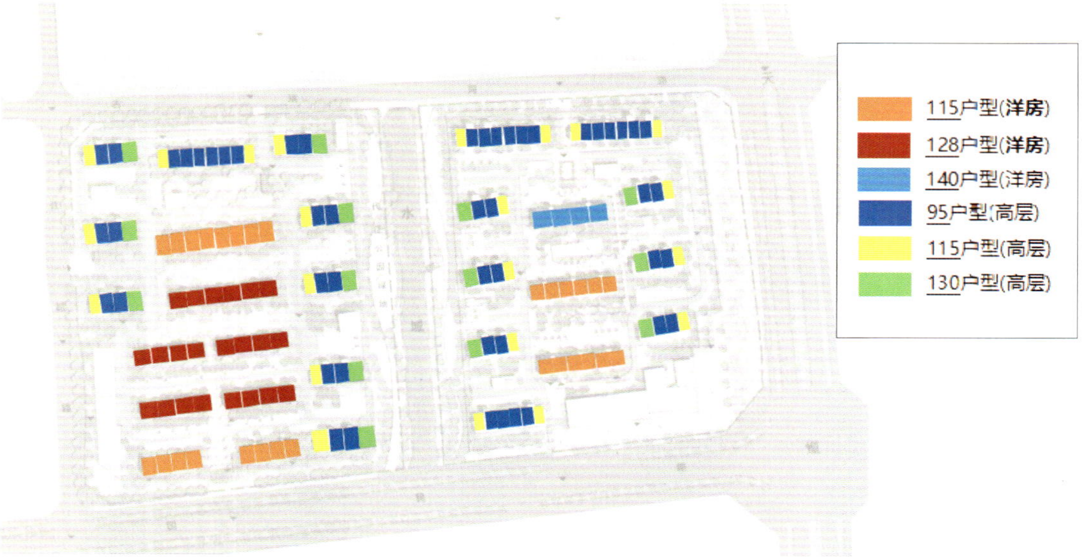


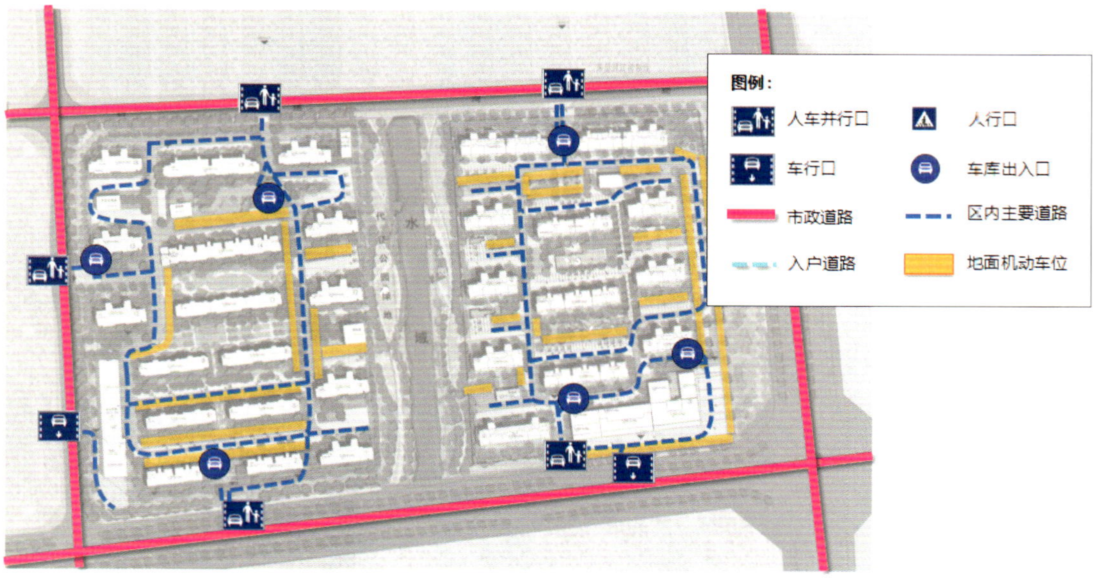

## 户型设计

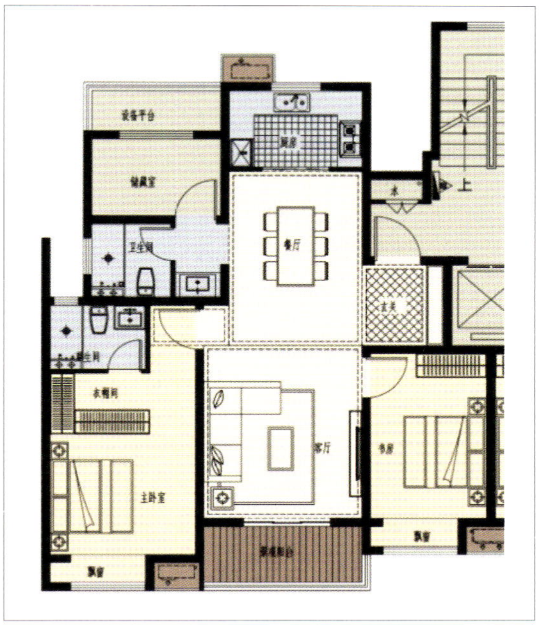
设备平台
储藏室
厨房
餐厅
卫生间
水
上
玄关
卫生间
衣帽间
客厅
书房
主卧室
飘窗
景观阳台
飘窗

1900
3000
1800
3100
1500
700
2800
3600
2900
3900
3000

D-3
下
上

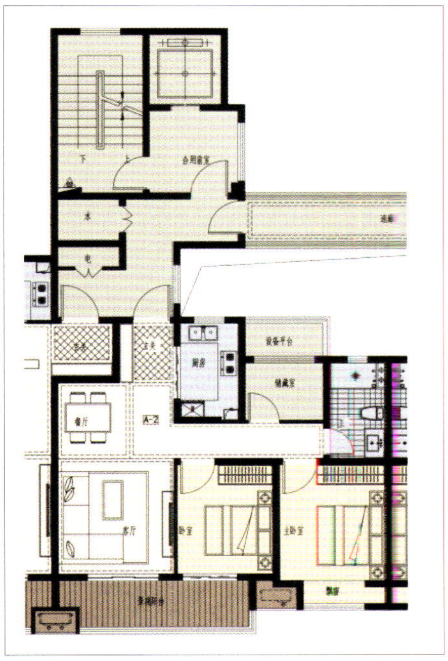
A-2

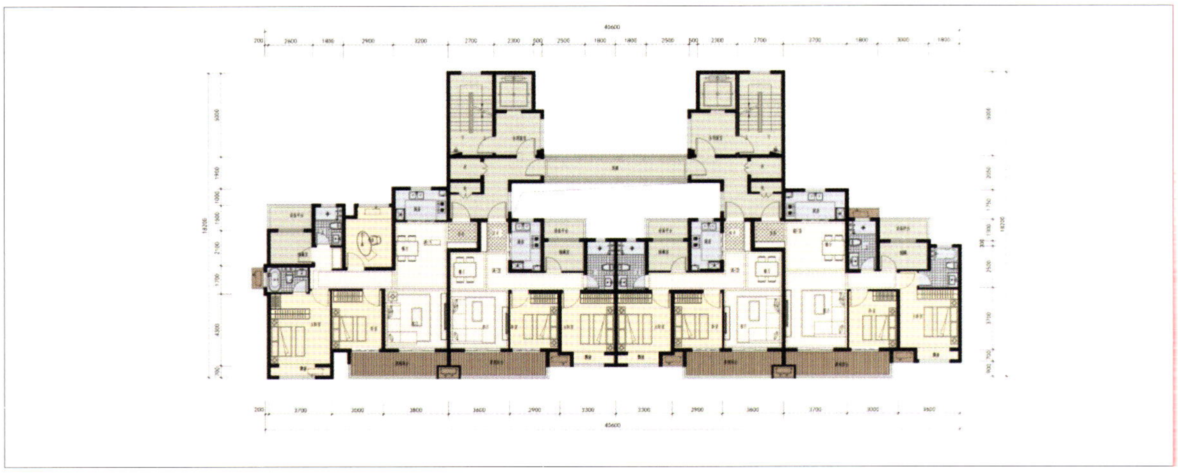

# 一线江景岛居 创新六叠户型

## 广州保利半岛设计方案

开发商：保利发展 / 项目地址：广州市南沙区滨水大道

建筑设计：上海霍普建筑设计事务所股份有限公司 / 用地面积：96 088平方米 / 建筑面积：286 114平方米/ 容积率：≤ 2.0 / 绿地率：≤ 25%（北地块）；≤ 35%（南地块）

广州保利半岛位于南沙蕉门河板块，生态环境得天独厚，区域发展前景可观。
项目在多限制条件下采用创新低密度点式排列布局，楼栋依岛势沿河叠落分布，错落有致，既保证了岛居的视野，又提高了建筑与空间的私密性，从而提升产品的溢价空间。创新六叠户型巧妙地利用错落相叠的垂直空间，提高产品的总体性价比。

## 项目概况

广州保利半岛充分利用地块周边的环境，采用标新立异、突破常规的设计模式，将不利和苛刻的条件转为项目的特色，充分发挥各种业态的价值，兼顾公益性和经营性。点式排列布局保证各个户型的视野，创新六叠户型结合人的居住需求和户型结构，创造大量附加值空间。

## 区位分析

保利半岛位居广州南沙蕉门河板块、东沙群岛入海口，地理位置优越且交通系统发达，区位条件具备溢价可能。

**路网发达：**项目紧邻市南大道，3 分钟接驳进港大道、黄阁大道南，10 分钟接驳番禺大道，1 小时抵达广州市区及周边城市；地块南临“市南路”公交站，距离地铁 4 号线、15 号线南沙环线约 2 千米；高铁庆盛站接驳广州南与深圳、香港等地区。

**资源配套：**周边分布高档住宅区、蕉门游船码头和南沙儿童公园等，生活娱乐配套档次较高。周边多为河塘、农田，生态环境良好。

**区域规划：**周边将建广州市妇女儿童医疗中心南沙院区和南沙少年宫，北面将建华南师范大学第二附属中学。

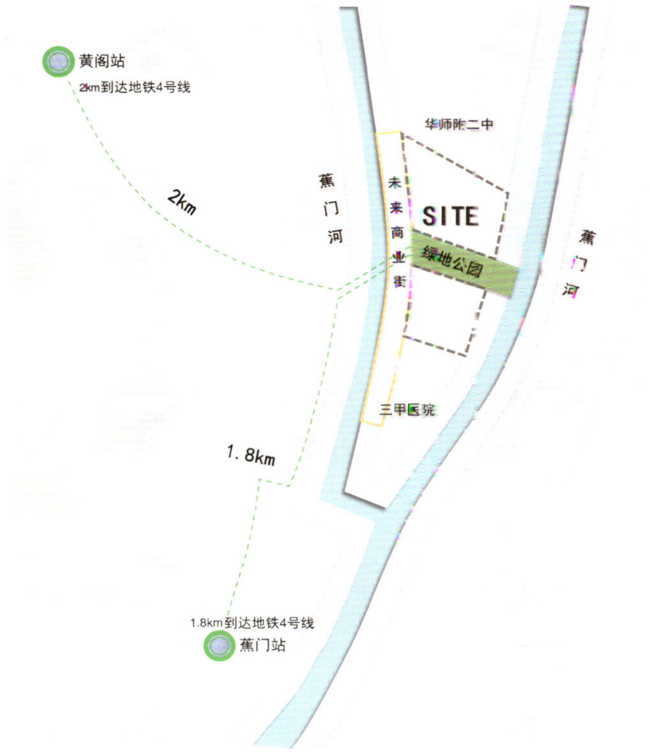

# 总体规划

## 规划因地制宜 提升经济效能

项目结合现状条件，合理利用土地，以清晰的分区结构组织规划功能用地，把不利和苛刻条件转为优势，发挥最大经济效益和社会效益。

**限制条件：** 地块自东西方向往中间有比较复杂的限高要求，分别为 15 米、40 米、60 米，对地块的完整使用造成了很大的困难。另外，地块需分别平衡南北容积率。

**规划策略：** 高层选择采用点式布局，以中心位置错落出现的方法，满足容积率及规划视线的综合要求。点式高层，户户观景，视线四通八达；低层组团，分块成组，形成一个有机空间。

## 严苛限制条件 创新规划排布

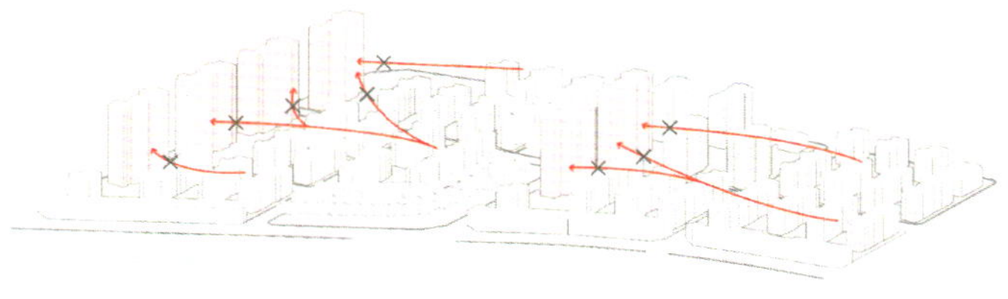

高低配布局（常规）

①两地块空间被割裂，高低区域分隔，相互独立。

②纵向视野受阻。

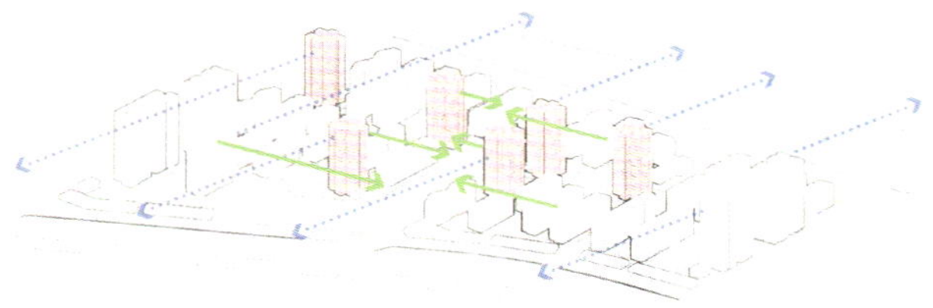

点式布局（突破）

①充分利用四周景观资源，高低区混合，有机融合。

②视线通达。

## 各种“点式结合低层”方案对比

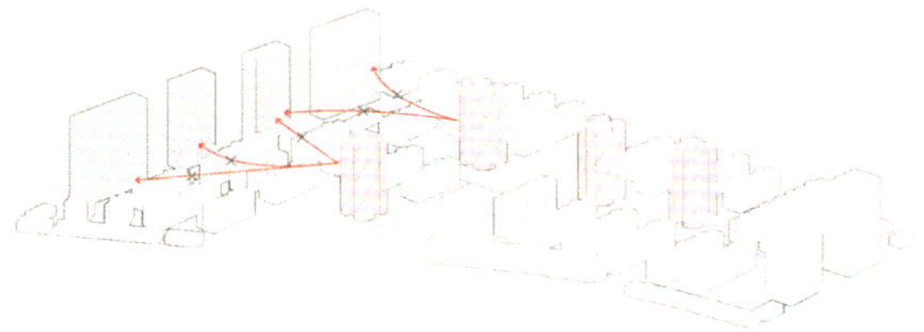

方案一

√ 中部高层视野良好。

X 北部高层（人才公寓）成为一堵“高墙”，割裂城市空间（北侧是学校）。

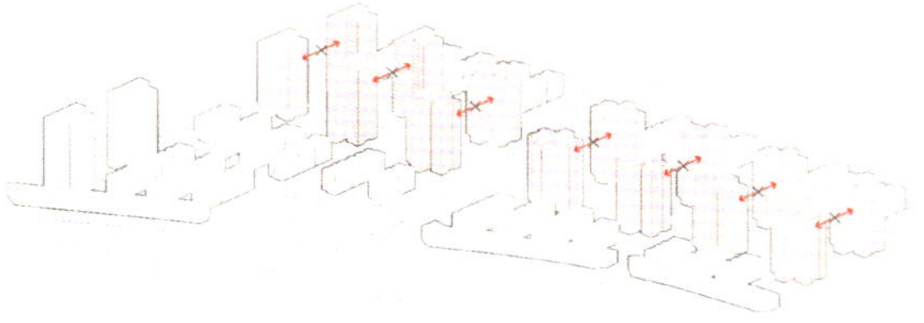

方案二

X 高层沿南北向内部道路布置，高层侧向视距拥堵，规划东西割裂。

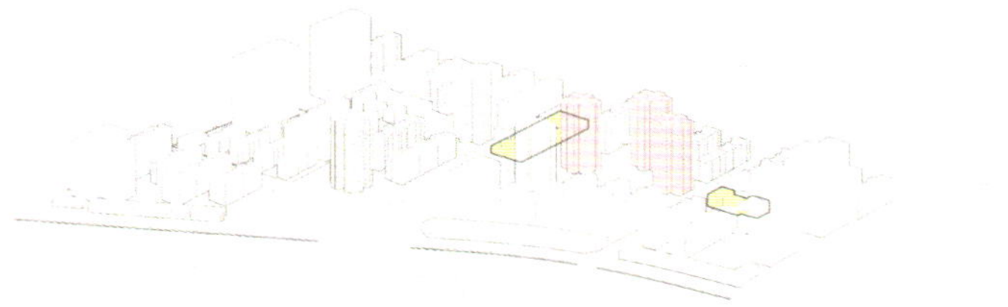

方案三

X 幼儿园南北分设，配套不集中，中部高层分组密集，空间体验差。

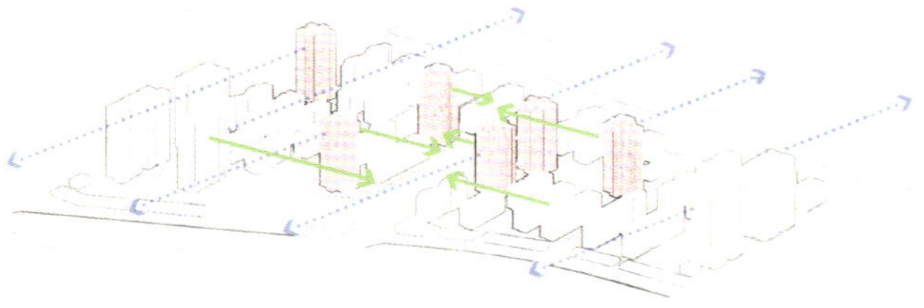

方案四

√ 视野最佳，高层落位均匀，错落的空间让8个微地块界限完全消除，成为一个完整的社区。

**住宅策略：**高层产品以“插蜡烛”的形式“散落”在园区内部，以达到东西向无敌河景、南北向超大间距的目的。南北地块被大尺度景观绿化轴分隔，各地块景观均好性达到最高。

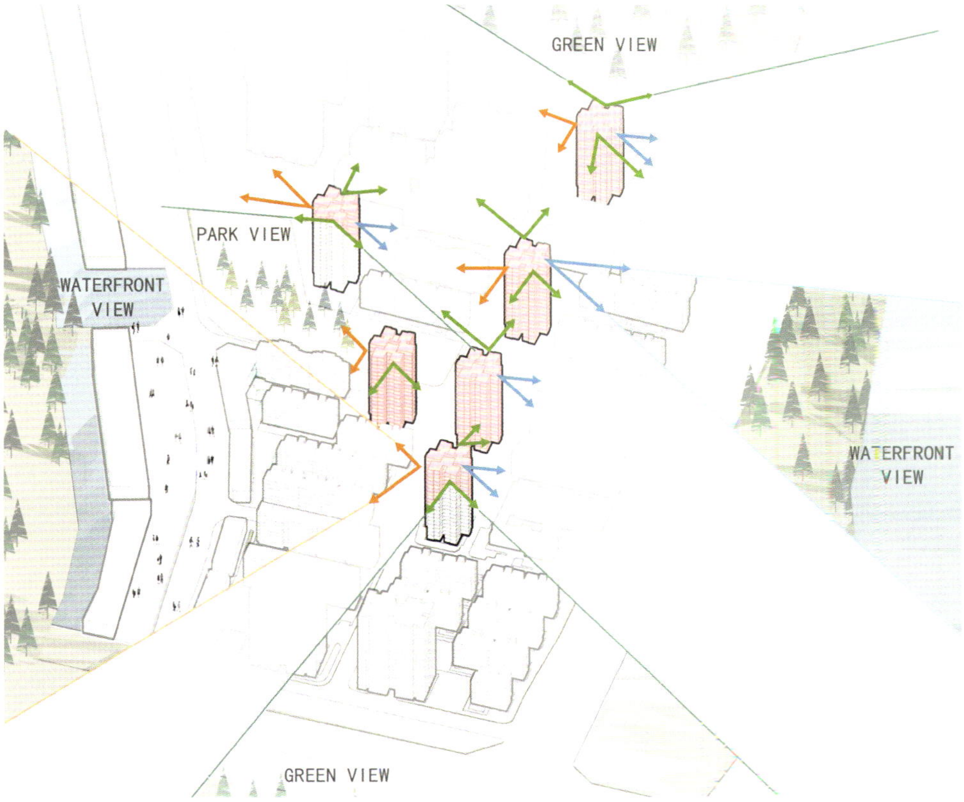


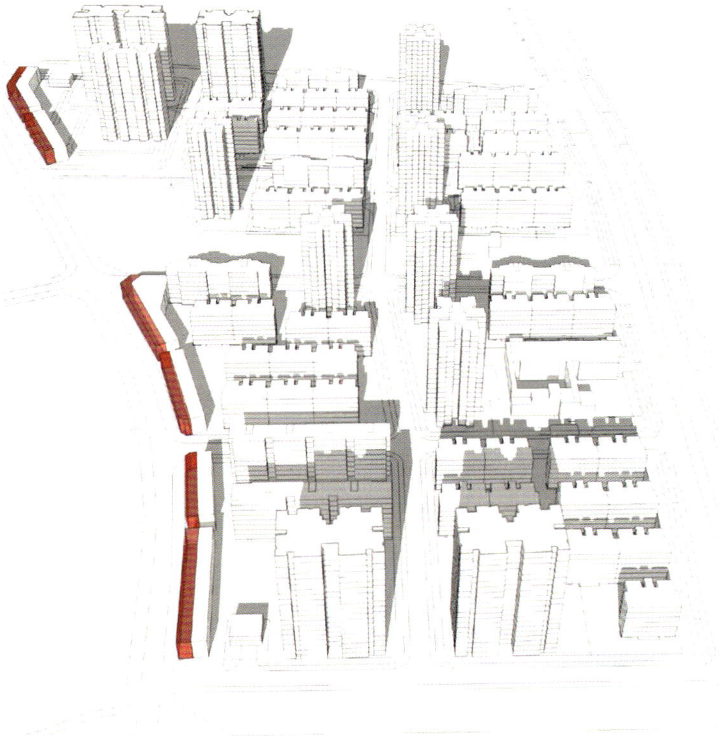

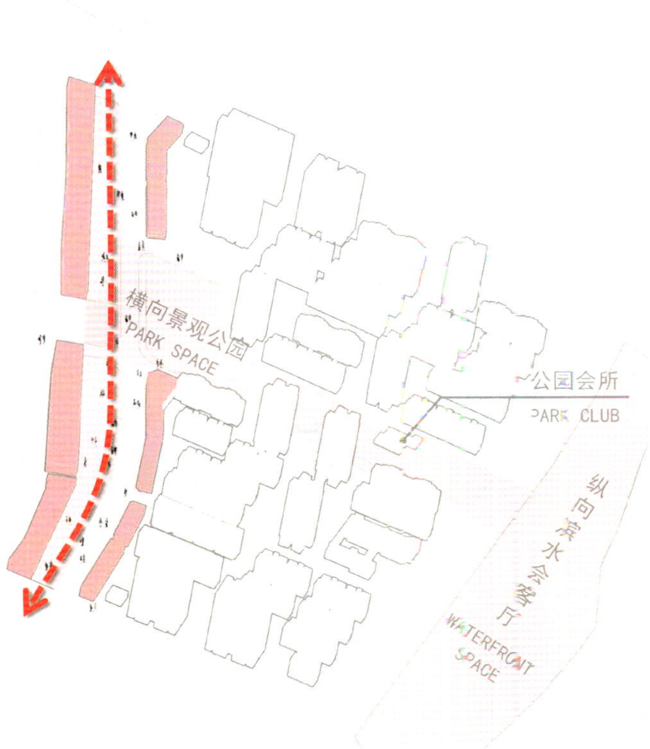


**商业策略：**项目利用首层骑楼通道宽度不小于5米、骑楼及以上裙楼部分（不超过3层含3层）不需退让道路红线的规定，最大限度地争取可建用地范围，为住宅节地。

**城市会客厅：**沿街商业生活服务轴为整个社区提供独享服务。西侧南北贯通的骑楼商业与景观公园联系起来，形成独具特色的城市会客区。

## 建筑设计

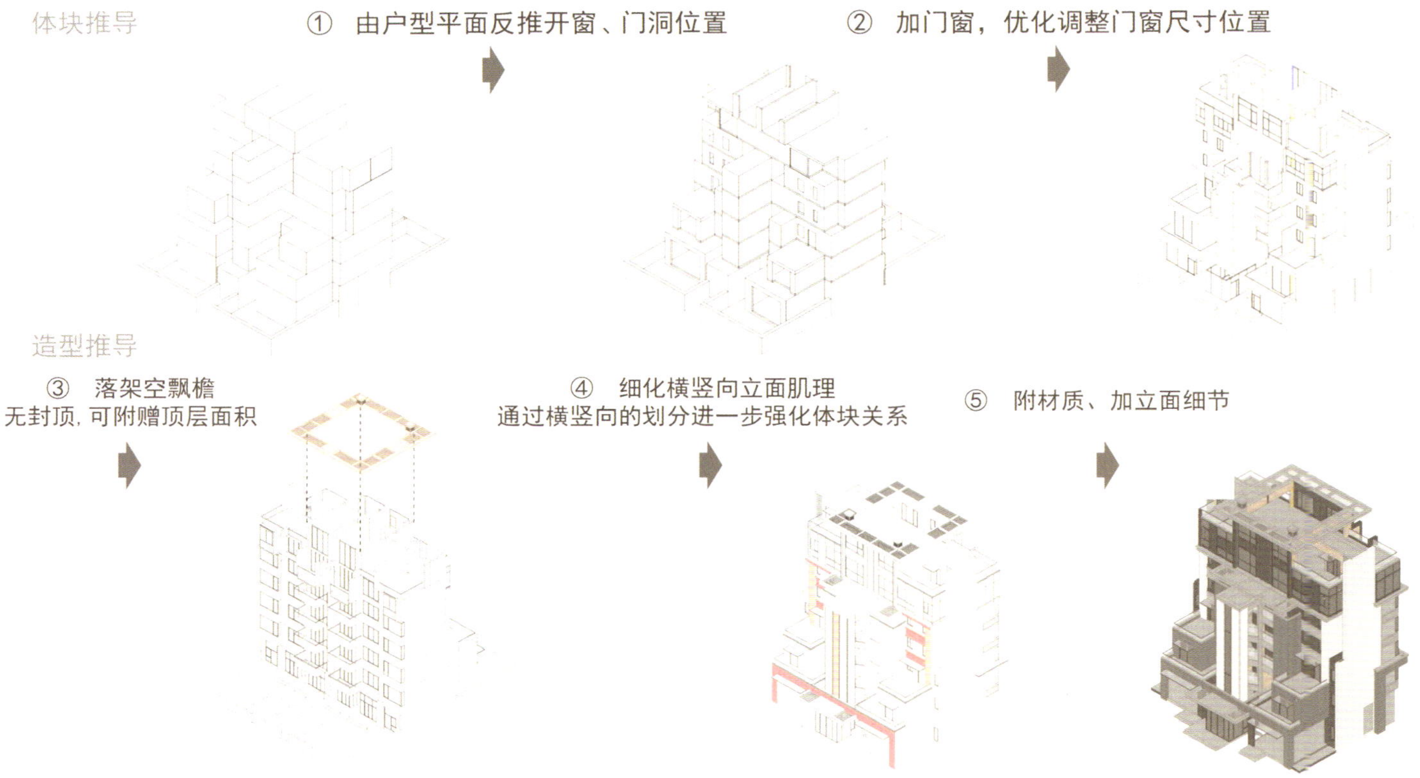
体块推导
① 由户型平面反推开窗、门洞位置
② 加门窗，优化调整门窗尺寸位置
造型推导
③ 落架空飘檐
无封顶，可附赠顶层面积
④ 细化横竖向立面肌理
通过横竖向的划分进一步强化体块关系
⑤ 附材质、加立面细节

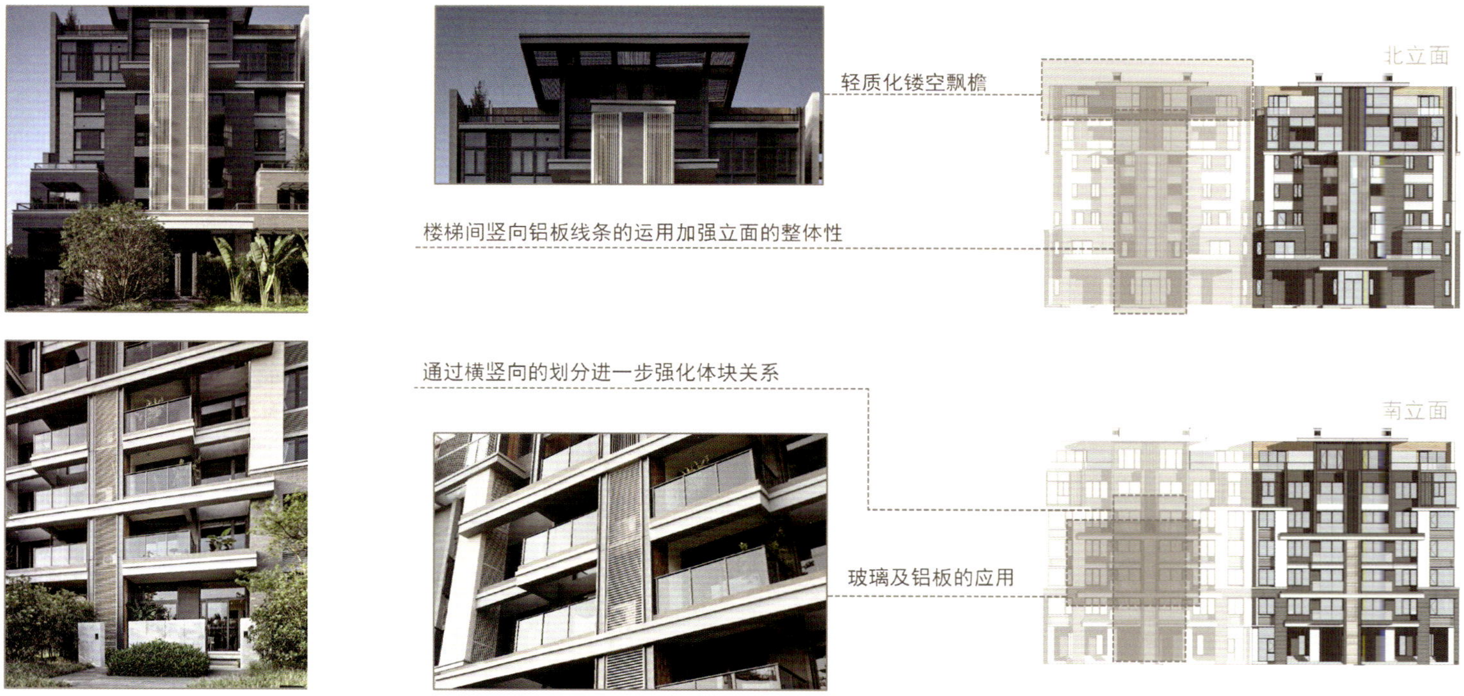
轻质化镂空飘檐
北立面
楼梯间竖向铝板线条的运用加强立面的整体性
通过横竖向的划分进一步强化体块关系
南立面
玻璃及铝板的应用

## 户型设计

### 户型控制总价 加大空间利用率

为了提升居住品质，且满足规划条件，项目布置大量利用北侧退台、节约间距的多层叠墅。

项目用架空手法实现下叠有院、上叠有天、院落入户——通过错落相叠的上下空间组合，实现上层空间的亲地功能和下层空间的开敞功能。

叠墅产品巧妙地利用了当地规划条件及户型结构，提高了土地使用效率与垂直空间等复合功能，释放了户型上下垂直空间的独立功能，最终实现了较低的总面积和大量的阳台、露台、空中庭园等附加值空间，提高了产品总体性价比。

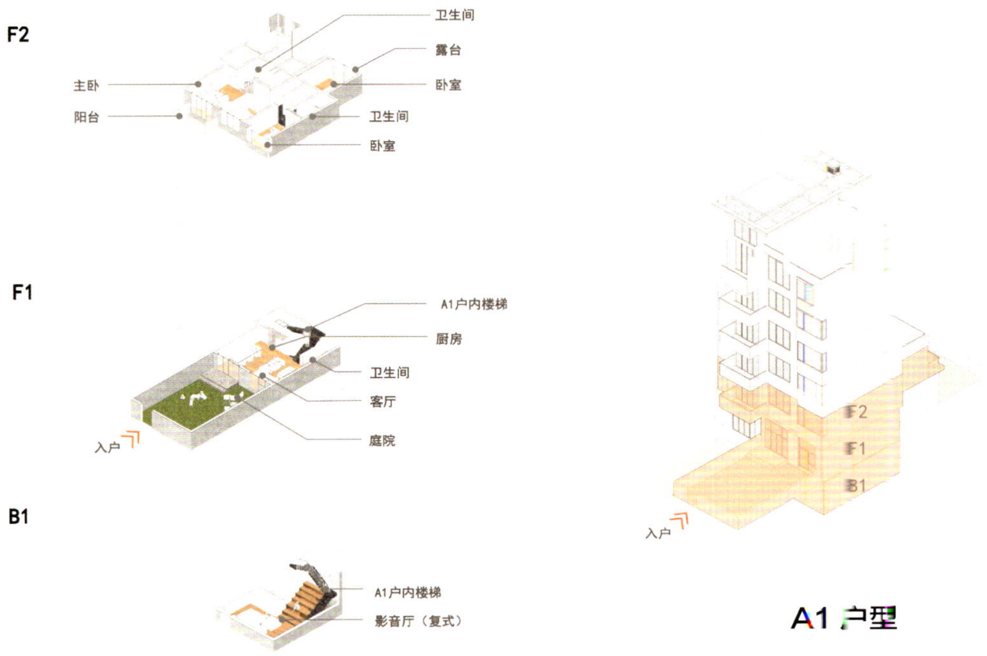


A1户型

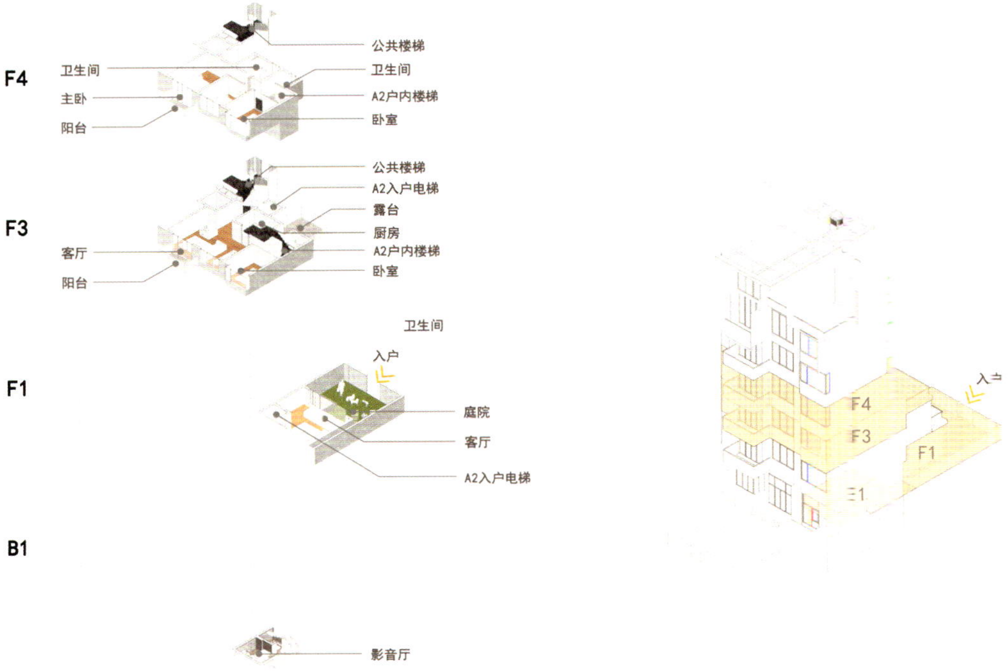


A2户型

# 蕴藏东方精粹 精筑传世名府

## 沈阳华润八号院设计方案

开发商：华润置地有限公司项目 / 地址：沈阳市于洪区赤山路南侧

建筑设计：北京寻引建筑设计有限公司 / 景观设计：广州山水比德设计股份有限公司 / 用地面积：45 500平方米 / 建筑面积：约113 000平方米 / 容积率：1.8

沈阳华润八号院以“蕴藏东方精粹，精筑传世名府”为设计理念，传承盛京宅院情怀，集成东方园林美学，以匠人精神融合现代工法造诣，营造“三园八巷十二院”，精筑改善型高层精装大平层与城央低密墅质洋房，回归中国传统院落人居，终得东方府园传世风华。从现代东方园林景观到基于优居 4.0 之下的精装体系，项目赋予院落文化现代的形式，既满足现代人对奢适空间的追求，又蕴含中国传统的情致与礼序。

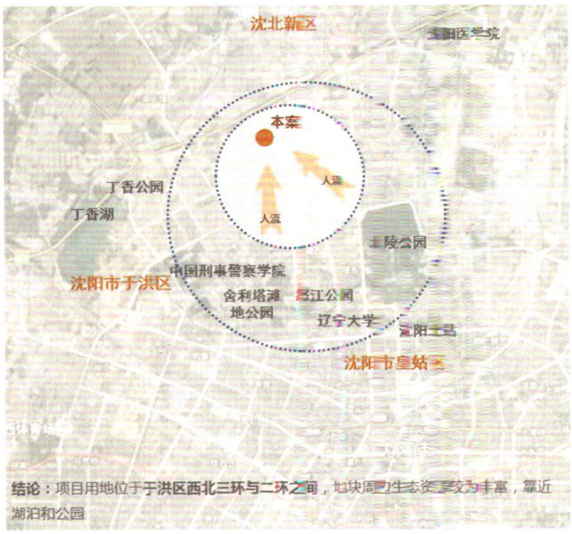


## 区位分析

沈阳华润八号院择址于沈阳市于洪区赤山路南侧，位于城市三环内，毗邻丁香湖公园。项目紧邻绿地老街坊、金地格林木棉花与万科长江府，周边配套成熟，3 千米范围内拥有 2 条地铁线及 10 余条公交线路，交通便捷。

## 景观设计

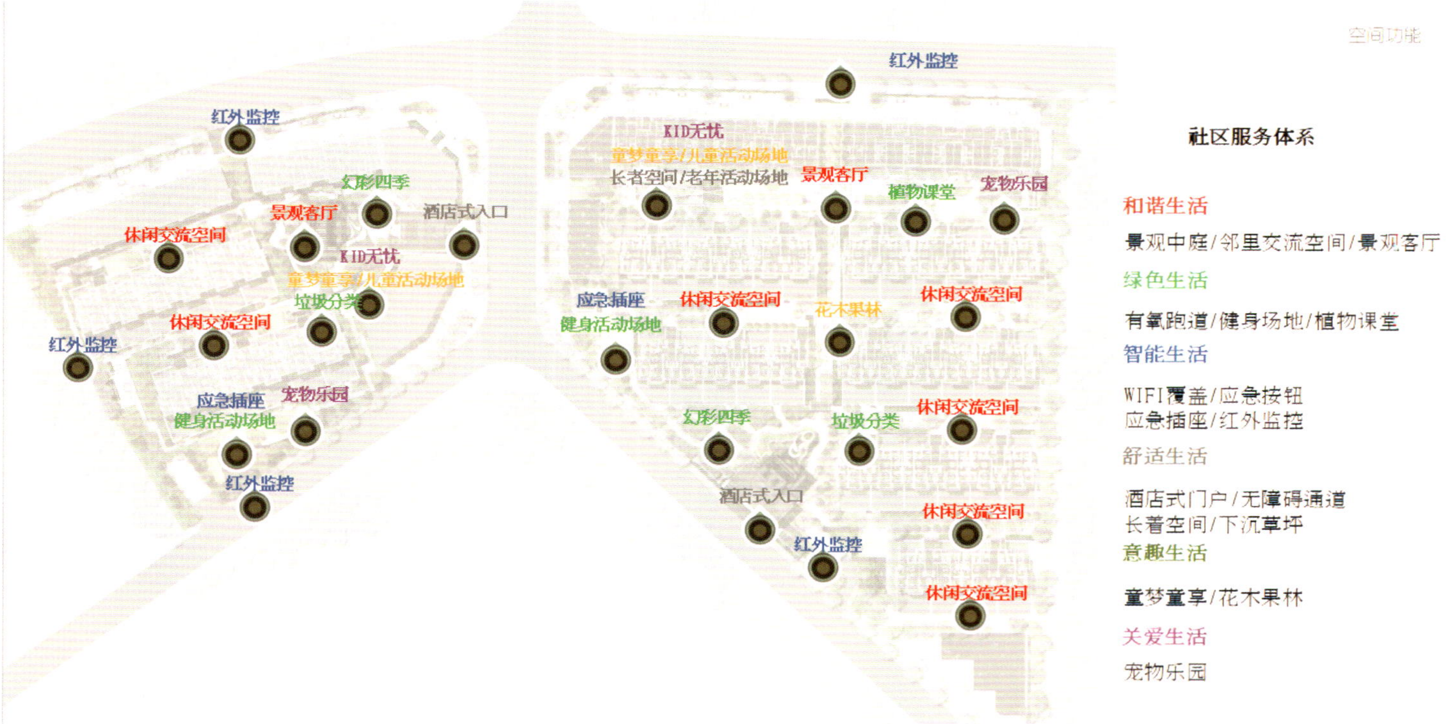


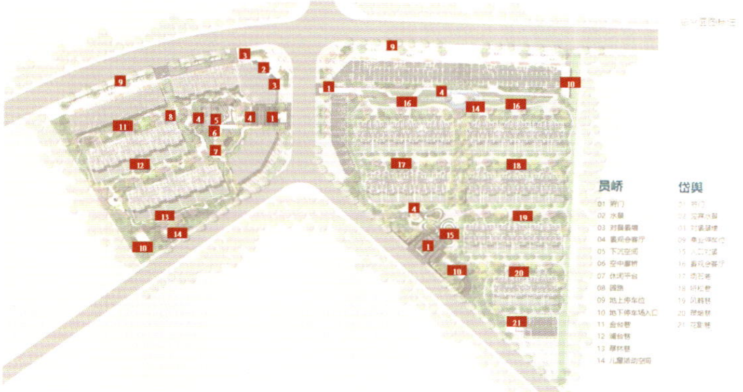


景观设计以《列子·汤问》中的岱屿、员峤两座仙山为灵感，提取“观山之形、绘水之状”的抽象构成，以东方写意的设计手法打造尊贵的空间氛围与高雅的空间气质，同时结合场地下沉特质，营造层次丰富、特色鲜明的多进多维景观空间。

下沉式空间以“员峤之谷”为主题，微地形营造多层次视觉效果，塑造植物溪谷，与无边界观赏水景相呼应。叠级景观阶梯错落有致，两侧运用葡萄牙石材打造弧形种植池，与瀑景阶梯融为一体，呈现“层阶叠水”的意境。

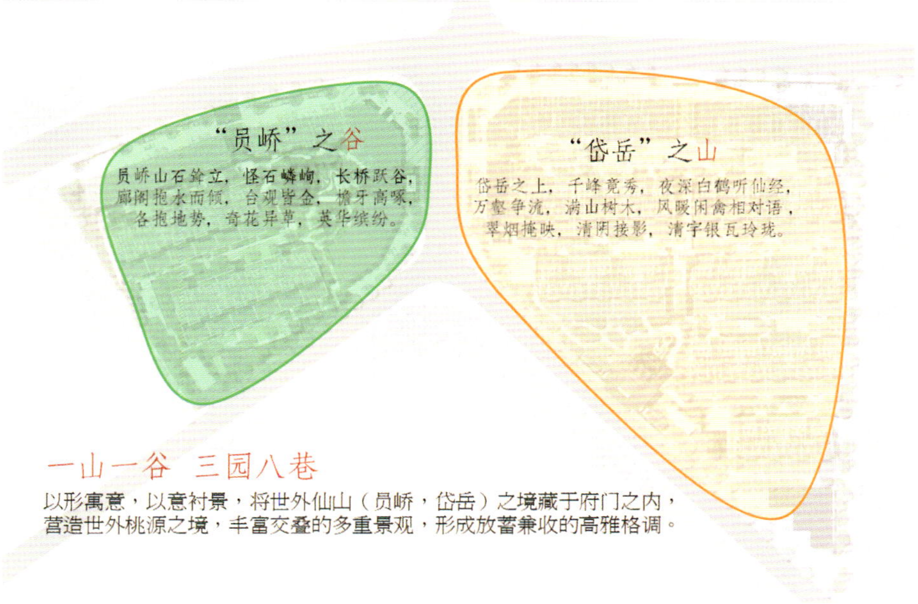
"员峤"之谷
员峤山石耸立，怪石嶙峋，长桥跃谷，
廊阁抱水而倾，台观皆金，檐牙高啄，
各抱地势，奇花异草，英华缤纷。
"岱岳"之山
岱岳之上，千峰竞秀，夜深白鹤听仙经，
万壑争流，满山树木，风暖闲禽相对语，
翠烟掩映，清阴接影，清宇银瓦玲珑。
一山一谷 三园八巷
以形寓意，以意衬景，将世外仙山（员峤，岱岳）之境藏于府门之内，
营造世外桃源之境，丰富交叠的多重景观，形成放蓄兼收的高雅格调。

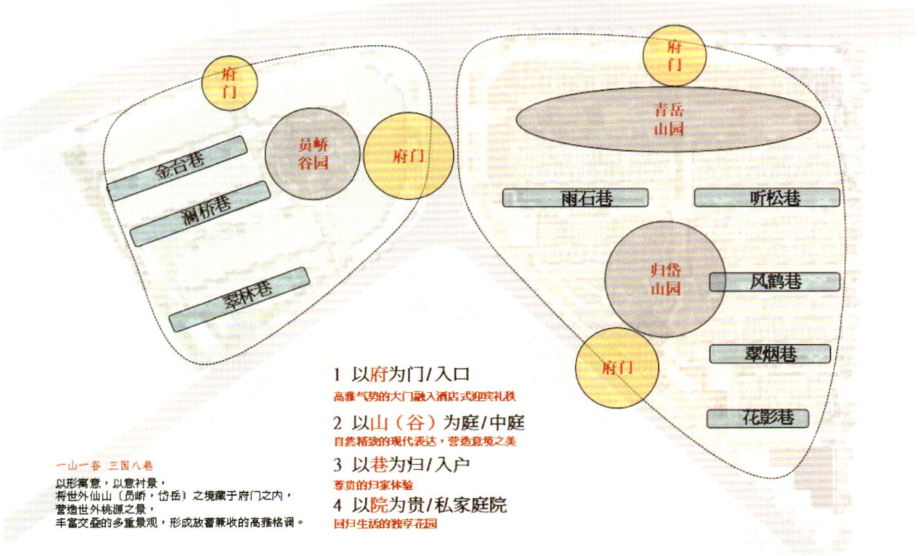
府门
员峤谷园
府门
府门
青岳山园
金台巷
澜桥巷
翠林巷
雨石巷
听松巷
归岱山园
风鹤巷
府门
翠烟巷
花影巷
一山一谷 三园八巷
以形寓意，以意衬景，
将世外仙山（员峤，岱岳）之境藏于府门之内，
营造世外桃源之景，
丰富交叠的多重景观，形成放蓄兼收的高雅格调。
1 以府为门/入口
高雅气势的大门融入酒店式迎宾礼秩
2 以山（谷）为庭/中庭
自然精致的现代表达，营造意境之美
3 以巷为归/入户
尊贵的归家体验
4 以院为贵/私家庭院
回归生活的独享花园

## 建筑设计

项目在传承中国传统建筑精粹的同时，更加注重对现代生活价值的精雕细刻。立面运用现代新东方风格，以富有质感的米黄色涂料为主色调，基座底部局部穿插石材，辅以深色的窗档，檐口以深棕色包边铝板出挑，强调整体的稳定感与飘逸感，营造雍容大度的建筑气质。东方建筑符号经过现代手法的演绎，幻化成 Logo、灯具、标识，轻轻唤醒人们记忆深处的东方情怀。

立面图

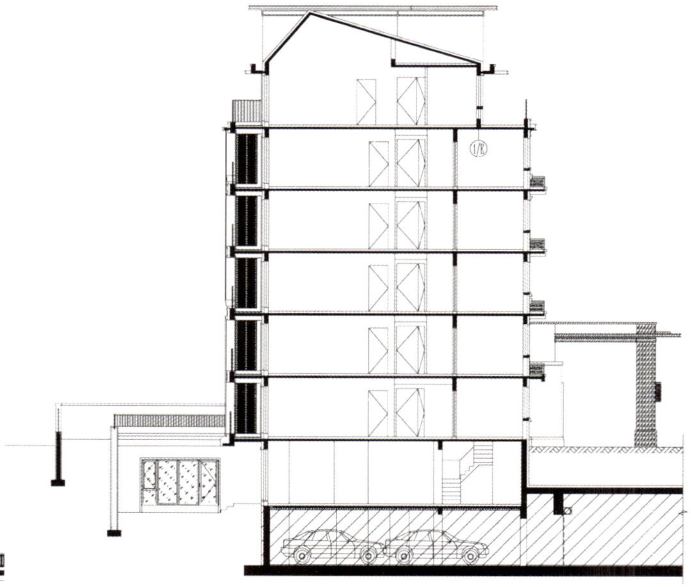

剖面图

## 户型设计

样板间采用新亚洲风格，与项目整体气质融会贯通，将东方元素符号与现代手法相结合，搭配造型时尚的软装，恰到好处地将亚洲文化风韵与时代特征完美融合，突出大气、雅致的高端气质。

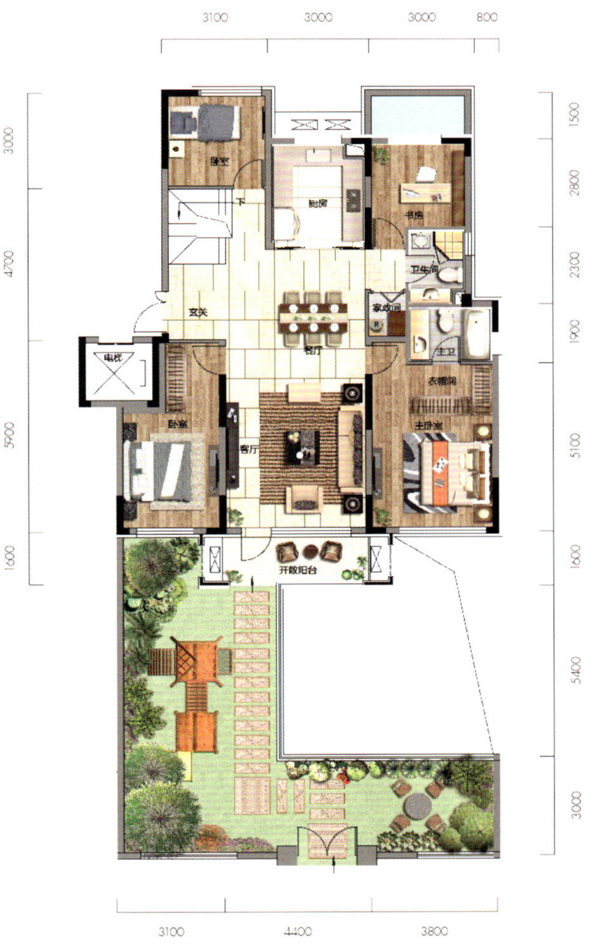


150 平方米首层户型图

150 平方米负一层户型图

# 古为今用 大雅东方

## 宁波绿地观堂设计方案

开发商：绿地集团 / 项目地址：宁波市海曙区中山西路与包家路交会处

建筑设计：上海贝一建筑设计咨询有限公司 / 景观设计：深圳奥雅设计股份有限公司 / 用地面积：126 920平方米 / 建筑面积：364 294.77平方米 / 容积率：2.0 / 绿化率：30%

宁波绿地观堂是一个集商业、高档住宅为一体的综合型社区，
住宅产品包含高层、洋房、叠墅，在设计规划上保证高溢价、寻求差异化，致力于打造成为宁波改善社区的新标杆。
示范区结合大区设计，萃取设计之精华，营造大雅之居住氛围。

## 项目概况

宁波绿地观堂是一个集商业、高档住宅为一体的综合型社区，住宅产品包含高层、洋房、叠墅，在设计规划上保证高溢价、寻求差异化，致力于打造成为宁波改善社区的新标杆。示范区结合大区设计，萃取设计之精华，营造大雅之居住氛围。

## 区位分析

项目位于浙江省宁波市海曙区，东临包家路，西临苗洪路，南临徐家漕路，北临城市主干道中山西路（望春路），地铁一号线经项目北侧，基地位于地铁徐家漕长乐站及卢港站之间，出行便捷，周边自然景观较好，生态宜居，未来伴随城西的发展，区位优势明显。

## 设计愿景

**精筑匠造，智慧生活，创新城宜居标杆，造滨水品质社区**

山水有灵，城市人往，溯中华民族居所之演变，宅园之意，起于礼，仰天人合一之观，居所悠悠，承情暖所归，借鉴传统居住文化中的建筑美学，以街、堂（轴）、苑、巷、园，复兴千年礼序，承载文人名士的居住理想。

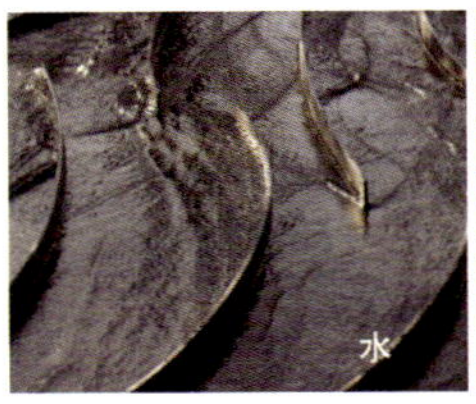

依水而居

静街里巷

晓园春色

### 设计灵感

设计尊重地域特色，因地制宜，借"山、水"之意境，写诗意之画卷；且通过对宁波开渔节盛大特色庆典活动等传统民俗的理解，用写意的手法融入"渔"等特色景观元素，体现对文化的崇敬，同时，点缀景观环境，烘托景观氛围。

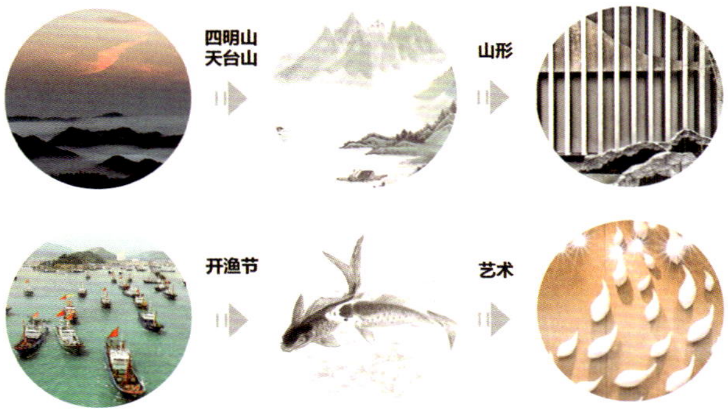


### 活动分析

**全年龄段及多功能邻里花园**

在园内高层区唯一较为集中的绿地中设置全年龄段活动场地，为不同年龄段的儿童提供嬉戏区，为家长、老年人提供休憩看护区。满足老幼的户外活动需求。利用消防登高面景观处理，采用特色铺装设计，形成多功能的娱乐健身花园，多样的活动空间。

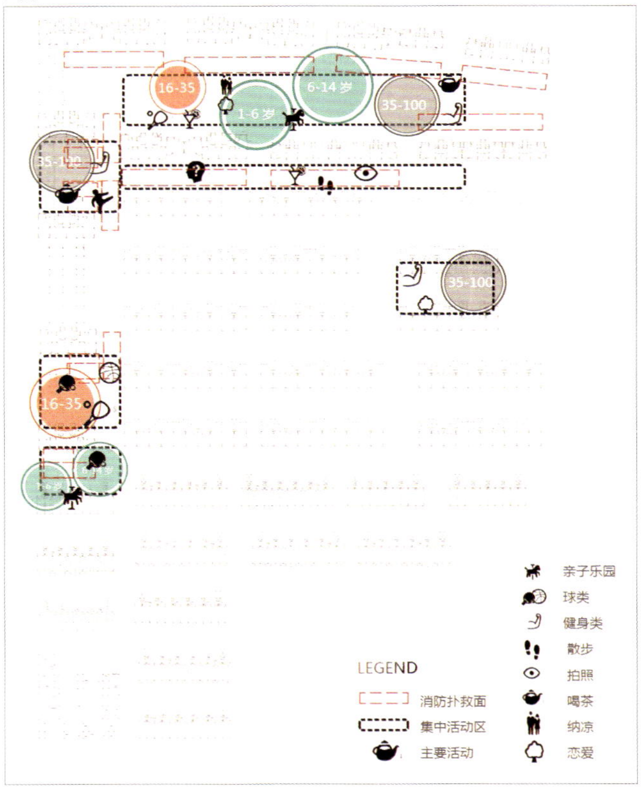


### 智能社区

**智能设施及互联网智慧小区**

本案引入理想家体系，建造互联网智慧小区，全网覆盖高速 WIFI，二维码互动等，并结合室外会客厅，宅间花园等区域设置关爱储物箱及户外插座等，为业主游园提供了便捷，同时增加业主的参与性。

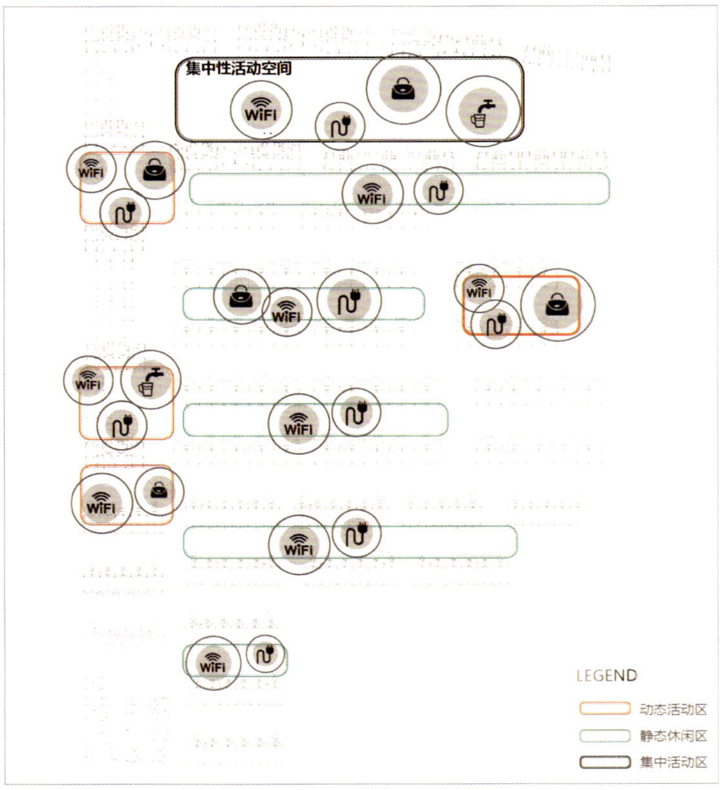

## 建筑设计

建筑设计从中国传统营造方法出发，取其精髓，真正以传承千年的技艺解决现代建筑设计的难题。建筑借用设备平台、阳台的横向线条辅以竖向线条进行切割，既增加立面整体感和肌理感，又巧妙地对外机设备进行遮挡，形成干净、明朗的立面形象。屋顶层化用传统建筑的楣枋处理手法，遮挡梯井结构，让整体造型出落得更加高挑、匀称。

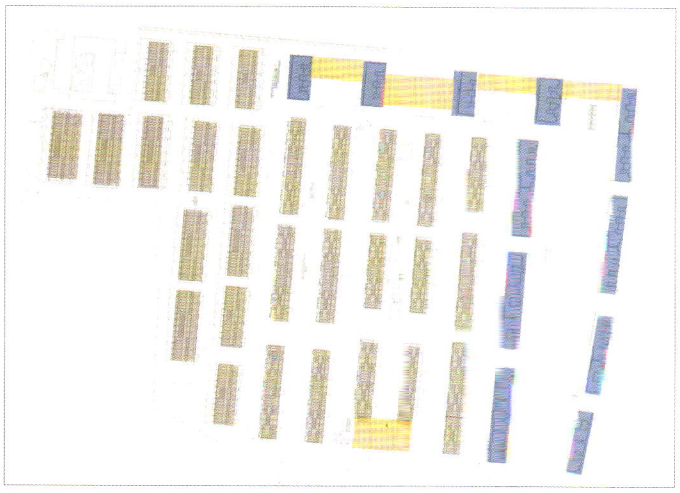

2F
15-20F
6F

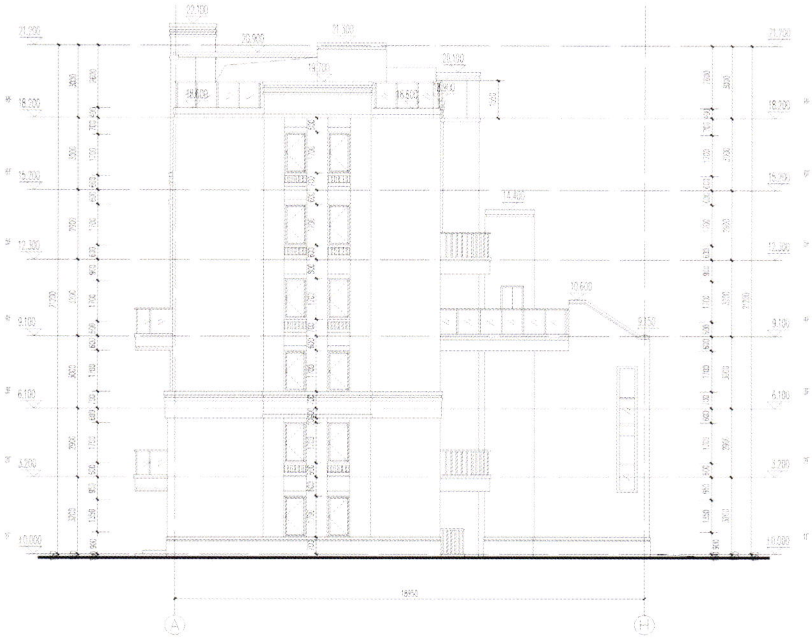

侧立面图

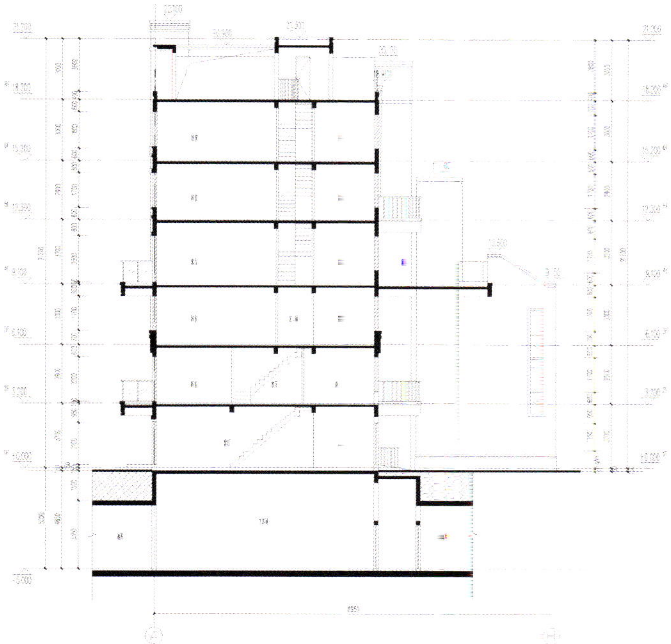

剖面图

## 景观设计

项目在传统的意境中实现现代空间的转换，以“街、轴、苑、巷、园”为空间秩序，描摹中式园林的神韵，形神兼备，重现东方美学意境。巷道与会客花园、阅读花园、邻里交流花园等不同的活动空间相结合，营造人性化的居住环境。

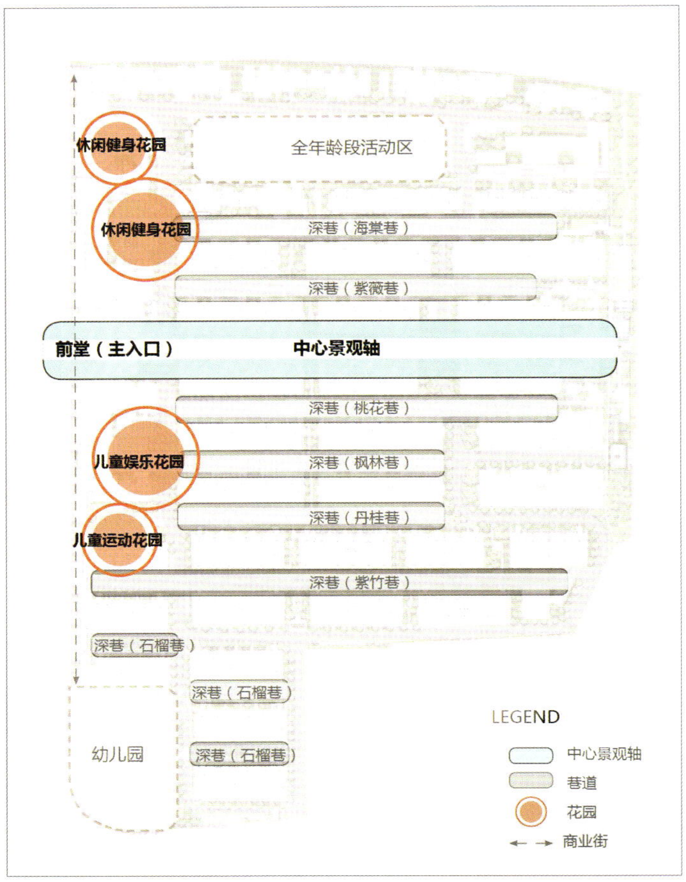


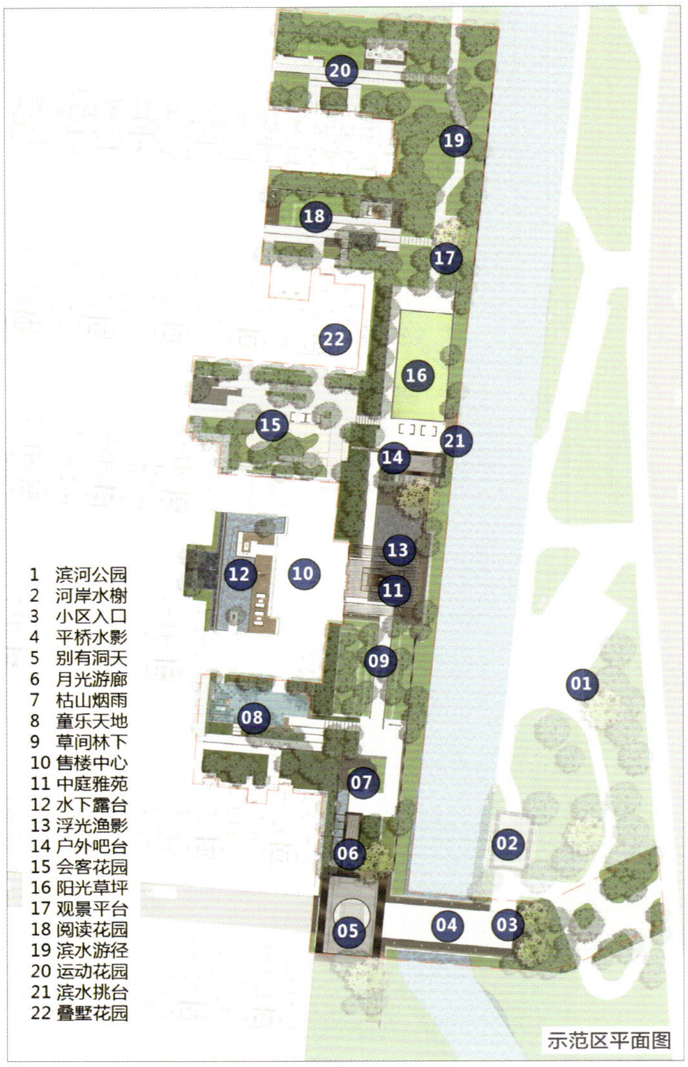

示范区平面图

### 全年龄段活动场地

全年龄段活动场地为高层的宅间区域，场地可利用空间大，根据不同年龄段人群的喜好分别布置了供中青年使用的露天剧场 / 休闲廊架；供幼儿玩耍的泡泡地形及供较大儿童玩耍的沙坑 / 滑梯等活动器械，并且根据不同年龄段的儿童的特点设计了地形的起坡高度。

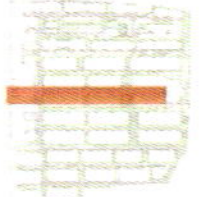

## 室内设计

产品多样化，使用舒适性，空间可变性，场景趣味性。

展现房型空间品质，视觉通透，让空间显大，流线通畅，形成洄游空间。

打造实用可变的房型，格局方正，灵活可变，设置大量弹性储藏空间，精细化细部设计，尺度合理，宽敞舒适。

上叠屋顶层户型图

上叠二层户型图

上叠一层户型图

下叠二层户型图

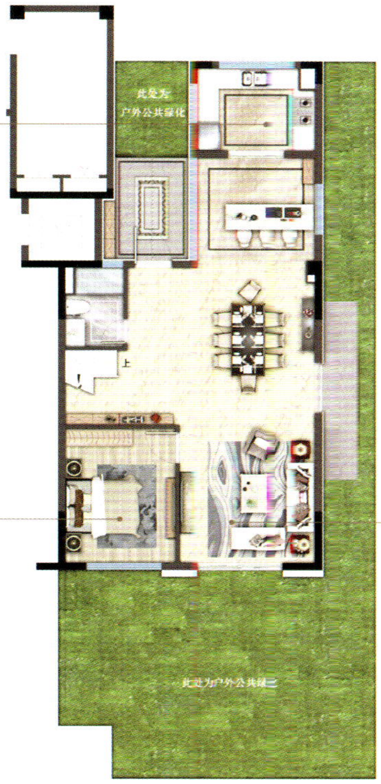


下叠一层户型图

下叠地下层户型图

# 都市桃源 山川意蕴

## 成都绿地·新里桃溪川设计方案

开发商：绿地集团 / 项目地址：成都市龙泉驿区同安镇
景观设计：广州尚沃园林景观设计有限公司 / 景观面积：约8 000平方米

成都绿地·新里桃溪川的设计灵感来源于龙泉驿区著名的“桃花、流水、山川”。这三种本土自然元素体现了当地特色，提炼了自然山水之诗意，在纷繁都市生活中构建出一片桃源净土。

1 精神堡垒
2 LOGO 墙
3 主题雕塑（厂家深化）
4 入口水景
5 对景墙
6 桃林夹道
7 导示墙
8 镜面水池
9 主题雕塑（厂家深化）
10 对景墙
11 售楼中心
12 室外洽谈平台
13 休息座椅
14 儿童活动区
15 活动草坪
16 特型种植池
17 栏板间
18 应急通道
19 临时侧停区

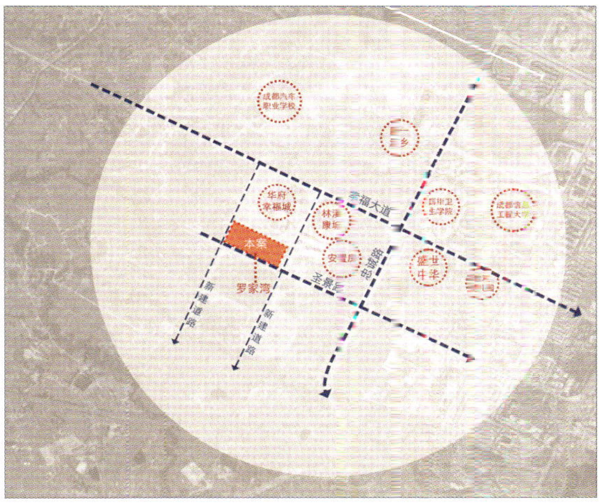


## 项目概况

成都绿地·新里桃溪川是阳光城板块首个纯洋房社区，也是整个城东中心城区范围内今年入市的首个洋房产品。桃溪川择址城市生态绿心，背靠“城市氧吧”龙泉山国家级森林公园，与自然为邻，四季花海林麓相伴，享受着都市里难得的绿色鲜氧生活。“十里桃林，临溪望川”，便是对桃溪川最好的写照。

## 区位分析

成都绿地·新里桃溪川位于成都龙泉驿区同安镇，距离成都市区 20 千米，邻近幸福大道和幸福大道，周围拥有丰富、成熟的教育、商业、医疗以及公园等资源配套。

## 设计理念

**设计灵感**

如闻其名，桃溪川的设计灵感来源于龙泉驿区著名的“桃花、流水、山川”，提取本土自然元素，选用当地特色元素暗喻，同时也代表了桃溪川是纷繁都市生活中的一片净土。我们希望将这里打造成一个舒适自然的社区，为客户提供“溪居川观悦人”的诗意栖居生活。

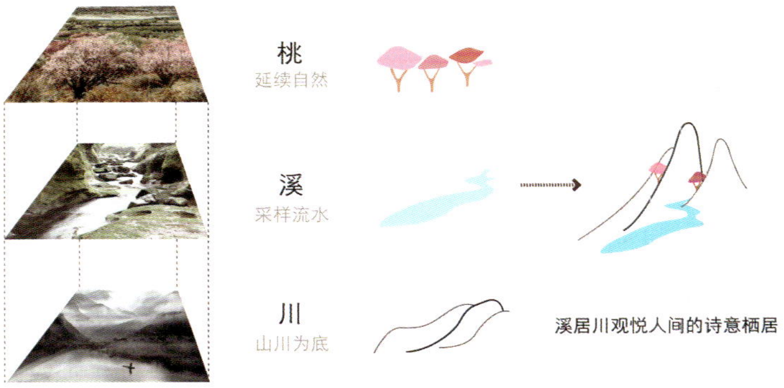


## 建筑设计

### 臻稀纯洋房住区

新里桃溪川是阳光城板块首个纯洋房社区，也是整个城东中心城区范围内今年入市的首个洋房产品。

简约现代风格的住宅是传统与发展的共生，是新与旧的结合，顺应城市发展，保留旧时记忆。单元楼栋底层架空，营造更多公共空间，便于人们走出居所，来到与自然相近的场地，孩童相伴成长，邻里互话家常。近有中庭桃林花香，溪水潺潺。远眺龙泉青山远黛，星辰缠绵。

为了不辜负自然的恩赐，桃溪川在537 462平方米的土地上只规划了800多户，最大化将土地留给园林，让建筑退位于自然。而许多刚需楼盘，在同样面积的土地上，户数几乎翻倍。

正因如此，当周边项目容积率快要突破5.0时，桃溪川2.0的超低容积率足以媲美一众墅居大盘。

桃溪川的舒居性更是高层产品所不能比拟的。

譬如最直观的梯户比，动辄总层数二三十楼的高层大多是三梯八户或者两梯六户，早晚高峰期排队等电梯的时间可能就要耗费掉5分钟以上；而桃溪川的所有房源均为一梯两户双开门，私属电梯刷卡入户。

电梯直入户既充满了尊贵的仪式感，两户人家还能互不侵扰，各自尊享其私有入户空间，这在区域内尚属首例。

同时，桃溪川3.15米的层高，比普通住宅通用的2.8米的层高足足多出30厘米左右，这多出来的30厘米，不仅赋予室内空间绝佳的采光、开阔的视野，让人毫无压抑之感，还能在视觉、感受上有更好的体验。

此外，每户都有超大私享花园；小区里面有400米健康跑道；小区门口规划有25 334.6平方米的代建公园，瞰景赏心，出门即达。生态公园的加持，也让桃溪川拥有了超越市场的园林气场。

门前潺潺清溪以及连绵的龙泉山脉，如此丰富而珍稀的居住配套与景观资源，足以傲视城东，成为区域宜居品质标杆。

## 景观设计

### 设计亮点

**“山有小口”：** 入口旨在打造步移景异的景观体验。对称式的入口空间搭配雅致的桃花主题镂空景墙与大气的山水主题对景墙，开启空间体验的序章。

**“忽逢桃林”：** 入口对景墙隐藏着一个富有禅意的简洁空间，几何不对称的设计结合素淡的色彩，极具韵味。沿路右转，桃林夹道迎面而来，两侧桃树盛开，让人体会“桃之夭夭，灼灼其华”的自然之美。

**“沿溪前行”：** 穿过桃林夹道，尽头的导示墙将游人引导至镜面水景处。水景如明镜一般，延展了整个空间，映射着天光云影，倒影与本体交相呼应，形成丰富的空间感。奔腾跳跃的涌泉也为空间增添了几分趣味和活力。

**“豁然开朗”：** 后场是另一番天地，采用漫步游园的策略组织功能、串联空间。阳光之下，斑驳的树影洒落在开阔的草坪上，光影悄然流转，人漫步其中，尽情享受轻松、愉悦的时光。

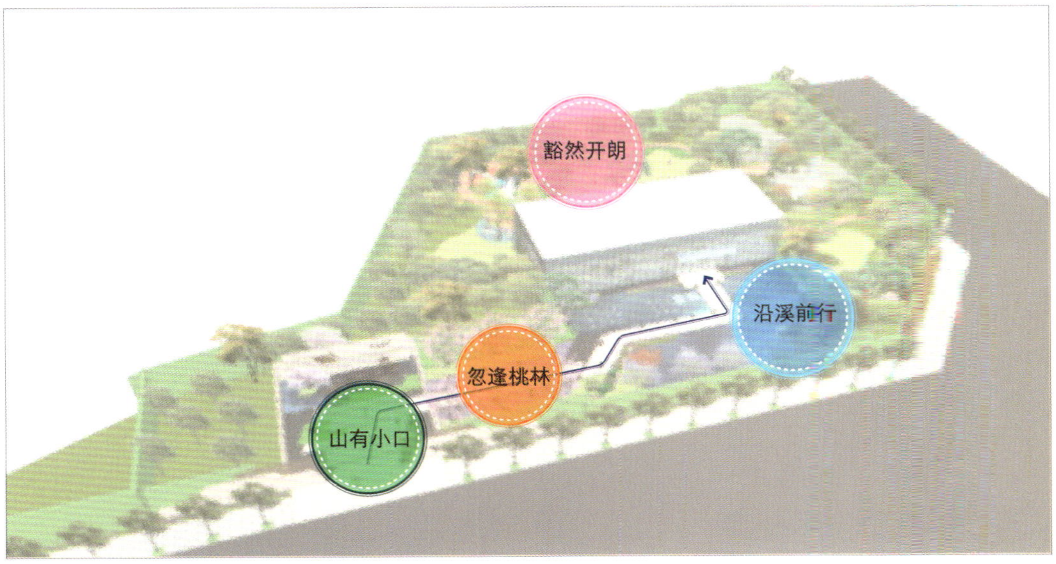


前场设计图

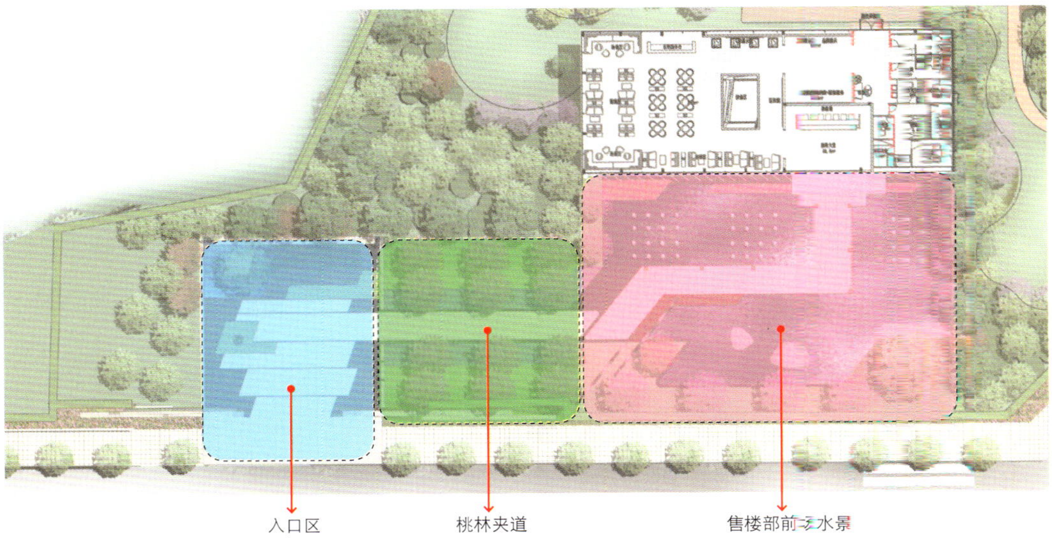

# 景观设计

## 入口区

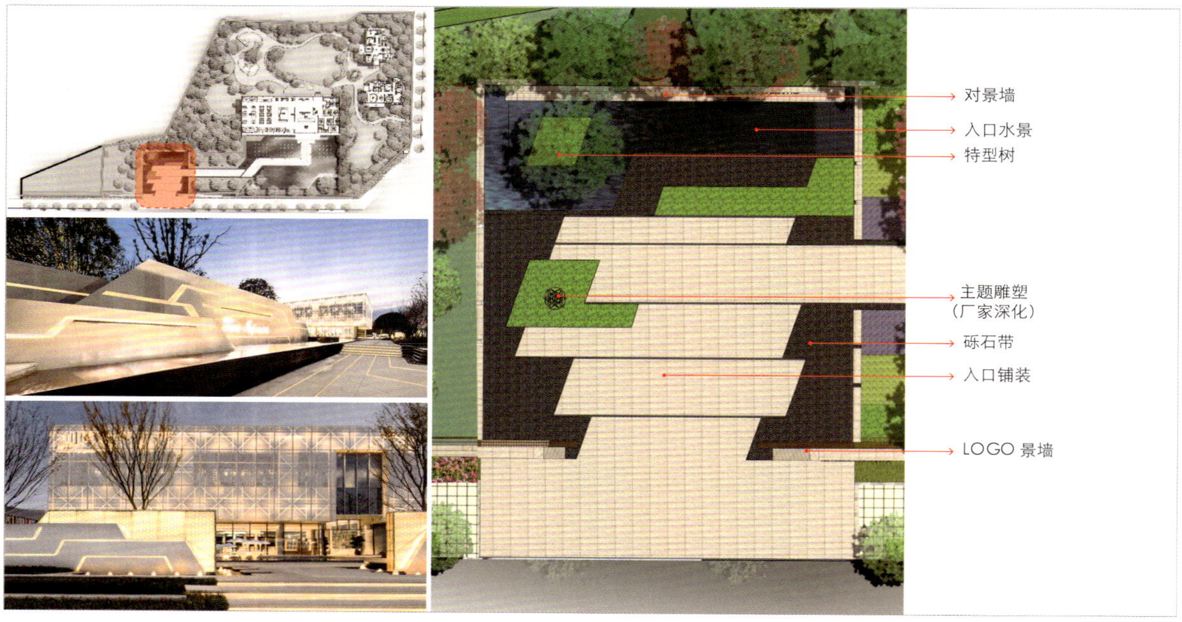


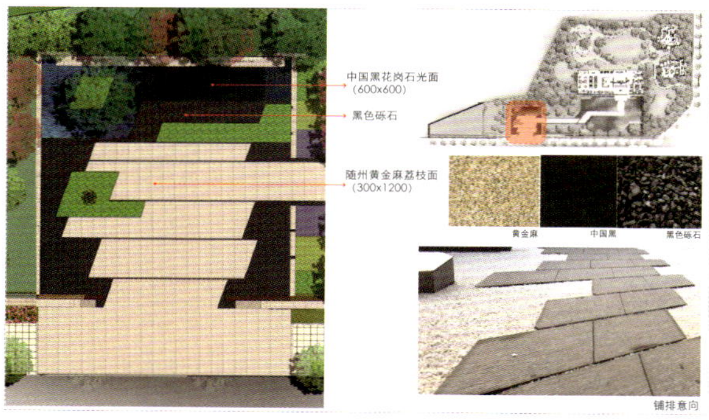

铺排意向

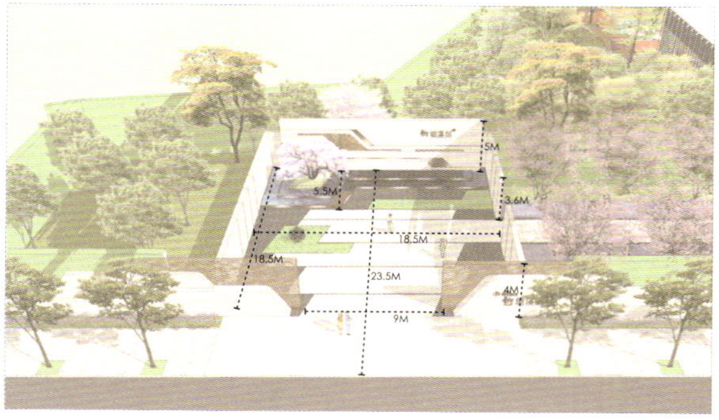


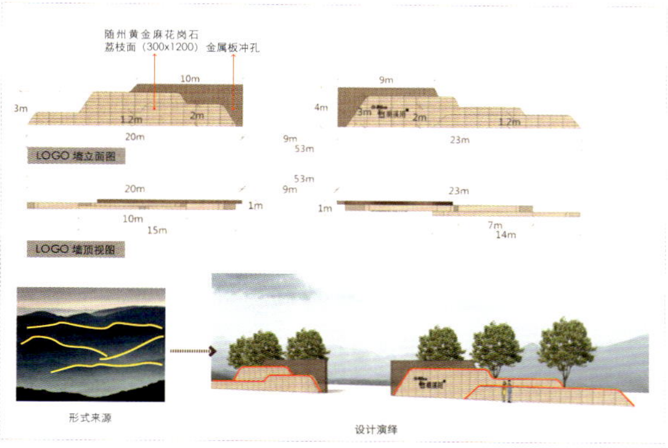

形式来源
设计演绎

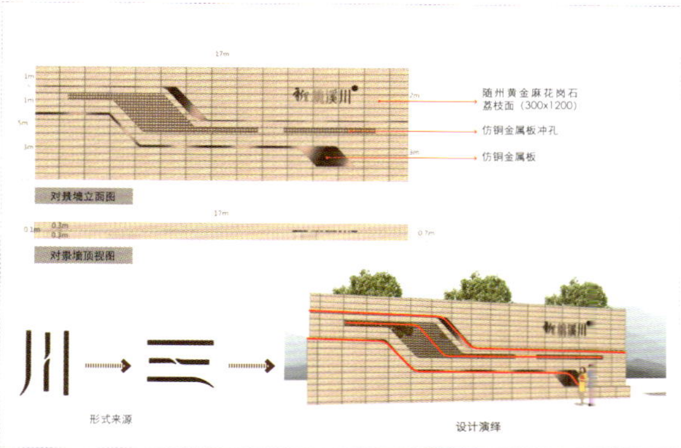

形式来源
设计演绎

## 景观设计

### 后场

应急通道
外摆
休息座椅
种植池
活动草坪
儿童活动区
样板间
跑道
后场鸟瞰图

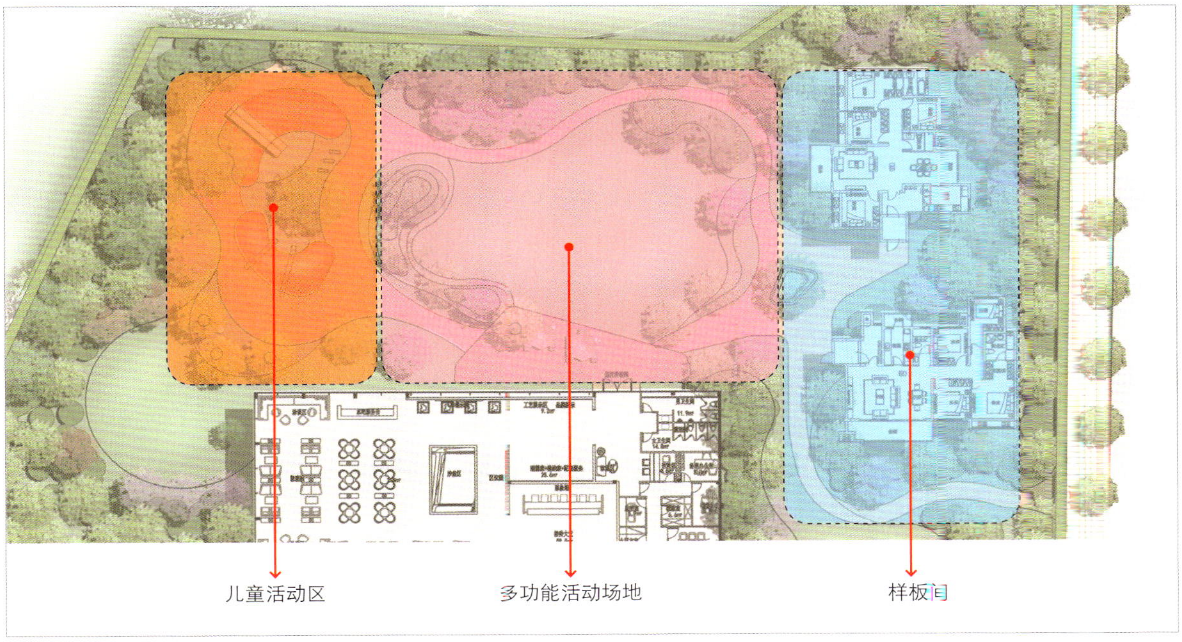
儿童活动区
多功能活动场地
样板间

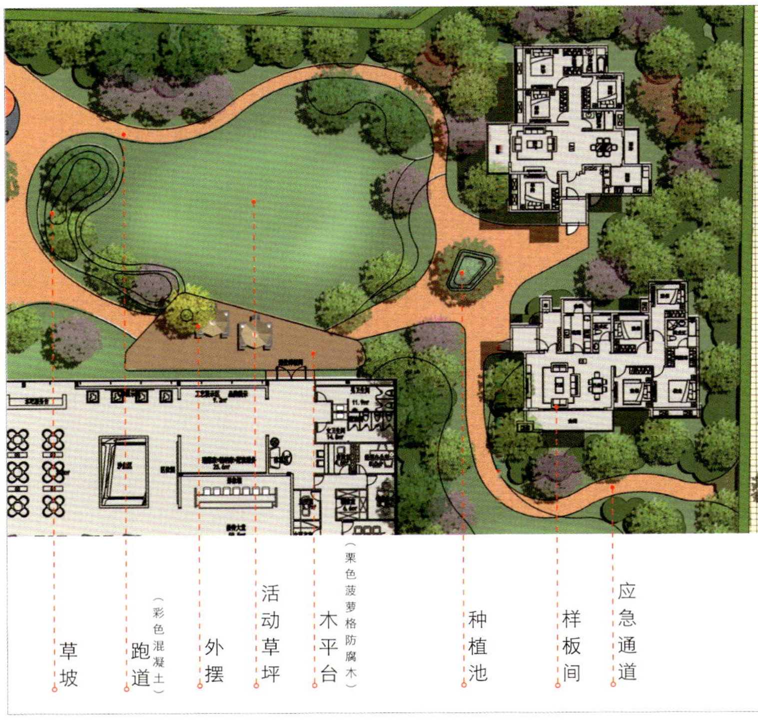
草坡
跑道（彩色混凝土）
外摆
活动草坪
木平台（栗色菠萝格防腐木）
种植池
样板间
应急通道

# 都市定制精品奢宅

## 杭州景瑞天赋设计方案

开发商：景瑞地产集团 / 项目地址：杭州市萧山区博奥路与扬帆路交汇处
总体规划与建筑设计：长厦安基建筑设计有限公司 / 占地面积：32 666平方米 / 建筑面积：71 865.2平方米 / 容积率：2.2 / 绿地率：34.55%

杭州景瑞天赋毗邻杭州萧山奥体博览城，具有发展潜力。简洁大气的新古典建筑造型与富有艺术气息的花园景观，打造了一个兼具高尚气质与优雅个性的都市豪宅。
定制化的精装户型可提供多种居住方案，并采用创新的收纳墙设计，满足家庭未来的生活需求。

## 定位策略

杭州景瑞天赋是景瑞自由家 Pro 理念升级的首个产品，凝聚景瑞 24 年经验之大成，以创新化的户型自由定制设计，满足不同家庭不同成长时期的需求。

## 区域定位

杭州景瑞天赋位于萧山区博奥路和扬帆路交汇处，距离奥体博览城约 1 千米，东至规划支路，南至机场路绿化带，西至博奥路，北至扬帆路，交通便捷；毗邻城市之门、钱江世纪公园、宝龙城市广场等配套，生活便利。根据杭州城市最新总体规划，钱江世纪城和钱江新城一起，为杭州城市未来 CBD。

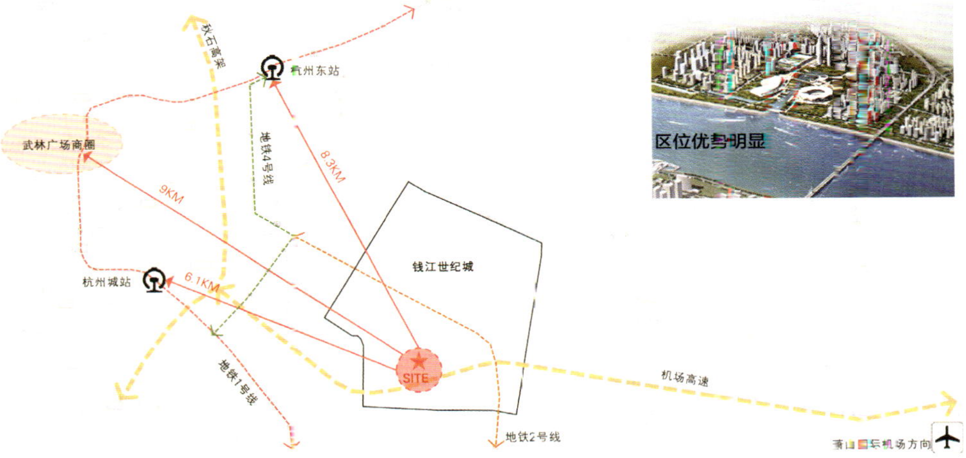


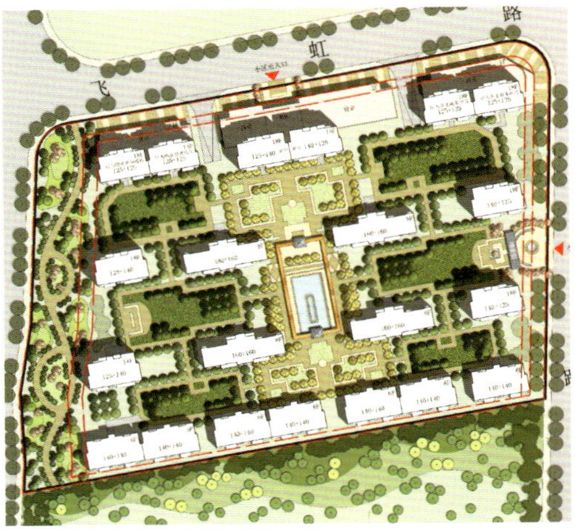

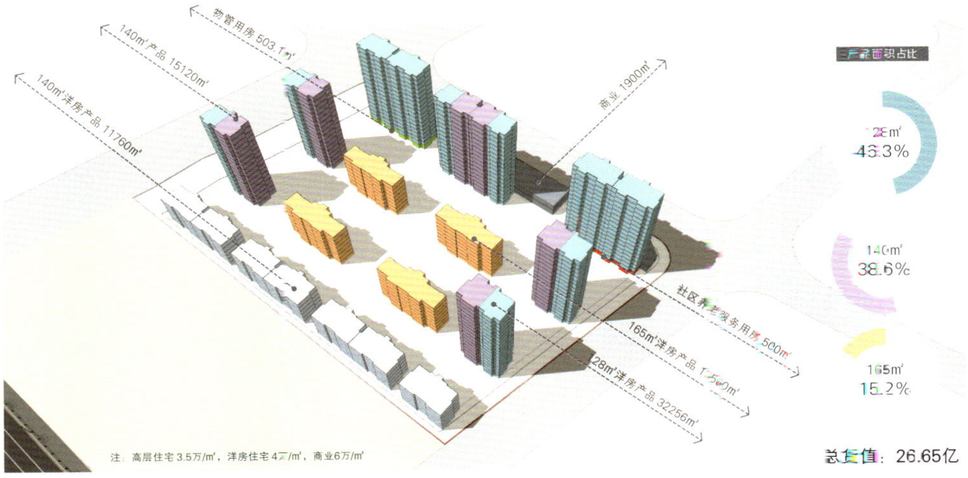

## 建筑设计

建筑造型以简洁大气的新古典主义为主，在意境上取天人合一的喻意，与自然环境和谐地融为一体。不同材质墙体的对比、线脚的变化以及高档金属窗框的运用，体现出高贵典雅的建筑风格。构筑物及墙体上部的立面设计在注重细部的前提下做到尽量平整，以凸显建筑的现代感和体量感。主体以米黄色天然石材为主，辅以木色框架，整体色彩清新明快。

## 地库设计

结合建筑与场地条件，停车布置方式采用融合式停车

1. 总图楼栋全平行布局，且排布整齐，所以即使轴网与用地有夹角，但通过车位优化放置可实现一层高效停放。
2. 局部地库轴网将会与商业柱网难以统一，这些区域不做地库。
3. 地库边界拉直处理，可缩短地库周长及降低建造成本，同时这些额外区域能用于停放非机动车和储藏用房，提高功能丰富性。

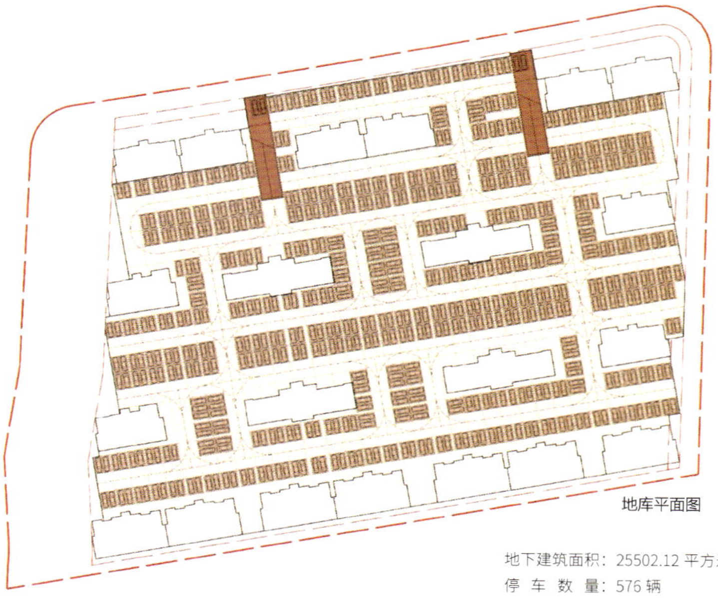

地库平面图

地下建筑面积：25502.12 平方米
停 车 数 量：576 辆
单位停车面积：32 辆 / 平方米

考虑到本案的具体情况，推荐采用小柱网的地下车库柱网 5400m × 5400m 排布方式

小柱网：柱网尺寸 5.4mX5.4m，每两个柱间可停 2 辆车，结构柱数量较多。空间视觉通透性较差。车头在结构柱内或平齐，出车有些不便。用钢量最节省，很经济。单车位面积 :27.22 平方米 / 辆，适用于单独地下车库、居住区地下车库。

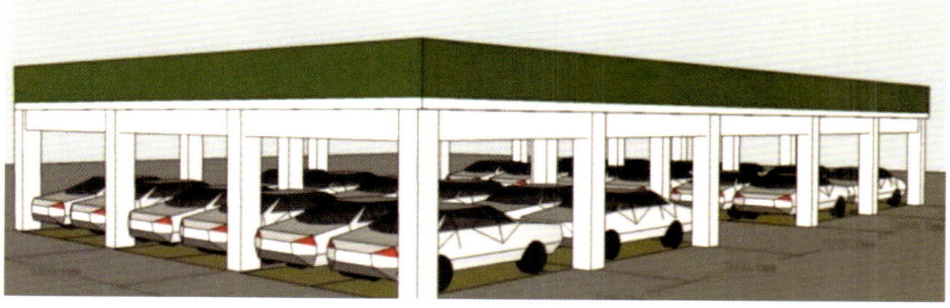

## 景观设计

图例：

1 生态停车场
2 示范区入口广场
3 精神堡垒
4 主入口跌水水景
5 空中栈桥
6 休闲下沉庭院
7 下沉水景
8 中央核心水景
9 临水环步道
10 售楼处
11 核心下沉庭院
12 户外洽谈平台
13 实体样板房花园
14 创意下沉庭院
15 特色水景墙
16 临时样板房花园
17 艺术下沉庭院

项目在地块中心创造一条贯穿南北的绿化带，中心花园与小区主入口广场、高层住宅区南北两侧的组团花园形成联系，从而形成小区主体的景观体系。中心景观的周围散布景观道，以集约化的处理方式提升整体环境。大规模的园林式景观造景和地块周边的自然城市绿带景观资源共同创造出一个绿色生态的生活环境。

展示区入口广场，满足停车需求，台地式礼仪入口空间，通过空中栈道进入核心景观区。

开敞大气的核心水景，增强景观细节考虑，打造属于项目本身气质的中央核心景观区。

精致的景观转换空间，通过景观细节打动来访客户。

公园式生活漫步空间，充分感受慢生活的景观体验，传递浓厚的生态体验与艺术气息。

### 景观效果图

## 销售中心设计

**核心下沉庭院**

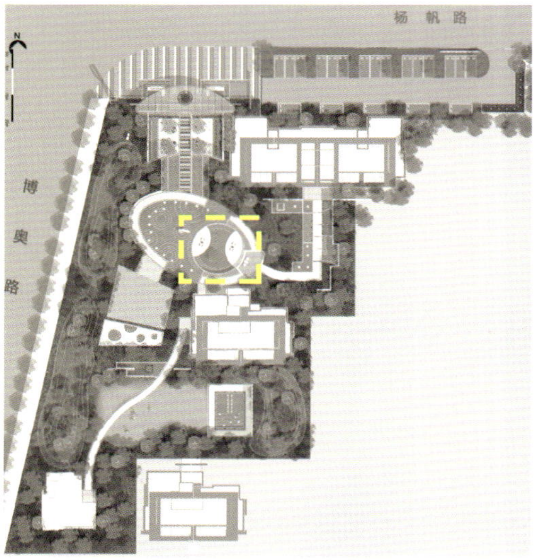

**创意下沉庭院**

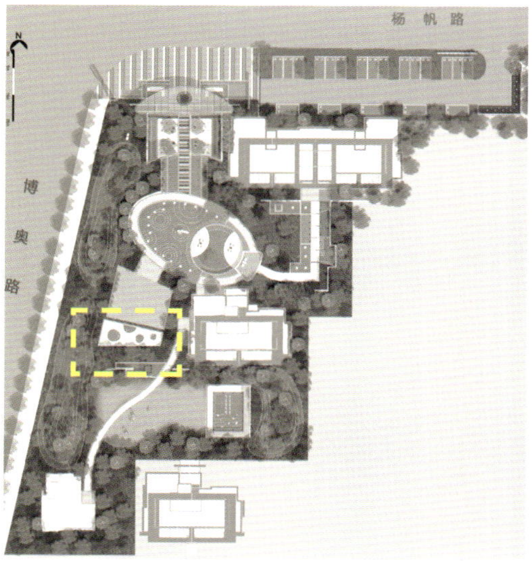

## 样板房设计

160 平方米户型可提供灵活可变的定制方案，将墙体占用空间转化为收纳空间，并通过收纳墙的拆装实现空间的可变，不同搭配对应不同的家庭需求。精装收纳一体化的设计可以大大提高空间利用率，加上软装产品的升级，实现从大到小、从里到外的全方位定制生活。

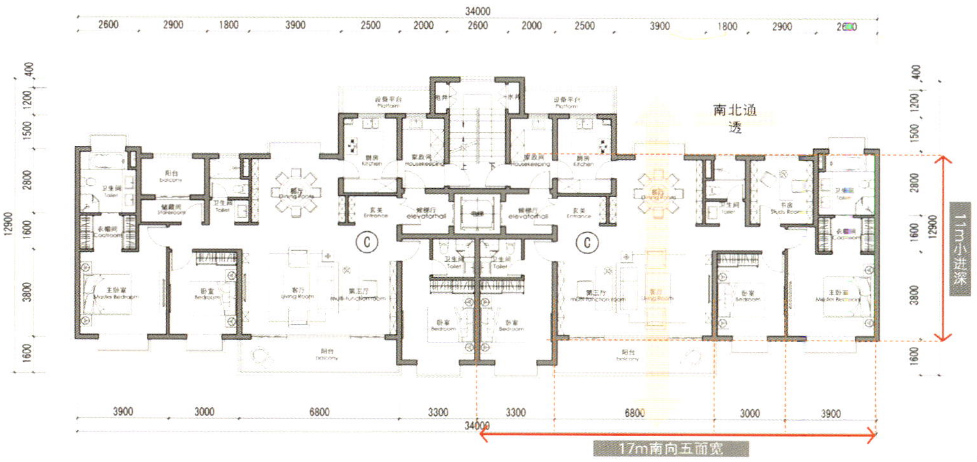


大面宽、小进深，通风好

**产品亮点**

大面宽、小进深，通风好！
单梯入户、独立玄关，仪式感强！
双流线、家政空间，便利性高！
双儿童房、可变空间，灵活性高！
成就一个高竞争力的户型！

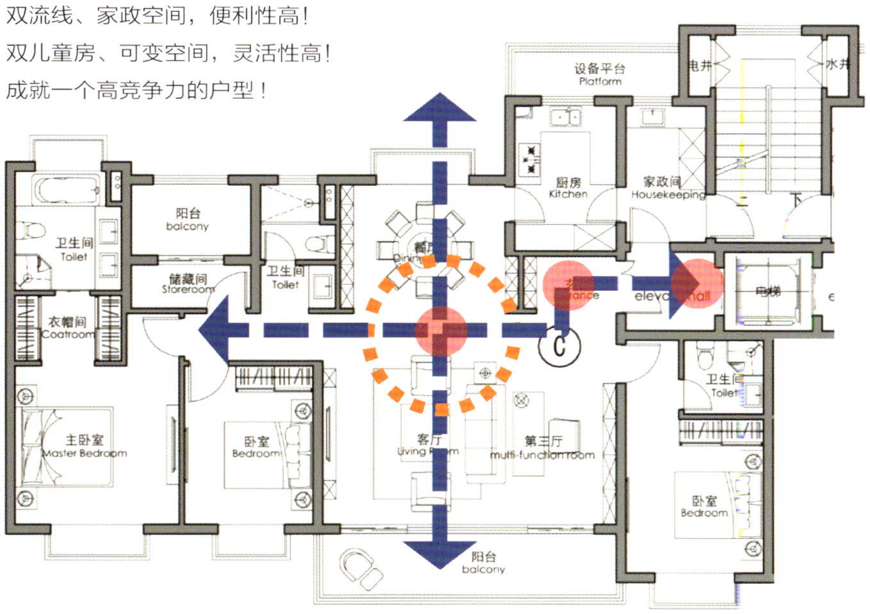


单梯入户、独立玄关，仪式感强

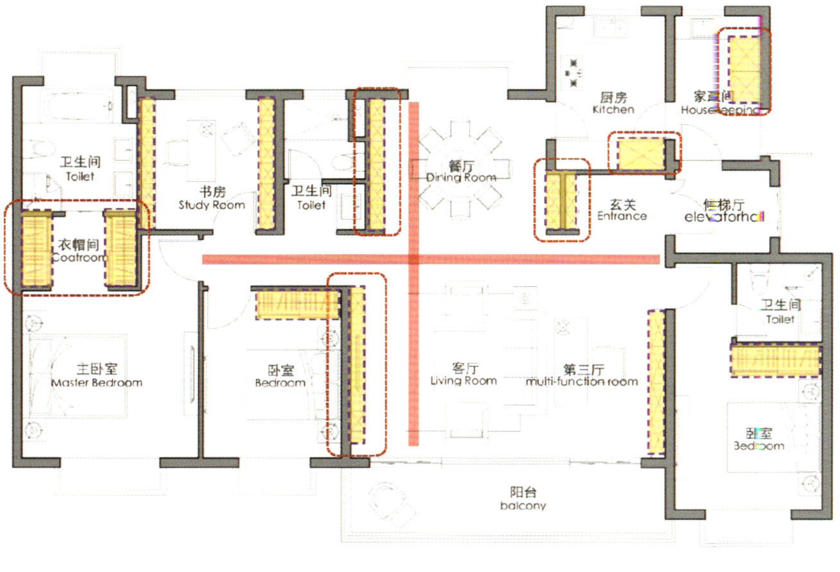


超强收纳空间

- 充分利用有效的室内空间
- 玄关内置、整体电视墙
- 主卧独立衣帽间
- 预留冰箱位、整体家政、餐边柜

# 古厝新筑 秀雅庭院

## 泉州金茂阳光城檀悦示范区设计方案

开发商：阳光城集团、中国金茂 / 项目地址：泉州市台商开发区杏琅路与亚艺路交会处

建筑设计：厦门上城建筑设计有限公司 / 景观设计：上海寰颐景观设计有限公司 / 占地面积：10 277平方米 / 建筑面积：1 465平方米 / 容积率：2.1 / 绿化率：35%

项目萃取中国金茂“悦系”之匠艺精髓与阳光城“檀系”之高品质基因，
以兼容并蓄的精神重新演绎泉州深厚的人文底蕴，精心构造泉州环湾人居标杆。

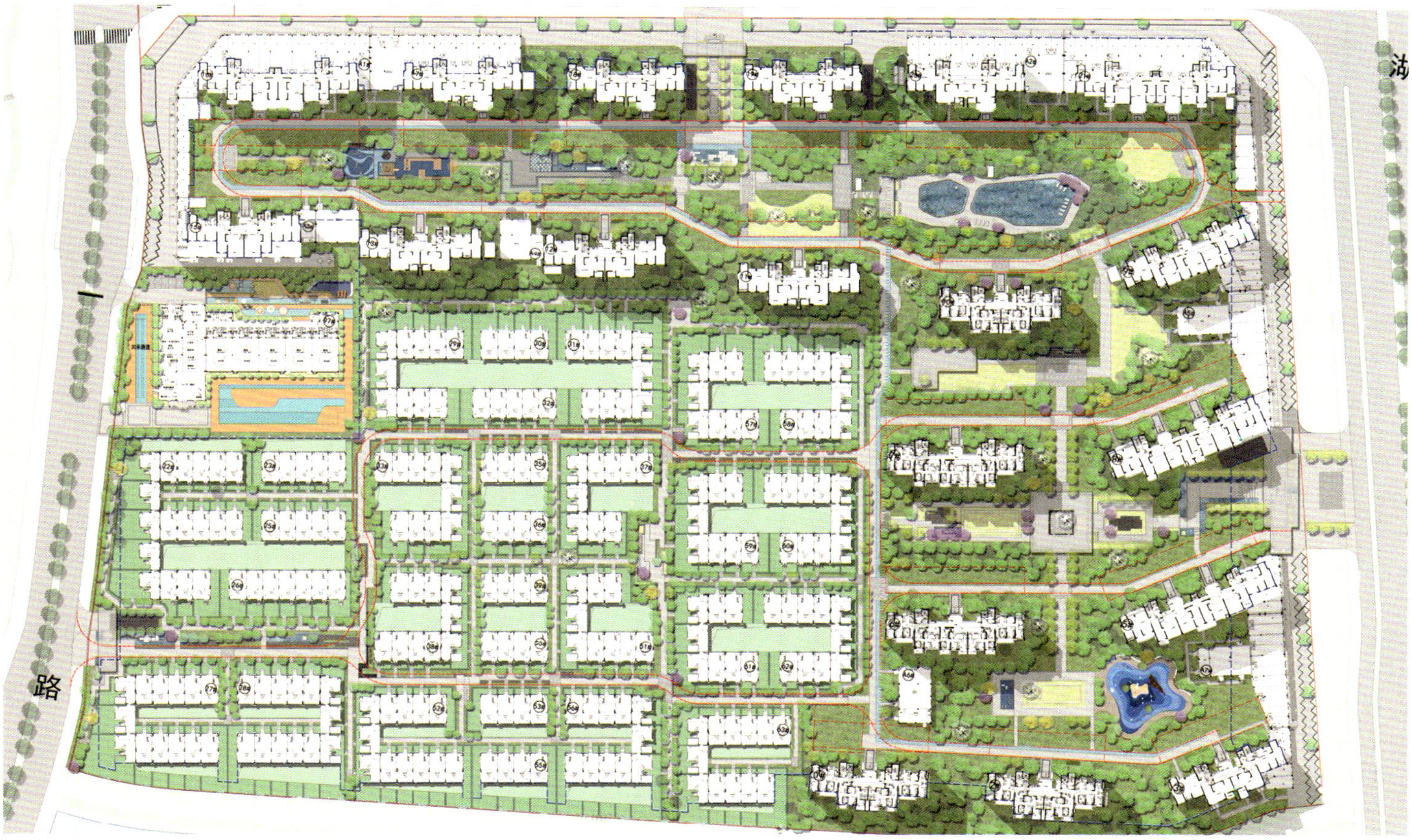

## 定位策略

示范区的设计向古城泉州致敬，并从海上丝绸文化、闽南地域风格中汲取养分，融古厝燕尾脊的概念，合售楼处坡屋顶立面，打造富有地域特色的创新展示空间。

项目规划“厅、堂、园、宅、院”五进空间，通过细致的设计演绎泉州老底子的生活场景，并试图再现宋词的意境“万里飞云都过尽，天阙星河如洗。檐隙风来，流萤飘坠，苒苒还飞起。”

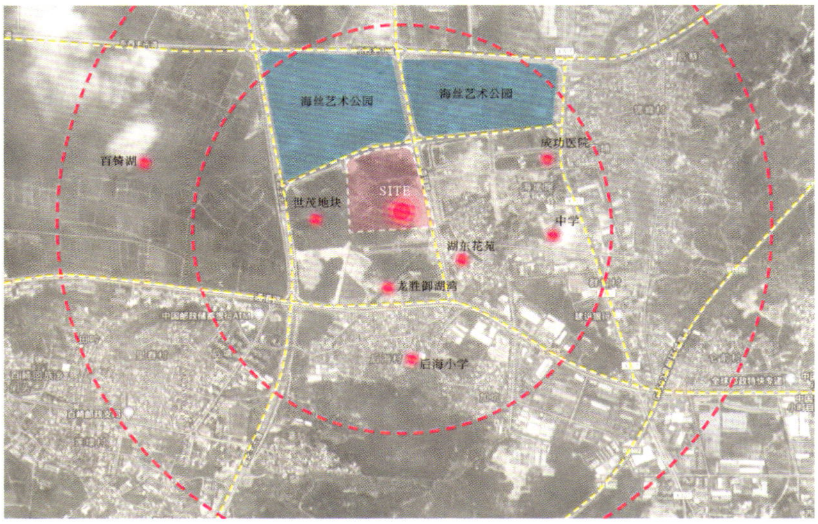


## 区位分析

泉州金茂阳光城檀悦位于泉州市台商开发区杏琅路与亚艺路交会处，比邻湖东学园，饱览公园美景及百崎湖风光，坐享“五纵五横五桥”立体环湾交通。

## 规划设计

执禮
《礼记·乐记》："礼者，别尊卑，定万物，是礼之法制行矣。"

寻芳
胜日寻芳泗水滨。

求之
知之必好之，好之必求之，求之必得之。

省身
日省其身，修身养性。

西江月
堂下水浮新绿，门前树长交枝，晚凉快写一篇诗，不说人间忧喜。

挹清風
却愧犹悬三釜乐，未能终此挹清风。

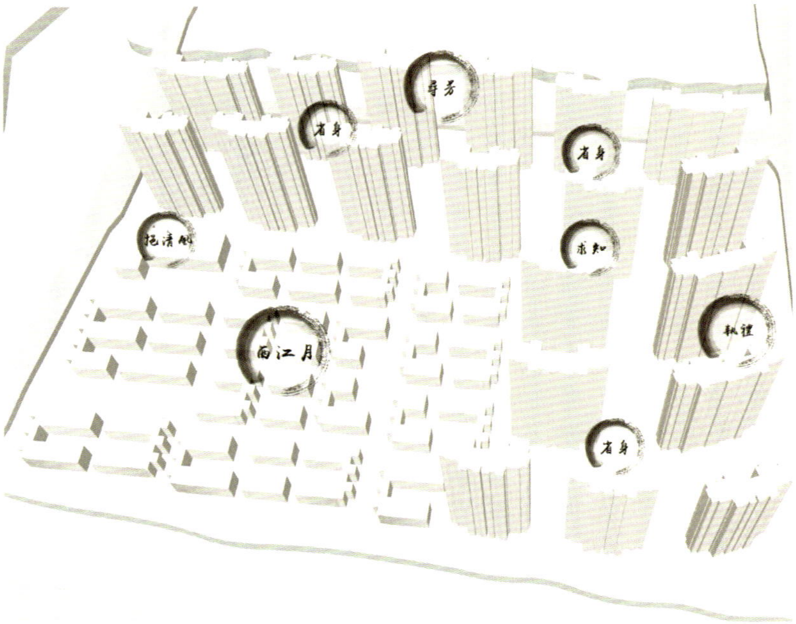


### 一轴十巷（别墅区）

礼轴
主入口（水浮新绿）

十巷
五横巷
五纵巷

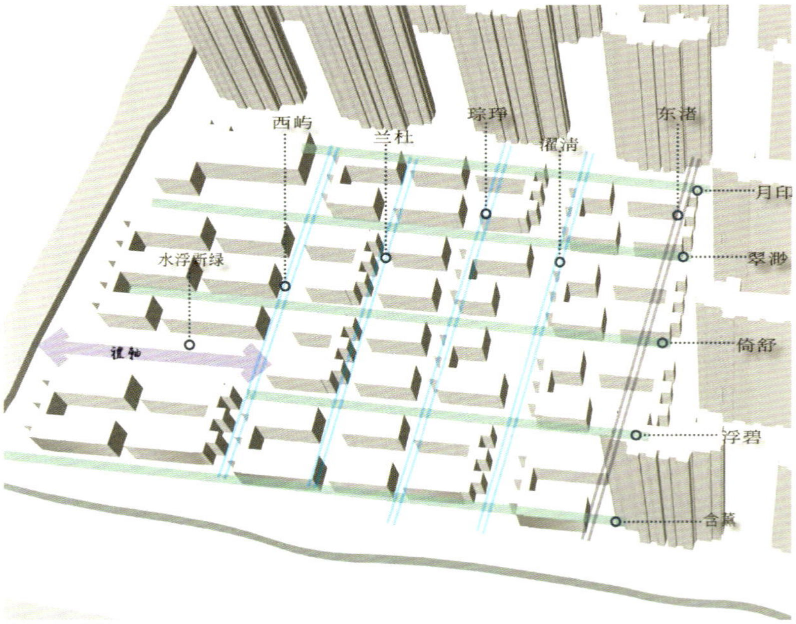


### 一核两轴五区（高层区）

一核心
四水归堂

两轴
礼轴　悦轴

五园

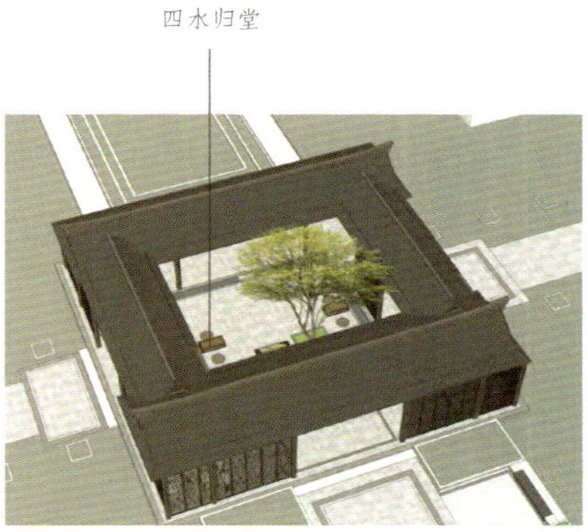


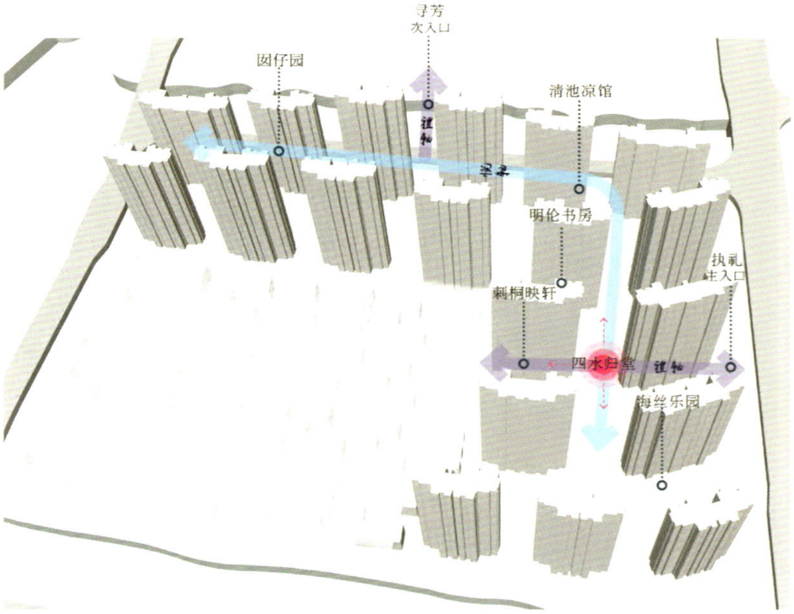

## 建筑设计

### 新闽南风格

简洁大气，讲求闽南地域特色，主要材料以米黄真石漆为主，咖色真石漆闽南特色挑檐屋顶和细节元素，层次丰富在装饰手法上，建筑风格鲜明。

**元素提取** 融合泉州古厝燕尾脊概念，售楼处坡屋顶立面，将概念线性融入场地景观打造。

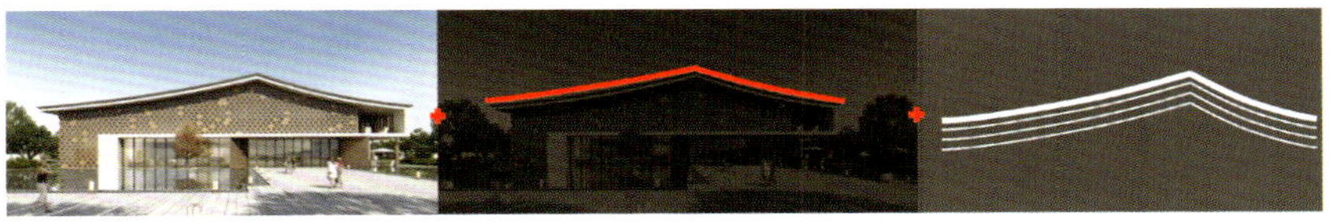

建筑展示立面　　坡屋顶线性提炼　　设计线性语言生成

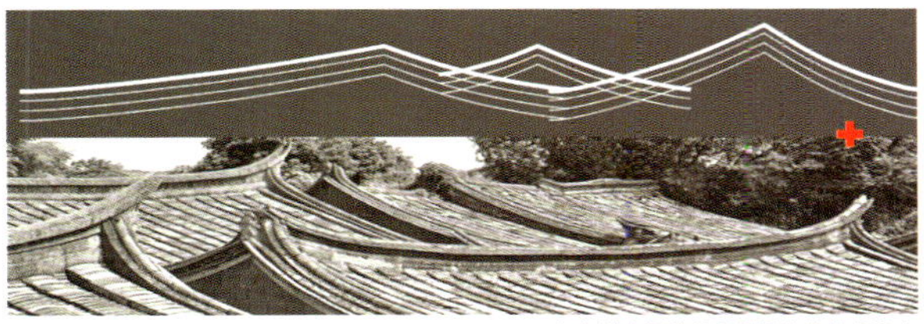

与泉州古厝屋顶遥相呼应的设计语言

选取古宅中出现频率最高的卍字图案纹理进行元素提取演变。

卍字回纹因其构成形成回环反复，延绵不断，在民间有“富贵不断头”的说法，在梵文中寓意吉祥之所集，是吉祥万福和万寿之意。项目将卍字花纹应用到景观各部细节。

## 景观设计

**第一进·厅：**在前场，跌水犹如展开的卷轴。售楼处、桥、花树以及行人自然地融入画卷中，在镜面水的倒影中显得无限空灵和悠远。弧形跌水与池底点状的星光灯相结合，随着缓缓的流水，犹如夏夜苍穹中的银河。

**第二进·堂：**售楼处主要以坡屋顶侧面为展示面，设计正是借鉴了泉州古厝的燕尾脊。缓缓展开的人字形造型屋顶侧面静卧在水上，颇为醒目和具有昭示性。立面设计提炼了当地红砖厝的元素，以镂空的设计结合大面积的玻璃，让整体建筑更加轻盈、灵动。

**第三进·园：**后场是以水元素为主题的内庭院，并从山林间的温泉汲取灵感，构思泳池的设计。泳池利用高差形成自然的叠瀑，结合人工雾森和飘浮水面的汀步，营造出流水淙淙、虫鸣鸟啼的自然环境，并成为售楼处的诗意对景。

**第四进·宅：**两处样板房中间的空闲地带没有被一笔带过，而是经过巧妙的景观化处理，独自形成了内院，构建出“园中园，院中院”的别致景观空间。

**第五进·院：**该空间是围绕中心大草坪展开的开阔空间，沿边依次设置廊架和游廊，创作源泉来自泉州望族的私宅庭院架构。廊架融入室内设计元素，布置吧台、书架、沙发，诠释现代文人雅士的生活趣味。曲折通长的游廊是对步移景异之观赏精髓的精辟诠释。

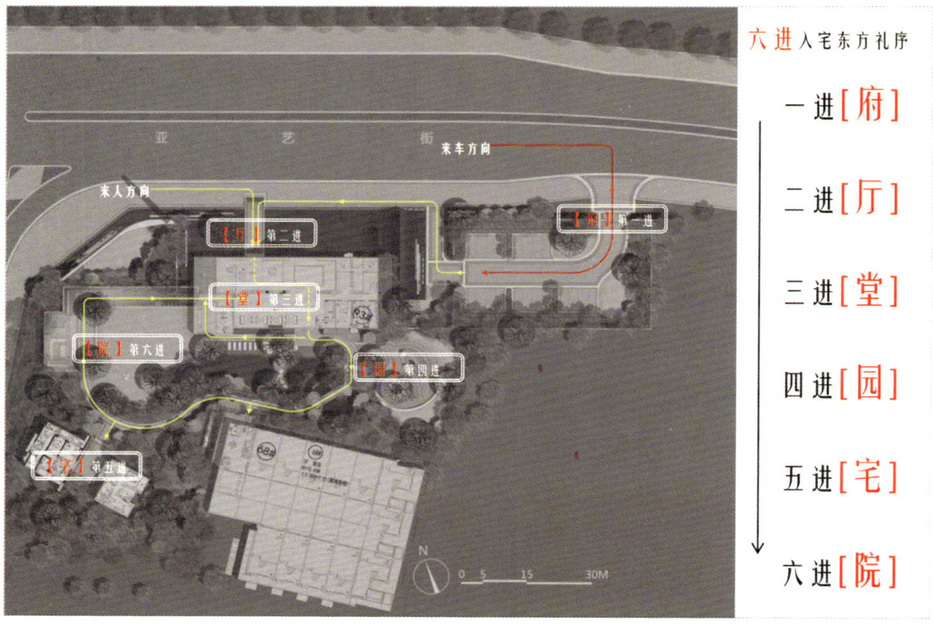

## 室内设计

二层平面布置图（商墅）

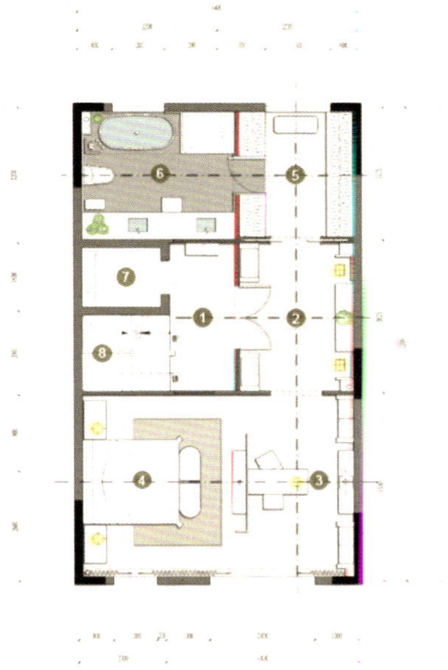

三层平面布置图（商墅）

# 酒店式尊尚体验 全龄化精致生活

## 厦门龙湖春江郦城二期设计方案

开发商：龙湖地产 / 项目地址：厦门市集美区杏林北路与杏锦路交会处

景观设计：凯盛上景（北京）景观规划设计有限公司 / 用地面积：35 948.85平方米 / 建筑面积：163 007平方米 / 容积率：3.62 / 绿地率：30%

厦门龙湖春江郦城秉承龙湖地产精益求精的产品精神，对“郦城”系和“天街”系进行整合升级，以高端城市综合体呈现划时代的国际海湾生活。春江郦城二期更是突破空间限制，通过巧妙的规划设计充分利用现有的资源，构建出精致、温馨、实用的 mini- 全龄活动场和架空空间健身休闲全龄化泛会所，让居住空间走进人的日常生活。

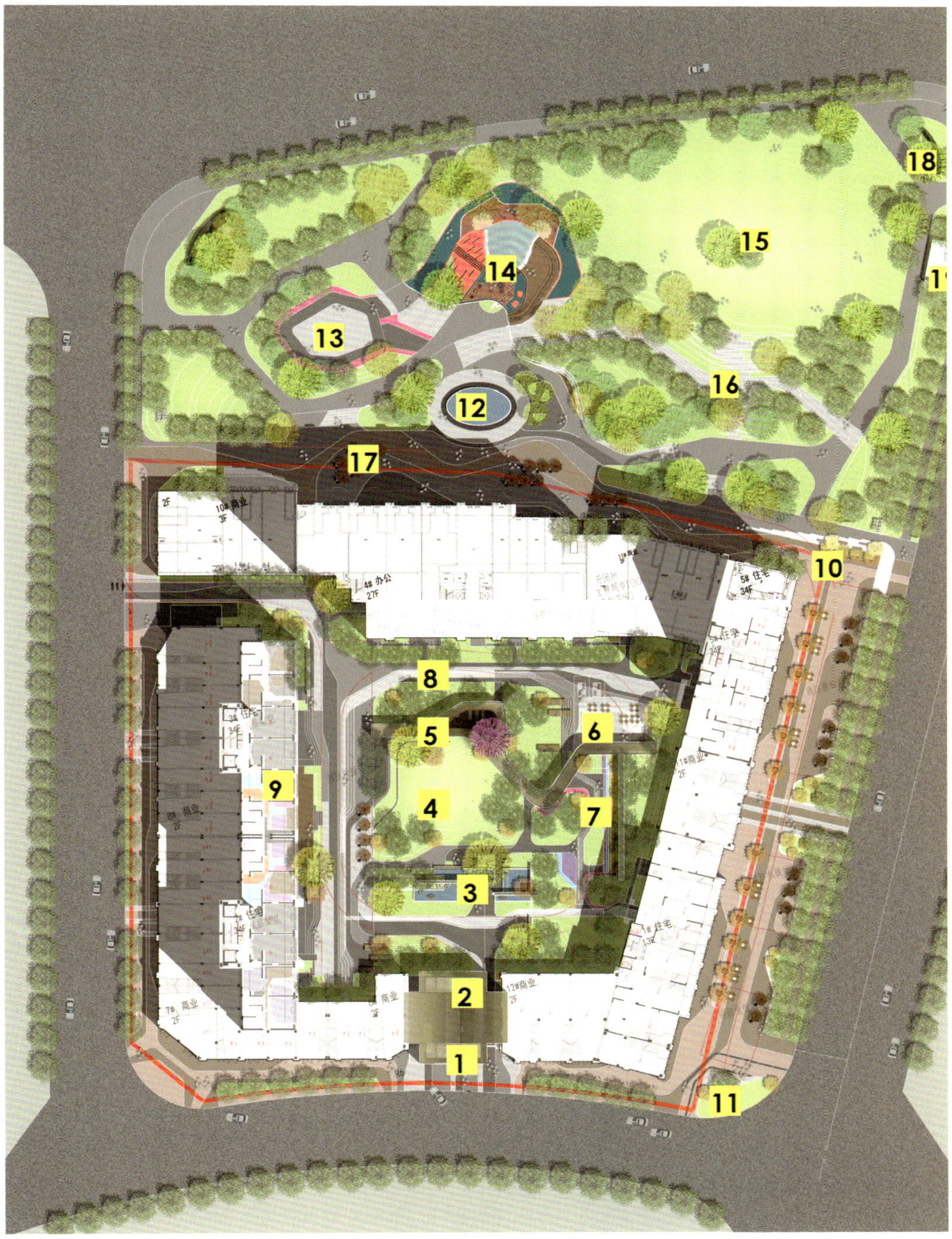


1. 入口大门
2. 入口等待区
3. 入口水景
4. 中心草坪
5. 社区风雨连廊
6. 休闲健身广场
7. 儿童天地
8. 林荫道
9. 架空层
10. 商业入口
11. 商业形象入口
12. 中心喷泉
13. 滑板公园
14. 儿童乐园
15. 阳光草坪
16. 退台空间
17. 休闲外摆区
18. 标识牌
19. 洗手间

## 规划设计

春江郦城二期以建筑围合出 6 000 平方米的中庭景观，其中消防车道、消防登高面与消防回车场面积 1 526 平方米。园区北侧与东侧为龙湖地产代建代养的市政绿地，弥补景观面积小的不足。在这个集约的小组团中，项目结合当地气候特征和生活习惯，重点打造架空层，陈述“6 000 平方米中庭 +3 个架空盒子”的景观故事。

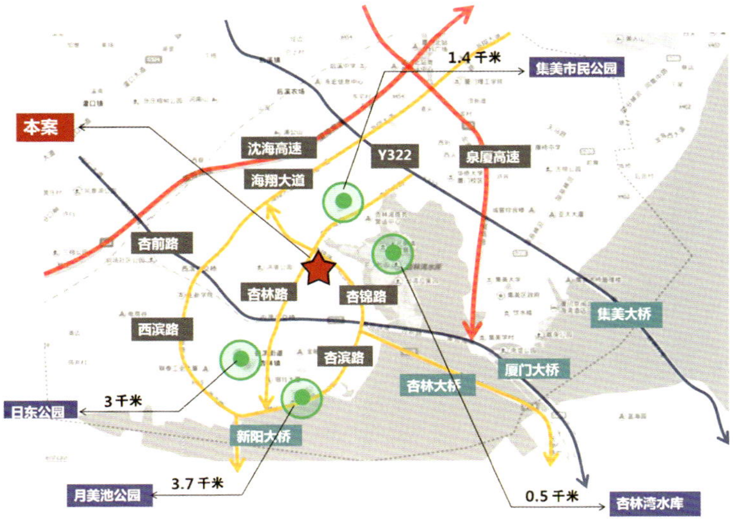


## 区位分析

厦门龙湖春江郦城位于集美区杏林北路与杏锦路交会处，属于集美新区环湖中央，地段价值优越。龙湖地产将高端豪宅“郦城”系和商业 TOP 品牌“天街系”合二为一，融汇城市豪宅、商业 mall、文创 soho、商务办公等国际业态，呈现前所未有的国际海湾生活。

## 建筑空间总体分析

**建筑规划条件：** 1. 建筑为第一类高层建筑与第三类高层建筑，第三类高层建筑高度近 100m。

2. 中庭院景观面积约为 5800 ㎡，其中消防车道、消防登高面与消防回车场占地面积 1526 ㎡。

3. 首层架空可作为社区活动功能区布置，作为项目特色，弥补社区功能活动场地有限的不足。

4. 园区北侧与东侧为龙湖地产代建代养的市政绿地，弥补 3# 地景观面积小的不足。

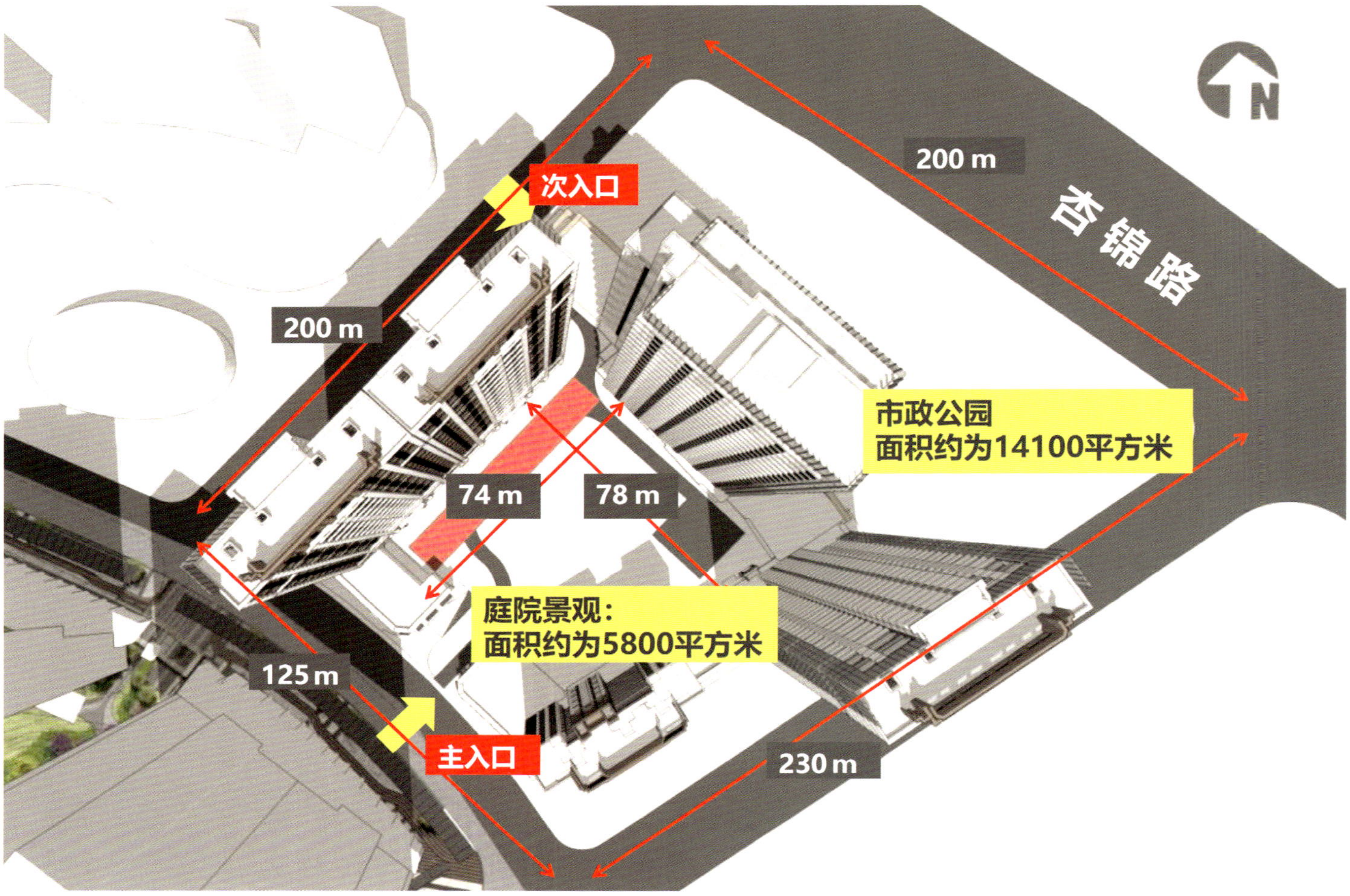


**规划空间解读**

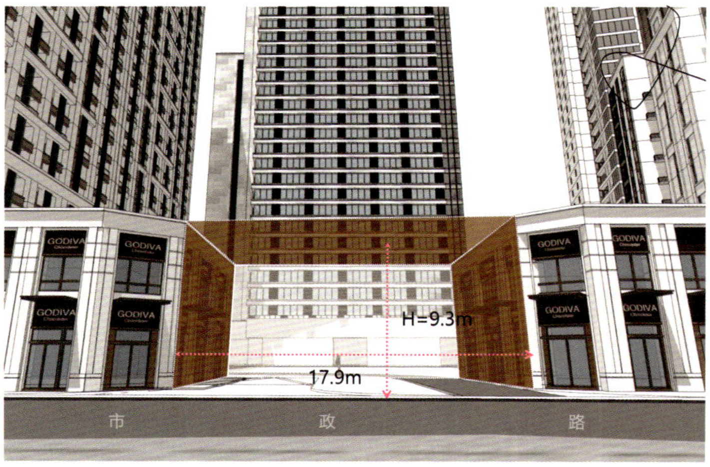


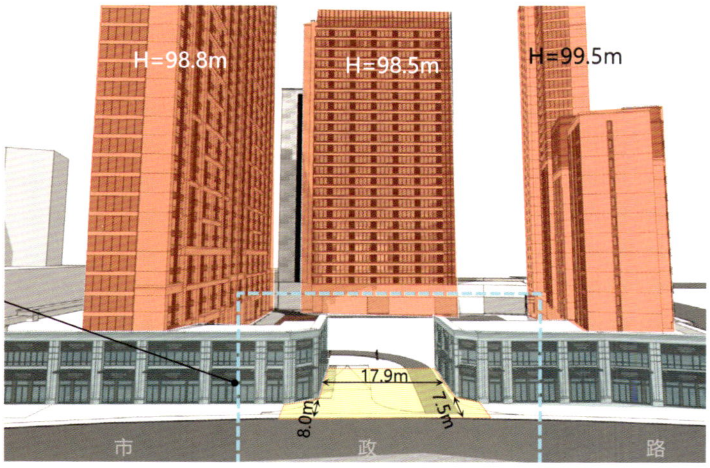


**不利因素：** 1. 入门标识性弱（外延），两层高的商业之间预留面宽 17.9m 的入门空间，延展面同商业齐平。园区主入口门前进深短，没有前厅空间。

**解决方法：** 强化社区入口标识性，通过顶部的屋檐与山墙立面的装饰形成一个与人的尺度相近的框景结构，在人的视线范围内化解过高的建筑带给人的压迫感。并在对景处设置聚焦水景景墙，形成障景空间。

## 规划空间解读

**不利因素：** 2 内庭空间（内核），过高的建筑立面围合形成中心一个较小的仅 5800 ㎡的景观空间，给人比较压抑的感受。登高面占内庭院面积过大，全硬化面积占 26%。

**解决方法：** 合理规划引导观景视线的开合，通过植物与道路的设计形成曲径通幽的感受；使架空层空间与室外登高面结合，形成一个面向阳光草坪的综合活动场所。

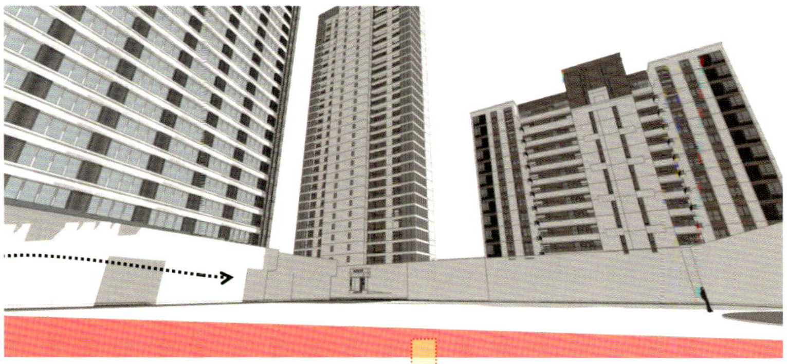

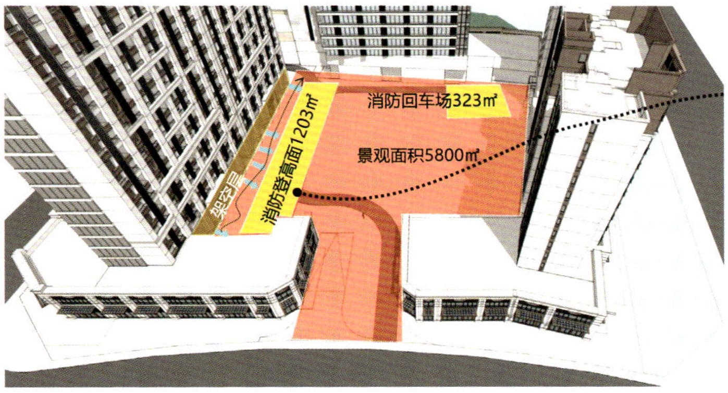


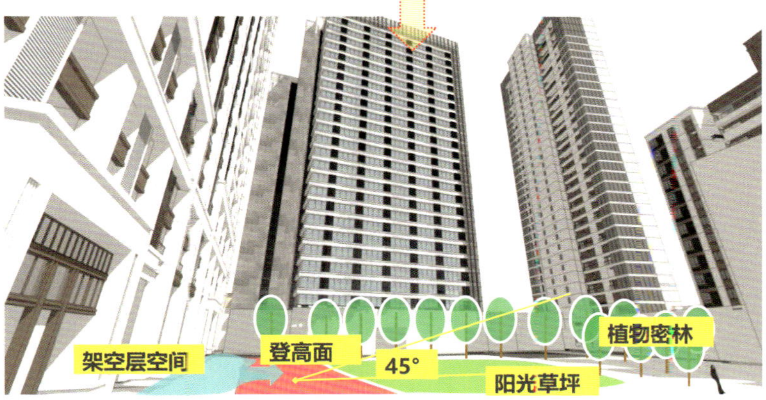


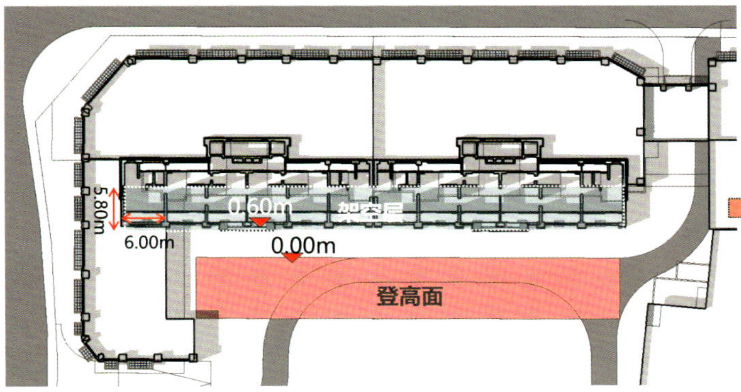


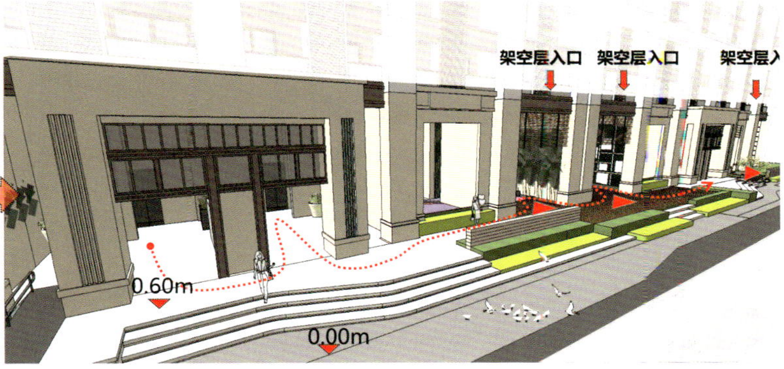


**不利因素：** 3 架空室内（内核），架空层总面积约 660 ㎡，架空层被建筑分割成房间尺度的空间，虽有交通联系，但面积均不大，每个房间大约 35 ㎡。架空进入方式不能从室内进入，需要景观结合入户门厅延续到架空功能区。架空标高距户外地坪高差 0.6m。

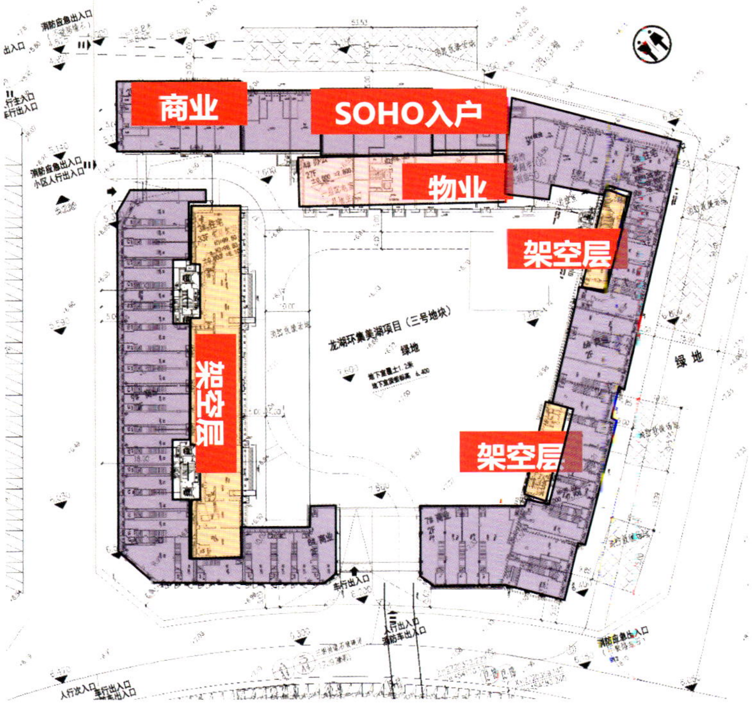


**景观设计难点：** 合理运用好架空层的空间，提高建筑灰空间的使用效率，并结合入户空间，有效地与室外空间互动，使建筑居住品质提升，形成一个面向阳光草坪的综合活动场所。

## 景观设计

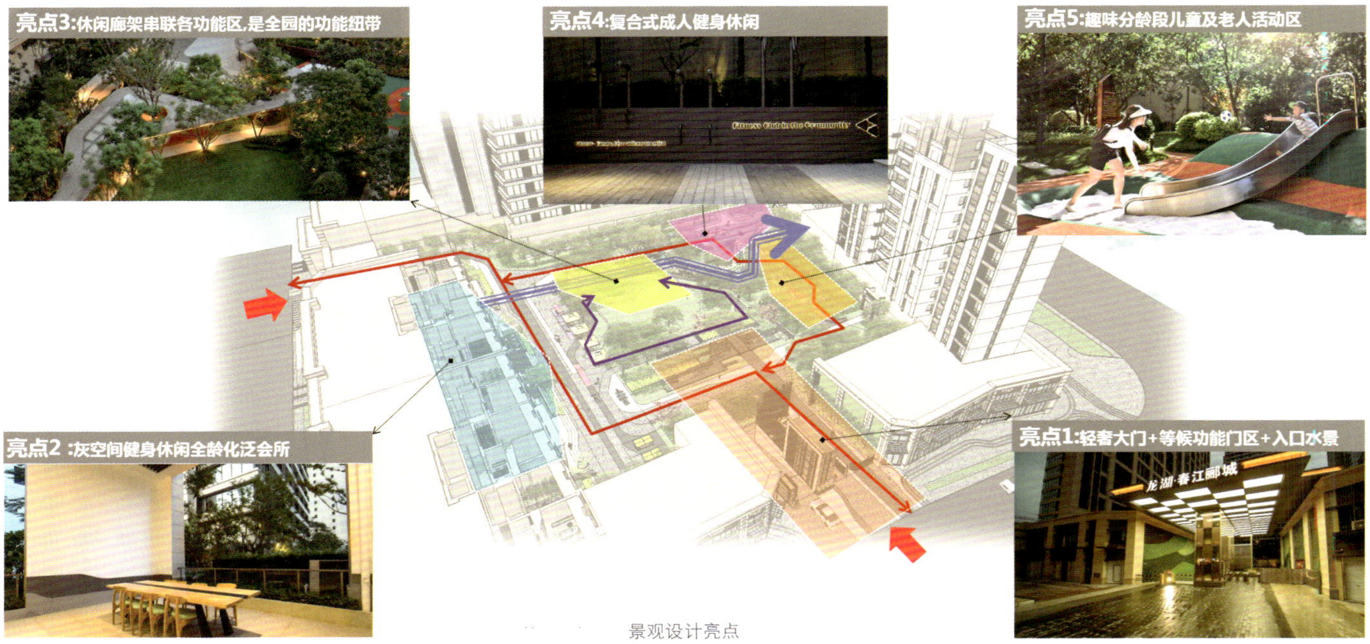


景观设计亮点

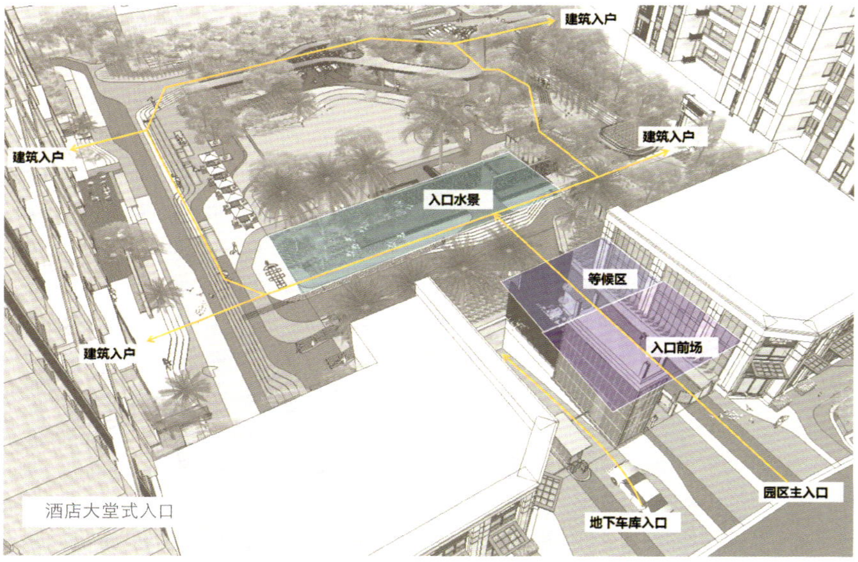


酒店大堂式入口

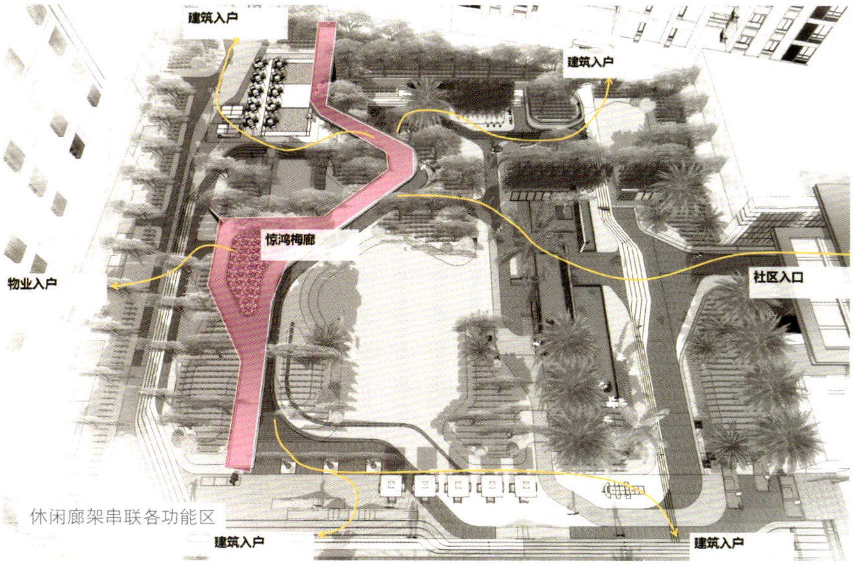


休闲廊架串联各功能区

### 酒店大堂式入口

项目结合底商之间预留的园区入口，打造品质感极致的大堂式入口。入门的第一幕选择掩藏，以景墙作为折转空间，营造欲扬先抑的空间体验。景墙的细节考虑白天和夜晚的双重效果。

### 休闲廊架串联各功能区

中庭鉴于有限的面积，最终选择了两个功能：户外交流的梅廊和 mini- 全龄活动场。梅廊在结合回家路径的同时起到了划分空间的作用，廊架也是三角梅攀爬的支撑。简约的手法重视营造有温度的花园。

### mini- 全龄活动场

mini- 全龄活动场被种植包裹，分为复合式成人健身休闲、趣味分龄段儿童及老人活动区。小空间内更需要利用地形起伏呈现场地的趣味性。入户充分结合消防开放的场地，增加标示性和装饰性，适当定义专属活动场地。

### 架空空间健身休闲全龄化泛会所

由于户外的活动空间有限，3 个预留给景观的架空盒子成为设计的重点。项目定义室内空间景观化的功能，结合室外未充分完成的功能，进行合理安排。阳光最好的盒子作为儿童天地，结合家长看护，设置有趣且安全的活动场景。其余盒子的主题满足品茶和基本健身需求。3 个盒子从色彩、材料、照明的选择上兼顾半室外功能。

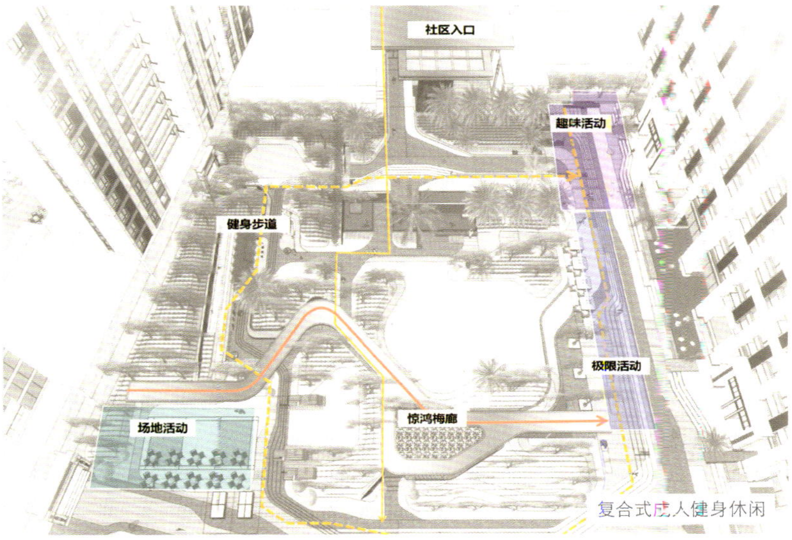

复合式成人健身休闲

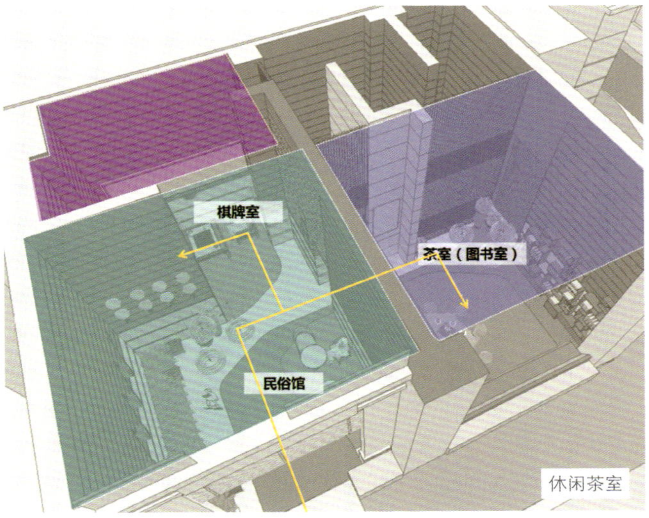

休闲茶室

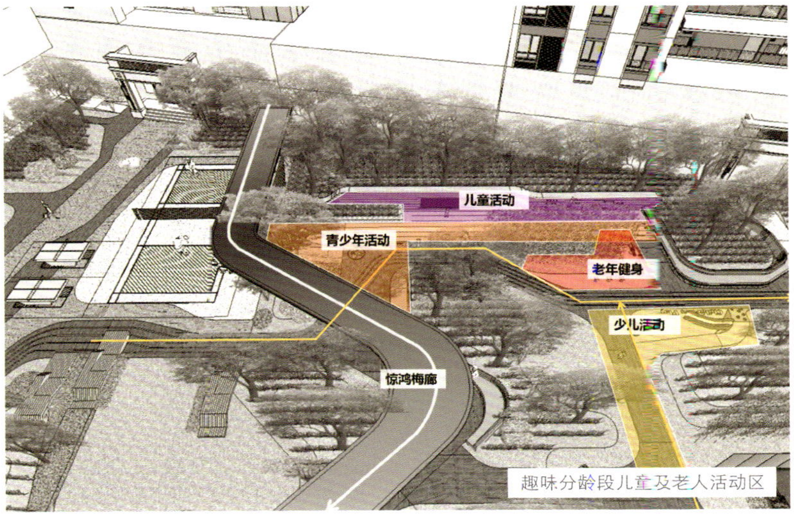

趣味分龄段儿童及老人活动区

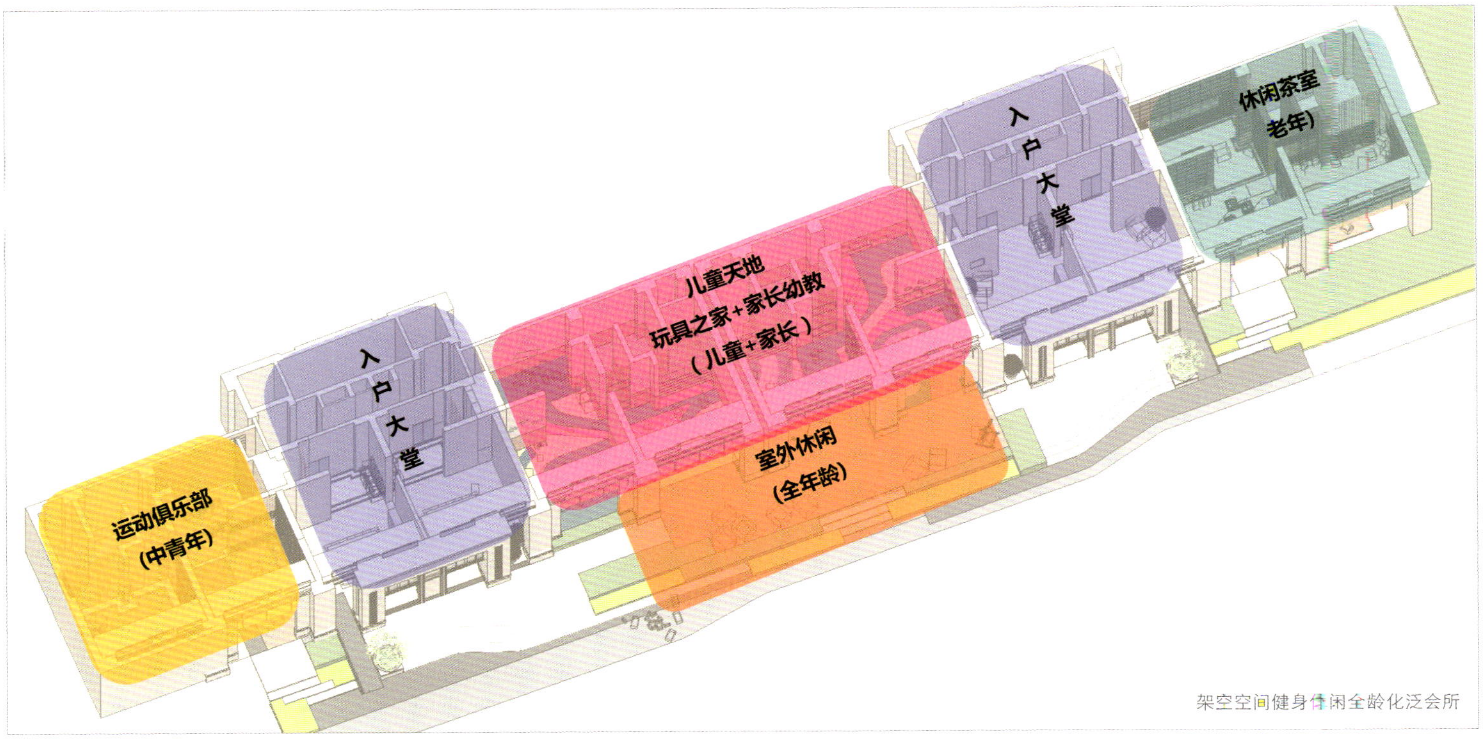

架空空间健身休闲全龄化泛会所

# 返璞归真 现代简约

## 绍兴阳光城元垄·璞悦设计方案

开发商：阳光城集团、元垄地产 / 项目地址：绍兴市柯桥区越州大道与华舍路交会处
建筑设计：上海睿风建筑设计咨询有限公司 / 景观设计：LAURENT罗朗景观 / 用地面积：77 727.5平方米 / 建筑面积：239 928平方米 / 容积率：8.2 / 绿化率 30%

绍兴阳光城元垄·璞悦整体规划合理完善，通过与城市空间互动，
提供适当的外向型城市公共空间，同时最大化释放内部空间，形成全景社区。
“一轴一环五圈十入户花园”的景观结构融入不同年龄段人群的日常活动需求，构建出人性化的360°公园式全年龄生活体验环。

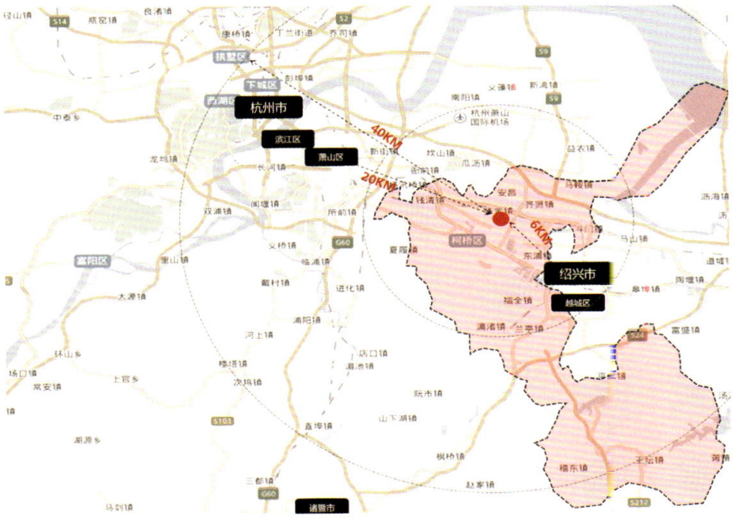


## 项目概况

绍兴阳光城元垄 · 璞悦项目通过策略、设计、配套、服务和居住体验等多个维度升级，实现设计精细化、豪宅轻奢化、景观全龄化、社区智能化，为柯桥提供更高维的生活体验。

绍兴阳光城元垄 · 璞悦注重内外公共空间的互动和融合，增强社区的生活气息和活力。景观规划环环紧扣，形成“一轴一环五圈十入户花园”的布局，兼顾文化体验、自然生态、全龄活动等元素。功能区的定位贴近使用人群的特点，主题鲜明，设计结合美学和实用性。

## 区位分析

绍兴阳光城元垄 · 璞悦位于绍兴市柯桥区，属于未来柯桥区中心板块，周边交通便利，占据未来 CBD 腹地，距离柯桥区政府 3.0 千米，距离绍兴北站 4.5 千米，交通便利，周边配套完善，有打造城市品质住宅的潜力，设施配套完善。用地南侧、西侧景观河道环绕，傍水而居，景观资源优越。

## 规划设计

建筑沿外侧围合组团式布置，实现内部核心景观区最大化。社区中心围合出4万平方米的中央景观花园。外环道路的设计实现人车分流，释放出最大绿化量。

社区南北主要界面通过营造对称中轴、礼仪会所等空间打造城市豪宅形象。南北两个出入口附近将建筑退后布置，在营造富有变化的天际线的同时打造适当的外向型城市公共空间，自然形成服务城市的口袋公园。

**配套分析**

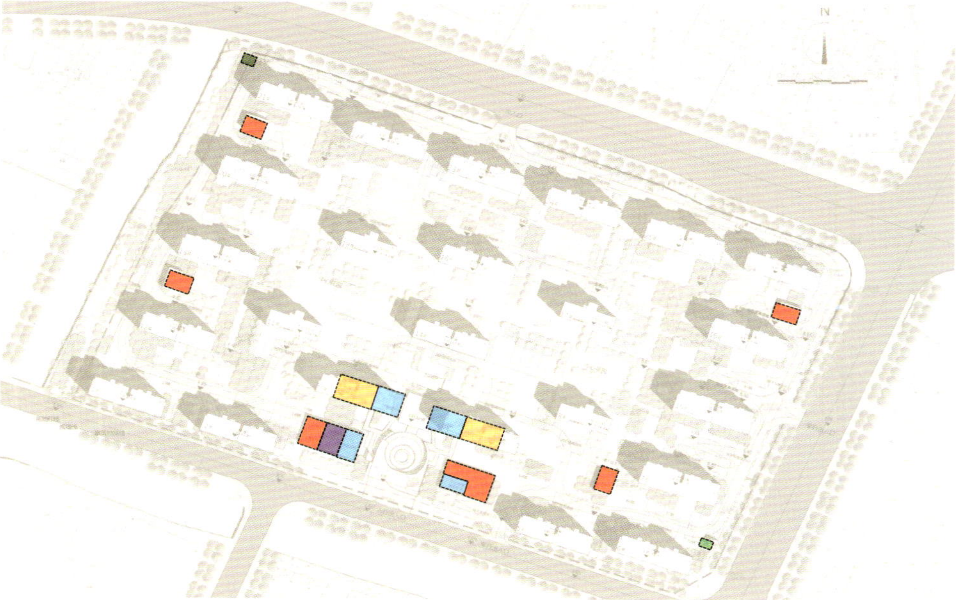


**流线分析**

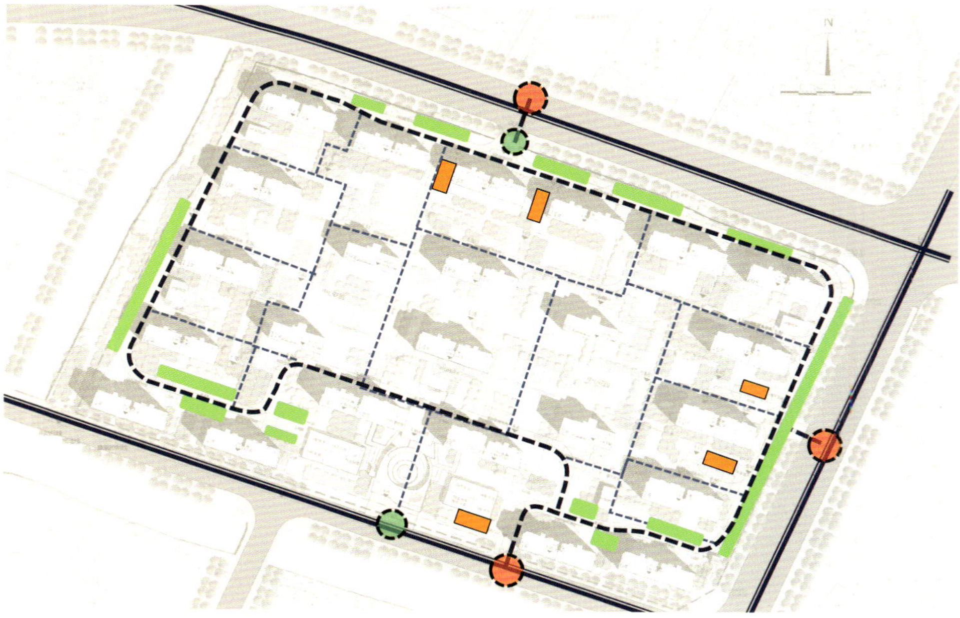

## 建筑设计

檀院从绍兴传统院落建筑中汲取灵感，在不改变基本制式及比例的条件下，通过现代设计表达手法向绍兴传统的历史人文致敬。建筑以绍兴古建筑特有的黑、白作为主色，简约而精致，既清雅高远又端庄肃穆，反映了绍兴踏实、淳厚、温润的地域人文特质。

### 户型配比

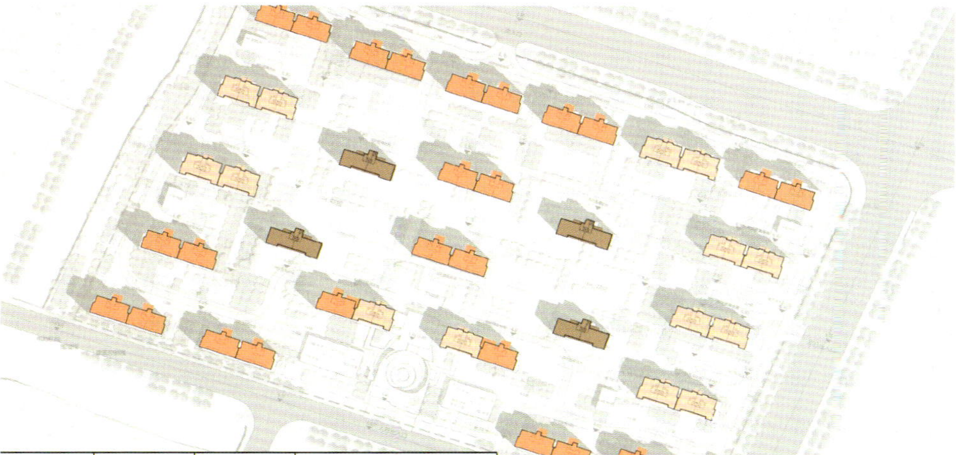

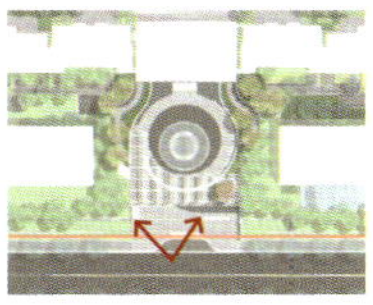

图例

- 100㎡
- 125㎡
- 145㎡

| 户型 | 户数 | 面积小计 | 户数比 | 面积比 |
|---|---|---|---|---|
| 100 | 934 | 95268 | 59.49% | 53.69% |
| 125 | 500 | 62500 | 31.85% | 35.22% |
| 145 | 136 | 19675 | 8.66% | 11.09% |
| 总计 | 1570 | 177443 | | |

## 景观设计 ▶ 360° 公园式全龄生活体验环

项目以“公园环 + 生活圈”作为景观设计理念，构建“一轴一环五圈十入户花园”，
量身定制 360° 公园式全龄生活体验环，通过对不同年龄段人群活动的组织和公园式宜居生活环境的打造，提升社区的幸福指数。

自然
形象展示　绿色生态

情感
健康社区　生活定制

### 各年龄段群体的公共空间使用强度

公共空间活动大部分都是围绕小孩进行的，同时中老年业主独自和群体活动的比例也比较高。

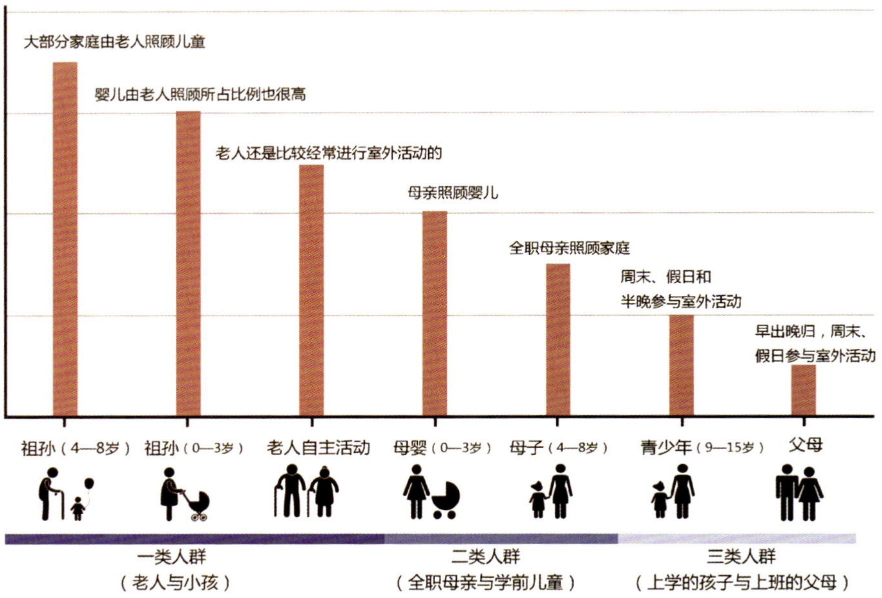


- 需单独考虑老人活动场地，设置充足的广场与活动器械，在用地条件支持的情况下，可考虑设置独立的老人活动中心。
- 充足儿童活动设施及其周边的交流的空间，结合不同年龄阶段儿童的活动差异，设置针对性的儿童场地。
- 对于中青年人来说，球类运动场地可以增加业主间的交流与意愿，可作为年轻小区的必备功能。

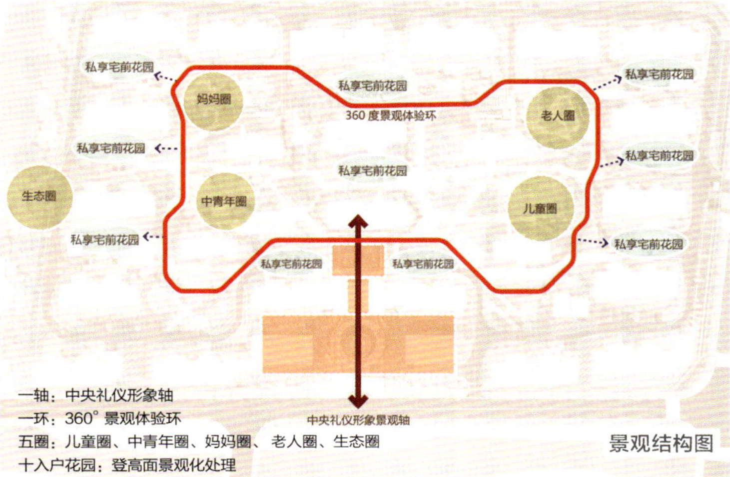

景观结构图

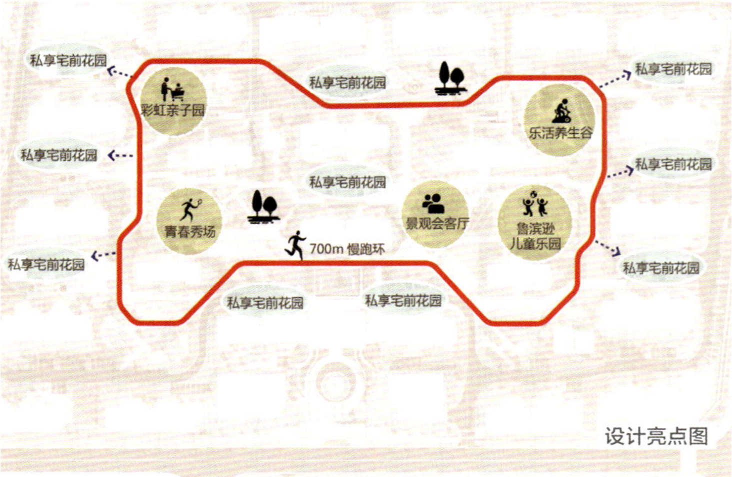

设计亮点图

## 鲁滨孙儿童乐园

该园以《鲁滨孙漂流记》的故事作为主题，以温暖的黄色系为主调

地面铺装、儿童器械等都与主题相关，结合年龄段模块分区，打造全年龄化儿童乐园

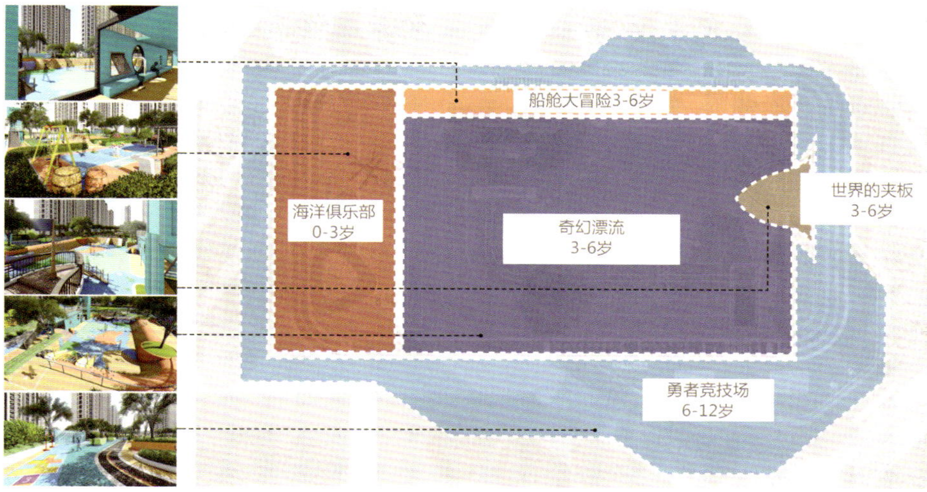


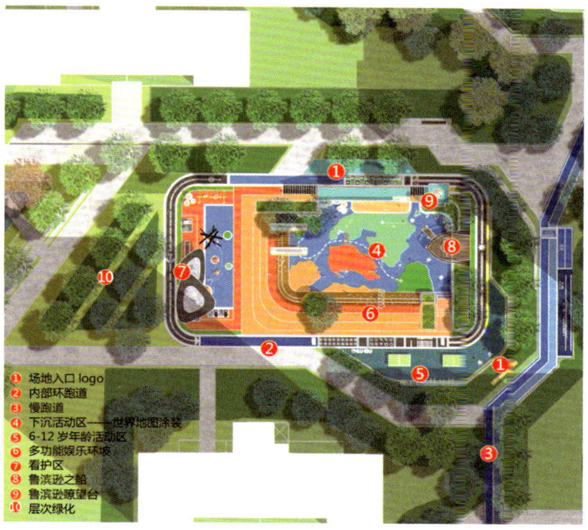


## 乐活养生谷

组团绿化丰富，一米菜园富有趣味性

使人休憩运动时能感受自然，实现真正的自然健康跑道

## 青春秀场

该区以青年人热爱的球类运动场地为主，主体是冷静的蓝色系

球类活动种类丰富，热身运动分区，拥有直饮水、储物柜、坐凳等人性化设计

# 人文院宅 风雅新韵

## 武义德信碧桂园·江南大院示范区设计方案

开发商：德信地产、碧桂园集团 / 项目地址：金华市武义县琉璃路东侧

景观设计：深圳奥雅设计股份有限公司 / 用地面积：92 847平方米 / 建筑面积：264 806平方米 / 容积率：2.0 / 绿化率：30%

武义德信碧桂园·江南大院位于金华市武义县琉璃路东侧，属于政府着力打造的高品质城南新区。
项目的主要产品分为高层和别墅，契合当地的高端改善需求。
设计从武义深厚的历史人文底蕴出发，传承江南文化精髓，回归望族礼序，营造"大院系"高端低密墅宅。

## 项目概况

武义德信碧桂园·江南大院的主要产品分为高层和别墅，契合当地的高端改善需求。设计从武义深厚的历史人文底蕴出发，传承江南文化精髓，回归望族礼序，营造“大院系”高端低密墅宅。

## 区位分析

武义德信碧桂园·江南大院位于金华市武义县琉璃路东侧，属于政府着力打造的高品质城南新区。项目周边有环城南路、纵一路、琉璃路，交通便利，可达性较好。基地距离武义县第一人民医院仅 1 千米，距离武义县人民政府 1.2 千米，地理位置优越，基地主要是居住区，居住氛围浓厚，东侧规划有生态公园，自然景观资源丰富。

鸟瞰图

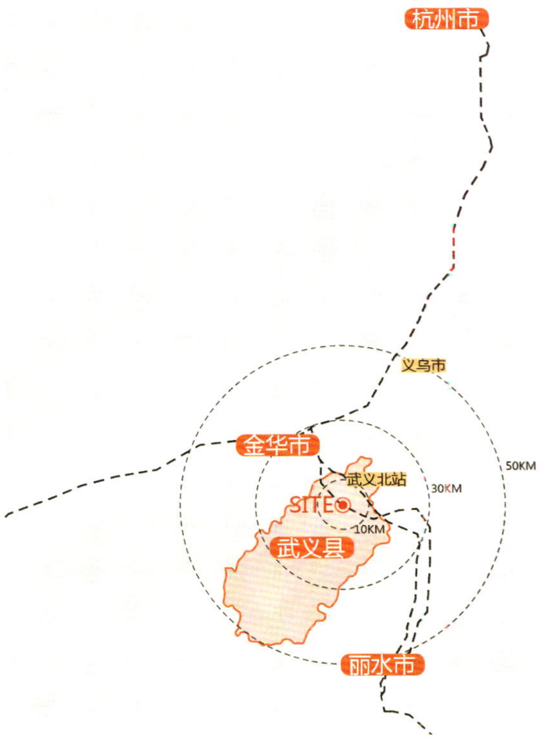

## 景观设计

**设计定位** 传承：江南文化精髓；回归：武义望族礼序营造；高端低密墅宅。

人文底蕴

望族风范

书院气质

江南山水

**设计策略**

东方礼序

前府后园

书院学府

园街坊巷

**高层示范区**

高层示范区概念

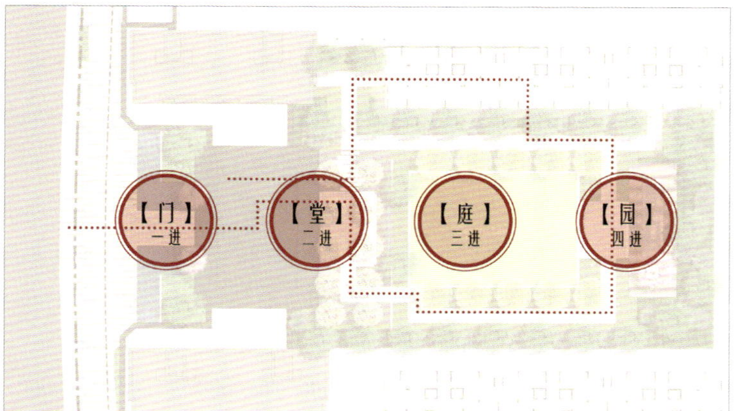

高层示范区游览路线

## 别墅示范区

延续江南古典园林的空间意境，讲求“九仪之礼”。

**礼：**以尊贵大气的门头彰显入口迎宾仪式。

**序：**以林荫步道作为过渡空间。

**悦：** 开阔的阳光草坪可供人们闲庭信步、赏花论道。

**游：**小道曲曲折折、高低错落，让人体会休憩游赏之乐。

**憩：**以镜面水景营造“人在水中游”的氛围。

**迎：**轴线设计富有仪式感，两旁的水景气势磅礴。

**赏：**以中式雅亭、风雨连廊、四季树木营造典雅环境。

**享：**雅致的草坪与两旁廊架相辅相成，结合对景山水屏风，让人心旷神怡。

**归：**规划传统中式坊巷肌理，形成多重回家动线，彰显现代望族的生活品质和身份。

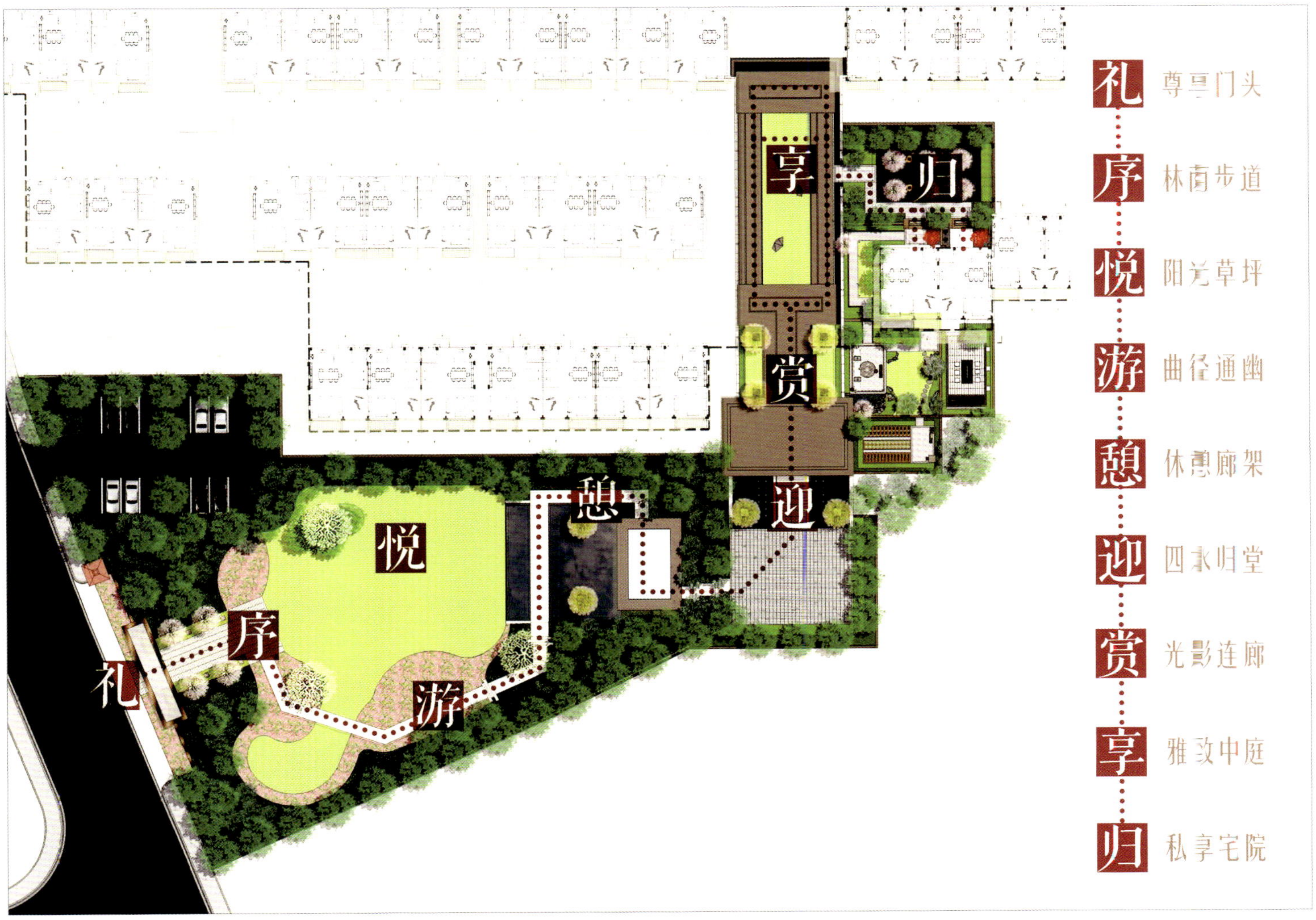

## 建筑设计

江南大院示范区汲取大区的设计理念，提炼江南历史文化的精髓，重构“街坊巷”空间规划肌理。项目将中式元素植入现代建筑语系中，通过现代设计诠释东方文化传统，建造稳重、典雅的现代望族大宅。

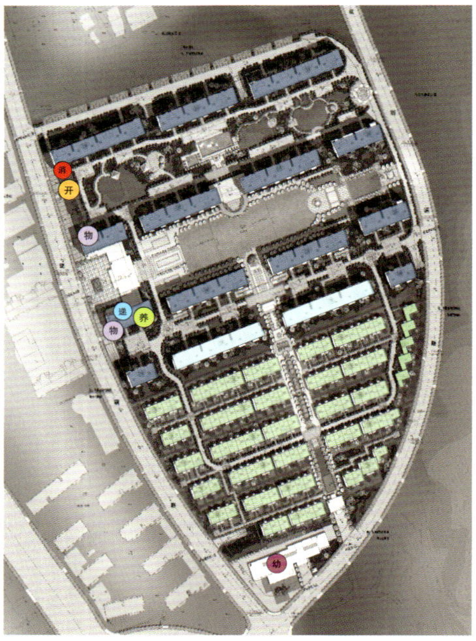


功能分析

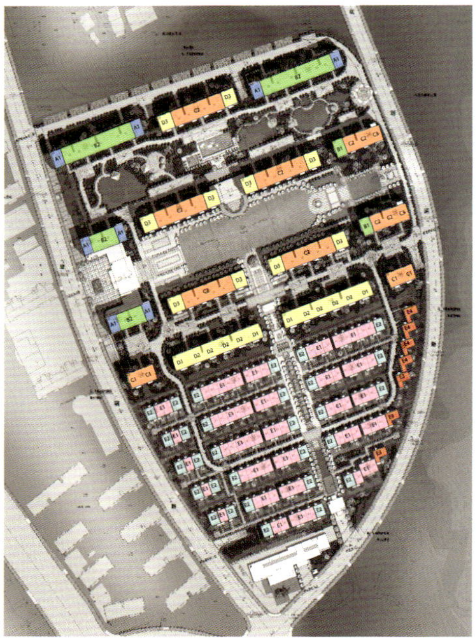


户型分布

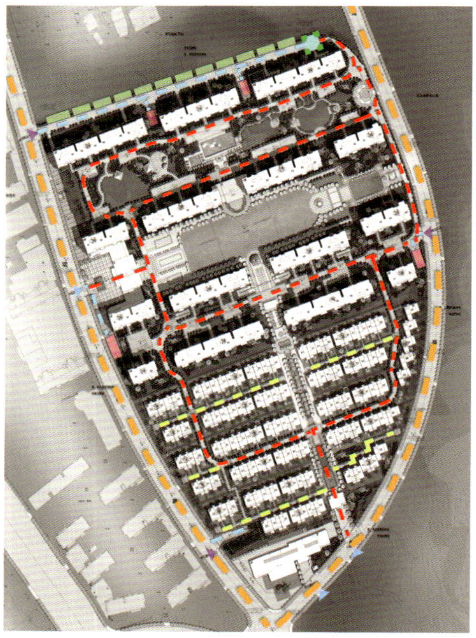


流线分析

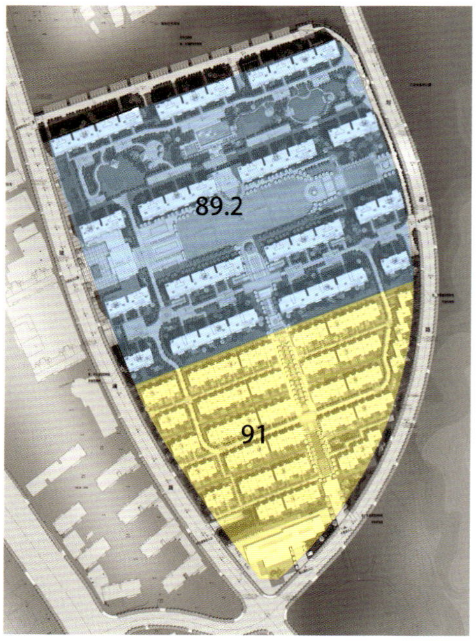


场地分析

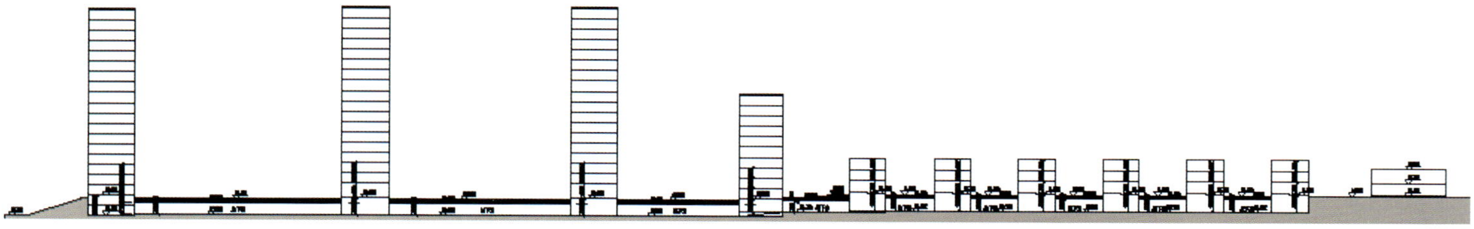

## 户型设计

**地下室：**多功能娱乐配套包括豪华影院和健身房，功能齐全。下沉式空间有利于通风采光。

**一层：**餐厅和客厅相连，动线流畅。大开间方正客厅凸显尊贵的居家风范。南、北大庭院设计营造自然舒适的环境。

**二层：**双卧室朝南，南北双向采光，全屋通透。全阳台套间设计彰显尊贵的主人空间。

**三层：**南、北双露台设计，拥有 270° 超阔视野。主卧套间设有私家书房、衣帽间、浴室和大露台。

（装修建议图）

二层户型图

（装修建议图）

三层户型图

不计算建筑面积

（装修建议图）

地下一层户型图

（装修建议图）

一层户型图

# 宋韵极简美学的现代诠释

## 杭州阳光城·檀悦设计方案

开发商：阳光城集团股份有限公司 / 项目地址：杭州市钱江世纪城守信路与扬帆路交汇处
建筑设计：森拓设计机构 / 景观设计：山水比德集团 / 用地面积：31 721平方米 / 建筑面积：69 786平方米 / 容积率：2.20 / 绿地率：30%

杭州阳光城·檀悦继承宋代极简美学理念，以现代的设计手法提炼优雅灵动的流动线条、素雅凝练的东方色彩、富有韵律与节奏的立面构图，让现代时尚与宋代诗情相融合，宋韵今风，营造精致简约的景观、流畅轻巧的建筑，开启奥体核心区建筑美学新篇章。

## 区域定位

项目位于杭州未来新中心——奥体板块核心区，西临守信路，南临机场高速绿地，北临扬帆路，东临盈丰路。项目毗邻奥体中心，距离萧山区政府 4.3 千米，距离杭州市人民政府 10.2 千米；坐拥地铁 1 号线与 4 号线，周边汇聚优质的教育、医疗、商业配套。

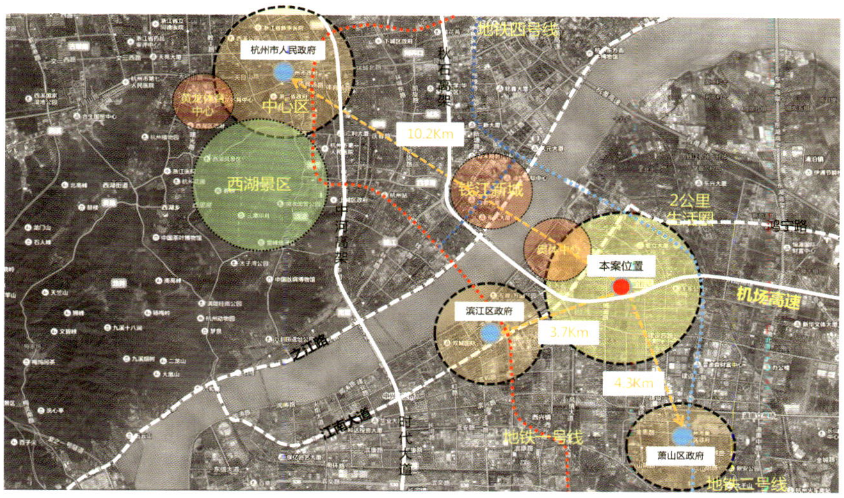


## 规划设计

项目由 8 栋 17 层的小高层组成，主力产品是建筑面积为 108-139 平方米的高端改善户型。

项目汲取宋代极简美学理念，提取宋代美学元素：宋椅之轻盈线条、宋瓷之纯净色彩、宋画之含蓄态度、宋词之婉约意境，以新材料与新工艺实现宋代极简美学的现代化表达。项目在规划上传承中式院落文化，在建筑形式上设计灵动活泼、自由现代的立面形象。围合中庭：建筑沿地块边线布局，围合出近 1 万平方米的中心庭院，结合突出的中央轴线，建筑空间主次分明。小区人行主入口采用酒店大堂式入口方式。

生活园景：小区建筑底层架空，既将外围景观引入建筑底层，又可以形成社交活动空间，使建筑富有生活气息。项目在继承传统园林艺术的基础上，在中心庭院中设置了 400 米的环形景观跑道，提倡健康生活方式。

阳光社区：相互错开的建筑以及通透的建筑形式，让人可以享受更多的阳光、更远的视距、更美的景观。

## 建筑设计

住宅建筑造型取法于山水自然，底部以深灰色的山石为基，上部强调水平线条，如行云流水。白色的横向铝合金线条糅合玻璃窗系统和幕墙立面，虚实结合，突出柔和的建筑曲线。立面通过大体量的直瀑式格栅与大面积留白，实现宋代极简美学的现代化表达。

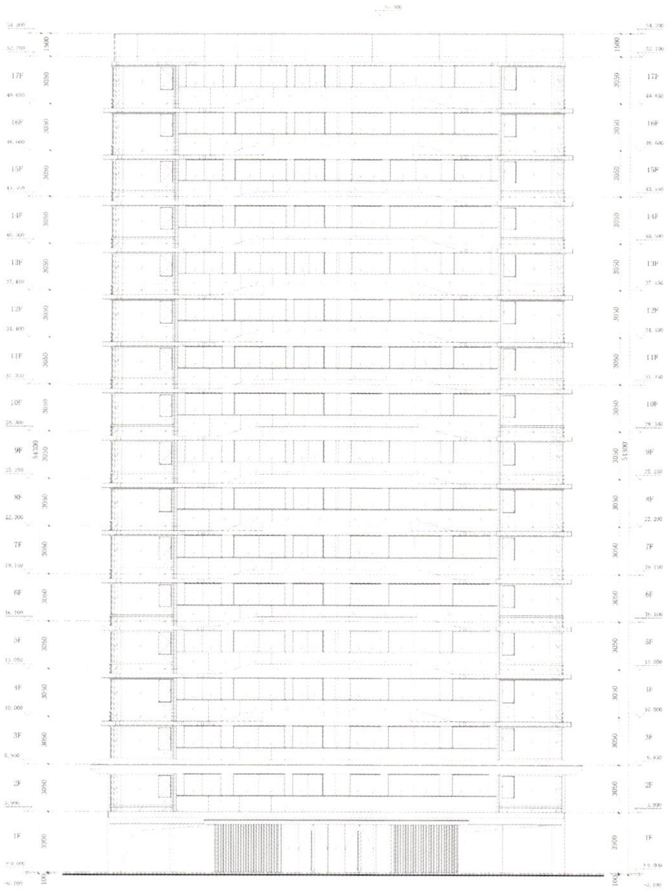

1-4 号楼南立面图

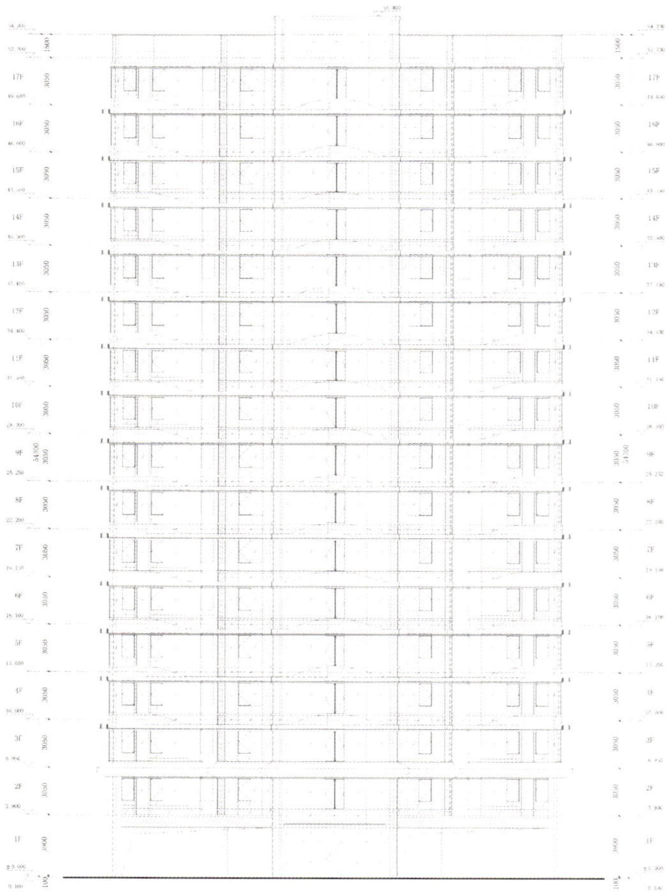

1-4 号楼北立面图

## 立面设计

建筑立面在追求简洁形体的前提下，对每个建筑细节都有极其严苛的要求。外立面采用石材与横向玻璃栏杆的组合，细部建筑构件以金属成品打造而成。标准化的构造与工厂化的施工是精品品质的有力保证。

优雅灵动的流动线条

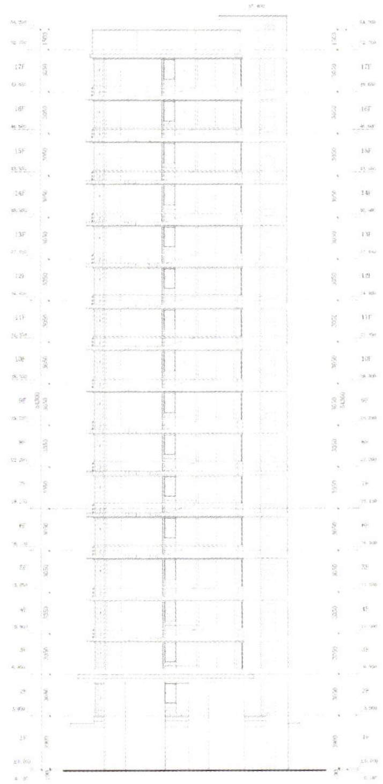

1-4 号楼东立面图

东方素雅色彩的凝练

富有韵律与节奏的立面构图

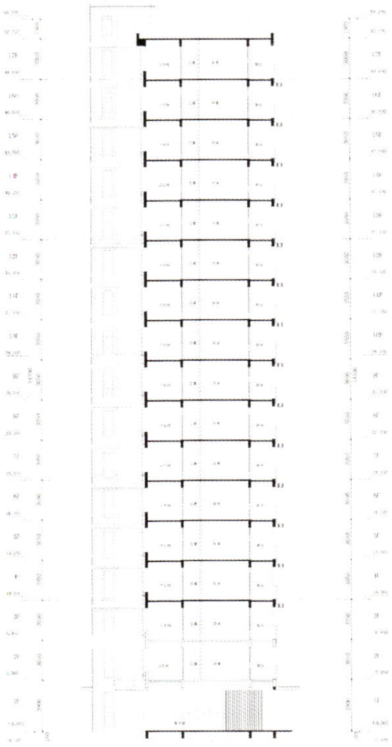

1-4 号楼 1-1 剖面图

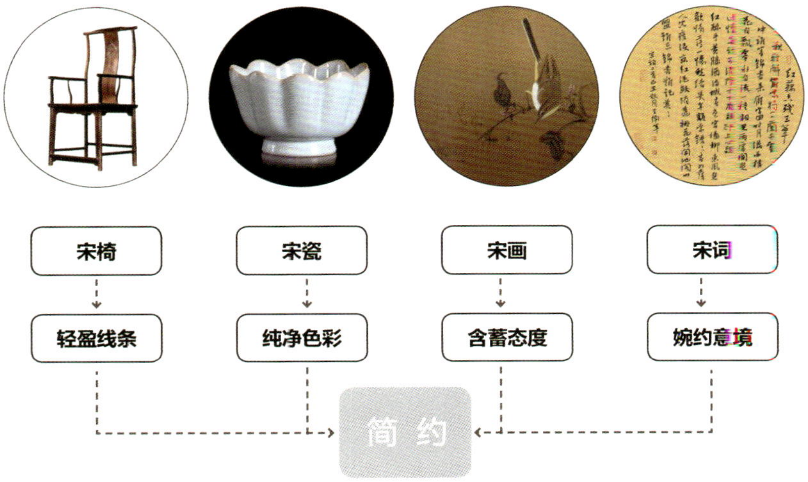


宋代美学元素提取

## 景观设计

项目的景观设计紧扣规划主题，以传统文化为根基，发展传统造园艺术，为住户创造出一个自然、生态且饱含文化意境的室外休闲空间。

项目以8栋高层住宅围合成前庭与内院，巧妙应用连廊、灰空间等设计手法，营造层次丰富的空间感受。设计以富有时尚感与科技感的材料重新诠释宋代美学，创造具有灵魂的环境。主入口以不锈钢、黄铜、亚克力和LED灯构建山形喷泉，重现宋代山水文脉。

中央大花园

### 入户体验

1. 人行 → 2. 园区入口 → 3. 前院空间 → 4. 大堂入口 → 5. 中央大花园 → 6. 单元入口

1. 车行 → 2. 感应入库 → 3. 地下室大堂

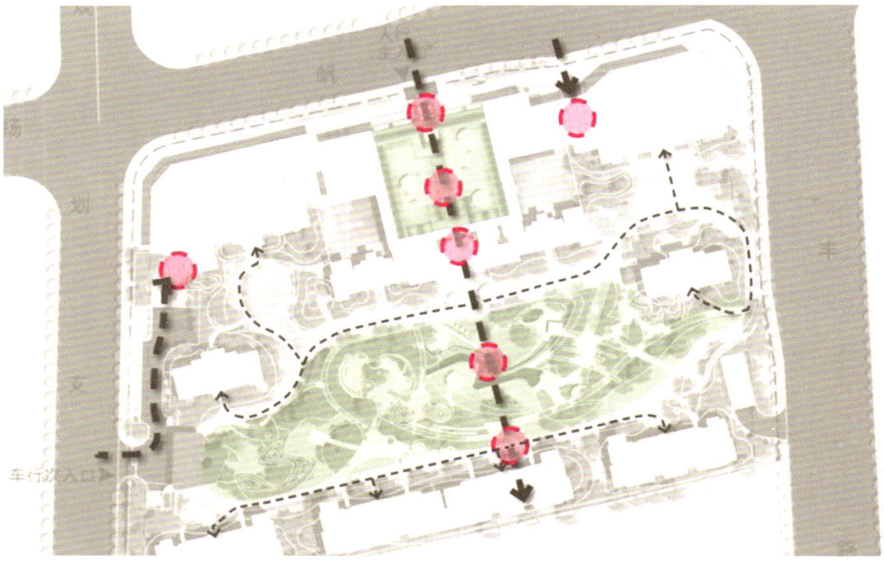

园区入口

大堂入口

前院空间

前院连廊

## 室内设计

B1 户型为 4 室 2 厅 2 卫的全明边套，建筑面积约 126 平方米，格局通透；以玄关门厅展现大户礼仪；南向三卧，舒朗开阔；主卧采用套房设计，宽敞舒适。

样板房采用简约雅致的现代设计风格，以米灰色的大理石，搭配高光木饰面与金属线条，体现精致低奢的品质。清浅柔和的配色，与清雅的材质相得益彰，营造出从容优雅的生活氛围。

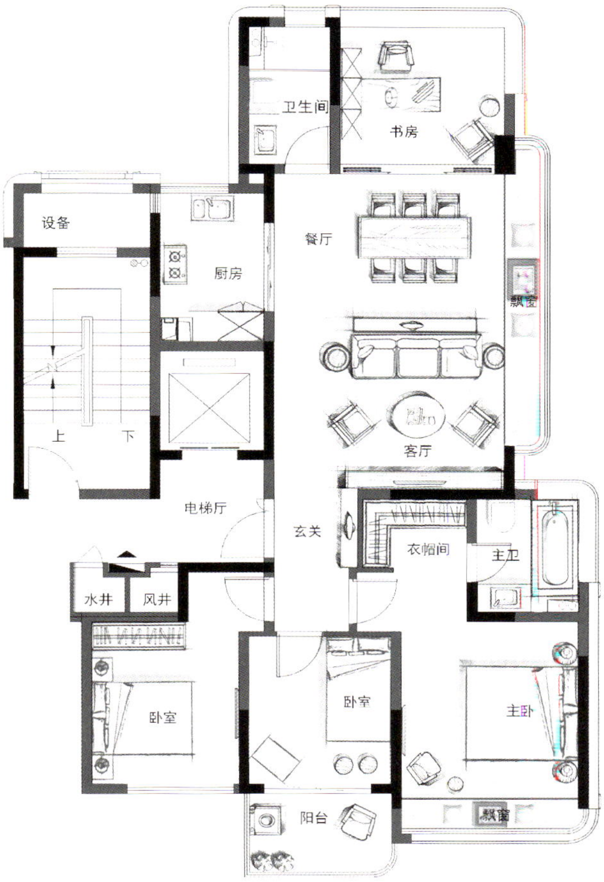


B1 户型图

# 东方礼序 大宅风范

## 淄博博山如园示范区设计方案

开发商：淄博泰和房地产开发有限责任公司 / 项目地址：淄博市博山区

设计单位：西迪国际/CDG国际设计机构 / 占地面积：105 131平方米 / 建筑面积：317 926平方米 / 容积率：2.39 / 绿地率：30%

淄博博山如园从东方文化的角度重新解读当代人居的价值核心，让生活回归文化本源。
项目以新中式建筑设计语言重现中国传统文化的礼序精髓，根据自然资源优势，
以“一轴、一脉、三院落”的院落格局呈现中华千年之传统建筑礼制，致力打造蕴含传统东方美学的现代中式景观大宅。

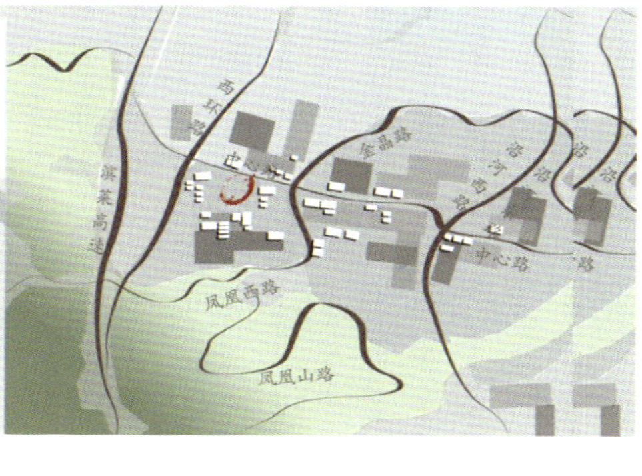


## 定位策略

淄博博山如园从东方文化的角度重新解读当代人居的价值核心，让生活回归文化本源。项目以新中式建筑设计语言重现中国传统文化的礼序精髓，根据自然资源优势，以“一轴、一脉、三院落”的院落格局呈现中华千年之传统建筑礼制，致力打造蕴含传统东方美学的现代中式景观大宅。

## 区位分析

淄博博山如园位于淄博市博山区，毗邻原山森林公园、姚家峪风景区和博山人民公园，景观资源丰富；南侧为集休闲、娱乐、购物于一体的易达广场，生活便利。

## 规划定位

始终深深植根并依附博山的宗地血统，择址状元府荣耀DNA的天赋宗地，打造礼承皇室圆明园的中式园区。尊重琉陶的人文历史并重塑资源，特聘国内营造中式园区经验厚足的专业团队，设计承运国风的园区形态；尊重土地的中式根骨并升级感观，万科国内首屈一指的建筑品牌，精研产品功能空间；尊重本土的改善需求并重写标准。

项目立足西城，厚积而发！直面博山老城东部的城居疲态，于生态臻境之上，繁华新核易达广场为密邻，填补博山高端家庭的生活需求空白。

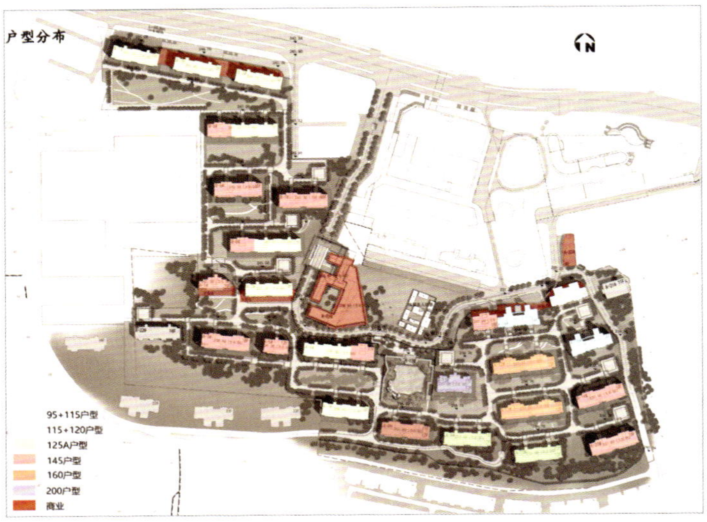


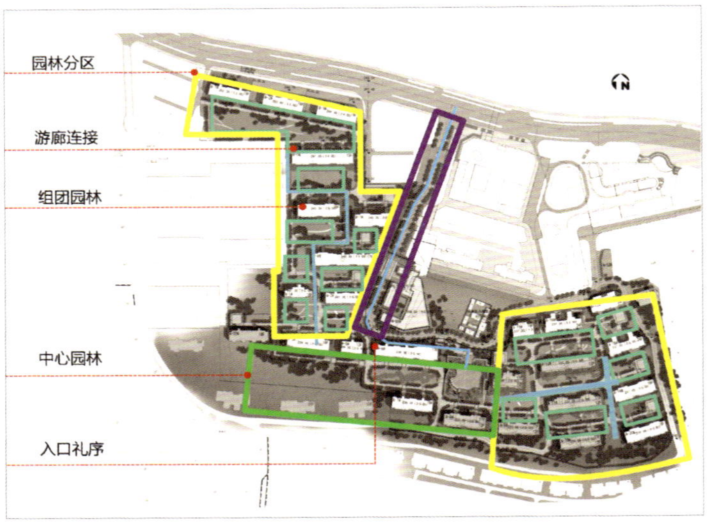


**在这繁华的都市，营造出一处静谧的身心归处，酌一杯暖茶，感受阳光，茶香，听风，闻雨，以雅客的姿态，观园林之意境，寻文人之精神，体会诗意生活之美好。**

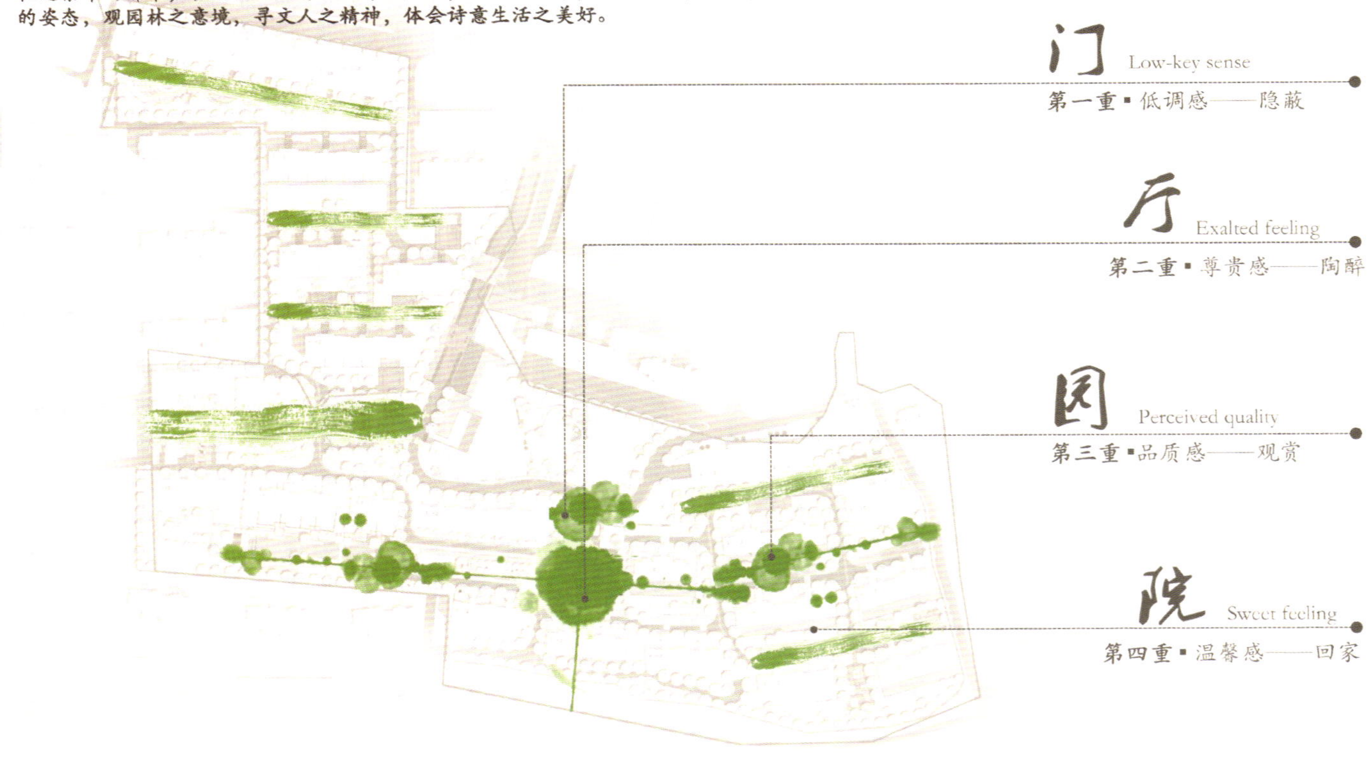

## 建筑设计

示范区采用了传统和现代相融合的方式，用现代玻璃幕墙、石材、金属铝板营造出中式院落的月洞门、木椽、歇山屋顶等传统元素，同时与传统灰砖的材质拼贴交织在一起，不显得冲突，反而有种时空的穿梭感与历史对话。大面积的水景给人以宁静静谧的享受，与倒映出的建筑镜像一同形成的浮光掠影，美不自胜。当冬季来临，水面枯竭，积雪和细石又会形成一幅枯山水的卷轴，可谓冬夏两相宜。

建筑的礼序表达

规划从北至南，从入园到入门，层层递进，依序而制，在建筑语言上凝练中国古典风韵，汲取圆明园如园灵感，尊崇传统礼序，布局分明和谐。

建筑造型以中式风格为形式肌理，采用传统中式建筑四坡屋顶形式，以高山仰止之姿融入如园生活的点滴之中。将古典三段式及现代体块穿插的造型手法相结合，强调建筑与景观的自然融合，秉承“建筑为型，文化为魂”的建筑理念，营造端庄丰华的居住氛围。

博山万科如园承东方礼序，启大宅风范，依博山之灵、礼仪之所，从东方文化的角度重新解读当代人居的价值核心，让生活重新“返璞归真”。在回归东方礼序的同时，以“礼”制，回归人本主义的价值理念。

**场地剖面**

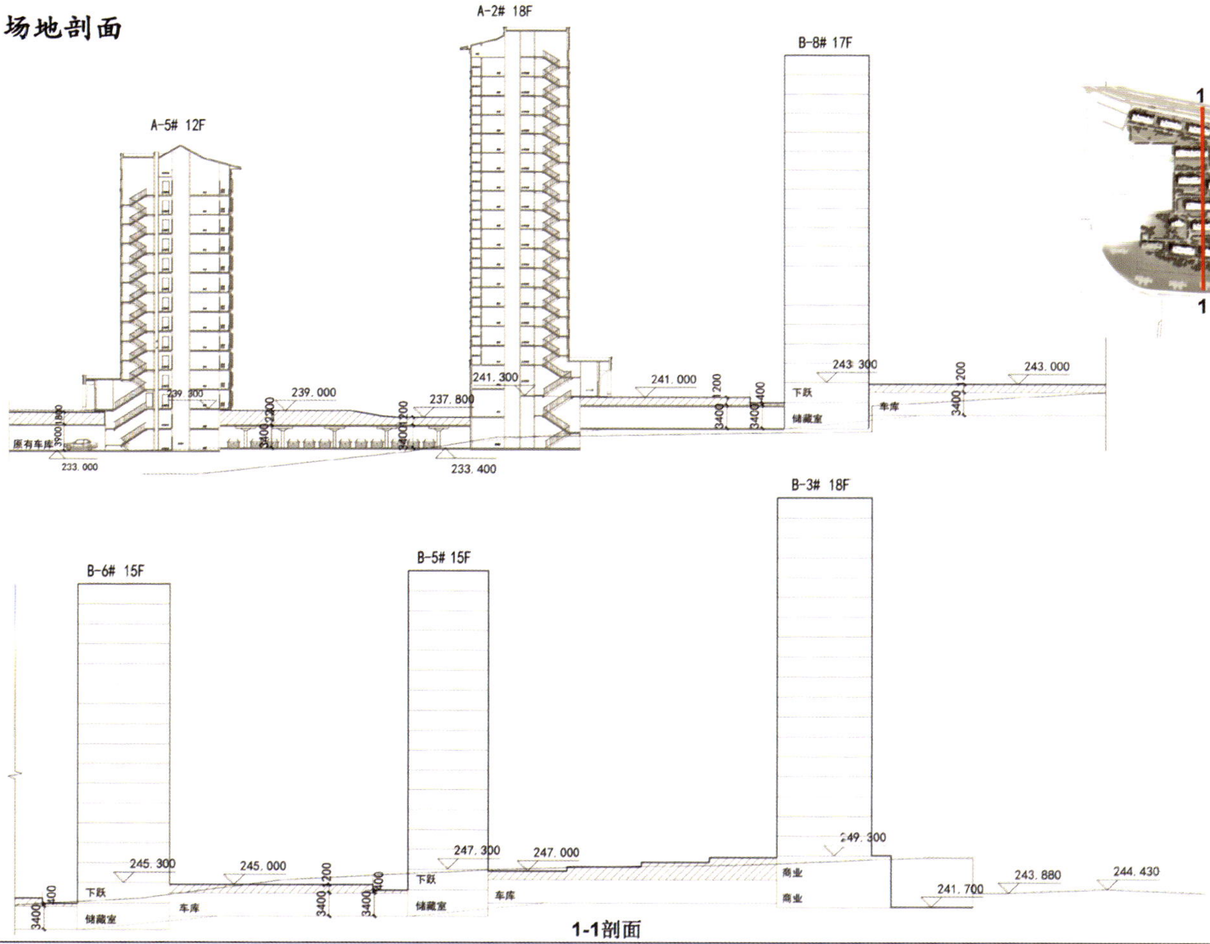


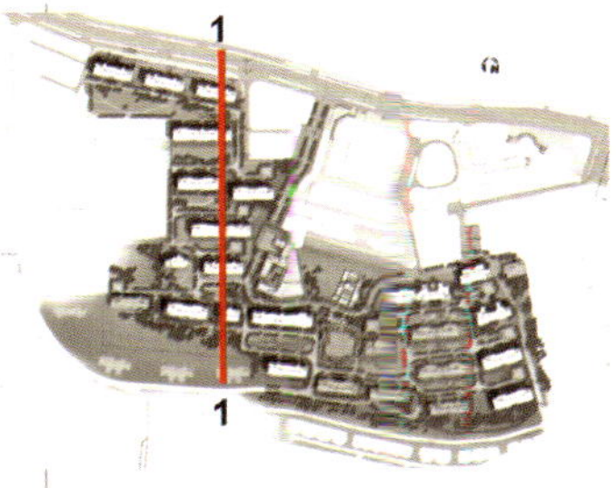


1-1剖面

## 景观设计

作为整个园林的缩影，示范区再现了东方世家的归家仪式。“清风厚德”“福禄堂”“壶天雅趣”三重不同尺度的院落，完成了从公共空间到私密空间的过渡，一进一重礼，彰显高门府邸的礼序之道，呈现写意的中式园林意境。

“清风厚德”融合了东方园林自然与人文之美，采用景墙和迎宾拴马桩等中式元素，增强园林景观的层次感，营造安静、沉稳的园林空间。“福禄堂”巧妙地运用框景月亮门、漏窗、静水池和点景孤植，让建筑与环境高度融合。“壶天雅趣”在空间上既相互连通又各成独立天地。景墙设计以《千里江山图》作为蓝本，融合中国园林诗情画意的特性，将自然景象升华为山水画，表现了悠远的意境。

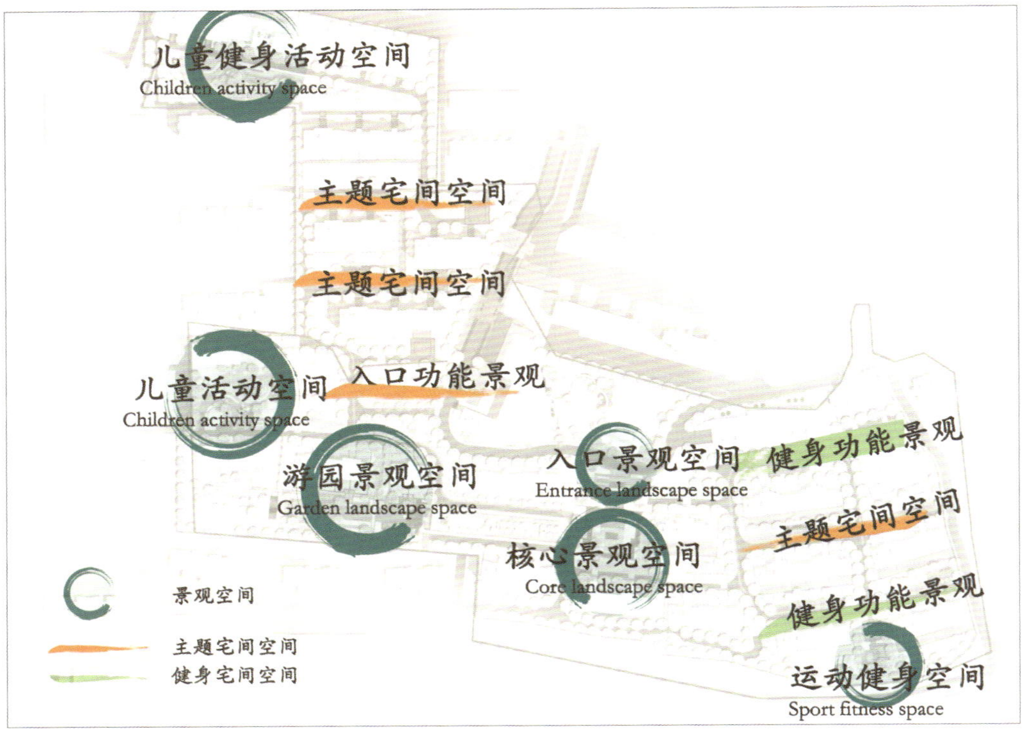


一进院

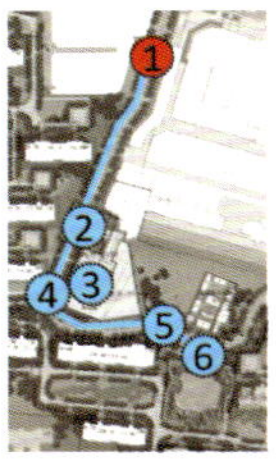

二进院

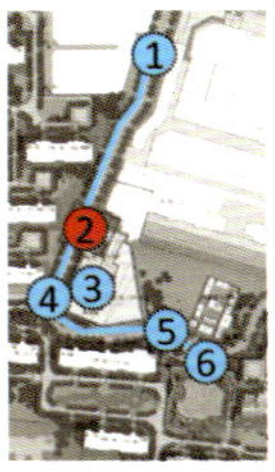

## 户型设计

P1 户型的建筑面积约 145 平方米，为 4 室 2 厅 2 卫。户型方正，尺度适宜，功能齐全。南向双阳台分别满足观景和家政需求，让生活张弛有度、舒适惬意。四间卧室可以最大限度地满足家庭的居住需求。主卧套房设有转角飘窗、独立卫浴和衣帽间，凸显尊贵、私密的居住体验。

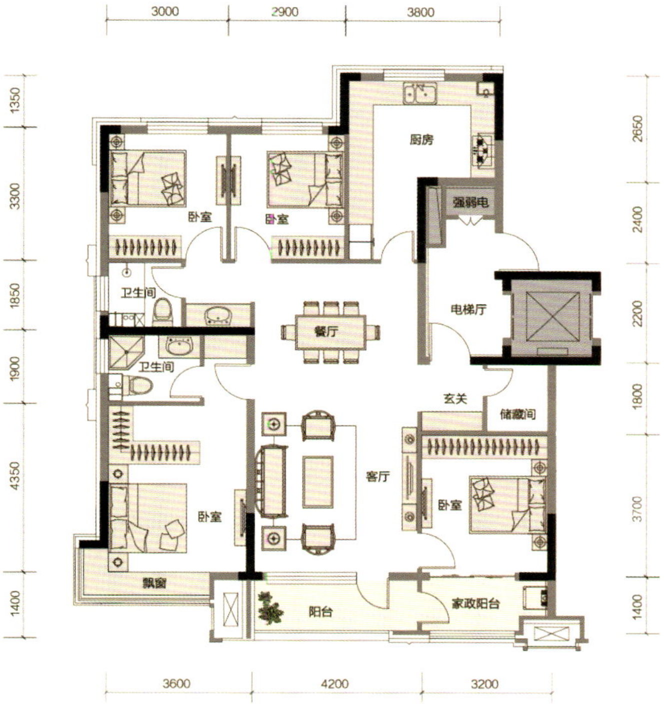


P1 户型图

# 以极简主义承越地之性灵

## 绍兴檀院设计方案

开发商：招商蛇口、上海阳光城 / 项目地址：绍兴市柯桥区柯岩大道与高尔夫路交叉口
景观设计：山水比德 / 用地面积：127 320 平方米 / 建筑面积：283 750.7平方米 / 容积率：1.1−1.3 / 绿地率：30%

檀院是越地文化在当代的自然呈现，以现代的极简主义诠释越地性灵文化之“雅”，
深而突的进深，简洁的外形，明暗相衬的色彩，淡墨山水画般的意境，
让传统审美意境与现代生活方式、绍兴文化与个性诉求相结合，赋予了项目独一无二的气质。

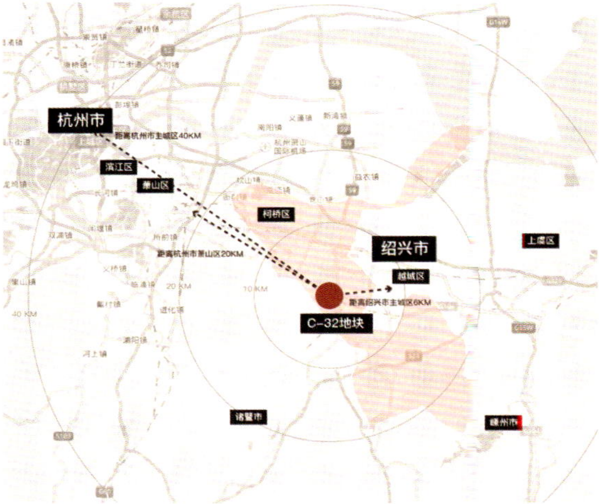


## 区位分析

檀院位于绍兴市柯桥区，柯桥区紧邻绍兴市中心及杭州萧山区，是绍兴连接杭州的城市通道，地理位置优越。项目基地毗邻4A级柯岩风景区和鉴湖—柯岩旅游度假区，坐享得天独厚的湿地景观资源，同时毗邻万达广场、银泰百货、世贸中心三大高端商圈，生活便利。

绍兴是一个文化底蕴浓厚的江南水乡，檀院的设计根植于绍兴的自然特点和历史文化，结合现代极简的美学理念，以素白淡雅的现代民居表达清秀灵动的地域人文。整体的设计是克制内敛的，在空间上以中正对称的礼序格局为主，在色彩上以黑、白、灰为主调，搭配不同的材质，糅合光影的变化，营造优雅细致、淡而有味的空间感受。

## 定位策略

檀院拥有核心土地的优越资源，以传承院落文化与现代文明为使命，以超越时代的设计追求，匠心筑造显赫世家的传世宅邸，建立绍兴最成熟的高端别墅区。

## 规划设计

檀院延续绍兴的千年古城脉络，以“两园、五街、六巷、八坊”的格局打造出意境悠扬、曲折轮回、礼仪尊贵的院墅空间。合院用传统的院落围合手法结合新时代建筑灰空间及现代景观概念，打造新型社区关系，满足居住舒适性及情感诉求。

“园”

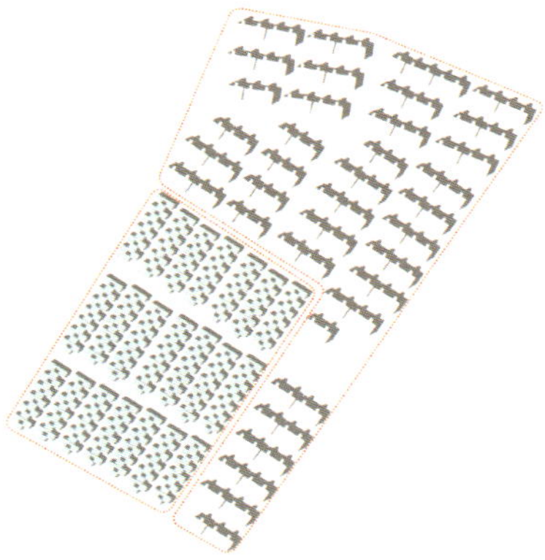

“街”

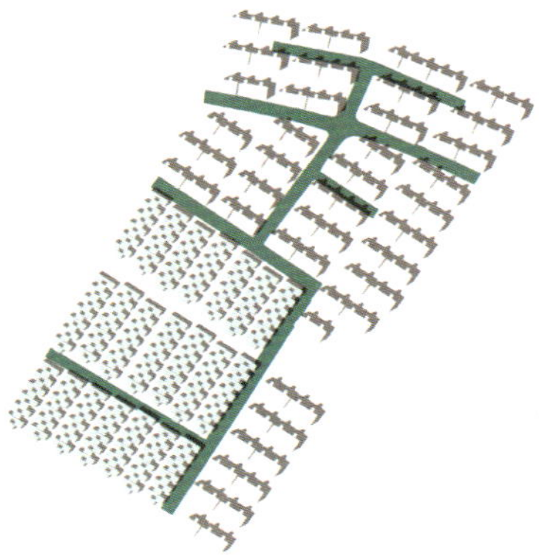

“巷”

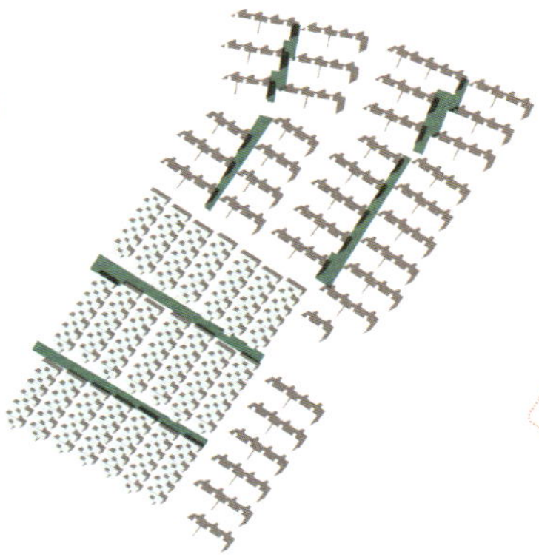

“坊”

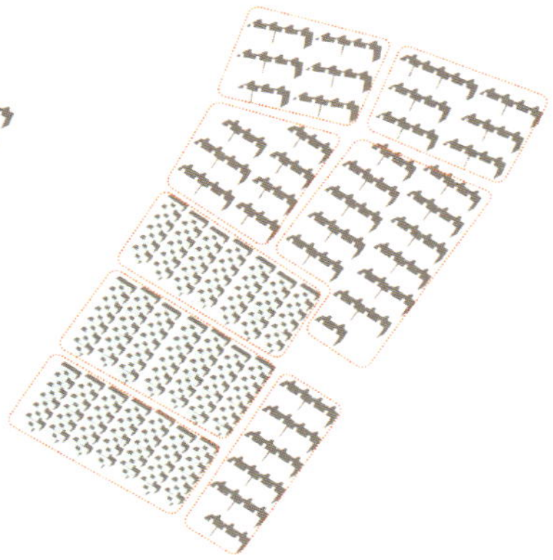

**合院**
静雅园——郊园多野趣，宅院贵清新。
**叠拼**
怡然园——怡情自然，寄情明月。

**五街**
结合消防，弱化硬质铺装，打造幽然静街。

**六巷**
曲径通幽，庭院深深，以“深巷”联通住宅。

**八坊**
园为基，街为骨，巷为气，坊为神。

### 亲切近人、丰富的街巷尺度

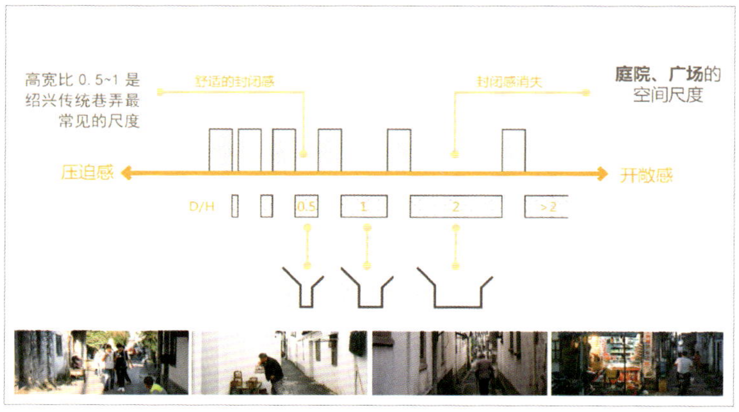


### 师法自然 有法而无定式，无所为而为

### 建筑围合出内向性的院子 透射出绍兴人内敛含蓄的生活哲学

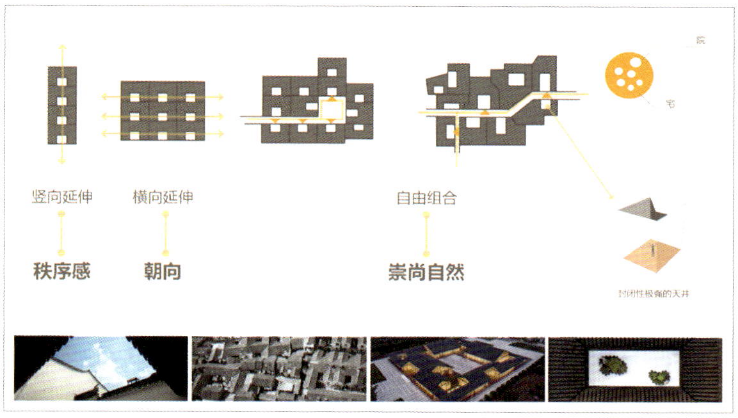

## 建筑设计

檀院从绍兴传统院落建筑中汲取灵感，在不改变基本制式及比例的条件下，通过现代设计表达手法向绍兴传统的历史人文致敬。建筑以绍兴古建筑特有的黑、白作为主色，简约而精致，既清雅高远又端庄肃穆，反映了绍兴踏实、淳厚、温润的地域人文特质。

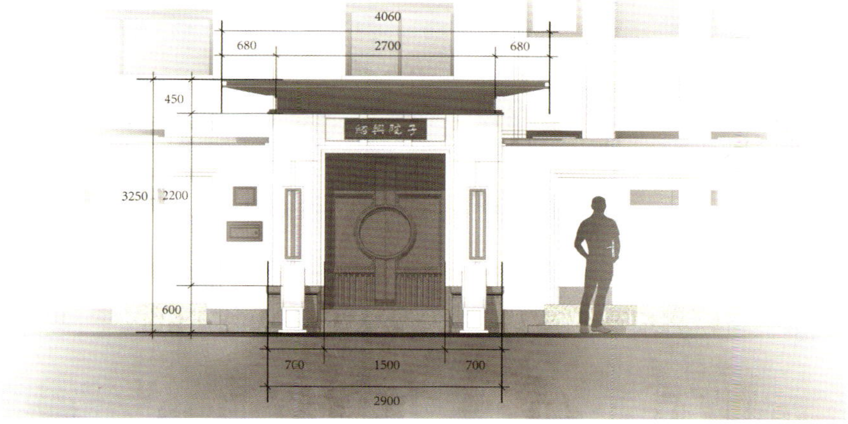

绍兴传统台门制式

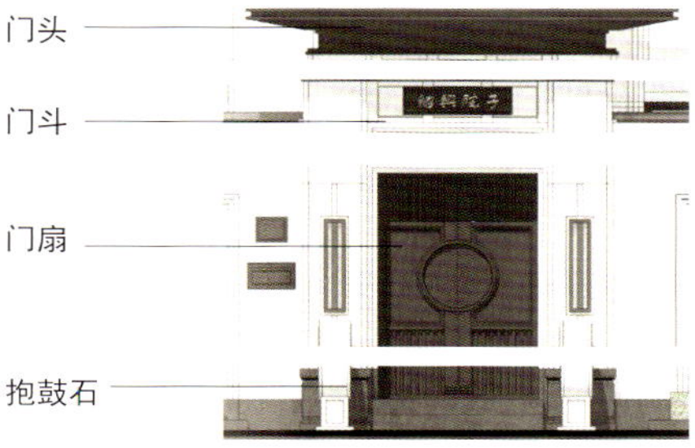


项目中入户门的制式

### 形体生成逻辑

## 景观设计

项目的设计思考如何回应场地本身，如何保证受众所想正是设计所想，如何考虑时间这个介质，如何完成传统展示区从功能至上、装饰主义到精神重塑的蜕变。设计师对传统文化独特的解读赋予了项目独一无二的气质。

主入口空间：一改传统对正布局，转而采用更加纯粹的建筑语汇和手法，通过光影及高对比材质的组合，利用有限的进深空间塑造出别有韵味的半室内空间。弧形墙面与立柱的呼应、顶部星光灯的点缀、门扉半开迎客的文儒气息、巨石雕塑与大理石面的对比、卷起的墙面翘角等，都试图给人一种与众不同的光影空间体验。随着时间的变化，墙面与天井的光照通过涌泉水景的反射也会呈现各种戏剧化效果。

前庭空间：在方正的建筑所围合的空间内加入不对称的构成元素，在保证礼制的前提下让空间不至于显得过分严肃。一棵树、一方石，皆成景。水景分为动、静两部分，入口小水面跌水哗哗有声，主步道两侧大水面又静若处子，最大限度地放大整体空间。人行水上而影映其中。

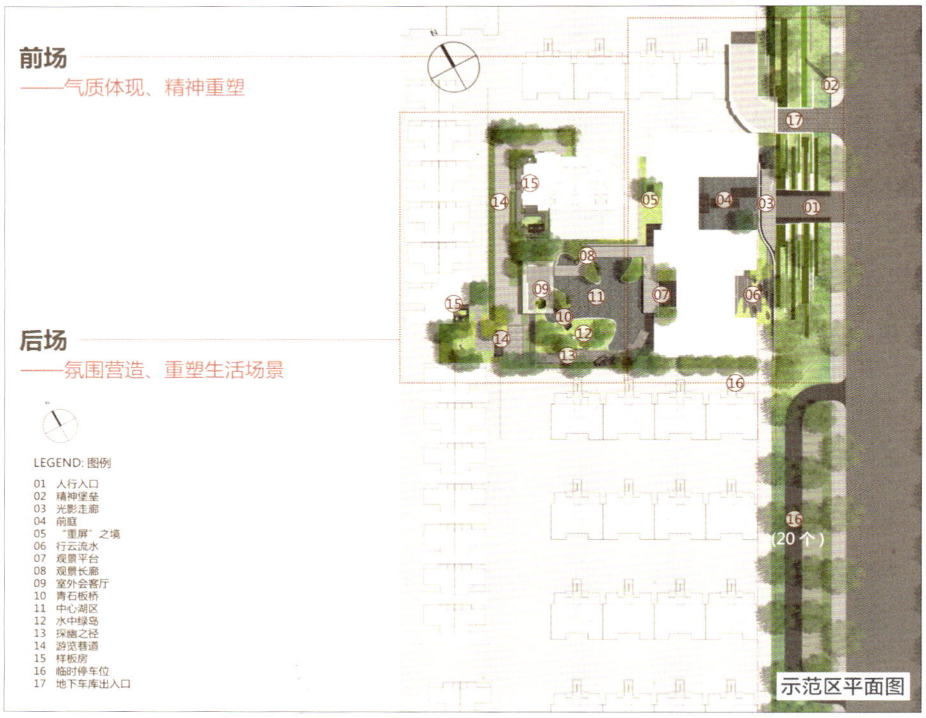

示范区平面图

后场空间：作为还原未来生活场景的场所，整个空间采用自由式布局，长廊、茶亭、碎石、绿岛以及自然水面，均围绕自然主题，巧妙地借用墙外山景，与水岸的自然景观相得益彰。奇松巨石借用建筑空间的对称，将景墙延伸穿插，形成高低层次的进深空间。奇松半露，巨石横卧，此水虽枯神未枯。这样的景观是微妙的，给人想象的空间。

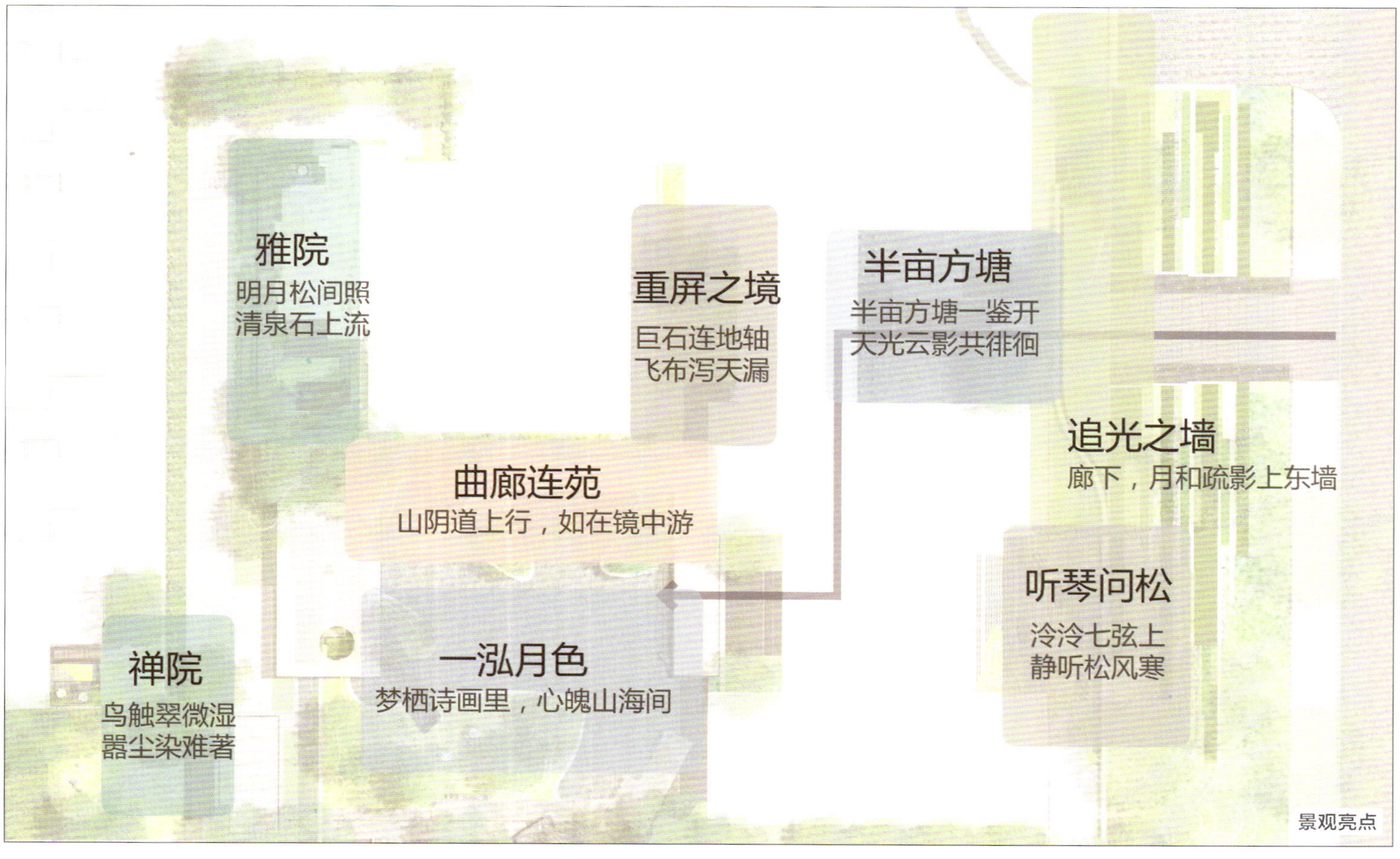

景观亮点

## 合院产品

每户以独门独院的产品形态存在，在保障私密性的同时，让人尽享清雅与尊崇。卧室全套房设计，功能布局充分利用每一寸空间，动静分离。下沉式庭院保障了地下室的充足采光，让人在书房与会客厅中均可享受和煦阳光。

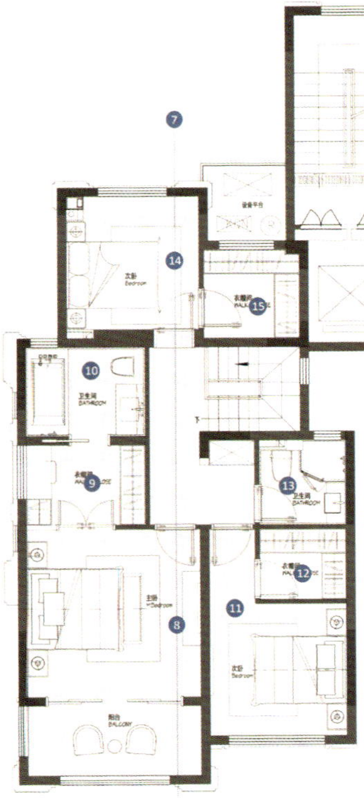

二层户型图

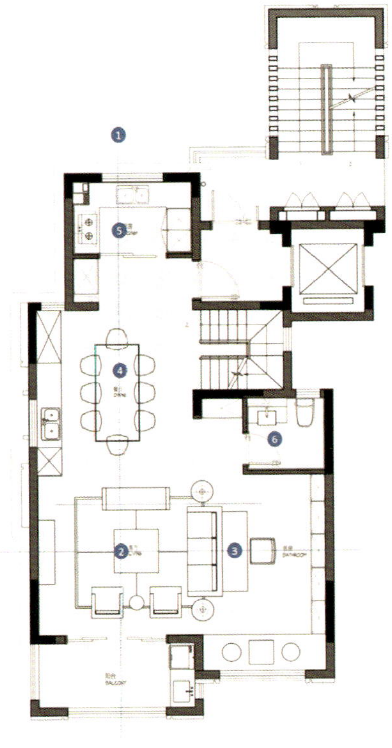

一层户型图

# 精致人文院墅

## 上海路劲佘山院子设计方案

开发商：路劲地产 / 上海市松江区崇南公路599弄

建筑设计：上海拓观建筑设计机构 / 用地面积：37 336.5平方米 / 建筑面积：76 369.92平方米 / 容积率：1.50 / 绿地率：35%

佘山院子位于上海佘山新城的核心区，自然环境优美，配套高端完善。
项目以现代轻奢的新亚洲风格打造建筑与景观融为一体的高端人文墅区。传统的中式住宅通过现代语言，呈现出独特的空间韵味，建筑形态清秀简洁、层次丰富，园林景观曲折有致、步移景异。

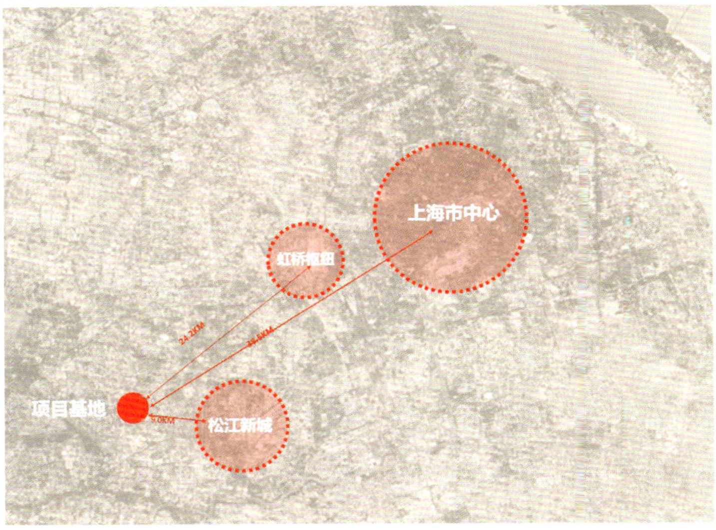


## 项目概况

上海路劲佘山院子位于拥有6000余年历史的上海之源——佘山新城板块，毗邻佘山国家旅游度假区，周边搭配高端住宅和大型商业配套。

项目的产品包括70-89平方米的公寓以及121-142平方米的院墅，皆以宽厅、宽卧、宽阳台的结构为设计规划，从室内的任何角度都可以看得到美丽的社区园林。

项目将海派文化融合区域独有的人文气质，以经典的新亚洲设计风格，打造出充满文化内涵的“精致院墅”空间。

# 全区设计

项目建筑风格既传承了中式院落的情结，又融合了现代简约明快的设计，并从传统园林的造园格局中提取出“三院四巷五庭”的空间构架，体现对传统园林的传承与思考。项目的设计糅合了露天游泳池和堆景造型，并在尺度、空间围合上精雕细琢，从而勾勒出诗意般的生活画卷。

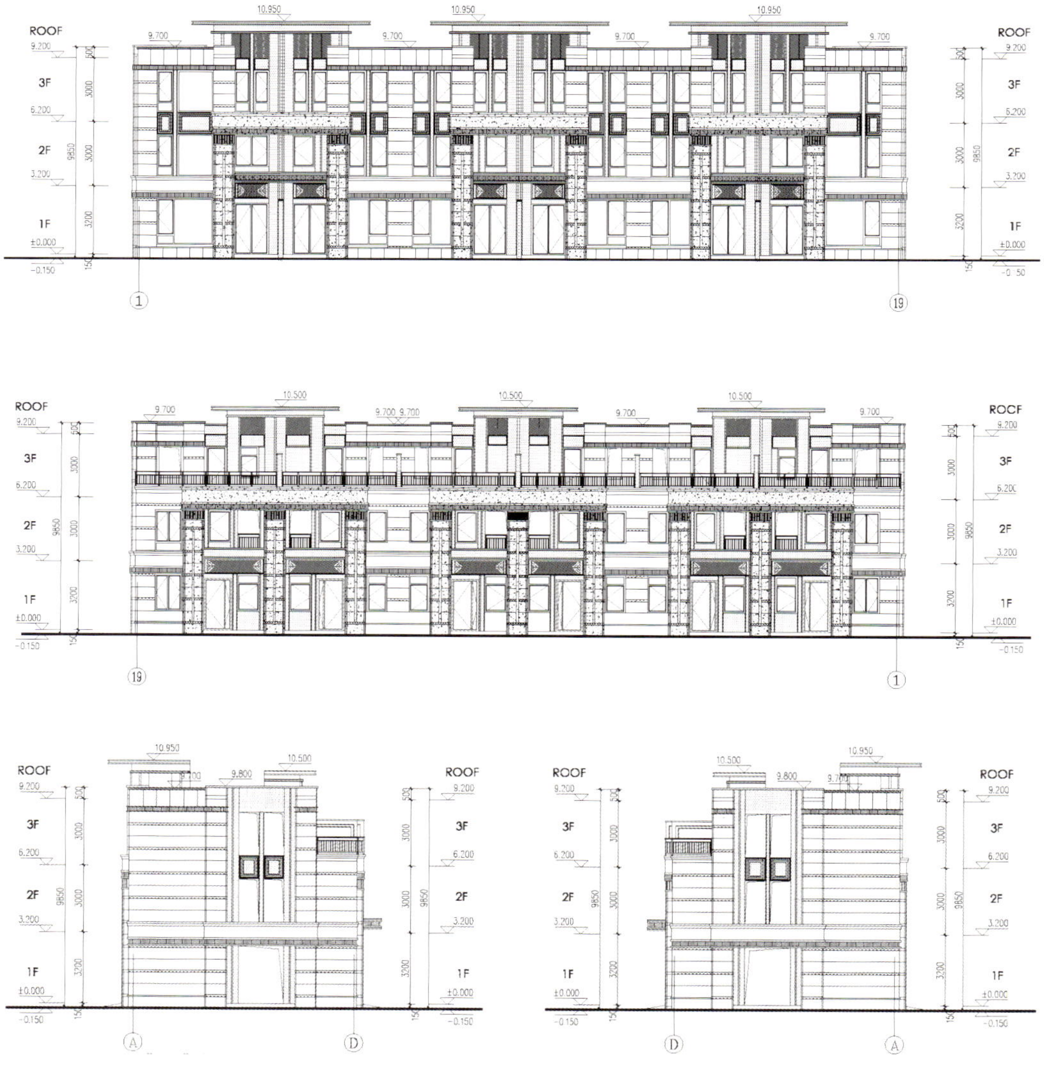

别墅立面图

## 建筑设计

售楼部以“水境”的概念，化繁为简，利用材料之间的虚实关系，灵动又不失大气。主入口的中式木色百叶细腻灵动，搭配高透玻璃幕墙内饰，塑造出精巧细密的光影效果。后区建筑采用全玻璃幕墙设计作为背景，在不大的场地中，柔化建筑与景观的关系，突出强化样板房形象入口，虚实材料之间的对比，仿佛穿梭时空。

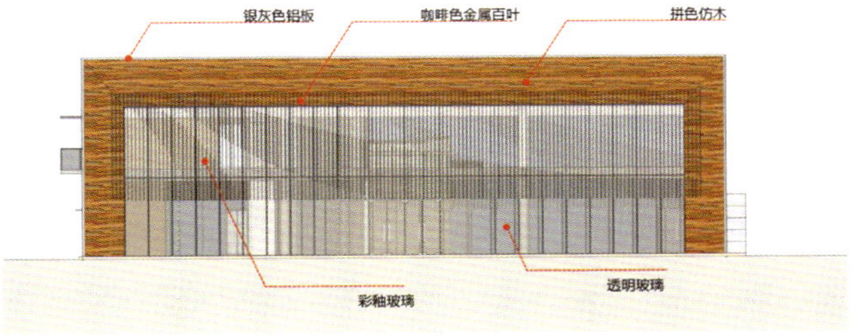


东立面图

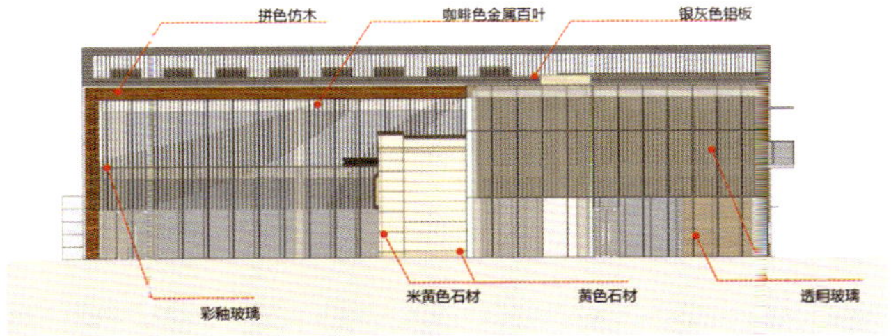


西立面图

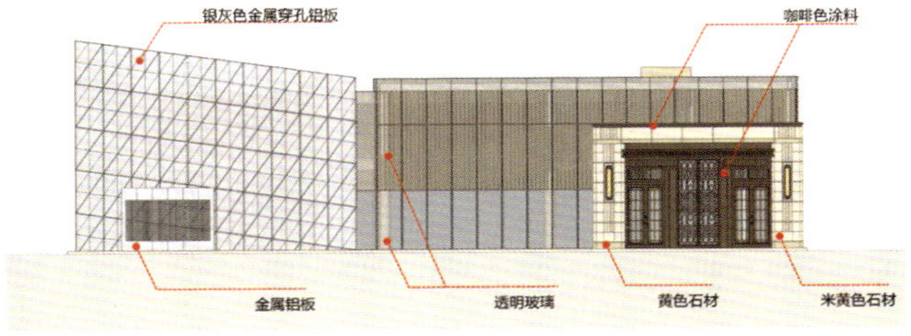


北立面图

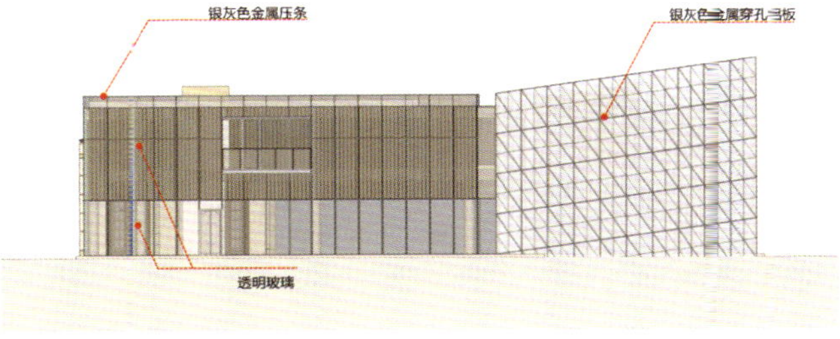


南立面图

## 景观设计

现代主义的简约风格与传统院落的空间架构、平面布局完美结合，既保有院落良好的私密性，又兼有后现代的通透视线。

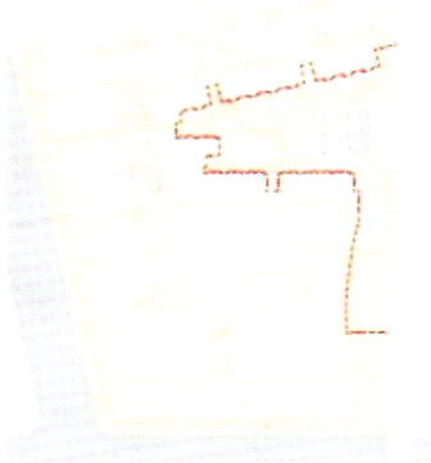

KEYPLAN

图例
- 01 展示广场
- 02 水中漫步道
- 03 水上吧台
- 04 水景花园
- 05 泳池
- 06 休憩平台
- 07 雕塑花园
- 08 叠墅样板房入口
- 09 参观步道
- 10 高层样板房入口
- 11 地下车库出入口
- 12 地面停车场

范围线
施工围挡

效果图

## 产品设计

中间套样板房将 Dior 品牌“真我系列”和 2016 年“裸色系”相结合，让极简现代和浪漫法式融为一体，诠释简练而不失优雅的现代法式风格。设计者在现代、简约、利落的空间中巧妙地置入充满法式浪漫的元素，或在优雅的法式氛围搭配现代设计语汇，营造出极致的视觉张力及空间感受，彰显出居住者独到的审美与气度。

客餐厅硬装材料说明

主卧室硬装材料说明

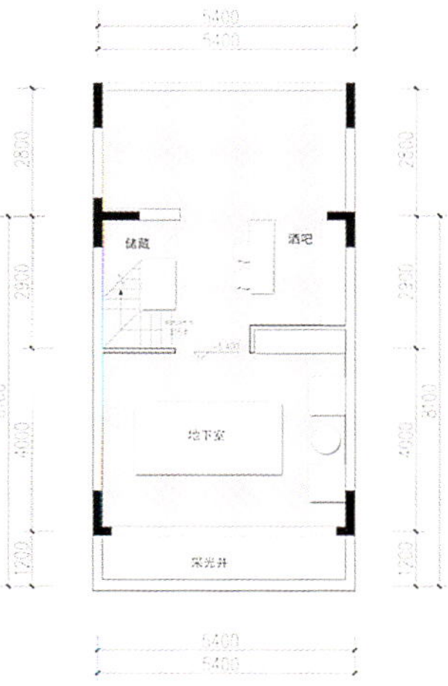


地下层平面图

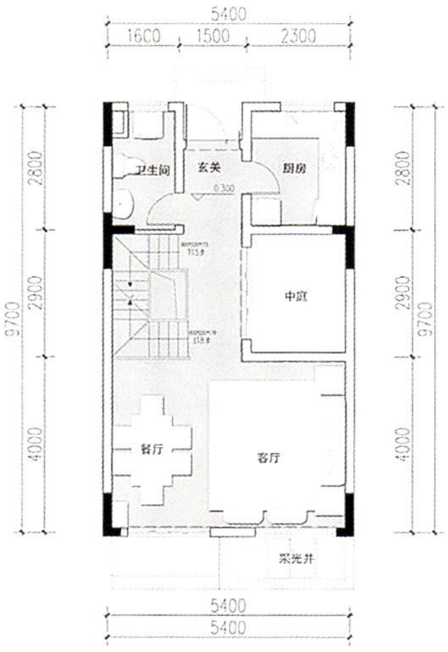


一层平面图

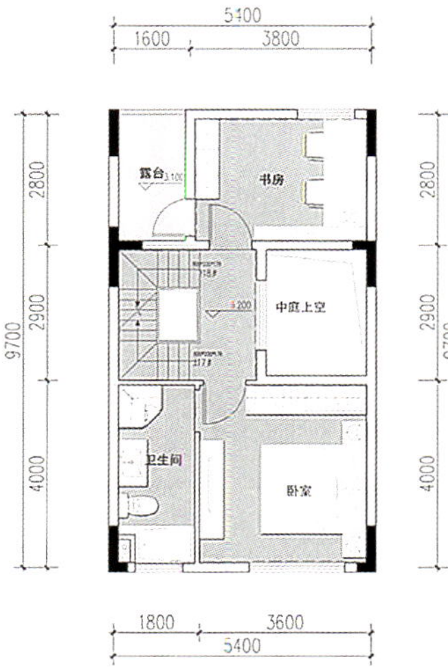


二层平面图

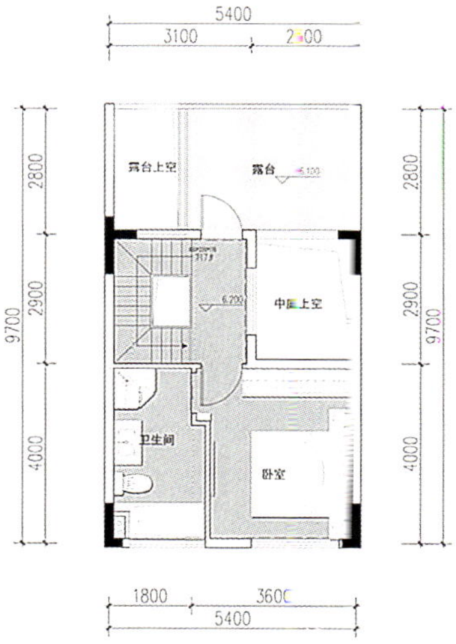


三层平面图

# 尊贵仪式空间 岭南工业风情

## 广州华发广钢中央公园设计方案

开发商：广州华宁房地产开发有限公司 / 项目地址：荔湾芳村鹤洞路以南，芳村大道南以西
建筑设计：成WATG/深圳市华汇设计有限公司 / 景观设计：普利斯设计咨询（上海）有限公司 / 占地面积：46 725平方米 / 建筑面积：35 3137平方米 / 容积率：4.8 / 绿地率：35%

广州华发广钢中央公园规划基于花地生态城的整体空间、交通、滨水景观格局，同时依据广钢新城的功能布局要求，重点结合广钢地块工业遗产保护与利用以及周边城中村的基地特点，突出工业文化和岭南文化，提出广钢新城“两轴、五片、多廊道多节点”的规划结构。

## 区位分析

广钢新城位于荔湾芳村区，同时也处于广佛同城的核心区域，西至花地大道南，北临白鹅潭商圈，东与广纸新城望江相隔。与珠江新城的商业定位不同，广钢新城将打造成为 20 万人口居住的宜居之城。

广州华发广钢中央公园无缝连接广州其他区域，经鹤动桥，洲头咀隧道，珠江隧道都可以快速连接内环路，直达其他区域。地铁 1 号线，广佛线直连广州荔湾，越秀，海珠，天河商圈及佛山千灯湖商圈，出行购物 10-15 分钟就可以满足，未来广钢有 4 条地铁线路，3 条有轨电车，2 条水上巴士，8 处过江设施以及 3 个交通中心。

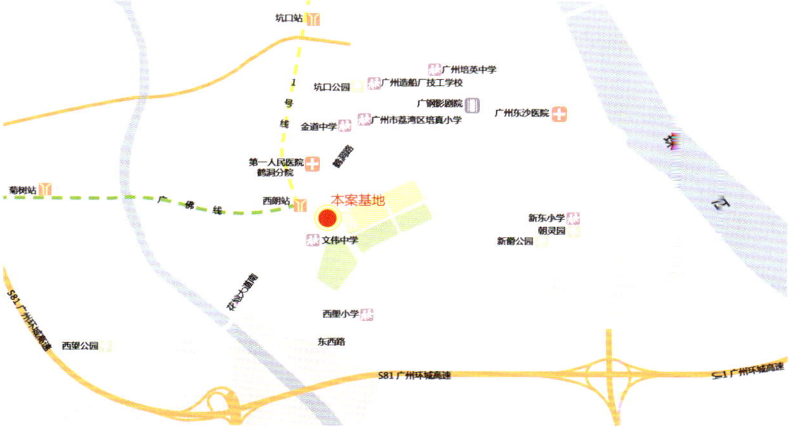

## 项目布局

吸取并借鉴了法式古典园林特点，强调空间的等级与秩序，营造出多层次的空间体验，让住户从社区到入户过程体验到不同层级的认可感以及归属感。

“双公园”设计，结合地块南边的广钢之路中央公园和在地块的中央布置“中心庭院”，使得地块东南部的住宅具有“双公园”景观优势。

注重建筑群体组合关系，强调城市建筑整体形象与个性特征。筑体量点板结合，高低错落。半围合和院落式方正布局，空间层次丰富，轴线关系明确，创造人性化的居住空间。

多产品设计，为不同层次的消费者提供多方面的选择。

## 建筑设计

华发中央公园，精研品质细节，以居住舒适为标准，量身打造居家空间。从真石漆涂层外墙到全进口三菱电梯，赋予建筑更多层次感的同时，彰显贵族般的高品质享受。

此外，项目设置全通风采光过道、软水净水三重过滤系统等，给予居住者无微不至的关怀。

沿街效果图

大门效果图

户型分布图

商业北立面图

商业东立面图

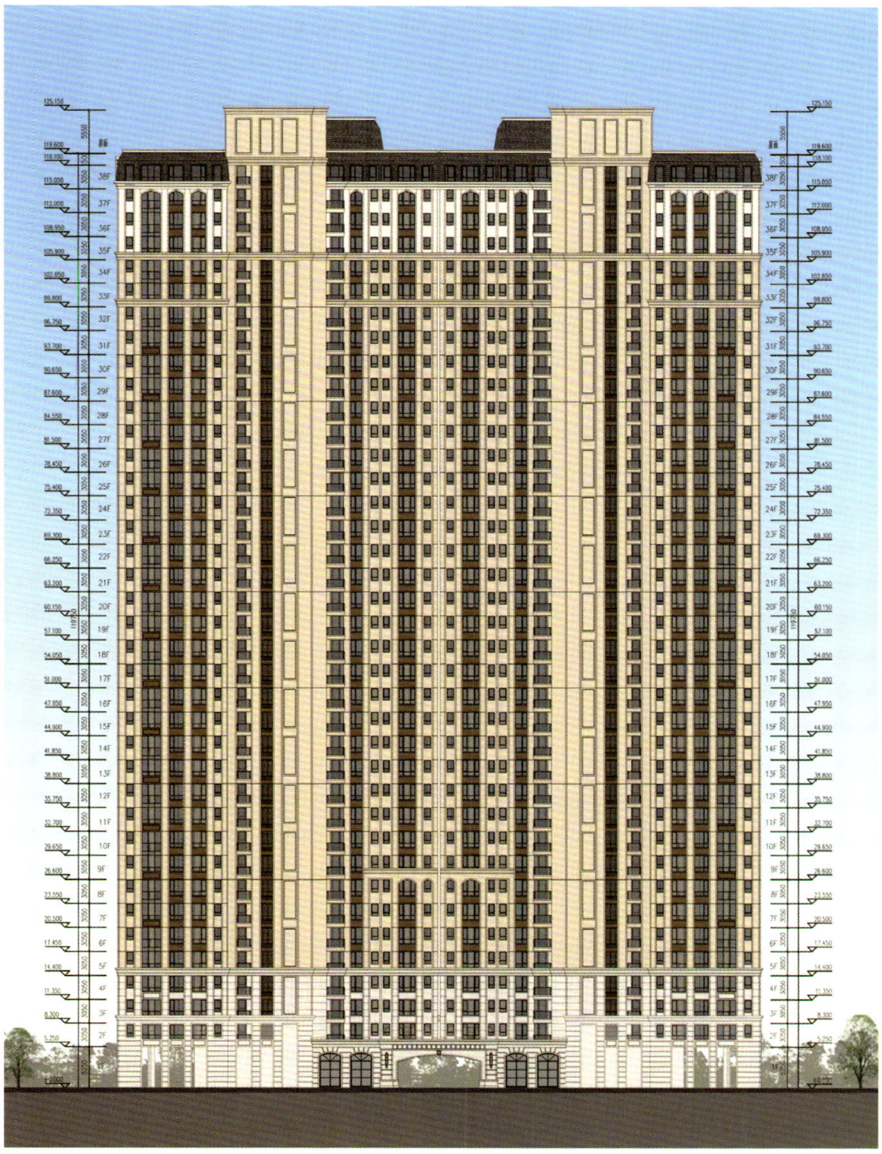

1T3 北立面图

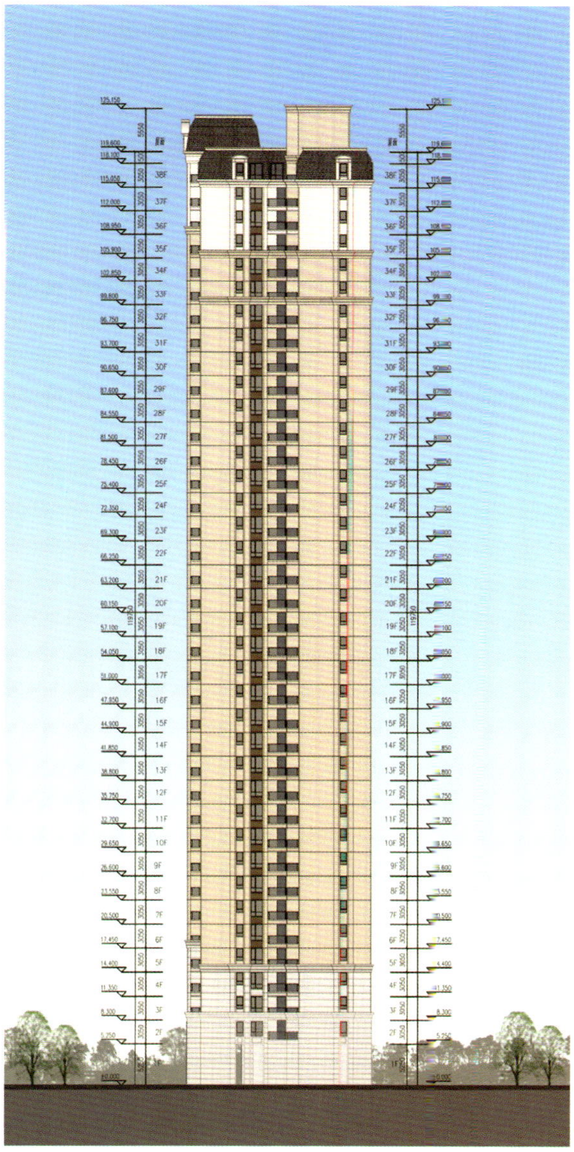

1T3 东立面图

## 景观设计

华发中央公园，结合周边的自然环境，以“让萤火虫飞进中央公园”为设计主题，打造出了一片融合新古典与自然气息的住宅社区。遵循古典园林的秩序，形成多重有序景观空间，永恒的空间设计感体现中西结合文化及内涵，形成高端的生活体验。

古典主义的设计风格主要体现在对轴线、对称式景观元素的运用及仪式感的氛围营造上。无论是连接入口的凤凰林荫木大道，序列涌泉及迎宾水景，或是步道两侧的景墙，都将对称美展现得淋漓尽致。迎宾水景中叠水与涌泉交融，层次鲜明，错落有致。它们在营造仪式感的同时又为项目地增添了几分动感。此外，景墙上星星点点的LED星星灯也是本项目的亮点之一。星星灯模拟萤火虫，华灯初上时，“萤火虫”翩翩飞入绿植环绕的住宅区，正切合了本项目“让萤火虫飞进中央公园”的设计主题。

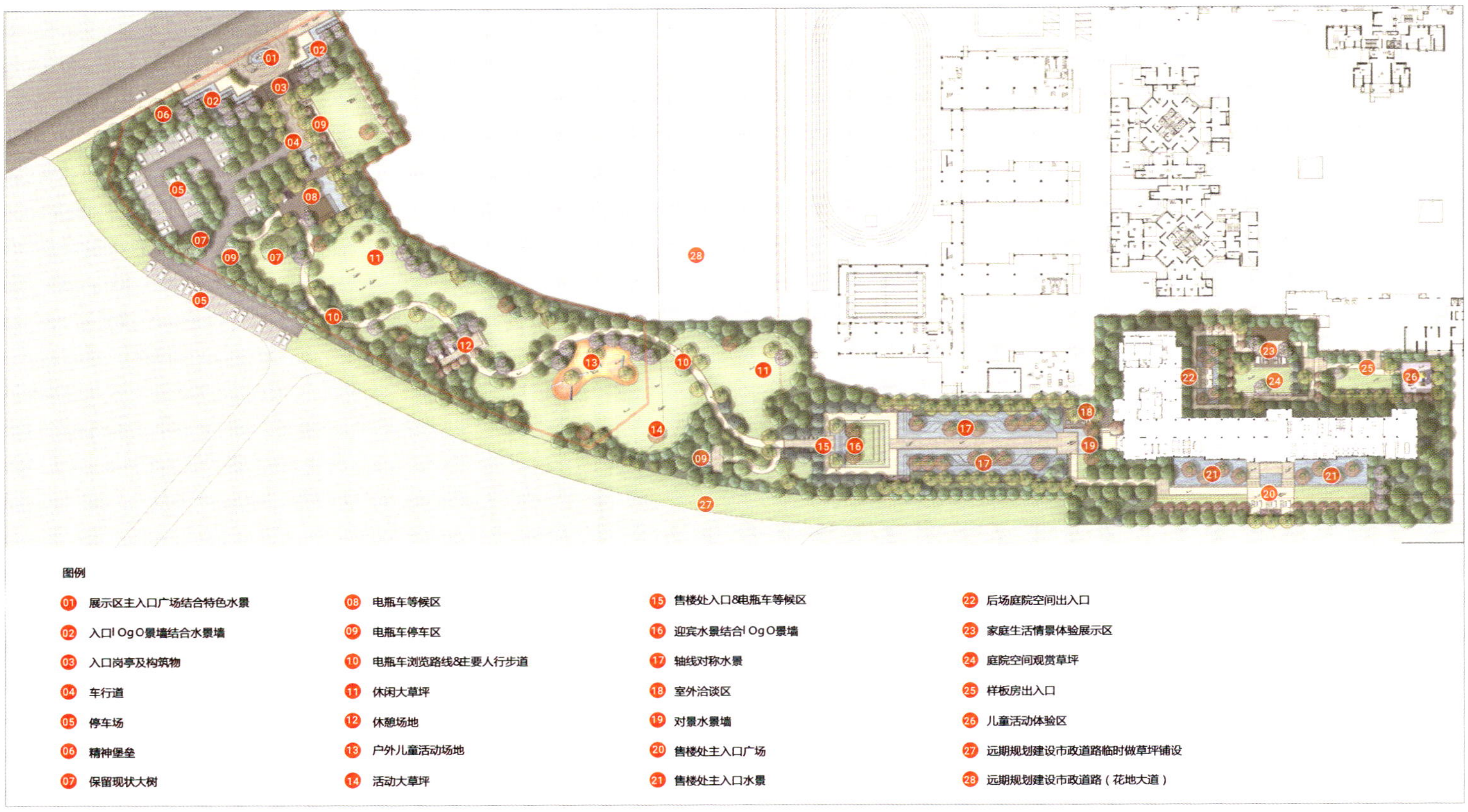

## 室内设计

**销售中心：**带着对现代艺术的热情，Wilson Associates 对华发广钢销售中心项目采用了前所未有的设计手法。位于大堂和吧台区的家具有着大胆的风格，展现出的黑白撞色之间的巧妙平衡，可以与艺术领域中抽象派、印象主义所呈现的令人着迷的平衡相媲美，好比一幅以建筑为背景，将家具视作装饰元素的极佳艺术品。

**168 ㎡样板房：**168 平方米的华发广钢样板房的目标人群面向成熟家庭。室内建筑采用极简派的色调，但以家具布料的大胆选用作为补充，并搭配其他元素，比如定制的步入式衣柜，手缝皮革抽屉，木饰面板和意式白色大理石装饰的卫生间墙面和台面，从而营造出奢华，精致的氛围。

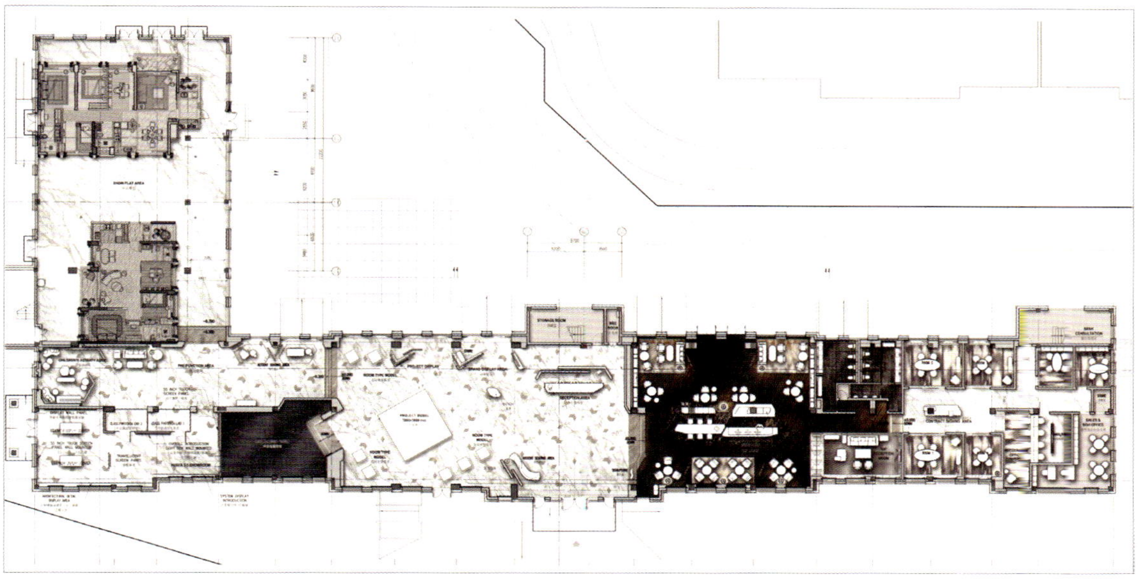

# 当代诗意园林 本真生活美学

## 北京保利·和光尘樾设计方案

开发商：北京知泰房地产开发有限责任公司 / 项目地址：北京市朝阳区东坝第四使馆区东五环七棵树出口向东3千米
景观设计：深圳奥雅设计股份有限公司 / 用地面积：63 913.142平方米 / 建筑面积：240 438平方米 / 容积率：2.5 / 绿化率：30%

北京保利·和光尘樾通过融合以传统古典园林作为文化根源的景观设计与新亚洲风格的建筑，打造一个有情有理、情景交融的高品质社区。为了呼应“和光尘樾”的名字，项目示范区的景观设计结合现代主义的手法，强调光影的运用，大区亦延续这一设计手法，利用格栅、窗井、植物等小品，与光互动，打造光影效果，时而光影婆娑，时而柔光倾泻，让豪宅回归到纯粹美好的时光中。

北京保利·和光尘樾以现代的手法萃取传统园林的意境，诠释出当代的景观美学。项目利用简单的直线划分空间，让空间布局现代简洁，自然质朴；在造园手法上，融合了中国古典造园艺术的精髓，巧妙运用欲扬先抑的手法，控制游园节奏，同时利用大空间与小空间的对比，营造有趣味的视觉感受。光的演绎亦是景观设计的亮点，或衔接不同的空间，或丰富空间的层次变化，或借助倒影形成艺术构图，独具东方诗意与韵味。

## 定位策略

在北京逐渐发展成世界城市的过程中，保利地产率先打造了“和”系产品，向世界级发展商进阶。和光尘樾是“和”系首发，集团在诸多环节全力倾注资源，重磅推出北京首席光建筑高端社区。项目由合院、洋房及商办等产品组成，洋房面积为 130-170 平方米，共计 96 套；合院产品的建筑面积为 270-390 平方米，共计 28 套。小区配有约 2 000 平方米的会所配套。

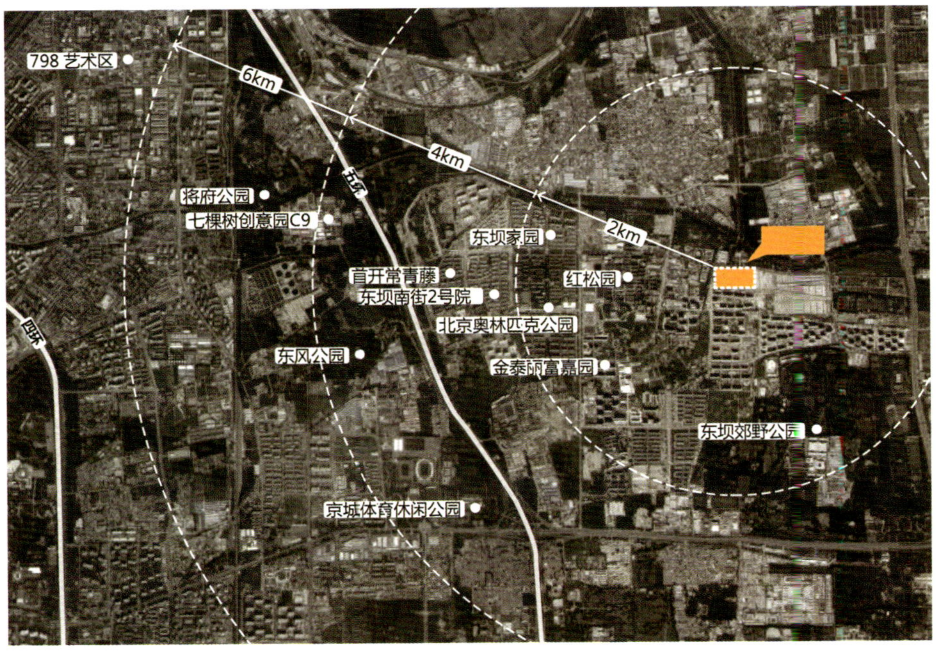


## 区位分析

北京保利·和光尘樾坐落于北京市朝阳区东坝组团，紧邻机场第二高速，毗邻第四使馆区，距 CBD 仅 1 千米，周边配套有丰富的经济、文化、景观和休闲娱乐资源。东坝组团未来的规划目标是“世界城市实验区”，将建立成凝聚高端商业休闲娱乐、总部商务办公、国际交流服务和高品质居住四大功能为一体的综合功能发展区。

## 规划设计

### 项目概况 | 用地分析

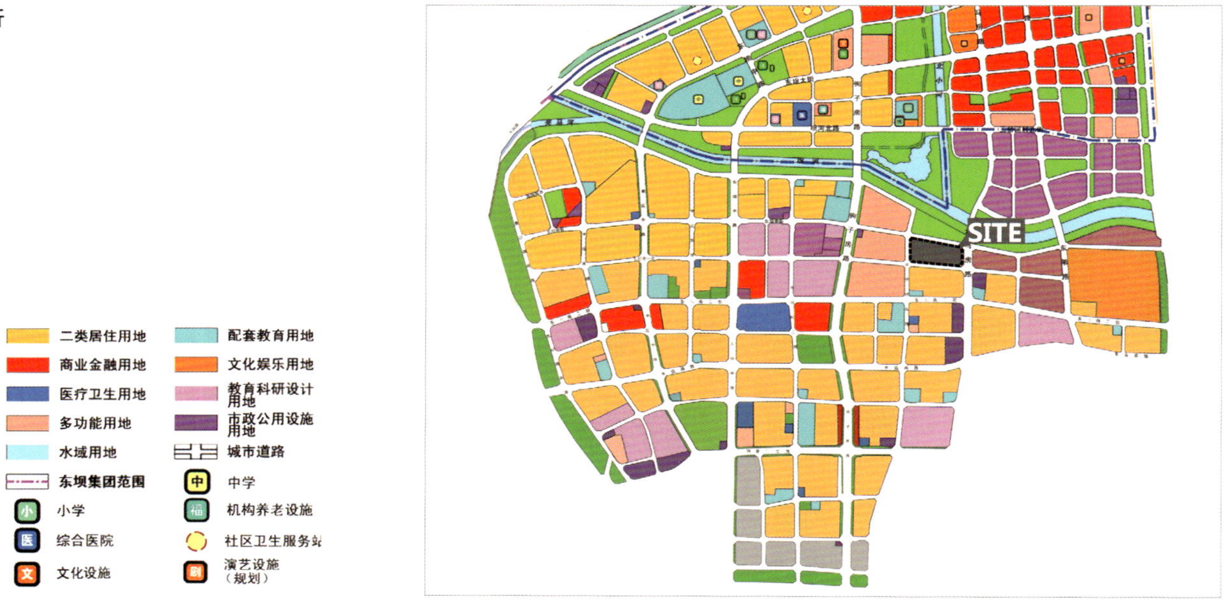


### 规划理念 | 空间构成

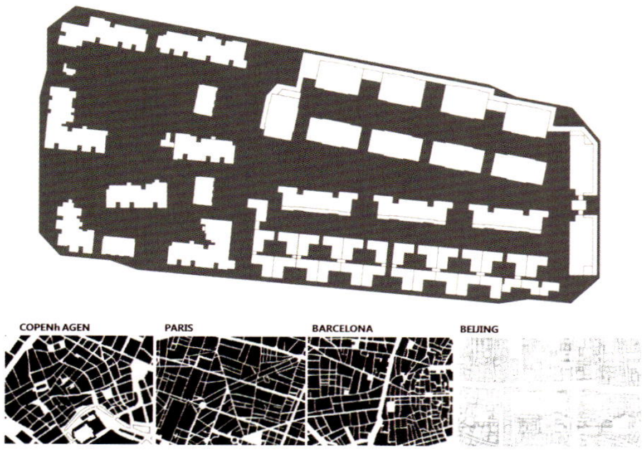


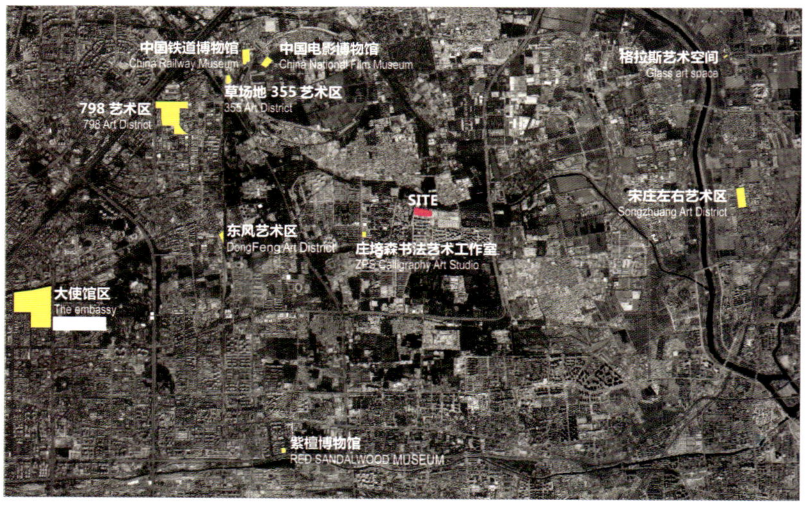


### 设计理念 | 概念设计

以创意办公和特色居住文化为核心的时尚生活集群

## 景观体系分析

### 设计理念

在景观设计上，大区和示范区采用同样的设计思路和原则，均秉承“和其光、同其尘”大道自然的造园理念，借鉴苏州艺圃“看与被看”的简约布局，探寻生活本真的空间美学和人文意境。全园布局简练开朗，无繁琐堆砌，从山水布局、亭台开间到一石一木的细部处理，均体现出朴雅、自然的风格特征，以凝练的手法，传达出古典造园艺术的精髓。

### 示范区景观设计

示范区的展示格局与艺圃的格局不谋而合，宅园融合，院落分四进，空间起承转合，布局曲折精妙。园区入口利用曲折狭长的通过空间与园内主要空间形成对比，由疏朗的廊架连接前场与售楼处，利用室内的小空间反衬水面的开阔，使得空间转换之际，乍见湖光山色，让人顿觉心旷神怡。整体空间紧凑不觉其大，游无倦意；宽绰不觉局促，览之有物。

**第一进院落——“起”**

构筑物作为这个空间的主体，以江南建筑空间为原型，用大体量的构筑门廊将空间压低，顶面留方形“天井”，喻义“四水归庭”。植物通过“天井”伸展出去，光线进入，与水景形成反光，不同的时间里，在屋顶和墙面上形成波光粼粼的效果。对景墙上的条形采光窗，使背景空间成为一个与环境、光线相互交融的光影空间。

**第二进院落——“承”**

艺圃通过建筑的三曲小弄压缩空间，与后面的空间感受形成对比。项目的景观借鉴这种手法，用丰富的植物来营造茂盛繁密的植物空间，达到这种欲扬先抑的效果。

**第三进院落——“转”**

设计者利用自然空间到精致园林空间的转换，将前厅花园掩映在植物之间。整个空间以素为绚，将视线聚焦在门洞，大门两侧设置了装饰铜柱，用现代的景观形式模拟竹子，暗示内部空间为丝竹之所，提升进入时的期待感。当大门开启时，通过门洞形成框景，展现壶中乾坤。

**第四进院落——“合”**

该院落为整个示范区的核心空间，借鉴艺圃的布局空间，从北向南依次为建筑、水池和山林，以水为核心，着力打造“诗意林泉、当代合院”的北方“水院”诗意空间。其水景的设计更是将中国山水画的意境融入其中，空间上分为近景、中景和远景，空间逐层递进展开，绘制了一幅当代美学风尚和古典空间意境相结合的山水卷轴。

西南角布置小庭园作为辅景，增加空间的层次感，加强空间进深感。由于花园面积不大，不求面面俱到，专注营造一方山水园，设置一组山石叠溪，暗含“一池三山、人间仙境”之妙意。

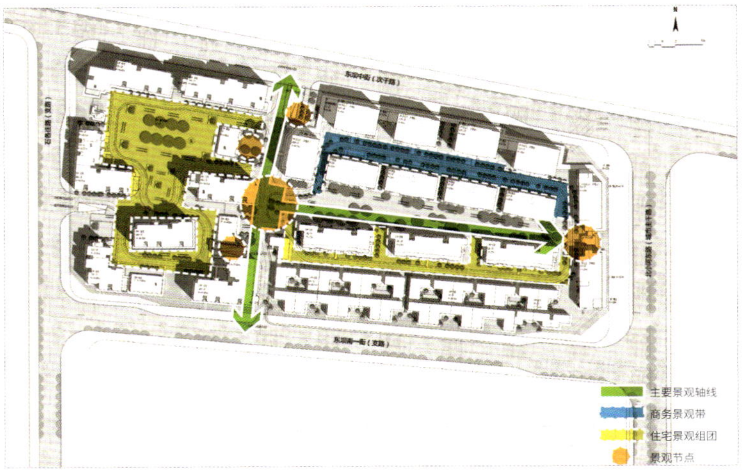

## 建筑设计

项目采用现代主义建筑风格，摈弃了繁琐的装饰，采用简洁的线条和时尚的颜色，设计元素统一，层次分明，同时加入新亚洲元素作为文化根源及设计依托，将亚洲各国的文化精髓应用到设计之中。

材质处理上，采用东方作画的原则，颜色尽量少，材料简洁，避免干扰到空间所传递的意境，立面也减到只剩下墙壁和玻璃表皮，达到一致和有条理的效果。在观念上，建筑被构思为“对现有客观环境的回归”，招式要少，但力道要十足。

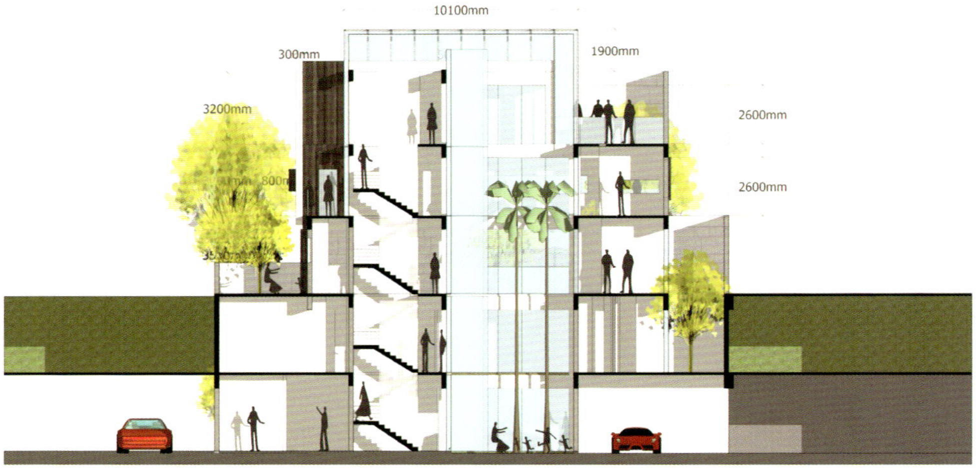


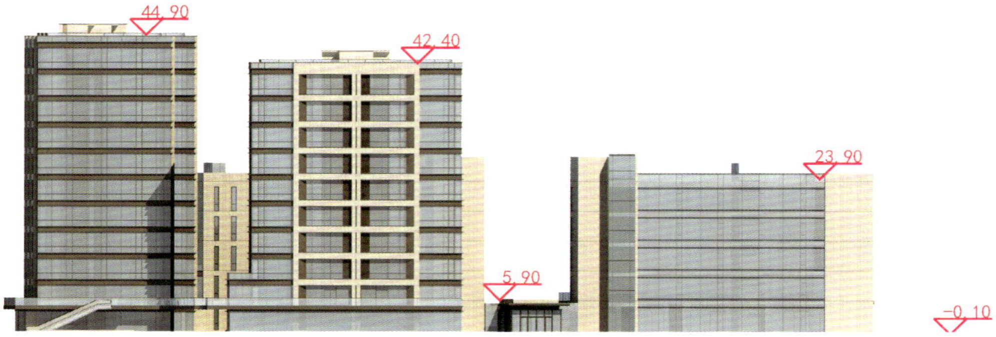


西立面图

南立面图

## 户型设计

合院产品无疑是项目的点睛产品，其“L”形体量既表达开放之态，又营造围合之感。项目在这样的形体之下，以突破性手法植入江南园林的清雅意境，为北方建筑打造南方院宅。而一个21平方米见方、17米高的“光庭”成为整个合院的光柱，打造出了庭院内的阳光植物园。建筑空间围绕其布置，使每一个房间、每一个角落都有光的陪伴。

合院别墅材料示意

1. 五层通高的采光中庭采用隐框玻璃幕墙。
2. 庭院、客厅、餐厅等空间的门窗为显框玻璃。
3. 构成感强烈的外墙采用天然石材。

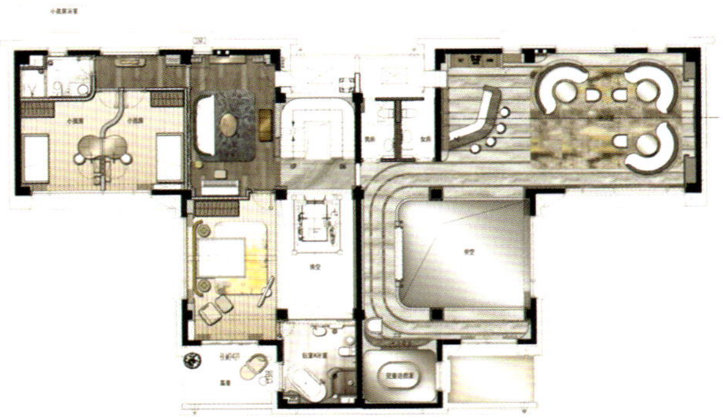

二层平面图

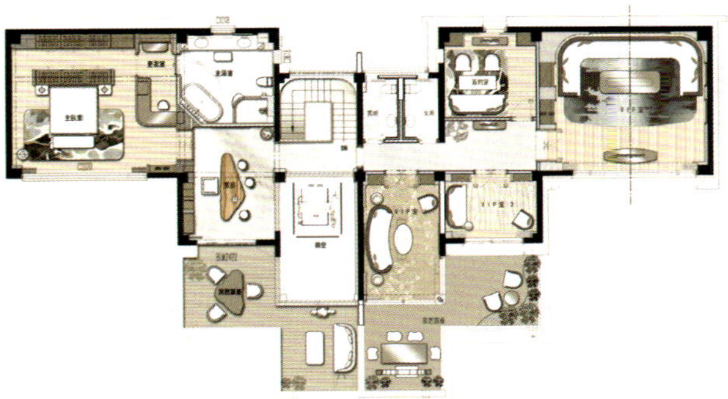

三层平面图

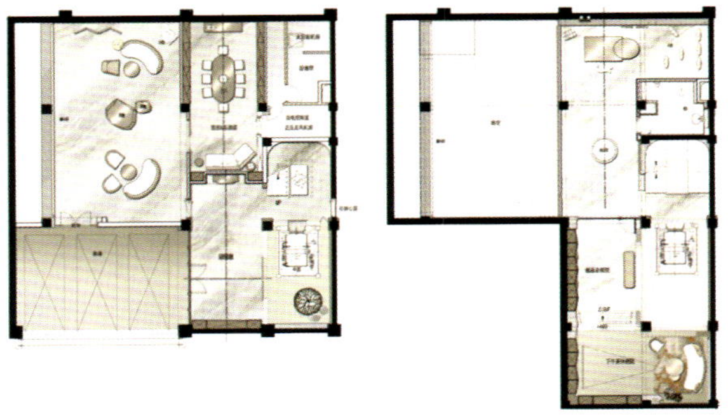

地下一二层平面图

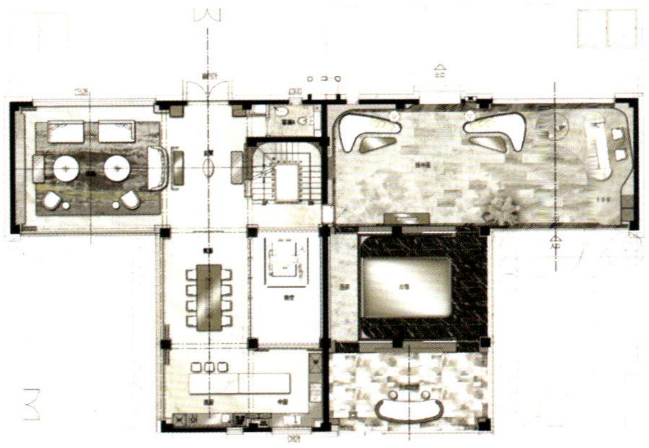

一层平面图

# 四季花园 一生住宅

## 成都龙湖·三千庭设计方案

开发商：成都龙湖地产有限公司 / 项目地址：成都市龙泉驿区成龙大道二段金枫路
建筑设计：成都天华西南建筑设计有限公司 / 景观方案设计：水石国际 / 占地面积：94 667平方米 / 建筑面积：284 000平方米 / 容积率：3.0 / 绿地率：30%

成都龙湖·三千庭展现出龙湖地产对社区景观开发的独到理解和强大的落地能力，
在展示区中以度假设计风格和五重归家体系精心打造日后实际交付的景观，予人奢华而不失舒适的居住体验。
通过优雅精致的建筑、四时佳兴的景观园林和创新的户型，体现出龙湖强大的市场竞争力。

## 规划布局

成都龙湖·三千庭是以度假酒店风格打造的洋房＋高层的住宅小区，是龙湖首个提出项目前期景观策划的项目，体现龙湖对人居感受的充分关注。营销展示区中富有设计感和品质感的景观，也是后期项目实际交付的园区景观。

项目地处成都东南公园核心板块，被近 1333 万平方米的生态公园环绕。项目规划前期着重构思 3 大实景度假景观区和 12 个诗意节气花园，多重庭院在低密度社区中相互呼应，构建出如桃花源般的居住环境。90 平方米的高层产品切实考虑业主每个阶段的居住需求，通过剪力墙的合理布置保留后期改造的可能性，创造伴随家人成长的家。

在整体规划上，高层与洋房南北分区，北区高层组团采用大围合、全点式布局，楼与楼之间进行错位，形成无遮挡视野，南区洋房组团采用正南北向错位布局，解放了东西朝向的景观视野，最大限度去挖掘景观资源。主景观轴南北贯穿，连接高层区中央庭院、洋房区中央庭院及南侧全龄健身活动场地，并结合组团设置景观节点，形成步移景异的空间景观体系。

## 区位分析

成都龙湖·三千庭地处成都市东部新城，是天府新区的先导区，周边配套完善，享有“五纵四横双地铁”，毗邻北大附小等十余所学校；西侧 700 米处为成都最大的湿地生态公园——天鹅湖生态湿地公园，景观资源优越。

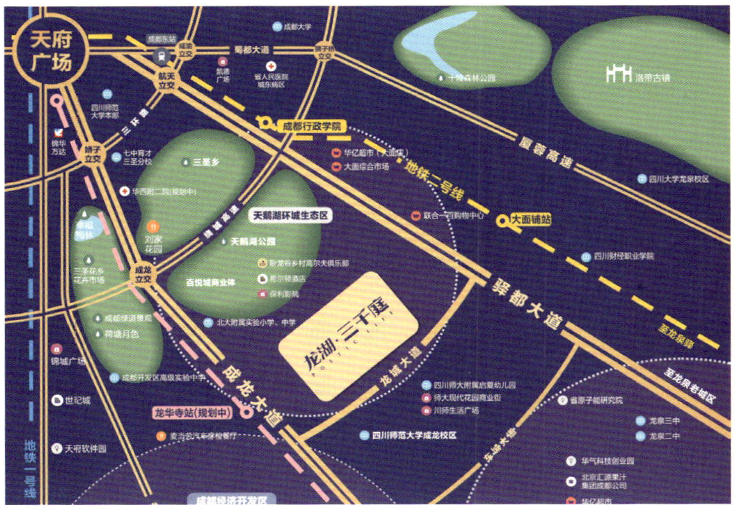

## 建筑设计

高层采用新古典主义建筑风格，在经典的三段式结构的基础上，打破常规形体组合方式，传承中国古建筑特点，提取片墙的设计元素，最终形成富有个性的立面特点。

洋房和售楼部以现代简练的设计理念去提炼法式新古典建筑的精髓，全新演绎“典雅”“浪漫”“尊贵”的法式居住空间。其建筑立面造型严谨，横向上强调中轴对称，竖向上强调三段式立面，精致的装饰传承中国古建筑特点，提取印章、窗花等设计元素，别有韵味。

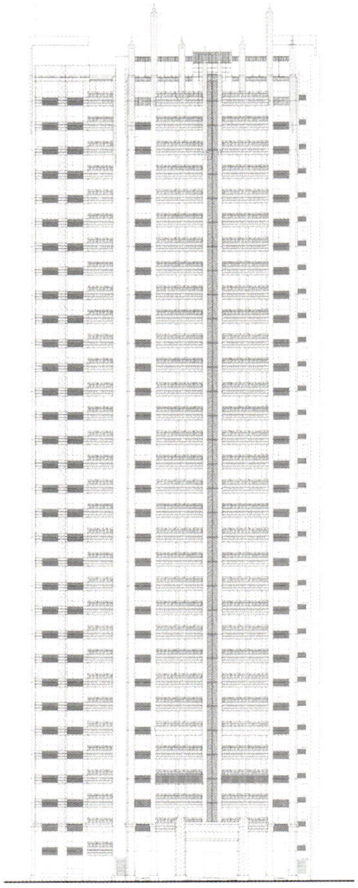

高层立面图

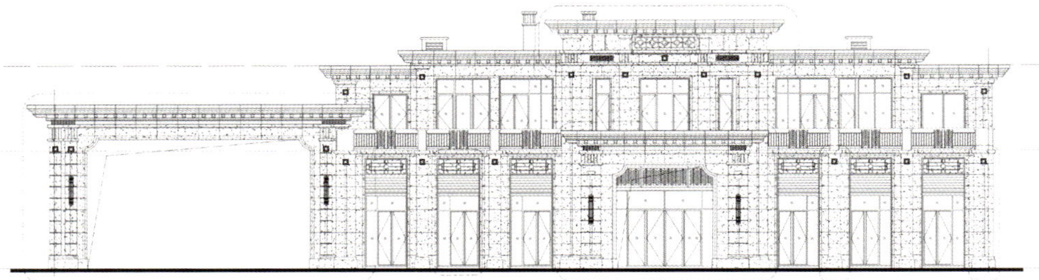

售楼部立面图

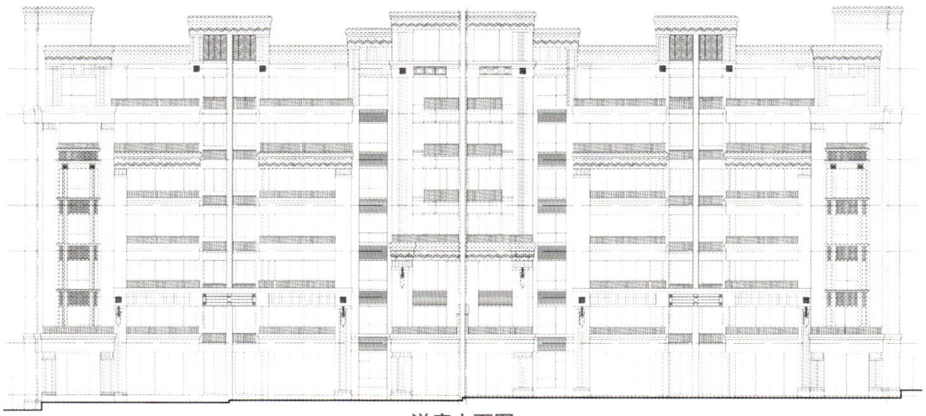

洋房立面图

## 立面设计

个性化的立面设计，对形体的反复揣摩和推敲，在体量上寻求突破。打破常规形体组合方式，得到富有个性的立面。

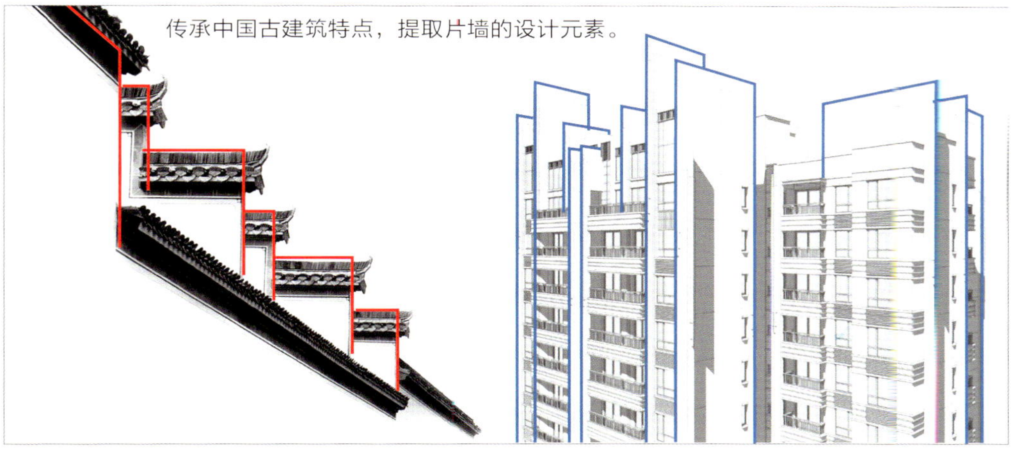


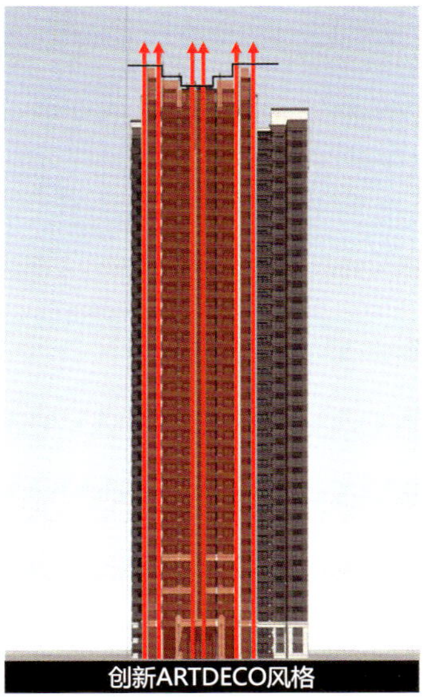
创新ARTDECO风格

汲取法式古典建筑精髓

建筑立面造型严谨，横向上强调中轴对称。竖向上强调三段式立面。
精致的装饰与严谨的立面结合，贵族气息在建筑的冷静克制中优雅地散发出来。

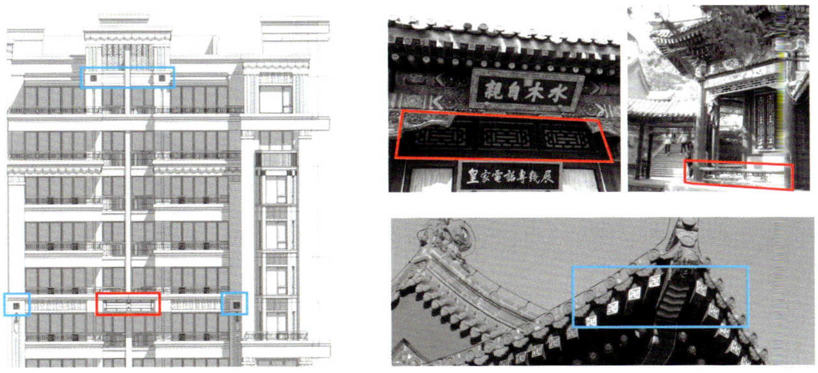

传承中国古建筑特点，提取印章、窗花等设计元素。

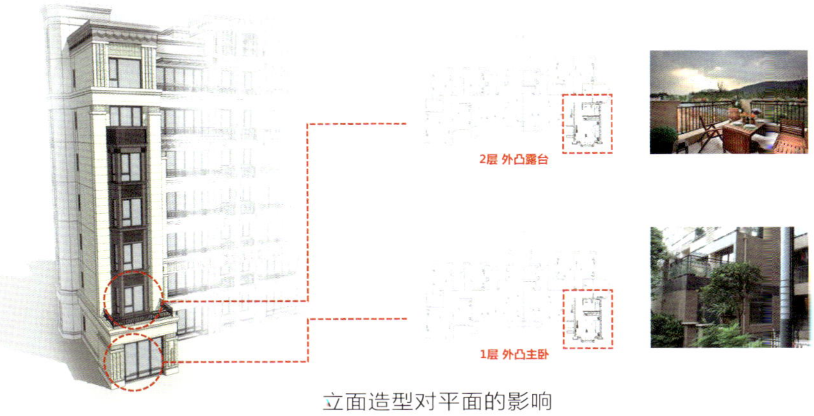


立面造型对平面的影响

## 景观设计

项目前期通过对目标客群的调研分析，挖掘出客户对景观的关注点，最终确定将度假体验作为景观设计的重点，构思 3 大实景度假景观区：台地酒店入口体验区、星光海滩滨水体验区和秘境寻香丛林体验区，并从传统二十四节气中汲取灵感，在建筑四周打造了 12 座不同主题的浪漫花园，全方位诠释诗意和度假的氛围。

**展示区设计**

三千庭展示区在设计中引入了四时佳兴的景观格局和度假酒店的生活体验，重点打造台地酒店入口体验区的五重归家体系，涵盖酒店式景观入户大堂、无边际水上会客厅，台地花坡跌水、曲径花庭以及繁花绿岛，提前展现“回家就是度假开始”的入住感受。

园区的主入口是精心打造的大气门廊，运用仿真绿植墙、特色吊饰及休憩特色座椅，营造极具尊贵感的园区景观泛大堂空间。主入口还充分利用台地特色，打造 6.2 米高的立体景观，在考虑归家主动线的功能需求下（配备双向人行扶梯和无障碍直梯），将曲线型台阶与浪漫花径相结合，打造浪漫的生态花阶。

拾级而上后映入眼帘的是极具度假感的星光静水池，岸边设计细节丰富的水上廊亭，组成园区业主的水上会客厅。下沉草坪区以弧线规划设计，和后方特色廊架围合成室外会客厅的空间，满足业主休息、会客、小型野餐活动的日常需求。

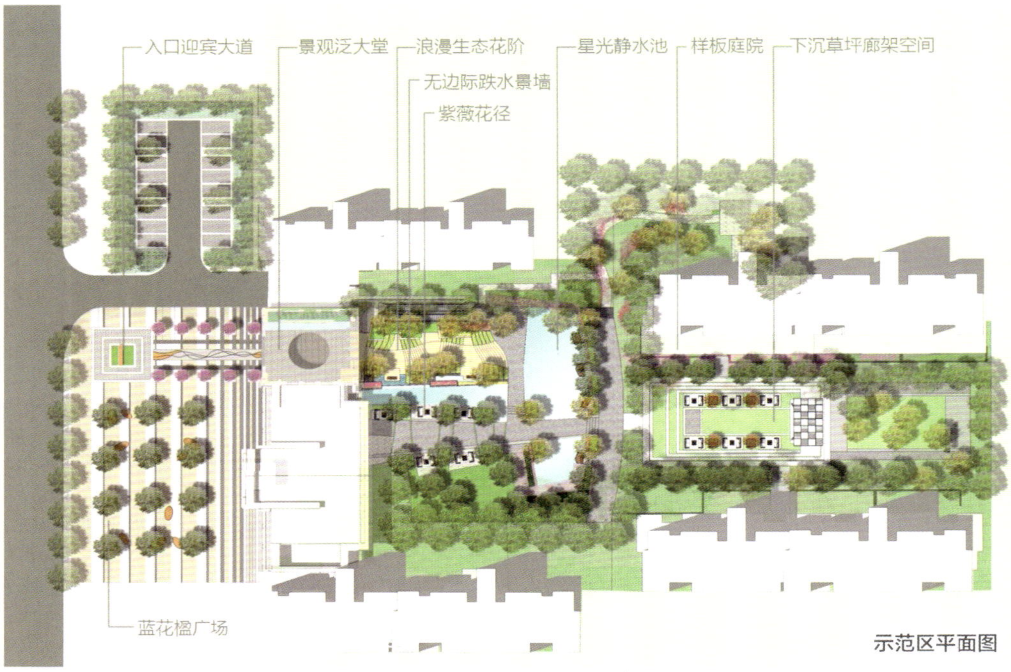

示范区平面图

## 室内设计

**生命周期户型**

高层 90 平方米户型设计充分考虑业主全生命周期的居住需求，从新婚夫妇的“二人世界”，到有了小孩的“三口之家”，以及“二孩政策”的四口之家，再到家有老人的“三代同堂”。

户型在设计之初就考虑好剪力墙位置，以方便后期改造，同时充分利用有限的空间，在玄关设置强大的储物空间，每间卧室都特别设计能增加婴儿床的空间，主卧更是强调奢侈的享受，全方位满足全家人不同阶段的需求。

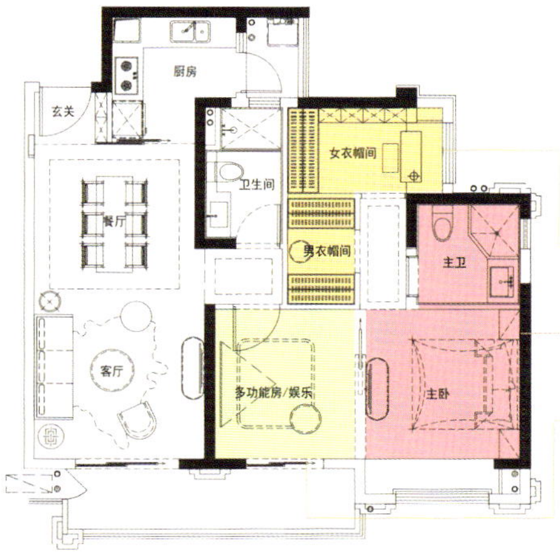


### 装修建议 1 二人世界 POETIC LIFE

全套独立主卧体系

- 衣帽间：双衣帽间设计，收藏男女主人的品位。
- 主卧：独立主卧套房，独立卫浴，畅享无限浪漫。
- 多功能厅：外接大面宽阳台，兼顾娱乐、休闲、会客等功能。

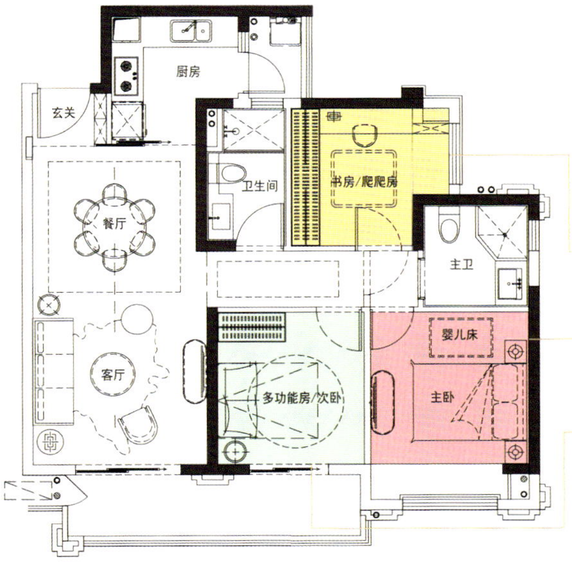


### 装修建议 2 三口之家 POETIC LIFE

亲子套房+客卧

- 书房&爬爬房：可在办公阅读时，不错过小朋友的成长时光。
- 套房式主卧：可摆放婴儿床，给予宝爸宝妈从容的亲子时光。
- 客卧：外接大面宽阳台，可做客房，让父母、朋友的陪伴不再尴尬。

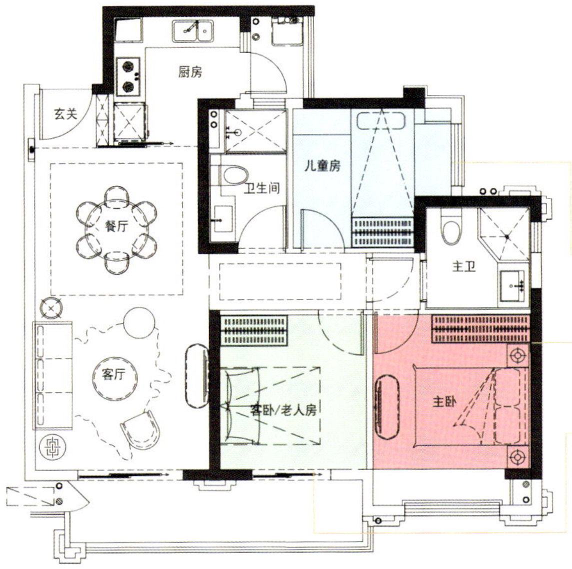


### 装修建议 3 三代同堂 POETIC LIFE

收藏一家老小的欢乐

- 儿童房：预留书桌空间，在办公时兼顾亲子时光，也能从小培养孩子的内涵与修养。
- 套房式主卧：独立主卧套房，不干扰事业上升期的小两口。
- 老人房：预留婴儿床空间，便于老人照顾孩子。

# 北方古典官宅大院

## 沈阳金地旭辉·九韵风华示范设计方案

开发商：沈阳金地顺成房地产开发有限公司 / 项目地址：沈阳浑南新区汇泉路
占地面积：33 000平方米 / 建筑面积：82 000平方米 / 容积率：2 / 绿地率：40%

沈阳金地旭辉·九韵风华示范区以“金玉满堂、八贵九尊”的传统形制为整体园区景观之纲领来建造，融合皇家宫殿与园林的端庄大气，将社区园林打造得气度雄浑、雍容华贵，运用多重手法将皇家园林庄重典雅的贵族气质体现得淋漓尽致。

## 定位策略

九韵风华是金地集团在沈阳的第 11 座高端地产作品，旨在成为沈阳新城心高端住宅的风向标。作为金地风华系新中式产品中最具华贵韵味的代表作，九韵风华依照中国皇室宫殿形制，建造中轴对称布局，涵盖五进门庭和八大中式院落园林，共同筑就拥有纯正尊贵东方血统的新中式作品，被誉为沈阳浑南板块中最具文化底蕴的新中式院落。

## 区域分析

金地旭辉 · 九韵风华位于沈阳浑河南区核心区位——奥体成熟板块，南临中华园别墅区，北抵汇泉路，东侧临近汇水湾园区，西侧靠近泰莱白金湾住宅，位置优越，交通便利，驱车经富民南路与富民桥可直达南塔商圈。

项目总平面图

## 规划设计

金地风华系列首落沈阳，倾情打造金地旭辉·九韵风华项目，在中国传统文化之中，对“九”这个数字始终有着超乎寻常的崇敬和喜爱，如代表中国的九鼎、九州，屈原的著名诗篇《九章》《九歌》等。而韵字则有风度、风韵的含义。金地旭辉·九韵风华项目以东方传统美学为根，以现代建筑语言为本，将传统居住观念与西方空间规划相结合，融汇一轴八院九大园区规划，共同缔造一座意致东方、情致现代的风华系北方开山之作。

### 规划结构图

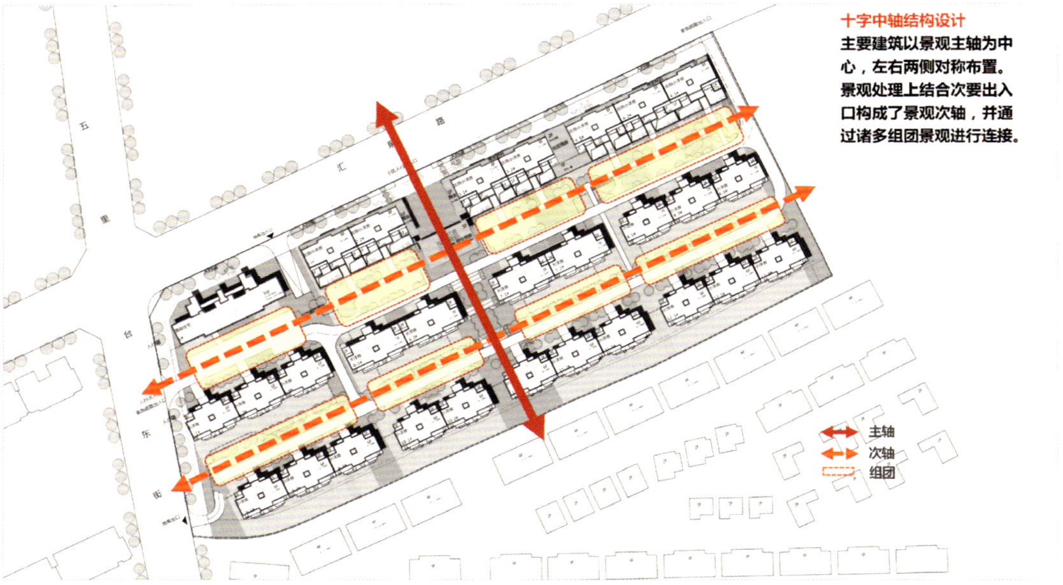


### 功能分析

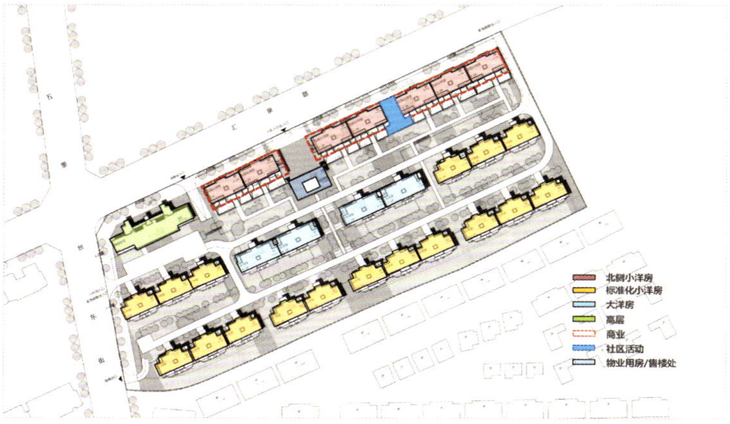


### 户型配比

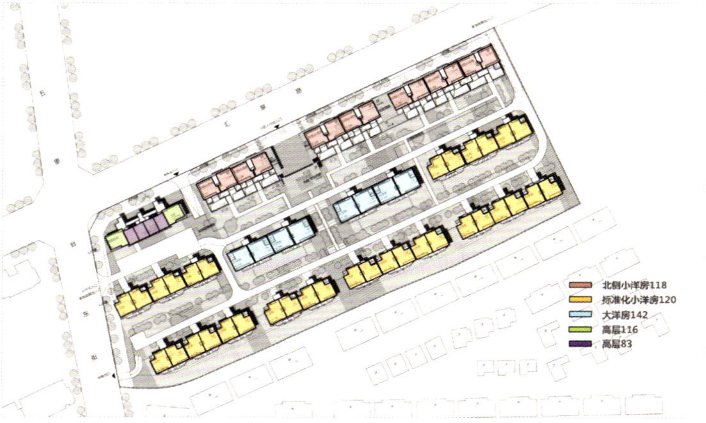


### 尺度分析

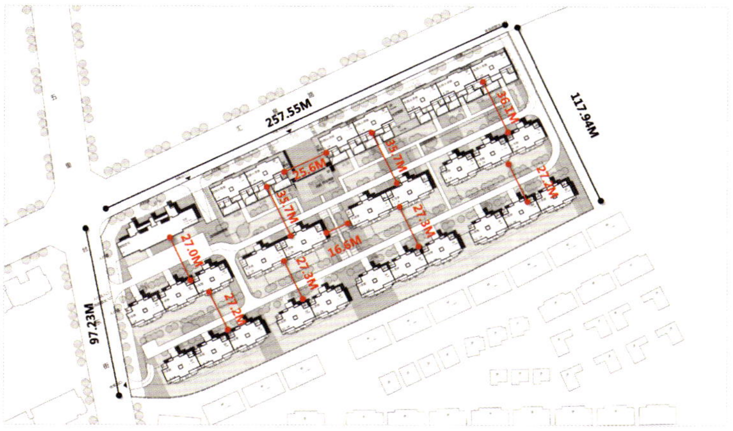


### 地下室范围示意

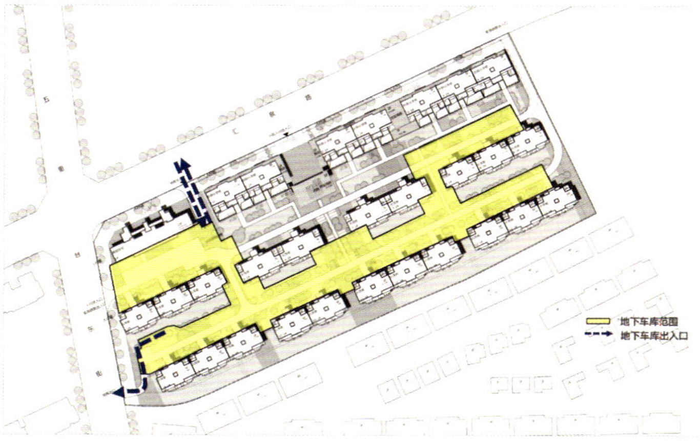

## 建筑设计

建筑选取中国古建筑最具典型特色的意向符号，作为奠定北方风华系列的基调元素，并进行重新阐释，力图再现东方居住建筑的独特魅力。建筑的背景色为象牙白，辅以深咖（屋顶）、棕黑（窗间墙）、深棕（基座）和暖灰色（部分装饰墙面）。丰富的配色方案凸显建筑的价值感，兼顾南北差异的同时延续了风华系列现代时尚的特征。此外，建筑设计分别从大、中、小三个级别提炼传统建筑精华作为风华系列的装饰细节，通过对建筑形象的雕琢来体现出金地风华系列的文化价值体系。

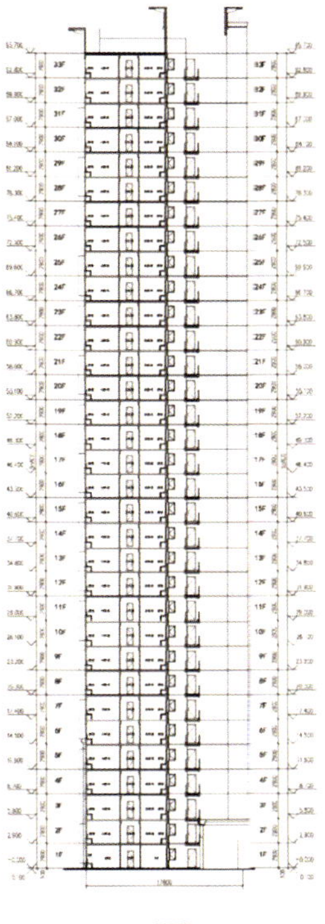

A-A剖面图

高层效果图

### 立面细节分析

借鉴中国古代纱帽的外形特点，将其形衍化为屋顶的外在表现形式。

门是中国古典建筑中的脸面，它传达了使用者的社会地位、身份、家庭、背景。我们将沿用门的内涵、通过现代的外在表现形式，体现北方风华系列大气、时尚、高贵之情怀。

通过对比研究我们选取最具中国建筑特色的两个古建筑构件，雀替挂落提炼简化其形式，作为极富东方特色的装饰构件大量应用。

### 材料说明

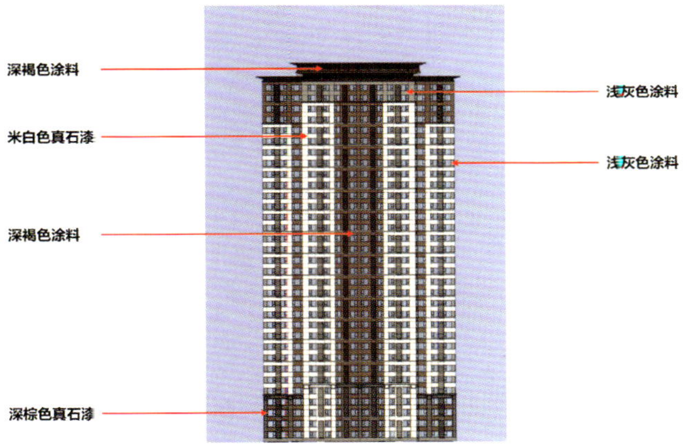

## 景观设计

九韵风华示范区位于小区中轴线上，纵向设计三重院落，强调中轴对称关系。示范区以金鱼为创作来源，在景观上延续了金地风华系列对新中式的考究，有别于南方风华的温婉清丽，在北方风华的营造上更加注重规整大气的院落氛围。项目以开放式的轴对称形式体现出东方古典美学与皇家园林的尊贵感，且在细节处以寓意深刻的精致小品为官宅大院带来现代的惊喜。

**门庭：**接待门庭建筑采用古典官宅大院制式，将石材砖雕结合现代工艺，体现了北方风华的大宅气质，又透露着现代精神。

**中庭：**穿过门庭即进入中庭，利用富贵的美好寓意，设计牡丹水景雕塑，中心喷水，鱼群环绕，寓意金玉（金鱼）满堂，形成中庭的视觉焦点。雕塑以镜面大理石为基座，底部开设凹槽，铺设黑色卵石，花瓣以锻铜外翻卷纹抛光，中心涌泉出水，水滴分流而落。

中庭景观中轴的尽头设置了砖雕照壁，形成对景。砖雕图样以鱼跃龙门为主题，呼应中心雕塑中的喷泉鱼样，以蓝色水波纹大理石铺底。房檐与墙饰有万字纹样，在细节中体现出中式的精粹。

**后院：**以抽象化片石结合优雅简洁的水面，呈现水天一色的视觉通透感，将山居的野趣融入休憩环境中。设计师将鱼群随波逐流的姿态作为原型，进一步抽象和提炼，以现代简约的流线型和金属材质创作出庭院雕塑，配合深色水纹镜面大理石，将中式意蕴与现代精神完美融合。

三进两院

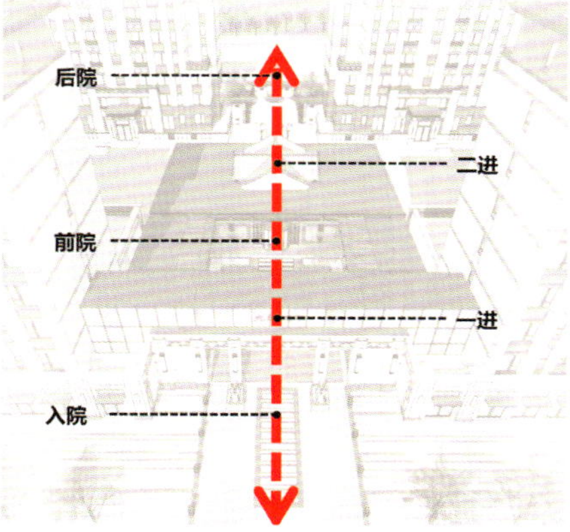

中轴序列

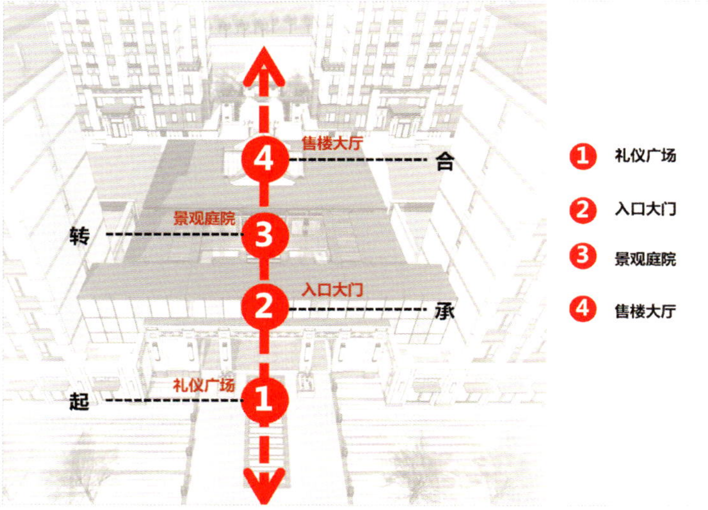


示范区流线

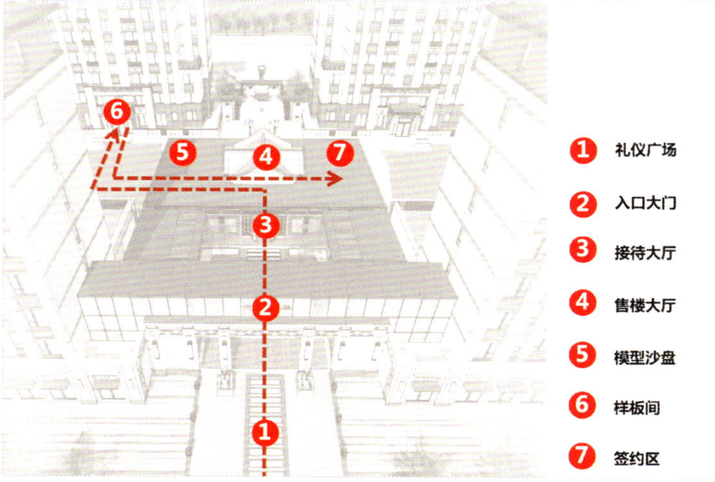

## 室内设计

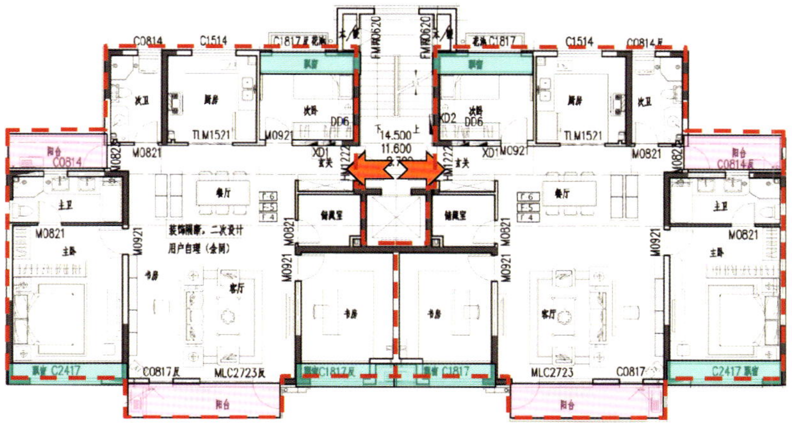

- 三房二厅二卫（明卫）
- 客厅横向可划分书房区
- 餐厅活动区域大
- 厨房空间大，可划分中/西厨
- 南向3.5面宽
- 3.9m面宽豪华主卧套
- 主卫四件套，双面盆设置
- 户型方整
- 大型储藏空间
- 飘窗高赠送
- 北向大露台赠送
- 南向阳台

- 凸窗（全赠送）：5.67㎡
- 露台（全赠送）：13.49㎡
- 阳台（半赠送）：2.78㎡
- 套内面积：124.71㎡
- 建筑面积：142.21㎡

入户位置
私家庭院
露台
半赠送部分

大洋房标准层平面图

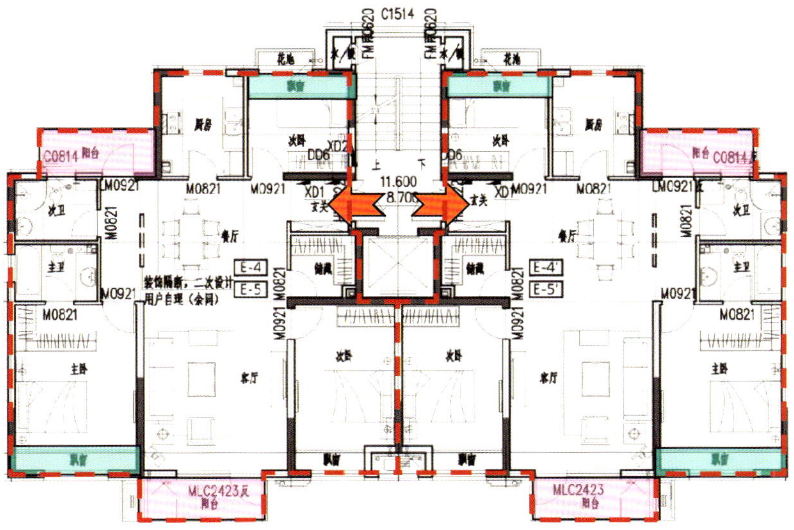

- 三房二厅二卫
- 南向三面宽
- 餐厅活动区域大
- 主卧套带更衣间
- 户型方整
- 大型储藏空间
- 飘窗高赠送
- 北向阳台
- 南向阳台

- 凸窗（全赠送）：5.21㎡
- 阳台（半赠送）：3.97㎡
- 套内面积：103.48㎡
- 建筑面积：120.56㎡

入户位置
私家庭院
露台
半赠送部分

小洋房标准层平面图

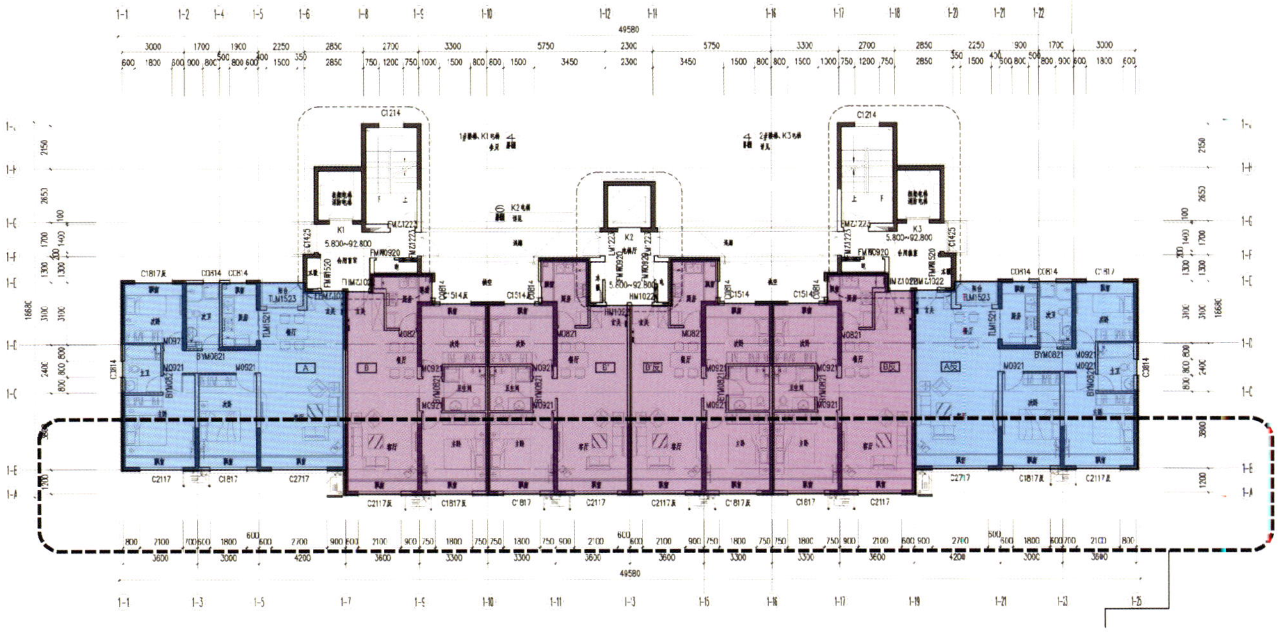

高层 1# 楼标准层平面图

中海花湾壹号

金·盘 内·参

# 刚改系列

设计方案

# 西湖意境 东方新尚

## 金华德信御西湖示范区设计方案

开发商：德信地产、碧桂园地产、保利地产 / 项目地址：金华市海棠东路与东阳街交会处
建筑设计：上海方大建筑设计事务所 / 景观设计：深圳奥雅设计股份有限公司 / 用地面积：47 488平方米 / 建筑面积：133 763平方米/ 容积率：2.0 / 绿地率：30%

金华德信保利碧桂园御西湖毗邻武义江和享有“小西湖”美名的湖海塘，
规划设计立足于当地的社会、经济、人文及自然特点，以生态化、休闲性、文化性为主题，营造新亚洲宅院，实现理想中的诗意栖居。

## 区位分析

金华为浙江中西部的经济、文化中心。金华文化发达，从古至今，素有“江南邹鲁’“文物之邦”之称，人杰地灵，在文学、诗词、戏曲、书画、科学等方面人才荟萃、代有名家。

本案位于婺城区，为金华市中心城区，是浙江金华历史文化古城，该地块交通便利，北临原 G330 温寿线与金华汽车南站，周边景观资源丰富，具有良好的发展前景。

# 规划设计

**规划分析**

**规划现状：**现状建筑布局排列规整，具有明显的轴线关系，具有比较集中的绿地空间。

**景观方向：**延续现有轴线空间，融入当地文化，组成文化洲与功能轴。结合光照分析在光照较好区域设置儿童活动区以及阳光草坪活动区。

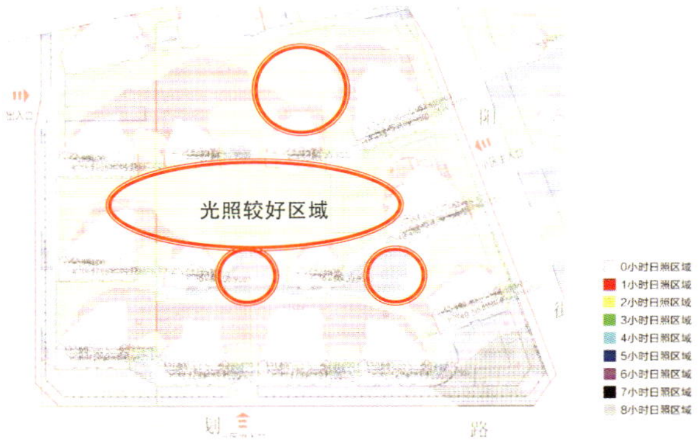


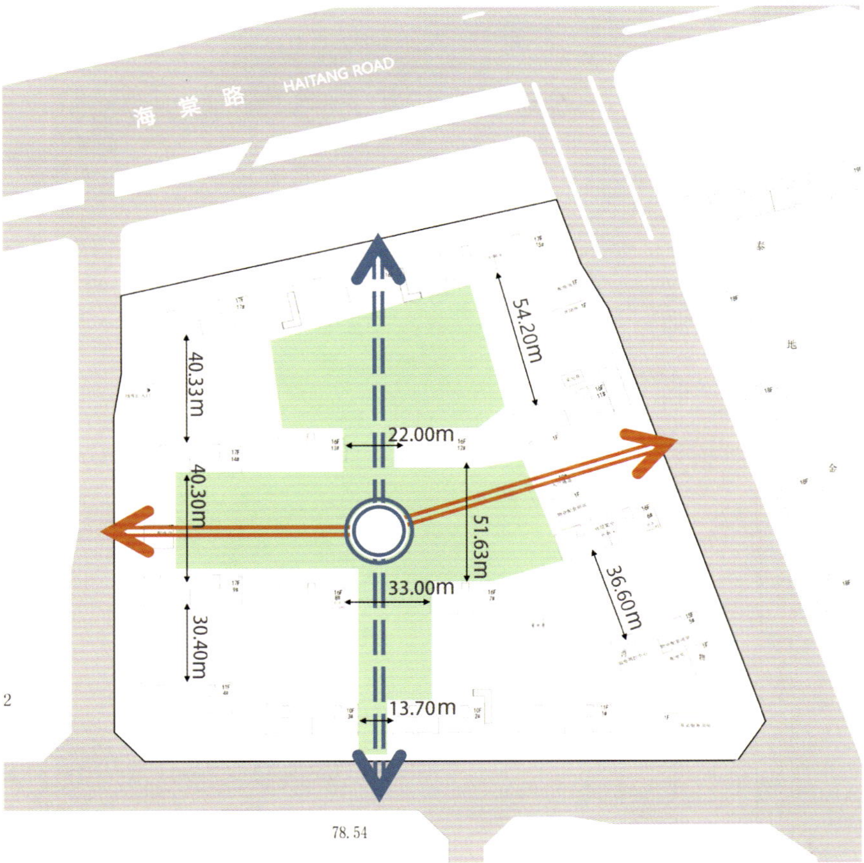


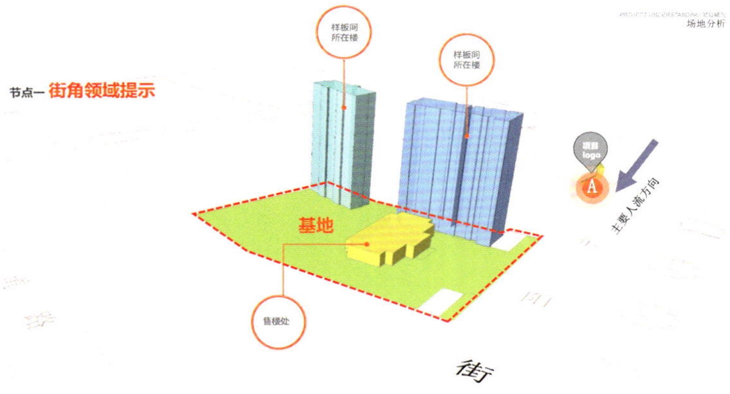


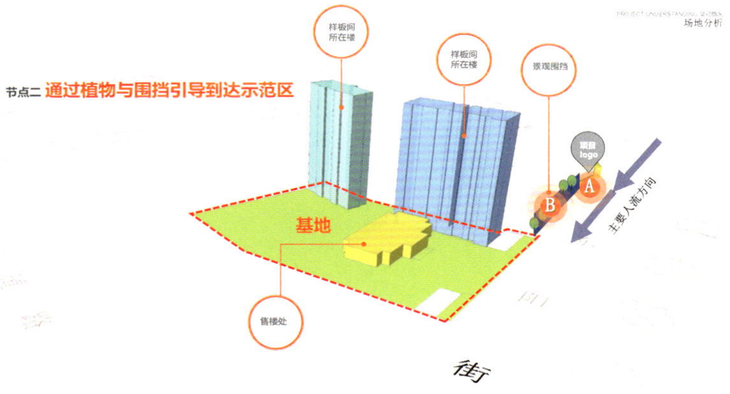


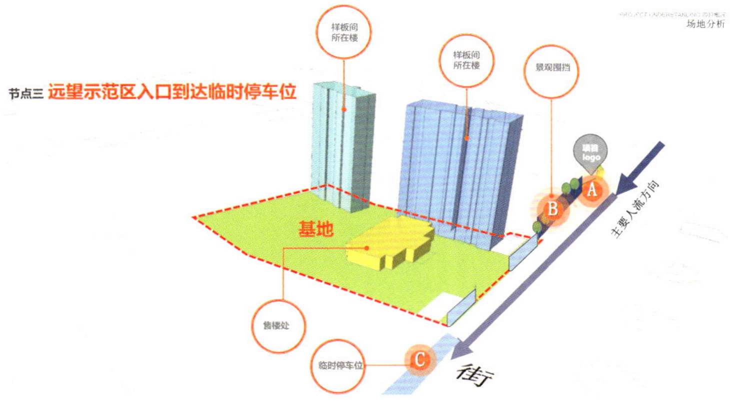


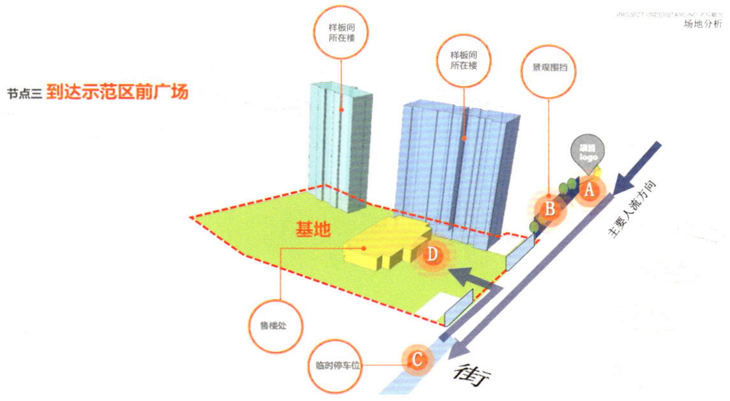

## 建筑设计

**建筑风格：**新亚洲风格
ARCHITECTURAL STYLE
呈现现代简约不失细节的风格

现代简约，精致优雅
臻品细节，外形端庄

规则布局整体统一
元素简洁现代的建筑设计

## 景观设计

示范区的景观分为前场“曲院风荷”、中场“花港观鱼”、后场“锦汇西湖”，在设计上不仅满足观赏性，更要表达人们高层次的精神需求。“曲院风荷”采用轴线空间布局，体现入户的仪式感。“花港观鱼”在方寸之地中铺设动感的曲径和意境无穷的枯山水，别有洞天。“锦汇西湖”浓缩了西湖的精华，湖中有岛、山、桥、亭，与春花秋月相映照。

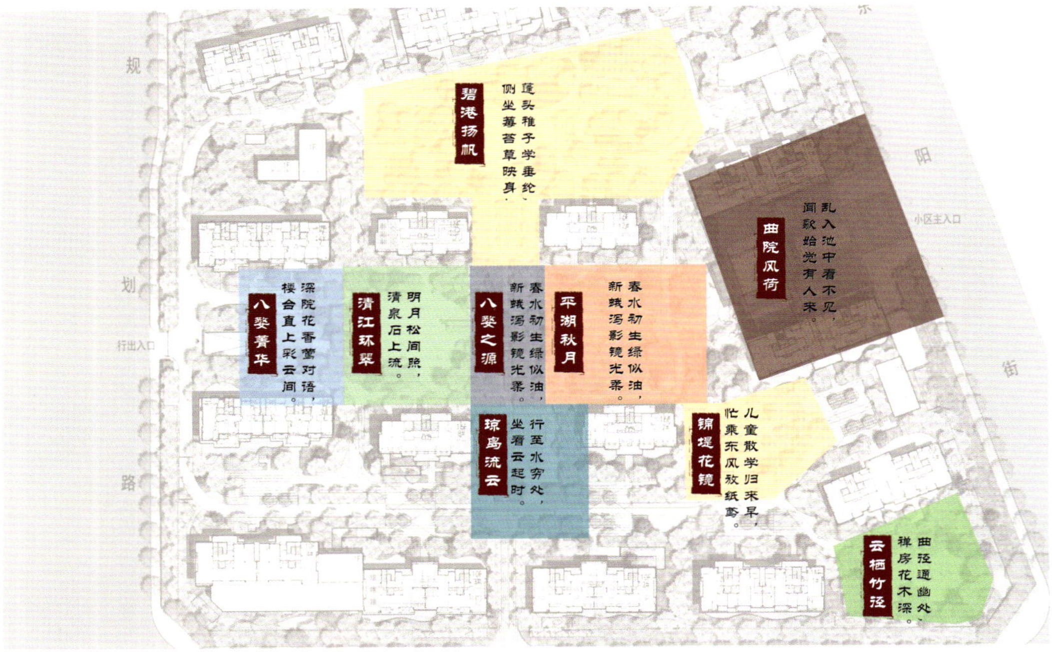


空间序列分析图

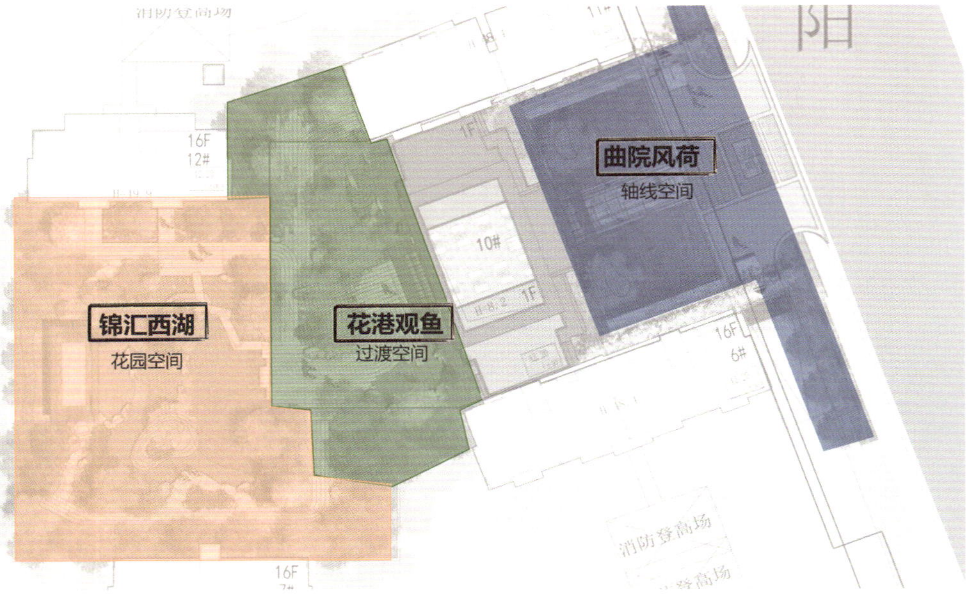


图例

- 前场入口
- 中场过渡
- 后场花园

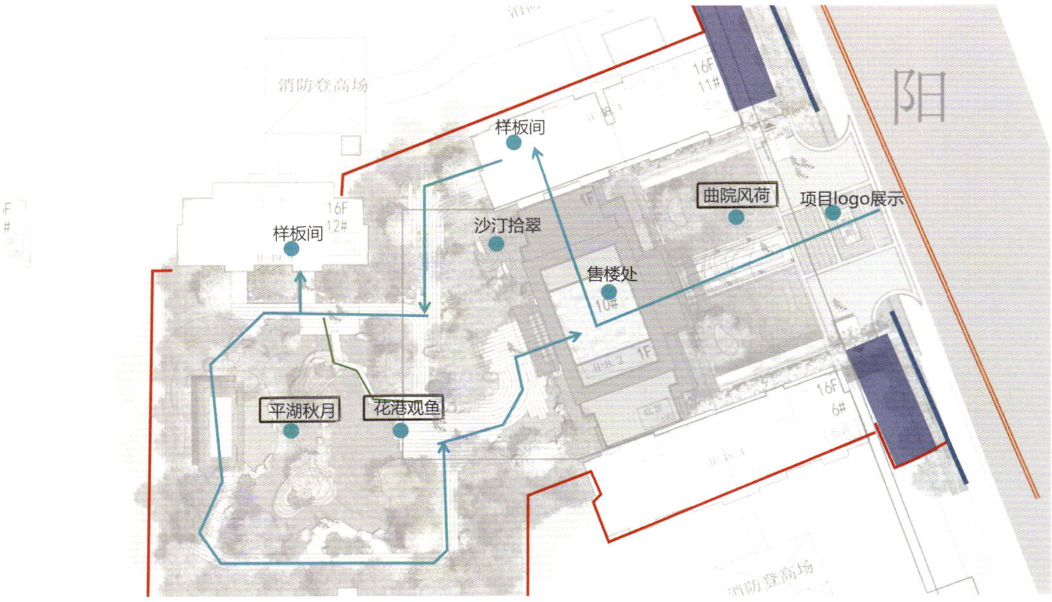


图例

- 地下车库出入口(售楼暂时期间封闭)
- 主要参观动线
- 游园动线
- 市政车行动线
- 示范区展示景墙
- 示范区围挡范围

## 室内设计

E 户型样板房采用爱马仕风格，旨在表达属于当代的新价值观：现代不苍白、工业不粗糙、优雅不纤弱、低调而奢华。整体以橙色为基调，并巧妙地融入以黑、白、灰为主的家具，以凸显硬朗、精致的气质，点缀其间的金色则增加了几分冷艳与不羁。

# 返璞归真 现代简约

## 广州中海花湾壹号设计方案

开发商：中海发展（广州）有限公司 / 项目地址：广州市荔湾区广钢新城
建筑设计：HZS汇张思 / 景观设计：深圳市希尔景观设计有限公司 / 用地面积：101 350平方米

武义德信碧桂园·江南大院位于金华市武义县琉璃路东侧，属于政府着力打造的高品质城南新区。
项目的主要产品分为高层和别墅，契合当地的高端改善需求。
设计从武义深厚的历史人文底蕴出发，传承江南文化精髓，回归望族礼序，营造“大院系”高端低密墅宅。

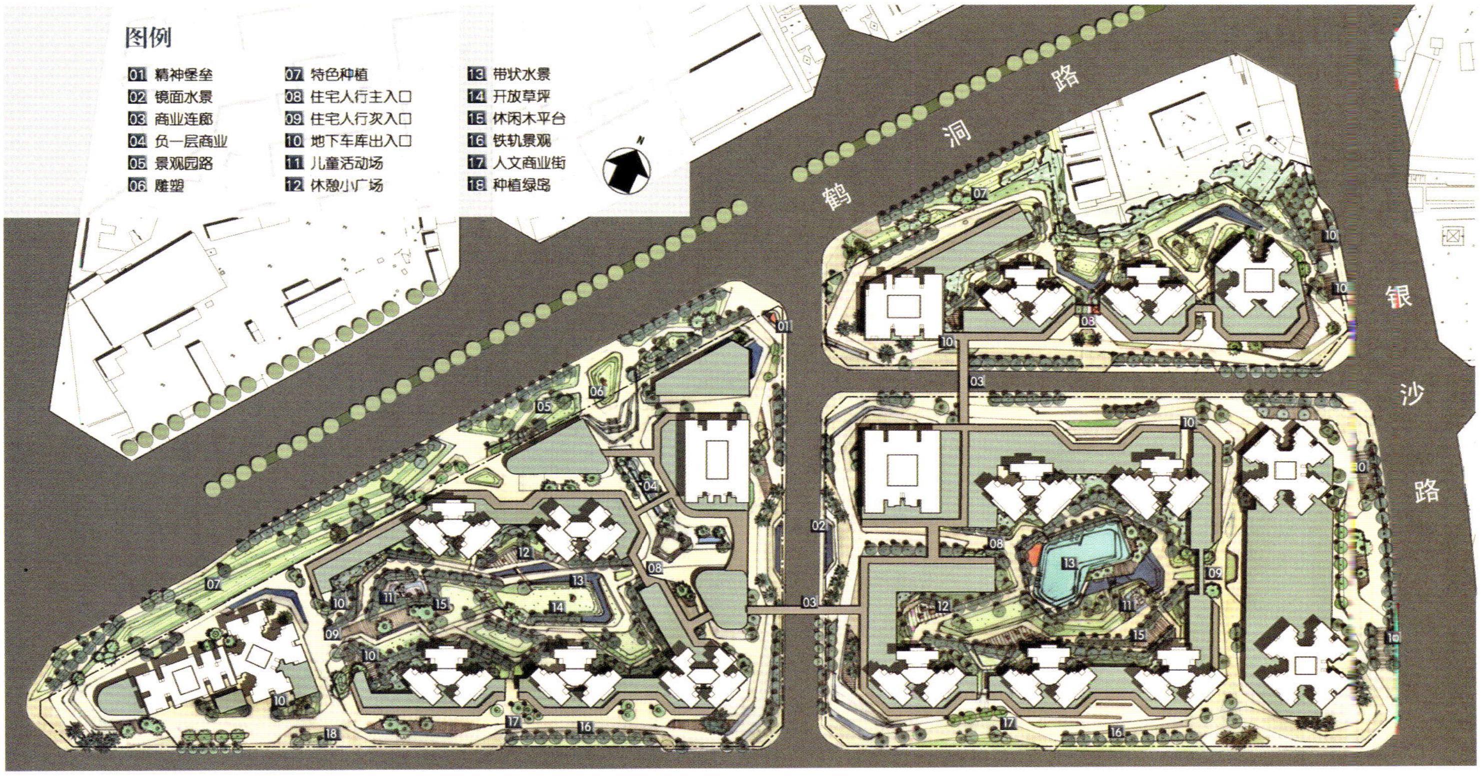

## 项目概况

中海花湾壹号位于广州的芳村老城区，鹤洞路以南，芳村大道以西，紧邻中央绿轴起点，处于广钢新城，地理位置优越。项目定位为高端的区域性地标建筑、现代化的城市综合体，力图打造既继承历史文脉又不失现代简洁的居住空间。

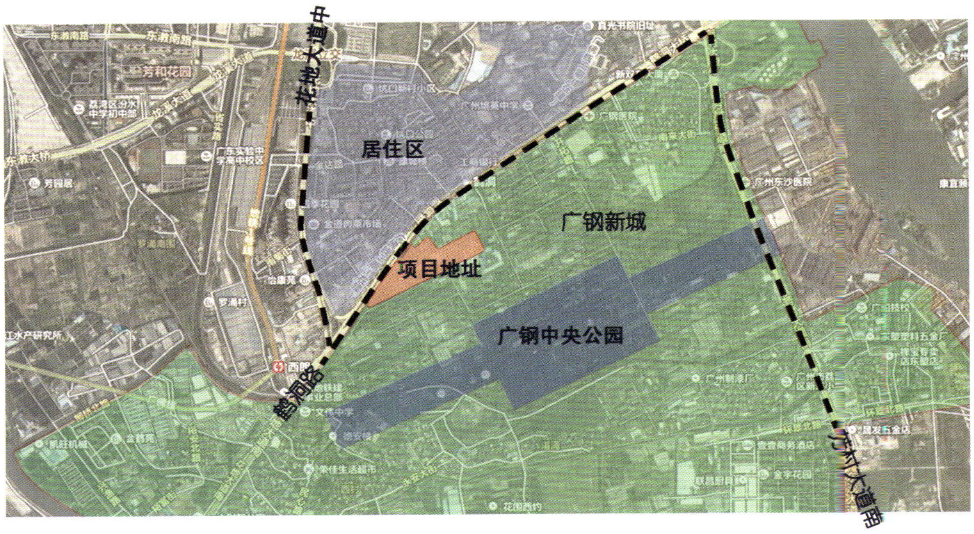


## 区位分析

中海花湾壹号位于广州市荔湾区广钢新城，鹤洞路以南，芳村大道以西，毗邻地铁1号线西朗站和广佛鹤洞站，未来鹤洞站将建成公交、地铁、有轨电车结合的三维立体换乘站。

## 建筑设计

项目建筑立面为现代风格，主要以体现时代特征为主，没有过分的装饰。一切从功能出发，讲究造型比例适度、空间结构明确美观，强调外观的明快、简洁，体现了现代生活节奏、简约和使用，但又富有朝气的生活气息。

南人视效果　　西南人视效果　　北人视效果

南人视效果图

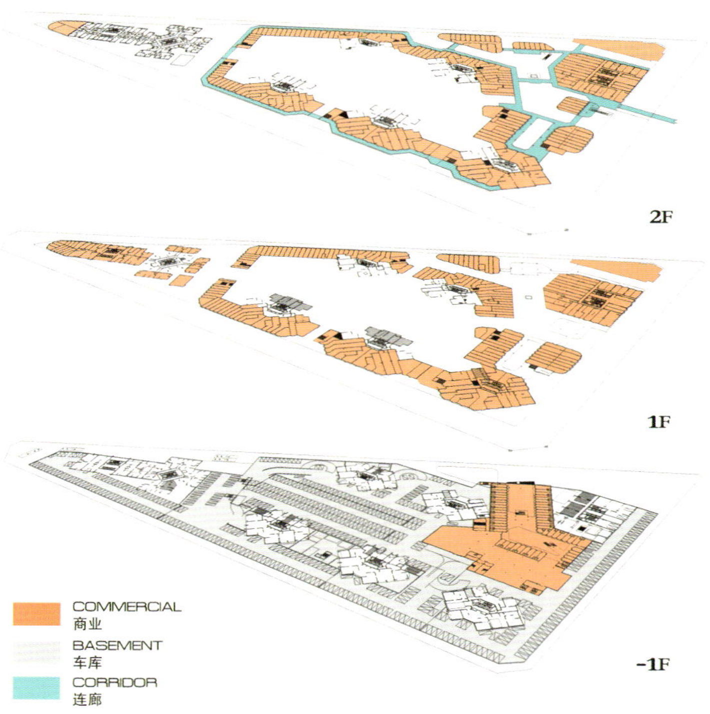


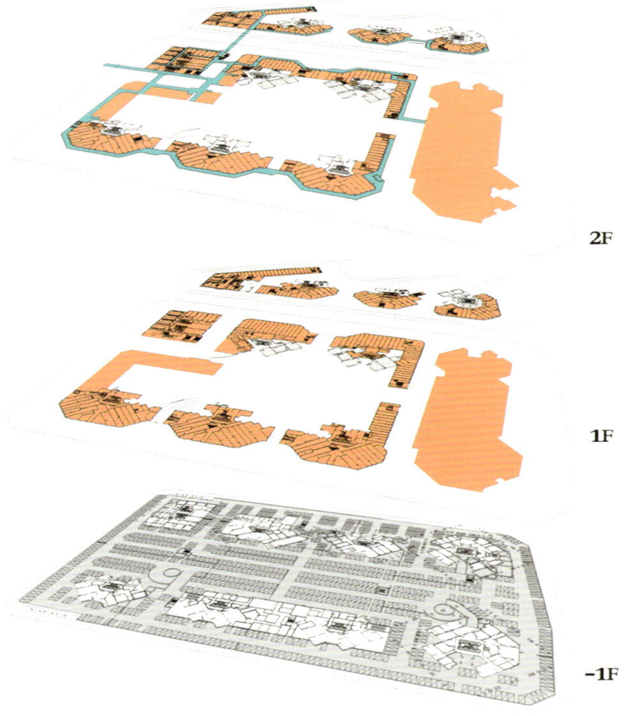


商业分析

## 景观设计

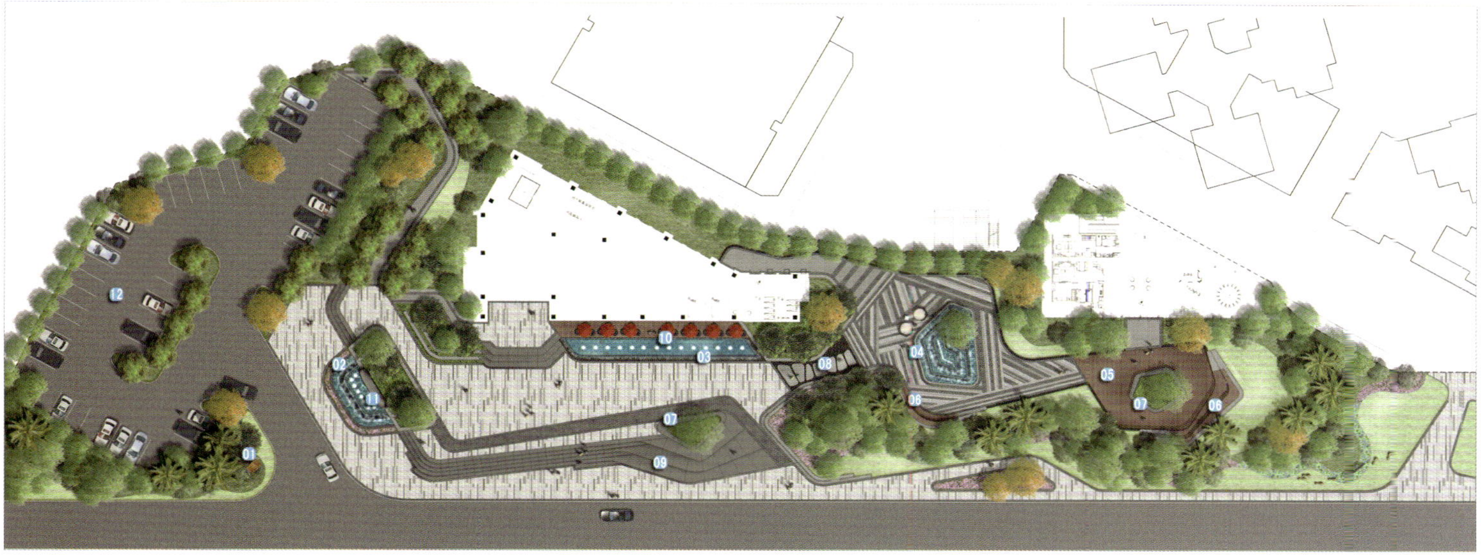

**延续建筑设计理念：**景观延续了建筑设计的语言和手法，并强调生态与建筑之间的关系，促进两者的共生和发展，营造一个现代、简约、生态、艺术的空间。

**发展地域历史文脉：**景观用现代的手法延续场地 20 世纪 60 年代的历史印记，塑造一个既延续了历史渊源又具有现代都市气氛、活力开放的人文空间。

### 设计亮点

项目运用大气、生动的线条进行空间分隔，以深灰、浅灰为主调。景观小品局部选用锈板，体现了广钢新城的现代主题和保留了部分的历史痕迹，形成独有的景观特色。构筑物采用简洁的设计，搭配现代风格的景观家具与地方的景观材料。

沉稳内敛、理性冷静的高级灰，既走在时尚前沿又接近自然和生活，营造大气、舒适、宁静的空间感受。金属色的点缀为冷静的氛围增添了精致、轻奢的格调。

项目设计了现代的水景体系，通过层层跌落、动静相间的水景和水的倒影，营造丰富的空间层次和活跃的气氛。几何块的汀步路径与深灰色石子在柔和阳光中增强了雅致、休闲的园林氛围。

项目利用舒朗的线条对庭院空间进行功能划分，同时在植物空间进行地形设计，利用原始地形营造现代、自然的生态环境。圆润、有机的地形与延展的硬景和休闲空间相互穿插、融合，配合空间功能的要求，并利用舒展、柔美、生态、有机的群落种植柔化环境。

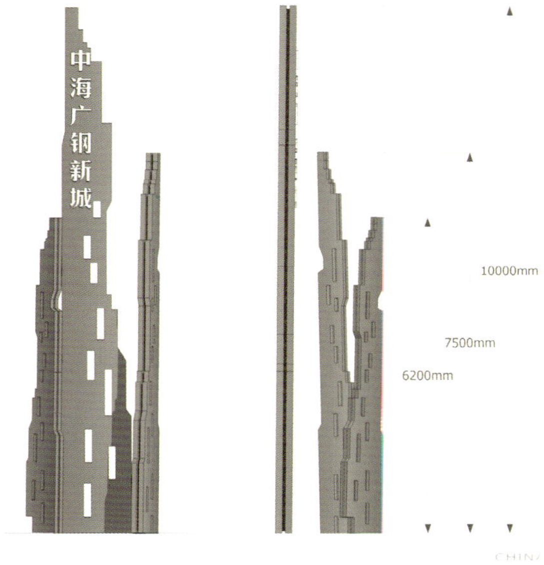

## 景观设计方案

01 精神堡垒
02 镜面水景
03 休闲木平台
04 木栈道
05 售楼处
06 特色种植
07 出租车停车位
08 商业街

局部景观设计平面图

01 种植绿岛
02 带状绿化
03 商业街
04 出租车停车位
05 休闲木平台
06 铁轨景观
07 带状水景
08 休闲座椅
09 地库出入口

局部景观设计平面图

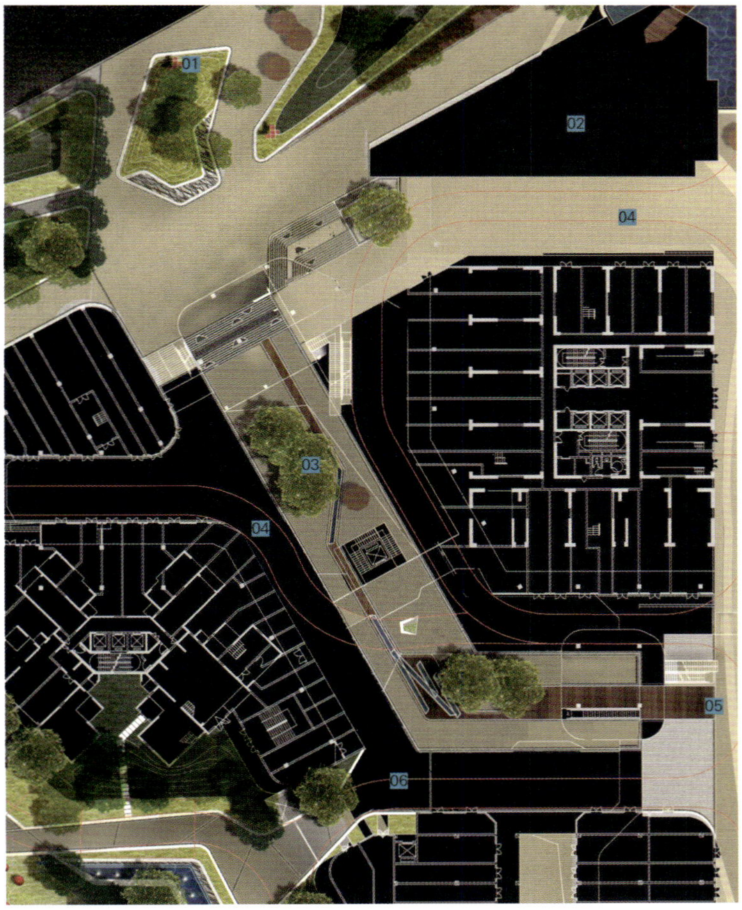

01 特色雕塑
02 售楼处
03 下沉式商业
04 商业街
05 下沉式商业入口
06 小区主入口

**局部景观设计平面图**

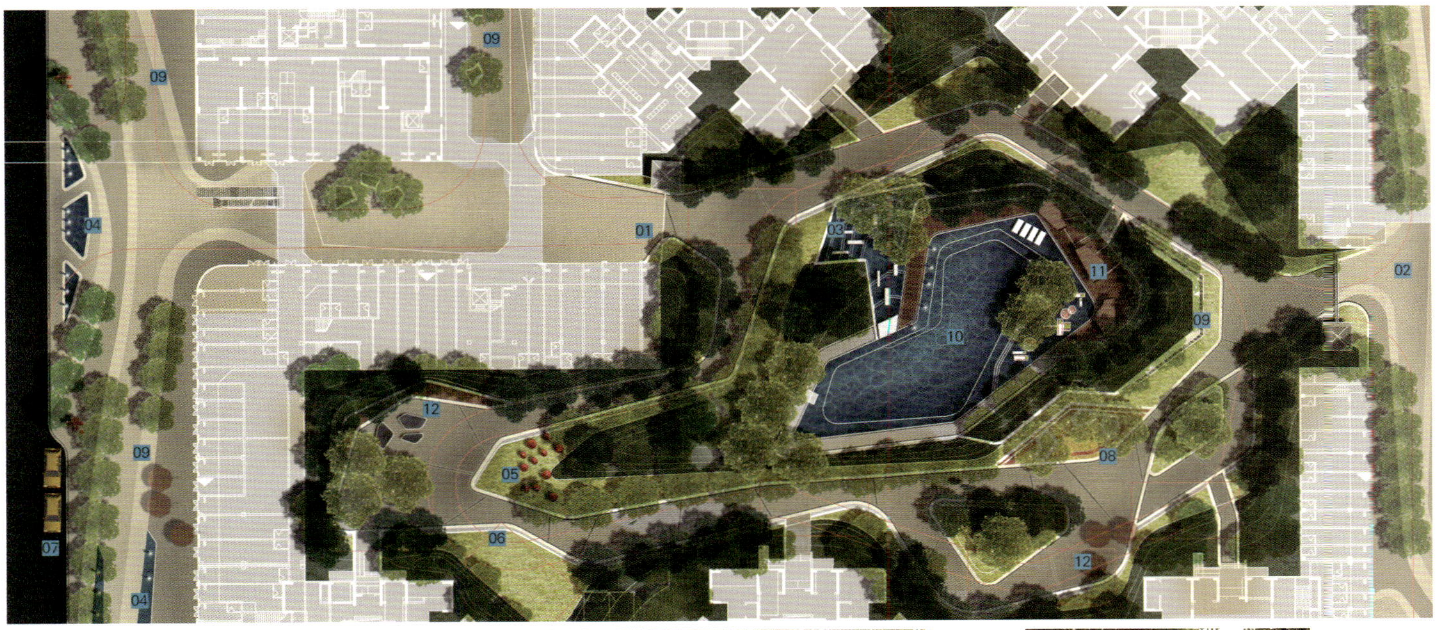

01 小区主入口
02 小区次入口
03 水景 logo 墙
04 特色水景
05 玫瑰雕塑
06 阳光草坪
07 出租车停车位
08 儿童活动区
09 商业街
10 泳池（面积 700 平方米含儿童池）
11 木平台
12 休闲活动区

**局部景观设计平面图**

# 茶禅一味 和清正雅

## 东莞鲁能公馆示范区设计方案

开发商：东莞鲁能广宇房地产开发有限公司 / 项目地址：东莞市茶山镇茶山北路
景观设计：深圳市喜喜仕景观设计有限公司 / 景观面积：27 831.94 平方米

东莞鲁能公馆规划有景观高层、特色 LOFT 公寓、创新商墅和商业街，
结合全龄运动设施、科技智能系统、中央生态园林和精工智能装修，旨在打造城市精英高端住区。

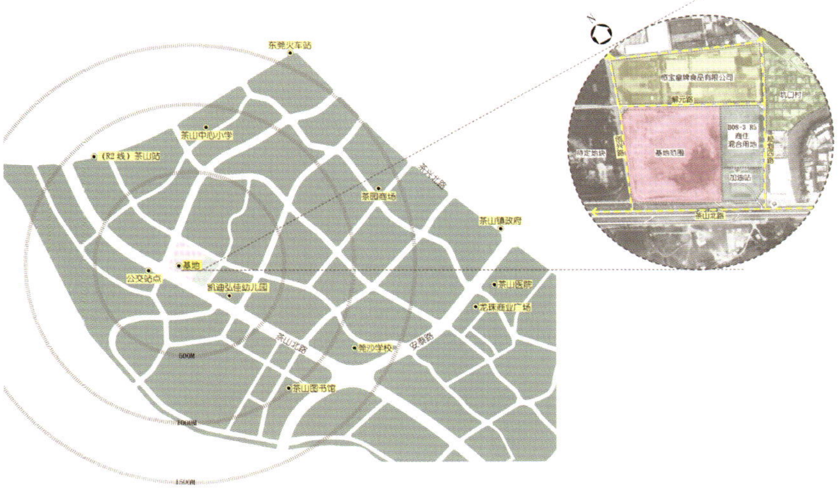


## 区位分析

项目位于东莞茶山镇，紧邻东莞主城区属于东莞中心组团，在东莞未来 15 年的规划发展中，茶山定位为高品质综合服务中心和创新中心。项目在成熟的新城生活区，具有交通便利、教育资源丰富、城市配套完善等优势，有良好的居住氛围基础。

## 项目概况

东莞鲁能公馆规划有景观高层、特色 LOFT 公寓、创新商墅和商业街，结合全龄运动设施、科技智能系统、中央生态园林和精工智能装修，旨在打造城市精英高端住区。

其示范区的园林景观以“茶之四德”为主题，将君子文人的雅趣与茶山镇的地域特色相结合，并融合“茶禅一味，和清正雅”的生活理念，在繁华都市中营造一片清静雅致的天地。

## 建筑设计

**风格解析：**建筑立面结合了现代简约的审美与新古典主义的精确优美的比例关系，是古典优雅与现代简约的完美结合。

**色彩提取：**建筑立面大量利用了米黄的色泽，结合透亮的玻璃色泽使整体显得清新典雅，给人耳目一新的感觉。

**材质运用：**厚重的石材造型结合轻盈的玻璃介质，现代高耸的摩天形体搭配经典的新古典纹样，不同的细节对比运用更体现现代美学与传统经典的完美融合。

**景观匹配：**景观设计将与建筑风格形成统一又对立的设计关系，局部的统一色调使整体显得和谐，同时又增添多种元素，丰富园林观赏细节。

商业街正立面图

## 景观设计

**启茶·入口：**入口以对称的方式展开，呈集中式布局，树木茂盛，中正平和，契合泰然自若的为人之道。

**分茶·敬尚堂：**华丽且通透的景墙与淙淙的流水相结合，既清幽秀丽又不失华贵雅致。典雅的案台、平静的水面和精致的镂空雕花，给予人儒雅的人文气息。

**闻香·理华殿：**理华殿以茶色作为基调，暖意微微，庄重而不严肃。殿前奇石伫立，四周树木高耸，让人置身丛林中，悠然自得。

**敬茶·清吟苑：**廊架融合了抽象的茶花符号、写意的山水画卷和简洁的几案，在喧闹中营造一方静地。走道运用错落有致的线条，既丰富了空间体验与审美趣味，又延伸了空间，营造曲径通幽的意境。

**品茶·融意园：**明快的色彩与造型独特的游乐设施打造出富有童趣的空间，让小孩可在此尽情玩耍；林荫处安放着休闲桌椅，让家长可在此休憩与交流。

小区总平面标注图

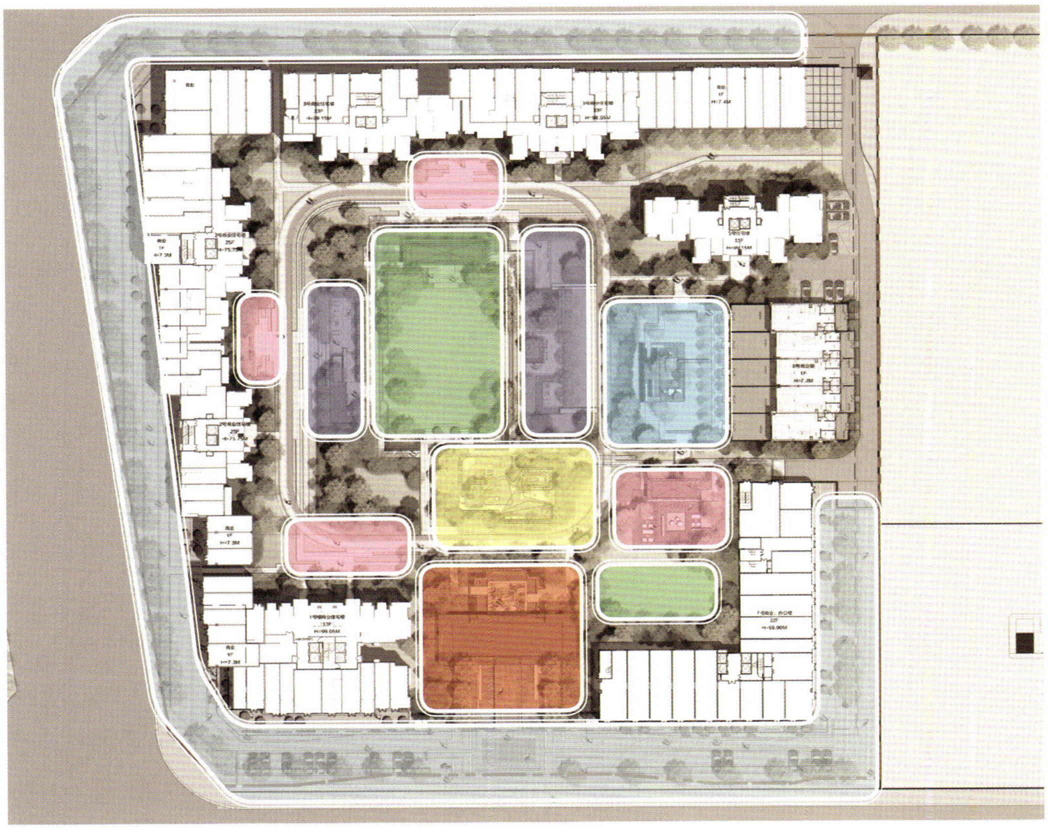

入口展示区
儿童活动区
邻里交往区
草坪活动区
中老年活动区
商墅休闲区
商业街

小区功能分区

# 景观设计方案

## 展示区敬尚堂

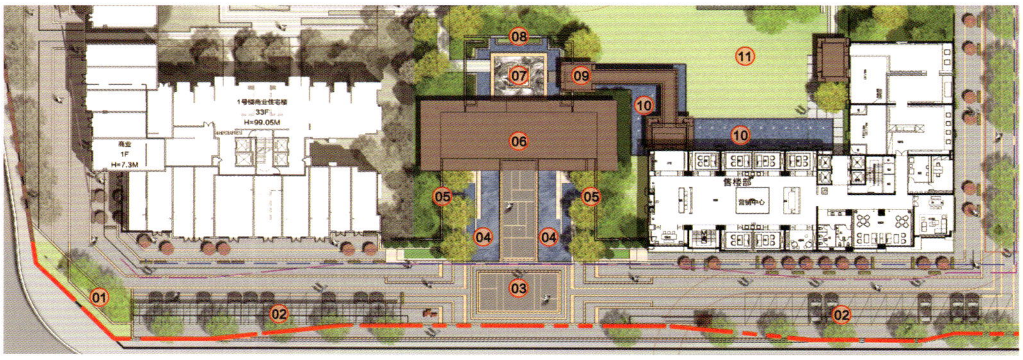

01 精神堡垒
02 临时停车位
03 主入口广场
04 跌水
05 跌水景墙
06 酒店式大堂
07 特色铺装
08 景墙
09 风雨廊
10 静水台
11 活动草坪

## 展示区理华殿

## 展示区清吟苑

## 非展示区分区一

图例：

01 夜光跑步道
02 特色铺装
03 休闲亭
04 景墙
05 邻里交往平台
06 林荫道
07 特色草阶
08 活动草坪
09 老年活动平台
10 黑色卵石铺地
11 观景平台

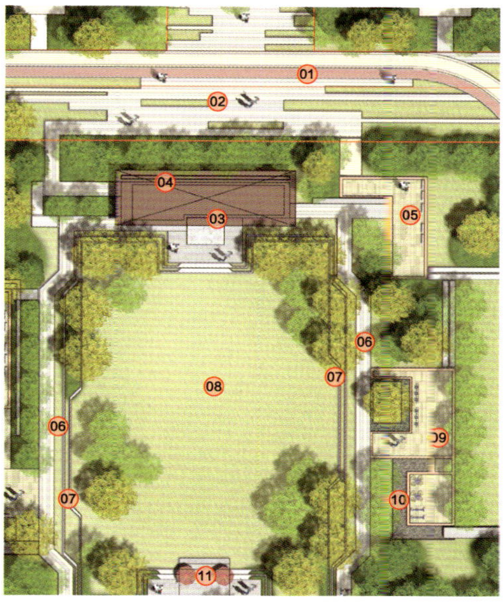

## 非展示区分区二

图例：

01 林荫道
02 健身平台
03 景墙
04 孤植树
05 黑色卵石铺地
06 特色草阶
07 夜光跑步道
08 特色铺装

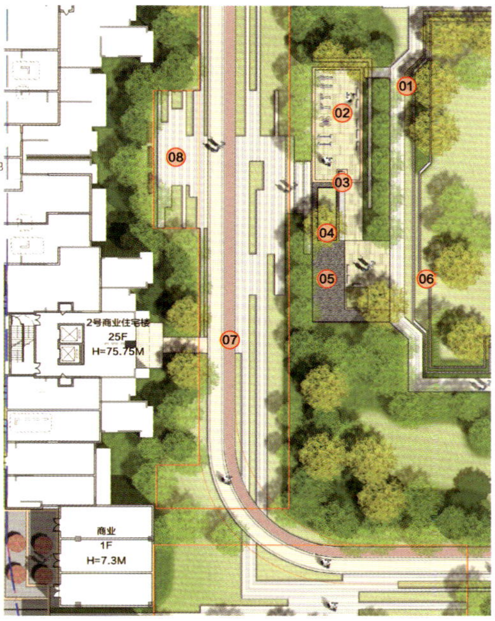

## 非展示区分区三

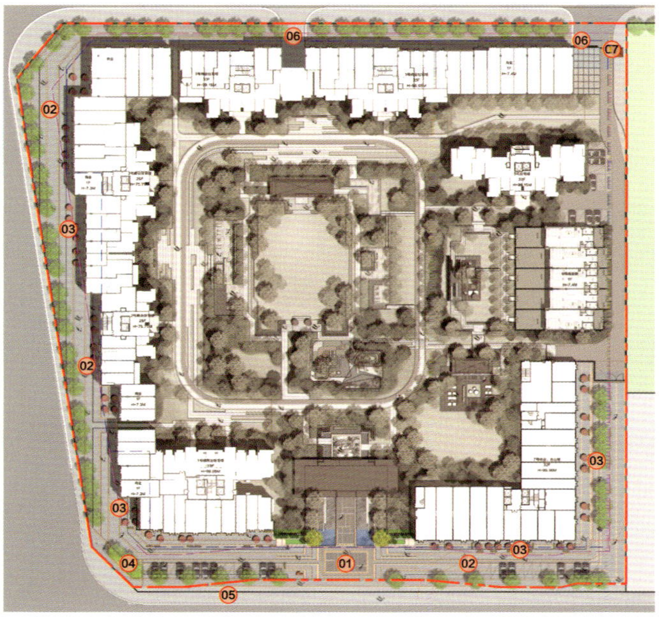

图例：

01 主入口广场
02 商业特色铺装
03 商业户外摆设
04 精神堡垒
05 市政人行道
06 地下车库出入口
07 消防铁艺门

# 首个“理想家”体系品质住宅

## 上海绿地·璀璨天城设计方案

开发商：绿地控股集团房地产事业二部 / 项目地址：上海闵行区马桥板块
景观设计：MPG美国摩高景观事务所 / 用地面积：56 415.2平方米 / 建筑面积：164 240.978平方米 / 容积率：2.4 / 绿化率：35%

上海绿地·璀璨天城充分地体现了绿地“理想家”体系对人无微不至的关怀，以四大核心景观价值作为基础，并建立 6 大功能板块来落实项目的规划和设计，让人性化的居住真正地落到实处。

项目的规划布局简洁大气，突出中轴对称格局，规划逻辑清晰，“内外”分明，注重公共空间与私属空间的营造，打造人性化的建筑空间。

## 项目概况

绿地·璀璨天城位于闵行马桥板块（2010 年上海第二批大型居住区），是绿地集团倾力打造的首个“理想家”体系的品质住宅楼盘，集样板区实体景观落地、售楼处虚拟展示落地、全区景观亮点模块的缩微模型展示等多种技术展示于一体。美轮美奂的居住环境及人性化的设计理念渗透在璀璨天城的每一处角落，不遗余力地为居住者寻求种种舒适美妙的生活体验。

## “理想家”体系

绿地集团推出的“理想家”人居标准体系，整个框架体系是由 C.A.R.E. 为首字母的四个英文单词，分别代表着“理想家”的四大核心景观价值——可感知舒适（COMFORT）、可体验智能（INTELLIGENCE）、可参与永续（RECYCLE）与可互动环境（ENVIRONMENT），从这四个方面提供一个切实以人为本的居住社区景观。而这四大价值观的背后，是 6 大功能技术模块——场地适宜性分析、空间规划、公共空间设计、人性设计、环境友好技术、智能化技术，以及近百项贴心关怀的细节设计。

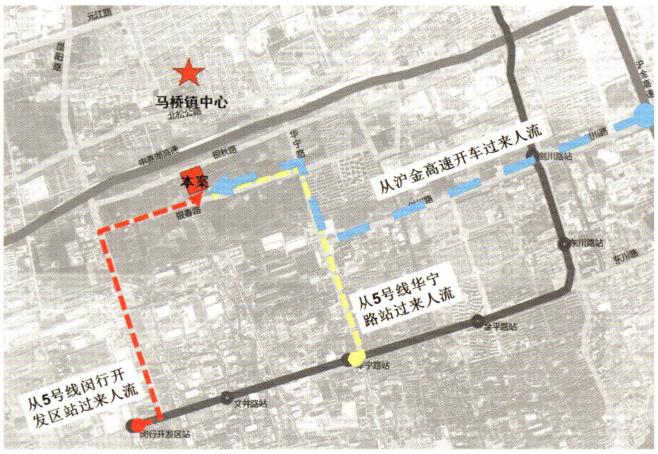

## 空间规划

空间规划是整个社区的骨骼，决定以后社区的公共空间框架，规划对人车分流、停车干预等考虑直接决定社区在交付使用后的生活品质。景观设计与建筑总图专业共同制定了外围环路、外围停车的大策略，设计了从外围向每个邻里树枝状辐射内部道路的方式，及临时停车回转区结合变电站的有条件的局部人车分流的交通布局，并与建筑协调后翻转了个别消防登高面，以达成外部车行、内部人行的大规划格局。

**人车分流**

· 有外围机动车环道的社区规划，需提供至少 1.2 米宽的人行环道保证安全；

· 有条件的居住区车行以外环路为主，中心区域留给步行及活动区域；

· 老人儿童活动区需布局于纯步行区域，回家动线尽量与机动车流线不穿越；

· 搬家车考虑与入户大堂距离不过远，便于搬家，停车位为 3 米 x 8 米，提供水电洗车；

· 规划中尽量安排地下车库出入口位于小区出入口，尽快入地原则。

**停车干预**

· 如规划许可尽量设置小区外围机动车环道，结合机动车环道设置停车位；

· 停车位结合环道时建议采用沥青或混凝土为铺装材料，停车便利的同时降低成本；

· 外围停车位建议每 4~6 辆车设置一段绿化空间，避免几十个停车位连续无绿化现象。

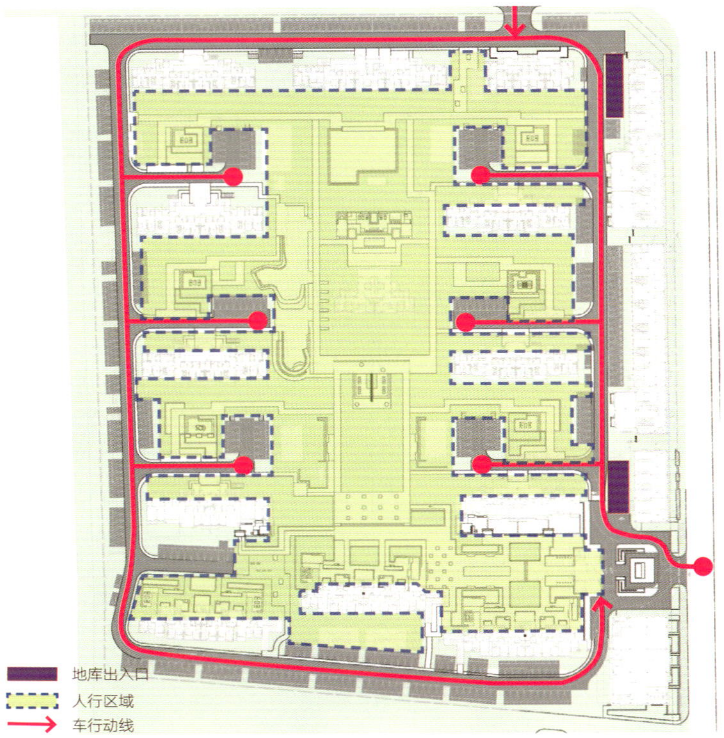


作为整个小区业主的交流、通勤和锻炼的载体，公共空间为各个年龄段的业主提供了专属空间，设计相对侧重老人和儿童的活动空间，同时兼顾年轻人专属的活动空间，有公共空间也有小范围相对私密的空间。

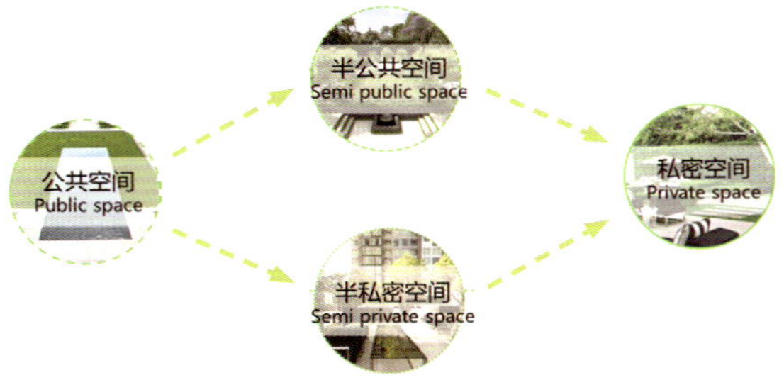


**景观会客厅**

设计单位在本项目中首次提出多空间层次的景观会客厅概念，形成公共会客厅—半公共会客厅—半私密会客厅—私密会客厅的空间序列，是“理想家”体系的重要核心技术模块。

· 公共景观会客厅社区 HUB：位于全区活动的中心，将绿色引入公共会客厅，融入更多走心设计、特色活动空间以及暖心设施，共同构建成整个公共空间体系，让住客在户外空间可以最大限度地放松身心。

· 邻里景观会客厅：舒适尺度的邻里级主题会客厅是兼具静谧、精致、质感、简约等特质的户外邻里空间。每个会客空间被赋予不同的主题和风格，结合秋色叶植物的季节变化，营造惬意的趣味交流空间。

· 楼栋景观会客厅：利用 L 形入户形式与景观轴线空间，打造楼栋前专属会客厅空间，是休闲、独享、考究浪漫的功能性会客厅；将专属花园移到入户前，为每栋住户提供惬意的休憩空间，让回家真正成为前所未有的温馨享受。

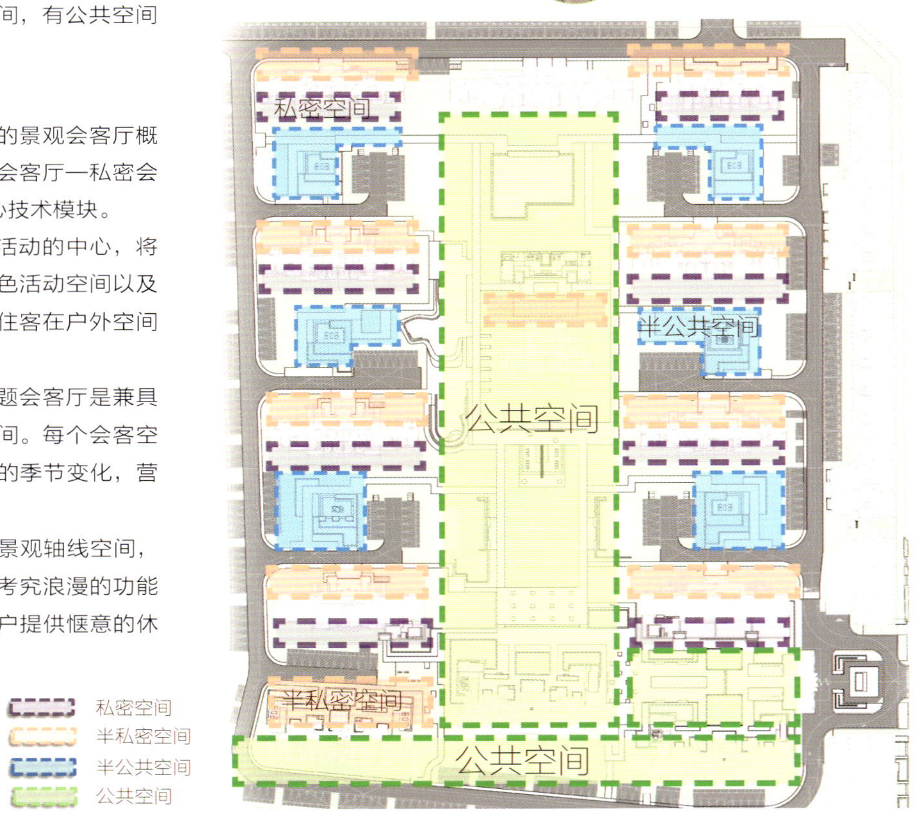


公共空间设计分析图

## 建筑设计

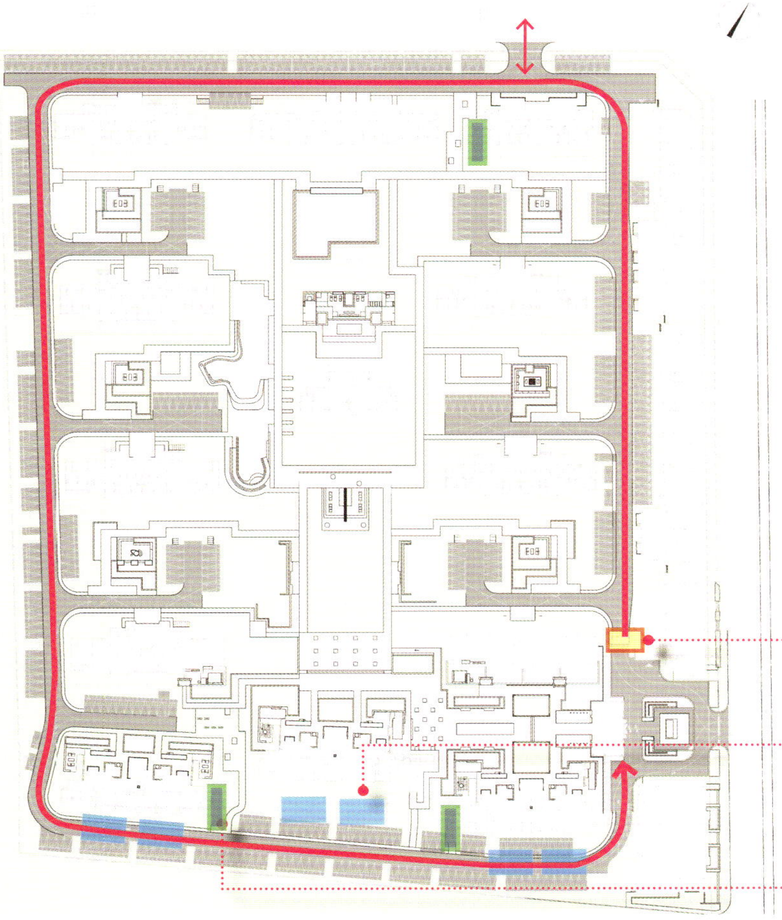

### 建筑总图分析

#### 外围环道

- 全区车行道路形成外围单行环线，提高小区内车行安全指数；
- 消防登高面设于车行环道上使消防车道与区内车行道路共用，留出可用的景观空间；
- 环道将停车位与中心景观相隔离，避免景观空间中出现大面积停车位；

由主入口车行入口进行管控，建议将全区车行道路设置为单行环线，次入口为双向入口，提高区内车行安全指数。

消防登高面布置在外围建筑南侧，留出可用景观空间，也可以使消防车道与区内车行线路共用。

自行车地下车库出入口建议反向，调整至从南侧外围道路进入，非机动车不穿越中心景观区。

1 号楼立面图

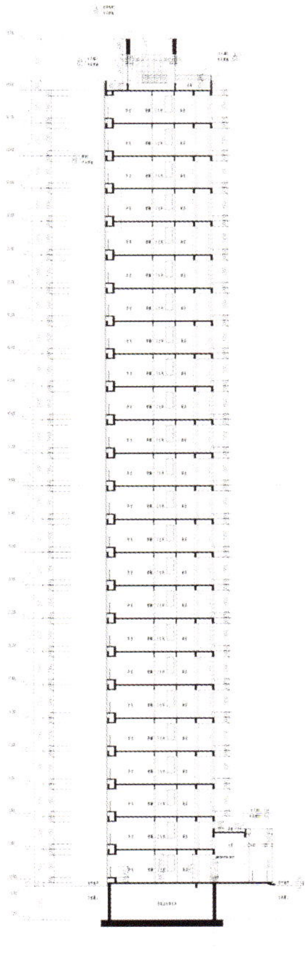

1 号楼剖面图

## 景观设计

景观不仅可以给人们生活带来美感与实用，还是社区小环境及城市大环境不可或缺的生态元素，通过雨水花园、植物滞尘、竹木材料、适木适土、幻彩四季等手段打造美丽且环保的社区环境。

**雨水花园**

· 小区内运用尖端科技打造出雨水花园系统，实现对自然降水的开发与利用；

· 有效调节空气湿度和温度，释放氧气，改善小区空气质量；

· 通过顶级过滤净化，保持小区水面清澈，营造自然野趣的景观环境。

**幻彩四季**

· 活动场地周边设计围合与开放并存的绿化空间，冬季阻挡寒冷的北风，夏季流通凉爽的偏东南风；

· 多种植物错落搭配，形成四季不同景致；

· 设置加热座椅，使冬季的户外不再寒冷；

· 雾森、旱喷与围合的绿化带来夏季的清凉空间。

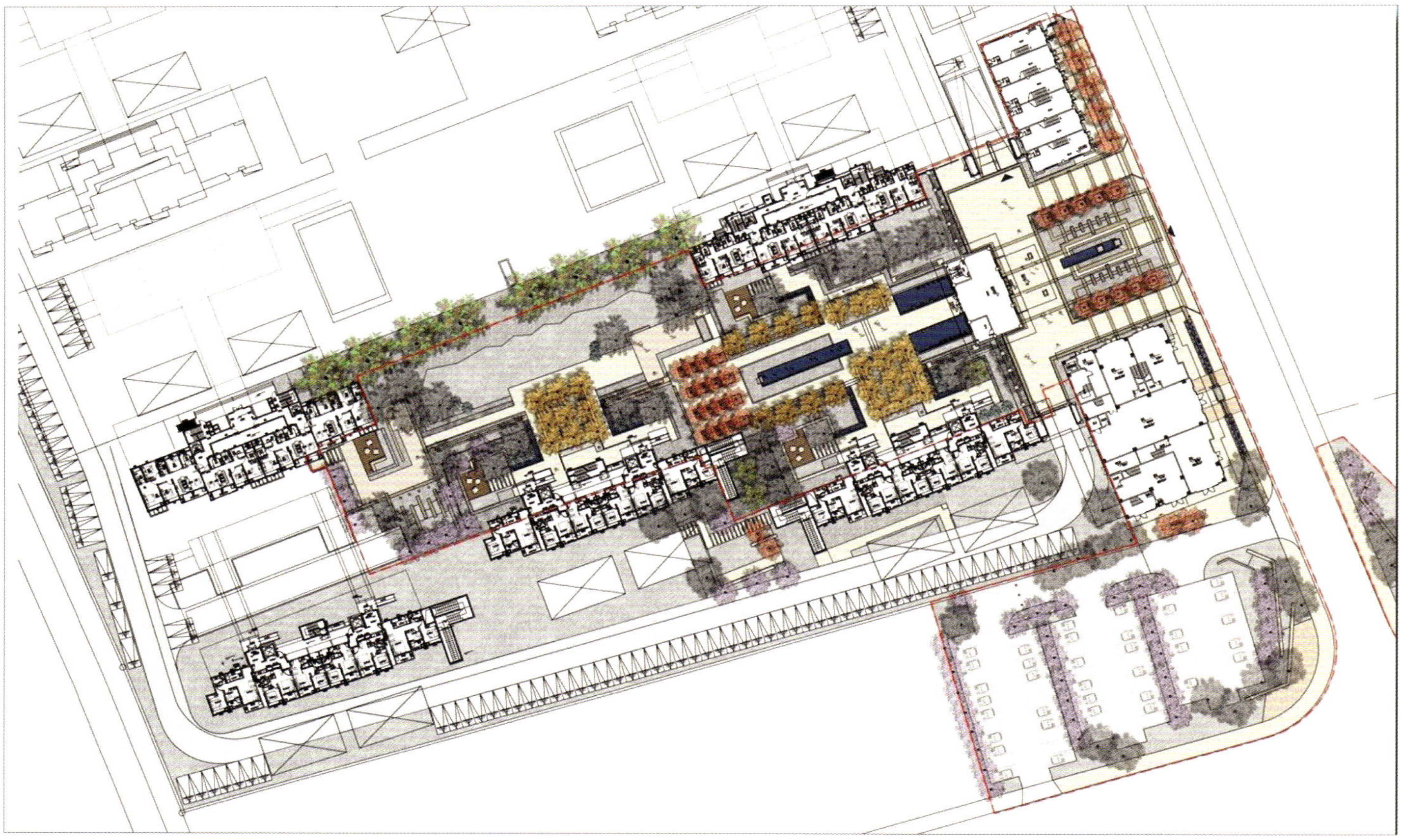

幻彩四季景观分析图

## 智能化技术

在科技日新月异的时代，景观也应该从固有的花花草草世界中走出来，融入新的科技元素，增强与人的互动，给人带来方便，实现“景观—人—科技”的全新交互。

**高速 WIFI**

· 全方位覆盖公共空间，提供实时网络接入；

· 业主时时 online，通过 wifi 分享身边消息；

· 体验高速网络带来便捷；

·与小区会客厅结合，为商务会谈提供网络支持。

**二维码**

· 二维码装置可镶嵌在地面铺装及植物内，通过扫描控制相应的环境设施，获取相应信息；

· 社区内的设施采用智能交互设计，形成人与环境的良性互动；

· 通过扫码的方式，使水景与人产生互动，控制灯光的强弱与功能。

**天使之眼**

· 儿童活动区配备全天候实时监控；

·提供实时云端观看功能，家长可随时通过手机、平板、电脑等移动设备查看孩子情况；

· 物业在儿童活动区周围设置看护点，为儿童提供常备性安全保障。

**随身听**

· 社区内形成声音地标；

·通过设置声音互动装置，形成人与环境的互动。

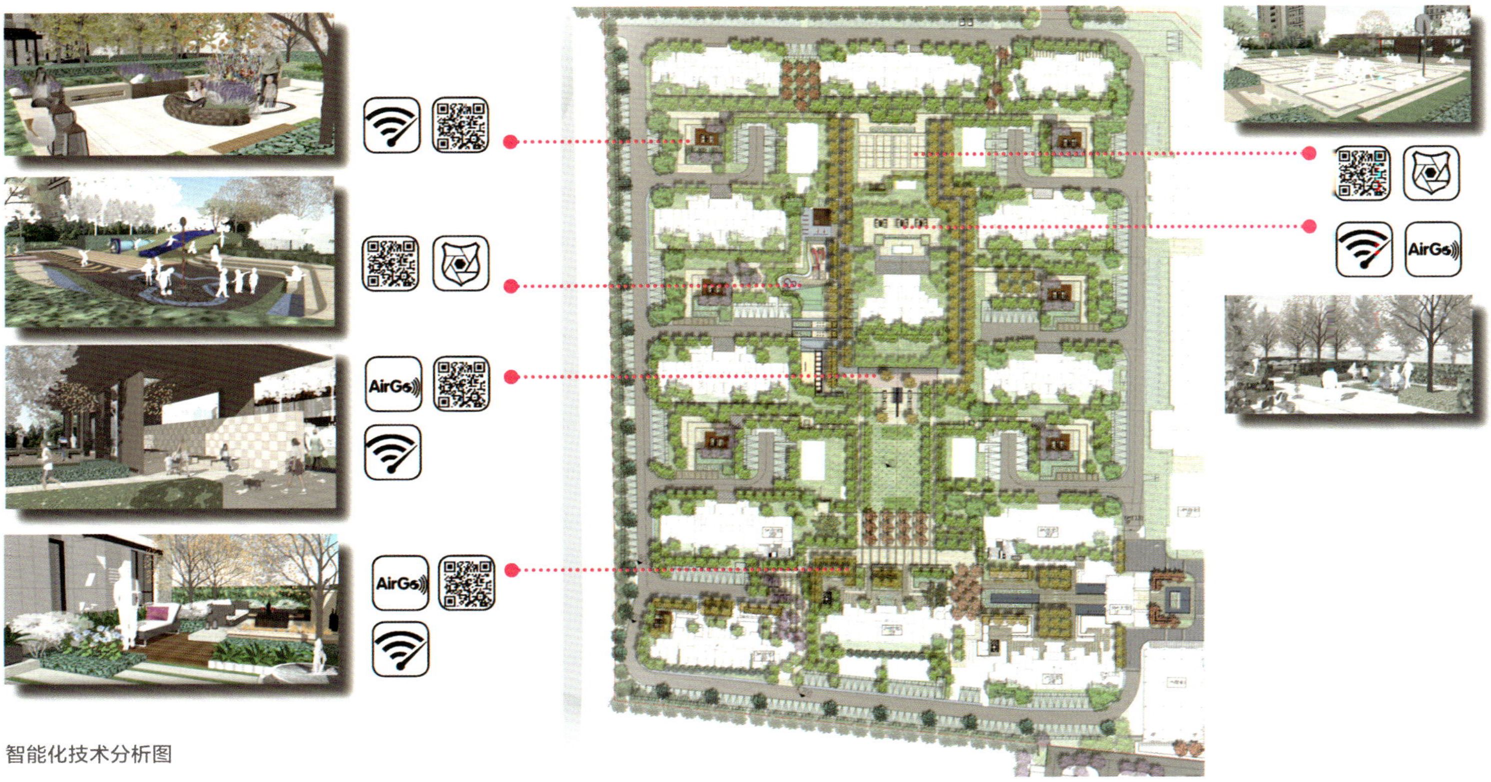


智能化技术分析图

旭辉·铂宸府
CENTRAL MANSION

金·盘 内·参

# 创新系列

## 设计方案

# 写意江山胜景 未来艺术美学

## 重庆江山云出示范区设计方案

开发商：重庆旭宇华锦房地产开发有限公司 / 项目地址：重庆市两江新区悦来高义口地铁站旁
建筑设计：梁黄顾建筑设计（深圳）有限公司 / 景观深化及实施指导：重庆蓝调城市景观规划设计有限公司
景观用地面积：15 000平方米 / 建筑面积：2 500平方米

设计只有回归自然、回归人本，才有核心的力量。
重庆江山云出择址于重庆两江新区生态城，尊重自然与土地的原生状态，以人性化的匠心设计诠释江山大境的真正内涵。
示范区运用精简的设计语言，放大山城独特的自然元素“江、崖、山、雾、云”，将自然的艺术融入生活美学，源于自然，代表未来，成为独一无二的存在。

## 项目概况

江山云出是由旭辉、华宇、华侨城联袂打造的江山系战略新作，集萃旭辉九座江山系作品的经验，打造现代江景大盘，以精工品质匠筑云境大平层，迭代重庆江山生活境界。

项目地处悦来生态城制高点，位于生态智慧集成区域，并于一线滨江山巅之上，俯瞰嘉陵江十里江岸线，享有丰富的公园资源。项目亦坐拥“四纵四横三轻轨”立体交通，贯通全城。

示范区平面图

## 景观设计

**主入口：**项目以大体量的自然曲线向两侧有机地延伸。简约的弧线以白色混凝土、金属顶面与镜面水景呈现，极具灵动美与雕塑感。

**前场：**项目以简约的弧形线条分割铺装，并以灵动的曲线树池坐凳进行点缀，简明大方又不失细节，与建筑的形态相得益彰。大体量的镜面水景收尾，打造出天光云影、如梦似幻的奇幻景致。

**临崖步道：**项目顺应山势打造一条临崖步道。步道线型流畅，曲折回环，步移景异。设计赋予石材、木材以及不锈钢曲面扭转的细节，喻意自然中云雾的变幻莫测。走在栈桥上，人仿佛漫步于壮阔而飘渺的山水长卷中。

**玻璃廊桥：**项目以简约的曲线向外飞架出凌空的玻璃廊桥，并以柔美的诗意勾勒出一轮皎皎的明月。放眼远观，千里江山被明月精心装裱，犹如被精心勾勒的山水画。

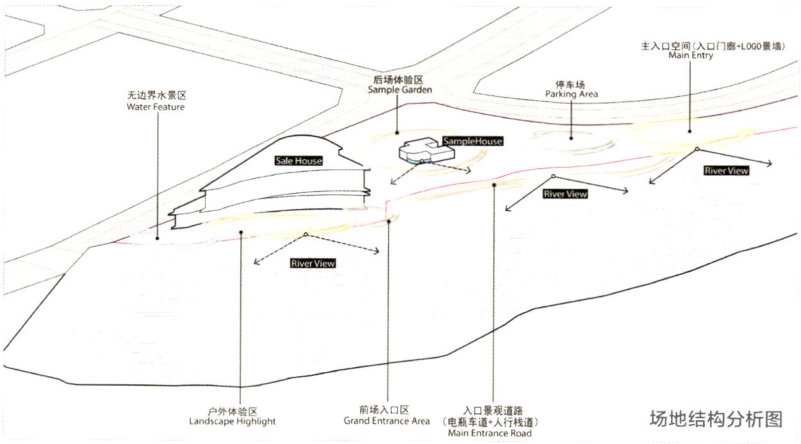

场地结构分析图

## 建筑设计

Legend 未来人居艺术馆整个建筑的形体映照了江湾和山体的走向，用一条简洁的曲线塑造一条“空中”的湾流。三角形边角地块因一条弧形的切割展现出明确的方向性。

项目对山体进行了切割，让建筑嵌入悬崖岩石之中。在 188 块定制通透玻璃的衬托下，主体结构和室内空间也成为立面不可分割的一部分。阳光可以穿越整个艺术馆，照耀到后方的建筑上。为了增强临崖的感觉，建筑二层整体进行了旋转，形成长达 18 米的悬挑观景台，如同一个甲板，引导来宾走向观景台的顶端。

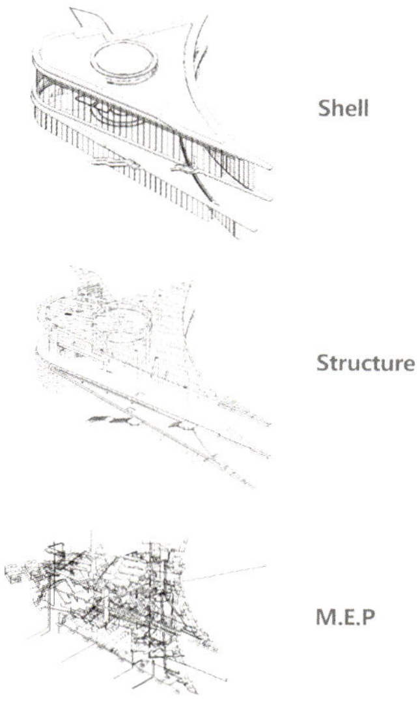

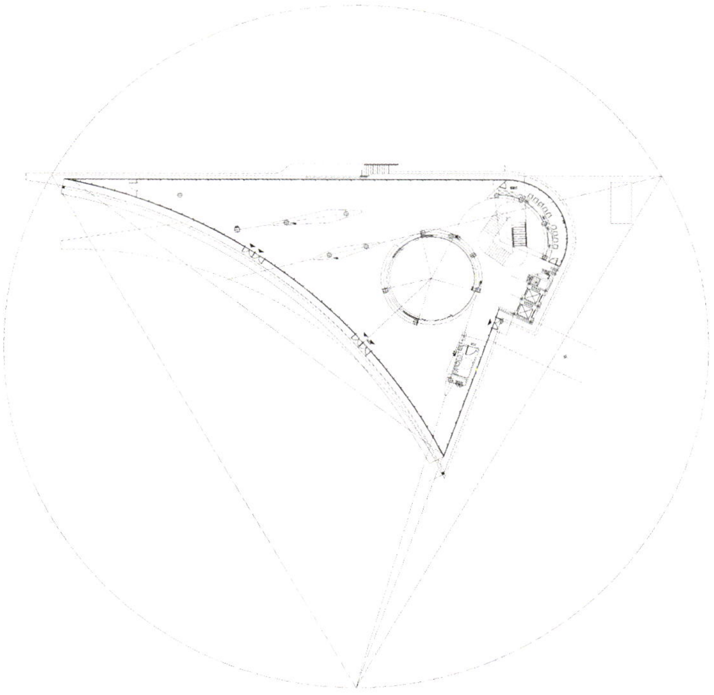

艺术馆一层平面图

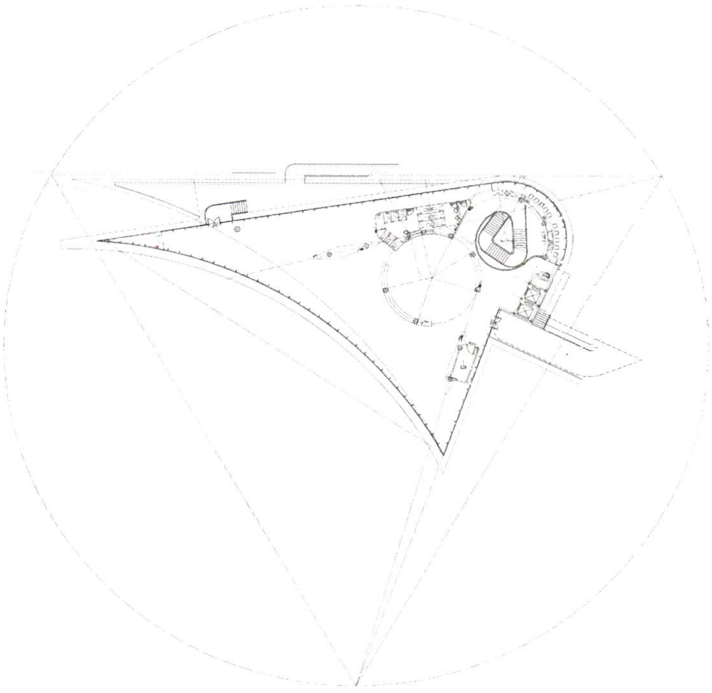

艺术馆二层平面图

## 室内设计

三面全玻璃幕墙的建筑立面形成开放、通透的室内空间，在保证一定私密性的同时营造出外中有内、内中有外的空间感。室内设计呼应建筑自然写意的曲线元素，搭配极简的色彩和纯粹的肌理，共同诠释出现代、自由、空灵的山城意境。

接待台上延绵起伏的装饰吊灯，像云、像山、像雾，又像泛着粼粼波光的空中海浪。旋转楼梯极富雕塑感，侧面通过灯光塑造出管琴键般的光影肌理。

二层吊顶天花上的圆形装饰吊盘排布有序，点缀着筒灯，像停歇在荷叶上的萤火虫。时尚舒适的桌椅采用自然的大地色系，沿着偌大的玻璃立面摆放，周围景色一览无遗。

# 江南岛居 当代风华

## 宁波雅戈尔海晏府设计方案

开发商：雅戈尔置业有限公司 / 项目地址：宁波东部新城兴宁路与河清路交汇处
建筑设计：上海拓观建筑设计机构 / 占地面积：34 000平方米 / 建筑面积：81 300平方米 / 容积率：1.6 / 绿地率：30%

宁波是典型的江南水乡和海港城市，兼具典雅气质和开放精神。
宁波雅戈尔海晏府充分体现了这两种城市特质，通过半围合的空间布局让社区与周围的环境相互融合。
项目在入口大堂中引入了江南园林设计，给予居住者强烈的文化归属感，并通过巧妙的设计让空间逐渐向现代简约的居住空间过渡。

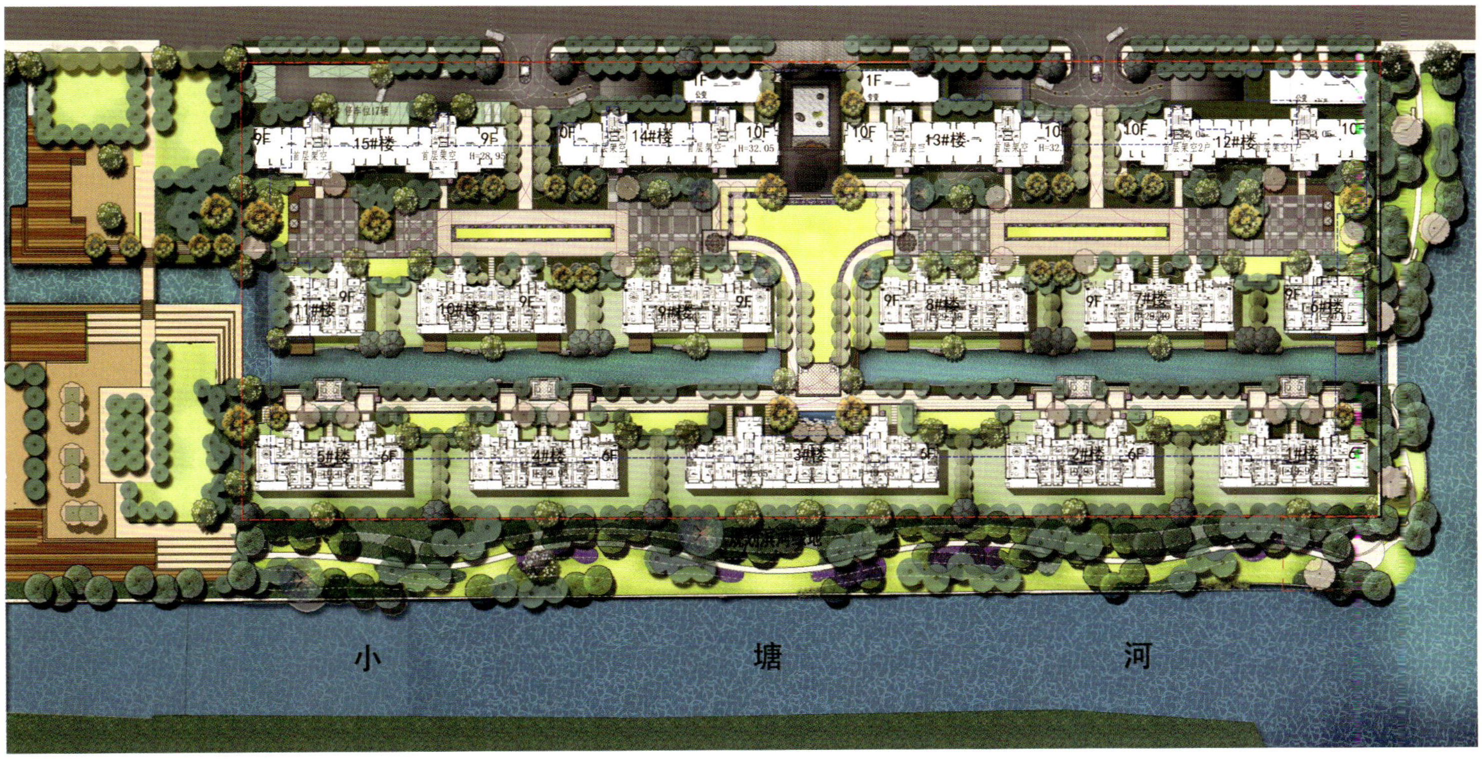


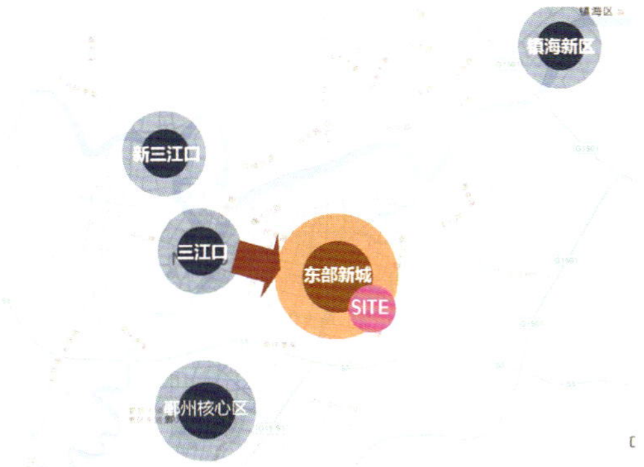


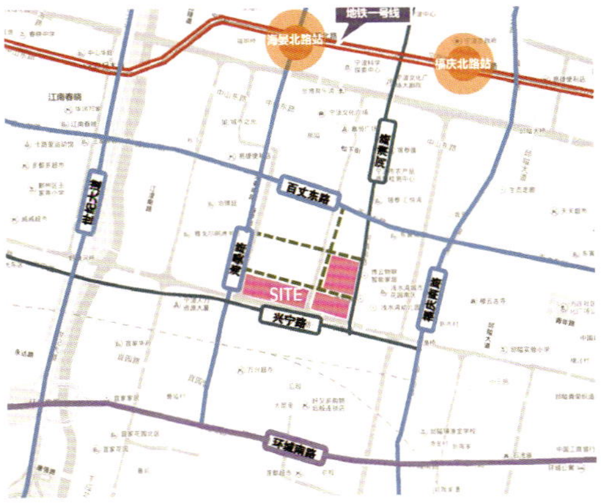

## 区域分析

以宁波未来中心商务和行政办公为核心的综合性城市新区，将与三江口为核心的旧城形成“一城两心”空间格局，共同承担未来宁波城市中心功能。

基地周边交通完善：南侧临近环城南路，北侧距地铁一号线海晏北路站、福庆北路站仅 1.5 千米。

## 定位策略

宁波雅戈尔海晏府位于宁波东部新城“水乡邻里”高端居住板块，毗邻生态湿地和宁波文化广场，地理位置优越。项目三面环水，形成一个岛居社区。

项目秉承江南的文化底蕴，结合特殊的岛居形态，融汇现代的建筑风格和江南古典园林的精髓，精心营造当代江南岛居生活。

## 规划设计

项目将建筑和景观沿轴线对称展开布置，整体空间组合具有强烈的序列感。主入口为人行入口，设置社区大堂，借鉴宁波天一阁的门户空间，以围合院落形成具有凝聚力的“四水归堂”。项目的建筑高度从南侧临水的 6 层往北逐步增加为 10 层，形成错落有致的天际线。建筑相互错位，内外景观相互渗透，形成封而不闭的小区。

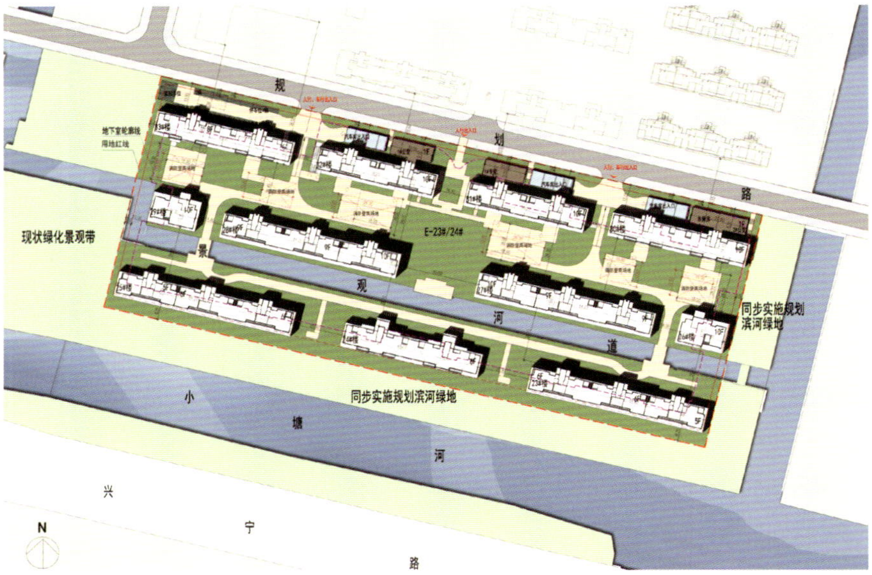


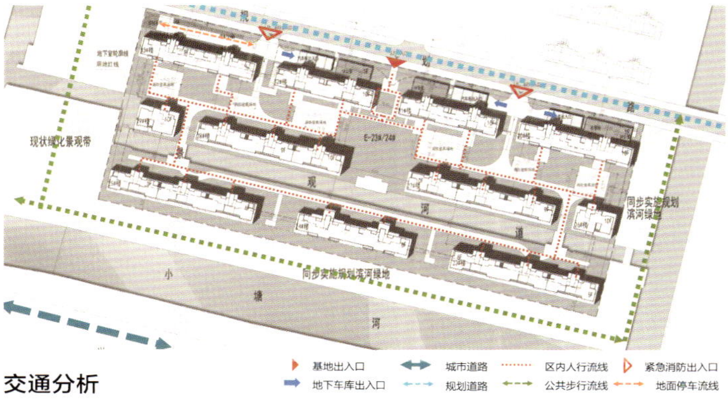


### 交通分析

小区主出入口按照规划条件设置。

地块三面环水，只有北面可以开口。北面正中间设一人行主入口，两边设机动车出入口。两地块住宅每两排一组设南北入户方式，强化小区组团感，且利于绿地集中布置。机动车出入口设在小区入口旁，便于直接下地库，做到人车分流。

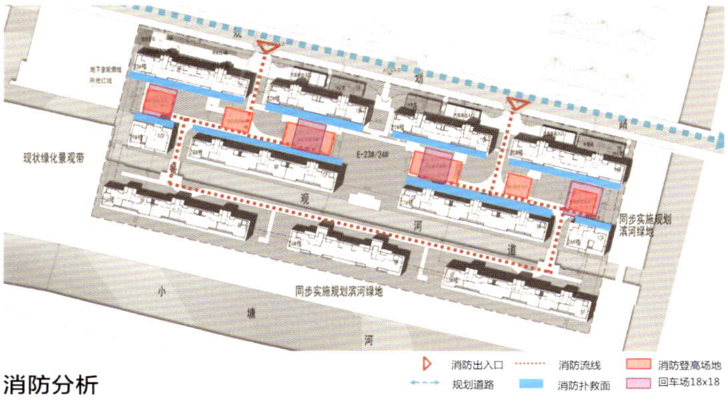


### 消防分析

地块第一排受 20 米限高的限制只能做 6 层，后两排受日照及间距限制只能做到 8–10 层，均设置 10 米 x15 米消防登高场地，扑救面与首层出入口同侧，登高场地距离扑救面 5 米 –10 米之间。消防车道尽端设 18 米 x18 米回车场地，消防车转弯半径 12 米。

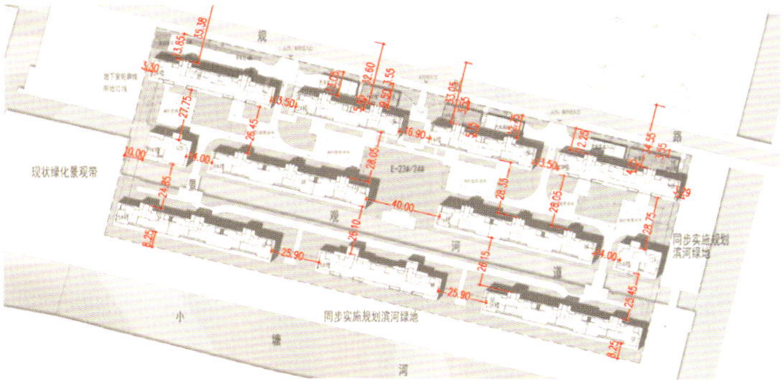


### 建筑间距分析

建筑南北间距满足《宁波市城乡规划管理技术规定》多层建筑间距板式按照 1.25 倍遮挡建筑高度，高层建筑间距板式按 1.0 倍遮挡建筑高度；点式按 0.7 倍遮挡建筑高度且不小于 24 米控制。

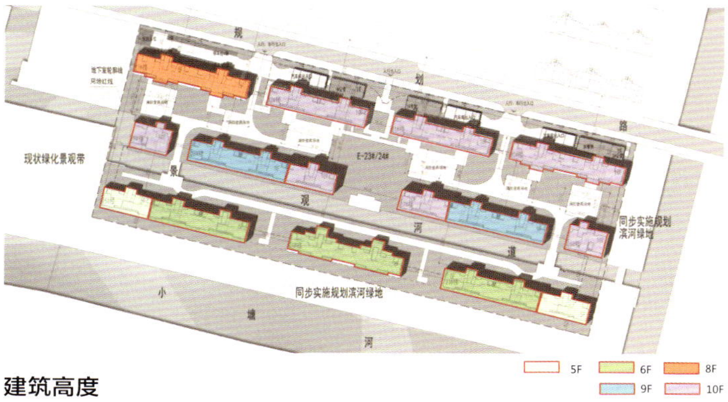


### 建筑高度

第一排限高 20 米，最多只能做到 6 层。
后两排限高 45 米， 受到间距和退界的限制做 9–10 层。
基地最左上角一栋楼受界外幼儿园日照的限制只能做 8 层。

## 建筑设计

项目地块具有江南水乡特点，设计师试图用当代建筑语汇营建传统人文意境，让生活与环境对话，也让时代与历史对话。项目提取传统江南建筑的语汇，将其抽象化处理，强调水平延展、色调淡雅、景窗通透。项目在细节上巧妙地隐藏雨水管、排风管等设备，呈现干净、纯粹的立面效果，渲染安静的生活氛围。社区大堂的纯粹古典江南气质与住宅建筑的现代简约风格相辅相成。

效果图

①-⑳轴立面 1:100

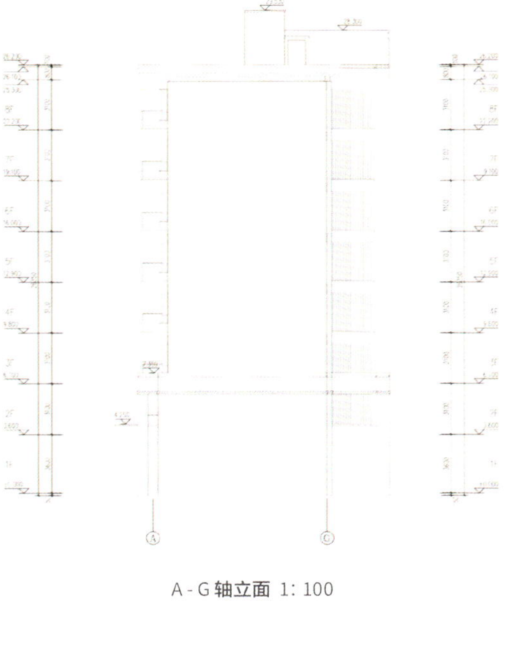

A-G 轴立面 1:100

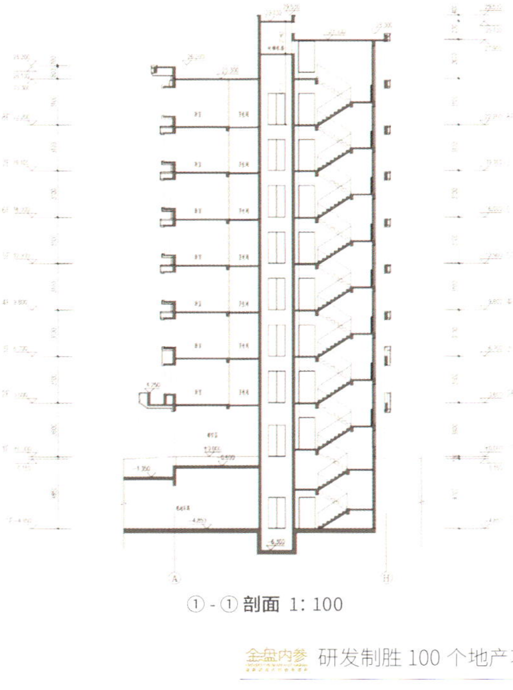

①-①剖面 1:100

## 景观设计

充分利用滨水公园的公共景观优势，结合入口广场和道路节点，形成一系列空间形态丰富、内部与外部结合的多层次的景观空间。区内景观主次分明，动静结合，逐层过渡，形成严谨的景观系统。将景观空间特性和归属感一一对应，充分体现人与环境的和谐统一。连接主入口的便是小区的中心广场，中心景观带以中心广场为起点向内延伸，成为小区的景观主轴。

本地块景观资源优越，基地的东侧、西侧、南侧以及小区内部有水系及绿化带。小区人行出入口及组团内部也设置大尺度的花园。

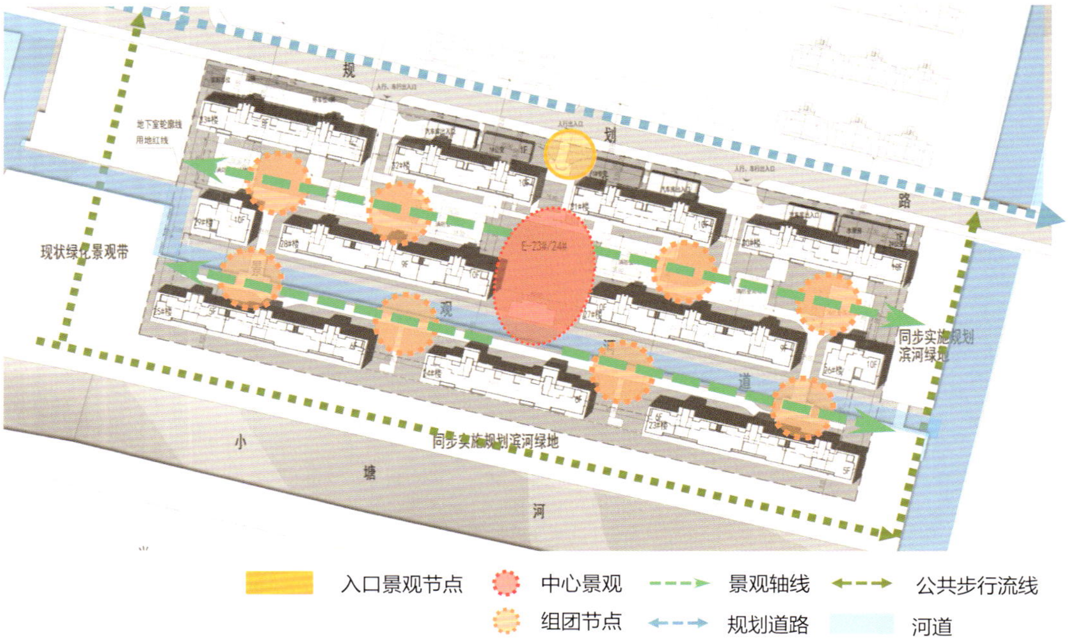


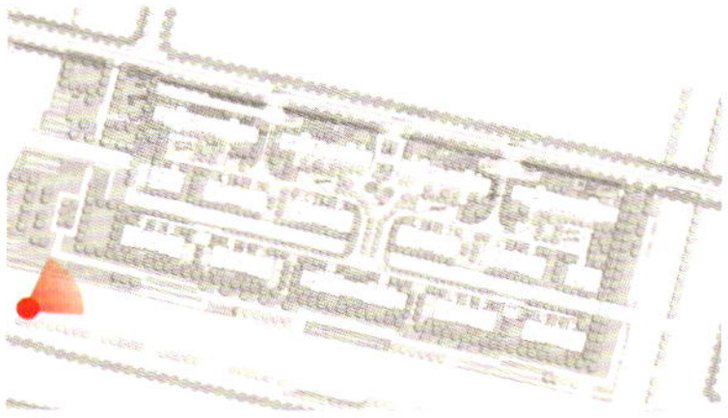

### 景观意象

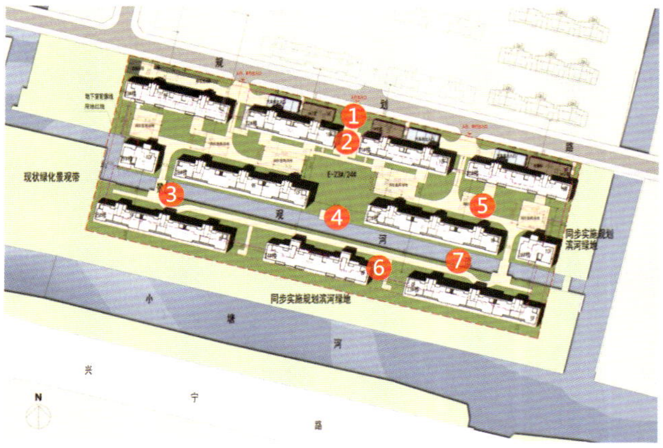

## 户型设计

第一排南面临水以 140 户型为主，中间一栋正对小区主轴线为 165 户型；

第二排南面临水以 140 户型为主，两边景观更好做 255 户型；

第三排北面临路，中间做 140 户型，两边景观更好做 165 户型。

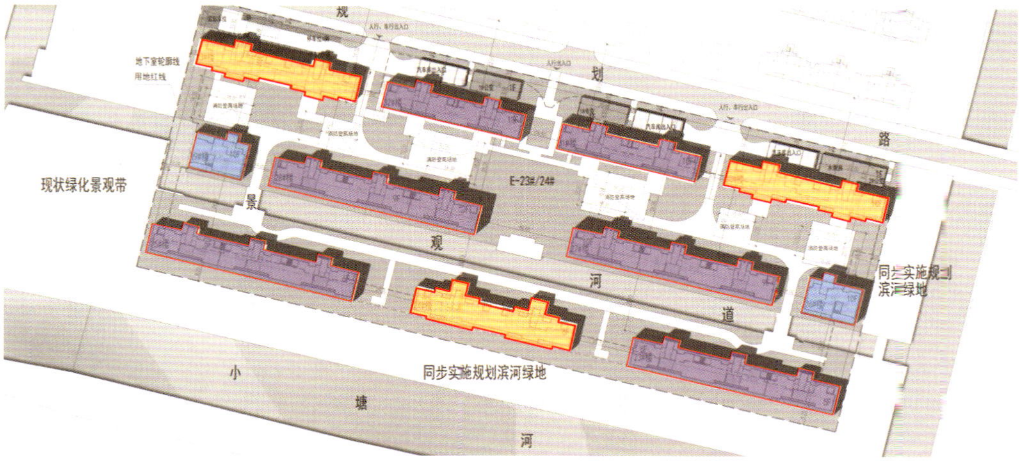


户型分布图

### 140 户型设计

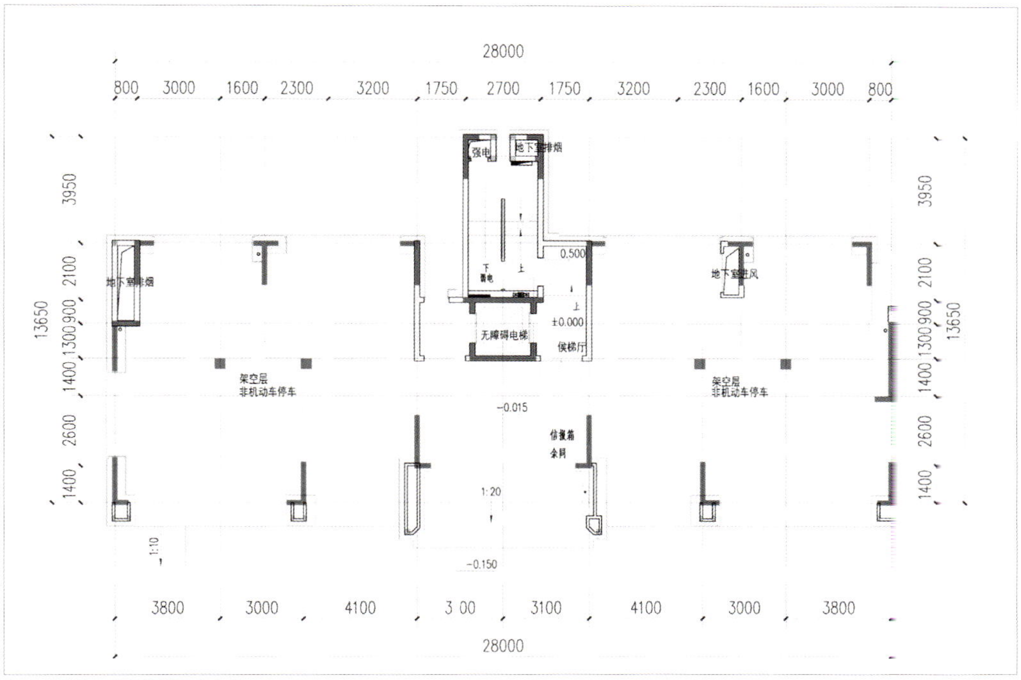


31#、32# 一层平面图（南入）

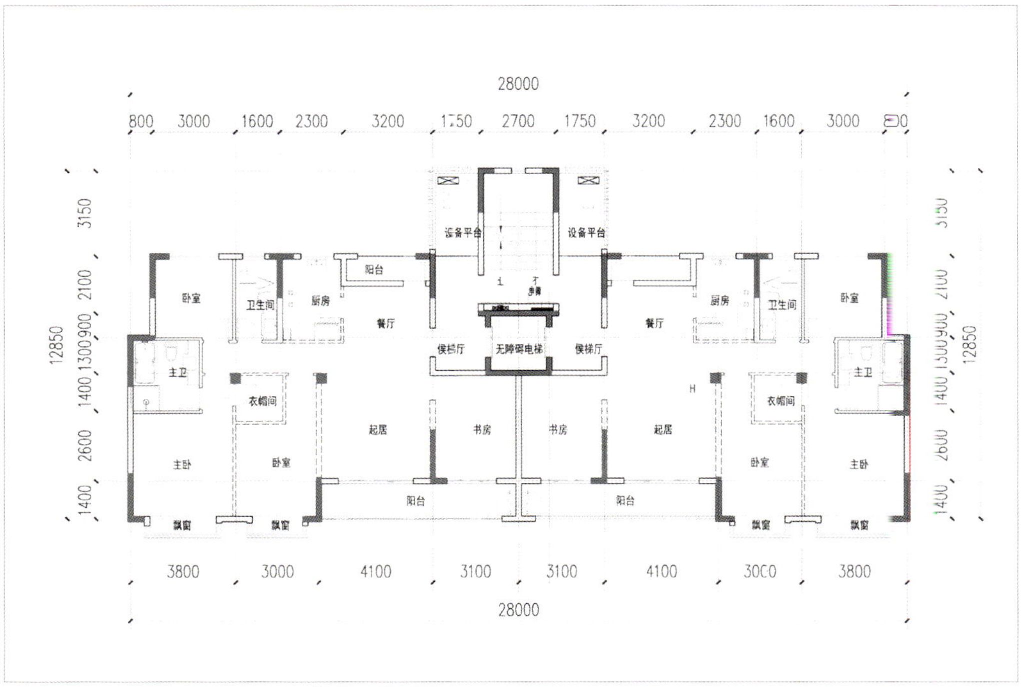


23#、25#、27#、28#、31#、32# 标准层平面图

# 国际时尚 科创生活

## 杭州万科·融信西雅图设计方案

开发商：万科地产、融信中国 / 项目地址：杭州市西湖区紫金港路与庄墩路交叉口
建筑设计：AAI国际建筑师事务所（加拿大） / 占地面积：约62 000平方米 / 建筑面积：约174 132平方米 / 容积率：2.80 / 绿化率：30%

杭州万科·融信西雅图为万科和融信共同打造的精装智能化社区，以灰冷精致的建筑立面、艺术性与功能性兼备的景观体系、时尚智能的精装设计，突出未来感与科技感，为城市精英打造引领时代的国际科创生活住区。

## 定位策略

杭州万科·融信西雅图从美国西海岸的阳光与帆船汲取灵感，打造建筑面积为 89-155 平方米的轻奢装修产品，为业主提供“安全、健康、时间、进步”4 类 13 项居住生活解决方案与 25 类 90 项住宅性能，旨在为国际科创人士打造一种兼备浪漫与理性、人文与科技的生活方式和一个国际科创生活住区。

## 规划设计

杭州万科·融信西雅图所在区域为杭州科创要地，其定位紧扣区域的未来发展，主打精装智能户型。项目以西雅图海岸生活作为蓝本，以高级灰作为主色调，突出项目的科创气质，营造既现代简约又不失精致优雅的住宅风格。项目在强调未来感与科技感的同时，注重人文关怀与艺术美感，打造丰富且具有内涵的生活场景，时时刻刻滋养居住者的性情。

## 区域分析

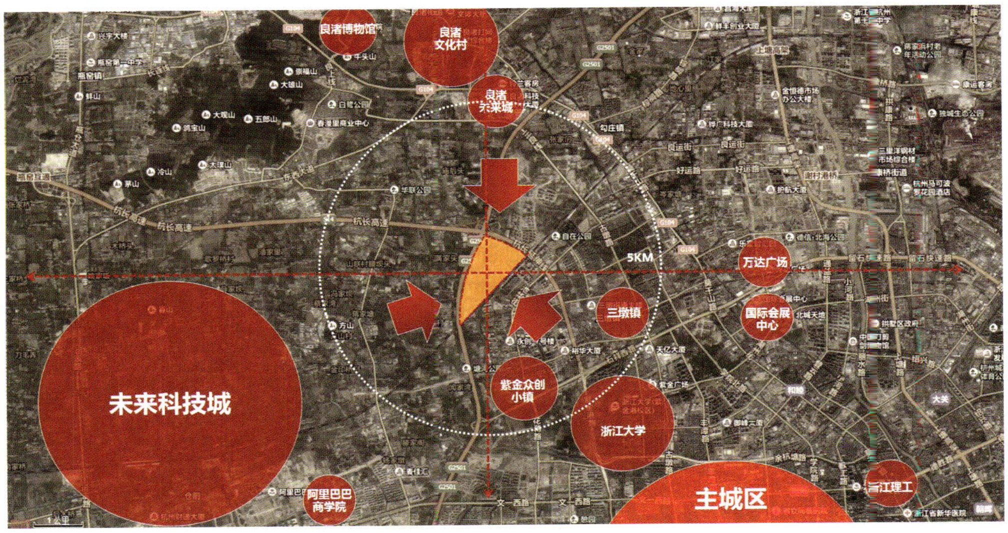


杭州万科·融信西雅图位于杭州市西湖区科创高地，为杭州城西科创大走廊的东起点，周边拥有阿里云谷、紫金众创小镇等全球科创要地，以及浙江大学紫金港校区、杭州首个“国际公学”云谷国际公学、西湖大学等优质教育资源。

## 建筑设计

建筑立面采用“质朴 + 简约 + 高级灰 = 气质”的 NORMCORE 风格，屋顶飘板借鉴帆船的造型，结合简洁现代的玻璃立面，营造西雅图优雅怡人和现代宜居的氛围。同时，设计注重空间氛围的营造，通过精致的细节体现高品质和设计感，为住户带来舒适的空间体验和细节体验。

**简洁的设计：**穿孔铝板结合建筑挑檐，既强调主入口，又突出现代科技感。为了表现建筑硬朗、现代的立面，项目利用沟边灯、洗墙灯等户外灯光，精心模拟与调节漫反射、直射等表现效果，营造优雅宜居的氛围。

**严谨的细节：**幕墙设计平衡明框与隐框的运用，增强建筑的线条感，而暗藏的灯带保证建筑外廊空间的整体性和阴影效果。商业小雨棚和内院大雨棚注重不同尺度的细节刻画以及近人尺度各种型材的断面设计。

## 立面控制

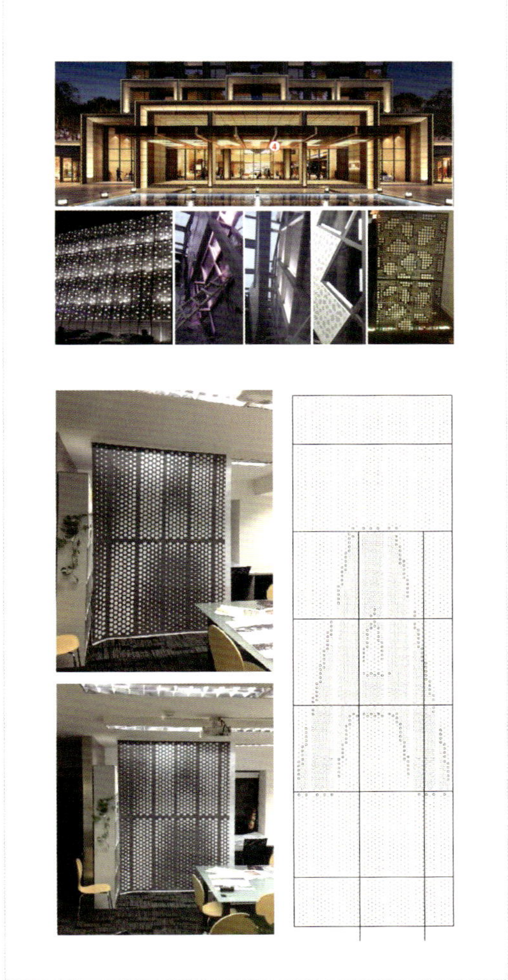

主入口雨棚下穿孔板穿孔图案设计

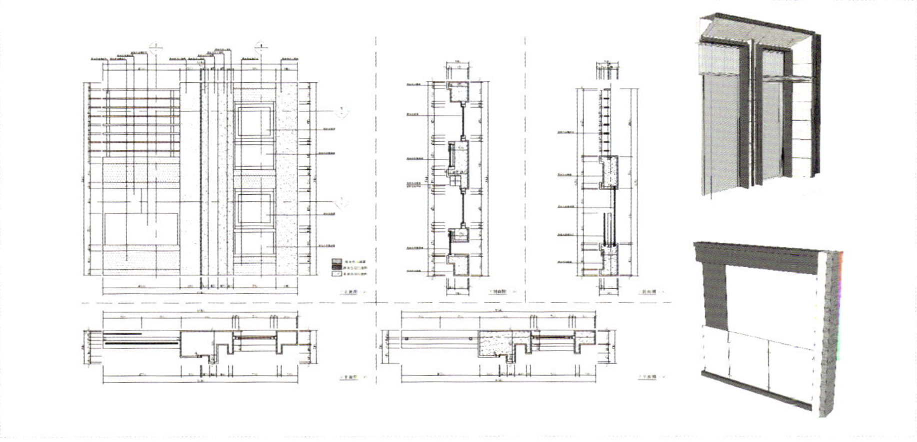

为了把控立面设计效果，做了大量的工作——3mx3m 试样

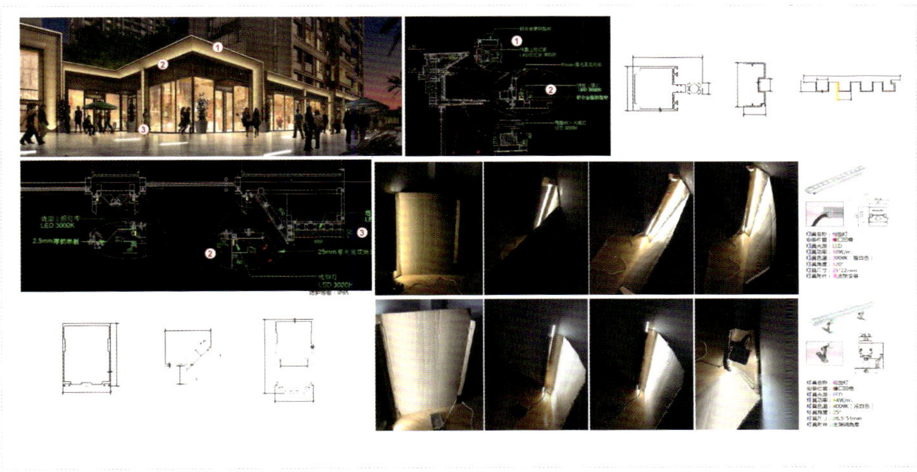

为了把控立面设计效果，做了大量的工作——幕墙、灯光配合，节点调整

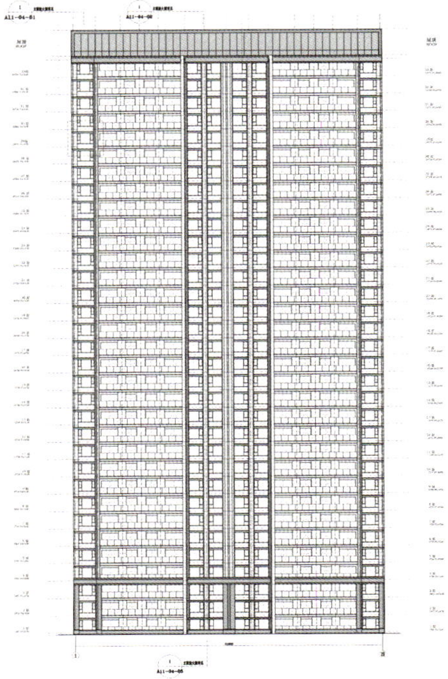

11 号楼 1–29 立面图

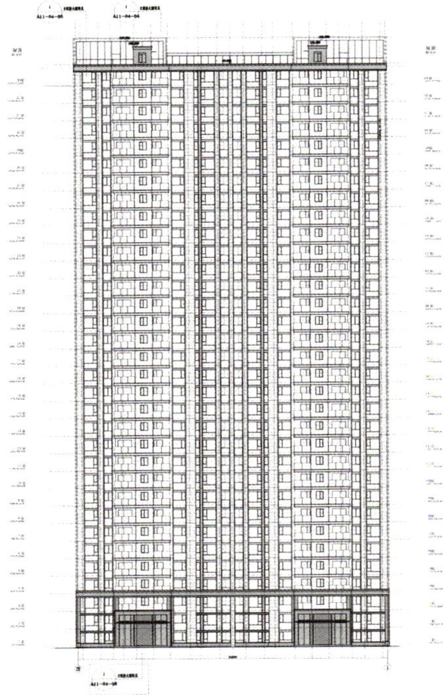

11 号楼 29–1 立面图

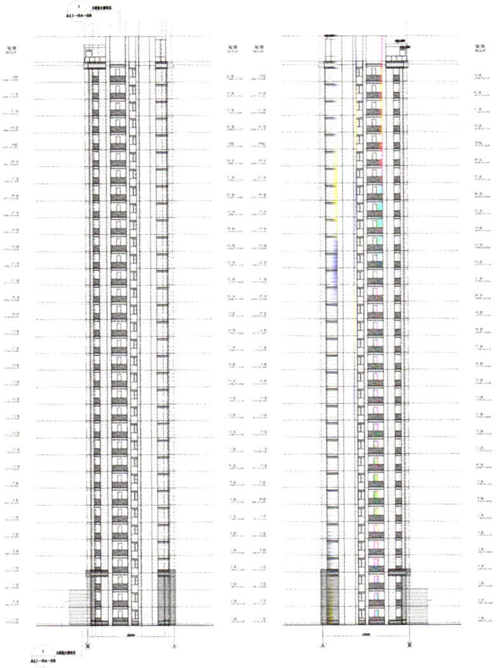

11 号楼侧立面图

## 景观设计

❶ 主入口跌水水景，装饰以跳泉活跃气氛，靠近建筑一侧设计特色 LOGO 标识
❷ 人行主入口
❸ 序列感遮阴乔木
❹ 线性广场铺装
❺ 西雅图标识水景
❻ 异形钢板装饰坐凳结合广告牌
❼ 商业外摆空间
❽ 景墙结合 LOGO 案名
❾ 特色坐墙

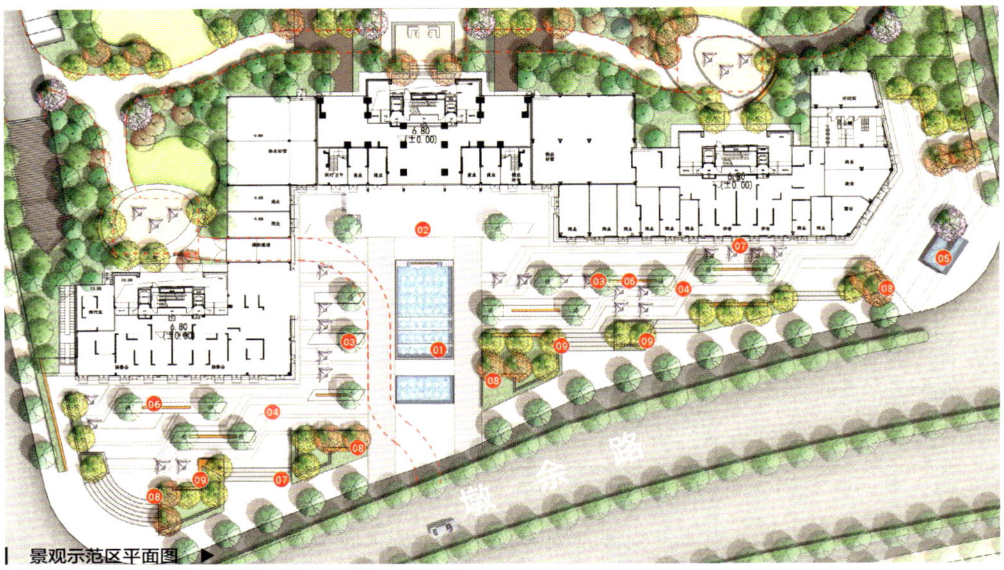

景观示范区平面图

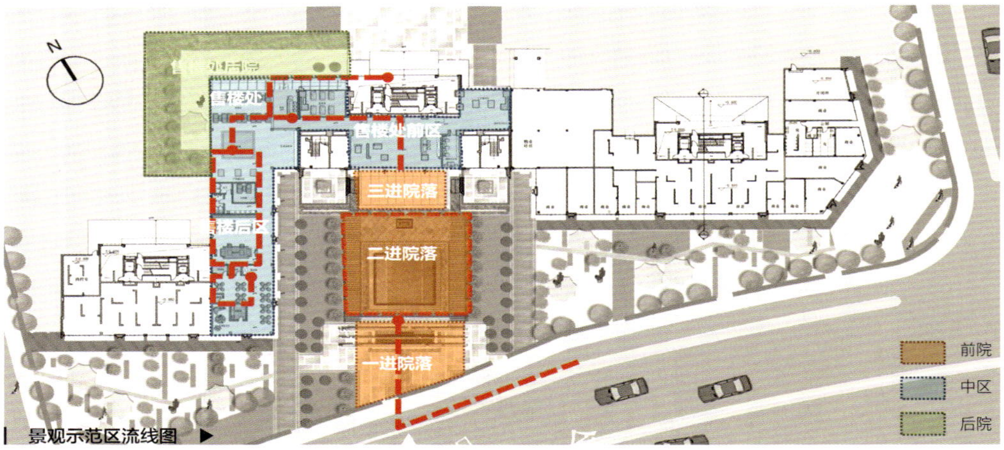


景观示范区流线图

动 居家休闲感受

静 归家仪式感受

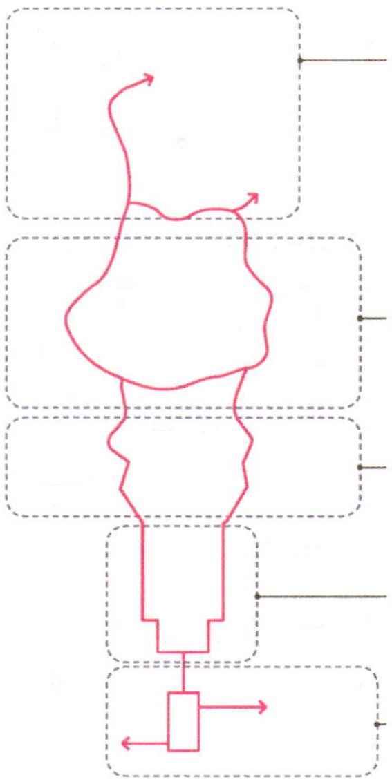

## 售楼部室内设计

示范区售楼内部空间功能布局中，大堂入口区域设置接待区、西雅图文化展示区，满足销售动线的基本功能。由于建筑结构的复杂，在空间设计中，我们试图基于这种复杂性寻找一种有规律的处理方式，更加巧妙地打破了原有空间中较为固定的分割方式，近 5 米高的空间，在结构中间穿插一些金属吊挂装饰，增加空间趣味。

售楼处平面图

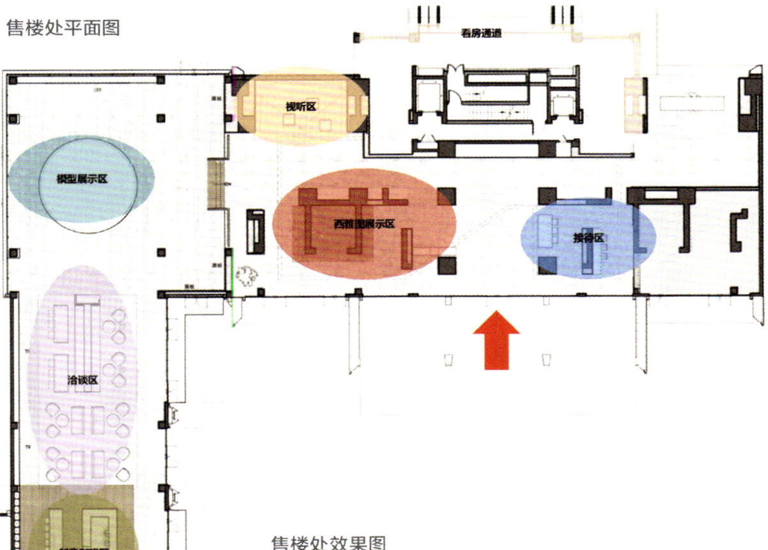

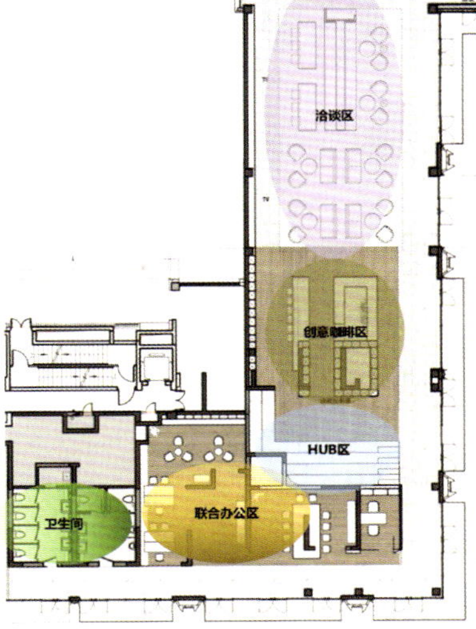


售楼处效果图

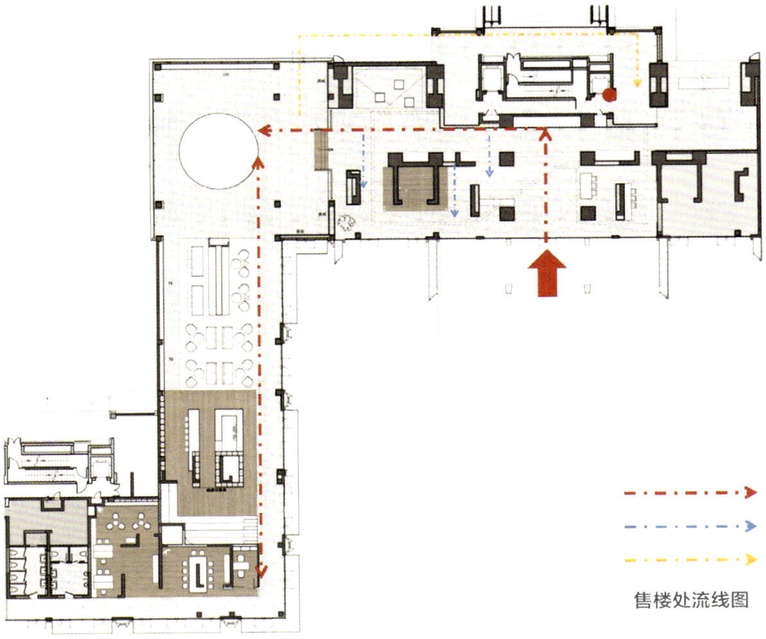

售楼处流线图

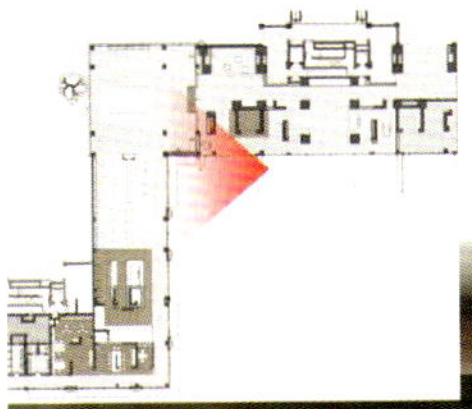

售楼处效果图

# 纯粹简约 江南清韵

## 苏州东原·千浔体验区设计方案

开发商：东原地产 / 项目地址：苏州市相城区华元路北、旺湖路西
整体规划及住宅部分单体设计：上海齐越建筑设计有限公司 / 占地面积：69 913平方米 / 建筑面积：188 600平方米 / 容积率：1.6 / 绿地率：37%

苏州东原·千浔毗邻虎丘湿地公园以及繁华主城，城市资源与自然资源优越。
其体验区的设计秉承了全区“公园城市化”“社区公园化”的理念，以兼顾私密性与开放性的建筑结构塑造别具一格的社区艺术中心。
清新脱俗又不失苏州韵致的设计风格贯穿在建筑、景观以及室内空间中，可以在当今浓墨重彩的新中式项目中脱颖而出。

## 定位策略

项目将自然之美融入建筑，打造城市低容积率的纯改善社区，涵盖园系叠墅、眺景平层、觅系复式等全系高端产品线，并拥有多元商街、童梦童享 2.0、苏州印象艺术馆等配套，以“公园城市化”“社区公园化”的理念，实现内外双公园的生活方式，为城市精英家庭筑造诗意栖地。

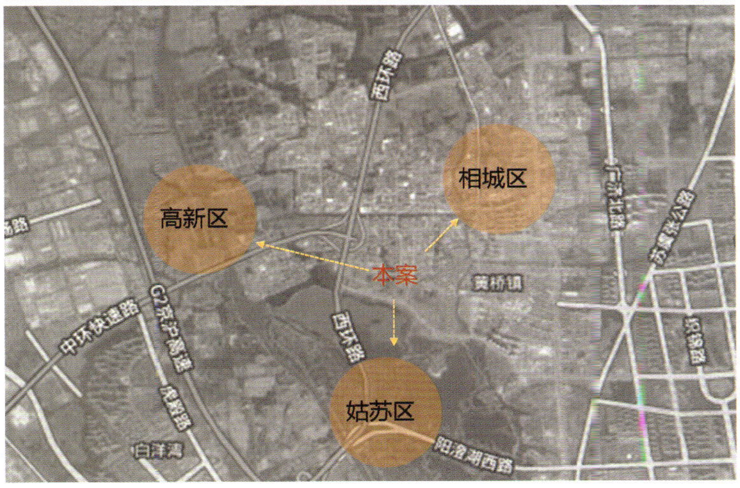


## 区位分析

苏州东原·千浔位于苏州虎丘湿地公园旁，邻近主城区，兼顾城市属性和自然属性；毗邻西环快速路和中环北线二期快速路，可让人便捷抵达园区；坐拥繁华中心、万达广场、永旺宜家商圈等，生活便利。

总平面图 1:500

## 建筑设计

社区艺术中心采用上下交错叠放的剪力墙来生成空间，整层的结构墙通过上下交叠，在满足结构对垂直荷载和水平刚度需求的同时，形成了一种特殊的空间秩序：墙体是围合性的，可以划分出不同的空间；空洞则是开放的，可以联通不同的空间。这种秩序的双重潜力能够让建筑实现凝聚和开放的共存。

二层的竖向结构主要由南北向的山墙构成，这些山墙自由分布在条状结构上，自然成了屋顶设计的出发点。通过比选，设计者采用了下凹的混凝土筒壳作为建筑的覆盖，在外部以波浪状的山墙形式出现，表达了项目与水及江南传统建筑风貌的关联。筒壳下的空间则让人仿佛置身于波浪之下，以屋脊为中心，有身在传统双坡屋型内的安定感。

**建筑概念设计**

来自传统和自然的启示：灵秀的山墙与起伏的波澜

**立面正视图**

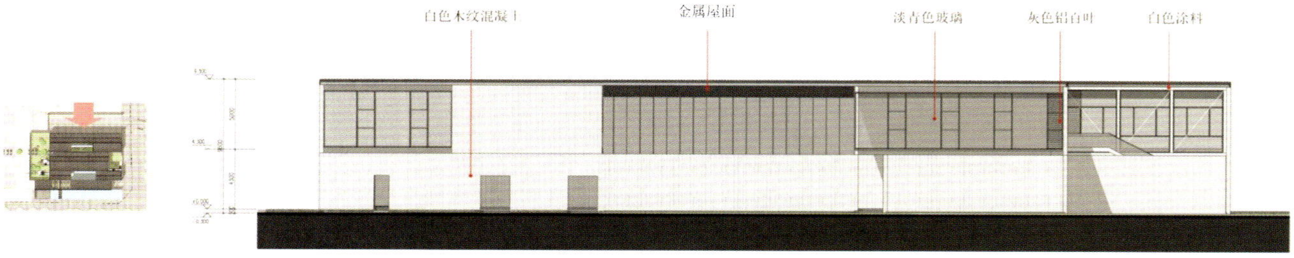


北立面

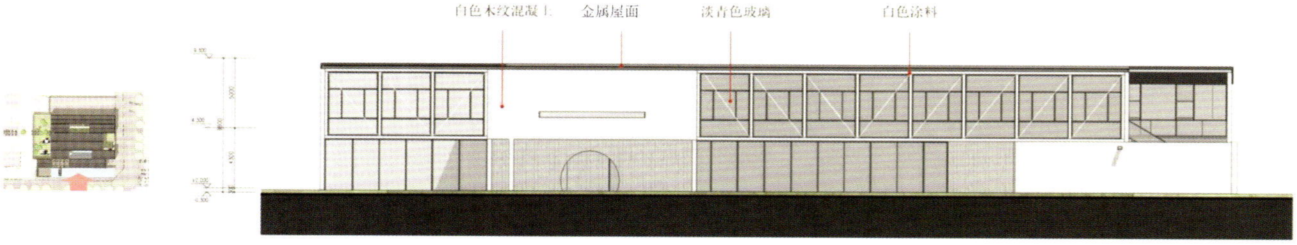


南立面

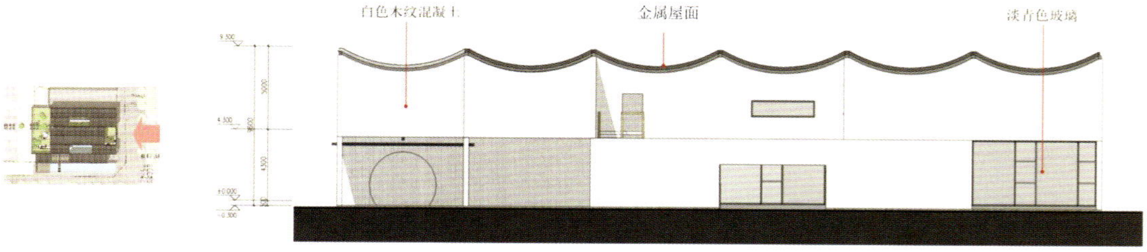


东立面

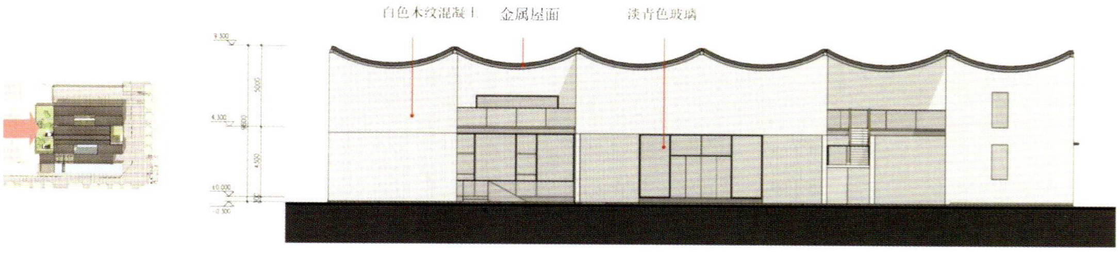


西立面

## 立面材料意向

玻璃幕墙

白色木纹混凝土墙体

金属屋面

## 南侧透视图

## 西侧鸟瞰图

## 景观设计

景观的设计结合建筑整体风格，与建筑空间互相结合，处处是景，亦处处无景。简约和纯粹是整个设计的中心理念，没有蜿蜒曲折的园路，也没有堆砌成层的绿化，有的只是完全由建筑平面衍生的直线和体现苏式灵魂的竹林。

从入口到巷道，夹道竹林形成相对内向围合的线性空间，将城市喧嚣隔绝在外。林下提灯的造型与建筑形态的一笔弧线形成语言呼应，点点银朱红为绿茵增添妙趣。项目以自然散落的片岩做水景，限定人们的行走动线；以长形星空图案的浪花石做铺装，增加纵深感；巷道的尽头是立于水面的孤景树。月洞门之后的“浔梦”倒影于水景的涟漪之上，是道路转折处的点睛之笔。

下沉庭院在设计上旨在展现“君看一叶舟，出没风波里”的江南水乡画面，有机形态的绿岛浮出朴素的青砖，丰富连廊上客户的俯瞰视线，使人们在天桥上穿梭于竹林中，感受到地下会所“云栖”、美术馆“无界”及下沉庭院“风波里”三者在同一画面中的生活状态。天桥连接后场，样板庭院前设有草坪及艺术雕塑，给人视线上“放”的感觉。定制的雕塑与建筑的语言有对比及冲突，传达一种视觉上的张力。

示范区景观分析

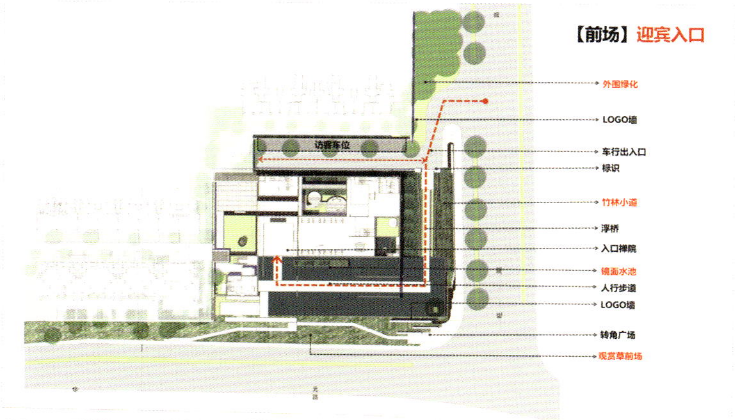


【前场】入口区

【前场】镜水院

【前场】进入售场

【售场】入口禅院

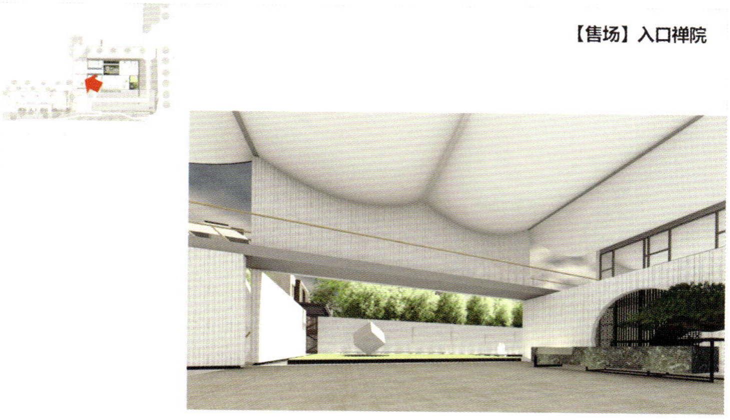

## 室内设计

**社区艺术中心：**大厅设计充分考虑了建筑尺度，与建筑模数相统一，地面上建造木作平台，并采用手工螺纹地板拼接而成，在平台上植入了营销模型、枯山水、销控台等功能。色彩雅致内敛，充分展现了中国人素来喜爱的“静”。

影音室以一个纯净的视频木盒子示人，在空间中形成一个独立体块，既丰富了空间层次，又协调分割出来的空间的逻辑和比例。

首层就是由这样大中小三个盒子空间构成的，与两座山水屏风相结合，虽然不涉及联动的关系，但涵盖了会所的所有功能：一座金属螺旋楼梯、一个木头盒子、两条风景线；并根据参观者的心理感受，控制着室内的节奏。

洽谈区是元素最多的空间，水磨石、木作、金属、玻璃屏风、炉火、软饰等材质在此均独立存在，并与大背景的高级灰相融合。

二楼设置一个三进式私宴空间，位于与主空间相对独立的挑廊中，面对秀美的湿地公园。这个狭长对称的空间里延续了雕塑手法，富有设计感。

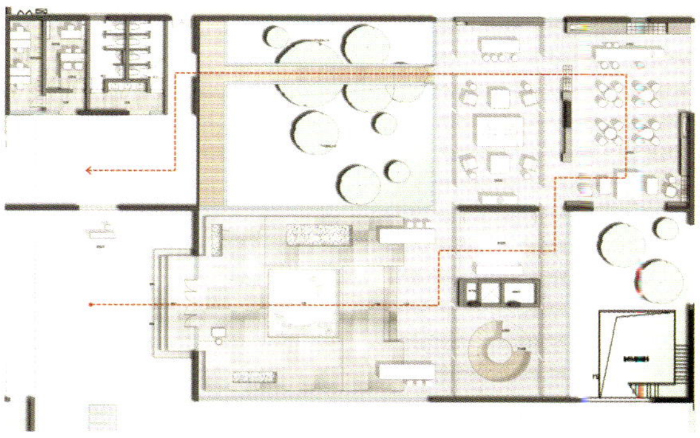

社区艺术中心一层平面图

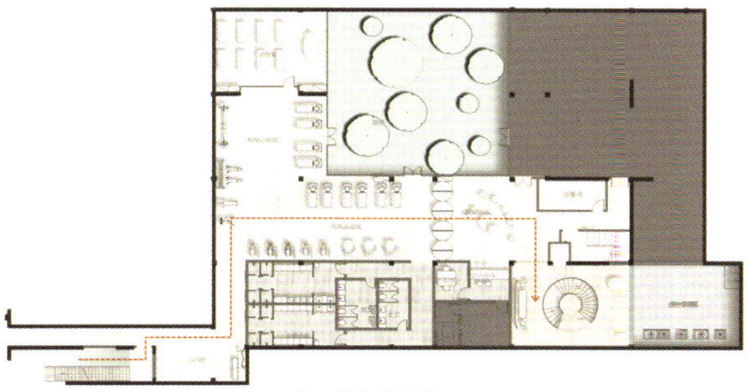

社区艺术中心地下一层平面图

**下叠户型设计：**该户型为地上 2 层、地下 1 层，产证面积约 208 平方米，装修后实际使用面积约 252 平方米。一层主要为客厅、餐厅、厨房和卧室，连接两座花园。餐厅连着景观飘窗，可以欣赏到优美的花园景观。客餐厅位置相连，空间相互延伸，7.2 米的大面宽具有良好的采光效果，活动空间舒适。挑高的设计让整个户型空间感更强，利用率更高。

二楼设计了 3 个卧室，南向主卧室由挑高餐厅改造而成，开间宽敞，入住舒适度高，设计了衣帽间、卫生间以及飘窗。地下室的室内空间约 75 平方米，层高 2.8 米，2 个采光井的设计让地下室宽敞明亮。此外，部分户型地下车库还设置了约 6 平方米的工具间。

负一层户型图

一层户型图

二层户型图

# 现代极简 东方韵致

## 宁波旭辉华宇铂宸府设计方案

开发商：旭辉集团 / 项目地址：宁波市鄞州区宁南北路与嵩江西路交汇处

景观设计：深圳奥雅设计股份有限公司 / 占地面积：38 000平方米 / 建筑面积：98 200平方米 / 景观面积：33 000平方米 / 容积率：1.9 / 绿地率：30%

作为旭辉集团在宁波的开篇之作，宁波旭辉华宇铂宸府择址于“宁波城市黄金中轴”之心，坐享鄞州区核心丰盛的资源，并融合旭辉“铂悦系”豪宅的精髓与宁波兼容并蓄的文化内涵，精心打造一个当代人文社区。其景观营造独到地将宁波过去的历史底蕴与当下的现代生活审美融为一体，以现代的手法重新定义东方人文生活。

## 规划设计

宁波旭辉华宇铂宸府以一种返璞归真的方式去营造景观。以现代极简风格作为基调，并注入对东方居住审美的独特理解，诠释出一种清新自然、回归本真的生活方式。项目在规划上结合了中国古典园林造园手法，构建出曲折有致、步移景异的景观体验感。在设计上利用现代简洁的设计语言，营造出质朴而不失雅致的艺术空间。

01. 北入口
02. 特色水景
03. 特色雕塑
04. 景观客厅
05. 阳光草坪
06. 移动树箱
07. 特色水景
08. 全龄儿童活动场
09. 特色铺装
10. Mini-植物园
11. 全龄段儿童活动场
12. 林荫道
13. 休闲平台
14. 人行主入口广场
15. 软装外摆
16. 商业外摆
17. 地下车库入口
18. 入口景观大道
19. 入户树阵
20. 特色涌泉
21. 自训跑道
22. 百米冲刺
23. 坐凳
24. 市政绿化隔离带
25. 停车位

## 区域分析

宁波旭辉华宇铂宸府坐落于宁波市鄞州新城西北部，处在万达广场商圈范围内，毗邻鄞州区政府、三江口和南部高教园区。在上位规划中，鄞州新城区作为宁波市三江口片区的重要组成部分，为政治、商贸、居住、科技和教育中心。“一心、二轴、三环、四廊、三十六个结点”的生态城市空间布局，将城市水系、绿地与商贸、生态休闲有机地结合起来，形成“城在水中、水在城中、绿在城中、城在绿中”的空间格局。

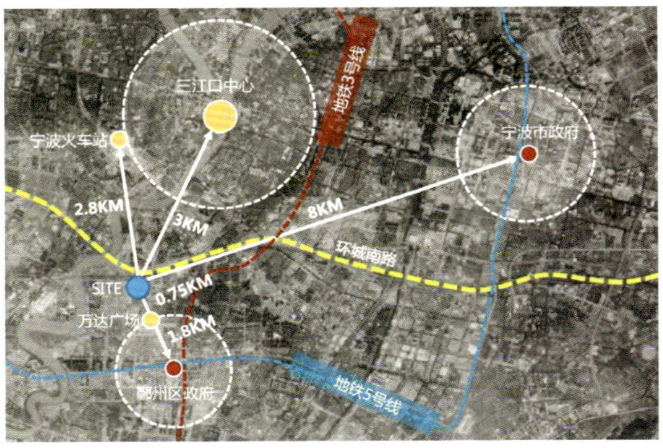

## 建筑设计

在规划中，将宁波过去的历史底蕴、当下现代生活的情感始终贯穿，用现代手法营建出传统的东方人文灵魂，十二栋住宅错落布置其间，与树木、水景交相辉映，在喧嚣的城市之中，用最柔软的诗意和感动直达内心。

洋房采用了宁波第一个分离式电梯入户房型，配合四面宽景格局，打造低调奢华的居住体验。作为旭辉产品研究院首个研究成果落地的项目，铂宸府用全屋静音解决城市噪音之痛、用层高＋面宽解决江南梅雨之痛、用无线智能解决布线之痛……．“HI懂你的智能洋房”不仅为铂宸府打上了标签，这种直通本质、干脆利落的方式和效果，也在客户心里留下了极深的印迹。

### 高层布局方案

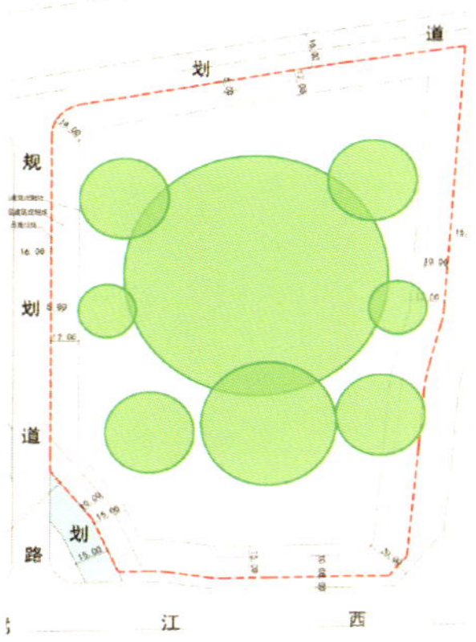


I. 洋房＋高层，半围合设置，保证洋房最大化。

II. 高层平面佳，户户南北通、全明卫、全部实现 2 梯 2 户。

III. 高层赠送多，通过多样方式保证赠送面积多。

IV. 情景体验优，入口示范区倾力打造。

V. 洋房创新性，洋房设置在遵循市场主流情况下实现结构创新。

VI. 景观充分用，无外部景观，内部组团景观重点考虑。

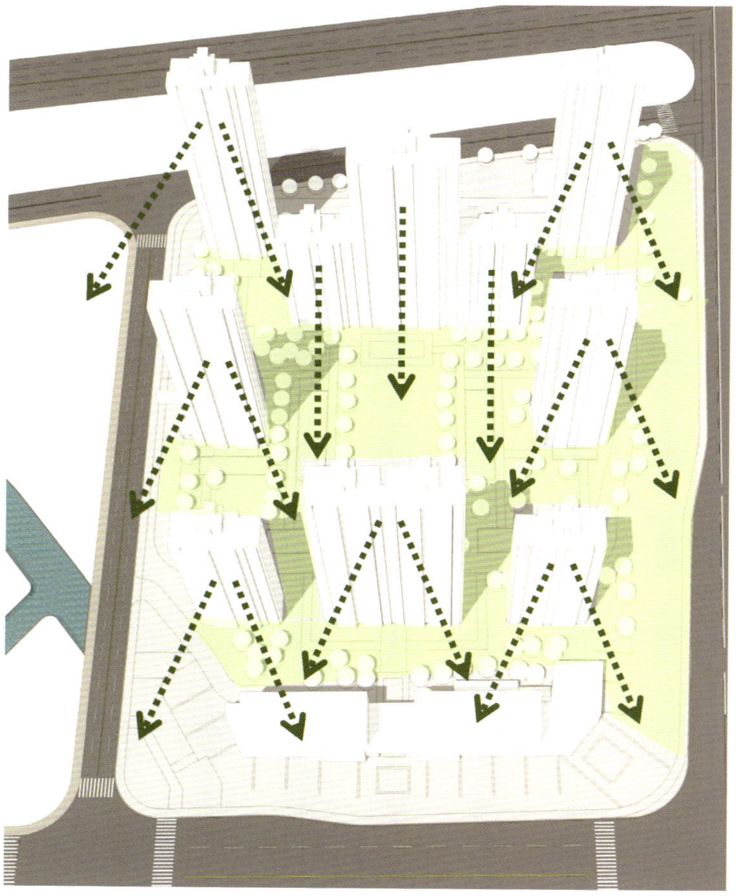

## 景观设计

宁波旭辉华宇铂宸府的大区景观与示范区景观均遵循同样的设计理念，匠心营造现代极简而不失东方韵致的当代人文生活环境。

**回顾憧憬**——项目的景观巧妙地描绘和解释一个地区的特征和文化，并融入富有意义的现代空间中。一个充满活力的城市可以兼容传统和现代景观，体现文化碰撞的特有风味，将其融入空间设计中，满足现代生活方式。

**高雅空间**——设计是通过空间创造，充分发掘项目内在的机会，通过各种活动内容的安排使其成为具有灵魂的标志性设计。开阔的视线与宁静优雅的环境的巧妙结合，为展示建筑和项目整体创造了有利基础。

**精于细节**——项目对简约而高品质的硬质景观和软景种植的细节处理都严格把控，加强了设计的整体力度和效果，并强调对材料的精确运用，以最大限度地表现其品质特征。艺术品、陈设和独具匠心的种植也最大限度地去展现景观的价值和吸引力。

**大区景观设计**

项目的大区以新亚洲风格营造雅奢生活，以精致优雅的景观、闲适豪华的住宅以及诗意的空间，打造全龄社区、未来家园。设计师从社区细节汲取灵感，注重细节设计，进一步提升健康生活品质，打造触动人心的旭辉生活。

项目将规划、景观、建筑等各层次的设计整合为一个系统，将传统三维空间设计的建筑平立剖与第四维——时间融合，营造出社区日常生活的情景体验，让居民对社区产生场所感、尊严感和归属感。

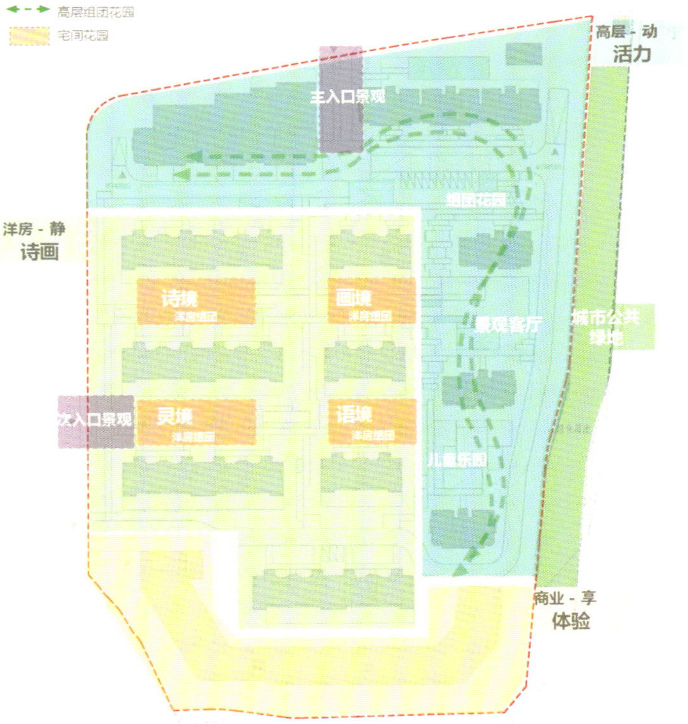


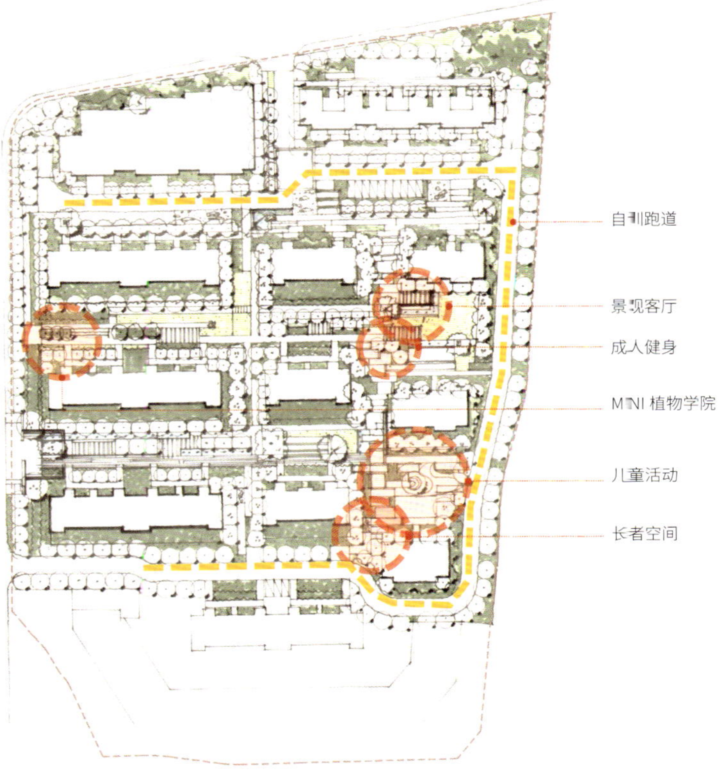

## 示范区景观设计

铂宸府的售楼处设在沿街商业，前场并没有完整的示范区用地，所以这次示范区设计的难点与重点是在有限空间内展现完美并有价值感的场景，从而体现未来住区的生活方式。

示范区前场设计中借用中式园林中以小见大、步移景异的造园手法，提炼精髓，融入现代极简主义的设计形式及创作手法，在狭小的场地内打造出丰富的空间层次，使建筑、景观、室内三者浑然一体，并通过细节材质的精心处理，在小空间内营造出具有静谧、空灵意境而又不失奢华的空间景象。

**引——繁华十字路口**：售楼处位于沿街商业转角，以现代主义的形体组合为基础，融入古典建筑的虚实关系与比例，运用玻璃幕墙、石材墙面与金属线条，勾勒出典雅大气的建筑形象。售楼处外设有一面景墙，将城市主干道的车流隔绝在外，只留一道漏景引人好奇。

**静——优雅入口空间**：景墙灯带将人从十字路口引至示范区入口，简洁、优雅、尊贵、飘逸的入口门头，与建筑立面融为一体，成为进入示范区的第一级礼仪空间，同时展示未来交付区入口的风格与空间意向。

**境——流动光影长廊**：廊架连接入口与中心水景，廊架一侧通过现代极简的院落式空间连接售楼处室内外。光和影、水与墙、软与硬的交相辉映让原本分隔的空间产生连接与互动。

**净——主题境水空间**：通过一小片树林花海，即可到达售楼处入口。开阔的视野完整地展示了建筑及场地的整体形象。纯净优雅的内部空间与外部车水马龙的十字路口，通过景墙上的镂空产生微妙的连接，跌水从镂空处涌进来，静谧之中让人不忘身处繁华市区。售楼处入口外是双层镜面水景，上层静下层动，上层水景沿路两侧展示项目所处的城市主轴上的地标建筑天际线。

**镜——休闲洽谈花园**：售楼处通往实体样板区的通道是一个口袋公园式的围合空间，树荫下与水幕墙边的休闲洽谈沙发营造轻松的休憩环境。水幕墙特别选择了黑色镜面的不锈钢，镶嵌星星点点的灯，增加场地的趣味性。端头是一片模拟自然生长状态的树林，更让空间充满了一种自然平和的意境。整体空间纯粹简洁却又紧密联系。

**怡——实景宅间展示区**：宅间景观摒弃华而不实的装饰，回归生活本源，将美好的经验和想象注入这片土地。平凡的日子里，游人在园路上徜徉，各个年龄的孩子在嬉戏玩耍，户外的座椅和台阶上有人小憩。这是示范区后场宅间景观的写照，也是未来大区呈现的真实场景。

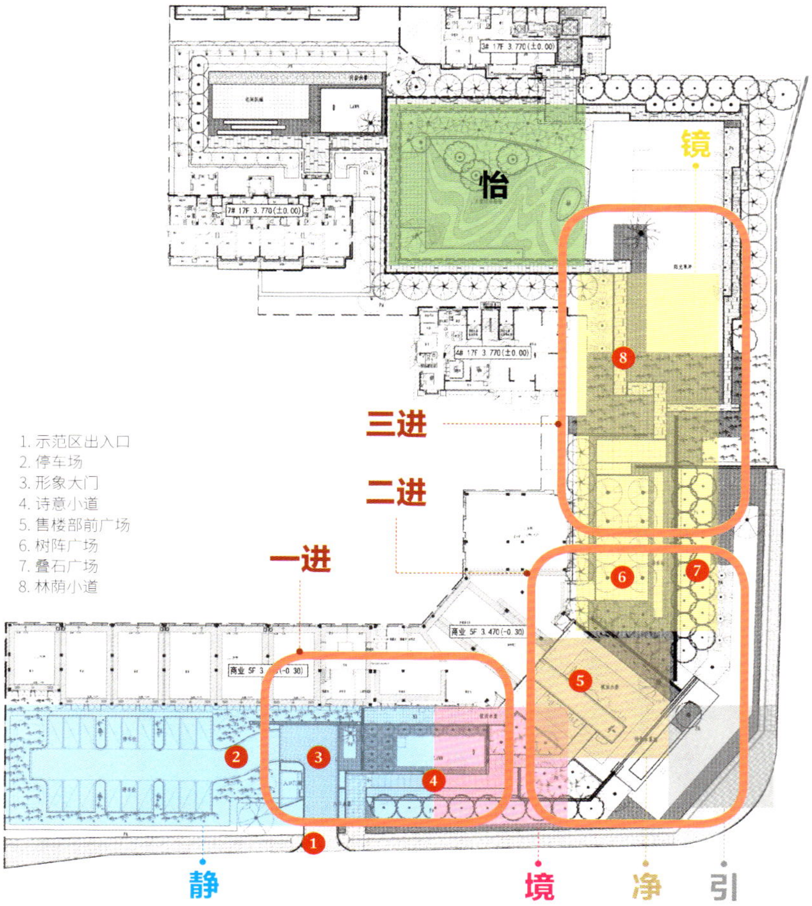


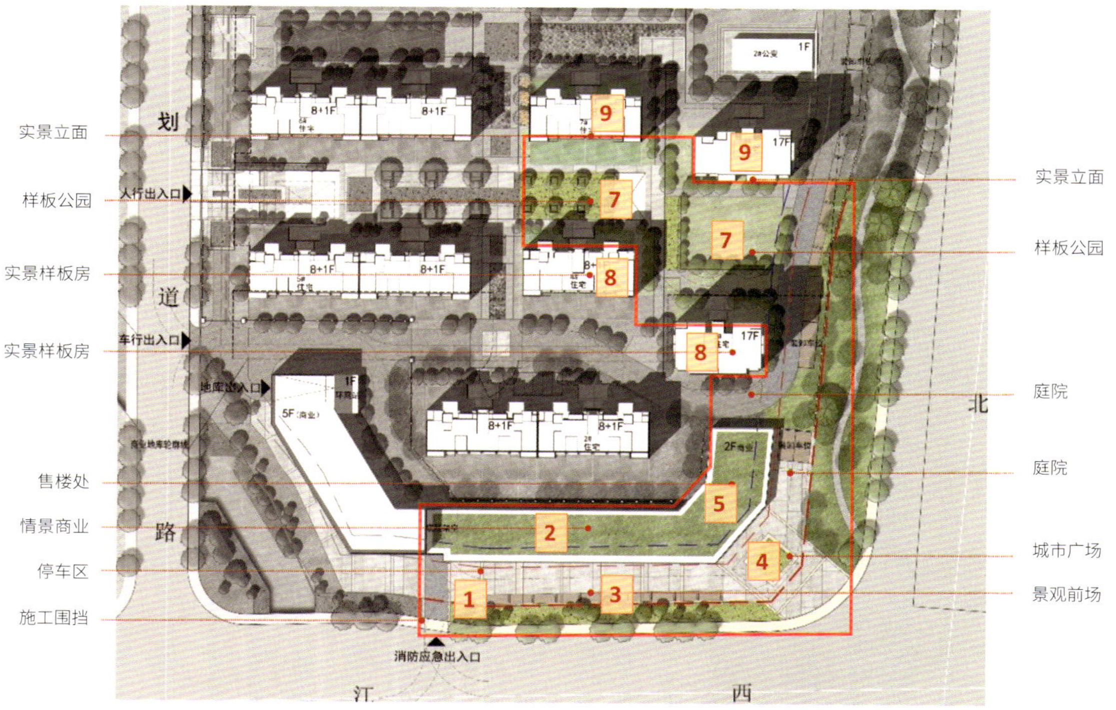

## 室内设计

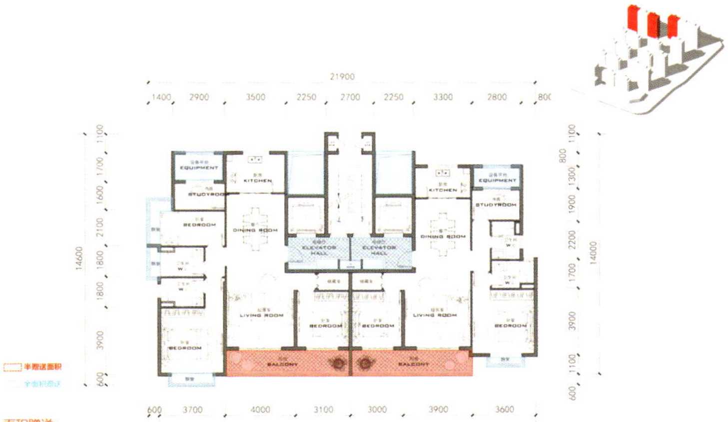

面积赠送:

| 名称 | 建筑面积 | 阳台赠送 | 设备平台赠送 | 飘窗赠送 | 电梯厅赠送 | 挑空改造 | 露台赠送 | 总赠送 | 赠送率 |
|---|---|---|---|---|---|---|---|---|---|
| A户型 | 112.77 | 10.12 | 3.64 | 1.32 | 6.17 | 5.29 | —— | 26.54 | 23.53% |
| B户型 | 125.53 | 10.35 | 4.93 | 4.98 | 6.17 | 5.13 | —— | 31.56 | 25.14% |

| 名称 | 户型 | 建筑面积 | 套内面积 | 层建筑面积 | 得房率 |
|---|---|---|---|---|---|
| A户型 | 三房两厅两卫 | 87.99 | 111.02 | 239.70 | 79.26% |
| B户型 | 四房两厅两卫 | 101.99 | 128.68 | | |

128+115 高层

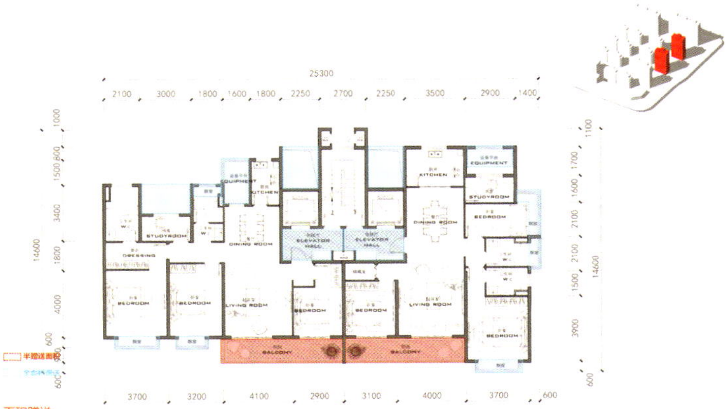

面积赠送:

| 名称 | 建筑面积 | 阳台赠送 | 设备平台赠送 | 飘窗赠送 | 电梯厅赠送 | 挑空改造 | 露台赠送 | 总赠送 | 赠送率 |
|---|---|---|---|---|---|---|---|---|---|
| B户型 | 126.11 | 10.35 | 4.93 | 4.98 | 6.17 | 5.13 | —— | 31.56 | 23.10% |
| C户型 | 137.19 | 10.65 | 4.08 | 3.90 | 6.17 | 10.30 | —— | 35.10 | 27.71% |

| 名称 | 户型 | 建筑面积 | 套内面积 | 层建筑面积 | 得房率 |
|---|---|---|---|---|---|
| B户型 | 四房两厅两卫 | 126.11 | 101.59 | 263.30 | 80.55% |
| C户型 | 四房两厅两卫 | 137.19 | 110.51 | | |

138+128 高层

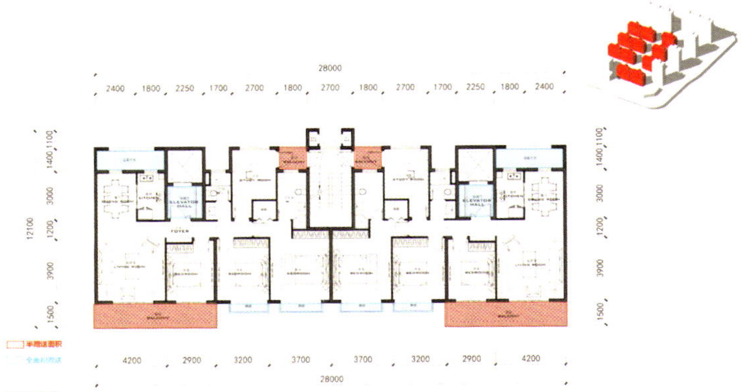

面积赠送:

| 名称 | 建筑面积 | 阳台赠送 | 设备平台赠送 | 飘窗赠送 | 电梯厅赠送 | 挑空改造 | 露台赠送 | 总赠送 | 赠送率 |
|---|---|---|---|---|---|---|---|---|---|
| E户型 | 135.26 | 13.19 | 5.88 | 3.05 | 4.1 | 1.96 | —— | 28.18 | 20.83% |

| 名称 | 户型 | 建筑面积 | 套内面积 | 层建筑面积 | 得房率 |
|---|---|---|---|---|---|
| E户型 | 四房两厅两卫 | 135.24 | 112.30 | 270.48 | 83.04% |

洋房标准层

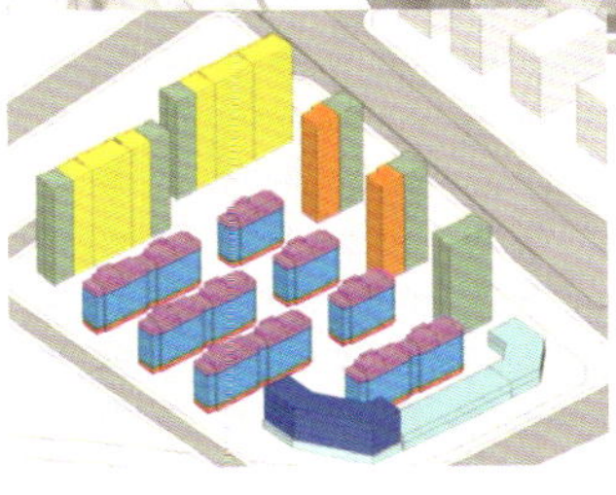

图书在版编目（CIP）数据

研发制胜：100 个地产项目研发档案：上、下册 / 广州市唐艺网络科技有限公司编著 . —福州：福建科学技术出版社，2019. 9

ISBN 978-7-5335-5979-3

Ⅰ . ①研… Ⅱ . ①广… Ⅲ . ①房地产开发—案例 Ⅳ . ① F293.34

中国版本图书馆 CIP 数据核字（2019）第 170809 号

书　　名　研发制胜——100 个地产项目研发档案（上、下册）
编　　著　广州市唐艺网络科技有限公司
出版发行　福建科学技术出版社
社　　址　福州市东水路76号（邮编350001）
网　　址　www.fjstp.com
经　　销　福建新华发行（集团）有限责任公司
印　　刷　恒美印务（广州）有限公司
开　　本　635 毫米 ×965 毫米　1/8
印　　张　80
图　　文　640 码
版　　次　2019 年 9 月第 1 版
印　　次　2019 年 9 月第 1 次印刷
书　　号　ISBN 978-7-5335-5979-3
定　　价　798.00 元

# 研发制胜 下册

## 100个地产项目研发档案

100 REAL ESTATE R&D ARCHIVES

金盘地产传媒有限公司 / 策划　　广州市唐艺网络科技有限公司 / 编著

海峡出版发行集团 | 福建科学技术出版社
THE STRAITS PUBLISHING & DISTRIBUTING GROUP | FUJIAN SCIENCE & TECHNOLOGY PUBLISHING HOUSE

# 极具参考价值的行业干货

## 热点 Hotspot

**品牌开发商项目：** 万科、融创、龙湖等一线品牌项目；

**知名设计师作品：** 房地产设计竞争力TOP 设计大咖作品；

**行业热点专题：** 产品系、城市更新、情景化设计、创新产品；

**行业网红项目：** 创意亮点、借鉴意义。

## 密档 Secret files

**全套资料：** 精选项目建筑、景观、室内设计全套方案；

**末公开：** 开发商或设计师限于形式、篇幅、传播途径等而末公开的研发、设计档案；

**完成度高：** 包含深化方案、专项设计、技术图纸等深度资料，专业性强。

## 系统 System

**地产开发：** 包括区域分析、市场分析、开发策略、项目定位等；

**规划设计：** 地块分析、功能分区、规划方案对比、产品布局等；

**建筑设计：** 售楼部设计、大区建筑设计、立面设计、户型设计等；

**景观设计：** 示范区设计、大区景观设计、景观专项设计等；

**室内设计：** 售楼部室内设计、样板房室内设计等。

金盘，以“让居住更美好”为使命，遵循“创新、品质、人居、价值”四大价值观，将在未来 5 年发展成为中国乃至全球领先的房地产开发平台。

## 金盘简介

金盘平台涵盖金盘网、金盘奖、金盘周、金盘联、金盘学院、金盘参谋六大服务板块，旨在利用互联网技术重新整合优质的地产开发资源，重塑开发、土地、设计、工程、材料、金融、购房者之间的关系，创建全新的地产开发模式，为人们营造更美好的居住环境。

## 金盘内参简介

**覆盖地产设计全流程的体系化档案**

Systematic archives covering the entire process of real estate design

地产开发　规划设计　建筑设计　景观设计　室内设计

金盘内参精选一线开发商、知名设计师的作品，整合成热门专题，涉及地产研发、建筑、景观、室内等多方面的内容。参考图书则作为地产研发档案的目录册使用，我们从中精选部分项目，为读者提供这些项目未公开的内部研究档案，让读者更深入、更全面地了解项目的研发与设计，从而带来新的灵感和启发。

**根据市场热点精选分类，直击要点**

1. TOP 系列：万科翡翠系、旭辉铂悦系等
2. 改善系列：金科博翠系、保利和光系等
3. 刚需系列：刚改项目、创新刚需项目
4. 别墅项目：风格别墅、户型创新别墅
5. 商业办公：公寓、酒店、办公、商业街项目
6. 文旅度假：特色小镇、旅游度假

**及时更新最热门、最典型的项目**

1. 品牌开发商项目：万科、融创、龙湖等一线品牌项目
2. 知名设计师作品：房地产设计竞争力 TOP 设计大咖作品
3. 行业热点专题：产品系、城市更新、情景化设计、创新产品
4. 行业网红项目：创意亮点、借鉴意义

# 示例

## TOP 系列档案

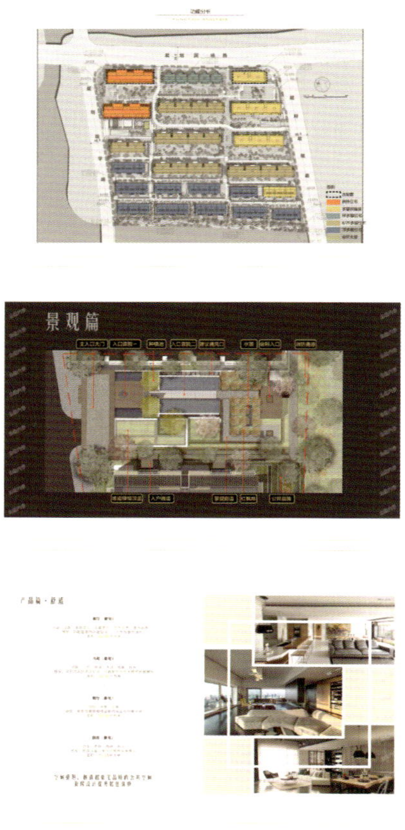


上海融信世纪江湾

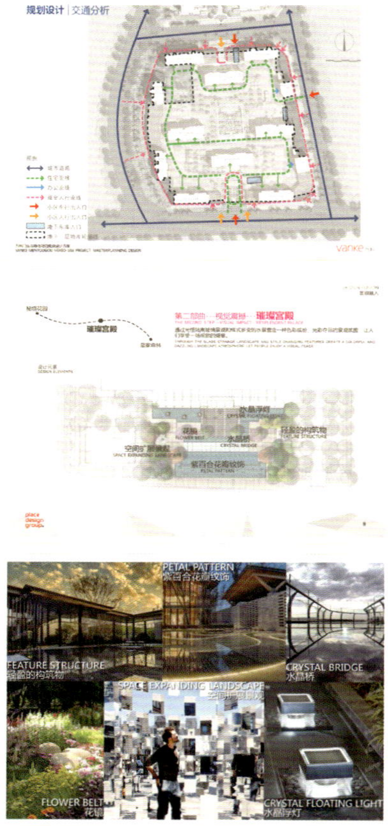


北京万科翡翠长安

合肥旭辉铂悦·庐州府

## 改善系列档案

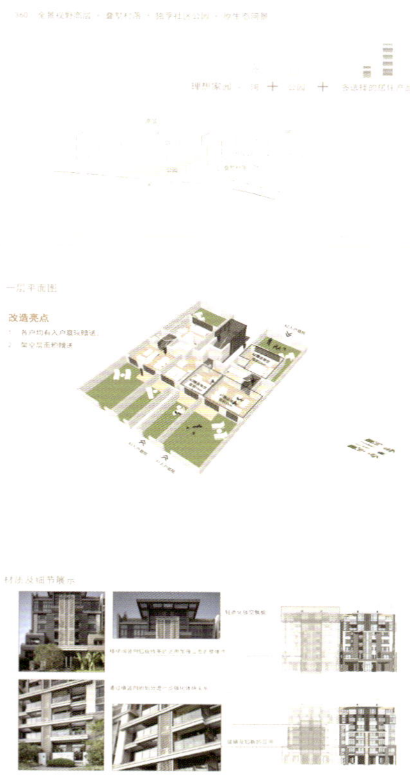

广州保利半岛

重庆首创天阅嘉陵

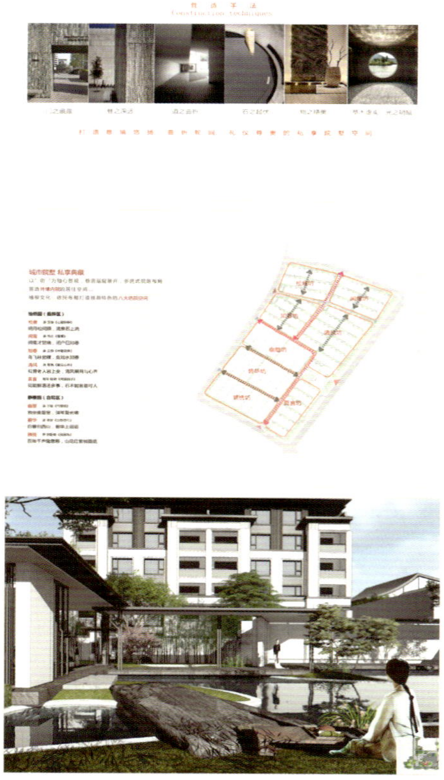

绍兴招商阳光城檀院

## 刚需系列档案

重庆万科金域华府

上海绿地·璀璨天城

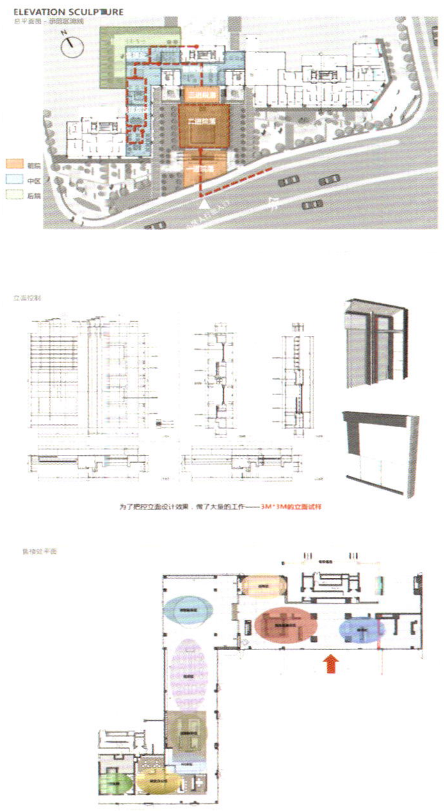


杭州融信万科西雅图

## 商业办公档案

宁波万科芝士公园

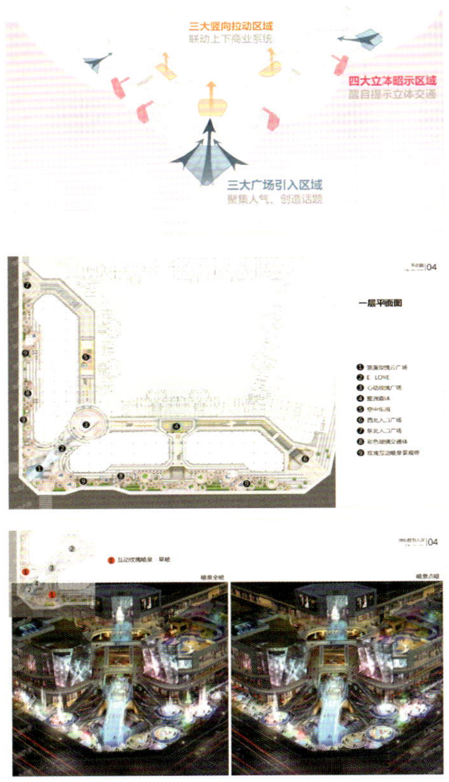


成都建发鹭洲国际商业街

柬埔寨太子西港酒店

# contents 目录

## 纯墅系列



## 小镇系列



## 旅游地产

## 综合楼盘



## 商业楼盘



## 办公楼盘

# 纯墅系列

设计方案

金·盘 内·参

# 湖山禅意桃源 千年风雅吴中

## 苏州旭辉·雁归来院示范区设计方案

开发商：旭辉集团 / 项目地址：苏州市吴中区金庭镇林屋路
用地面积：161 766平方米 / 建筑面积：33 682平方米 / 容积率：0.2 / 绿化率：50%

雁归来院是旭辉CIFI-5系列，即旭辉第五代人居作品。CIFI-5系列探索建筑与生命如何融合共生，协同发展。
示范区以太湖、西山为依托，让居住者回归“采菊东篱下，悠然见南山”的诗意生活，起伏的屋顶象征着连绵的山峦，轻盈灵动的曲线又宛如归家的雁群。
现代结构与古典意象相融合，加上物我相融的江南园林设计，呈现超越时代的风雅吴中。

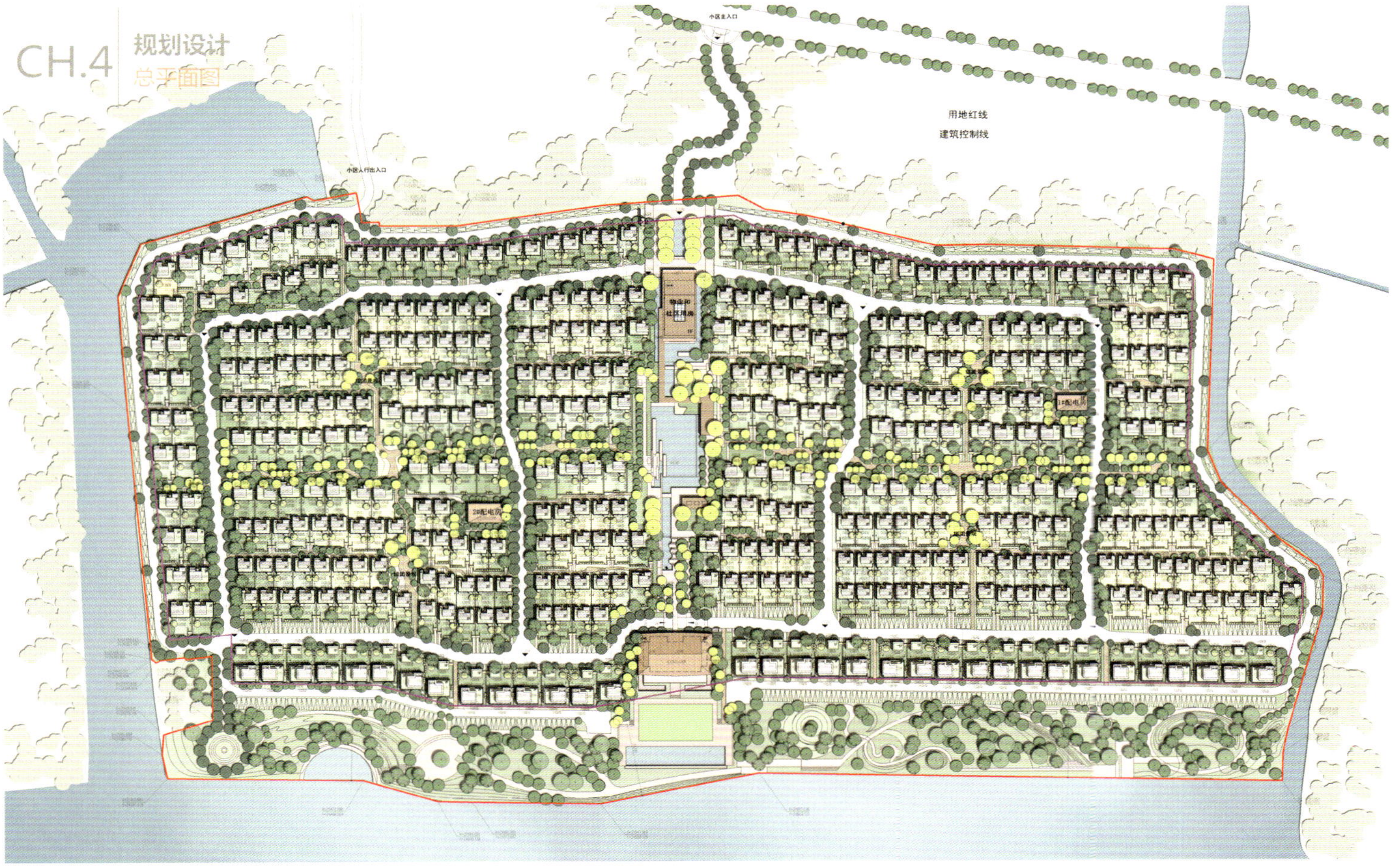

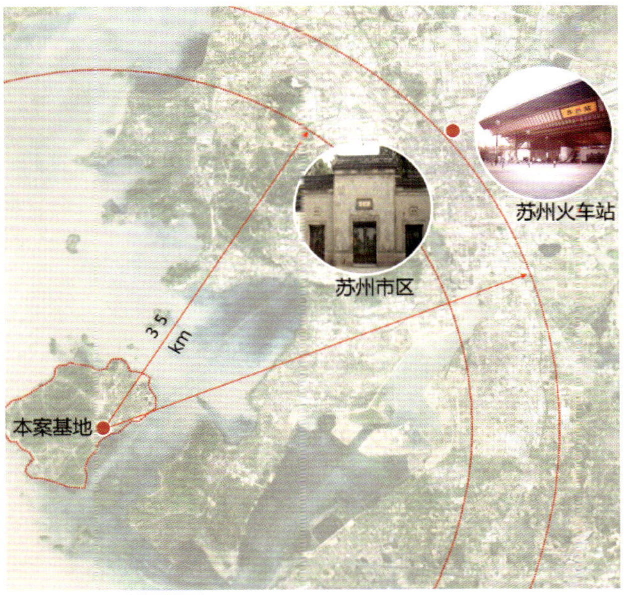


## 项目概况

旭辉 · 雁归来院坐落于苏州市吴中区西山岛，北倚西山，南邻太湖，既享林泉之趣，又得居所之宜。项巨力图通过规划设计营造隐世桃源之境，以满足吴中现代风雅之士的居住诉求。示范区运用现代的设计语汇和材料、技艺演绎传统江南建筑园林的气韵神形，再现“粉墙黛瓦，飞檐漏窗，水路纵横，河街相邻，进退错落，曲折幽深”的风雅吴中。

## 建筑设计

大堂建筑以起伏之形回应山峦之变化，采用钢结构形式的金属歇山屋面，在保证屋檐曲率的同时，实现出檐深远、屋面轻薄的观感体验。起伏的屋顶之下，四周景观一览无遗，打破了建筑内外部的界线，将消极静止的建筑空间变得流畅生动。

通透的玻璃表达着若有若无的朦胧，起伏的屋面述说着见山不是山的禅境。一虚一曲将传统山水画中的墨画意蕴、水乡韵味演绎得更为传神。

## 景观设计

项目将苏州园林物我相融的游园体验、以小见大的禅意哲学融入整体的规划格局中，让“山水”与“居所”融合相生。南北主轴起于竹林秘境，止于太湖长泽，串联起“去尘”“见山”“游园”“入画”“登堂”“无界”6个空间层次，层层递进，渐入佳境。

人沿着廊道前行，迂回的廊道与幽静的水面，静中见动，动中寓静。一池、一荷、一树、一廊，勾勒出独特的江南水墨意境。一桥、一阑、一柱、一亭，创造出隔而未隔、界而未界的景观图景。在轴线的最南端，歇山屋檐下的灰空间，悬挑的露台让建筑与自然相融合，空灵而悠远。

## 室内设计

项目的设计思想源于现代自然主义，设计充分发挥当地的人文底蕴和山水资源，将其融入现代的设计风格中。去形存神，别出新意，并且大胆地将苏州西山湖景及太湖石元素应用到室内空间中，让室内外景致相互融合。

竹纱帘与室外景致相呼应，营造宁静禅意之感。金属与木质相结合，凸显摩登东方的设计风格，加入现代气息的艺术品，提升了整个空间的调性与完整性。

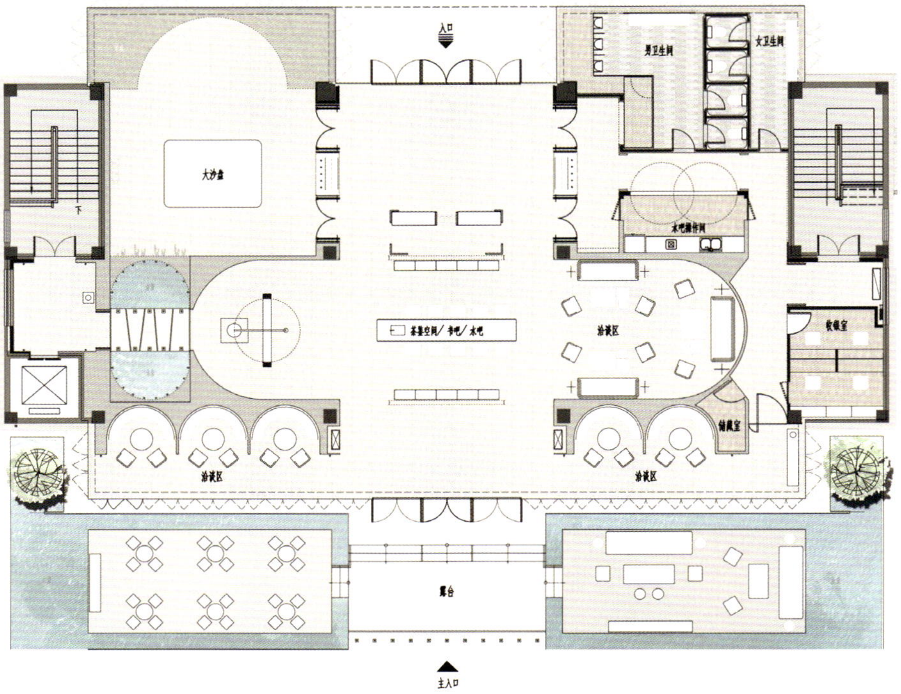


售楼处一层平面图

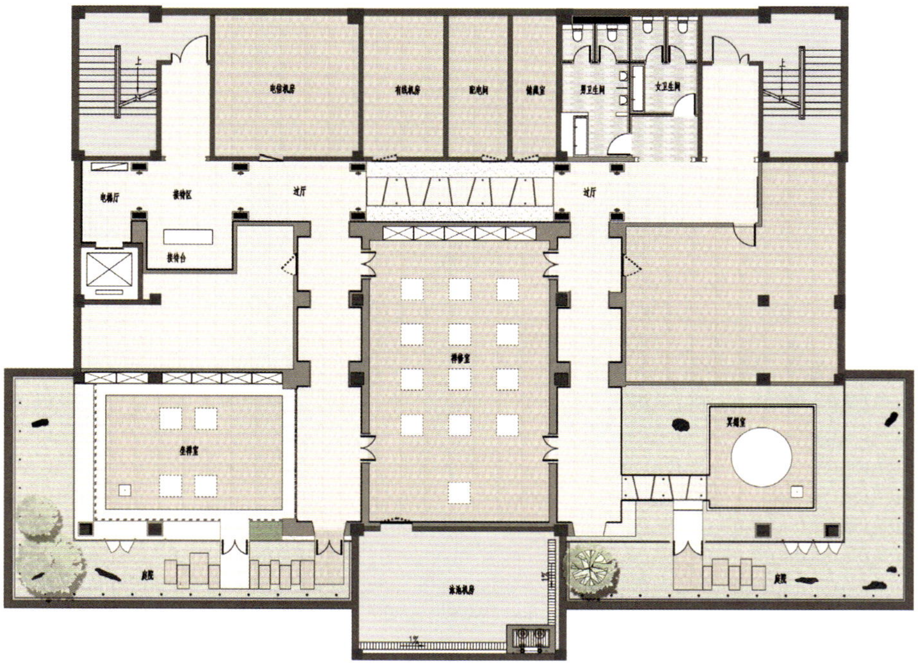

售楼处负一层平面图

建筑。古今
生息

Reception

Reception

# 中式山景别墅 限竞房新标杆

## 北京岭秀设计方案

开发商：金科集团、碧桂园集团 / 项目地址：北京市平谷区夏各庄新城

建筑设计：弘石设计（示范区、5地块）、HZS汇张思（6、7地块） / 施工图设计：弘石设计 / 用地面积：233 500平方米 / 建筑面积：258 000平方米 / 容积率：1.01、1.20 / 绿地率：30%

作为限竞房产品，北京岭秀以“增配”的策略树立北京楼市新标杆。不同于其他限竞房项目，项目除了满足区域内首置刚改的居住功能，还能满足主城区外溢的颐养休闲旅居功能，在12米的限高条件下打造中式山景别墅。“定制全龄配套”是金科为北京岭秀附加的核心增配亮点。项目满足北京市住宅设计标准的同时充分考虑户型的可变性与可改造性，满足居住者的多种需要。

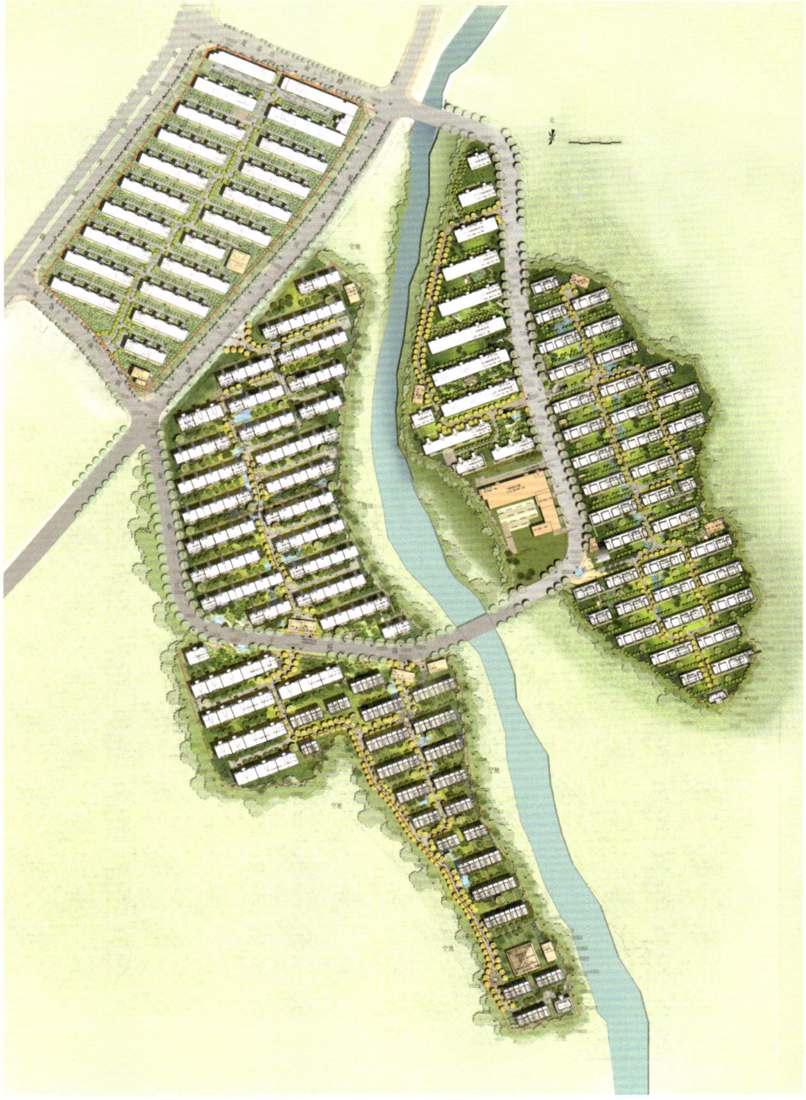

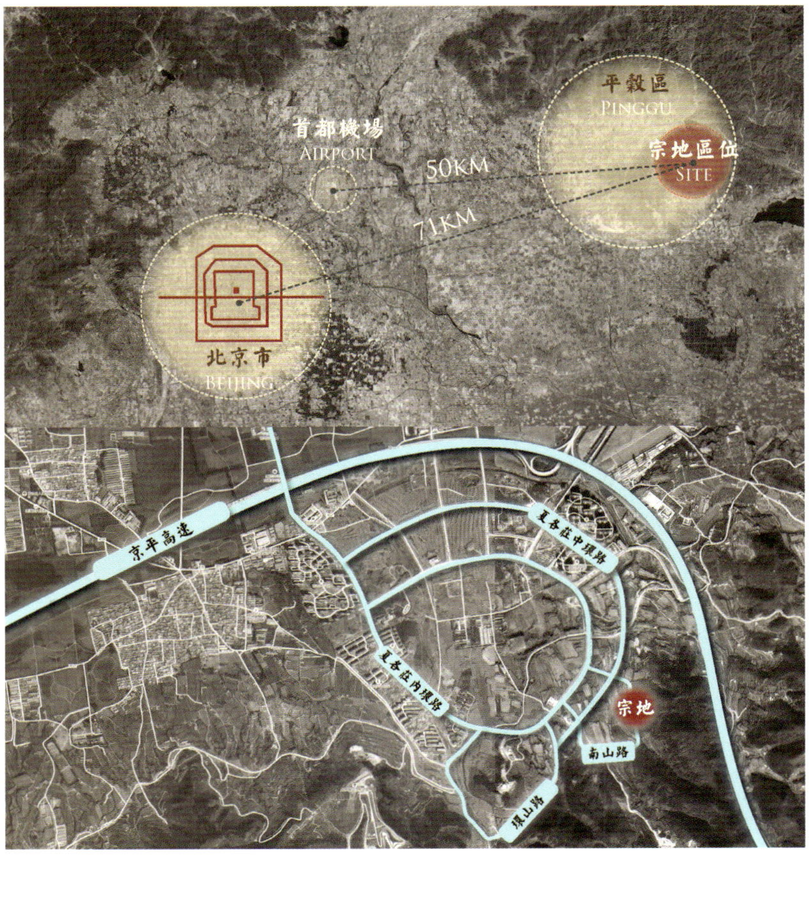


## 规划布局

项目现状整体形态南高北低，设计依据原有山体高差依山筑势。规划设计将着眼点放在观山视线与场地高差的处理上，建筑均朝向山景排布，并利用场地高差形成“层层跌落、户户观山”的台地式布局。单体朝向取正南偏东20.5°，通过对基地整体布局的合理分析，商品住宅的房型主要布置在南侧，优先考虑满足住宅的采光、日照、通风需求，同时兼顾每栋楼的景观朝向，做到户户开窗即景，既有利于景观平衡，又形成相对集中的中央景观绿地。

规划布局充分利用基地景观及地形特征，成就舒适的空间体验，提供生态人文的创新生活方式。最大化创造景观资源，协调场地高差，因地制宜，为置业者匠心打造新亚洲风格院墅。其以传统院落的“五进制院落”规划，勾勒整个景观动线的起承转合，将浅山之间自然、旷达的生活情境充分呈现，唤醒中国人基因里对“天人合一’的追求，为忙碌的都市人打造一片诗意栖居之地。

## 景观设计

### “一街四园十二巷”

景观以“一街四园十二巷”为出发点，提炼其神韵并转换为设计语言，既体现“帝王之都”特有的空间气质，又诠释出雅致的东方禅意。主纵轴和多条横轴在两个方向、多个维度上突出建筑环境的层次感，并通过绿地、灌木、乔木和零星点缀的景观小品丰富居住者的空间视觉体验。

### 定制全龄配套

定制全龄配套是项目的核心增配亮点，打造了北京市场上少见的浅山运动生活配套，如桃花溪谷健康动步公园以及登山步道。项目还针对业主各种生命形态精准区分需求，分别建设满足男士的岭秀茶室、女士的岭秀花房、孩子的岭秀同乐以及老人的岭秀健康社区配套。

## 户型设计

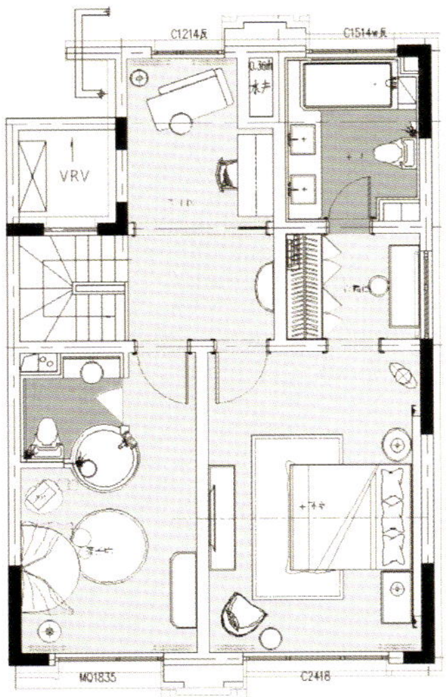


上叠四层户型图

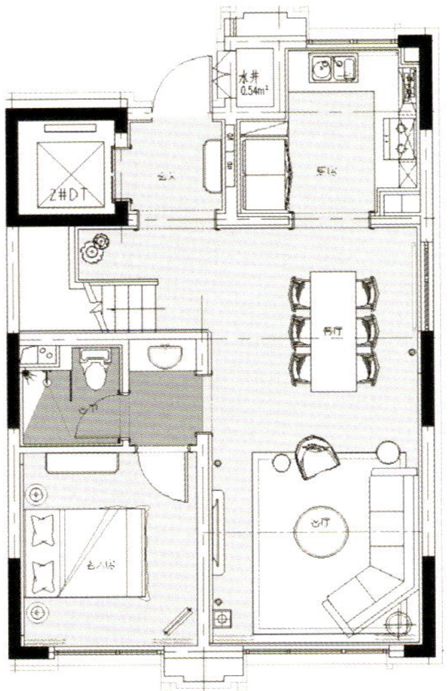


上叠三层户型图

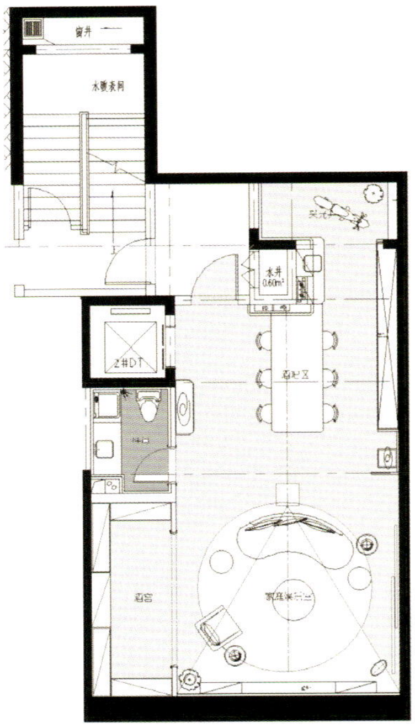


上叠地下二层户型图

户型布局融入了南北通透的设计理念，在满足北京市住宅设计标准的同时充分考虑户型的可变性与可改造性，满足居住者的多种需要。户型布局结合整体规划和户型配比，无论大小都充分考虑住户的实际使用和景观特色，将主要房间置于景观最优的朝向，使每户都有最佳的景观视野。房型设计做到动静分离、布局紧凑、房间规整、空间尺度适宜。

# 湖居大境 匠心院墅

## 苏州花样年碧螺湾设计方案

开发商：花样年地产 / 项目地址：苏州市吴中区环太湖大道与烟波路交会处
建筑设计：深圳市华炎建筑设计有限公司 / 景观设计：上海易亚源境景观设计有限公司 / 用地面积：99 212.7平方米 / 建筑面积：140 030平方米 / 容积率：0.91 / 绿地率：37%

花样年碧螺湾虽是苏州"限价墅"，却坐落于太湖高端住区腹地，拥有稀缺且优质的一线太湖美景和宜人的生态环境。项目没有牺牲空间尺度，打造局促的迷你墅，而是承载太湖文化礼制，打造尺度奢阔的院墅产品。"一轴九园十四巷"匠心园林、轻奢现代中式立面、精奢全龄化社区配套，再现中国大家的生活风范。

## 项目概况

### 开发背景

苏州规定房地产开发企业应当科学合理地确定申报价格，经价格部门严格成本核算确定备案价格后，一次性公开全部准售房源及每套房屋价格，实际销售价格不得高于备案价格。同一批次分批销售时，不得提高销售价格。下一批次备案价格不得高于上一批次同类型房屋成交均价。苏州花样年碧螺湾备案价约 16 800 元 / 平方米。

### 南向一线湖景 高端住区腹地

太湖作为长三角窗口，配套精奢完善，云集星级酒店、游艇俱乐部、高尔夫球场等国际配套，环太湖高端文化生活区是正在崛起中的精英聚居地。项目位于苏州太湖国家旅游度假区核心位置，东南临顾家河及太湖大道，西南侧紧邻太湖国际会议中心。此外，项目背靠穹窿山，直面太湖，离湖仅约 200 米，真正坐拥一线湖景。

### 低密纯粹墅区

项目采用低密规划，还原了墅区应有的圈层与品格。相比一般洋房 + 别墅混合的社区构造，项目仅规划叠拼、联排、端户 L 墅三种院墅产品，共 402 户，尽量将土地还给自然，打造从容、舒适的生活环境。

### 现代东方大境

花样年地产以太湖高端 IP 碧螺春为引，融合山水动静与茶的静思哲学，融汇中国人的居住理想，精雕园林的每一处肌理，打造出清雅、秀美的纯墅社区。

**园林造景：**项目特邀香山帮匠人悉心磨砺，秉承“堂、庭、院、园、巷”设计理念，重现“一轴九园十四巷”的湖山园林典范，曲径通幽，步移景异。宅间花园被切分成尺度较小的院落，并被赋予不同的景观主题，结合花样年特色的物业服务体系，构成了一个个真正可以为业主提供生活服务的社区场景。

**建筑设计：**别墅及类别墅汲取了中式白墙黛瓦的特点，传达别具江南韵味的园林文化。浅棕、咖啡、米白三色构筑成简约的中式风格。在建筑组合方面，中轴及边户上布置二到三层的“L”字形轻奢别墅，在视觉上，展现出全别墅的形象，提升项目品质。

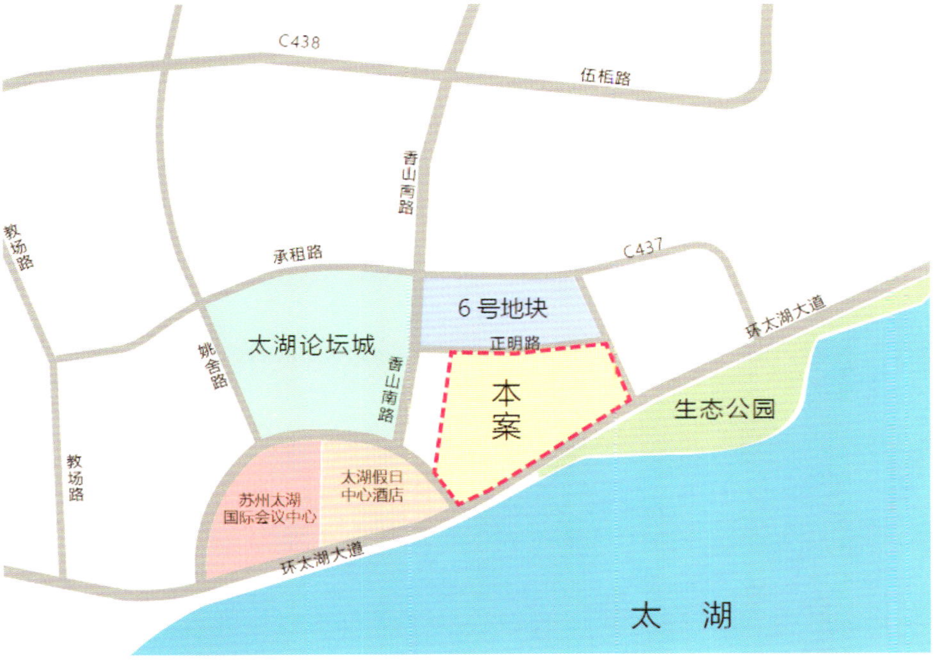

## 规划设计

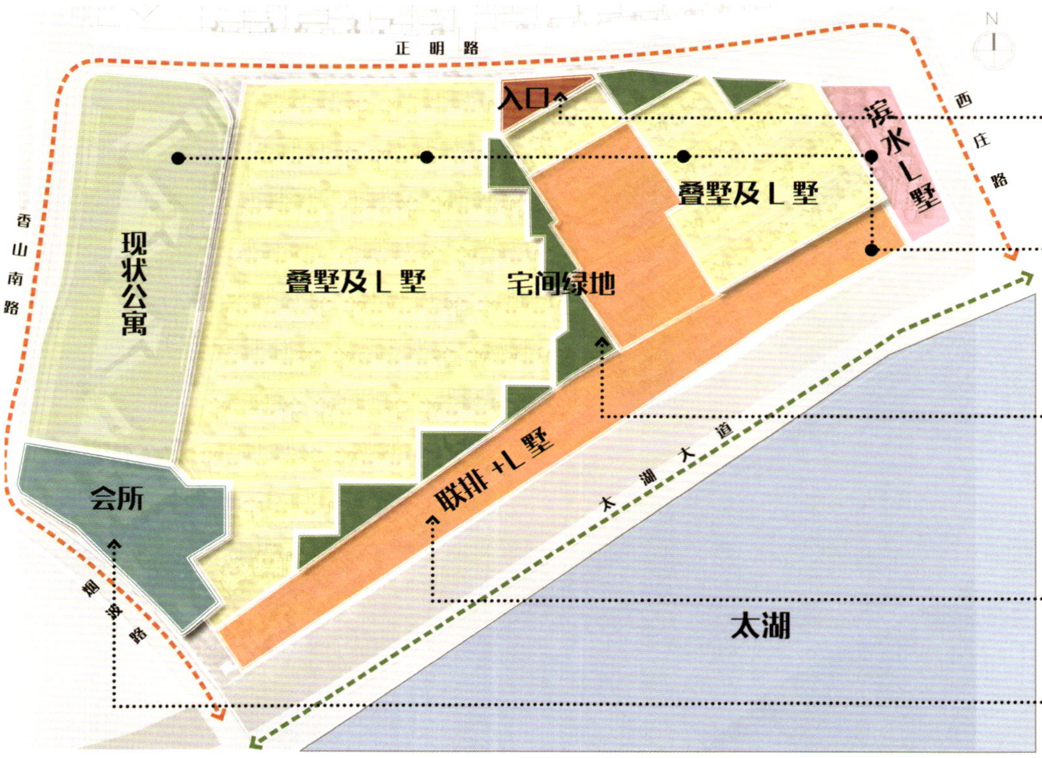


入口的楔形形态及 2.4 米的台地高差为入口设计增加难点。

公寓、叠墅、湖景联排、L 墅，多种产品有序分布，类型丰富，实现资源最大化利用。

L 型宅间不规则绿地空间为住区提供了一个良好的游园环境，可容纳多种形式的公共活动。

南侧别墅利用现有水系融入小院设计从而提升别墅的价值感。

会所建筑围合出多层次的院落空间，景观设计融入太湖风光元素。

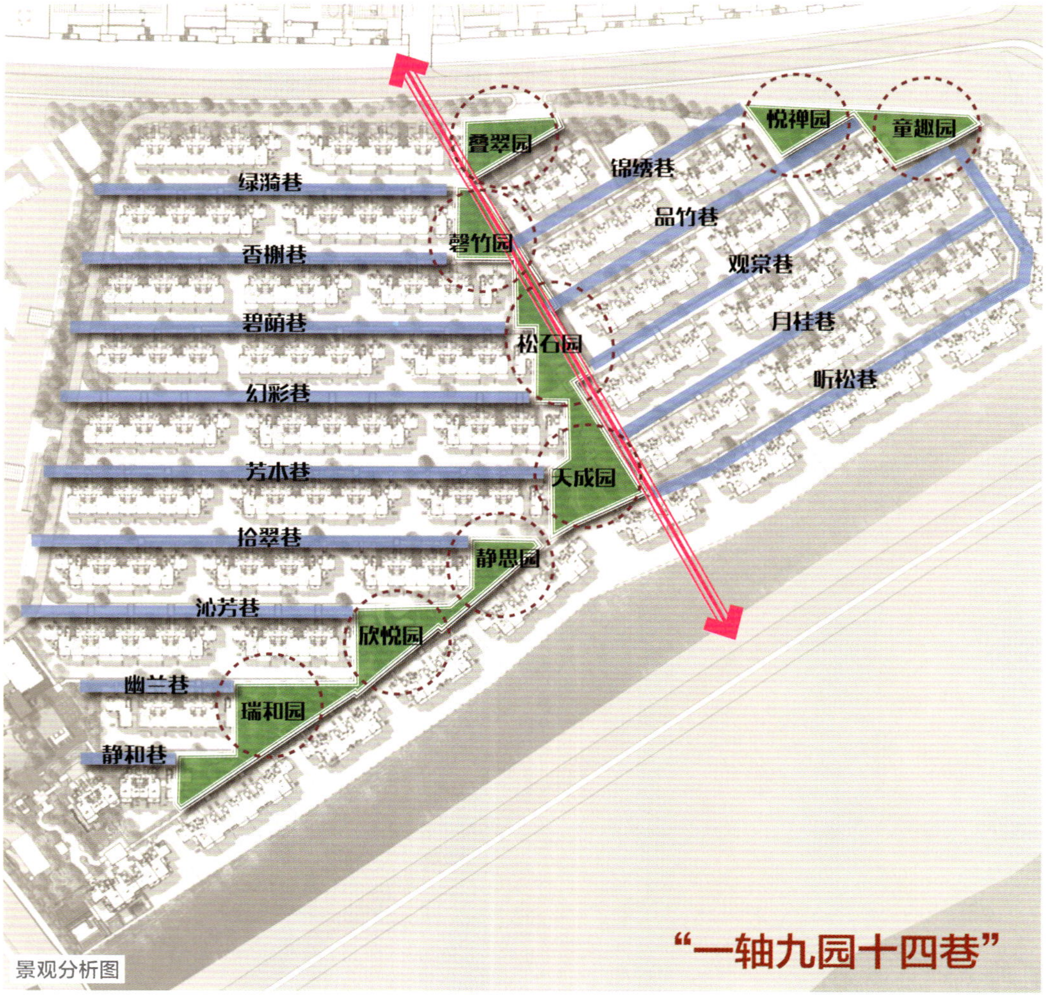

景观分析图

### 精奢社区配套

项目以“巷”文化为引，引入花样年旗下高端系物业开元国际东方管家，以东方智慧与东方之礼服务打造太湖畔的桃花源，汇集恒温泳池、格调健身、私属瑜伽的高端会所，成为社交生活第三厅。此外，融合花样年地产智慧社区开发经验，全人车分流、人脸识别门禁系统、PM2.5 监测系统，开启太湖板块智慧生活。

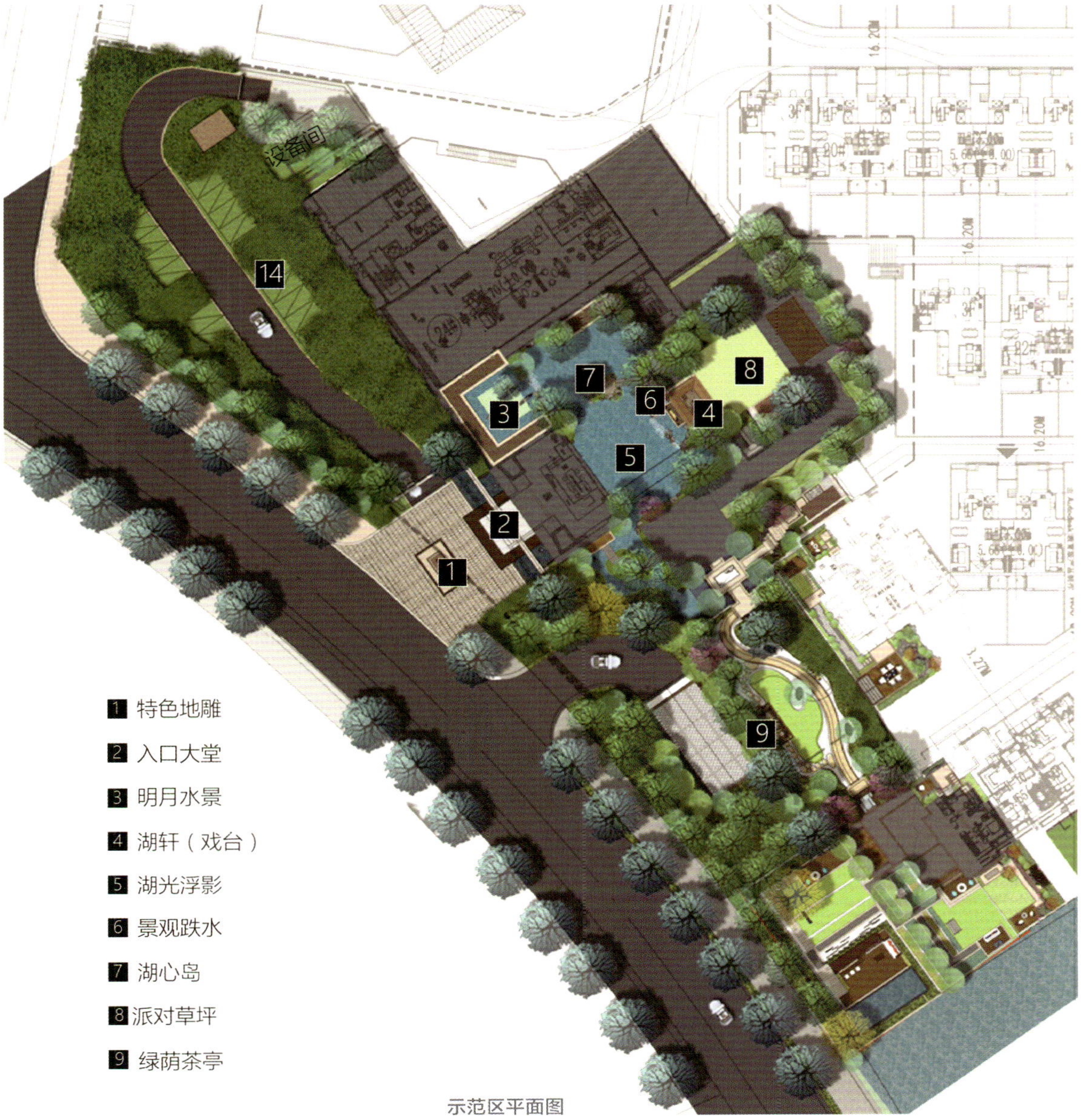


1 特色地雕
2 入口大堂
3 明月水景
4 湖轩（戏台）
5 湖光浮影
6 景观跌水
7 湖心岛
8 派对草坪
9 绿荫茶亭

示范区平面图

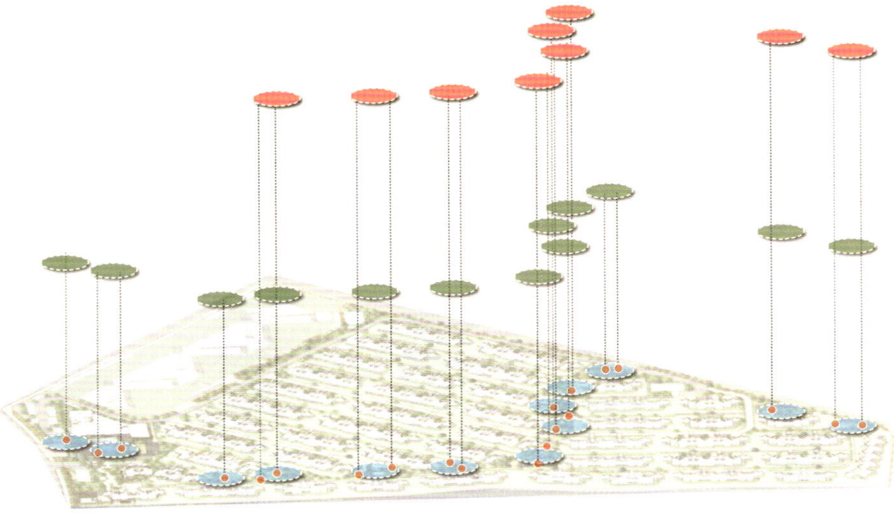

**好用**——人性化关怀设计

智能识别
门卫管控
驱蚊灯
USB 充电插座
PM2.5 实时监控
儿童基础看护设施
景观会客厅

人车分流
植物认知
隐蔽式垃圾桶
人性化座椅
无障碍通道
挡风遮阳构筑
……

**好玩**——“花童荟”快乐成长体系

儿童防滑垫
家长看护区
趣味儿童器械
云监控设施
婴儿车停车位
轮椅停车位

全龄健身器械
晨练广场
瑜伽草坪
邻里交流空间
物业活动场所
……

**好美**——花样年的审美主张体系

尊贵入口大堂
森林氧吧
九大主题园
四季花镜
静谧休憩空间
滨河赏景

归家巷道
禅意长廊
精品雕塑
……

## 户型设计

### 有天有地的院落生活

别墅产品采用全明方正户型，大面宽设计，配置大尺度阳台。大套房设计让家庭成员享受私密居住空间。庭院面积 30~300 平方米，珍藏四季美景。地下空间层高最高约 5.4 米，改造后得两层空间。

下叠拥有院子和地下室，上叠有独立的地下室空间，让有天有地的院落生活重归都市。端户 L 墅的采光面更多，院子空间更大，可达 300 平方米。

联排一层户型图

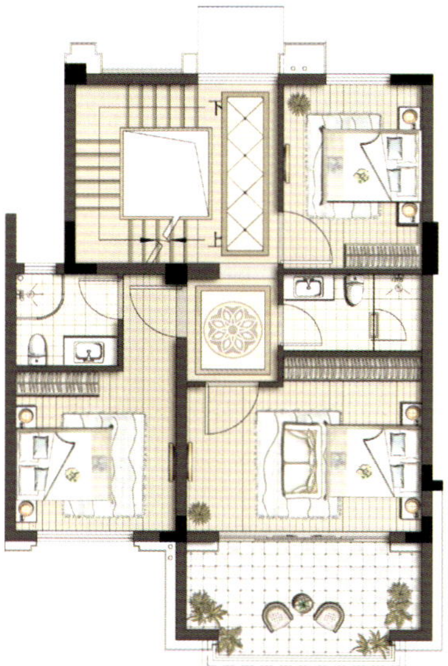

联排二层户型图

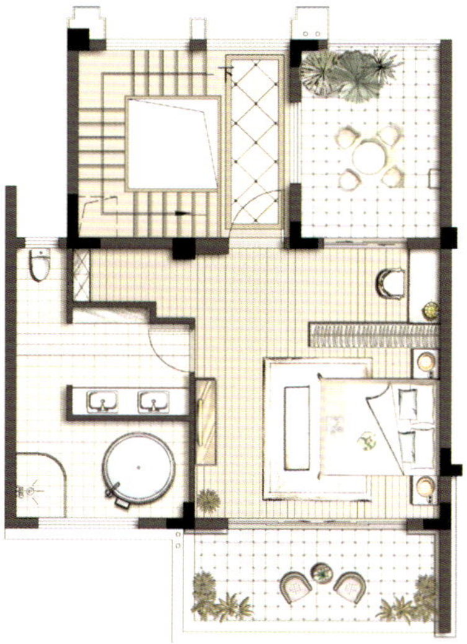

联排三层户型图

L 型别墅一层户型图

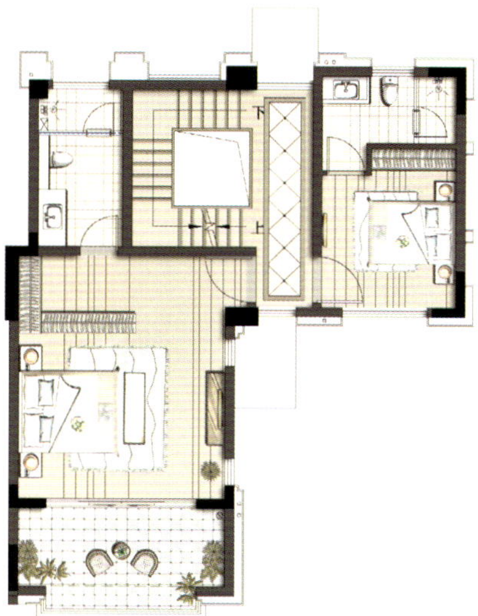

L 型别墅二层户型图

L 型别墅三层户型图

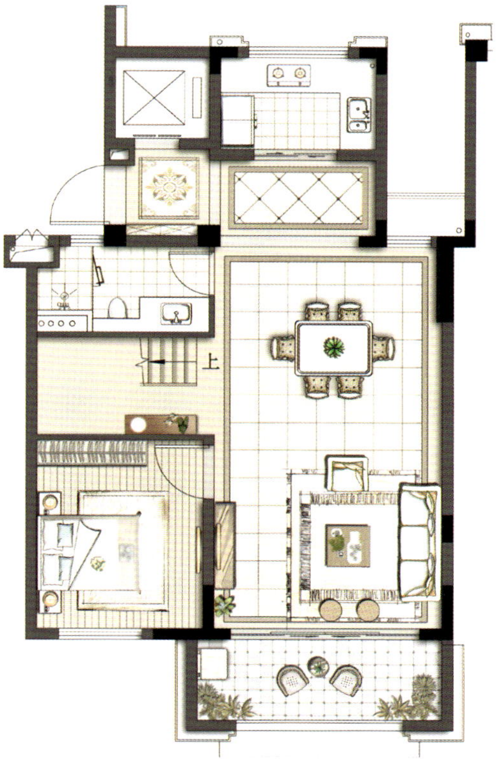

上叠一层户型图

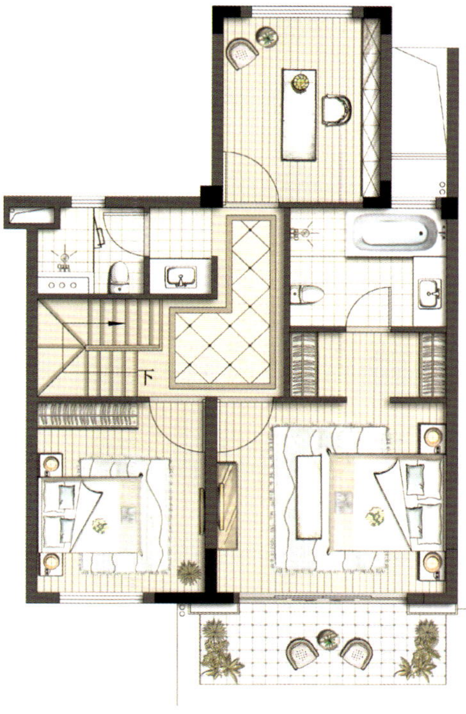

上叠二层户型图

下叠一层户型图

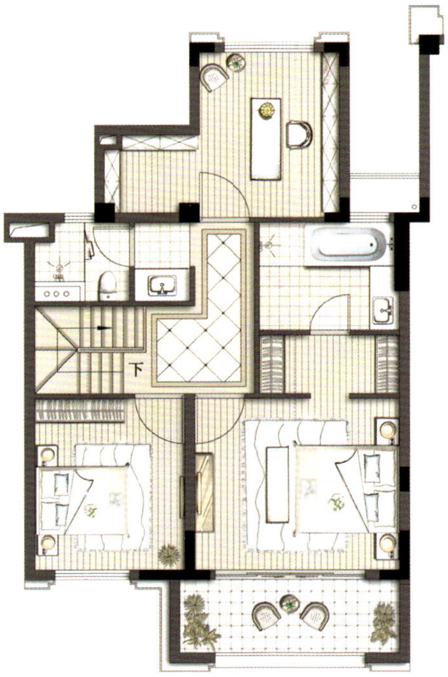

下叠二层户型图

# 百年老城厢 东方邻里情

## 上海新城·璞樾门第设计方案

开发商：新城控股集团 / 项目地址：上海市青浦区

建筑设计：上海骏地建筑设计事务所股份有限公司 / 用地面积：26 653.7 平方米 / 建筑面积：30 515.45平方米 / 容积率：1.14 / 绿地率：13.87%

上海新城·璞樾门第位于青浦老城厢腹地——上海主城区整体性较好、规模较大的一处风貌区，地段价值不可复制。
项目继承文脉，打造容积率仅1.1的纯墅区，规划有合院、叠墅等多种低密建筑，为精英营造纯粹的社交圈层。
三街四坊，回归东方邻里情；五重门庭礼仪，再现贵族归家礼序，旨在呈现纯正的中式贵族生活质感。

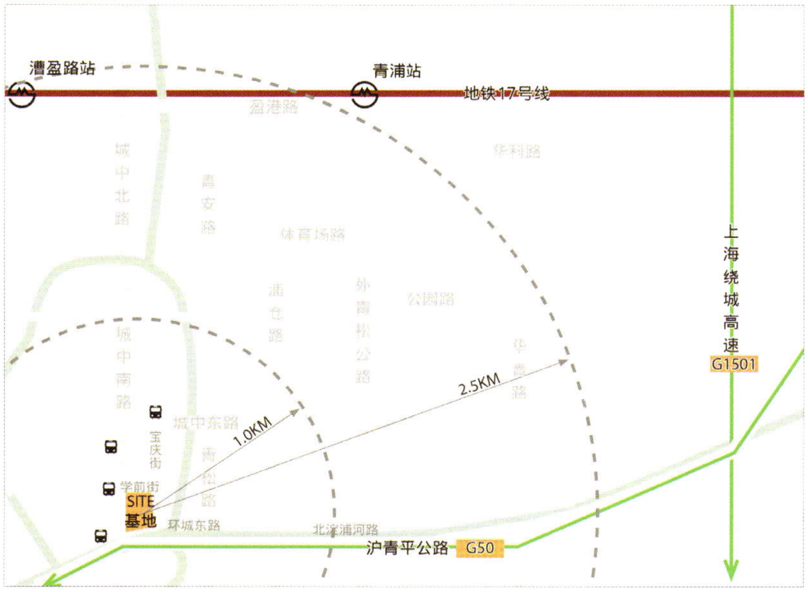


## 项目概况

### 百年城厢腹地

**深厚底蕴：** 上海新城·璞樾门第择址于素有“上海小外滩”之称、拥有600年历史的青浦老城厢腹地。从过去的南门街古迹、士绅文化，到现今的上海历史风貌保护区，区域的文化底蕴源远流长，地段价值不可复制。

**优美景观：** 居住者出门即是护城河，抬头即见万寿塔，推窗可见青浦小外滩，与古塔公园、梦蝶岛（规划中）仅一街之隔。

**成熟配套：** 项目周围拥有市政单位、休闲购物中心、学校、医院等完善配套，生活便利；南邻沪青平公路，北邻崧泽高架西延伸段（在建），可以快速通达全城。

### 低密纯别墅住区

项目的基地东侧的南门街隶属于青浦风貌保护区，规划条件具有独特性。局部地块50%–70%的建筑密度、0.9的容积率以及大部分地块6.4米的建筑限高，决定了高密度、低容积率的整体形态。为了在高密度的建筑群中保证居住单元的私密性，项目采用三种应对策略。

1. 通过院子将不同的功能空间以及居住单元各自阻隔开；

2. 在局部位置设置墙体、绿植等各种形式的遮挡；

3. 在可能会产生视线交错与对视的位置控制开窗尺寸与位置。

### 延续老城肌理与风貌

项目独特的文脉决定了设计的主要特点是“通过现代手法延续老城肌理与风貌”。

**“三街四坊五重门”：** 项目深入探寻千年中国的生活美学，对标千年坊巷格局，规划“三街四坊五重门”，纵横交错间串起久违的东方邻里情。主大门门厥以王府大门原型为蓝图设计，不仅是对身份的匹配，更是对古代礼制风范的再现。

**风雅十一园林：** 坊巷中国，终归一园。琴、棋、书、画等十一园林师法中国古典名园，以琴棋书画、诗酒花茶等元素为主题，聚合万园四季风雅，在日常生活里营造步移景异的精致场景，并与河、塔、桥、园等项目外的远景相呼应，体现水乡的风情。

**江南建筑立面：** 建筑在造型上采用江南常见的坡顶，材料的选择全部基于设计前期对青浦当地的调研，木色格栅在石材和屋顶之间营造出一种和谐的比例关系。合院体量延绵的线条关系模仿起伏的丘陵。

## 建筑设计

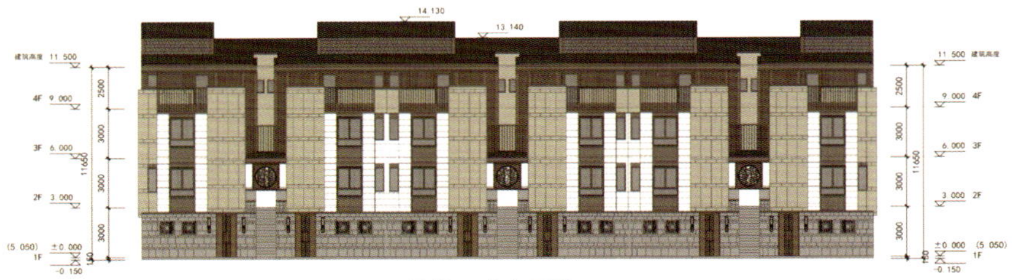

叠拼 A 北立面图

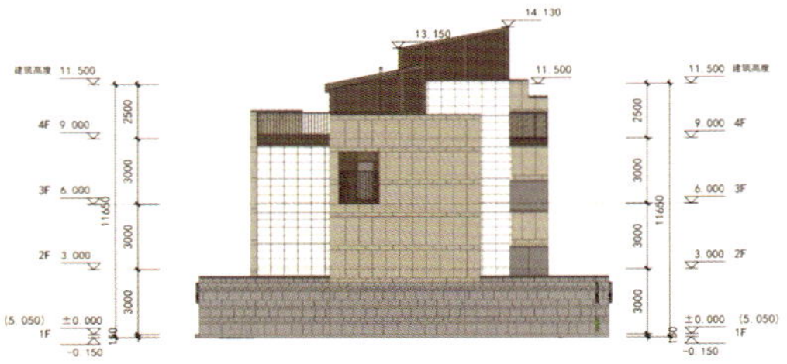

叠拼 A 西立面图

叠拼 A 南立面图

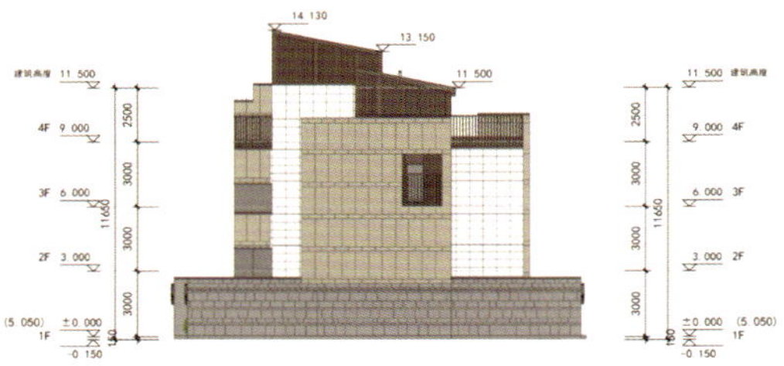

叠拼 A 东立面图

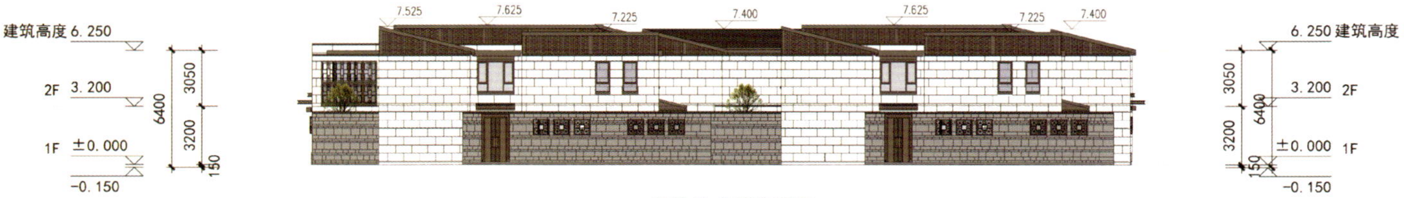


合院 2–2 东立面图

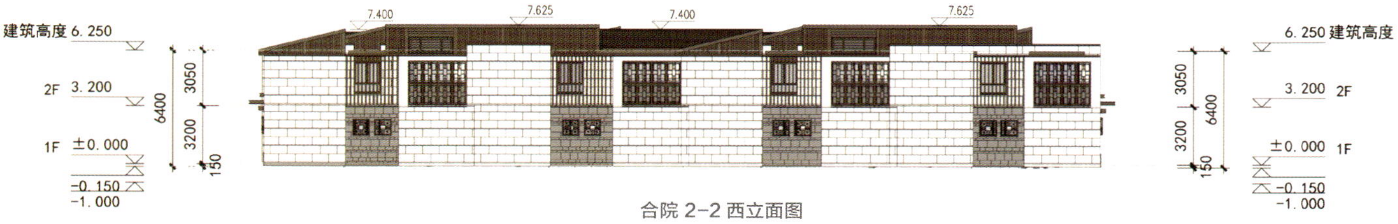


合院 2–2 西立面图

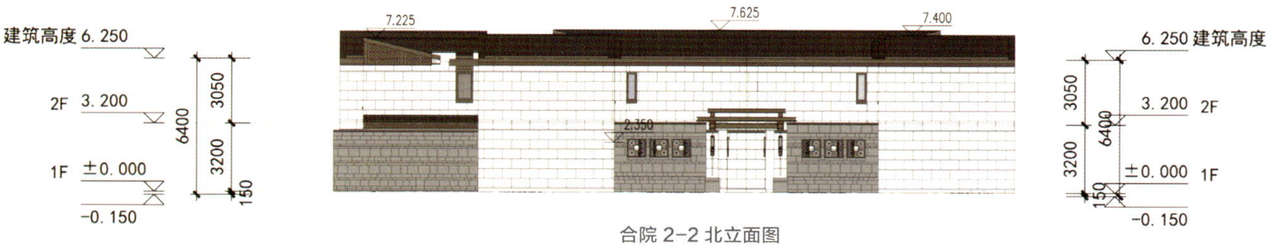


合院 2–2 北立面图

合院 2–2 南立面图

## 户型设计

### 合院产品

一墅四五院，院院皆不同。
入户双院相伴，享院落情趣。
独立总厨动线，布局合理。
次卧双面采光，空间明朗。
地下室功能齐聚，设独立玄关。

### 叠墅产品

玄关连通，餐厨与客厅流畅衔接，尽显门风礼仪。
上下双露台，客卧室朝南，舒适、雍容。
空间布局合理，张弛有度，再现世家礼遇。
独户私享电梯，直达停车层。

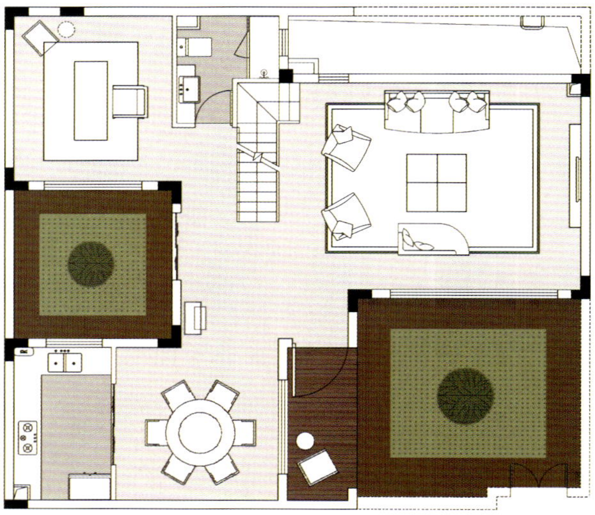

合院 E 户型一层平面图

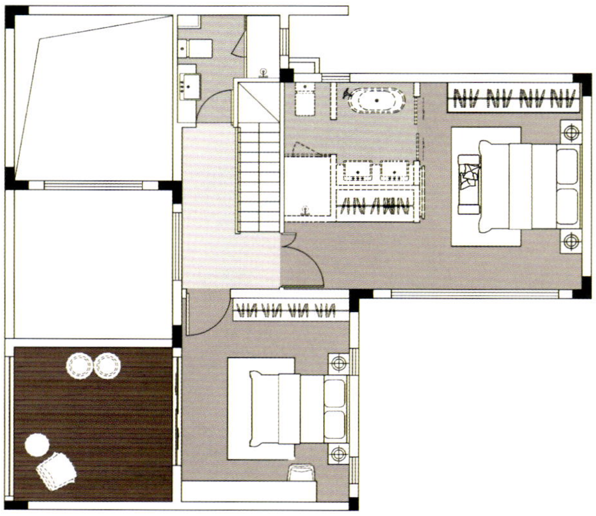

合院 E 户型二层平面图

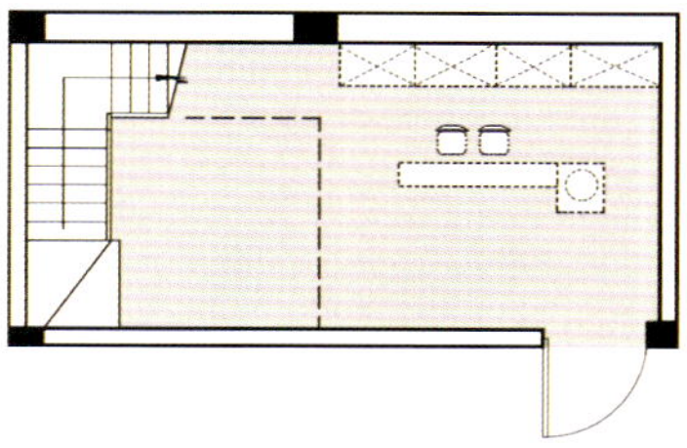

合院 E 户型地下一层平面图

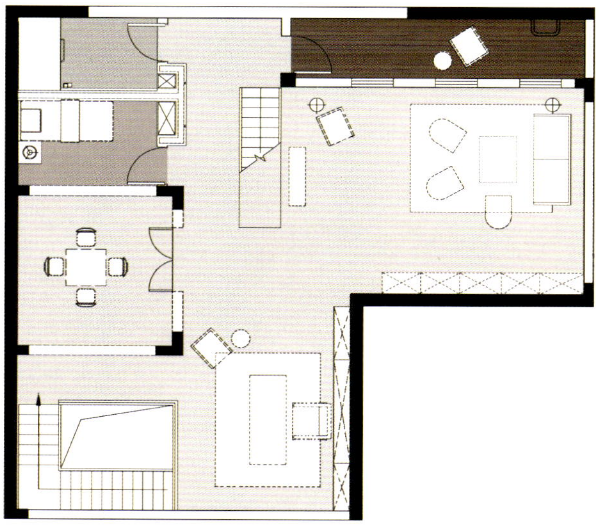

合院 E 户型地下夹层平面图

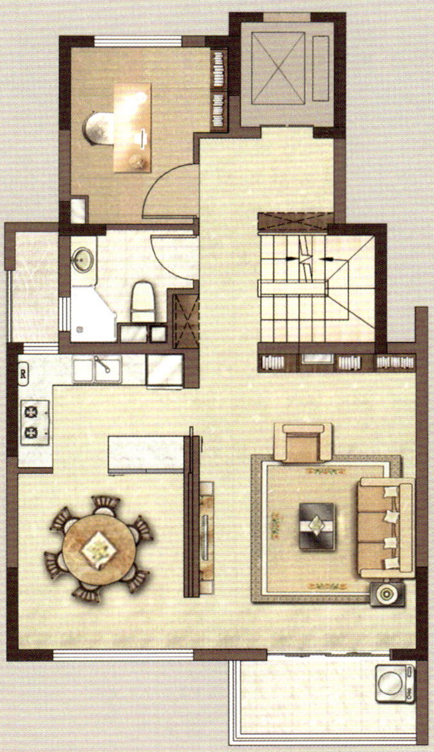

叠墅 A 户型三层平面图

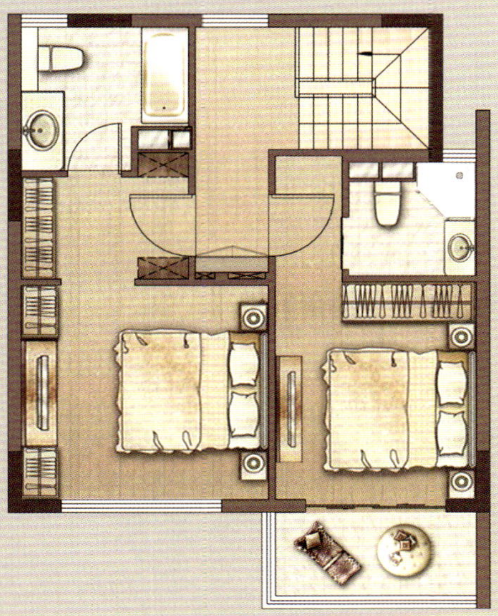

叠墅 A 户型四层平面图

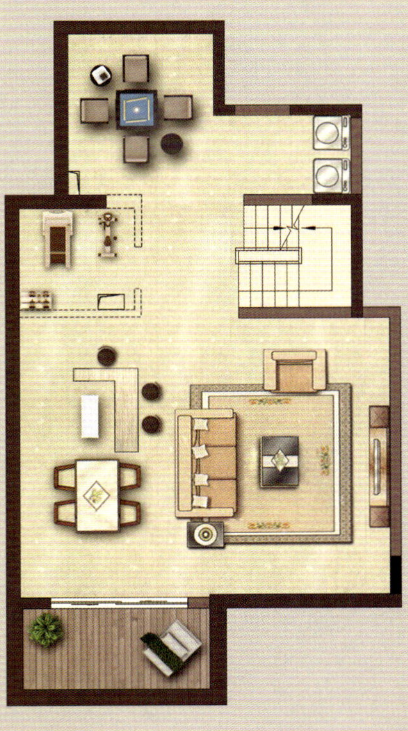

叠墅 A 户型地下夹层平面图

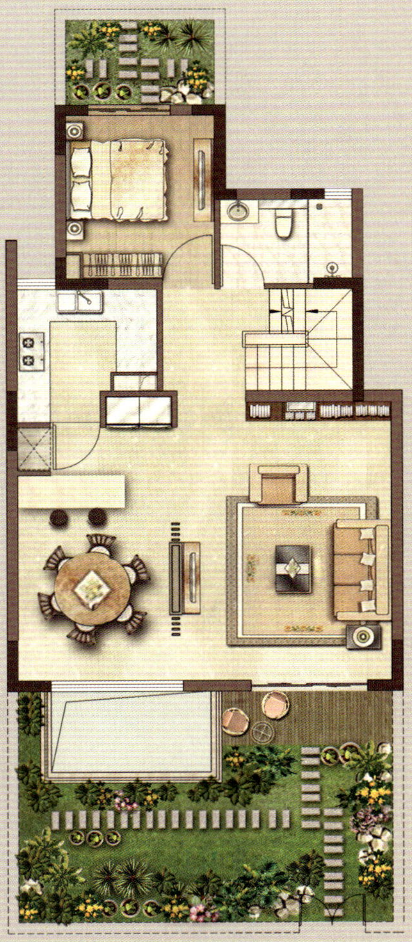

叠墅 A 户型一层平面图

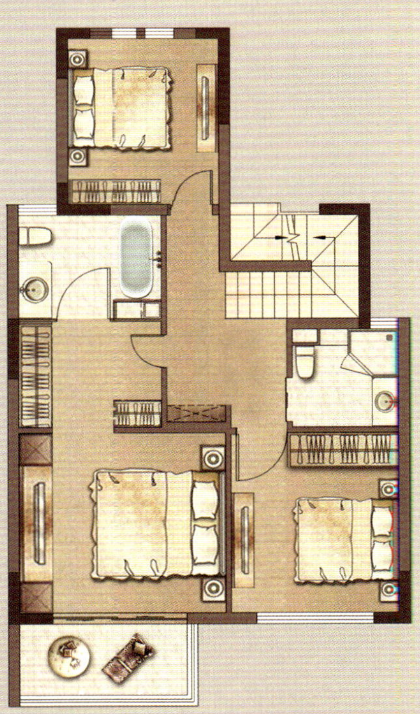

叠墅 A 户型二层平面图

# 东方礼制 当代生活

## 苏州万科大家设计方案

开发商：苏南万科 / 项目地址：苏州市工业园区亭盛街与唯观路交汇处
用地面积：约51 580平方米 / 建筑面积：约62 630平方米 / 容积率：0.6 / 绿化率：45%

苏州万科大家以中国传统住宅秩序为骨，
以现代简洁的设计手法提炼中式文化符号以及苏州地域元素，打破时空的界限，
让城市文脉与现代生活美学融为一体，让城市繁华与山水自然和谐共存，为当代人重新定义现代中式风格。

## 定位策略

项目定位为千万元级别的别墅产品，以“品牌 + 产品形态”的综合性价比表现争取务实的入门级高端客户，以“资源 + 身份标签 + 产品力”争取改善级高端客户。产品以约 193 平方米（指地上计容面积，以下同理）户型和约 232 平方米户型为主，搭配少量约 215 平方米特殊户型和 8 栋约 320 平方米沿河大户型，满足不同客户不同阶段的需求。

## 选址研究

苏州万科大家位于苏州市工业园区青剑湖板块，北临唯澄路，南临唯观路，东临亭盛路，西临康州路与湖滨生态公园，距离青剑湖 1.3 千米、阳澄湖 5.4 千米、金鸡湖 5.8 千米。地块周边环境优美，配套齐全，交通通达性较好。

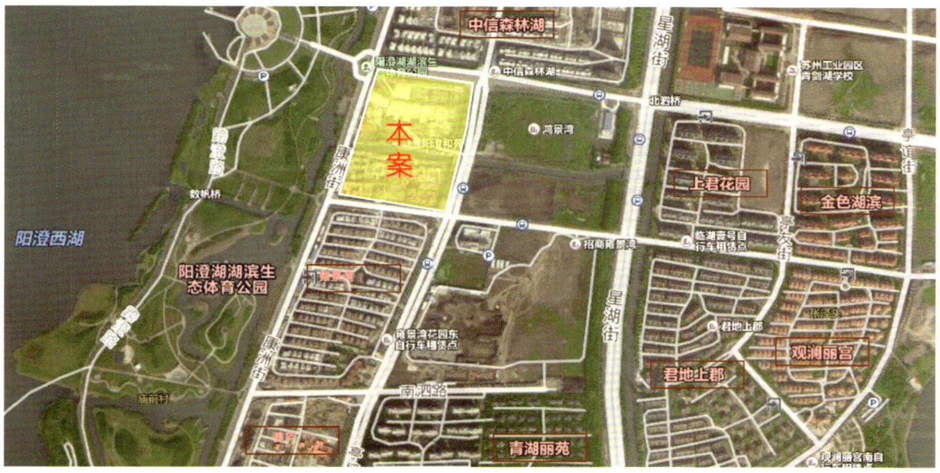

## 规划设计

苏州万科大家择址于人杰地灵的姑苏城，与阳澄湖、青剑湖相伴，且毗邻湖滨生态公园，自然资源得天独厚。项目在规划设计上继承了这座江南古城的城市肌理和文化底蕴。纵横的水路街巷、轻巧别致的小桥、层层递进的院落、错落有致的屋面，通过现代的材料、构造和景观语言进行全新的演绎，让江南的韵味更时尚、更隽永。

基地被一条天然河道分为南、北两个地块，中央景观主轴贯穿其中，形成对称方正的轴线式布局，横向次景观轴线进一步分割地块，规划结构纵横交错，组团空间结构清晰明确，形成“一心、一轴、多组团”的规划形态。

中央主轴尺度适宜，根据中国传统园林“起、承、转、合”的空间序列，设计多处公共景观节点，并合理安排私人庭院和公共景观。

建筑规划方案

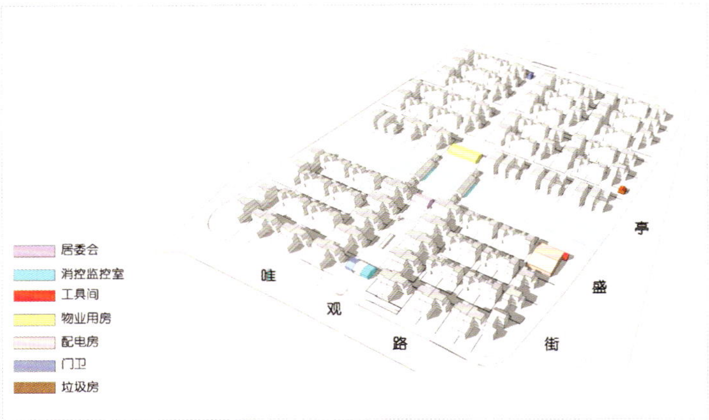


配套分析

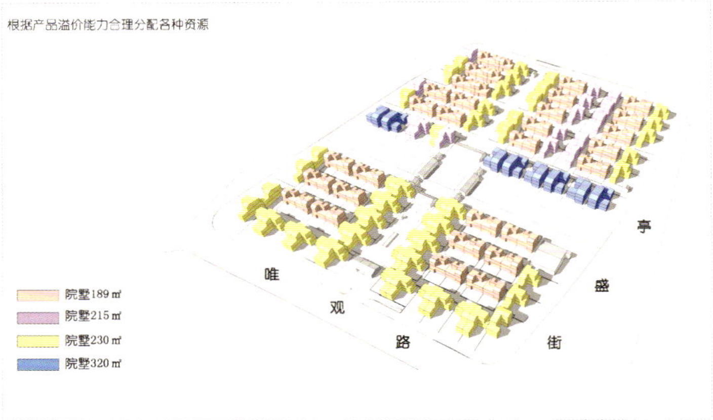


产品分布

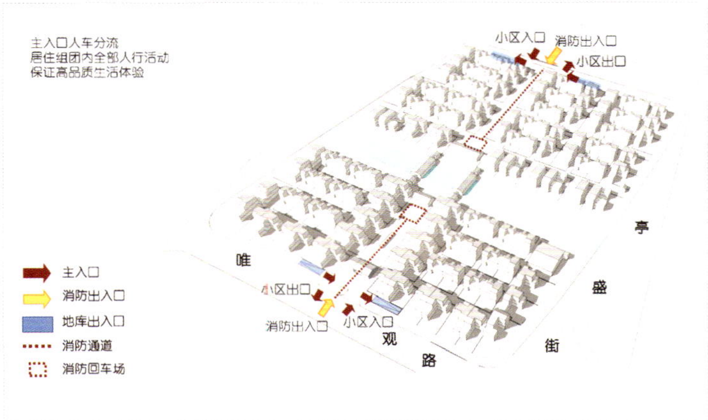


交通分析

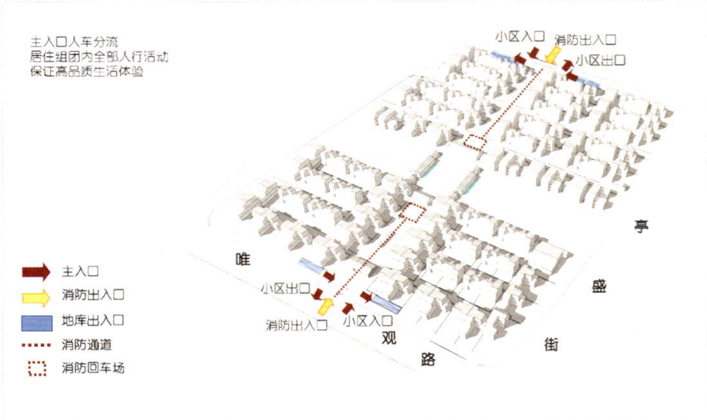


交通分析

## 建筑设计

项目中的建筑利用现代的手法重新阐释地域性元素，在自然生态的价值观与美学的引领下达到形式、功能、文化与思想内涵的统一。明快的山墙意象、层层跌落的屋面关系与冷暖相宜的色调，渲染出朴素、优雅、舒适的中式居住氛围。现代简练的线条语言、色彩搭配与石材立面，与东方的传统建筑形制相融合，形成历久弥新的现代中式建筑风格。

**视觉效果**

230 沿河大宅效果图

189 组团效果图

189 北立面效果图

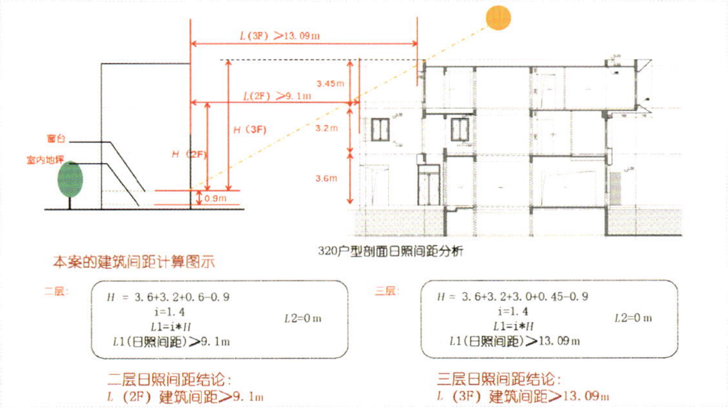


间距解读

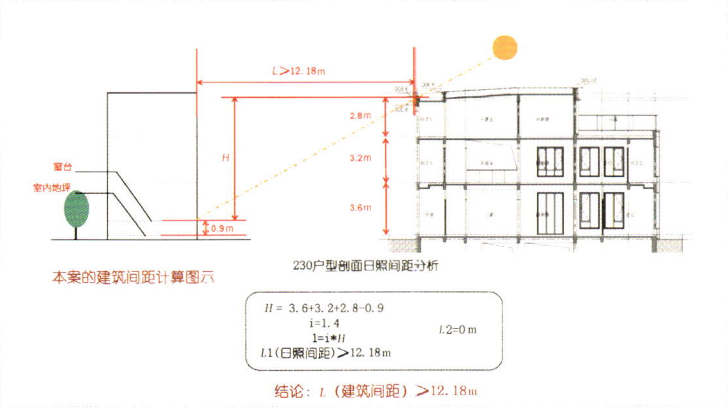


间距解读

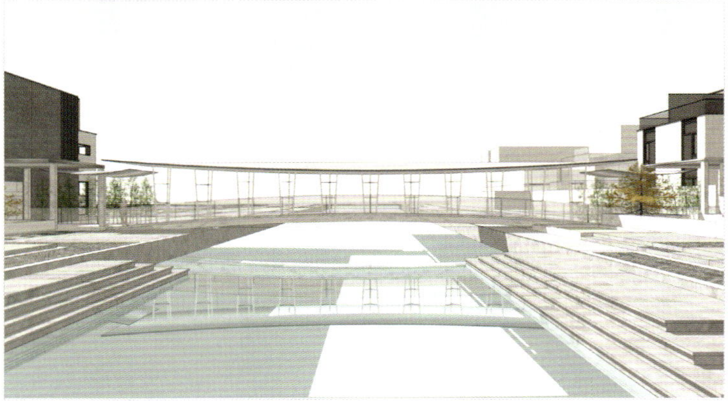

桥效果图

桥效果图

## 景观设计

项目的入口设置在中轴线南北两端，南侧琉璃大门由 9 000 多块定制琉璃砖建成。琉璃砖为半透明材质，结合表面的凹凸面造型，呈现出光影迷离的视觉效果。

中庭是由廊架围合而成的静谧花园，以两侧宣纸玻璃墙为纸，以花、草、树、木为画，形成一幅自然的画卷。玻璃墙的概念来源于日本桂离宫，以现代的玻璃材质构成纯净空灵的墙体。

中央合院以天然河道为中心，结合南、北两栋建筑以及东、西两座飞虹桥，构成围合式的水院。河道南、北两岸分别布置了如砚台般的水景池，映照出对岸的建筑，丰富了空间的层次。

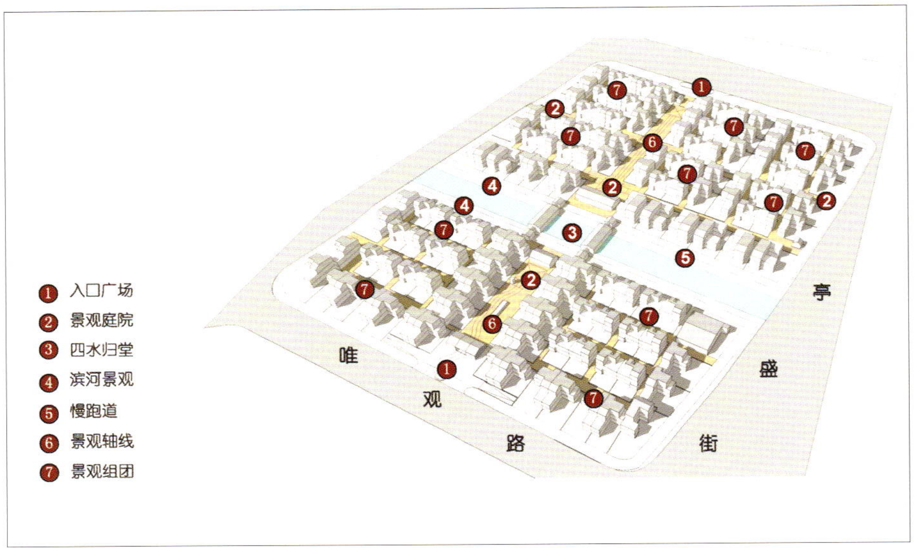

景观分析

效果图

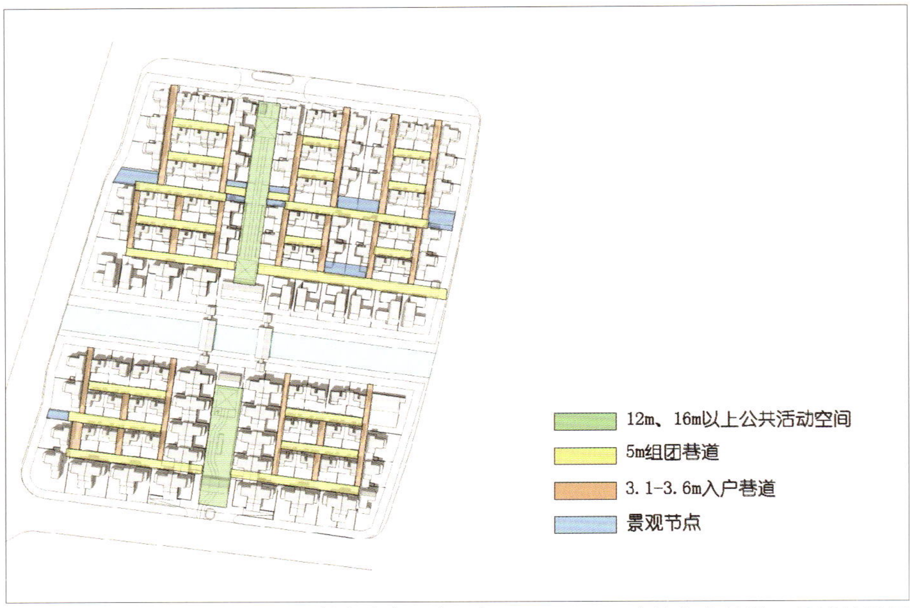

巷道尺寸分析

1. 小区道路分为三个层级：3.1 –3.6 米的入户巷道；5 米的组团巷道；12 米、16 米以上的公共活动空间（含 4 米宽的消防车道）。

2. 在基地内部设有完整的步行系统。

景观节点分析

桥效果图

## 户型设计

项目的户型设计参考当地风俗习惯设置南、北院。北院为入户庭院，通过风雨连廊连接客厅，客厅另一端通向南向主院。户型明亮开阔，功能分区明确，采用多套房设计。

双拼端户样板房利用现代简洁的设计手法诠释中式空间美学，以黑、白、灰作为主色调，内敛地传达出水墨山水之意。木色的格栅对空间进行分隔，与大面积的落地玻璃窗相呼应，营造一种通透灵动的空间感。

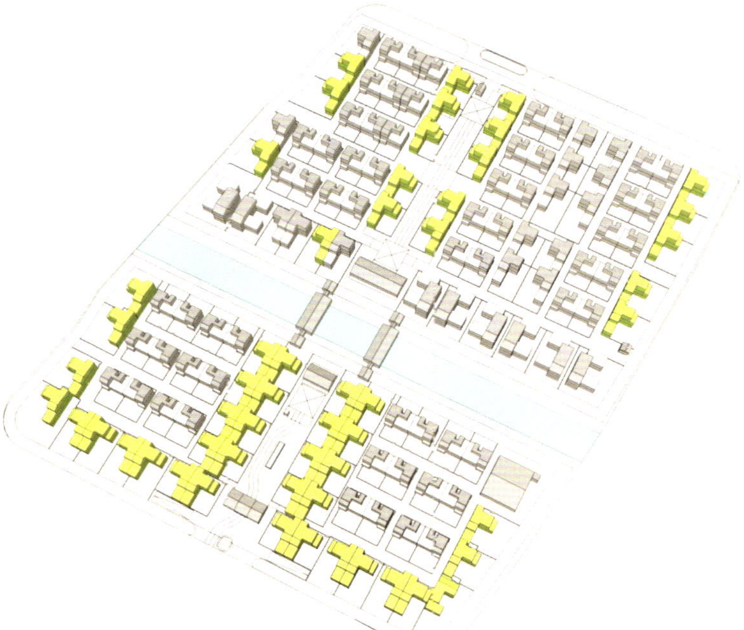

230 户型解析

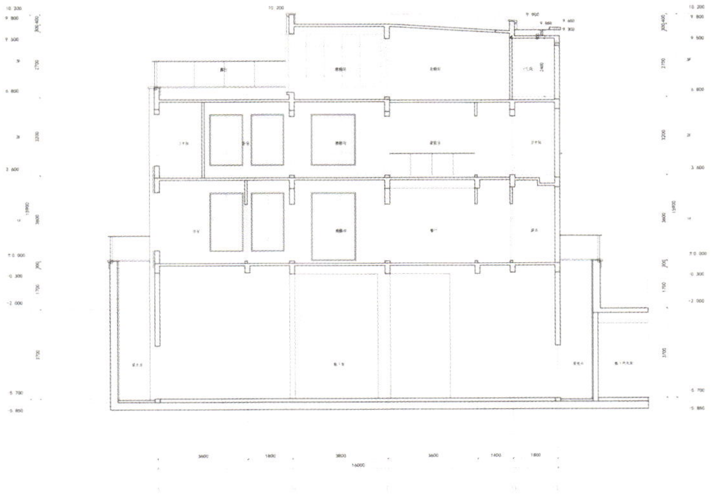

双拼端户一层剖面图

双拼端户一层户型图

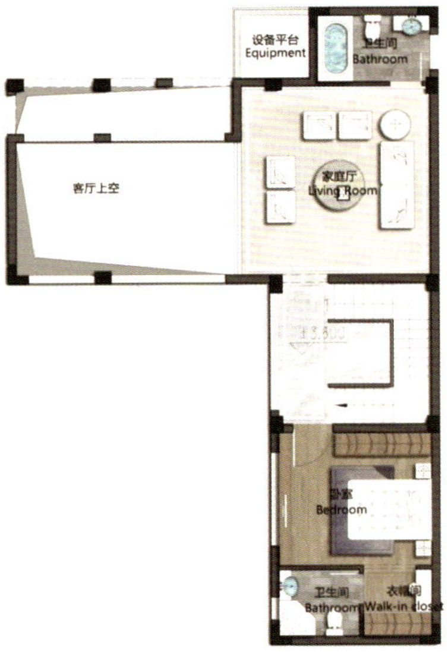


双拼端户二层户型图

双拼端户三层户型图

# 自然写意 城市山居

## 杭州万科·郡西云台设计方案

开发商：浙江万科南都房地产有限公司 / 项目地址：杭州市良渚文化村
占地面积：63 610.7平方米 / 建筑面积：74 508.8平方米 / 容积率：0.76 / 绿化率：30%

万科·郡西云台择址杭州市良渚文化村，坐享小镇至高海拔，三面云山一面城，以极致的现代审美，打开崭新的山居生活方式，并融入时代赋予的精神，溯源生活本真，探寻人与山相处的美好方式。全新的产品形制符合当下的生活习惯与人文情怀，让建筑长在山里，让山融入建筑中，达到"天人合一"的理想境界。

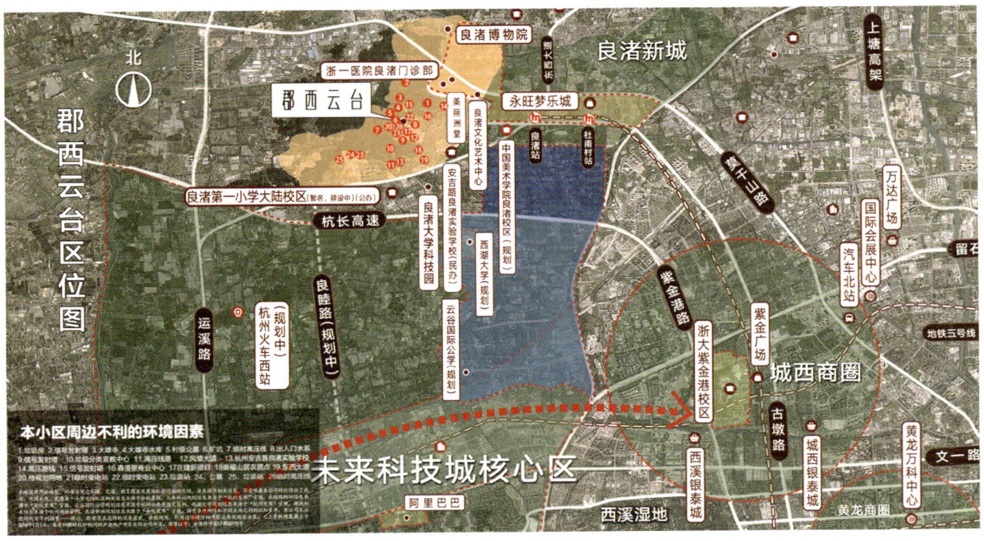


## 定位策略

郡西云台是杭州万科高端系全新城市山地别墅作品，遵循“慢慢生长出来的状态”的设计理念，有机排布类独栋、山墅、合院三大创新别墅产品系；为万科杭州 S+ 装修标准的首个落地作品，达成山、建筑、城市三者的共鸣。

项目尊重基地的山地地形，依山而建，顺势而行，最大限度地保留了原生态环境。在设计上融入人们对自然山水的向往，以自然写意的现代风格，淡化人为打造的痕迹，突出周围的自然美景，建筑与景观宛如天工造物，让人无限接近自然生活。

## 区位分析

万科·郡西云台择址于杭州市良渚文化村，用地东侧临市政道路——风情大道，风情大道以东为多层住宅社区以及商业、公寓式酒店项目，配套成熟；用地北侧为山地多层住宅社区和大雄寺景区；西侧、南侧接五狼山山脉，西南区用地两侧临五狼山水库，植被茂盛，自然环境优越。

## 规划设计

项目基地主要朝向为东南向，场地东北西南方向狭长。规划设计旨在呈现“慢慢生长出来的状态”，依山就势，巧妙借景，把山景纳入整个园区中，小中见大，强调视线的纵深，营造舒适的居住体验。

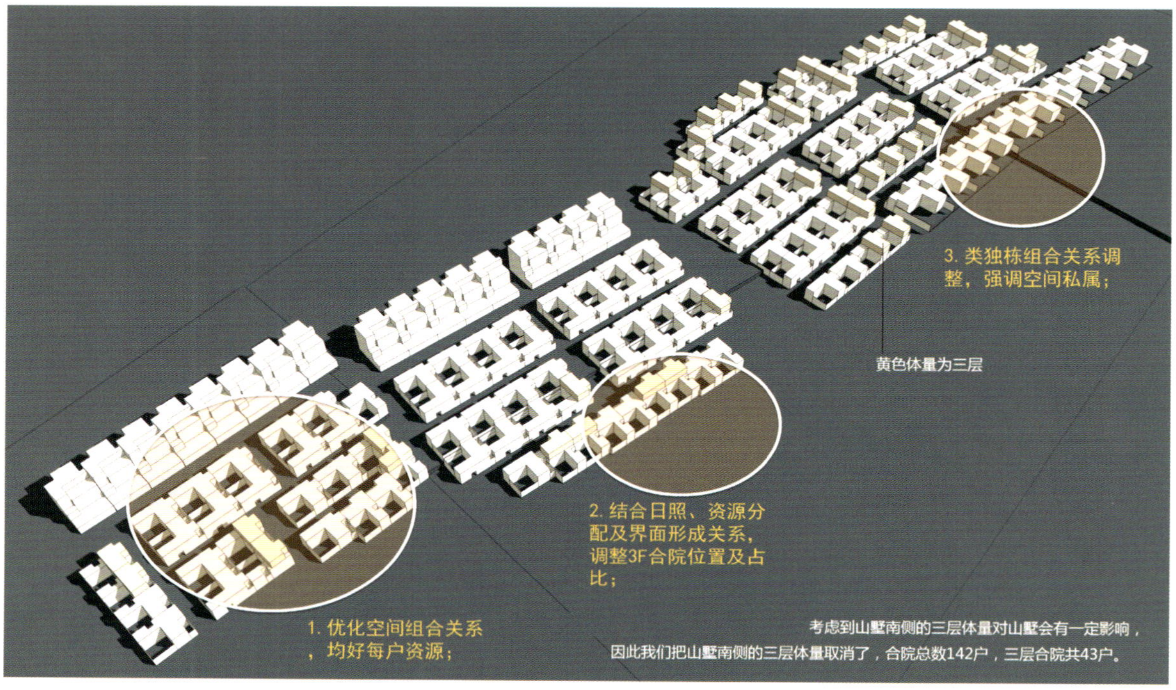


规划优化

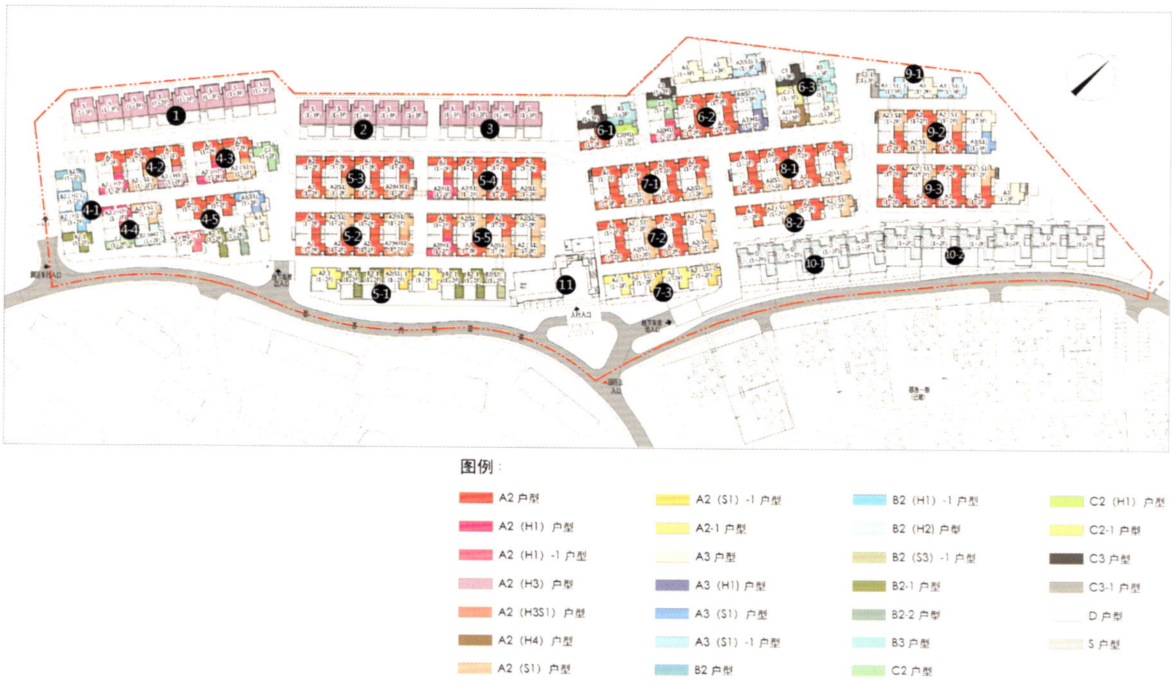


产品分布图

## 建筑设计

建筑的设计核心为打造“长”在山中的房子，借鉴良渚博物院现代自然的设计理念，让建筑与山地无缝衔接，寻求一种与山和谐相处的人居艺术。

建筑结合地形，以简洁、纯净的体块有机地组合，搭配质朴的大地色与自然的肌理，宛如嵌入山体的山石，与周围的山地环境完美地融为一体。轻巧的挑檐与大面积留白的立面相结合，勾勒出闲淡自在的建筑形象，而檐下的灰空间连接院与宅，是观景的佳处。

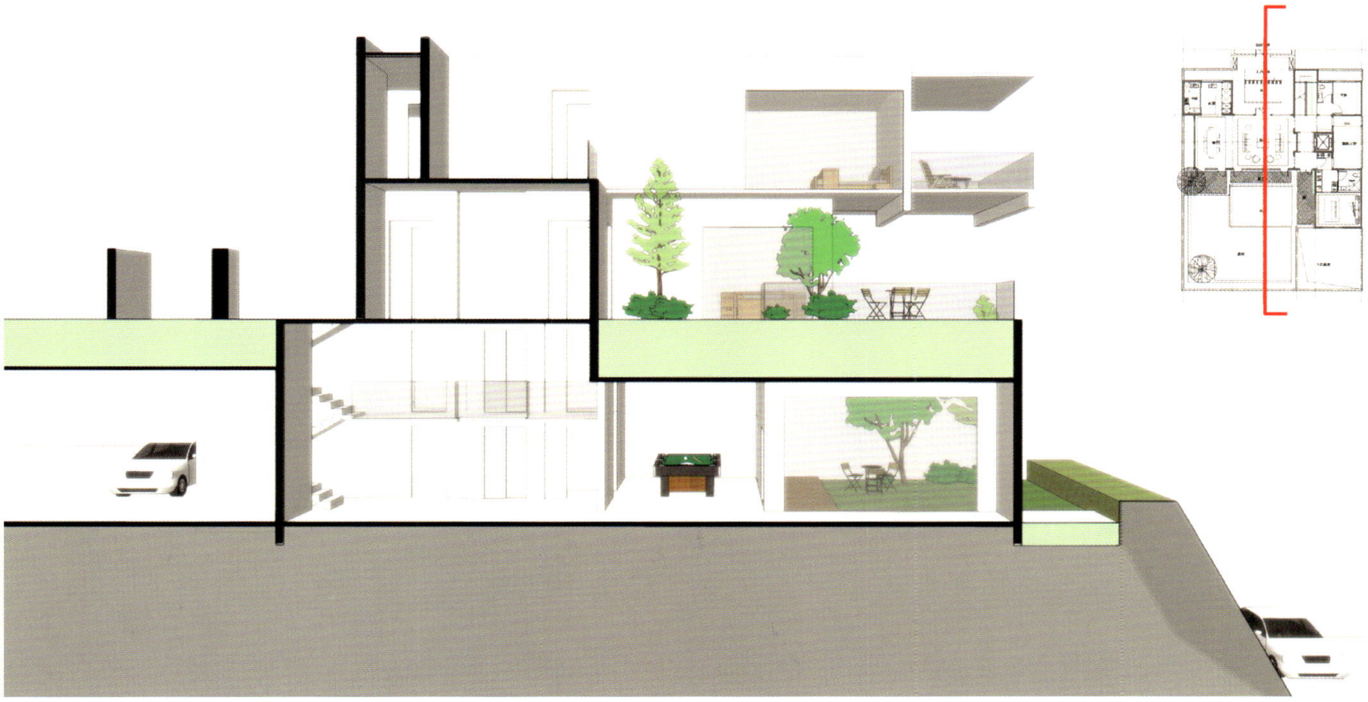

## 景观设计

项目在景观设计上结合规划设计理念，塑造高品质的低密度街巷空间，形成宜人的自然山林环境。一条层层递进的景观中轴与多主题台地景观融为一体。台地化的园区配置观景崖、亭地休闲步道等功能景观，展现“半边城市、半边山”的双重景观体验，让归隐与尘世的生活在此和谐共存。

### 巷弄关系

空间序列由中轴线、消防车道和宅间道路构成，根据位置和尺度，分为 3 类：

路：小区主要通道（消防车道），承担整个小区车行的道路。

街：巷弄间的开敞空间。

巷：横向较宽道路。

弄：竖向较窄道路。

里：尽端式道路，住户回家的必经路线，较有归属感。

巷——合院与合院平面图

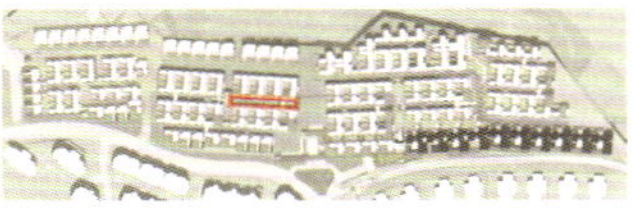

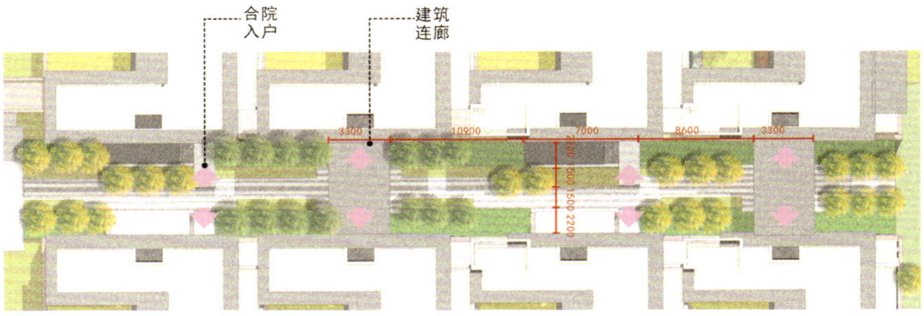


巷——合院与类独栋平面图

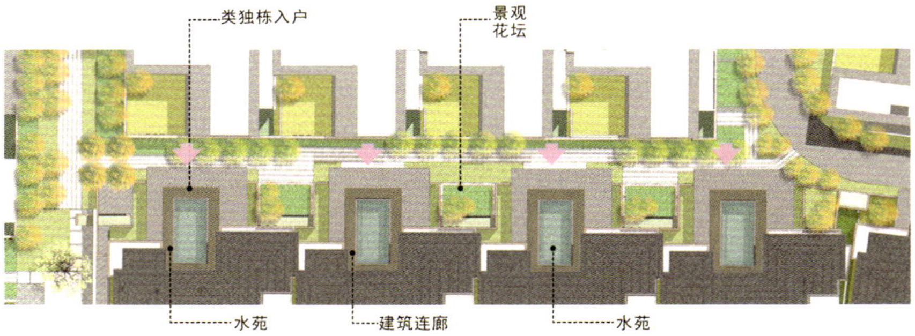


巷——合院与合院平面图

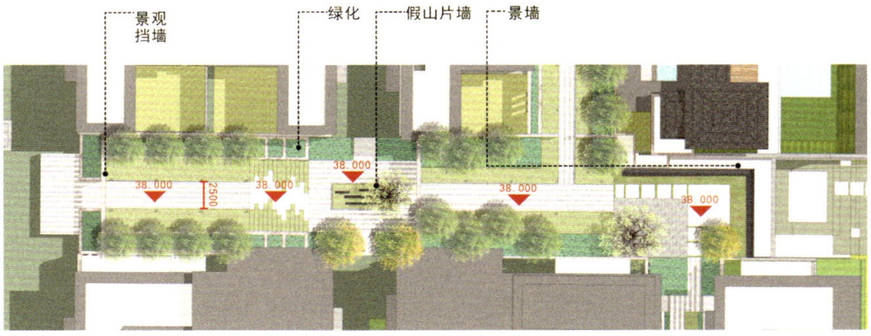

## 室内设计

S+ 样板间的设计围绕“城市山居生活”的概念展开。户型利用山地高差，采用观景平台、空中露台、入户景观台等多台设计，将山景引入室内，打造现代的山居生活美学。富有变化的暖灰色系与自然的材料质感相协调，既营造素雅、温馨的氛围，又突出环境的自然色彩。

智能全屋系统实现了包含中央空调、地暖、新风、灯光照明等系统在内的智能环境调节，通过智能场景面板，让人可以一键轻松营造晨起、离家、就餐、会客、娱乐和阅读等多种环境氛围。

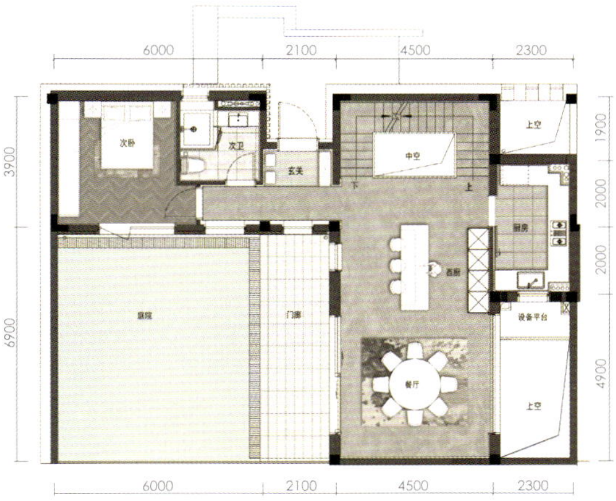

一层户型图

二层户型图

-5.200 标高层户型图

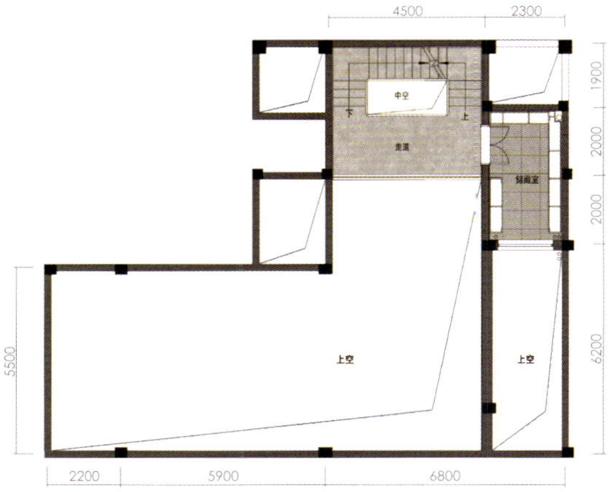

夹层户型图

# 创新七合院 岭南新山水

## 广州保利小楼大院设计方案

开发商：保利地产 / 项目地址：广州市增城区小楼镇小楼人家风景区
占地面积：42 000平方米 / 建筑面积：44 000平方米 / 容积率：1.05 / 绿地率：30%

广州保利小楼大院所在的小楼人家风景区既有丰富独特的人文资源，又有优质的生态景观，符合项目纯中式别墅院落的定位。项目拥有叠拼、联排、独栋三种产品类型，以创新的户型设计，让建筑与多重庭院融为一体，并结合富有岭南风情的设计风格，让人回归诗意的生活。

## 区位分析

保利小楼大院位于广州市增城区小楼镇小楼人家风景区，所在地为生态文化旅游名镇，西边紧靠广州东部山水新城，南面紧挨荔城中心区，全镇森林覆盖率高达62%，自然舒适。项目周边有小楼人家文化园、何仙姑景区及大型农业生态旅游基地，同时靠近广河高速、增派公路、莞深高速和珠三角环线高速，交通四通八达。

## 定位策略

院落情结是扎根于中国人内心、千年不变的筑家理念。广州保利小楼大院以白墙细瓦的巷坊韵味、曲径通幽的山水园景，打造别致、惬意的生活场景，庭院深深，一步一景，体现对中国院落生活的深深眷恋。

项目为保利地产打造的首个广州纯中式品质精工别墅，由 34 栋别墅共 254 户单位组成，产品涵盖叠拼、联排和独栋，产品面积为 145-210 平方米，户户对流，配置私家花园。建筑风格以极具人文特色的纯中式别墅院落为核心，通过白墙细瓦和院落园林打造当代士族的精神原乡。

## 建筑设计

外立面的设计灵感来源于当代绘画大师吴冠中的作品，白色院落连绵成片，黛青瓦顶参差错落，并利用山墙从视觉上提升院落的美感，让建筑本身成为风景。

### 场景效果

# 景观规划

### 屋顶、山墙

由建筑屋顶、山墙的建筑语汇构建山水形式意向。

### 山居

柳竹藏花坞，茅茨接草池。
开门惊燕子，汲水得鱼儿。
地僻春犹静，人闲日更迟。
小禽啼忽住，飞起又相随。

### 空间结构

项目的规划设计基于坊、巷、院、园四种空间的设计，同时结合不同于传统坊、巷、园的空间设计，形成“一园三坊十五巷”的结构，构建秩序感和生活的层次感。

地标

坊

院

## 景观设计

项目独创七合院景观格局：户型有七个院子，园林有七重景观。

**七个院子**

包括 4 个中式园林、1 个入户小院、1 个室外客厅以及 1 个私家菜园。屋顶山墙、花庭院坊、围墙都能是花园，户户均享私家庭院，且一院多庭。

**七重景观**

**一重景：**入口对景的山墙片石与远方建筑相呼应，结合水景，点明主题，增强空间的丰富性，营造雅致大气的迎宾展示界面。

**二重景：**利用格栅和山纹造型装饰进行墙体立面的对景处理，与水景相结合，山水之间，由小见大。

**三重景：**墅区内狭长的甬道空间，随形就势，利用两侧竹林形成夹道景观，营造曲折通幽、豁然开朗的观感。

**四重景：**通过甬道后，映入眼帘的是山石古松的对景，以亚克力屏风和竹林的搭配作为背景，并且作为空间的分割。亲水平台配置软装，营造东方禅意空间。

**五重景：**碎石旱溪围绕曲折的园路，色叶树搭配花卉地被，而端头格栅围合的小空间摆设茶与棋，别有意趣。

**六重景：**开放的草坪、叠级花池形成开阔大气的空间，精致半亭及草坪提供活动、休憩、停留的空间。看似随意散置的石块为整个空间增添几分灵动。

**七重景：**简单的植物结合仿古的雕塑，如拴马桩、石鼓、饮马槽等，为空间增加更多趣味性。

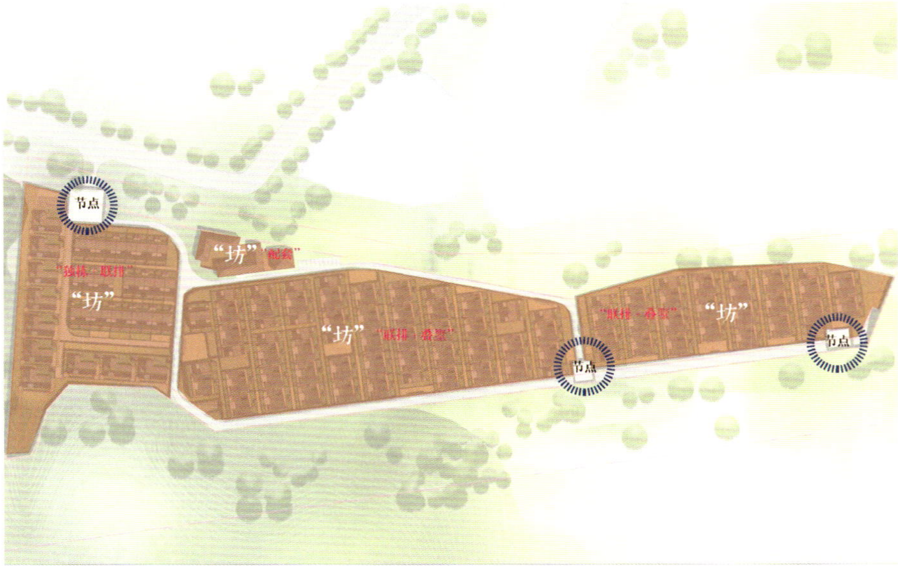


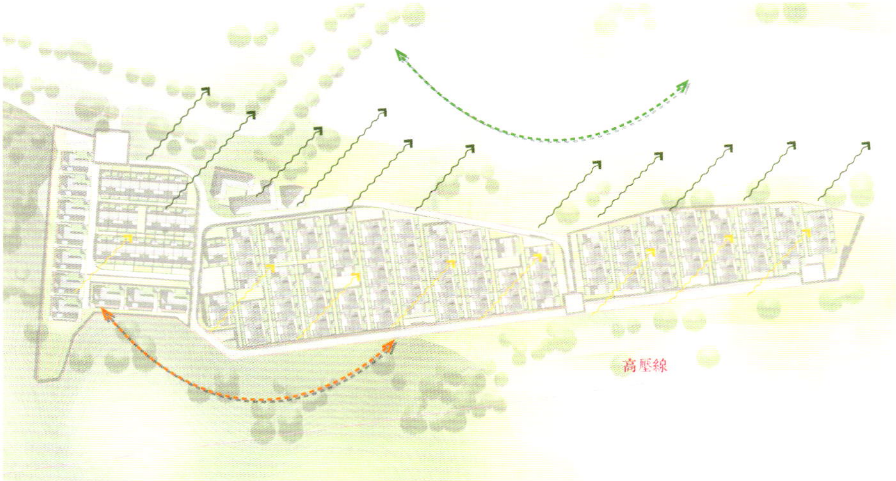


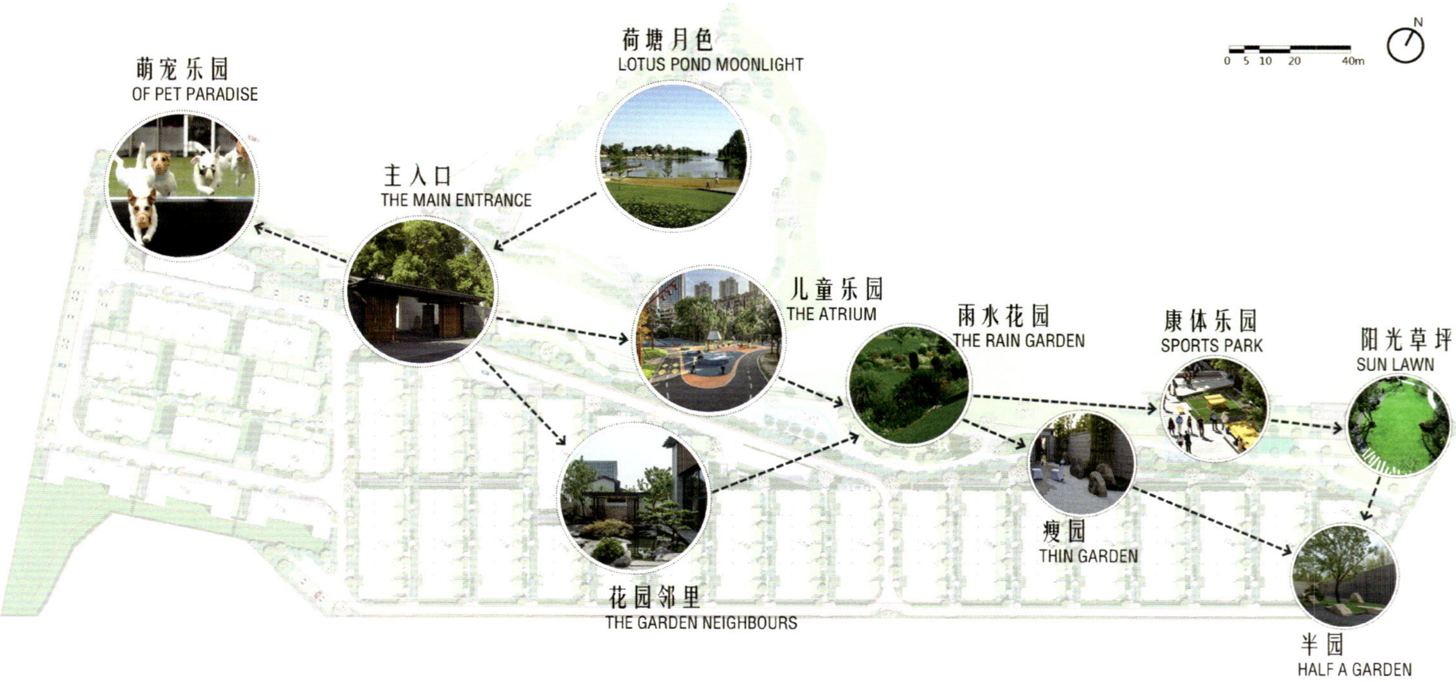

## 室内设计

联排户型拥有地面和空中花园，从地面庭院入户，在空中花园观景，以高墙围合打造回归自己的内向型院落。

户型动静分离，功能区分工明确，一楼为生活休闲区域，二、三楼为起居区域。户型通透，功能性强。客餐厅为 6.5 米大开间，挑高客厅设计极具空间感；房间均带露台，主人房带双露台。合理利用楼梯间底部空间，增强储物功能。

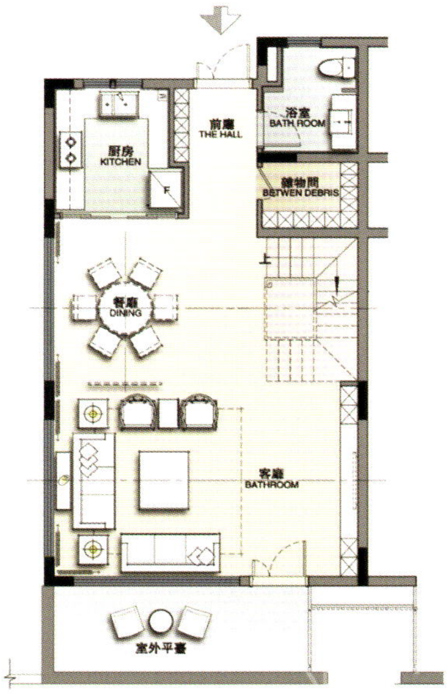

一层户型图

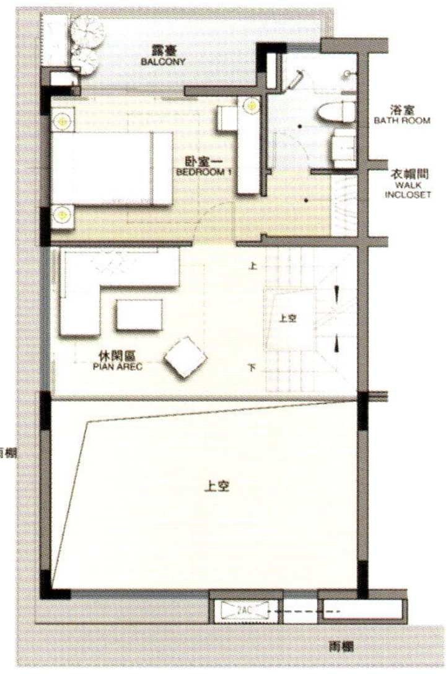

二层户型图

三层户型图

**户型策略**

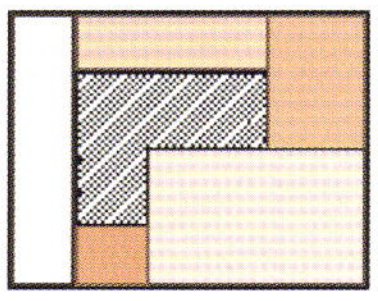

山居 · 独栋

独栋 · 分 · 五院

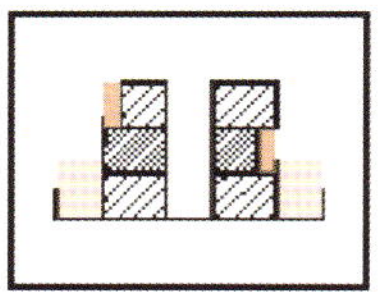

山居 · 联排

联排 · 分 · 立体庭院

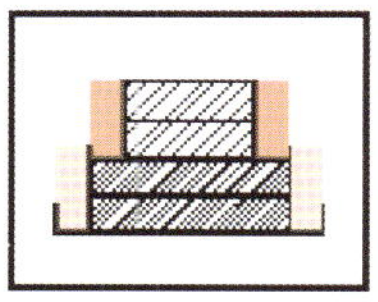

山居 · 叠墅

上下叠 · 分 · 上下院

# 古韵新风 江南府邸

## 南京融创·玖溪桃花源设计方案

开发商：融创地产 / 项目地址：南京市江宁区横溪街道
用地面积：94 072.2平方米 / 建筑面积：59 483.87平方米 / 容积率：0.58 / 绿地率：30.2%

南京融创·玖溪桃花源是南京融创研发设计团队倾力打造的桃源秘境。
项目尊重基地现有地形，沿谷而行，依山而建，隐藏在郁郁葱葱的山谷之中。
设计最大限度地将自然山水和古典园林“借入”项目之内，用亭台楼阁、山水飞檐重现中国大美，成为中式府院项目的典范之作。

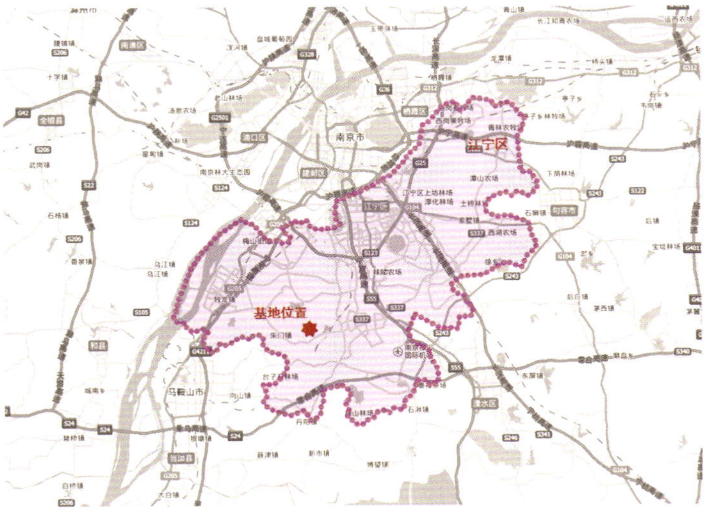


## 定位策略

项目以人文、生态、和谐作为设计理念，秉承传统，融合现代，致力于打造宁静雅致的当代江南园林。项目定位为第二居所，以 170 平方米和 240 平方米的户型为主力户型。由于地块东西窄、南北长，容积率高，中小户型居多，因此，户型采用小面宽、大进深的合院形式。

## 区位分析

项目位于南京市江宁区横溪街道，毗邻甘泉湖度假区，西临牛首山—云台山生态廊道，背靠连绵的山峦，环境优美。项目距离市中心约 30 千米，南邻 S337 省道，可连接南京长江大桥和长江隧道，距离南京禄口机场仅 20 分钟车程。

## 规划布局

**台阶式的高差处理：**基地南北向约为 1 400 米，东西向逾 750 米，原始地形沿东西向中心线向两侧跌落。设计尊重场地的原始地形地貌，尽可能地减少土方开挖，将场地按高差做台地处理，并最大限度地保留场地的自然景观资源，也丰富了小区的景观层次。

**组团式的空间布局：**为了打破单调的行列式住宅模式，设计充分运用建筑形体的变化，形成围合式的组团空间，强化组团的围合感与私密感，形成自然有机的空间关系。

**多层次的公共空间：**建筑间相互对位、呼应，形成多种不同特征的组团空间，为业主提供一个安全、开放的居住环境。中心景观为开放式，既有良好的展示性，又创造生动的休憩交往空间。

**公共服务设施：**社区配套布置在 A 地块中部位置，便于服务整个小区的住户。

**五园 两区 一环**

**五园**

打造五大功能主题花园，形成活力聚集之地，使人们各得其所，乐在其中，形成浓郁的生活氛围。

**两区**

规划两大社区，形成各有特色的氛围。

**一环**

优化山地路网，丰富山地活动。

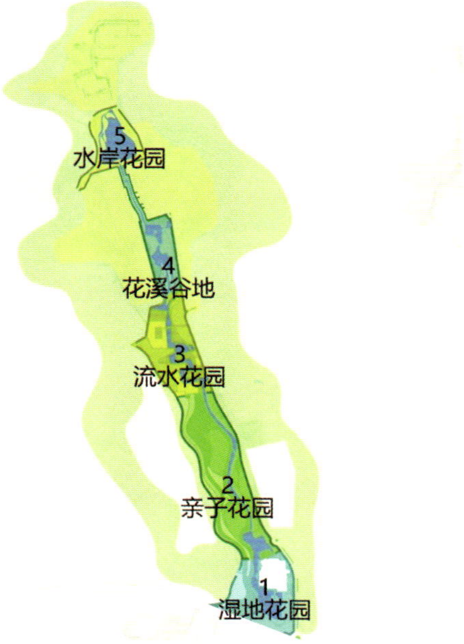


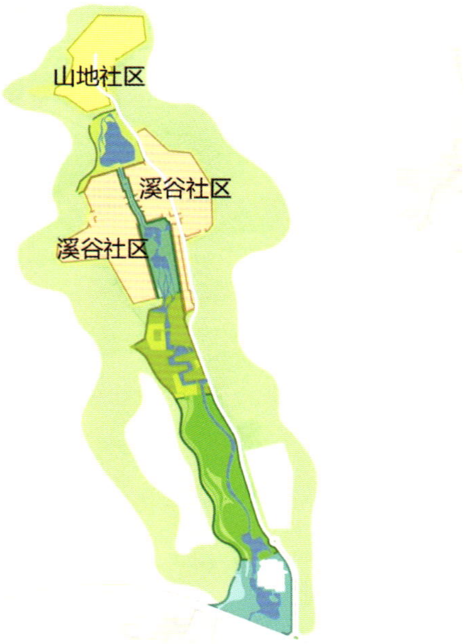


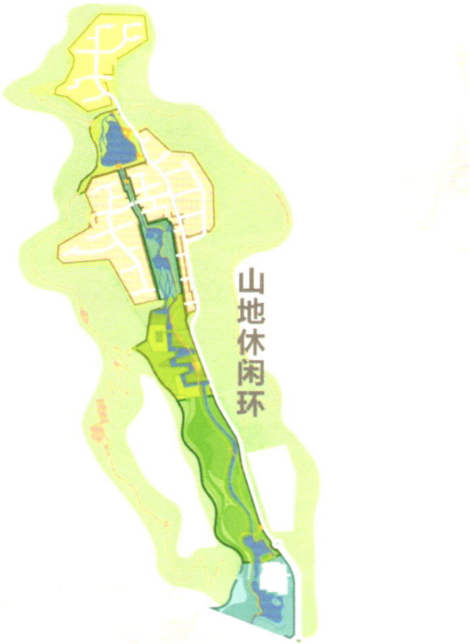

## 建筑设计

项目的建筑采用中国古典建筑要素，并吸取庄重敦厚的北方民居要素。建筑外立面强调建筑体量的对比和形体比例的协调，力求营造朴素淡雅、真诚善意、精致完美的居住环境。

住宅朝向以南偏西和南偏东两个朝向为主，并力求户户有景。项目根据日照分析和空间尺度关系调整楼间距离，满足南京当地相应规范规定中对居住建筑间距的要求。

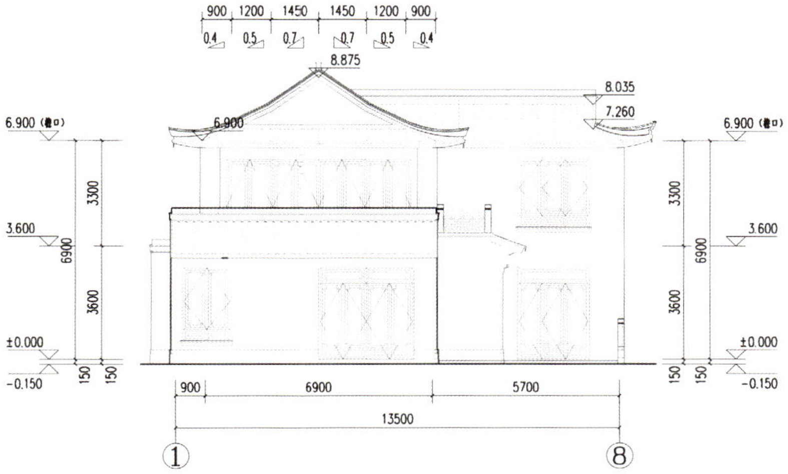


立面图

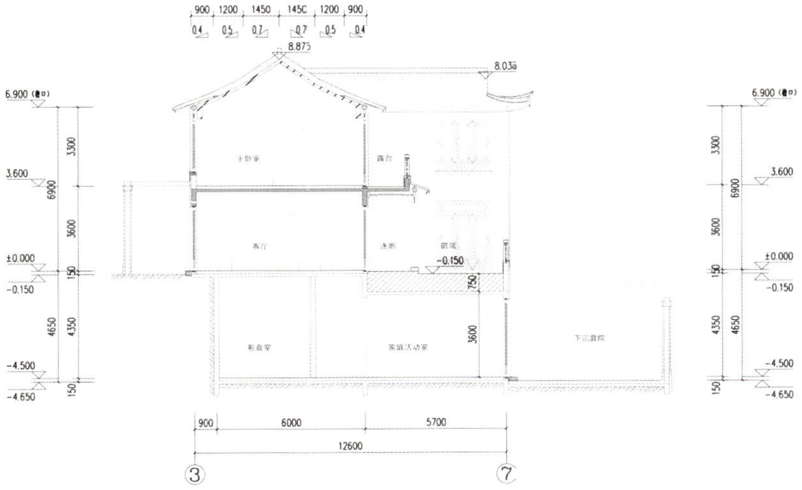


剖面图

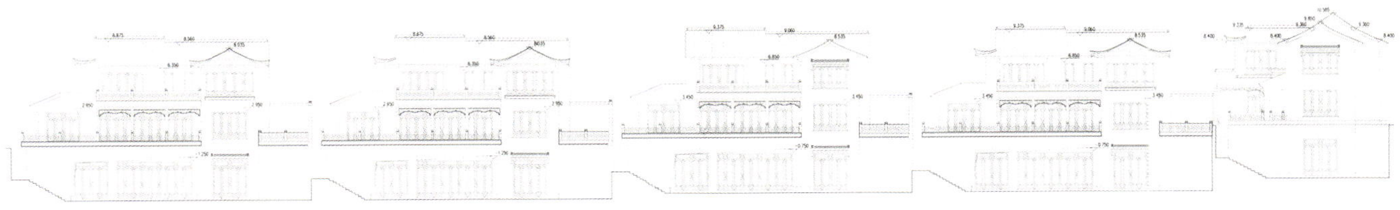

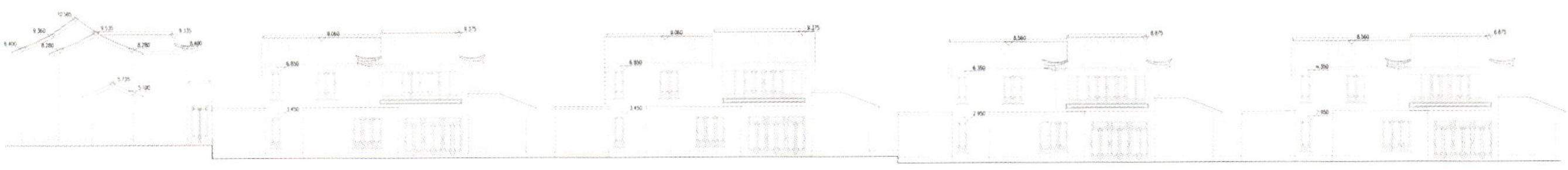

## 景观设计

景观设计配合建筑的总体布局，在景观轴线上以整齐规则的中式园林景观为主，强调景观的层次感和序列感。重点区域，如入口广场及会所前小广场，设置了水景及戏水设施，营造出一种开阔大气又精致宜人的景观效果。

组团内部庭院尺度舒适，景观布置灵活多变，自然生动，富有生活气息，可以有效地供业主组织庭院生活，是邻里交流的最佳场所。

中心景观
景观主轴
景观次轴
景观节点

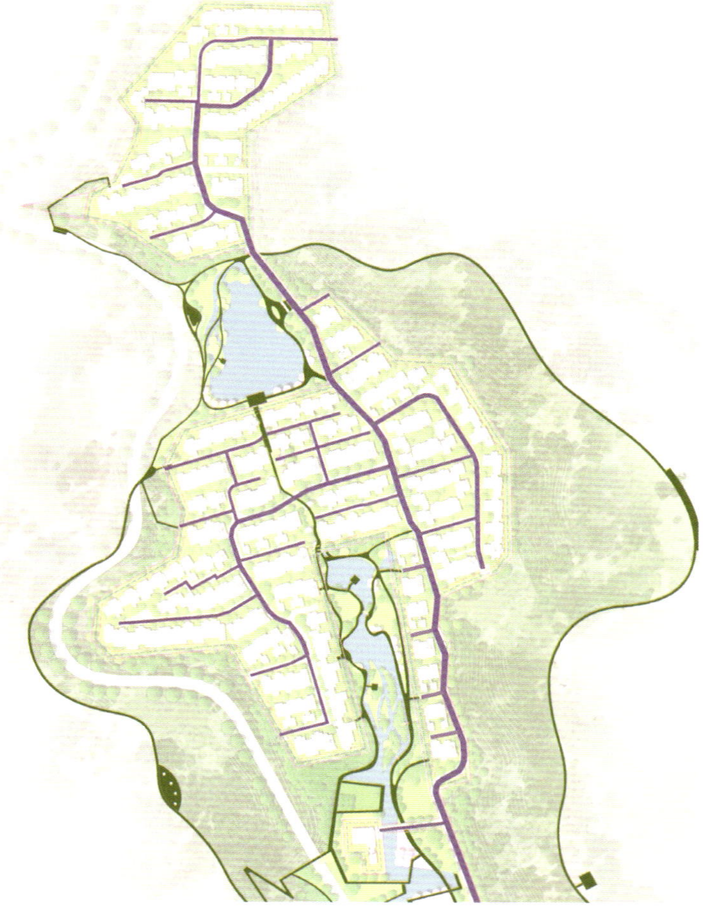

景观慢行道
山地景观休闲步道

## 户型设计

项目按总体规划中内部景观位置的不同，相应安排不同档次、不同大小的户型，基本的原则是景观较好的位置安排大、中户型。

户型的朝向、通风和景观尽量做到具备均好性。全明化设计，空间通透，阳光充足，同时兼顾舒适性、经济性、安全性、私密性和整体性。户型的布局结合使用功能以及人的居住习惯，注重尺度的把握，符合人的行为要求。

**单体布局及户型设计**

本案定位于第二居所，所以以 170 平方米和 240 平方米的户型为主力户型段。而本地块东西窄、南北长，容积率高，中小户型居多，因此在有限的东西宽度里，户型策略为小面宽、大进深的合院形式。

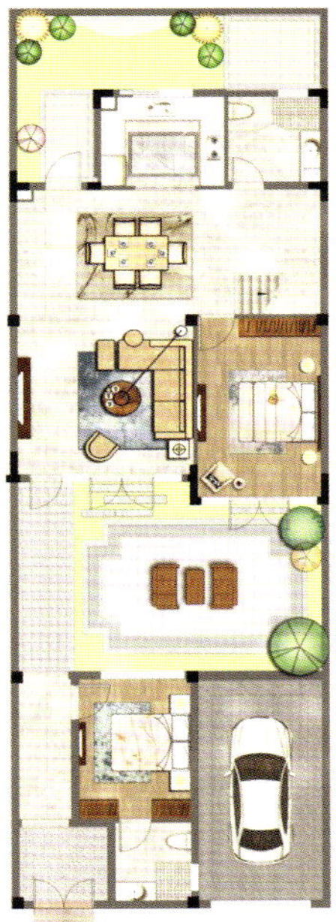

# 轻奢悠然 盛泽雅居

## 苏州路劲·燕江澜体验区设计方案

开发商：路劲地产集团 / 项目地址：苏州市相城区阳澄湖镇湘州路顺贤路交汇处
建筑设计：上海拓观建筑设计事务所 / 占地面积：58 152平方米 / 建筑面积：108 679平方米 / 容积率：1.05 / 绿化率：37%

苏州路劲·燕江澜定位为高端居住社区，坐拥5A级景区盛泽湖稀缺一线水岸，环境纯净优美，交通便捷通达。其体验区最大限度地因借原生山水环境，对建筑、景观以及室内空间进行生态化、地域化、精致化的设计，让现代与传统、人与自然深入对话，体现对当地人文以及环境的尊重。

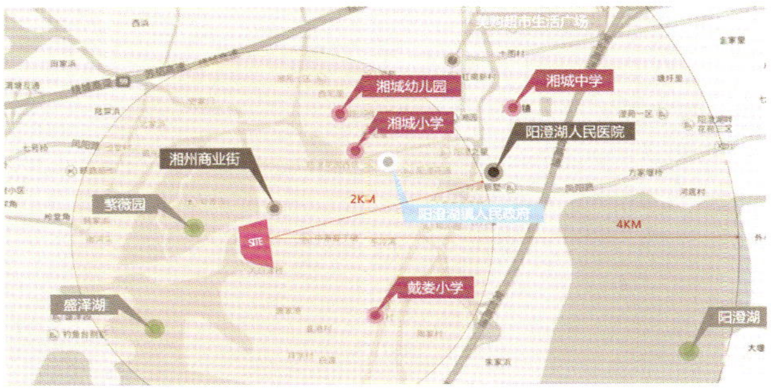


## 项目概况

苏州路劲·燕江澜地处苏州盛泽湖畔，地块周围有三大公园环绕，得天独厚的景观资源是其成为高端纯墅区的必要元素。体验区的设计以“借”盛泽湖之景作为中心环节，借鉴东方古典园林的动线组织以及经典元素，融合典雅的现代新亚洲风格建筑，诠释出现代江南的诗画意境。

苏州路劲·燕江澜位于苏州市相城区阳澄湖镇，周边有盛泽湖湿地公园、月季公园、紫薇公园三大公园环绕，该区域未来亦将建设为集休闲娱乐、旅游度假、教育咨询、居住商业等功能为一体的现代都市型宜居住区。

项目为路劲澜系高端产品，未来将打造成低密度高端别墅项目，充分利用国家5A级湖景资源，创造和引导超前的生活方式和理念，营造出轻奢悠然的城市湾居生活。

## 规划设计

体验区处于整个项目的西侧，基地北侧为城市道路湘州路，厚密的绿化植物将基地与城市道路隔离，为体验区提供了独立幽静的内部环境；西侧即是长长的盛泽湖岸线，由北至南到达售楼处会所，一路景色也由较窄的 40 米河道变为一望无尽的广阔湖景。

体验区以盛泽湖 250 米的湖岸线作为天然屏障，以原生山水环境为观赏对象，创造人与自然和谐共生的景观环境。配以顶级华美的社交场地，展现该项目绝佳的自然环境优势及高端的客群定位，打造“盛泽雅居，静墅天地”的理想人居环境。

竖向设计

根据场地高程勘察现状，场地整体北侧高、南侧低，小区内部设计标高高于北侧城市道路 0.3 米，等同于内部场地抬高 1.2 米，有效解决了区内排水等问题，同时综合考虑减少场地东南侧与城市道路的高差。

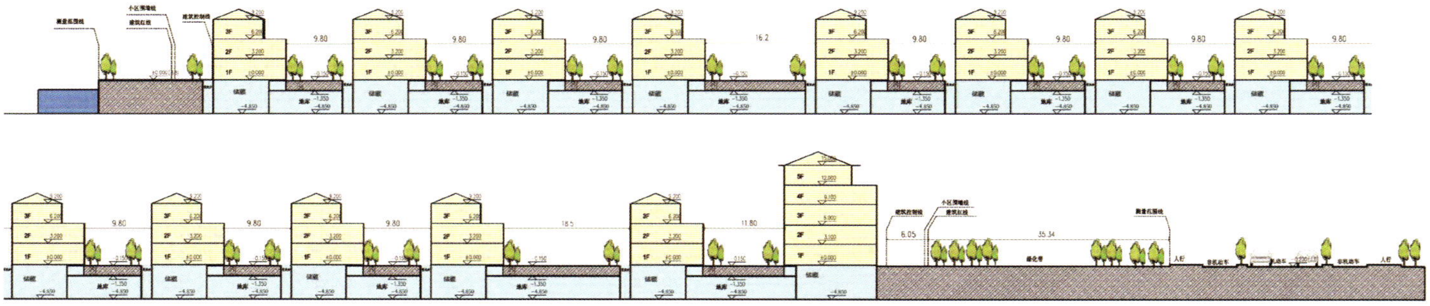

场地剖面图

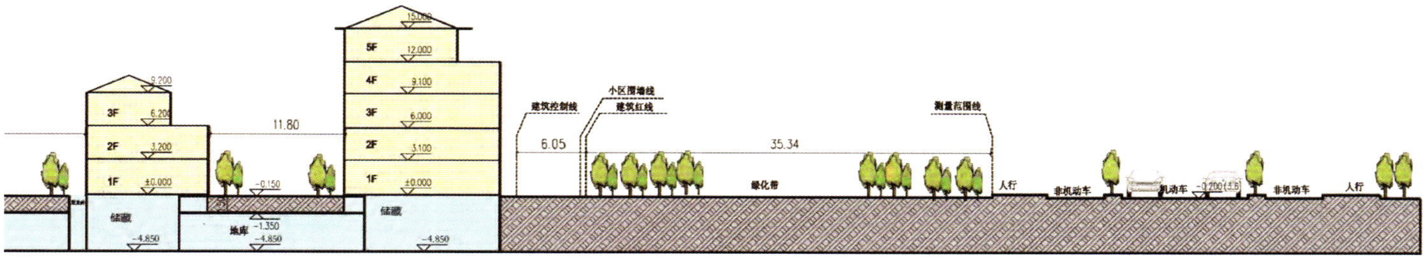


场地北侧道路剖面放大图

## 建筑设计

建筑设计采用现代新亚洲风格，打造舒展、典雅的形象。水平线条的处理统一而不失丰富，配以少量竖向构件的穿插，使建筑立面达到构图上的均衡，呈现出现代城市中的人文主义气息。

外立面材料采用质朴优雅的仿石材砖、真石漆以及面砖涂料。不同的色彩和材料通过建筑体量竖向的变化相互穿插组合，在立面上形成层次感，实现新亚洲元素与现代建筑的融合。

1–17 轴立面图

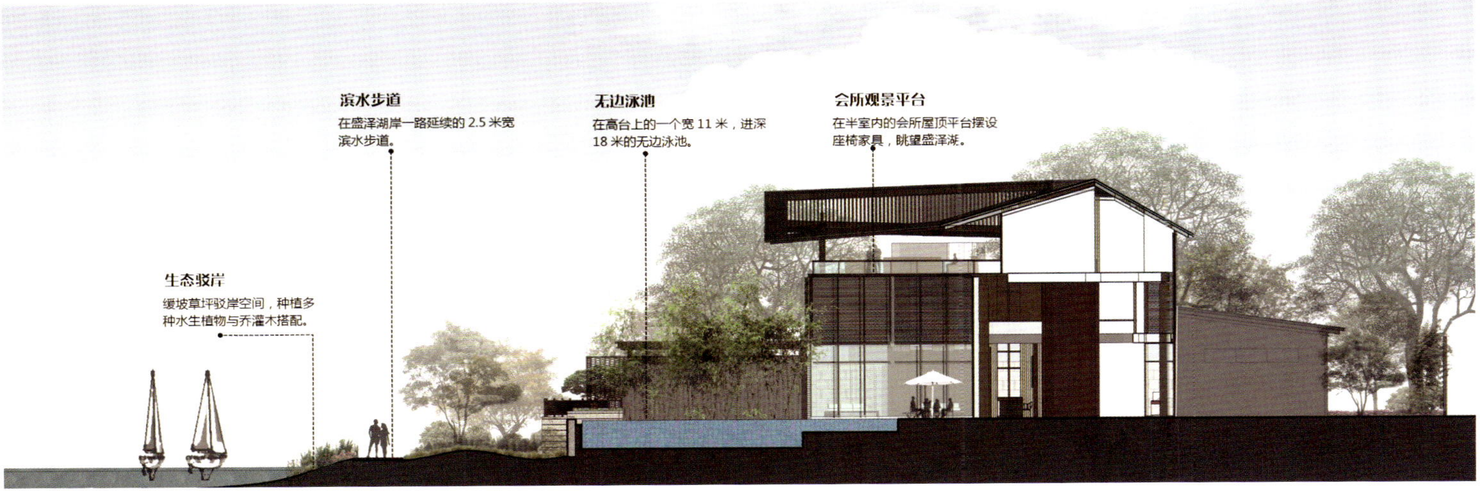

## 景观设计

整个体验区的景观布局序列：“起”于入口广场，“承”于绿茵柳岸，“转”于幽闭的回廊水庭，“合”于无边泳池的视觉高潮，最后进入样板庭院花园，完成整个参观展示流线。

**“起”——入口广场：**入口西侧放置竖向延展的精神堡垒，东侧设置横向展开的水景 Logo 墙，中央树阵广场衔接“燕江澜”序庭院，利用两侧特色灯柱与景墙，共同限定出庭院空间，铜制景墙刻以诗文，讲明项目的文化缘起。景墙两侧配以苍劲有力的迎客松，景墙之下泉水涌动。

**“承”——绿茵柳岸：**驳岸设计突显生态性，缓坡草地延展至湖底，多层次的水生植物与乔木、灌木相搭配，丰富驳岸生态的多样性，净化水生环境。驳岸沿线串联着观景平台以及廊下休闲空间，平台伸入湖面。

**“转”——回廊水庭：**局部打造山林野趣氛围，台阶错落，野石压边，草木丛生。会所前设置四周幽闭的回廊水庭空间，诠释禅意、幽静之美。回廊入口以屏风对景，不见水庭。四周院墙采用灰色洞石，粗糙的墙面质感与镜面水景形成对比。转折至水庭中央，一组荷花造型铜制雕塑伸出水面，营造出“小荷才露尖尖角”的有趣意境。

**“合”——无边泳池：**会所之外借鉴新加坡天际泳池，在高于湖面的台地上设计一个宽 11 米、进深 18 米的无边泳池，站在泳池端头远眺，湖天一色，华美绝伦。该场地也为社交活动提供了多样的可能性。泳池北侧的景墙利用波纹图案的铁丝网装饰，在夜晚灯光照射下，与水波浑然一体。

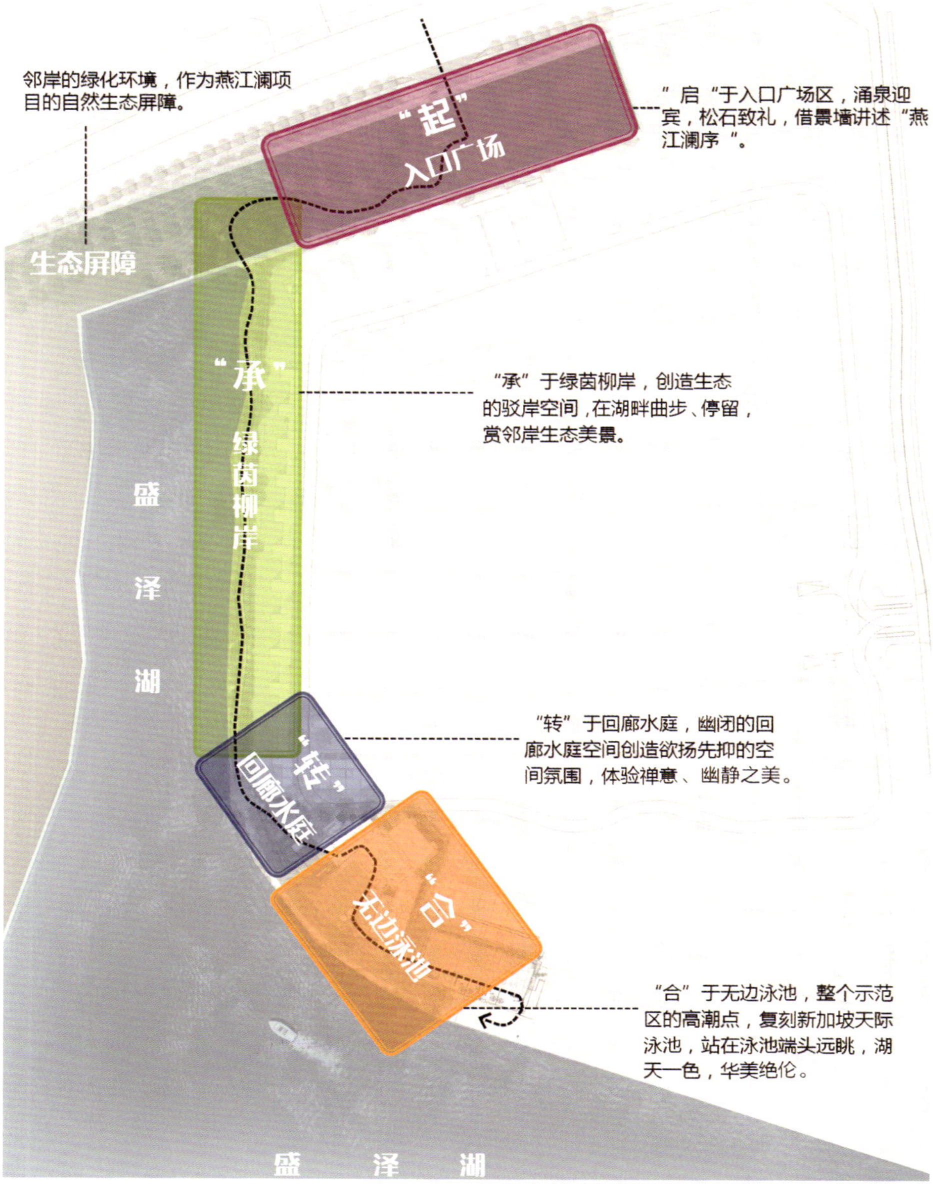

## 室内设计

**售楼处会所：**整体设计思路延续建筑的风格走向，整体空间布局延续苏州院落一进一出、由小及大、由远及近的特点。项目以灰白色调的运用为主，原木色木饰面贯穿整体，与具有肌理质感的面料、墙纸相互结合，利用不锈钢的硬朗勾勒出线条之美，提升室内空间的触感与质感，营造出一个奢而不腻的舒适空间；同时通过苏州建筑的典型符号，提炼出造型简洁的屏风形式，与竹帘结合，衔接室内与建筑的交界面。

**样板房：**设计的重点是融合现代和古典以及协调它们的比例，让现代元素成为主体，并运用现代手法演绎部分的中式元素，保持中式风格雍容华贵的气度，同时又避免中式风格带来的沉闷，赋予中式风格全新的神韵。设计者致力于营造出一个开放的空间形态，有机糅合各种设计元素，如中式韵味的屏风、书画、石材和现代的玻璃、不锈钢等元素，打造出一个现代又不失中式韵味的空间。

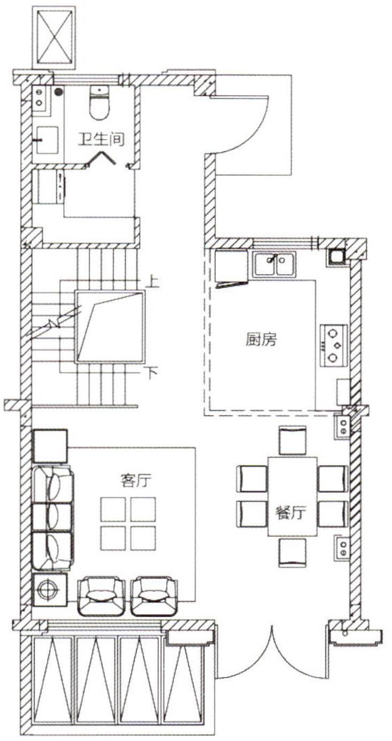

一层户型图

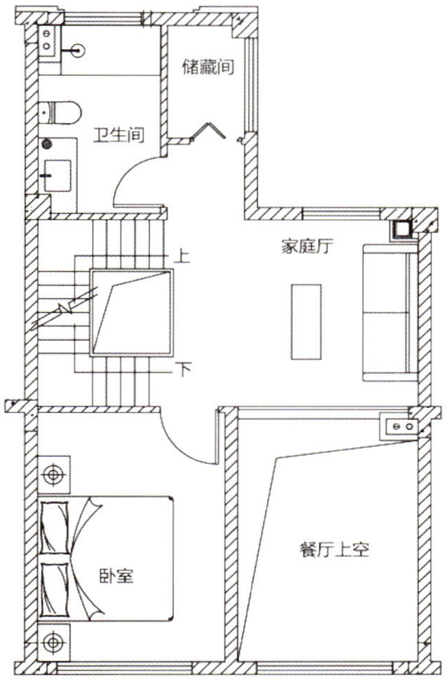

二层户型图

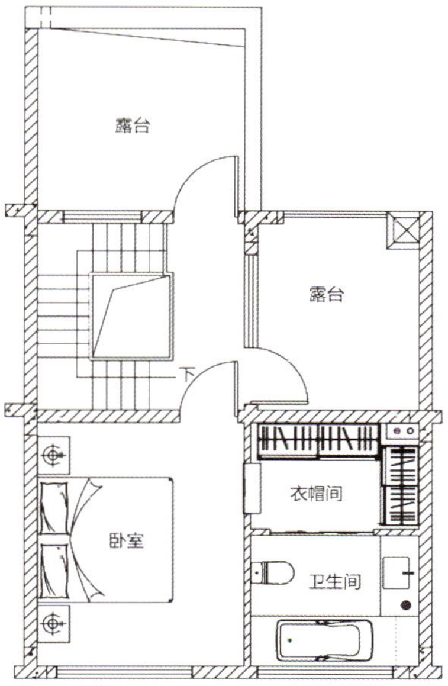

三层户型图

# 低密乐高别墅 城市诗意山居

## 苏州万科·遇见山设计方案

开发商：苏州高新万科置地有限公司 / 项目地址：苏州市高新区旺家府路与凤凰峰路交叉口
占地面积：167 205平方米 / 建筑面积：234 188平方米 / 容积率：1.4 / 绿化率：40%

乐高别墅不仅是对传统的回归，更是对当代别墅社区的人文探索。苏州万科·遇见山的“乐高”院落以宅院为基本单位，叠加组合，构成极具匠心的街坊聚落，每一处聚落间都配置共享的邻里生活庭院，兼顾私属空间与公共交往，营造更多传统空间中庭院深深的趣味。乐高的概念从整体规划延伸到单体建筑设计中，在有限的面积中实现有天有地的墅居生活。

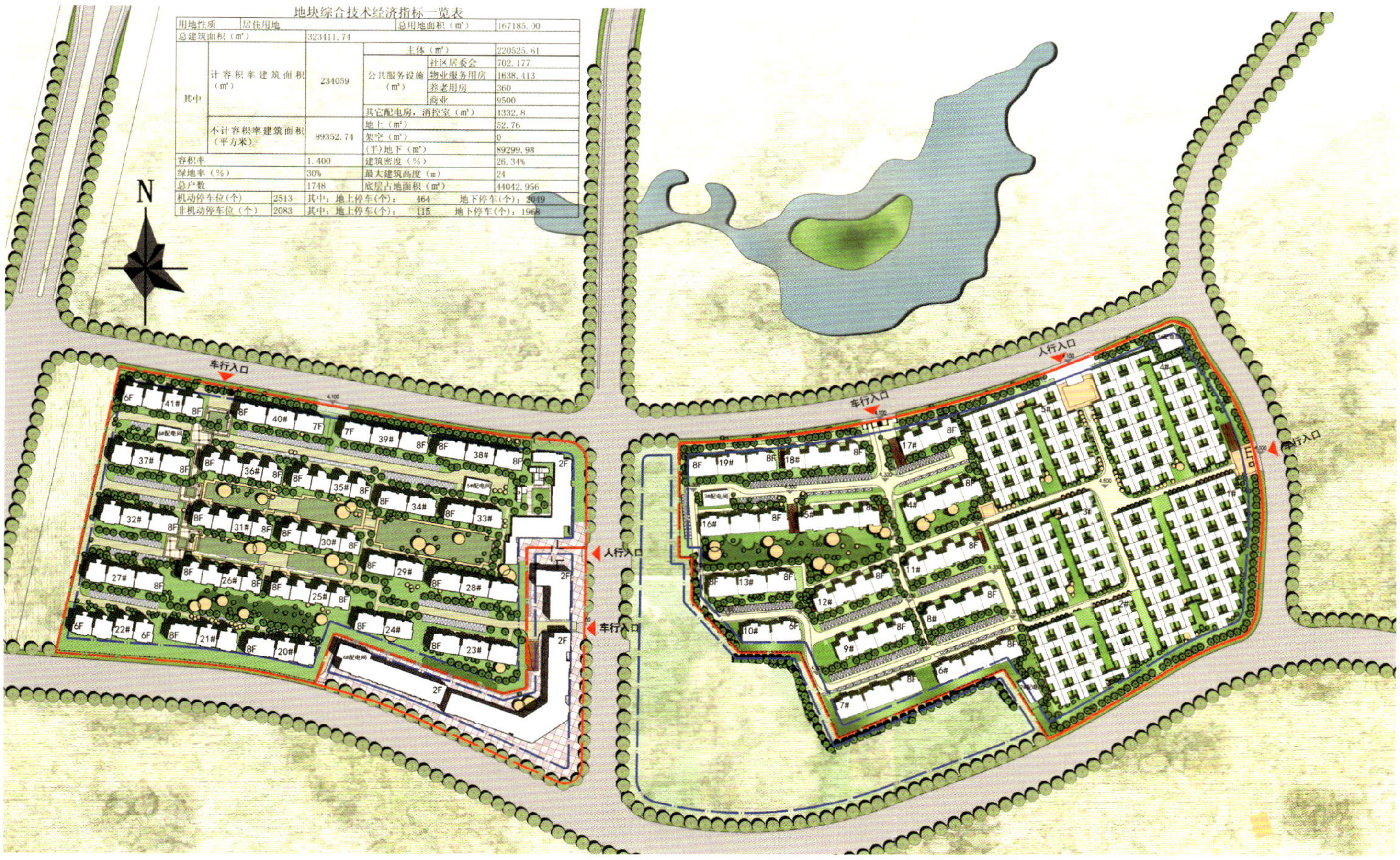


地块综合技术经济指标一览表

| | | | | | |
|---|---|---|---|---|---|
| 用地性质 | 居住用地 | | 总用地面积（㎡） | | 167185.90 |
| 总建筑面积（㎡） | | 323411.74 | | | |
| 其中 | 计容积率建筑面积（㎡） | 234059 | 主体（㎡） | | 220525.61 |
| | | | 公共服务设施（㎡） | 社区居委会 | 702.177 |
| | | | | 物业服务用房 | 1638.413 |
| | | | | 养老用房 | 360 |
| | | | | 商业 | 9500 |
| | | | 其它配电房，消控室（㎡） | | 1332.8 |
| | 不计容积率建筑面积（平方米） | 89352.74 | 地上（㎡） | | 52.76 |
| | | | 架空（㎡） | | 0 |
| | | | （半）地下（㎡） | | 89299.98 |
| 容积率 | | 1.400 | 建筑密度（%） | | 26.34% |
| 绿地率（%） | | 30% | 最大建筑高度（m） | | 24 |
| 总户数 | | 1748 | 底层占地面积（㎡） | | 44042.956 |
| 机动停车位（个） | 2513 | 其中：地上停车（个）： 464 | 地下停车（个）：2049 | | |
| 非机动停车位（个） | 2083 | 其中：地上停车（个）： 115 | 地下停车（个）：1968 | | |

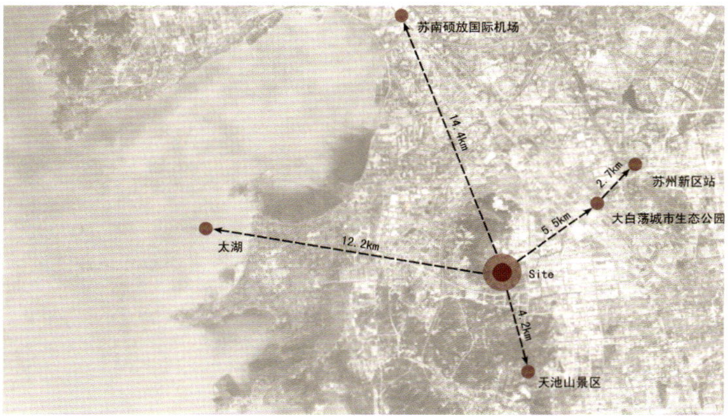


## 区位分析

万科·遇见山位于苏州市大阳山低密城市生活区，毗邻大阳山国家森林公园和城市发展地标新苏州乐园，同时邻近宜家家居、永旺梦乐城、金鹰购物中心等商业综合体。项目东侧即为中环快速路，中环快速路南北向贯穿高新区，连通太湖大道，可快速通达浒通片区、活力岛、工业园区、苏州北站等。

## 建筑设计

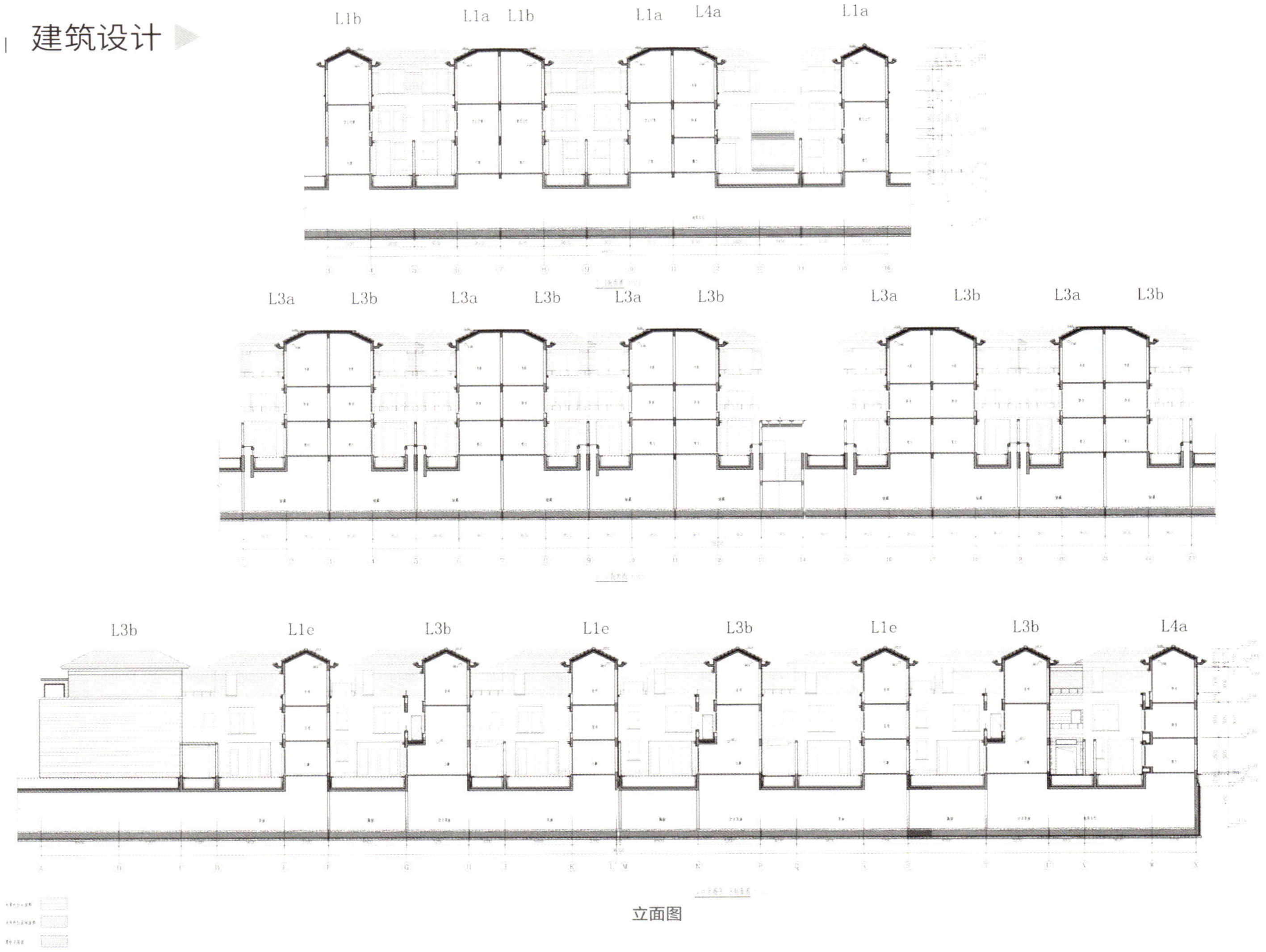
L1b
L1a
L1b
L1a
L4a
L1a
L3a
L3b
L3a
L3b
L3a
L3b
L3a
L3b
L3a
L3b
L3b
L1e
L3b
L1e
L3b
L1e
L3b
L4a

立面图

## 乐高别墅

**产品特点：**传统联排的庭院私密性弱，而且只有南向房间可以看见庭院。而乐高别墅以 L 形建筑围合，拥有专属庭院；横厅感受，正对庭院；所有房间都面向私家花园。

**户型格局：**一层是独立的餐厅和客厅，环绕着庭院，庭院成为客厅和餐厅的延伸；二楼是两个房间，可以规划成两个套房，或一个老人房 + 一个双子房；三楼则是主人房和书房。

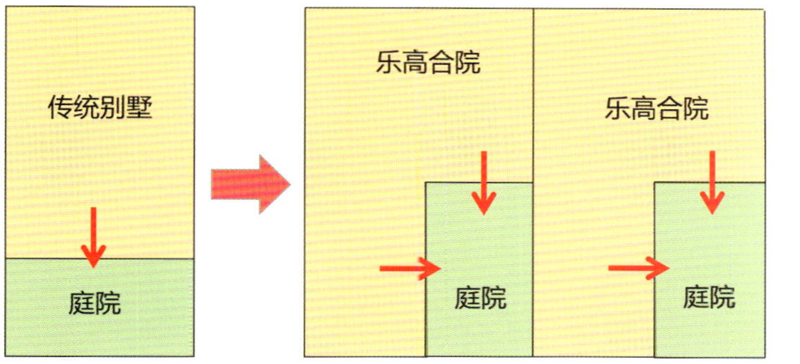

## 样板房设计

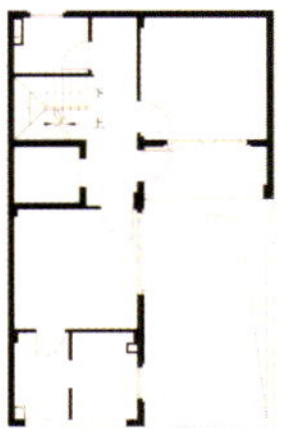

二层户型图

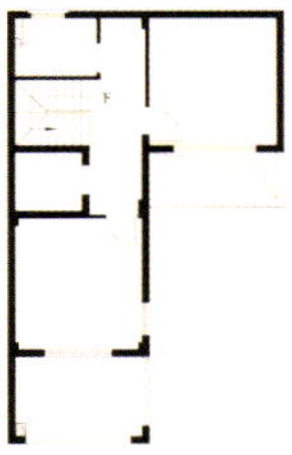

三层户型图

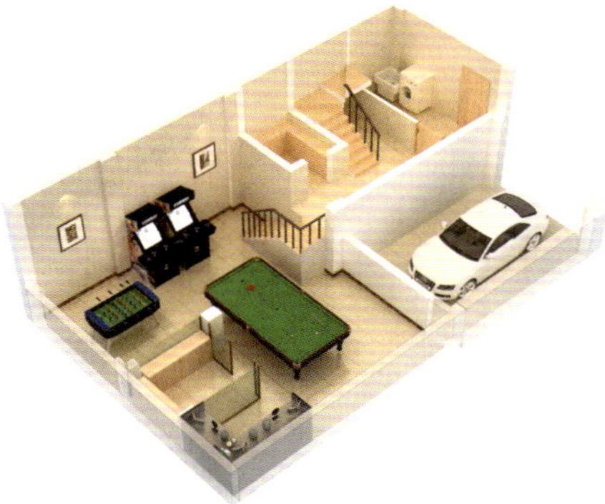

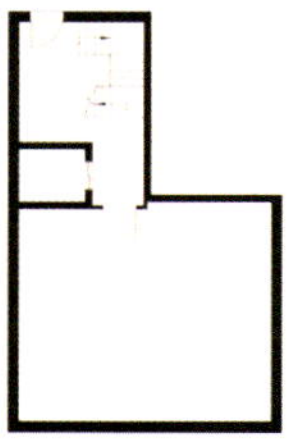

地下层户型图

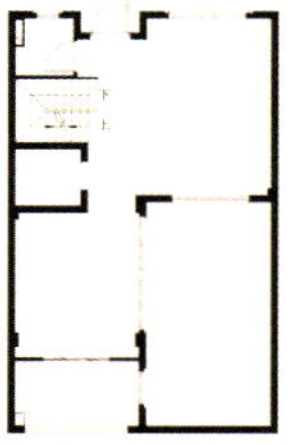

一层户型图

# 湖岸独拼别墅

## 重庆融创·金开融府设计方案

开发商：重庆融联盛房地产开发有限公司 / 项目地址：重庆市两江新区金开大道1666号
景观设计：重庆纬图景观设计有限公司 / 占地面积：155 707平方米 / 建筑面积：94 780平方米 / 容积率：0.61 / 绿地率：30%

融创·金开融府位于重庆金开大道核心，占据金开最后的湖山贵地，匠心打造湖山纯墅区。
项目传承世界建筑大师赖特神来之作流水别墅的精髓，将建筑自由地穿插于湖景、溪谷和泉水之间，在城市中心地带筑造自然有机墅。
湖岸独拼别墅融合“三重创新理念，十大细节精工”，为业主带来媲美独栋别墅的生活体验。

## 定位策略

金开融府是融创打造的全新高端别墅项目，共分三期开发，业态包括湖院大联排、独拼别墅、商业和配套用房。项目以流水别墅为蓝本，强调人与自然契合、建筑与景观相融，回归生活本真；借助金开的湖山资源，让建筑与水、林、山、滩、谷等自然环境融为一体，营造出一种“大隐隐于市’的全新别墅生活体验。

## 区位分析

融创·金开融府位于重庆市两江新区金开大道，毗邻园博园、翠云森林公园，并拥有近 3.3 万平方米的天然湖面，整体生态环境优异，同时汇聚“七纵七横双轻轨站”黄金交通枢纽、4 大顶尖医疗资源、一站式优质教育等优势配套。

## 规划布局

项目规划理念源自赖特的流水别墅，依托得天独厚的湖山溪涧资源，规划为“一湖三岛”，为居住空间注入湖泊、跌水、溪泉等不同水系元素，并将其贯穿于景观与建筑设计之中，包括 3.3 万平方米的原生湖泊宴湖、近 12 万平方米的自然资源、3 座居住岛屿和主题公园。

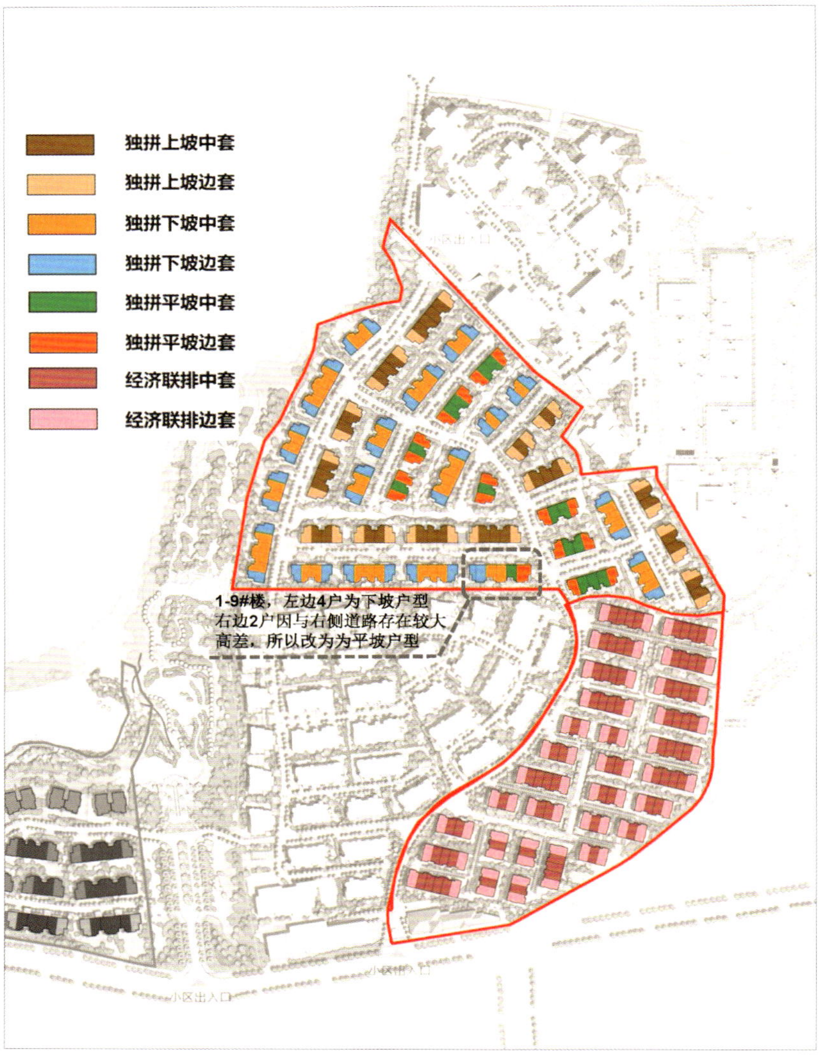


**产品类型分布**

一期：

独拼上坡边套 28 套

独拼上坡中套 33 套

独拼下坡边套 35 套

独拼下坡中套 46 套

独拼平坡边套 17 套

独拼平坡中套 15 套

合计： 174 套

二期：

经济联排边套 60 套

经济联排中套 76 套

合计： 136 套

一、二期总计 310 套

一期：1-1 剖面图

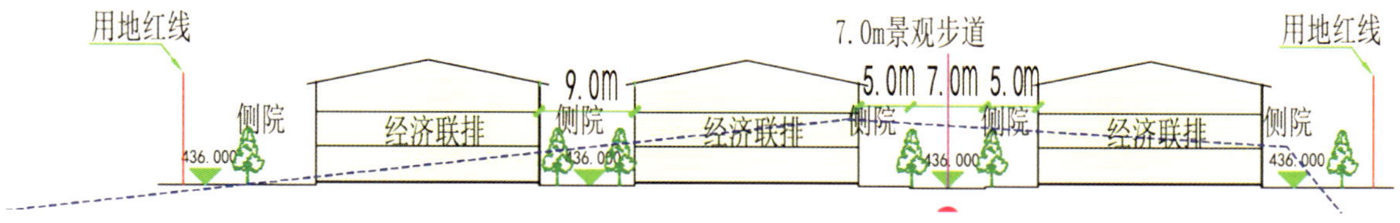


二期：2-2 剖面图

## 建筑设计

整体立面风格为赖特草原风格，造型要素典雅简约，强调横向水平延伸和大出檐的关系，并结合功能需要采用大面开窗，使整体突出，而室内外空间又互相交融，层次分明又不失自然灵动。在材料选择上，入户门头采用干挂进口摩卡石材，突出入户门头形象，并形成层次和质感；大面墙体结合重庆地区气候特点，采用耐水、抗污能力强和防流挂效果佳的仿摩卡水包水涂料，同时，深檐口采用深咖啡色铝板包裹，墙面部分水平线条及窗台采用深咖啡色质感涂料，与大面浅色形成对比关系的同时突出细节；门窗玻璃采用单银 LOW-E 玻璃，保证视野的同时还节能；屋面采用曼宁家整体屋面系统，搭配选用其经典的田园系列木炭黑屋面瓦，保证功能的同时让屋面、墙身、基础三段的关系既突出又经典耐看。

立面材质分析图

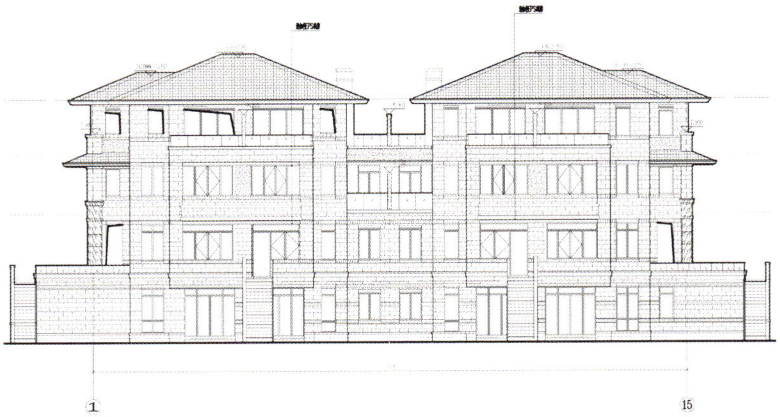

1-15 轴立面图

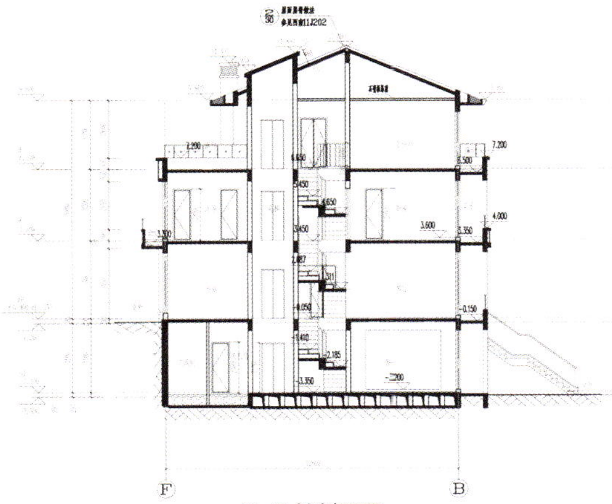

F-B 轴剖面图

## 景观设计

整个景观体系设计“三林五泉七景”，分别为三大林荫大道、五泉和七大诗意景点，使自然与建筑完美相融，让居者零距离感受自然湖岛之境。

项目依山就势打造 3.7 万平方米的中央景观带，其中，中心广场以高大挺拔的香樟树阵，营造尊贵的归家礼仪，并将整个项目的湖光山色尽收眼底。樟林尽头，依山下行，顺势打造出溪谷公园，结合休闲设施，设计景观平台、阳光草坪、观鸟亭等。

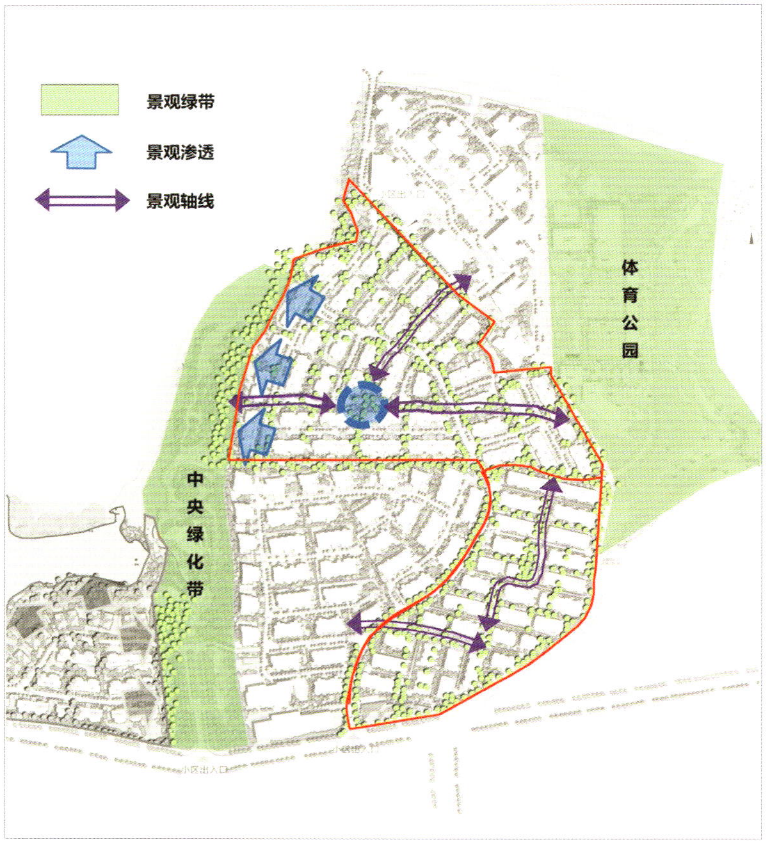


**景观优势分析**

一期方案结合场地现状，优化竖向设计，在组团中间增加了一条 8 米的景观绿化带，并与西侧集中绿化景观带连通，提升了居住品质和住宅区形象。

二期方案设置地下集中车库，实现了住宅区内人车分流、地下停车直接入户，有效提升了住宅区的居住品质。

## 室内设计

### 湖岸独拼别墅：三重创新理念，十大细节精工

#### 独栋级户型设计

1. 全端户设计：4.8 米连廊代替共墙，三面援引自然光源和新鲜空气进入室内，景观视野无遮挡。

2. 奢阔采光地下室：依循山体高差造景，下沉式地下空间直面湖山，三面自然采光通风，全面解放地下空间。

3. 全套房户户露台：户户超大露台，多角度采光观景，构建每一位家庭成员的独立空间。

#### 独栋级生活方式

1. 双首层花园设计：利用缓坡和天然地势高差，下沉式花园设计与首层花园既相互贯通，又彼此独立。

2. 地上泊车：地上停车直接入户，端户三车位配置。

3. 专业八度防潮技术：采用行业先进的架空防潮技术，预留 40 厘米架空层，八种防潮材料封堵，全面告别地下“湿”。

4. 预留大电梯井：井道尺寸经过仔细考量推敲，业主后期入住后可根据自身需求选配电梯，从容上下，开启便捷生活。

#### 独栋级空间尺度

1. 低容积率，16 米超大楼间距：不可复制的 0.61 超低容积率，成就 16 米超大楼间距，生活的私密性更强，采光通风及视野更佳。

2. 阔绰开间：相比传统联排，独拼端户开间达到 8.1 米，中户达到 7.8 米，采光面更好，空间更加开阔。

3. 大单层空间：单层约 100 平方米大空间，空间更自由，每一层都能带来大平层居住体验。

一层户型图

二层户型图

三层户型图

以上平面布局仅为装修示意，实际以交付为准。

# 多元有机组合别墅——合墅

## 上海世茂·佘山里设计方案

开发商：上海世茂佘山汇盈置业有限公司 / 项目地址：上海市松江区佘山镇千新公路与桃源路路口
建筑设计：上海承构建筑设计咨询有限公司 / 用地面积：95 000平方米 / 建筑面积：158 000平方米 / 容积率：1.0 / 绿化率：40%

世茂·佘山里择址于佘山正中心，在保留原有山水景观的基础上，以新亚洲建筑风格临水筑造，让佘山景观与建筑融为一体，营造出极致的墅居体验。项目以全新的手法组合别墅户型，形成有无限组合可能的创新产品，有机的空间构成对场地有更高的适应度，提高了土地利用率和居住的舒适度。

## 区位分析

世茂·佘山里位于上海市松江区佘山正中心桃源路，毗邻虹桥枢纽，20分钟即达上海中心城区，毗邻世茂佘山酒店、国际高尔夫球场、天马山赛车场等高端配套，并坐享佘山原生自然环境，与佘山天主教堂、秀道者塔等人文古迹为邻。

## 定位策略

世茂·佘山里是世茂房地产在上海佘山推出的新亚洲风格别墅产品，项目充分依托城市地理和生态环境，利用自然山景和水景资源，构建天人合一的人居环境；突出以人为本的理念，强调户型设计科学合理，努力构筑和谐的健康养生社区。

## 户型设计

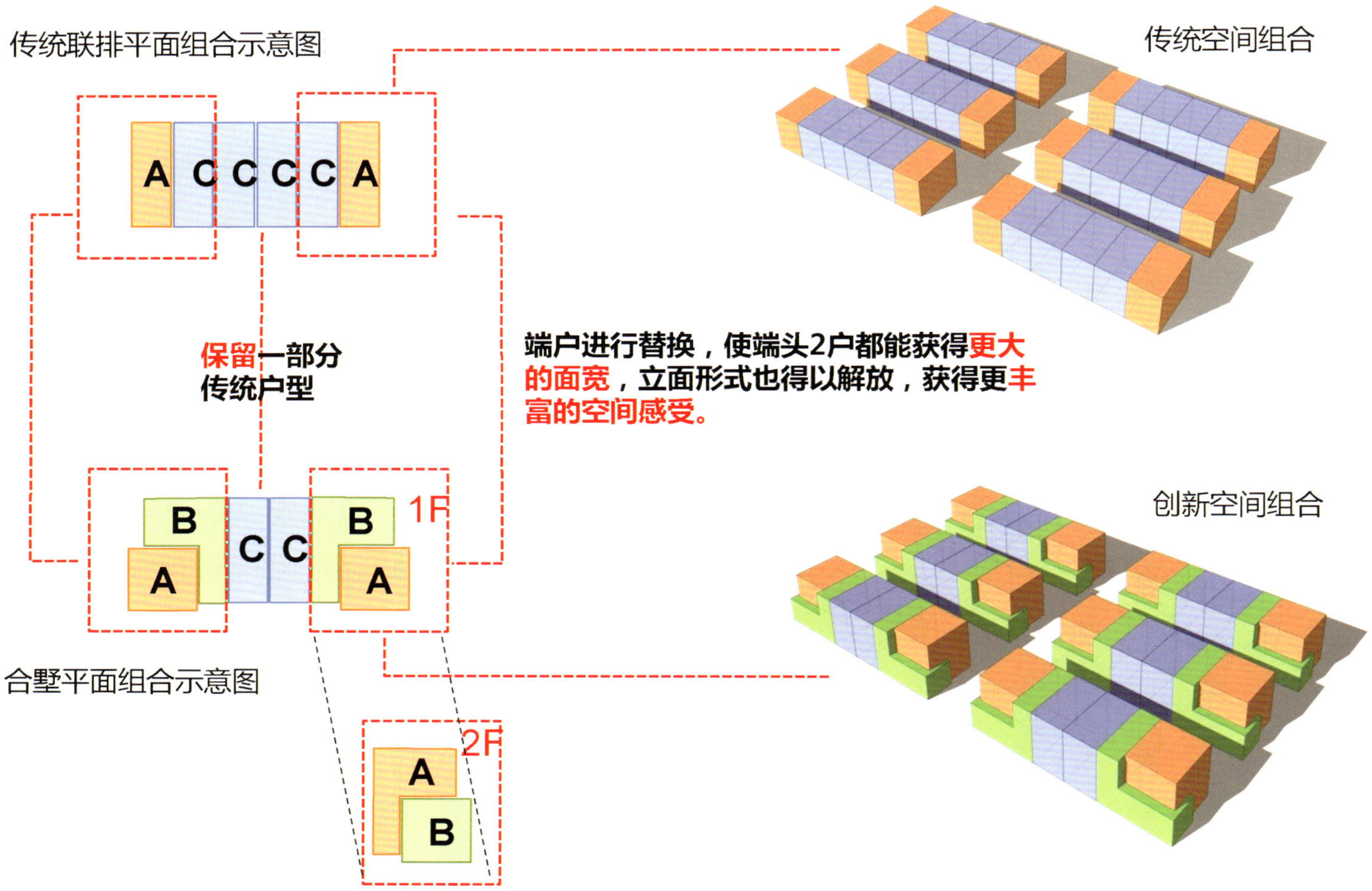


### 创新合墅

在户型组合上，项目通过创新的手法将各户型有机组合，合理分配资源，创造出一种全新的别墅产品。

### 传统联排问题

1. 产品形式较为单一，只有中间户和端户两种产品，可选择性小。
2. 从规划格局上，整体形态较为单一，空间感受比较乏味。
3. 从居住感受上，由于受到单户面积限制，面宽都较小。

### 合墅产品特点

1. 所有户型均拥有别墅的居住品质和功能特征，如独立入户、私家庭院、超大露台和地下赠送空间。
2. 比传统联排更为灵活地组合对场地有更高的适应度，从而造就更高的土地利用率。
3. 有机平面和有机立面形成灵动空间。

## 组合模式

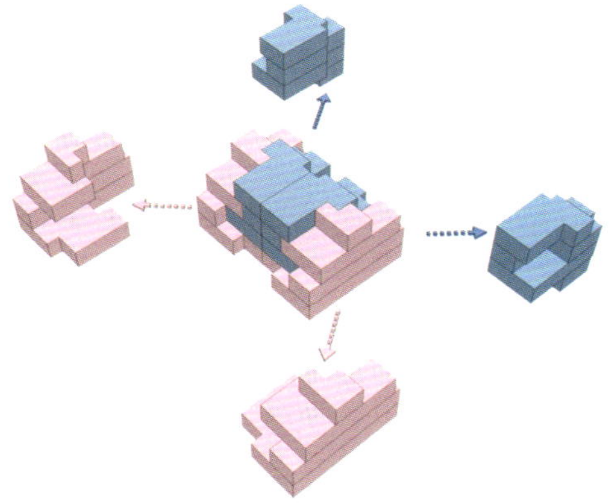

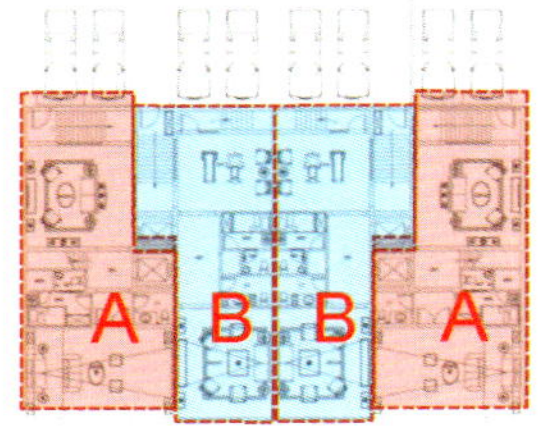


地下一层平面图

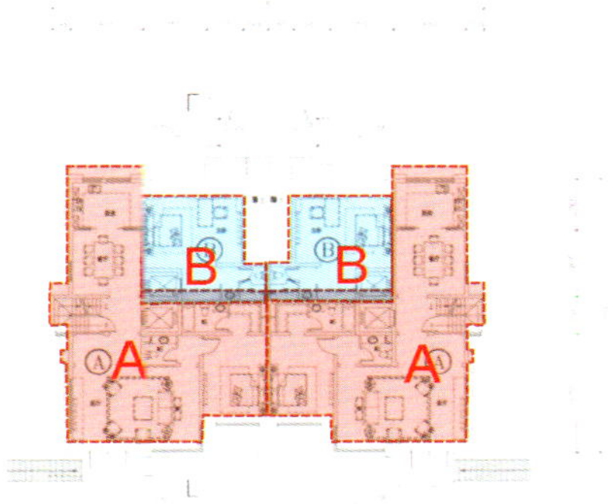


一层平面图

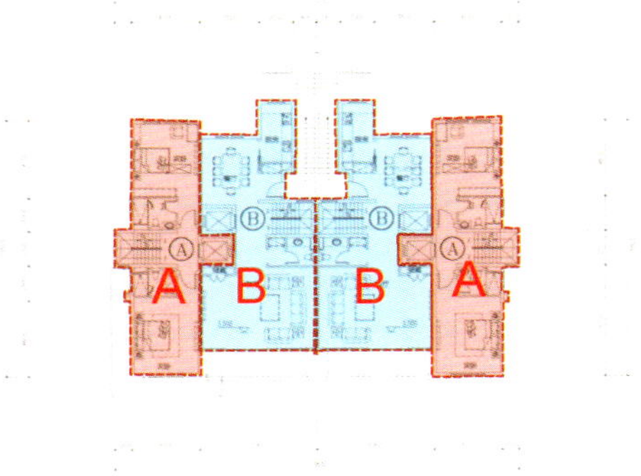


二层平面图

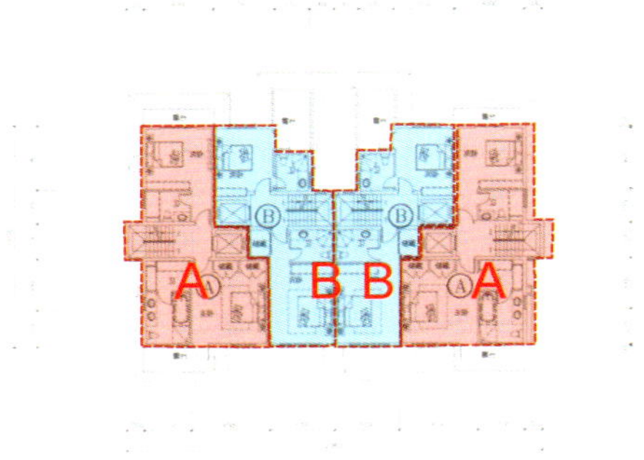


三层平面图

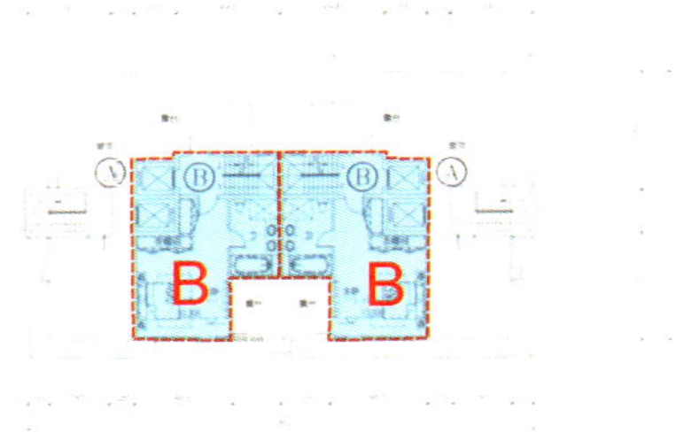


四层平面图

**四户叠加：** 建筑面积 1 031.16 平方米（A 户型套型面积 277.96 平方米；B 户型套型面积 237.62 平方米）。

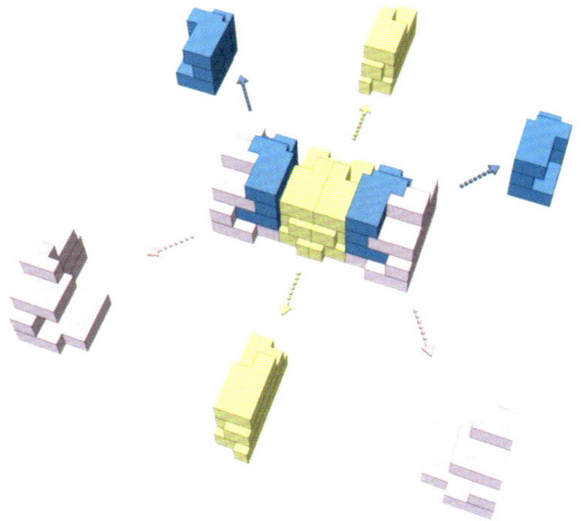

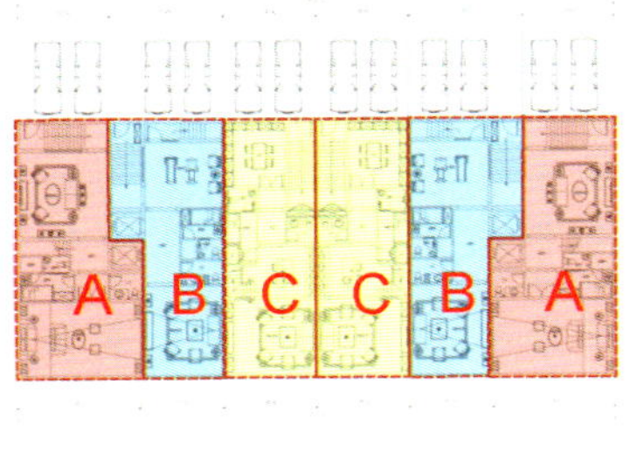


地下一层平面图

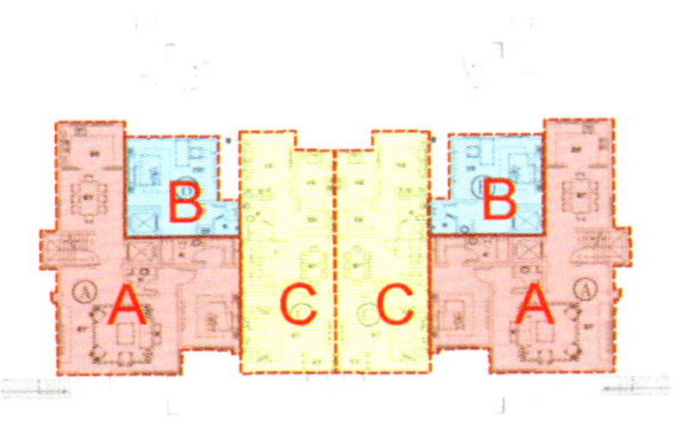


一层平面图

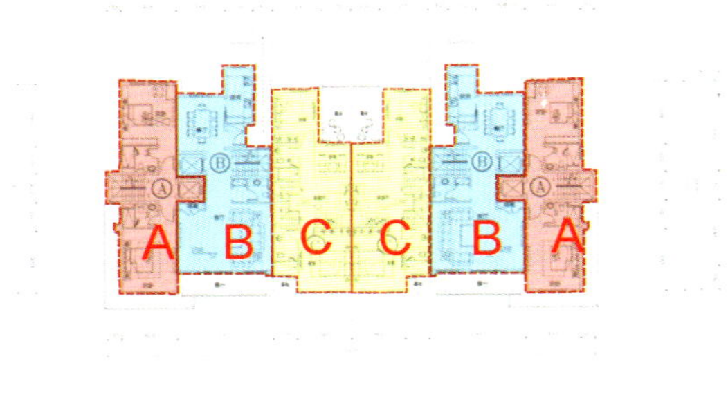


二层平面图

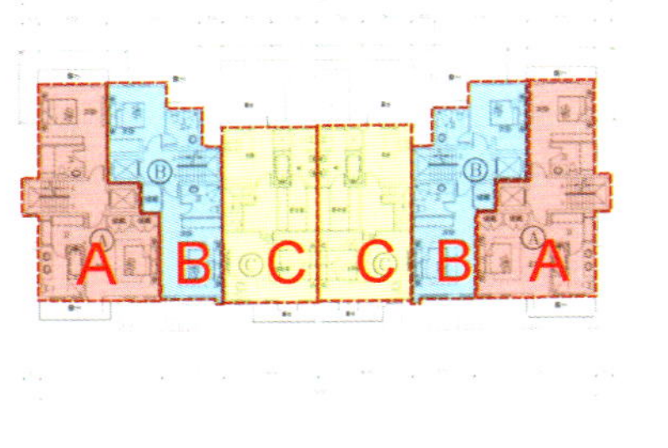


三层平面图

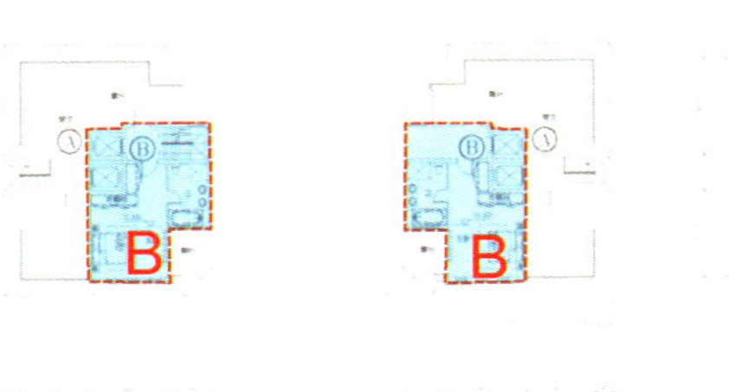


四层平面图

**六户叠加：** 建筑面积 1 464.38 平方米（A 户型套型面积 277.96 平方米；B 户型套型面积 237.62 平方米；C 户型套型面积 216.61 平方米）。

## 建筑设计

四拼别墅立面图

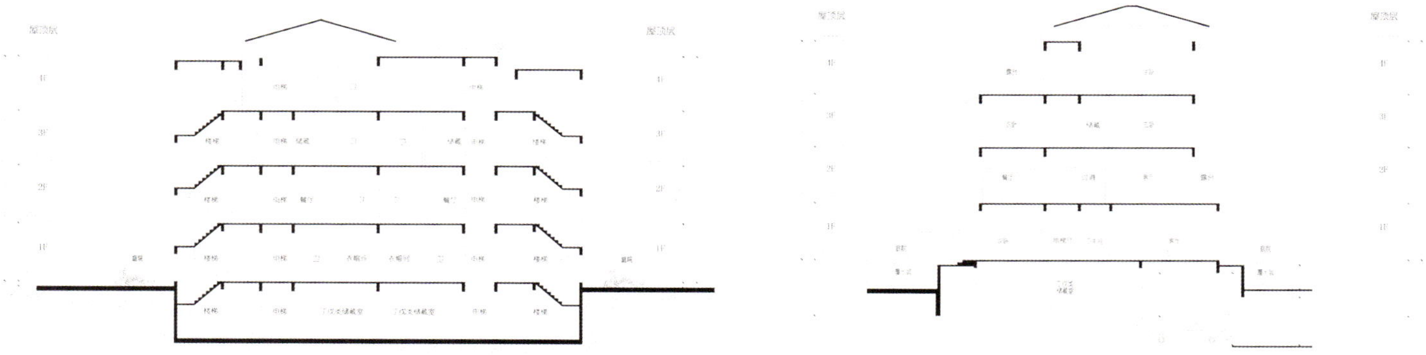

四拼别墅剖面图

四拼别墅效果图

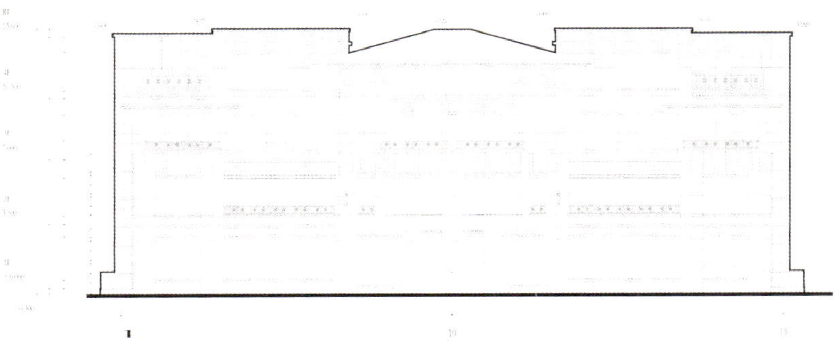

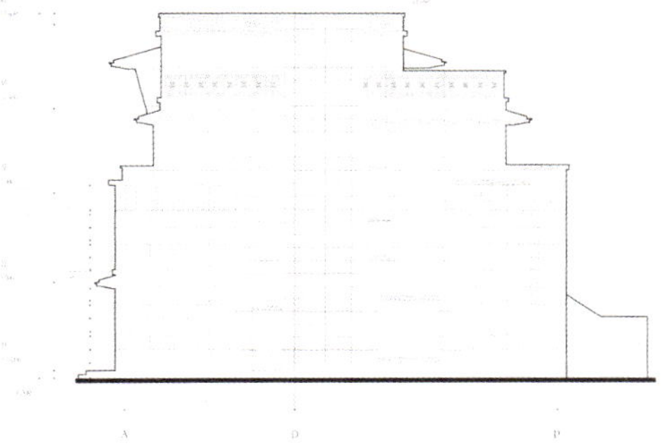

六拼别墅立面图

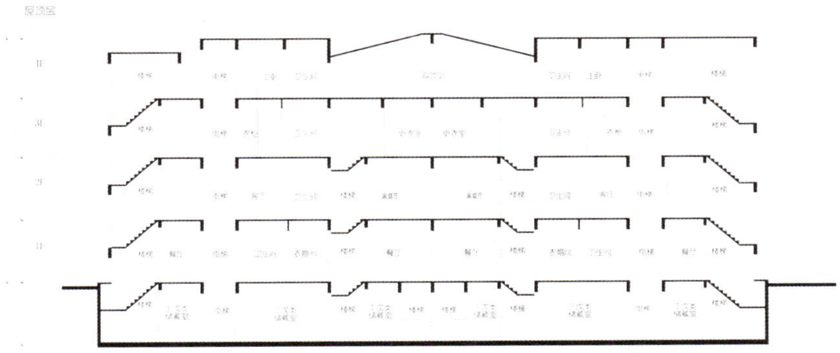

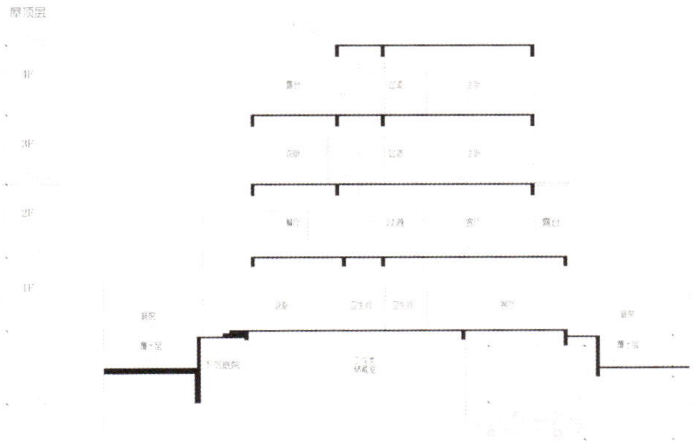

六拼别墅剖面图

六拼别墅效果图

# 现代法式 雅致艺术

## 上海金地世家示范区设计方案

开发商：金地集团 / 项目地址：上海市嘉定区嘉定新城合作路199弄
占地面积：61 589.6平方米 / 建筑面积：108 192.54平方米（地上） / 容积率：1.75 / 绿化率：35%

上海金地世家位于嘉定新城核心区域，西临云谷路，南临麦积路，东临合作路，北临封周路，邻近轨道交通11号线嘉定新城站，未来将规划成为嘉定区重要的商业、商务与行政中心。

## 项目概况

上海金地世家位于嘉定新城核心区域，西临云谷路，南临麦积路，东临合作路，北临封周路，邻近轨道交通 11 号线嘉定新城站，未来将规划成为嘉定区重要的商业、商务与行政中心。

作为上海金地 15 年回归嘉定之作，项目采用金地集团产品体系中高端世家系，以现代法式风格精心打造高层和叠加别墅产品，全部精装修交付，包括除霾新风系统、中央空调系统、水暖系统、水质净化系统、全屋智能化系统等多套系统。叠加别墅还增加多项人性化、艺术化精装细节。

## 建筑设计

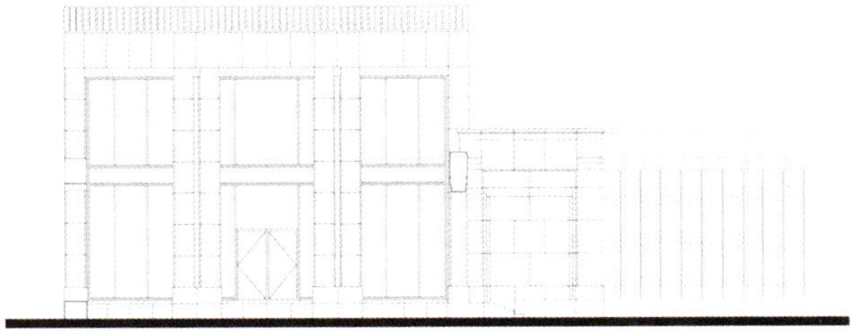

[illegible] – [illegible] 轴立面图 1:100

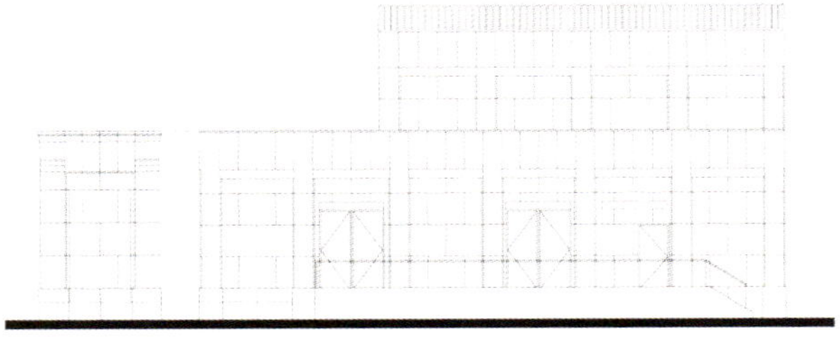

[illegible] – [illegible] 轴立面图 1:100

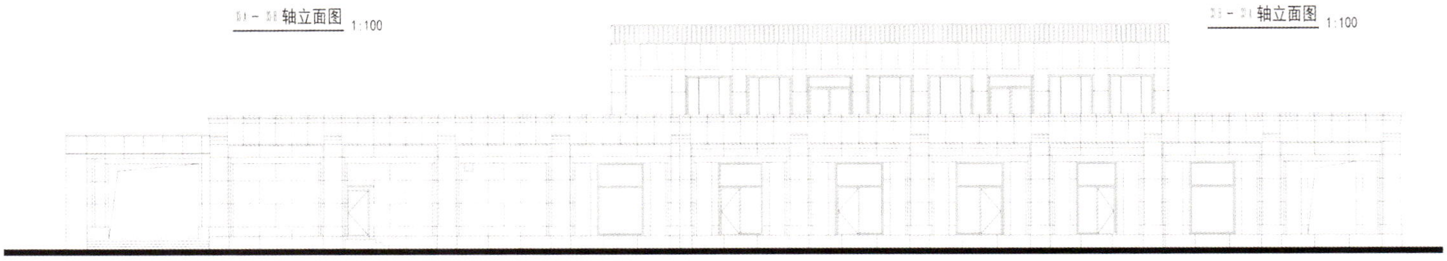

[illegible] – [illegible] 轴立面图 1:100

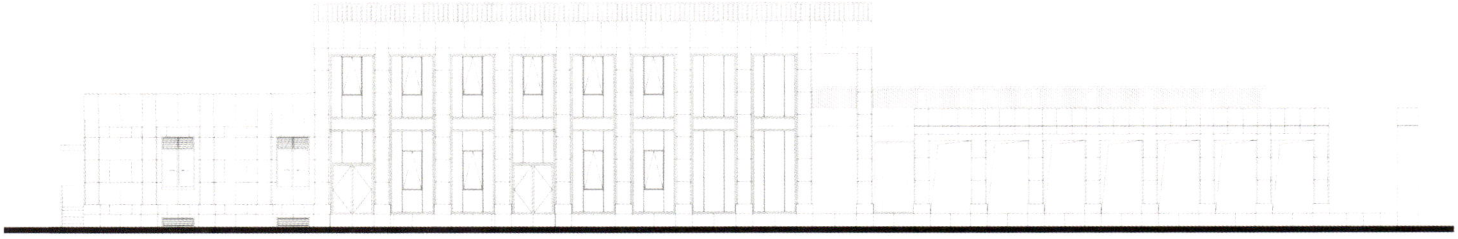

[illegible] – [illegible] 轴立面图 1:100

## 示范区设计

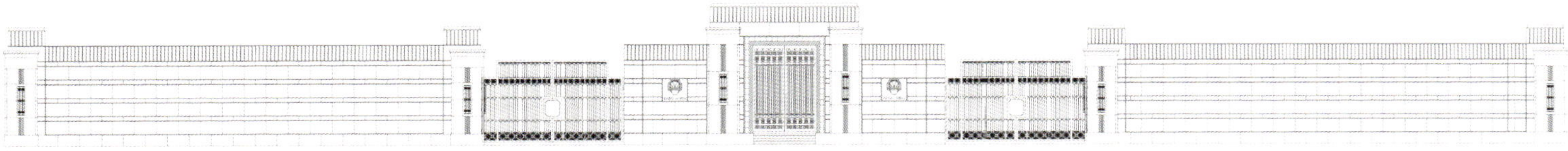

示范区大门与围墙立面图

在空间形态上，示范区采用三进空间的布局：第一进空间为开敞院落，朝向城市界面打开，起到品牌昭示和汇聚人流的作用；第二进空间为内向型布局，通过廊架及建筑布局形成一个相对封闭的空间；第三进空间为售楼处，通过层层的空间引入，体现尊贵感。

在立面设计上，示范区采用现代法式风格，将传统法式的建筑形式进行提炼及优化，保留中轴对称、三段式比例尺寸以及法式风情元素，细部则以简洁现代的处理手法取代法式雕花及线条，同时引入铜（或仿铜）的元素，使尊贵感和生活化并重。景观强调主入口及主要活动空间，导入法式特色艺术元素，重新演绎经典；在铺装材料上，设计符号及景观小品与建筑元素保持统一。此外，项目以生态雨水花园理念进行低耗能的设计。

售楼处的室内空间大面积留白，延伸到极致的纵深与垂直动向，巧妙地搭配艺术装置，火烈鸟、绿植、水波纹大理石等元素，让空间呈现出自然生长的艺术状态。悬于水面的纯白旋转楼梯富有艺术气息及雕塑感，贯穿整个空间的上下关系；洽谈区域层层叠进，从紧凑空间到非紧凑空间，从浅色调到深色调，延伸纵深感。

## 建筑设计

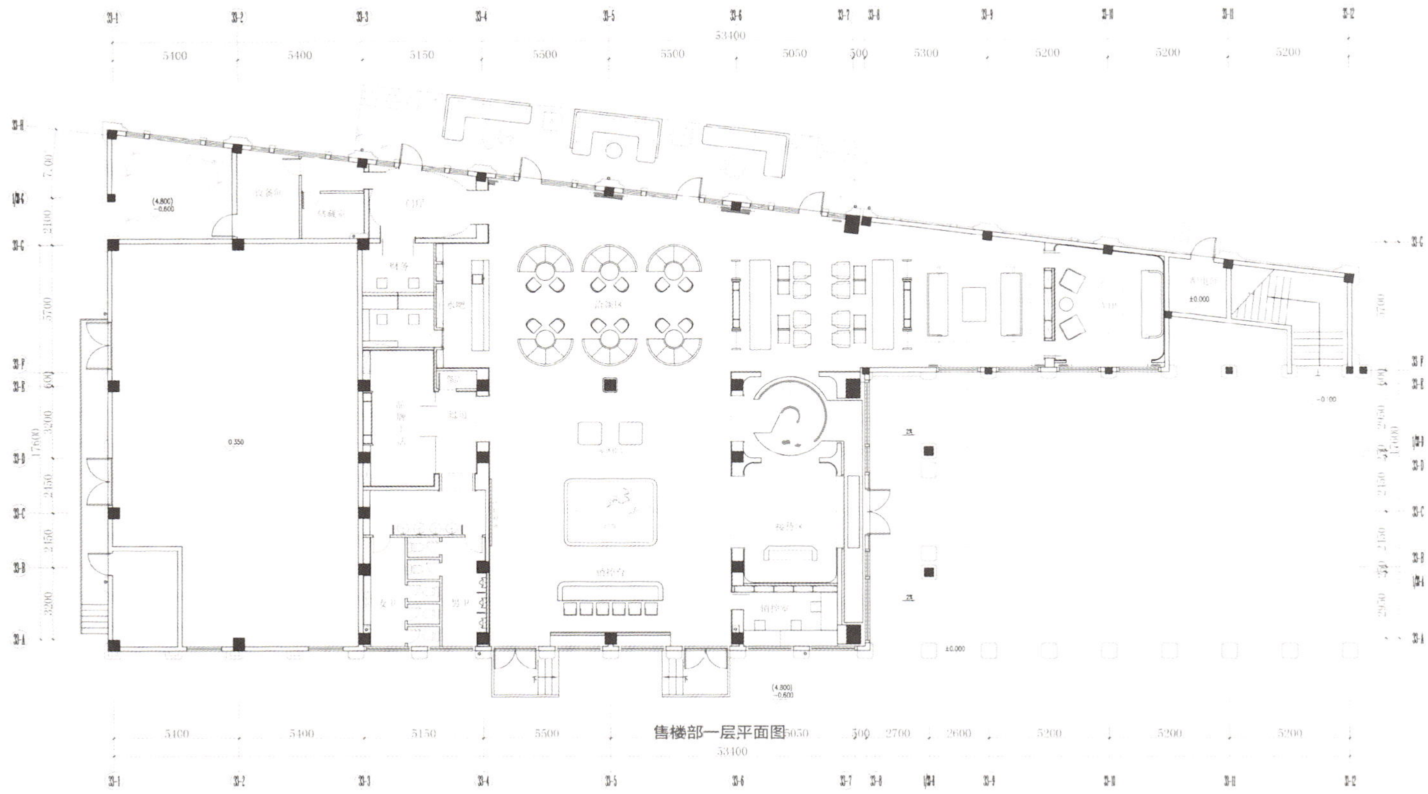

售楼部一层平面图

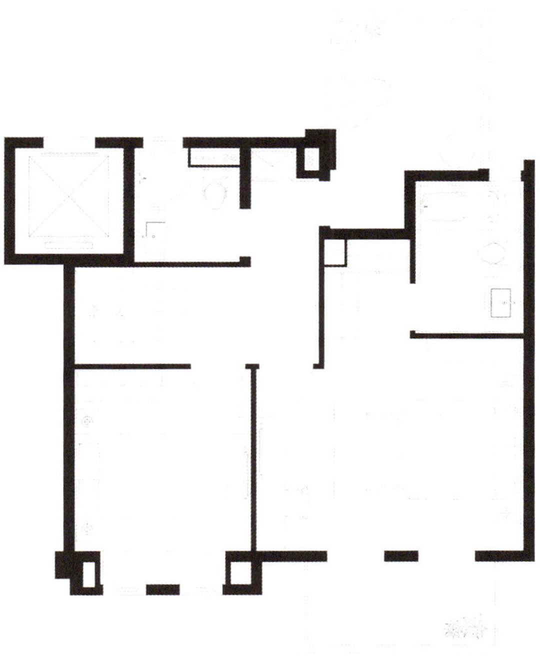

上叠一层户型图

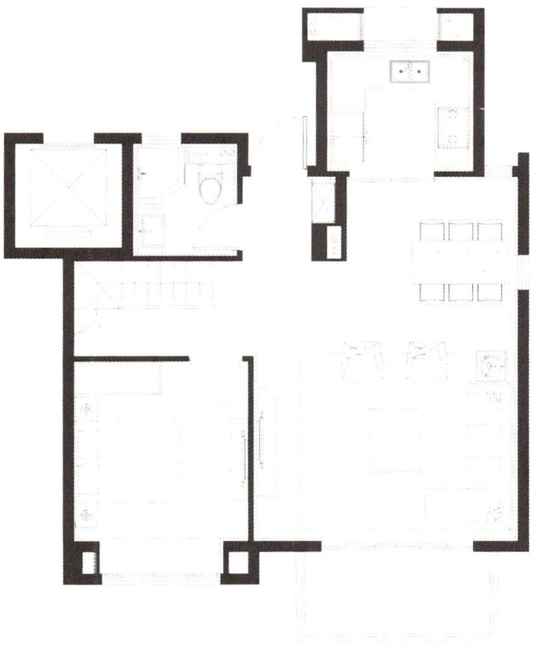

上叠二层户型图

## 上叠户型设计

上叠户型面积约136平方米，3房2厅3卫，电梯入户，户型方正，南北通透，功能区域分布清晰。客厅和主卧拥有5米奢华大开间，采光通风效果佳，视野广阔。厨房、餐厅以及客厅由北至南依次排布，形成宽敞舒适的竖厅空间。赠送10平方米的北侧露台，可改造成家政空间。

客栈
客栈

金·盘 内·参

# 小镇系列

设计方案

# 重塑地域文化 融入城市未来

## 上海松江广富林文旅小镇设计方案

开发商：松江新城建设发展有限公司 / 项目地址：上海市松江区松江新城

规划&建筑设计：汉米敦(上海)工程咨询股份有限公司 / 占地面积：558 000平方米 / 建筑面积：168 000平方米 / 容积率：0.3

上海松江广富林文旅小镇充分利用其不可复制的人文特色、自然生态以及区域发展优势，运用国际领先的设计理念，恢复传统肌理，延续地域文化，并对现代人的生活以及城市的发展产生新的价值，形成一个以文化、休闲、娱乐、生活为主题的复合型区域，成为松江新城一大亮点。

## 项目概况

项目在规划之初就突破传统文旅小镇单纯的旅游功能、观赏功能和居住功能，定位为“一个城市的家中心，一个城市的会客厅，一个城市的小院子”，旨在有效地融入现代城市和现代生活方式，并通过对空间格局、街巷系统、空间肌理、公共空间的研究，打造自然、舒适、宜人的人居模式。

项目在业态策划上不仅为风貌着想，更考虑到未来的运营，加强了休闲和会晤功能，更加注重复合化、混合化的功能。同时，项目大幅提高其开放度，使区域内、外部的居民都能够参与其中，打造一个健康且富有活力的社区。

项目致力于建设一个以文化、休闲、娱乐、生活为主题的复合型区域，让传统文化不是停留在过去，而是积极面向未来，并能一直延续下去。

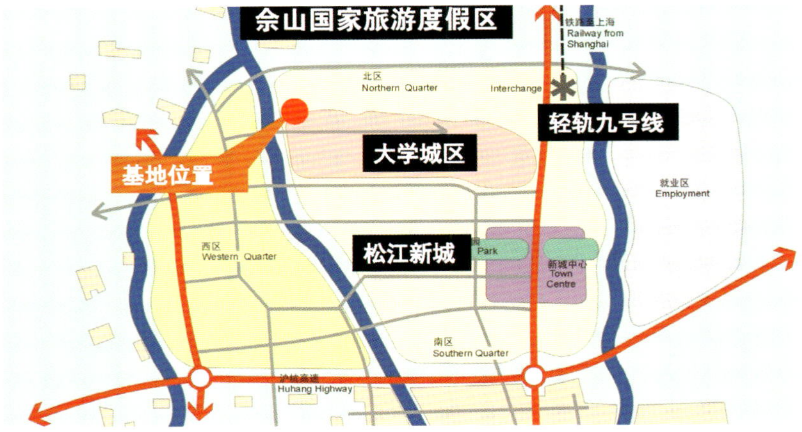


## 区位分析

上海松江广富林文旅小镇位于上海市松江区松江新城西北角，北邻佘山国家旅游度假区，西邻天马山公园和工业核心及研发区，南邻松江大学城、松江新城中心公园和英式风貌区，东邻交通枢纽区，区域文化底蕴深厚，景观资源丰富，配套设施成熟。松江新城是上海市“一城九镇”工程的重点，是一个现代化、国际化、生态化、有旅游文化特色的市郊卫星城。

## 规划设计

**保护与传承**

广富林拥有悠久的传统文脉和丰富的景观生态资源，是松江新城特有的、不可再复制的资源。总体规划的首要职责是保护和维护这些资源。

1. 优先对广富林古文化遗址保护区、陈子龙墓等具有文物价值的区域进行完整且严格的保护。

2. 对广富林旧村进行区域性保护，并根据现代城市生活的需求进行一定程度的自我更新和改造，恢复其功能和活力。

3. 对构成广富林优美自然田园风光的元素进行完整且系统的保护，其中包括水系、河道、树木、集中绿地、菜圃、耕地等；在此基础上进行合理的改造和梳理，进一步优化其独特的水乡田园风貌。

4. 对其他可保留的历史元素，如广富林文武学校、村委办公楼、轻工厂房等，也进行一定的保留，并在后期加以改造，使之发挥新的城市功能。

**博物馆区**

博物馆区既具有广富林的核心公共功能，也是整个区域的形象代言。

1. 择址于遗址保护区的东面、旧村的北面，既不破坏保护区域的完整性，又能成为视觉的焦点，成为整个区域的形象代言。

2. 整合部分湿地，扩大水面范围，使博物馆与水面相互交融，打造更富有江南水乡特色的展示体验区。

3. 邻近遗址保护区，容易组织参观流线，并将室内与室外的参观展示流线整合起来，打造更具有吸引力、更丰富的参观体验。

**混合休闲区**

1. 位于博物馆区和遗址保护区之间，具有游览、休闲、娱乐、购物、住宿等功能，让广富林具备了 24 小时的活力。

2. 作为参观展示流线的一部分，丰富了展示的体验内容，让广富林不仅是一个展示文化的场所，而且是市民日常生活和休闲的一部分。

3. 充分利用湖面和水岸，营造了富有江南水乡意境的场所。

**特色院坊区**

1. 位于广富林的西北面和西南面，是富有传统江南特征、以“院”和“坊”为特色的区域，将发挥居住和 SOHO 的功能。

2. 吸引热爱江南传统水乡文化的“新松江人”在此居住，增强广富林的活力，继承和发展其地域文脉。

3. 和旧村共同构成了新旧交融的新广富林村。

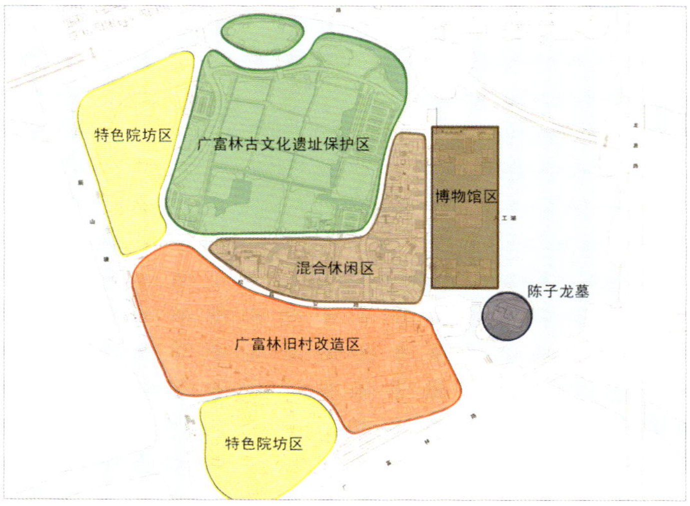

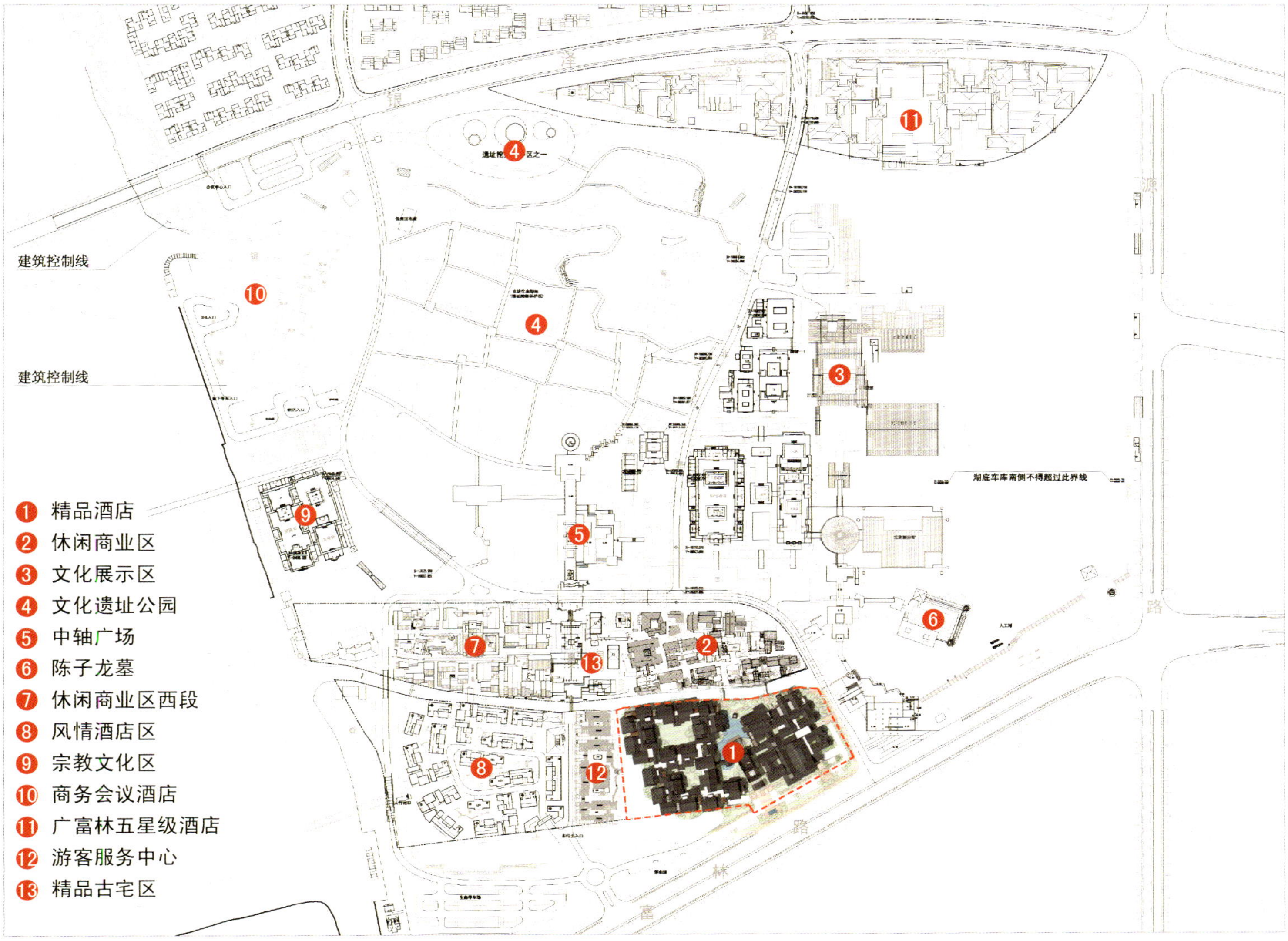
建筑控制线
建筑控制线
1 精品酒店
2 休闲商业区
3 文化展示区
4 文化遗址公园
5 中轴广场
6 陈子龙墓
7 休闲商业区西段
8 风情酒店区
9 宗教文化区
10 商务会议酒店
11 广富林五星级酒店
12 游客服务中心
13 精品古宅区

## 建筑设计

单体建筑设计延续和发展了总体规划的构思，审慎处理不同类别的现状建筑；保护与利用相结合，分区域展现不同时期的建筑特色，以一种多元化、可持续的姿态融入新的城市规划中。

项目整体的空间设计以中式风格为主调，尽量维持旧村建筑的体量、高度和规模，吸收旧村民居的建筑特征，突出院落形态，将开放空间与室内空间有效地结合，形成协调且具有地域感的弹性单元。同时，建筑组团在立面细节和材质上寻求差异，保持各自的细部特色，以适应产品多元化的需求。

建筑立面融合了现代时尚元素与传统建筑风格，运用粉墙黛瓦的简洁造型与和谐的色调，营造一种新江南水乡风格。建筑材料主要选用灰砖、青瓦、木材等传统建筑材料，恰当地配合钢、玻璃等现代建筑材料。建筑色调以黑、白、灰为主，结合现代的手法，诠释传统的建筑文化。

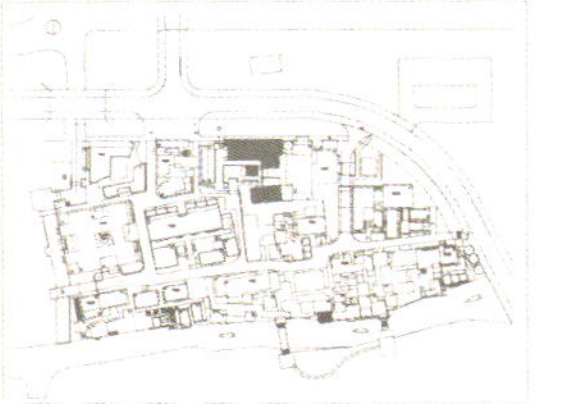

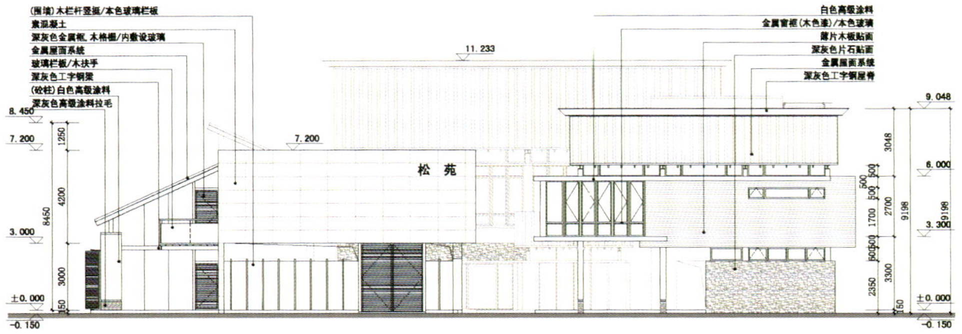

南立面图（展开） 1:125

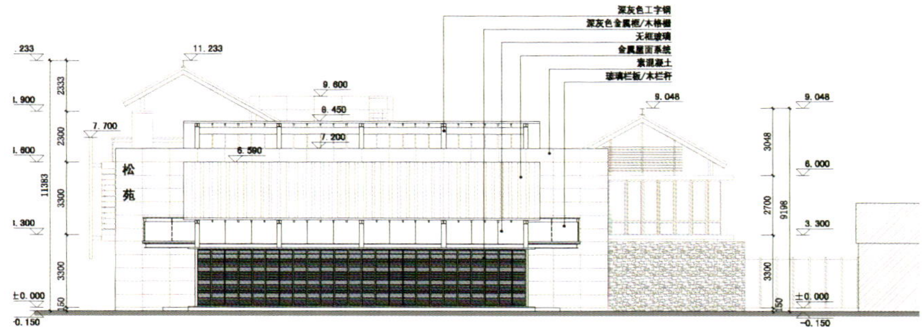

西立面图 1:150

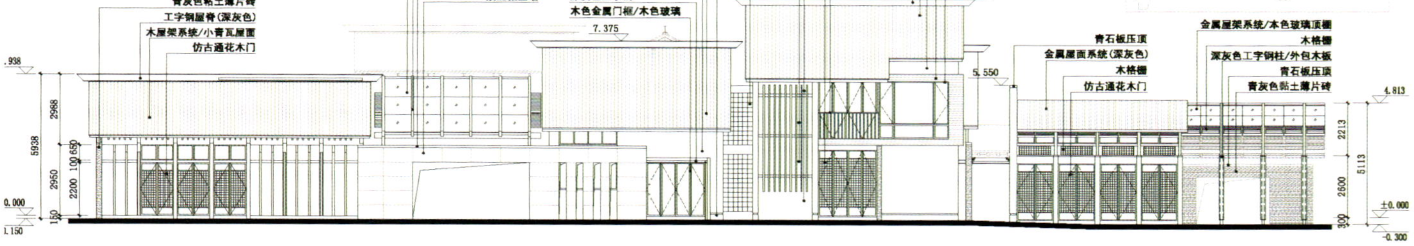

北立面图 1:150

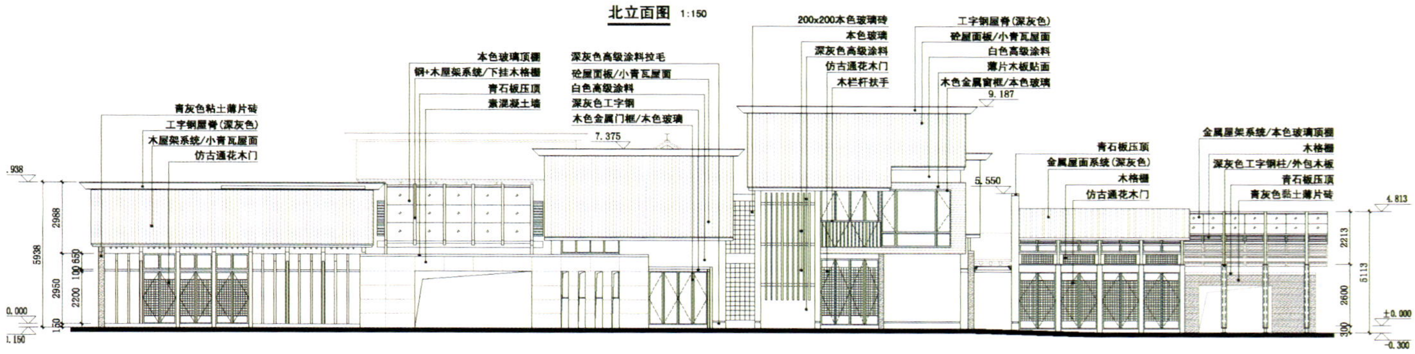

北立面图 1:150

## 景观设计

项目保留了江南农耕文明下的乡村风貌，如原有的水系、岸线和植被，配合新造的公共绿化节点和景观系统，与建筑群组自然融合，彼此映衬。

项目延续了广富林传统建筑和空间的文脉，把握“街－坊－院”的空间特点，在改造区域进行整合和优化；在新建区域，包括混合休闲区和特色院坊区，同样采用“街－坊－院”的组合方式，并在“坊”与“坊”之间适当增加公共空间和特色节点作为公共活动空间，以满足现代城市生活的功能需求。

# 千年巴渝 无限活力

## 重庆融汇半岛·茶花小镇设计方案

开发商：融华房地产发展有限公司 / 项目地址：重庆市巴南区巴滨路融汇半岛核心地段
建筑设计：长厦安基建筑设计有限公司 / 用地面积：21 615平方米 / 建筑面积：44 576平方米 / 容积率：1.51 / 绿化率：30%

茶花小镇以融汇半岛作为依托，萃取巴渝文化之精髓，以极具本地特色的民居建筑风格为代表，融合部分中外经典建筑精华元素，全力打造具有独特竞争力的风情小镇。项目借助优美的江景和大面积的公园绿地，结合一定的地形高差，形成错落有致的街巷院落空间，营造丰富多样的空间体验，成为独树一帜的城市旅游休闲目的地。

鸟瞰图

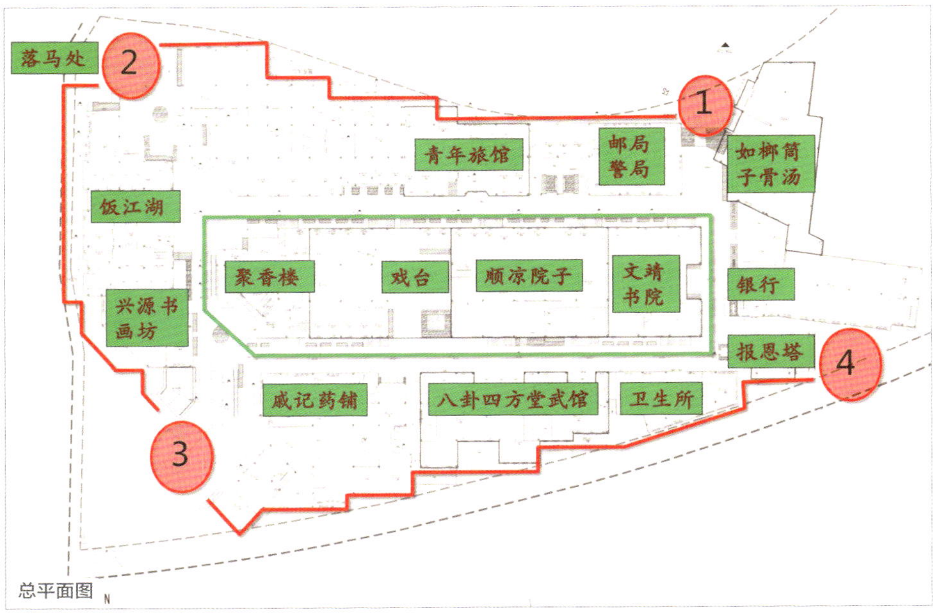


总平面图

## 定位策略

重庆融汇半岛·茶花小镇充分利用区域的发展前景和城市悠久的历史文化传统，以巴蜀文化作为核心，以兼容并蓄的态度吸收现代的规划理念和多元的设计元素，赋予传统建筑文化新的面貌和功能，让人认识到地域文化的无限生命力。

茶花小镇以完善城市功能为出发点，以打造生活方式体验地为诉求，以成为城市情感归属地为目标，发挥城市观光休闲、本地消费群生活第三空间和区域地标的功能，突出巴人文化、袍哥文化、码头文化和农耕文化，集独特性、话题性、主题性于一体，塑造独具特色的仿古商业小镇。

## 区位分析

重庆融汇半岛·茶花小镇位于重庆市巴南区巴滨路融汇半岛核心地段，面向长江，紧邻茶花广场和李家塔大桥。融汇半岛有机地结合了区域的自然和人文特点，引入国际化的规划理念和多重景观系统，力图规划成一座辐射全市范围、可持续发展的现代化半岛新城，并逐步发展成为重庆市南部的居住中心。

## 规划设计

项目邻近长江边，有较大的高差。建筑沿人流主动线分散布置，形成 2 条主街、数条小巷的网络状布局。建筑与建筑之间通过高差和连廊进行立体化连接，在平面上达成流转和互动。项目在街与巷的交汇处，通过小型广场、雕塑小景、标示性的绿化景观形成自然的连接和主题的分区，构建富有巴渝民居特色的建筑风貌与城市肌理。

入口 1：注重入口的文化特色和 Logo 设计，同时预留活动空间；注重入口的仪式感。

入口 2：合理分解高差：通过长短坡、退台、架空、屋顶平台等手法舒缓空间的紧迫感；通过具有特色的建筑形式吸引人流。

入口 3：合理分解高差，增加自动交通；空间较松散，通过景观、牌楼、建筑围合聚集人气；通过平台、跌水、架桥、景墙使商业氛围外溢。

入口 4：塔适度做空，避免体量过大；强调登塔观景效果；突出银行的民国形制，体现庄重感和中心感。

## 建筑设计

建筑在风格上把握巴渝文化的核心，体现传统建筑的风貌，如青砖瓦房、木质吊脚楼等；在布局上错落有致，形成看似随意实则别出心裁的空间。同时，项目根据业态布局，引入经典的中西建筑元素以及现代设计风格，以建筑承载历史，演绎一个从明清时期过渡到近现代的小镇。

项目的设计着重趣味空间的营造，让建筑与空间融为一体。空间的组合宽窄有序、灵活多变，既有开阔的广场空间和建筑组合凸显仪式感，又有小型空间增添趣味感。

### 节点设计

**青年客栈：**设计创造性地运用花窗的肌理，保留并丰富了电梯的高大体量，形成视觉焦点；提取桥的形体元素，与水景结合的同时，突出入口空间。休闲亲水平台和水瀑相得益彰。

**邮局・警局：**设计采用民国建筑形制，并提取牌坊的元素，提升入口建筑的仪式感和庄重感。

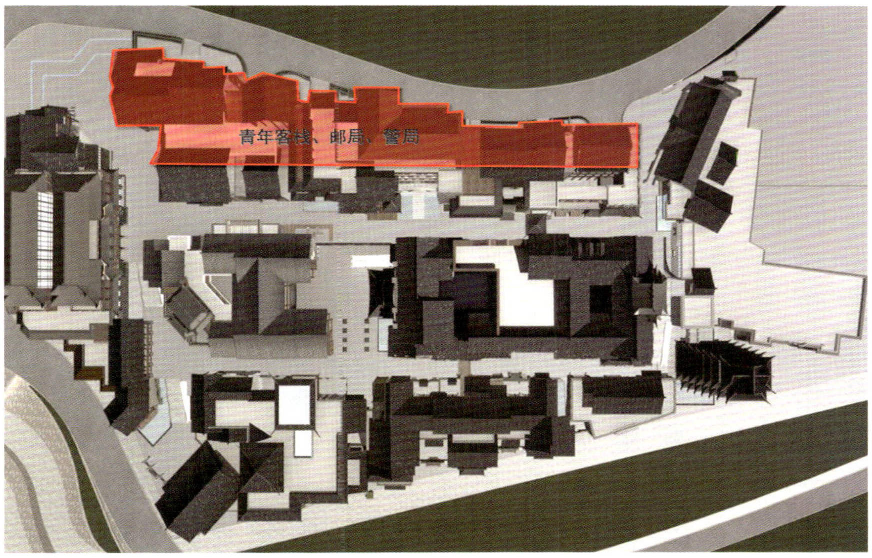


**外环四入口**

青年客栈、邮局、警局

**民居：**设计使用空廊作为内院入口，半开放式的分隔缓解了街道空间的紧迫感。相对现代的肌理处理手法使立面更加多变和耐看。

**戚记药铺：**对街面侧重表达“院”的元素，突出差异性。残墙元素凸显了历史的残存感，增加场景感。丰富的材料提高了耐看性。拐角空间注重对景观的处理；设计对空间进退、灰空间进行合理调配，增强体验感。

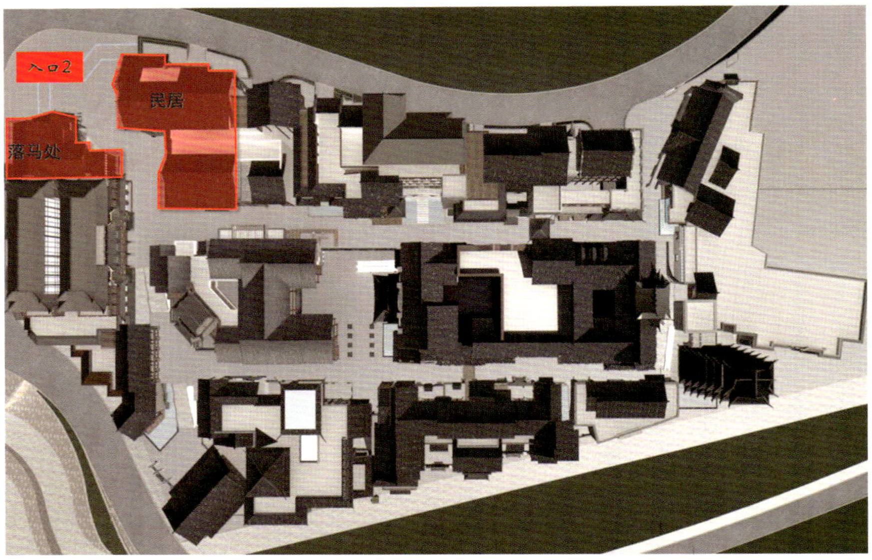


**外环四入口**
民居 、落马处

**八卦四方堂武馆：**对街面侧重表达“院”的元素，突出差异性。一层使用山形坡顶构造，与二层的横向坡檐形成对比，丰富了空间层次。

**文靖书院：**设计以书院的传统形制突出文化氛围，以中心对称的布局体现仪式感和庄重感。

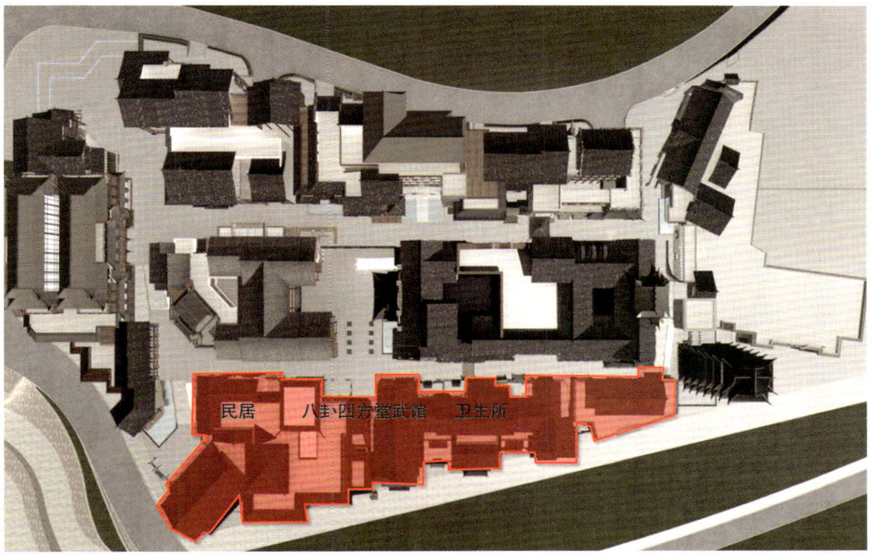


**外环四入口**

民居 、八卦四方堂武馆、卫生所

# 中式度假养生环境 世界温泉文化体验

## 济南北纬37° 温泉小镇设计方案

开发商：山东鼎鑫置业有限公司 / 项目地址：济南市商河县
建筑设计：中衡卓创国际工程设计有限公司 / 用地面积：1 310 000平方米 / 建筑面积：1 950 000平方米 / 容积率：1.6 / 绿地率：35%

济南北纬 37° 温泉小镇以度假养生为核心，以世界温泉文化体验为特色，以生态环境为载体，致力于打造成一个国际知名的温泉旅游名镇。项目在规划上以健康养生、生态康疗、全民教育、度假娱乐、人文居所五大板块为基础，引入“街、巷、院”的空间布局和中式古典建筑精髓，糅合世界先进的疗养理念和技术，为人们打造全新的生态度假养生体验区。

总平面图

区位分析

济南北纬 37° 温泉小镇根据其得天独厚的温泉资源和生态优势，糅合旅游、休闲、康疗、教育等多种功能，以小镇的模式科学地规划多种业态，促进产业链的形成和延伸，带动整个项目的可持续发展。在规划设计上，项目尊重中国传统文化，借鉴中式古典建筑的空间布局和立面元素，结合现代的人居美学和先进的疗养理念，让文化、生态、产业更好地融合，形成不可复制的特色和竞争力。

## 定位策略

项目旨在打造成中国领先的、以“都市乐养温泉”为主题的特色小镇，规划“一湖、五馆、七十二泡池”，是集健康养生、生态康疗、全民教育、度假娱乐、人文居所于一体的综合性新型特色城镇。

## 区位分析

济南北纬 37° 温泉小镇位于济南市商河县，西临商中路，紧靠商河花博会会展中心主会场，北侧紧邻商河县行政中心用地和清华园学校，东侧紧邻观光生态农业公园。

## 规划设计

### 设计理念

1. 引入世界先进的疗养理念和技术。
2. 按照中国温泉旅游名镇和世界温泉健康名镇的标准建设。
3. 引入国际成熟的温泉疗养技术和温泉疗养产业系统。
4. 引进国际先进的温泉水质卫生处理技术和管理系统。
5. 导入商河传统民间艺术，引入体验式休闲文化。

商河公园规划图

## 景观设计

图例：
- 01 主入口广场
- 02 入口景观大道
- 03 主题雕塑
- 04 景观教堂
- 05 阳光草坪
- 06 梦幻花圃
- 07 趣味迷宫
- 08 观景挑台
- 09 疏林草坡
- 10 露天剧场
- 11 餐厅（挑台灰空间）
- 12 阳光沙滩
- 13 运动天地
- 14 停车场
- 15 奇幻卡丁车
- 16 趣味儿童天地
- 17 树屋
- 18 景观主轴
- 19 秧歌广场
- 20 亲水台阶
- 21 咖啡厅
- 22 特色景观构架
- 23 景观群雕绿岛
- 24 木偶剧场
- 25 休闲草坪
- 26 樱花岛
- 27 观景电瓶车道
- 28 创意文化走廊
- 29 高尔夫球场
- 30 运动天地
- 31 静态休闲公园
- 32 生态湿地
- 33 门球场
- 34 钓鱼台
- 35 游船码头
- 36 疏林草坡
- 37 景观桥
- 38 交通岛
- 39 景观走廊
- 40 次入口
- 41 次入口活动广场
- 42 儿童乐园
- 43 滨河木栈道
- 44 七彩园路
- 45 车行出入口
- 46 七星园
- 47 生态草坡
- 48 特色景观装置

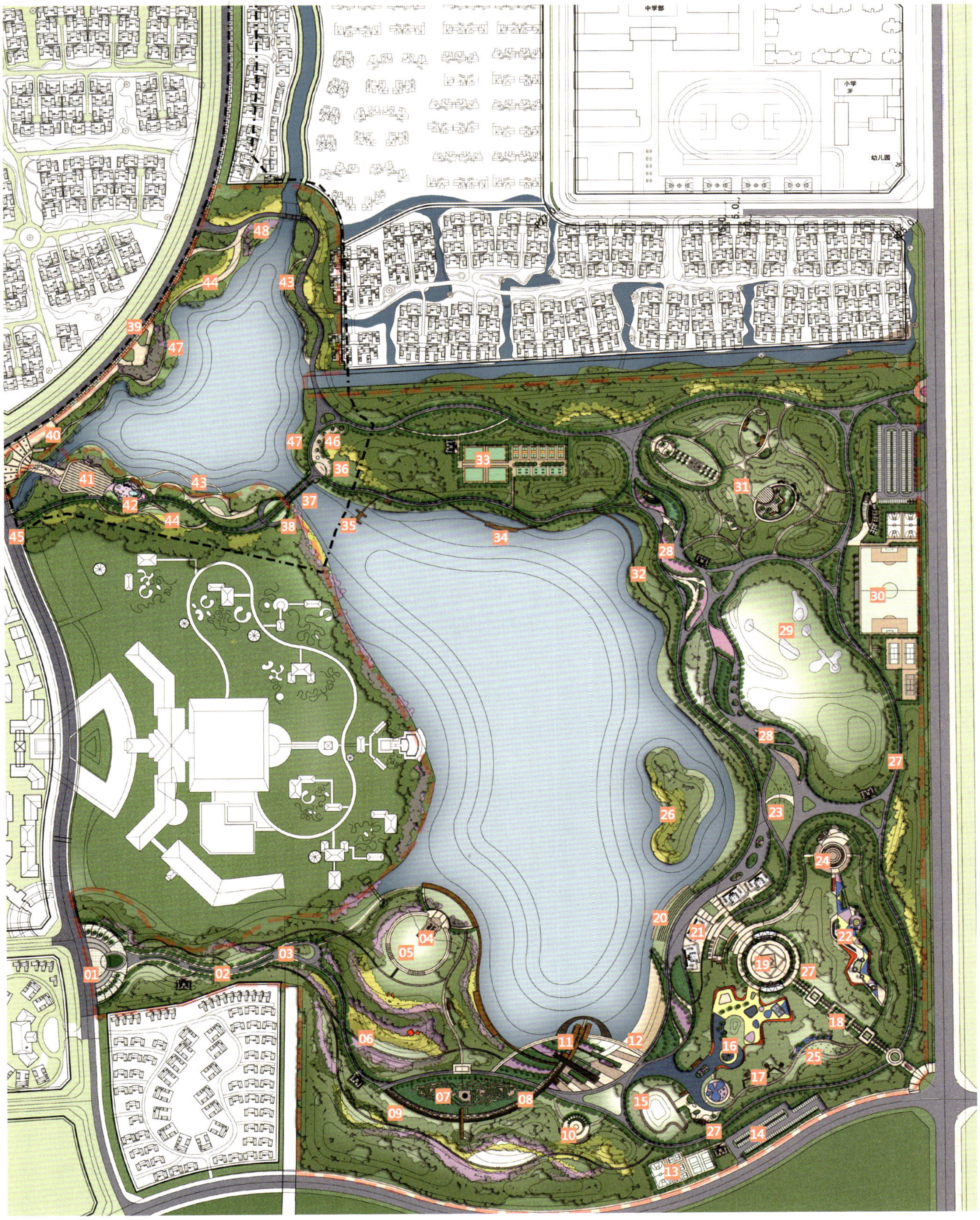

## 建筑设计

项目遵循古镇的规划设计原则，采用街、巷、院的空间秩序布局，传承传统的居住空间形态，满足人们对文化溯源的渴望。

### 健康养生

项目利用场地的原生态资源，打造约 24 万平方米的人工“清水湖”，沿湖规划约 53 万平方米的康体运动生态公园，作为项目的核心区，为小镇居民提供健康生态的生活空间。

街

巷

院

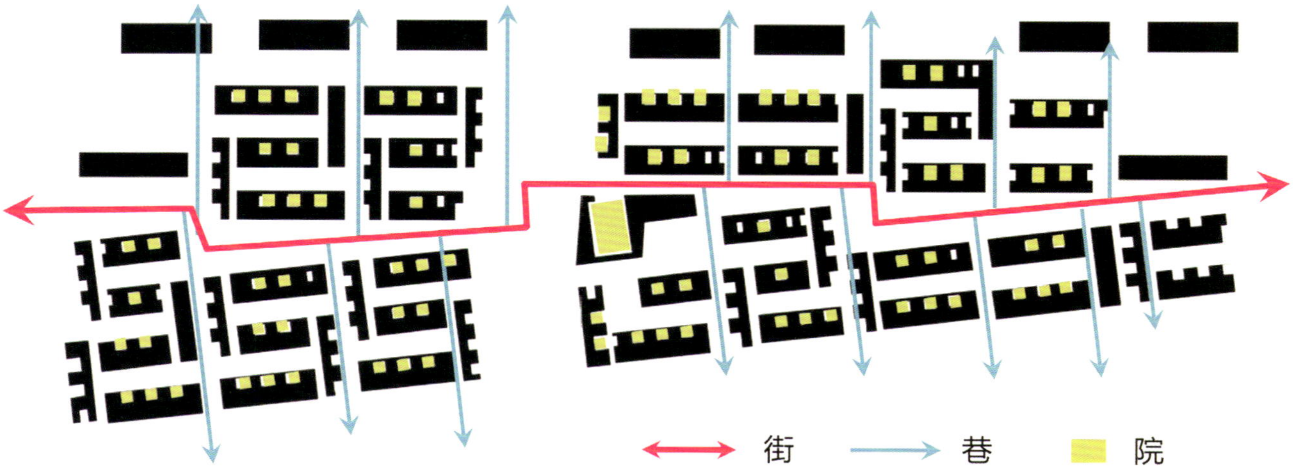

## 生态康疗

项目设计一个建筑面积约 5 万平方米的康养中心，从孕产妇、婴儿直至百岁老人，提供全年龄段的健康服务。项目研究借鉴日本港北新城、美国太阳城等全球大型康养社区的经验，并结合中国国情，采用创新自主的管理体系。项目还充分利用天然温泉的优质资源，规划设计温泉入户系统和温泉疗养系统。

## 全民教育

项目规划九年一贯制学校和品牌高等、中等优质教育机构，结合周边的校区资源，形成完整的教育体系。

## 度假娱乐

项目深度挖掘当地人文风貌，结合地热温泉资源，规划唐代建筑风格商业小镇、温泉 MALL 和温泉度假酒店，旨在打造商河县的不夜城。

商业小镇具备“旱街游、水街游”双重游览动线，通过对盛唐时期的人文、建筑、生活情趣等方面的研究，还原盛唐时期的市井人文气息。

温泉 MALL 突破传统的温泉泡汤形式，室内温泉运用中式园林的设计手法，设计多功能集一体的室内温泉中心，室外温泉借鉴了 5 个不同国家的温泉文化，设计了原汁原味的 5 个独立温泉体验馆区。温泉中心引入了 MALL 的设计手法，结合日式大江户形态的温泉体验，集特色餐饮街、儿童娱乐、购物体验、情景化休闲、度假式客房等功能于一体。

## 人文居所

住宅采用中国传统建筑风格，利用中式院落的设计手法，让单体建筑在空间组织和交通联系上连结成一体，保持完整、统一和协调，利于中式园林景观的营造。

## 绿色设计

项目依托温泉资源，根据温泉的出水温度和水质矿物质含量制定相应的使用方法。温泉的出水温度为 55°C，而人体所能接受的最高温度是 42°C。而且，项目位于北方，每个房间都需要供暖。为了充分利用温泉多余的热量，项目运用先进的泵元技术进行温泉水地热采暖，打造一个真正的绿色生态环保居住社区。

分区效果图

# 自然山水 悠然栖居

## 杭州千岛湖半岛小镇设计方案

开发商：杭州华联进贤湾房地产开发有限公司 / 项目地点：杭州市淳安县环左路
建筑设计：天华建筑设计有限公司 / 占地面积：297 013平方米 / 建筑面积：169 979平方米 / 容积率：0.35 / 绿化率：45%

项目位于千岛湖风景区，依山傍水，自然资源得天独厚，为社区开发奠定了良好的基础。
项目在规划上强调区域生态的保护以及土地资源的有效利用，整体布局疏密有致。
建筑单体以创新别致的立面设计，平衡建筑容量与千岛湖景观的关系，让建筑与景观融为一体，为业主营造悠然舒适的居住体验。

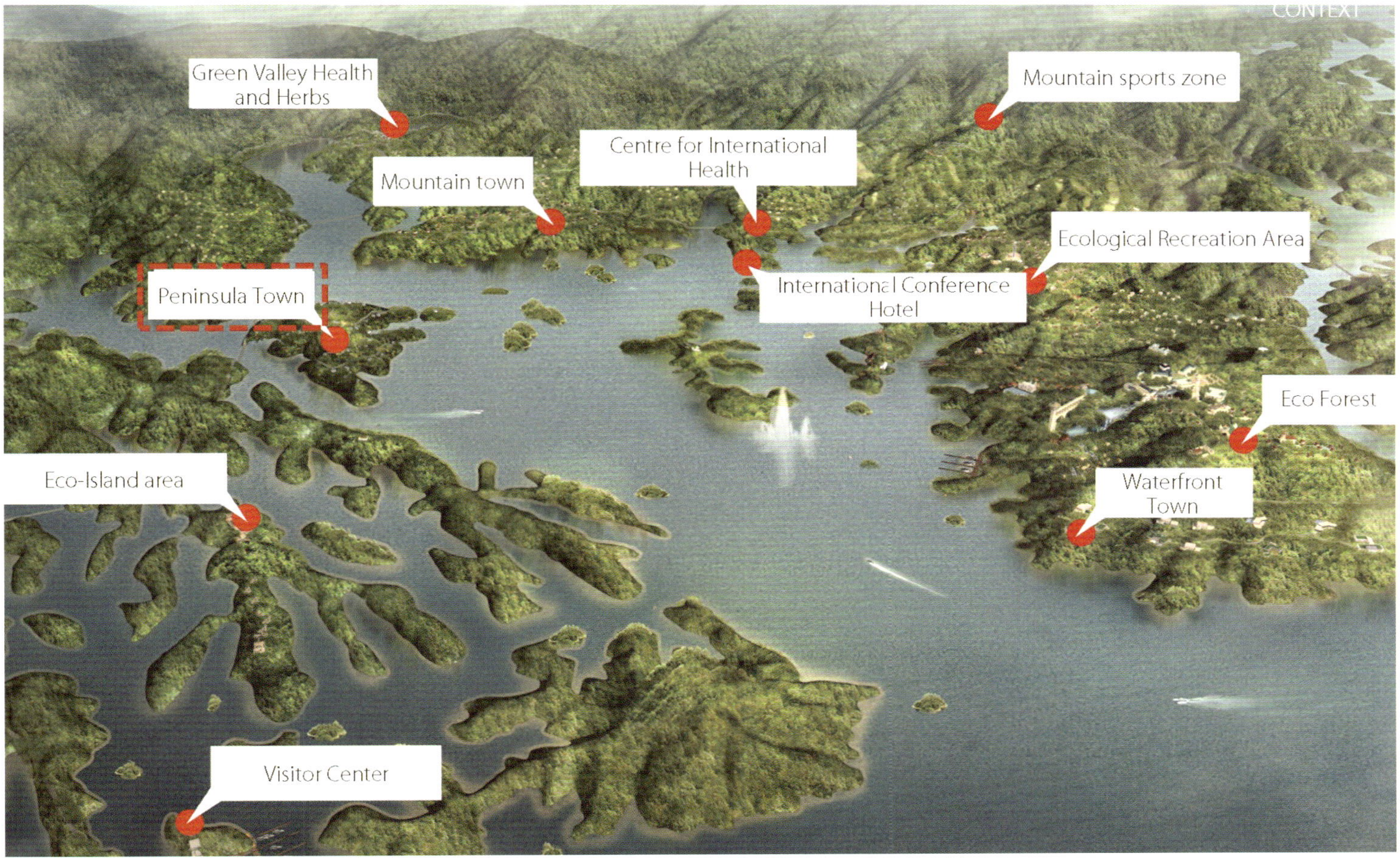

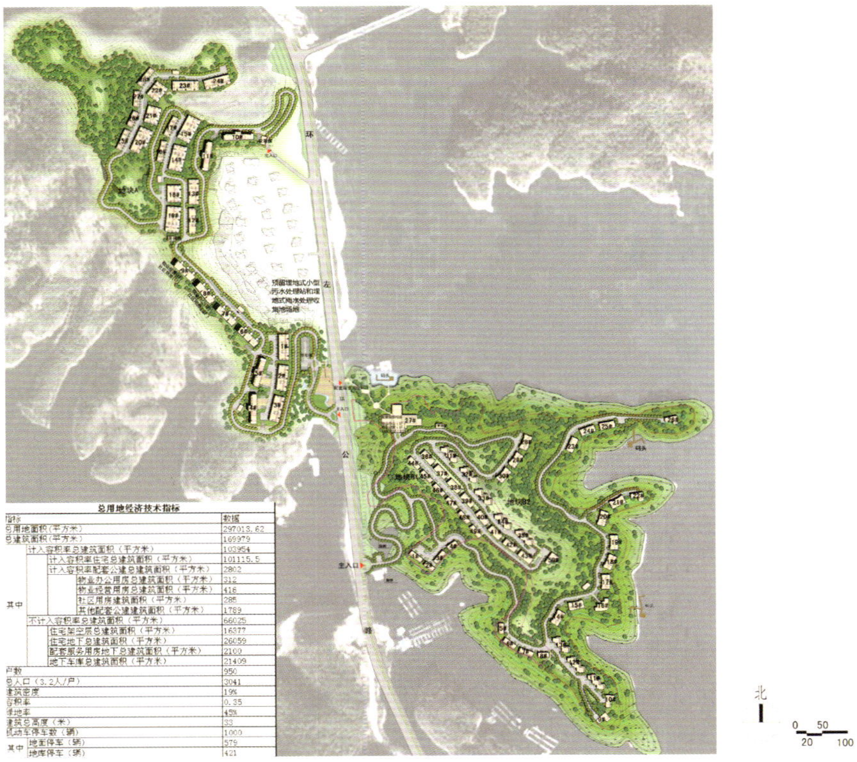

| 总用地经济技术指标 | | | | |
|---|---|---|---|---|
| 指标 | | | | 数据 |
| 总用地面积（平方米） | | | | 297013.62 |
| 总建筑面积（平方米） | | | | 169979 |
| 其中 | 计入容积率总建筑面积（平方米） | | | 103954 |
| | | 计入容积率住宅总建筑面积（平方米） | | 101115.5 |
| | | 计入容积率配套公建总建筑面积（平方米） | | 2802 |
| | | | 物业办公用房总建筑面积（平方米） | 312 |
| | | | 物业经营用房总建筑面积（平方米） | 416 |
| | | | 社区用房建筑面积（平方米） | 285 |
| | | | 其他配套公建建筑面积（平方米） | 1789 |
| | 不计入容积率总建筑面积（平方米） | | | 66025 |
| | | 住宅架空层总建筑面积（平方米） | | 16377 |
| | | 住宅地下总建筑面积（平方米） | | 26059 |
| | | 配套服务用房地下总建筑面积（平方米） | | 2100 |
| | | 地下车库总建筑面积（平方米） | | 21409 |
| 户数 | | | | 950 |
| 总人口（3.2人/户） | | | | 3041 |
| 建筑密度 | | | | 19% |
| 容积率 | | | | 0.35 |
| 绿地率 | | | | 45% |
| 建筑总高度（米） | | | | 33 |
| 机动车停车数（辆） | | | | 1000 |
| 其中 | 地面停车（辆） | | | 579 |
| | 地库停车（辆） | | | 421 |



## 项目概况

千岛湖半岛小镇位于华联·进贤湾国际旅游度假区西北区域。华联·进贤湾国际旅游度假区位于杭州市淳安县千岛湖大桥北侧，通过跨湖的千岛湖大桥与千岛湖镇紧密相连，东至杭州，南至金华，西至黄山。千岛湖半岛小镇被着力打造成一个高端水岸住宅小镇。

## 建筑设计

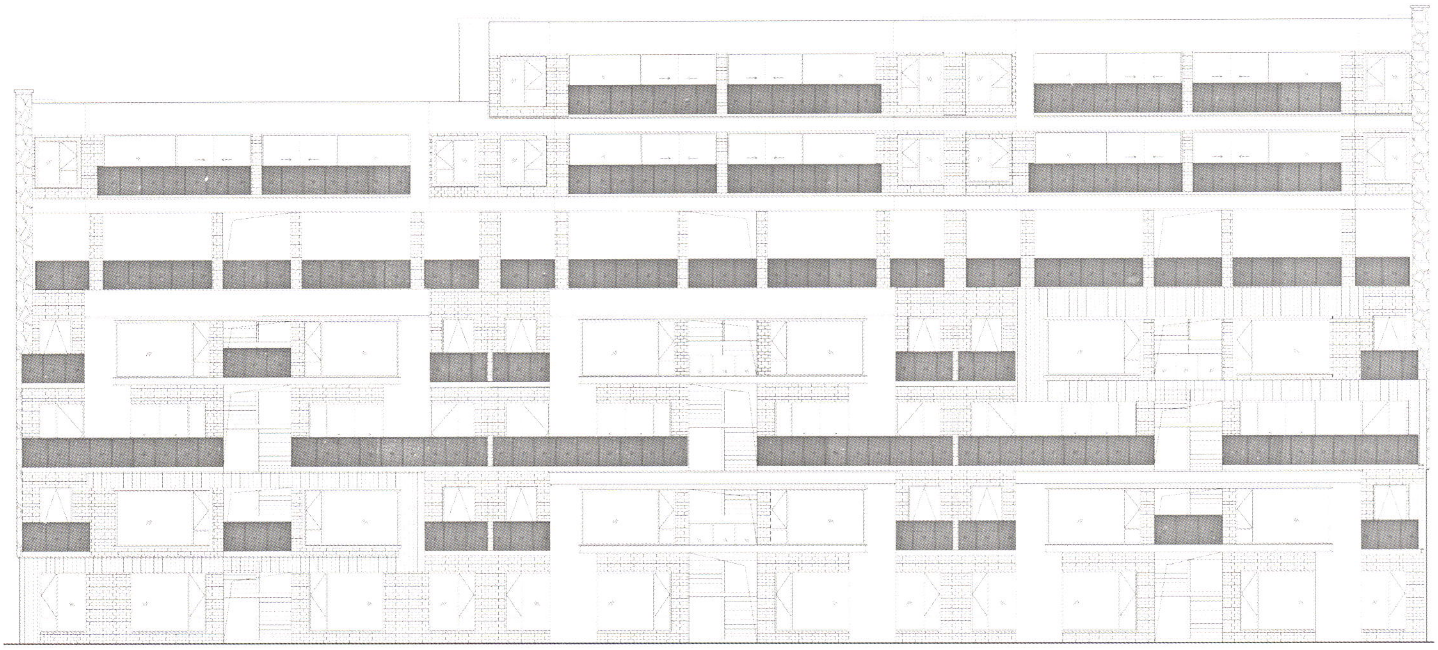

低层立面图

**多层产品：**借鉴抽屉可自由滑动的原理，提出抽屉建筑的理念，建筑体量可根据山体方向自由错动。立面设计打破原有规律均值的体块，在上部形成如多个石头垒成的多变体量，并在端部体量采取折板的变化处理方式。整体的立面风格简洁干净，与周边环境相映成趣。

**高层产品：**立面设计将完整的体量分解成错落的线条，避免大体量的出现。玻璃利用丝网印刷呈现出不同的纹理，增加自身的装饰性，再结合木格栅、灰砖、浅色石材等贴近自然的建筑材料，风格大气纯净，与周围山水融为一体。

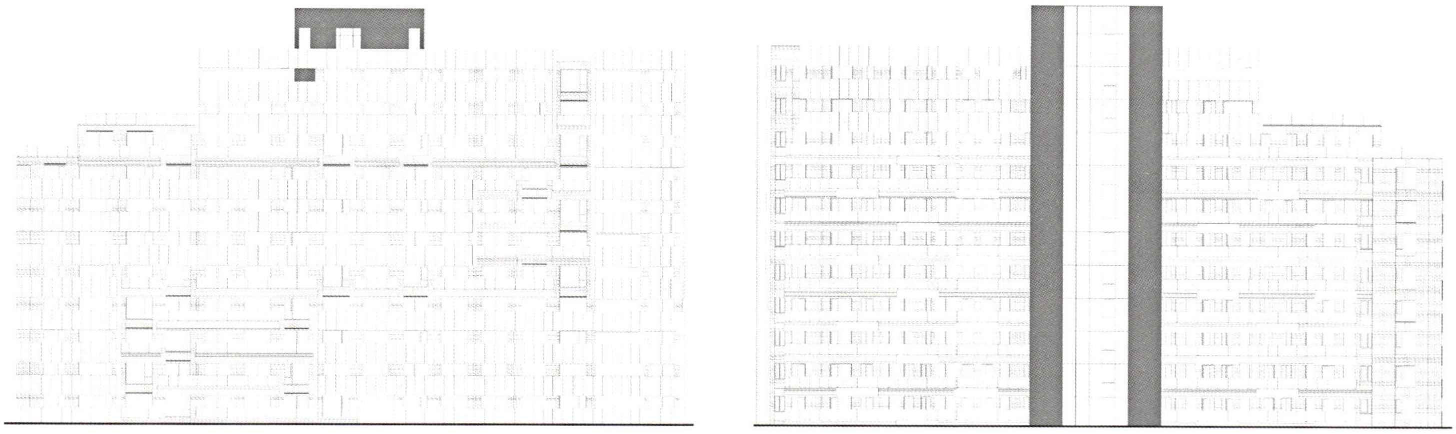

高层立面图

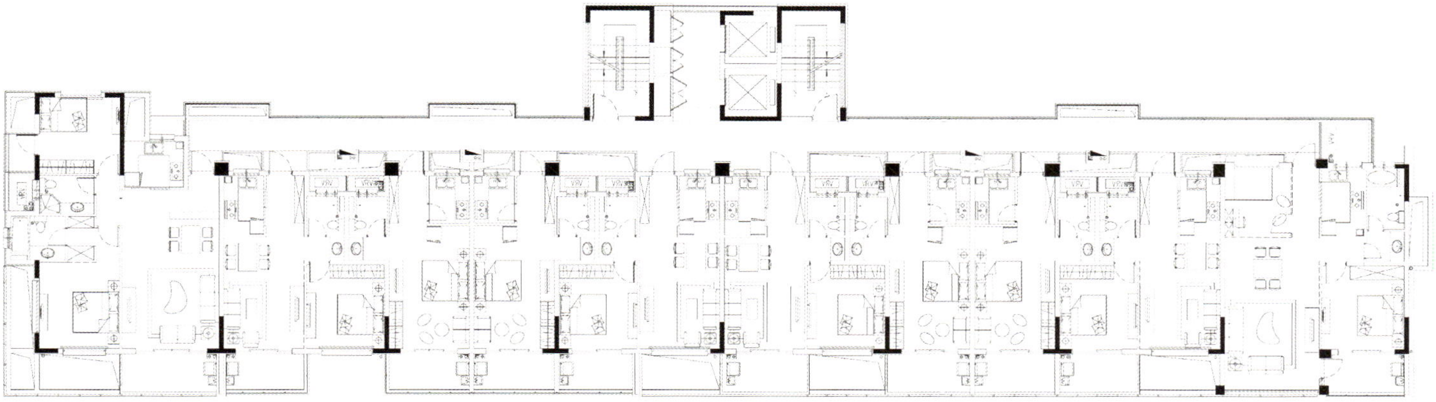

高层典型层平面图

## 景观设计

## 产品设计

**多层产品：**面积为 90-180 平方米，包括复式和平层多个产品格局。产品根据户型结构合理设置天井，保证起居与厨卫空间的采光通风。内庭为业主提供富有趣味的私享空间。

**高层产品：**面积为 50-140 平方米，以小面积户型为主。户型格局舒适，动静分离，根据景观面设置阳台或露台，打造悠然的山居度假生活。

多层叠拼样板房效果图

多层叠拼样板房效果图

高层公寓样板房效果图

高层公寓样板房效果图

# 皇都卫城与现代商业的碰撞与融合

## 天津北塘古镇设计方案

开发商：松江新城建设发展有限公司 / 项目地址：上海市松江区松江新城
规划&建筑设计：汉米敦(上海)工程咨询股份有限公司 / 占地面积：558 000平方米 / 建筑面积：168 000平方米 / 容积率：0.3

北塘古镇是全景古镇，有600年的历史，明清建筑，中国唯一皇都卫城，已经成为天津滨海新区的城市名片。
其独特的人文景观，如城门、城墙、护城河以及复古的中式建筑形式，具有厚重的历史感和尊贵的仪式感。
北塘古镇是滨海新区内唯一保留原始城镇肌理的古城镇，旅游、文化、商业和历史遗存相互交融，古老的文化积淀与现代旅游休闲在此完美契合。

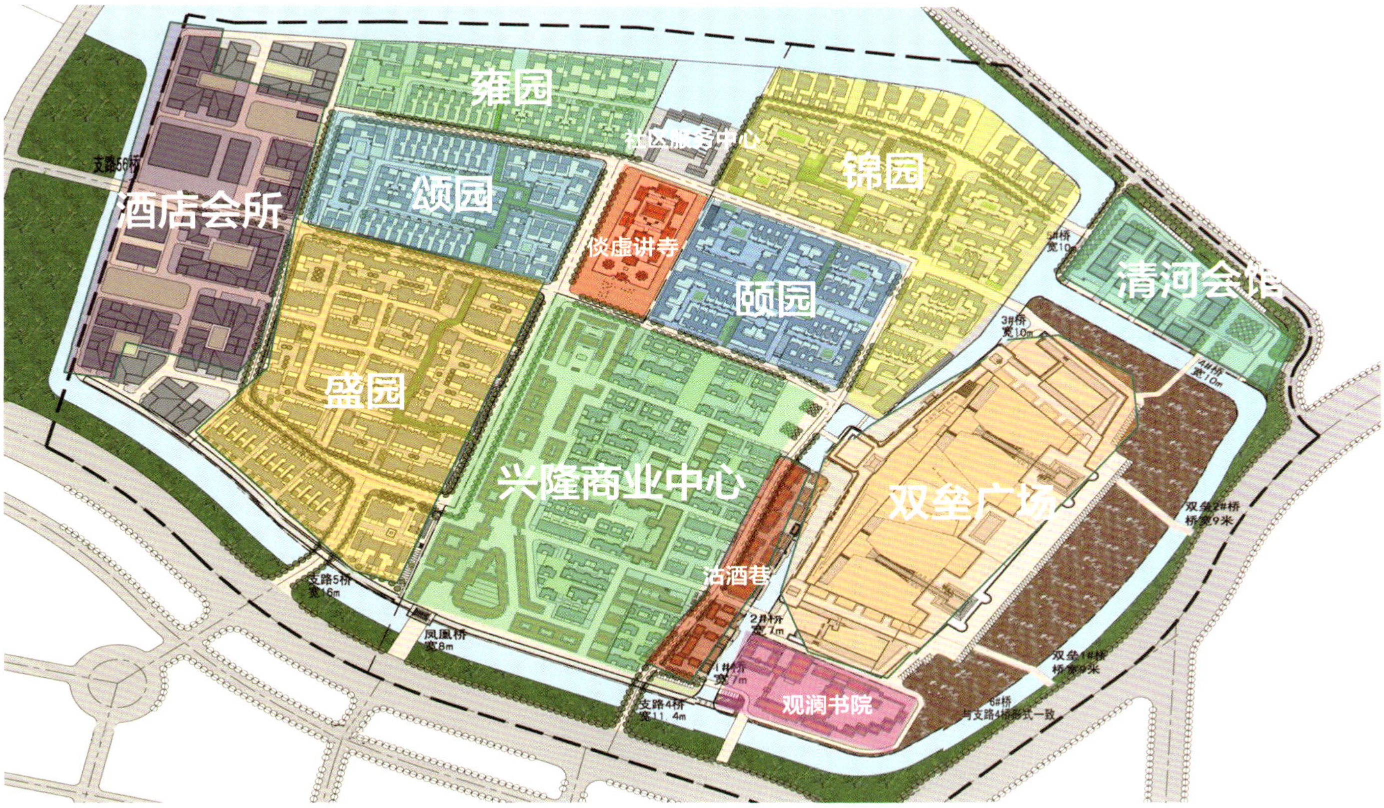


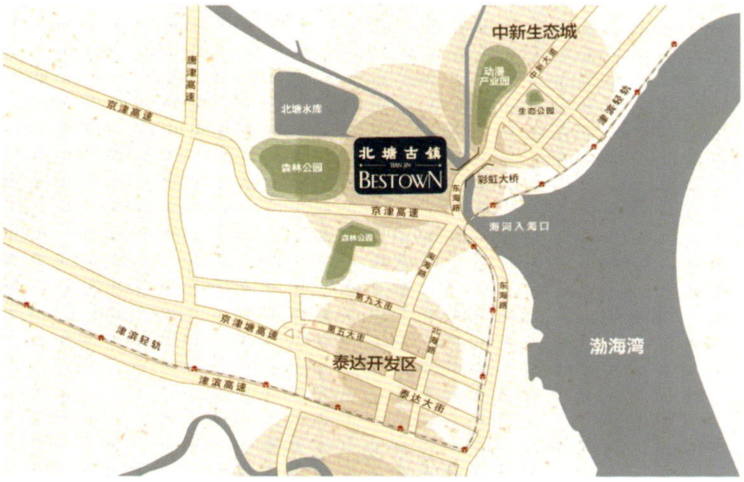


## 区位分析

北塘古镇在历史上曾是北方的兴盛渔镇和著名商埠，也是天津历史上唯一的皇都卫城，坐落于天津东面的滨海新区内，位于家堡中央商务区、泰达现代服务产业区和中新生态城核心处，东邻永定新河入海口，南邻北塘大街，与周围的休闲旅游区、企业总部区、生态住宅区、国际会议区和综合配套区共同构成滨海旅游商务中心。古镇南面是北塘大街，由此向西驾车 6 分钟即可到达京津高速北塘收费站，1 个小时即可到达北京。

## 规划设计

北塘古镇由海泰与北京凤凰城集团共同开发建设，是滨海新区城市发展与城市文化战略的核心项目，旨在形成新的观光旅游带，与天津既有旅游资源形成优势互补，丰富天津旅游资源，增加天津旅游对周边地区的吸引力。

北塘古镇在规划过程中注重科学地布局，将旅游、商业和居住等多种功能融为一体，力图重现古镇原貌，同时赋予其时代含义，体现出古典和现代双重美。

古镇内有中国古代北方都城的主要建筑形态，包括箭楼、城门、城墙、护城河、石拱桥、古镇街铺、商业街坊、戏楼、观澜书院、四合院、私人民宅及庙宇式建筑等，堪称鲜活的“中国明清古建博物馆”。

整体规划以“明清北塘盛景”为原型，依据历史资料仿明清时期建筑风格，建设仿古建筑和旅游设施，并结合“窄路密网”的布局形式和“低层高密度”的开发模式，打造近人尺度的开放性商业街区与居住社区。古镇主要分为双垒广场、兴隆商业中心、沽酒巷、观澜书院、清河会馆、中式别墅 6 大区域。

### 双垒广场

双垒广场是建在古炮台原址上的商业集群，面积达 54 000 平方米。因战略地位重要，明嘉靖年间，北塘开始修筑炮台，并有重兵进驻把守，两座炮台东西对峙，史称“北塘双垒”。项目对北塘东大营双垒炮台遗址进行保护性开发，同时内设有大型汇演、露天影院、青年营等旅游设施，为国内外游客提供一个特色休闲、娱乐和体验场所，延续北塘悠久历史与文化传统的同时为小镇注入新的活力。

现在炮台上的两门大炮是按照原型 1.8：1 比例仿制，结合现代声、光、电技术，游客可体验填炮和点火，感受炮声与炮火。炮台西部设有两个连接炮台和地面的坡道，曾是运送炮弹的马车车道，现在则成为游览通道。

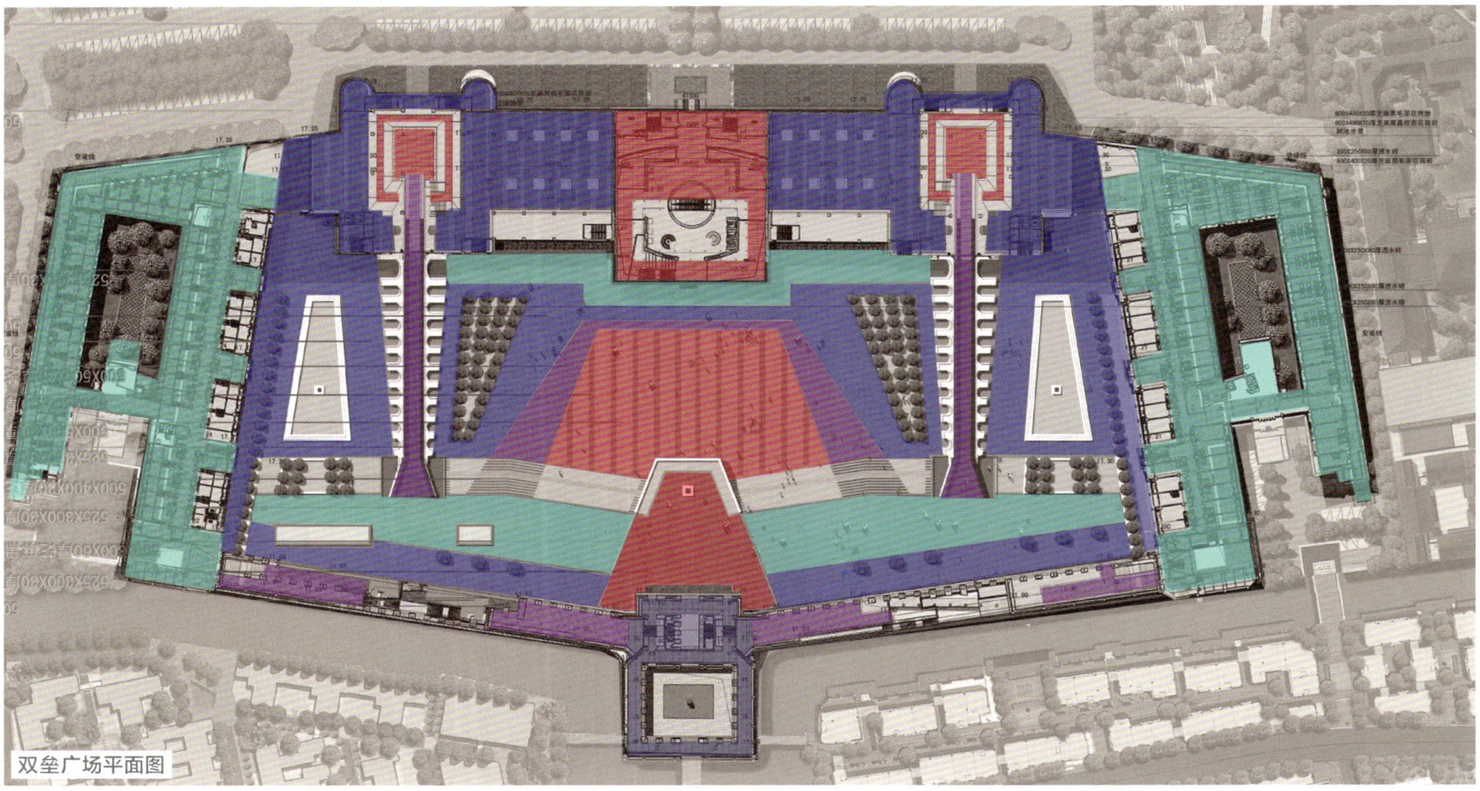

双垒广场平面图

## 建筑设计

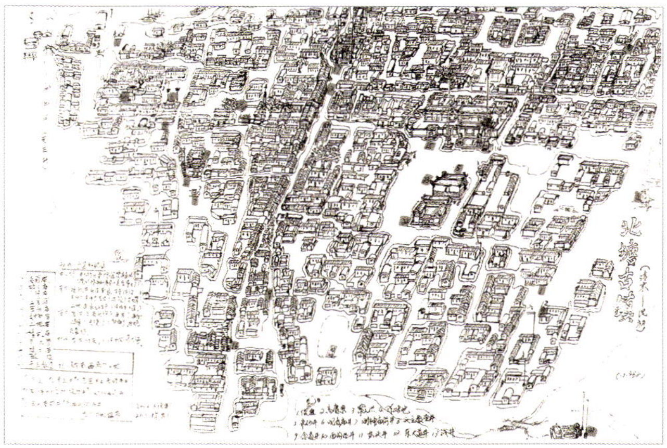

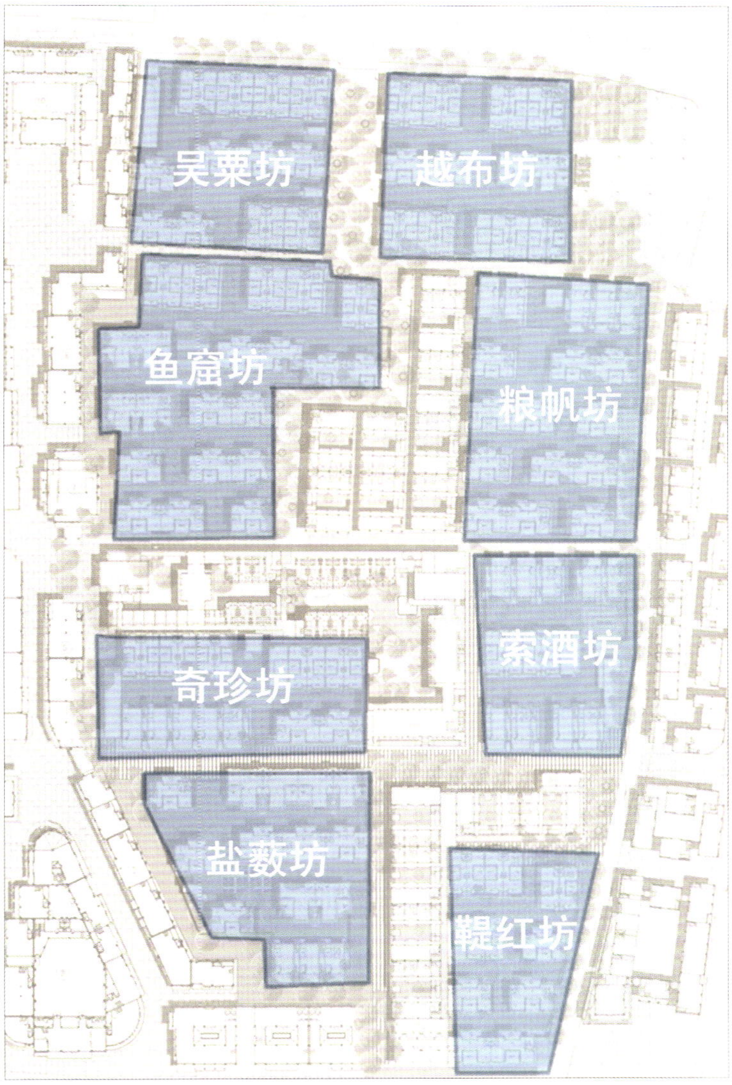


### 兴隆商业中心

商业中心以融合古今的古镇商业街区作为设计主题，以八坊九井八庙为核心区，在设计上对中国元素进行简化与重塑，结合现代中式的简约风格，建造具有浓郁古韵又不失现代美学的城市公共空间。

商业中心重点以仿古商业街、传统风情酒店和城墙等仿古建筑项目为主，并通过博物馆、老字号、客栈、茶馆等形式，重现民间绝活、传统美食、民俗表演等历史风貌，重点展示中国北方传统文化、天津地域特色和北塘地区民俗风情。

21 000 平方米的情景商业街按中国历史博物馆所存古镇布局恢复重建，东情西韵，在中式建筑群中打造现代精品商业街。街道两旁店铺林立，商品类型从时尚品牌至民俗工艺不拘一格。28 000 平方米的精品酒店群掩映在古建筑之中，提供特色度假体验。

### 铺装分析

铺装整体为与建筑基调相统一，采用灰色花岗岩与青砖材质，以不同面层和铺法营造不同肌理效果。

# 建筑设计

## 观澜书院

据历史记载，北塘素来注重教育，私塾学馆遍布，观澜书院正选址于古人上学和考科举的“书乡文社”的旧址。该旧址在清朝先后被一家当铺和一座天主教堂所取代，记录着古镇的历史发展历程。因此，3 900 平方米的书院采用了中西合璧的建筑风格，融合西洋建筑的特色和当年古镇的建筑元素，其中，西洋楼最典型的代表就是镶嵌在墙壁上的爱奥尼式柱装饰和罗马式圆拱窗，体现了对历史的尊重和对多元文化的包容。这是北塘古镇的地标性建筑，也是最能突显古镇文化气息的景观。

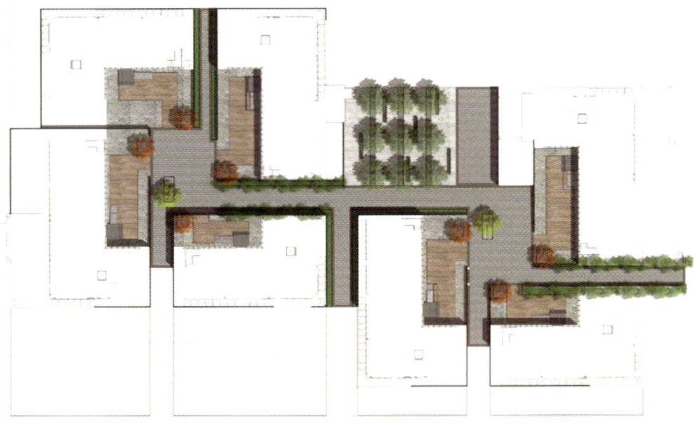
观澜书院首层平面图

## 清河会馆

水岸上的清河会馆为 7 300 平方米的海鲜坊，汇聚滨海高档海鲜餐饮，一改北塘没有高端餐饮的现状。其建筑采用简洁现代的立面设计，错落布置的方形体块以灰色作为基调，利用现代时尚的材料进行各种镂空设计，丰富空间的层次，塑造独具品位的餐饮环境。

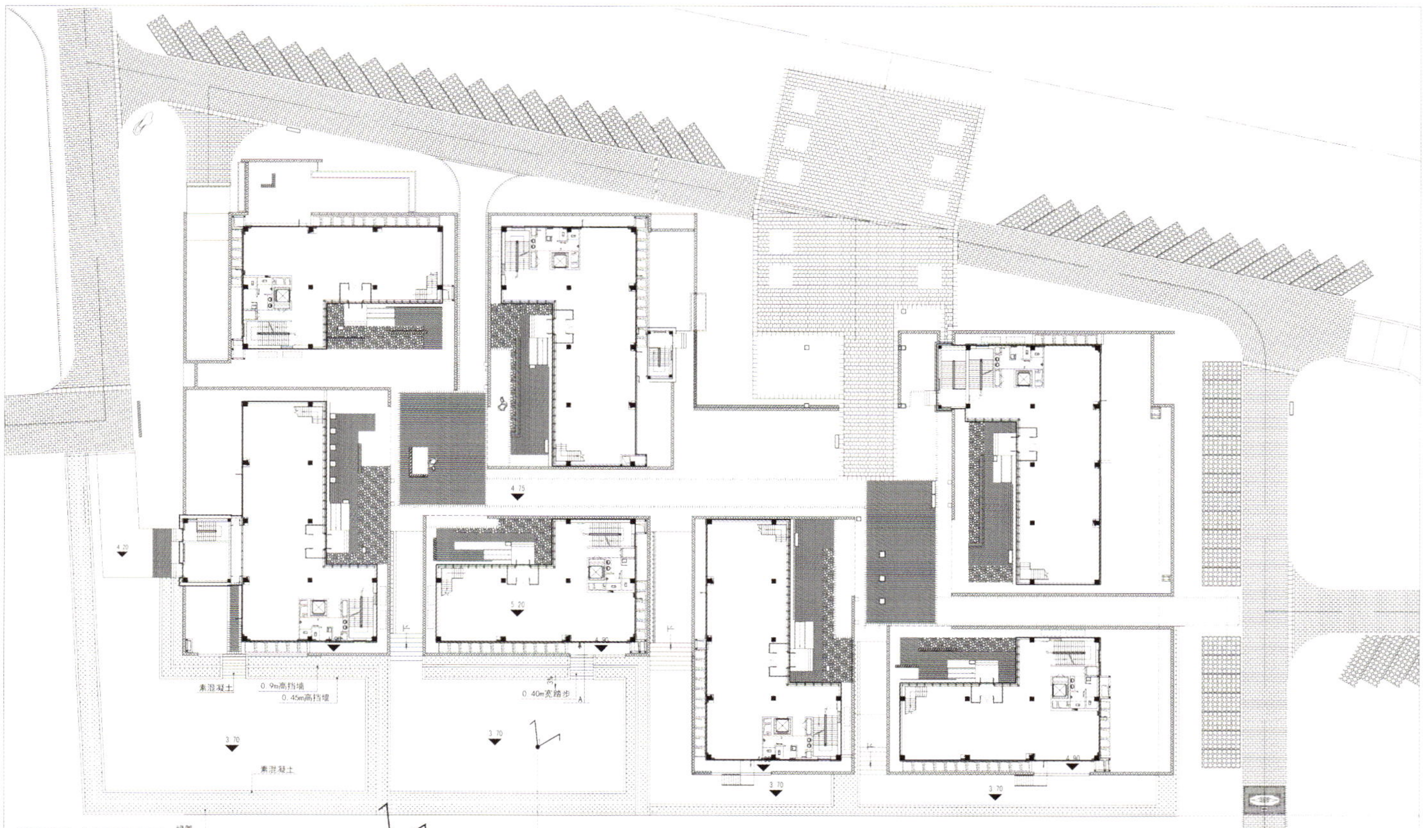
清河会馆平面图

## 中式别墅

北塘古镇的中式别墅以复兴传统中式邻里关系为出发点，整体采取半封闭的院落规划，通过建筑的合围形成各级院落的层次，既维护了私密的生活，又提供了邻里交流和沟通的平台。

**盛园：**34 000 平方米的中式联排别墅群落，院门采用中式门头设计，结合实木大门、铜狮门环、台阶和石狮石鼓，渲染高贵大气的氛围；外檐采用青砖灰瓦，搭配木色门窗，自然古朴；院墙前后围合成私密的花园，户内设计有下沉式庭院，步移景异，曲径通幽，表达出中国传统民居“三进院”的精髓。

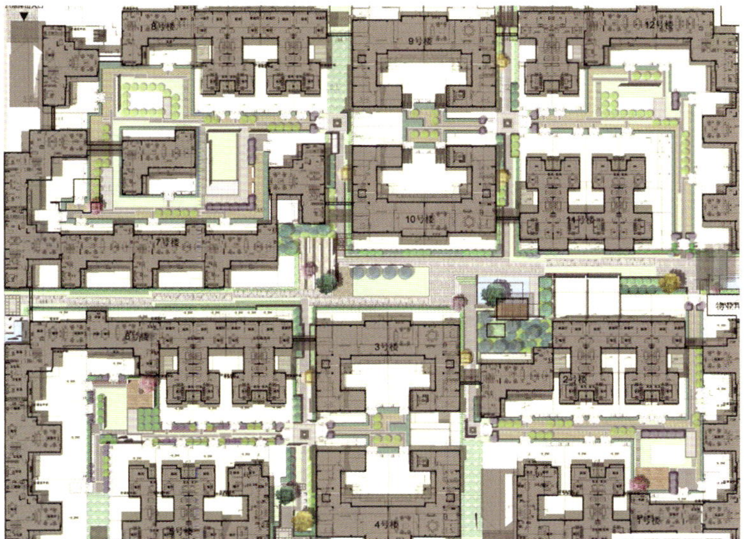

颐园平面图

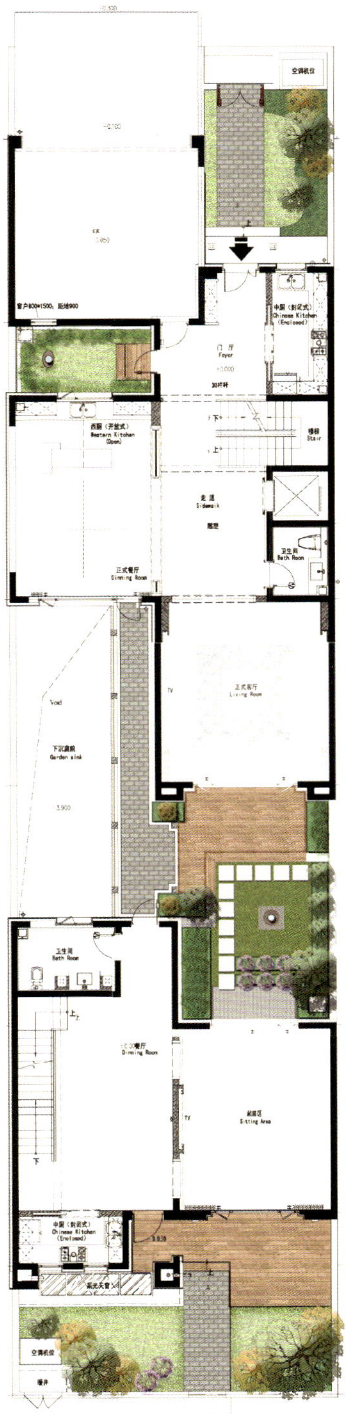

盛园西 G 户型庭院方案一

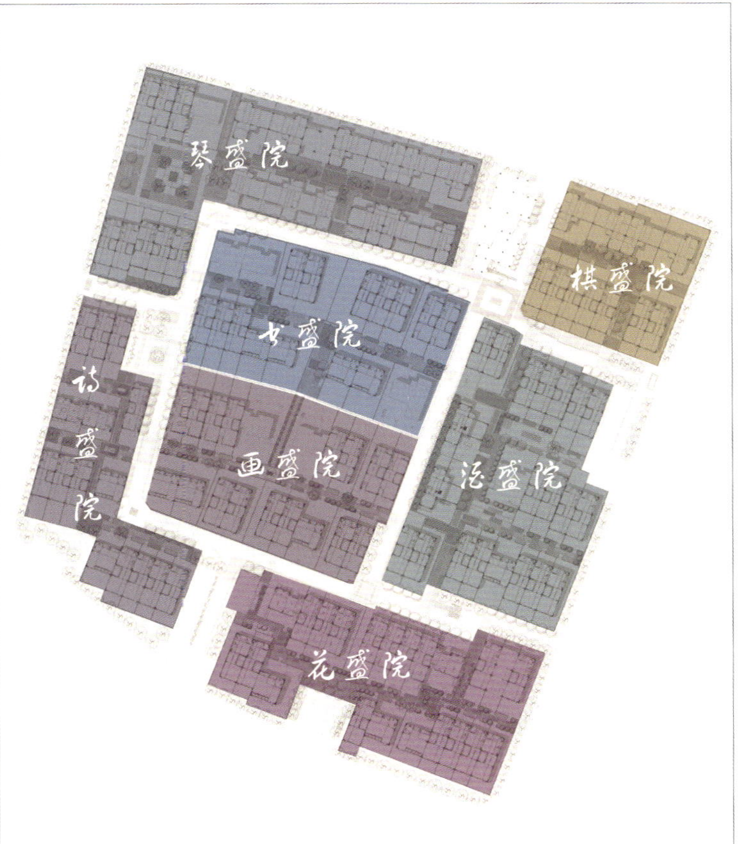


盛园平面图

# 全配套国际化英伦小镇

## 桐乡平安合悦·江南设计方案

投资商：平安不动产 / 项目地址：桐乡市高桥新区
规划设计：上海骏地建筑设计咨询有限公司 / 建筑设计：上海骏地建筑设计咨询有限公司（学校建筑）
占地面积：约760 000平方米 / 建筑面积：约870 000平方米 / 平均容积率：约1.6

合悦·江南是平安不动产旗下合悦品牌在中国的首个大型养生度假国际综合住区项目，以“合美生活，悦享品质”为核心理念，集教育、商业、医疗、度假、颐养于一体，成为多元化、品质化、全龄化的全配套国际家庭生活社区。合悦·江南在设计上采用现代英式建筑风格，匠心打造一座尊贵优雅的英伦小镇。

### 项目概况

合悦·江南位于桐乡市高桥新区，位于杭嘉湖平原腹地，居上海、杭州、苏州、宁波等长三角城市群中心，沪杭高速铁路、沪杭高速公路、申嘉湖高速公路、320 国道、京杭大运河等水陆交通要道穿境而过。项目紧邻桐乡高铁站，40 分钟抵达上海，20 分钟到杭州，10 分钟到嘉兴。

## 区位分析

合悦 · 江南位于桐乡市高桥新区，位于杭嘉湖平原腹地，居上海、杭州、苏州、宁波等长三角城市群中心，沪杭高速铁路、沪杭高速公路、申嘉湖高速公路、320 国道、京杭大运河等水陆交通要道穿境而过。项目紧邻桐乡高铁站，40 分钟抵达上海，20 分钟到杭州，10 分钟到嘉兴。

## 规划布局

百翠农庄平面图

### 合悦·百翠农庄

合悦·百翠农庄位于整体地块的东部，总面积大约50万平方米、建筑总用地面积约2.68万平方米，场地现状为典型的农田村落和溪流，视线开阔，环境优美。

农庄致力于建立不同于传统民宿的模式，以家庭为单位，兼顾家庭全年龄段，创造出一种全新的田园养生休闲体验。农庄主要功能区块有村口配套、住宿区、SPA、儿童活动中心、老年活动中心、牧场、运动场、果蔬吧、茶窑、农田租赁区和大棚体验区等。

农庄引入村落的概念，参照中国传统村落的布局和建筑风格，以自然成长的模式来打造。住宿区有多种户型产品，以组团为单位，以配套建筑望亭为中心展开。农庄的室内设计风格为怀旧风格，与建筑的总体风格一致。

一街坊别墅效果图

## 一街坊（A1）

总用地面积约 10.38 万平方米，可建设用地面积为 9.7 万平方米，规划总建筑面积约 13 万平方米，物业类型包括多层电梯洋房、低层住宅、高层住宅以及配套公建等，打造健康养生养老的中高端居住社区。

住宅立面设计采用英式建筑风格，有效地运用清雅的格调、质朴的材质、柔和的色彩、亲切的尺度及丰富的细部，打造典雅的造型风格，并创造富有灵性和诗意的院落空间，形成高贵精致的公馆生活。

一街坊六层洋房效果图

一街坊物业效果图

一街坊鸟瞰图

## 建筑设计

二街坊鸟瞰图

二街坊多层住宅效果图

二街坊低层住宅效果图

### 二街坊（A2）

总用地面积约 7.05 万平方米，总建筑面积约 8.68 万平方米，规划建造 45 栋住宅楼和 1 栋亲水会所。所有建筑采用英式风格立面，通过建筑体量的大小、体型长短变化或互相穿插的组合以及退台等形式，勾勒出丰富的天际线；对阳台、栏杆等部分进行艺术处理，形成具有特殊风貌特色的建筑符号，并重点处理檐口、腰线等细部，丰富整体空间层次。住宅区南侧主要入口与广场形成空间序列，互相联结，形成主入口景观主轴线，成为住宅区公共空间景观亮点。组团庭院绿化和宅前绿地构成由公共向私密过渡的景观系统。

一街坊养老公寓鸟瞰效果图

## 适老化设计

公寓的每个空间都科学地运用适老化设计，细化为安全厨房、卫生间助力装置、紧急呼叫系统等近 50 项设计。地面采用了超防滑材料和无高差设计，以防老人摔倒；可拉伸桌子为老人节约空间；轮椅的半径都经过精确计算，确保老人在各个空间内自由畅行；卫浴和马桶干湿分离，并配备无障碍扶手，扶手采用防滑设计，让老人的手能轻易握住。

金·盘 内·参

# 旅游地产

设计方案

# 湖山生态 合院特色

## 丽水青田千峡湖旅游度假小镇设计方案

开发商：千峡湖旅游开发建设有限公司 / 项目地址：丽水市青田县北山镇
建筑设计：上海骏地建筑设计事务所股份有限公司 / 占地面积：60 800平方米 / 建筑面积：75 094.61平方米 / 容积率：1.23

丽水青田千峡湖旅游度假小镇以千峡湖的优美景色为中心，将区域生态、历史、人文资源融入整体规划中，形成独有的小镇特色。项目混合布置居住、商业、社区配套、度假设施等功能，结合中式合院民居的院落型空间和现代有机的立面造型，构建灵活、丰富、个性的小镇生态圈。

## 项目概况

丽水青田千峡湖旅游度假小镇位于丽水市青田县北山镇，与美丽的千峡湖为伴，距县城 40 千米，距温州、丽水约 2 小时车程，毗邻景宁畲族自治县。

项目由温泉客栈、商业店铺、SPA、精品酒店等业态构成，重点发展酒店和普通住宅的中间产品——客栈，以平衡第二居所的经济性和服务性，同时平缓游客数量的季节性波动；在客栈运营上考虑持有主体以民间中小资本为主，具有经营多样化、回报周期较短、项目贡献长等优势。

## 规划设计

项目的整体规划以千峡湖水景为中心，以滨水商业水岸、休闲活力商街及汤池生活慢街三条主要线性空间串联南、北两个规划的节点广场，功能包含东侧商业休闲水岸、中区客栈群及洗浴中心、西侧主力精品酒店及一个 SPA 会所，配合特色的水景设计，体现人、水、建筑之间的互动及和谐的关系。

三条主要线性商业街呈弧形环抱湖面，各纵向街道呈放射状由湖面向外散开，自然引向三个入口，连接规划道路，方便人们到达，中间设置较有标志性的观景平台。数条尺度较窄的街道和小巷由商业主街衍生而来，沿着院宅建筑的外墙曲折蔓延，又相互汇通，增添小镇市集氛围，而尺度最小的窄巷也作为客栈后勤服务通道。

空间结构分析
PLANNING SPACE FRAME

地下一层平面
BASEMENT FLOOR PLAN

**一层平面**

FIRST FLOOR PLAN

**二层平面**

SCEOND FLOOR PLAN

## 建筑设计

项目在建筑平面布局上模拟中式合院民居，以庭院空间串联其他功能空间，通过不同的组合丰富空间体验。单体建筑由气氛活跃的入口庭院开始，经由回廊过渡到文化庭院，层层递进，由闹入静，自然与人为互相交融，让人既体会传统中式庭院的意蕴，又获得完整的客栈体验。

立面造型以现代建筑风格为主导思想，通过对玻璃、木质条板、石材幕墙的有机组合，创造出现代、简洁的感觉，同时融入中式传统建筑的特征，如石材配青瓦、坡顶飞檐、镂空窗扇。建筑以双坡屋面为主，穿插少量变坡语言，形成整体布局既严谨规律又富有差异的建筑群。

1#楼 1-6立面图

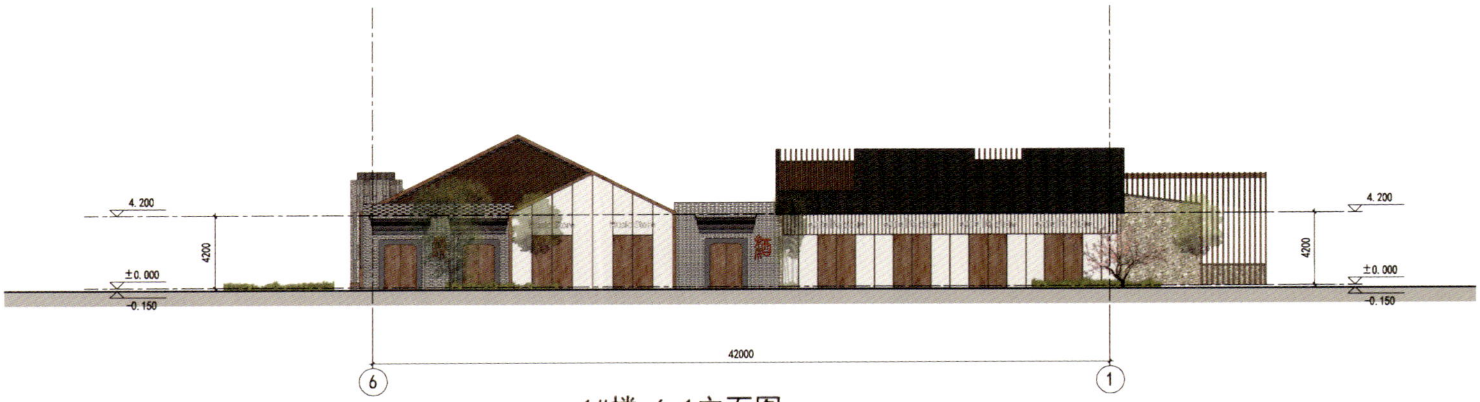


1#楼 6-1立面图

1#楼 A-D立面图

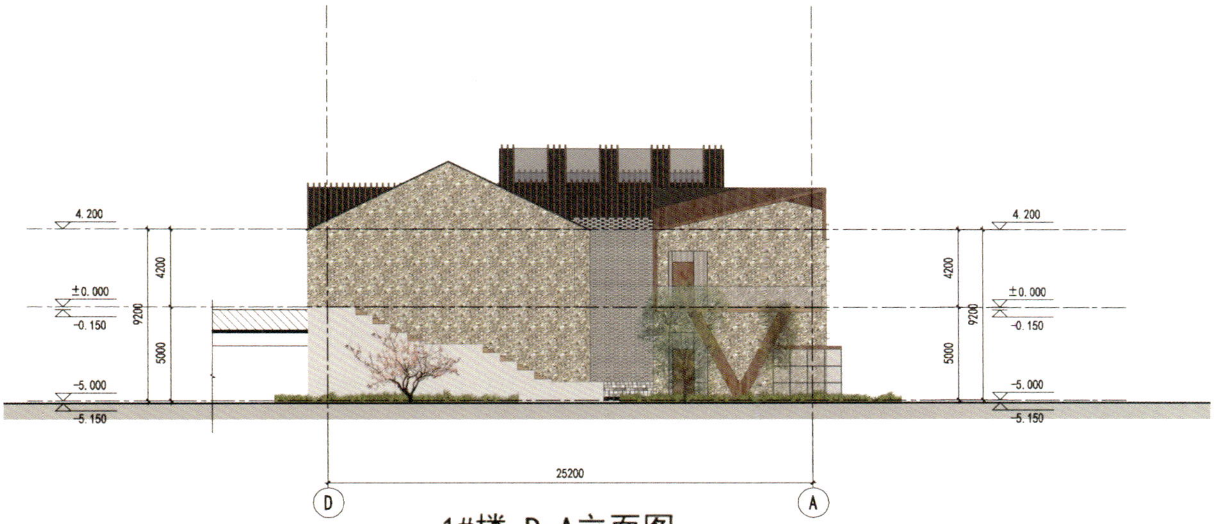


1#楼 D-A立面图

# 椰林浅梦 海岛雅境

## 文昌鲁能山海天·海石滩叁号示范区设计方案

开发商：海南亿隆城建投资有限公司 / 项目地址：文昌市铜鼓岭国际生态旅游区
景观设计：深圳市喜喜仕景观设计有限公司 / 景观面积：140 000 平方米

文昌鲁能山海天·海石滩叁号以自然环境为依托，将文化融入其中，维持自然与居住空间之间的平衡。
设计师借鉴传统的造园手法，结合现代、简洁的艺术语言，
在有限的物境中创造无限的意境，让作品形象中蕴含的情感与哲理回归本源。

# 区位分析

项目基地位于文昌市东南角，棉福村境内。北边是铜鼓岭国际生态旅游区，南边有独特的海岸资源，现规划有美丽乡村等民俗风情体验区将项目与海岸线紧密连接一起，具有极佳的地理位置与极具瞻望的发展前景。

## 规划设计

### 借势打造休闲度假氛围

### 规划内外联动

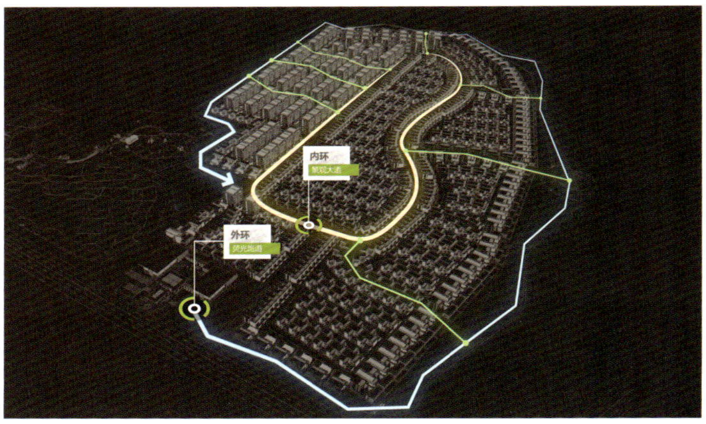


### 价值预留和最大化

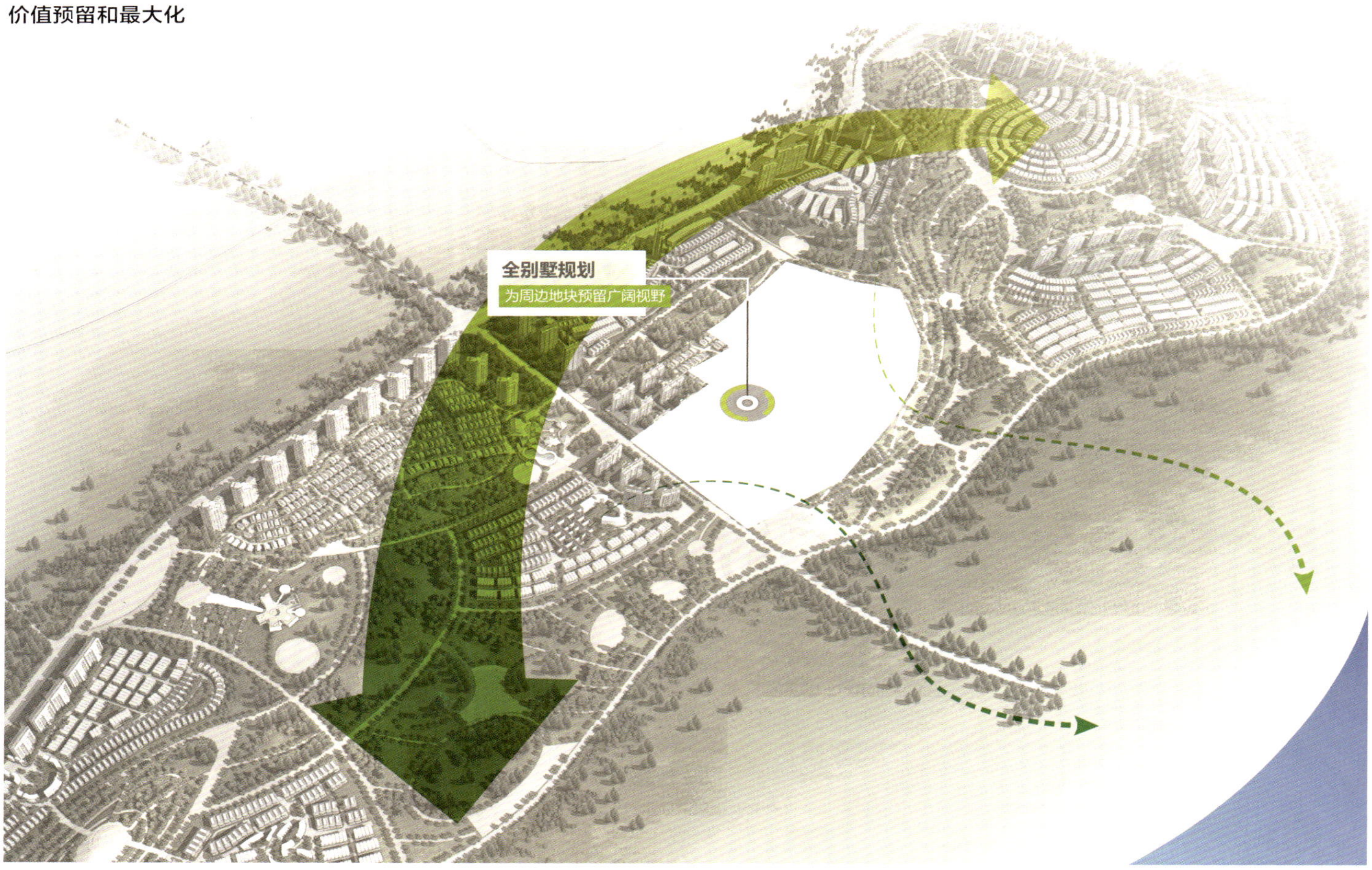


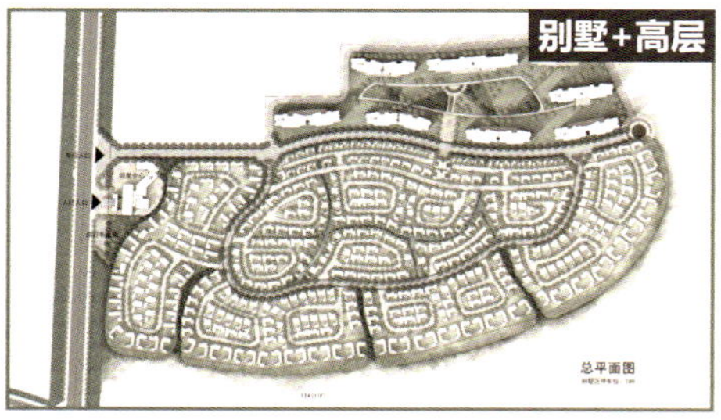


别墅比例 35.7%

均价 ¥12300（别墅 ¥20000，高层 ¥8000）

高层影响北侧地块视线，整体价值较低

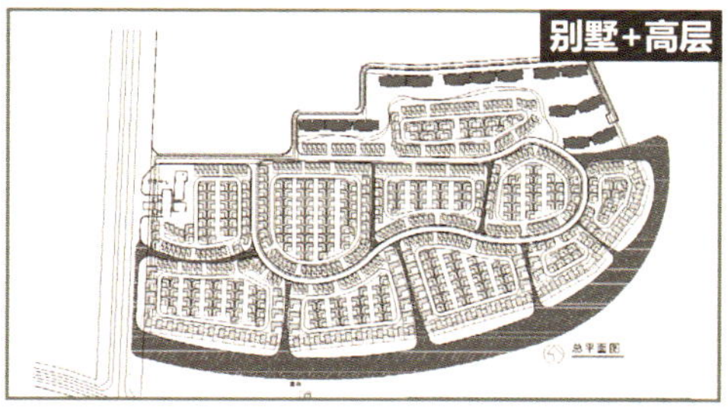


别墅比例 54%

均价 ¥14480（别墅 ¥20000，高层 ¥8000）

通过增加别墅比例提升整体价值

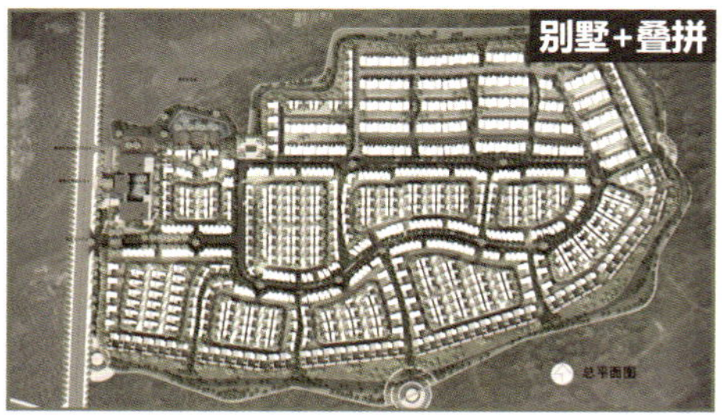


别墅比例 100%

均价 ¥16850（类独栋 ¥20000，叠拼 ¥13000）

价值大，同时空间较为舒展，对北侧地块影响较小

## 建筑设计

项目利用场地内的天然等高线走势，打造中央主景观环线，同时借助最陡峭的地势营造特色的山地别墅产品。

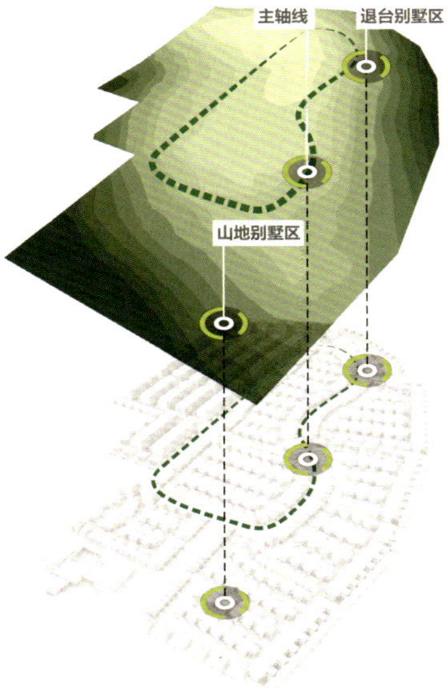


**组团分布**

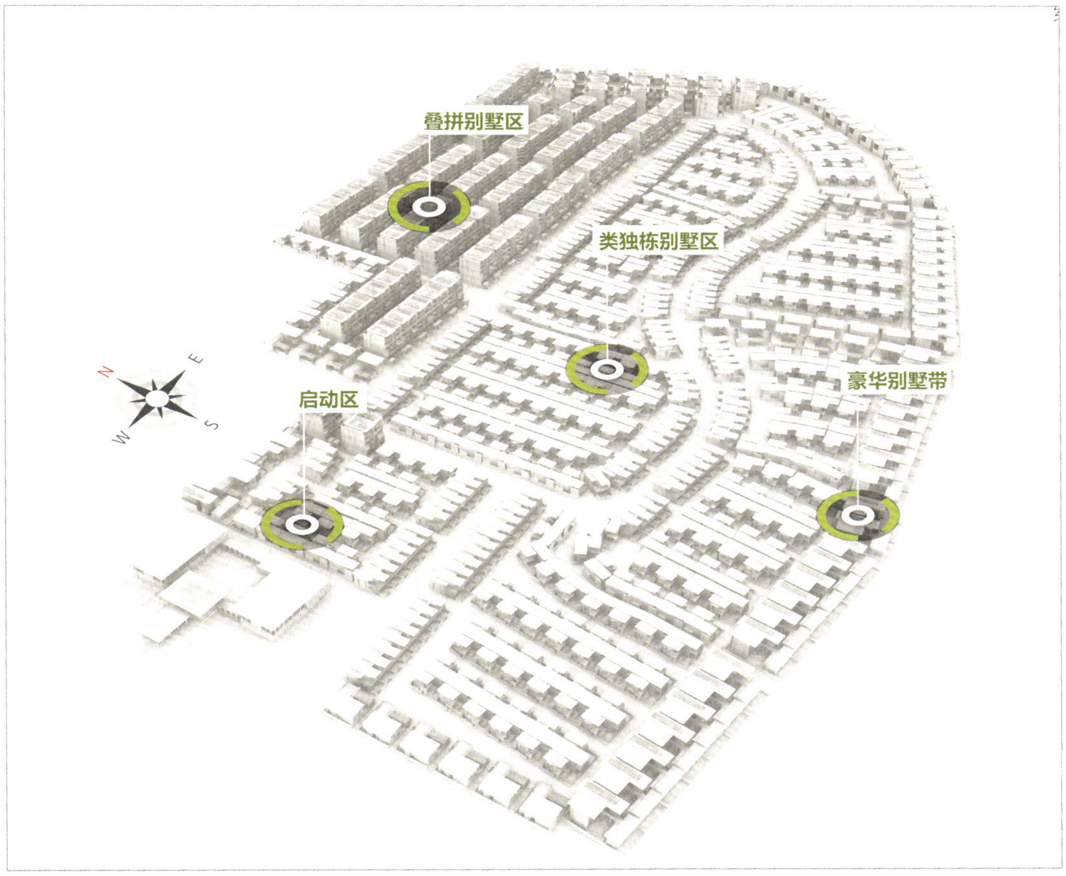


**叠加院落**

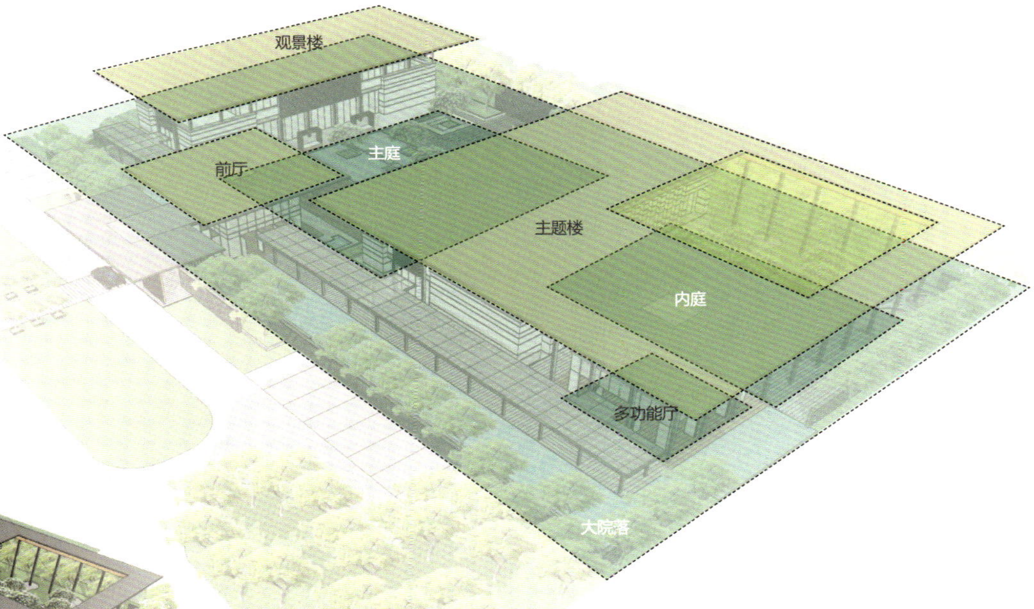

## 景观设计

项目入口以度假的风格和轻奢自然的手法直叙，借用东方园林中“虚”与“实”的理念诠释朦胧、含蓄的东方美学。设计以花为引，与格栅丰富的光影、潺湲的山水相得益彰。

中庭利用设计浓缩了宇宙万象，在中轴设计大尺度的水景，邀月入水，呈现“海上生明月，天涯共此时”的意境。水中月与溯游的鱼群结合，表达了“鱼跃”之意。

示范区南侧是一片原生态椰林，树姿挺秀，树影婆娑，美不胜收，让人不知不觉驻足，感受都市之外的悠然自得。

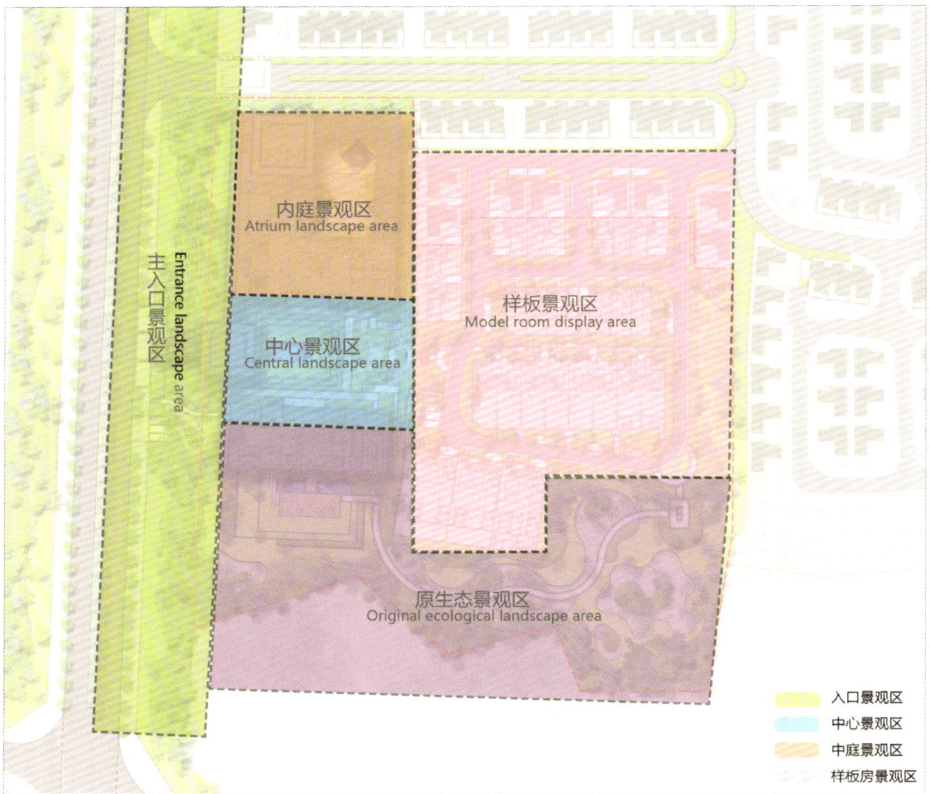

# 户型设计

项目利用场地内的天然等高线走势，打造中央主景观环线，同时借助最陡峭的地势营造特色的山地别墅产品。

**户型分布**

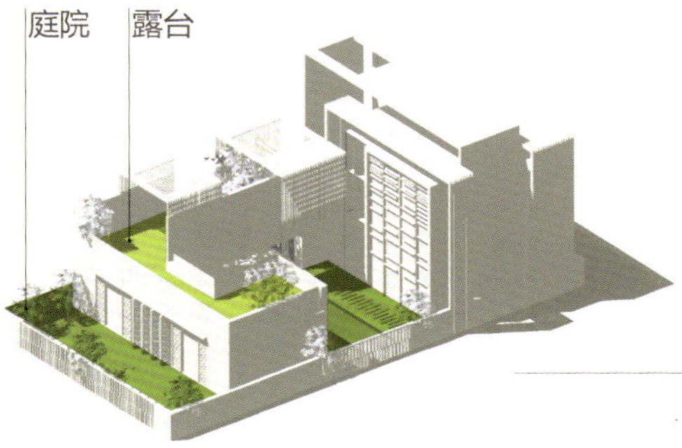


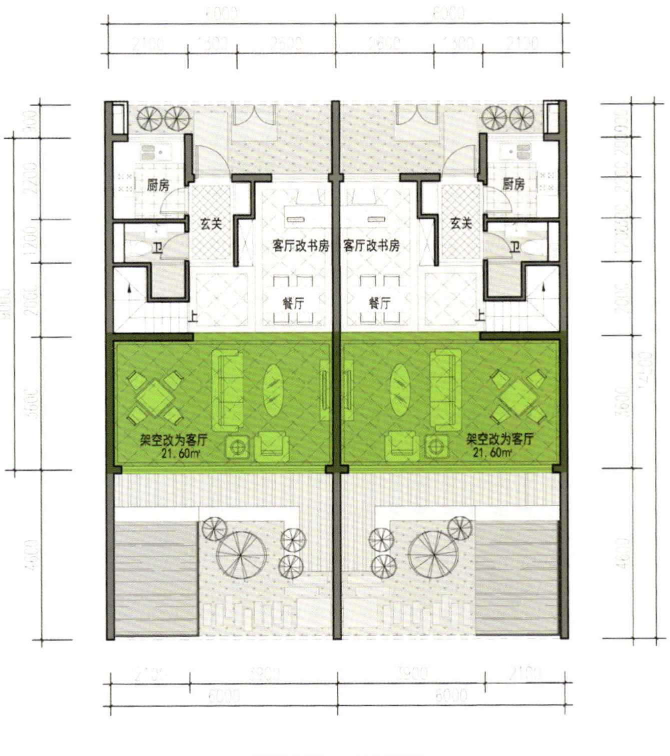


联排别墅一层平面图

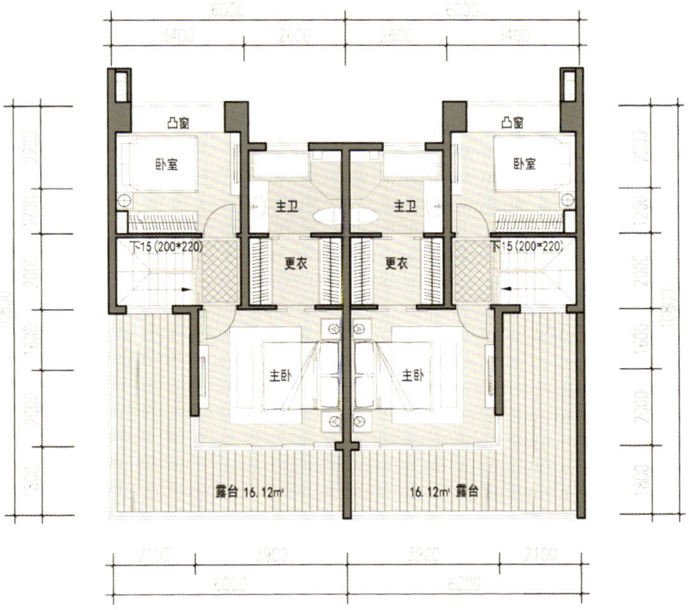


联排别墅二层平面图

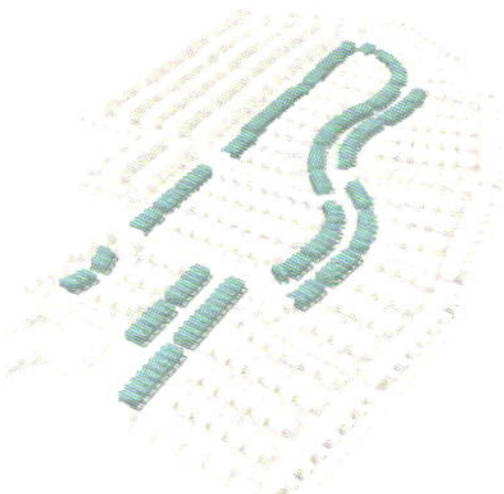

# 属于大理的空间 精神与生活方式

## 大理的小院子设计方案

开发商：云南实力集团 / 项目地址：大理市七里桥感通寺以南
建筑设计：汉米敦(上海)工程咨询股份有限公司 / 用地面积：979 628.28平方米 / 建筑面积：395 800.15平方米 / 容积率：0.4 / 绿地率：35%

大理的小院子背靠苍山，面向洱海，傍倚古城，自然环境极其优越且稀缺。从院落到巷道、街道，再到大理的风、花、雪、月与山川水系，项目汲取了大理环洱海地区聚落的共享与开放精神，构建建筑与周围环境的联系，让建筑有机生长，让人在其中充分地流动、接触和体验。

## 项目概况

大理的小院子位于大理古城与下关新城之间的七里桥感通寺区域，背靠苍山，面向洱海。项目东面紧邻214国道，北侧邻近新感通路，一条茶马古道穿过场地。

大理的小院子也称“沧海一墅”，是由云南实力集团开发的大型高端文旅地产项目。除了不同主题的旅居社区风格，项目还包含星级度假酒店、会所、商业街区等功能。产品主要包括独院、合院、平院、大院等，产品设计汲取了大理民间居住与生活智慧，打造新大理生活方式的场所。

## 设计理念

项目以“向大理传统文化学习，创造在地体验感”为理念，试图在市镇的尺度、大理式生活的维度中锚固核心，营建属于大理的小院与生活方式。设计师充分地考虑“地方”因素，传承大理城镇空间的开放精神，再现大理真实的生活场景。

## 建筑设计

项目依据山体坡地呈阶梯状立体规划，以现代地域风格为主，汲取东方建筑神韵和西方细节工艺，打造风格各异、空间变化丰富的天际线，并结合自然风格的田园、山水、花海等诸多景观，营造出现代、精致、具有艺术气质的高品位国际化度假别墅。

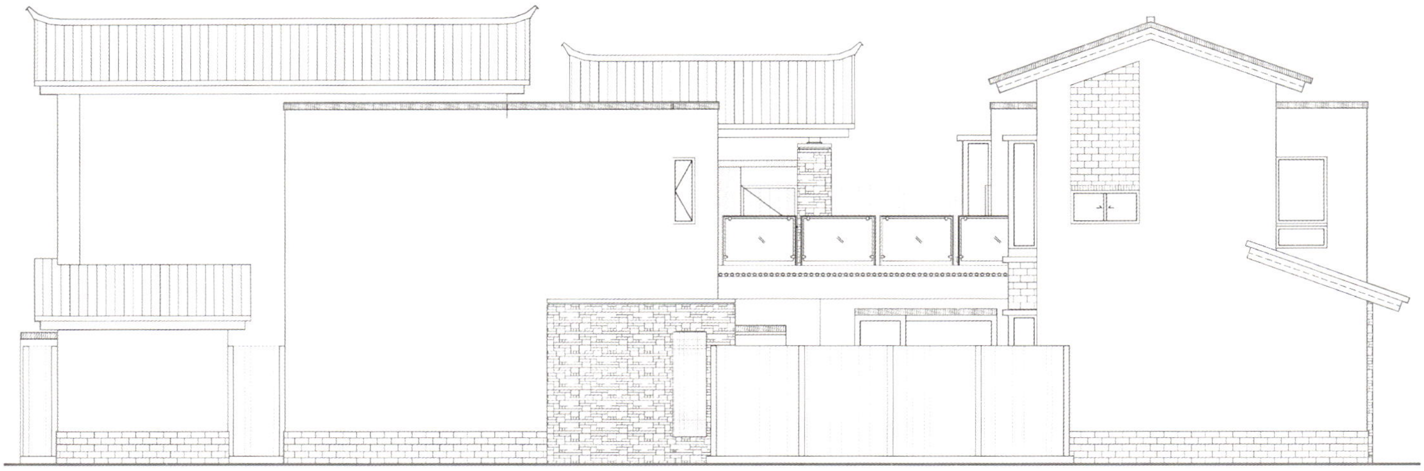

独院别墅东立面图

独院别墅西立面图

## 院落设计

山地院落采月“天平地不平”的做法，通过筑台、悬挑高低变化等手法营造参差错落的层次，与视野之中的苍山、洱海建立起协调的关系。在院内，设计师从大理人所喜爱的廊厦空间中汲取灵感，营造怡人的活动空间——从晒太阳、吹凉风，到聊天、聚餐、竭茶，提供典型的“大理式休憩”场所；同时赋予院落功能上的弹性，为生活机能的转换预留空间。

## 景观设计

### 破，然后立：
### 传承大理城镇空间的开放精神

基地位于大理苍山脚下，洱海之滨，东侧与村落接壤，一条茶马古道穿过场地。214 国道则连接起场地与大理古城、大理市区。规划面积达到 979 628.28 平方米，主要承载居住功能。

项目早前进行过一次规划，局部已进入建设阶段。HMD 设计团队的工作范围包括策划及城市设计、 概念规划、规划及建筑方案设计，以及建筑初步设计。而这些工作的起点，在于突破——更充分地考虑“地方”因素，由此出发去思考、去突破，找到建筑与空间设计自然生长的契机。从精神、文化层面推导其对空间营造的影响，进而再现属于大理的、真实的生活场景。

### 建，并联系：
### 共享与开放

新规划的核心理念，可以归结为——“我，就在大理。”其中要义，是实现空间使用者的预期与地方特质之间的联结。规划首先从城镇的层面上梳理基地周边的资源，复原茶马古道，连接场地与周边相邻聚落，开发希尔顿酒店东侧用地，连接起公园、酒店、田园与洱海。

茶马古道的修复具有文化与功能组织的双重意义，它本身就指向“汇聚”“共享”“开放”之传统，又能够串联新镇与自然村落。规划同时建立漫行步道以连通所有街坊，充分加强公共区域的体验性。最终，整个项目将成为一个环洱海地区的聚落、一个功能齐全的新市镇，大理真实生活的一部分。

## 局，有层次：
## 街 + 巷 + 坊 + 院 + 场的构成方式

从私人空间到公共场所，从小院到山与海，大理环洱海地区的所有的聚落都呈现“街 + 巷 + 坊 + 院 + 场”的构成方式。“大理的小院子”所在项目的规划设计，也延续了这一传统。

街道与巷道串联起整个市镇中心，街巷组成共享的公共空间，街坊、院落形成私密、专属的生活空间，建筑与景观营造讲求自然生长、适度融合。

## 院：
## 有机生长，自然聚落

明代地理学家王士性曾有记载：”河崖之上，山麓之下，一郡居民咸聚焉。”充分与自然融合的人居景象，令他感叹“余游行海内遍矣，唯醉心于是。”

院落，是大理民居的普遍存在方式。因地势而成的院落自然地聚集在平地、在山地，形成不同的格局形态。“大理的小院子”汲取平地与山地的聚落类型，剖析基本的院落构成，尤其是“U 型三坊一照壁”这一最符合大理当地环境的建筑单元，因地形、用地、定位等因素灵活地组成丰富的院落形式。

# 全系旅游度假王国

## 佛山美的·鹭湖森林度假区设计方案

开发商：广东美的置业有限公司 / 项目地址：佛山市高明区杨和镇高明大道对川路段
建筑设计：广东天元建筑设计有限公司 / 占地面积：约4 533 000平方米 / 建筑面积：1 770 000平方米

项目构建“一心、双廊、五片区”的总体发展格局。
一心：指 依托依山傍水的生态环境，形成以鹭湖岛为中心的生态核心。
双廊：为 连通山体，贯通水系的“十字形”生态廊道。
五片区：结合产业发展及自然山水优势，把整个地块划分为五大片区。

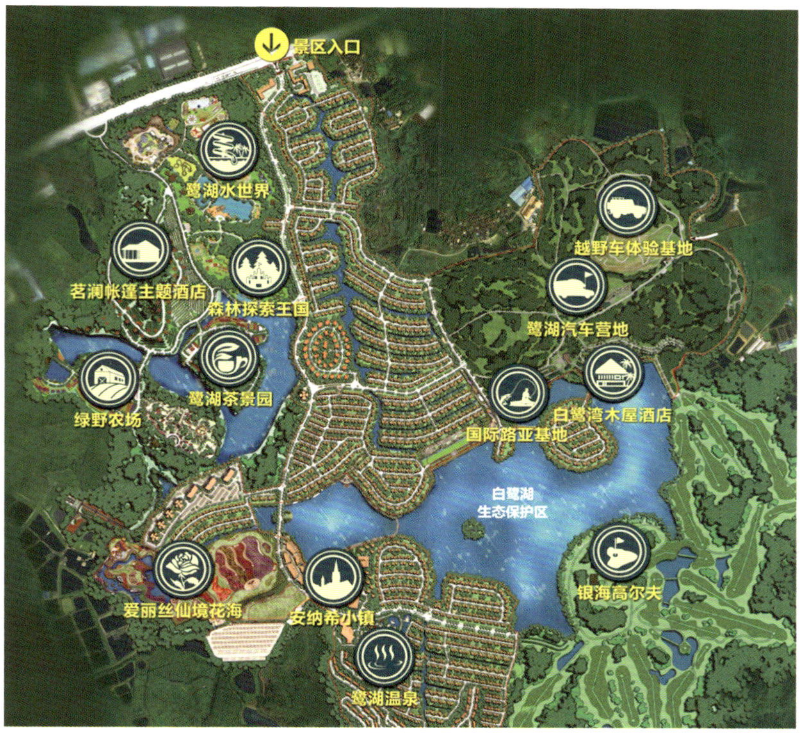


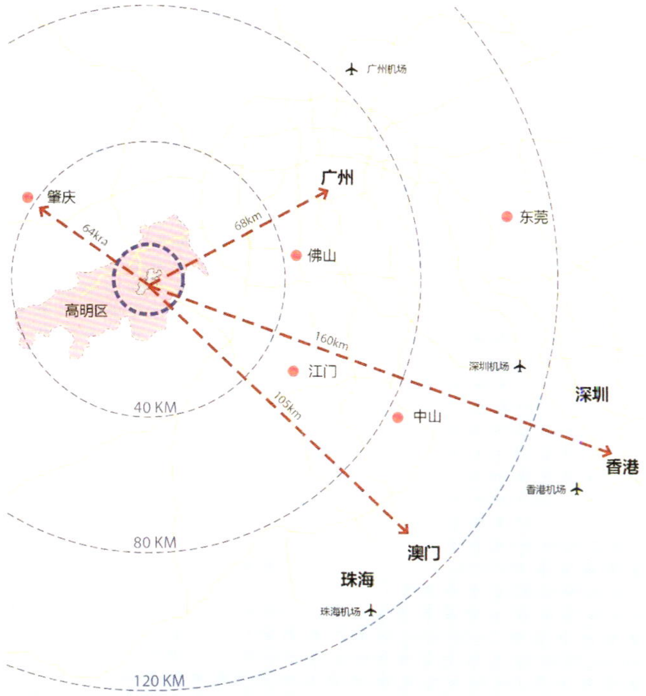

## 区位分析

佛山美的·鹭湖森林度假区地处佛山高明，北接高明大道，东临杨西大道，占据珠三角核心区位以及黄金旅游圈，距离珠三角环线高速 2 千米，距离广明高速、佛开高速等多条高速 8 千米。

## 定位策略

美的·鹭湖森林度假区是由美的地产与皇朝地产联袂、斥 300 亿元巨资按国家 5A 景区标准打造而成的。项目涵盖白鹭湖生态保护区、安纳希小镇、爱丽丝庄园、鹭湖汽车营地、越野车体验基地、拓展训练基地、国际路亚基地、鹭湖半山温泉、鹭湖探索王国、鹭湖茶园项目、白鹭湾木屋酒店、美的·鹭湖岭南花园酒店、国际会议中心、高档低密度住宅小区等，集生态体验、文化旅游、康体运动、风情商业、乐活养生、主题酒店、别墅、洋房、酒店式公寓等多元业态于一体，是粤西地区独具魅力的旅游度假胜地。

## 景观设计

安纳希小镇

鹭湖项目的整体设计采用新亚洲园林风格，住宅区域园林“以浅丘绿林，悠然南洋”为设计主题，提出“回家既是度假”的设计理念，用多变的空间、小品、植物打造具有异域风情的度假景观。同时拥有主题度假景点，围绕中心湖光景色，周边是一片欧陆风情小镇，整体营造浪漫、休闲、舒适的小镇景观。是集旅游、居住为一体的综合景观。

项目主入口区，两侧设置有不同的白鹭主题雕塑点明设计主题，设置溪流景观、湿地景观，并增置雾化系统，给人们营造仙境般的气氛。一期景观重点是以鹭语湖为中心，环湖设有慢跑道，情景雕塑小品、亲水栈道、观景平台、特色廊架等，并设有水上筏舟的活动，湖岸线配置各类水生植物及花坛，整个湖区不仅造景丰富且参与性较强，还是项目园林与功能融为一体不可多得的公共景观之一。

小镇景观以爱丽丝梦游仙境为主题，设有爱丽丝广场、彼得兔子、柴郡猫、罗密欧与朱丽叶情景雕塑、纸牌街道、王后广场，每一个景点都具有浓郁的欧洲文化特色，游览其中，仿佛已置身于欧洲的小镇。

安纳希小镇

爱丽丝庄园

## 户型设计

# 180美墅
## G-02户型

**五房两厅**

**建筑面积：约195m²**

**产品类型：双拼美墅**

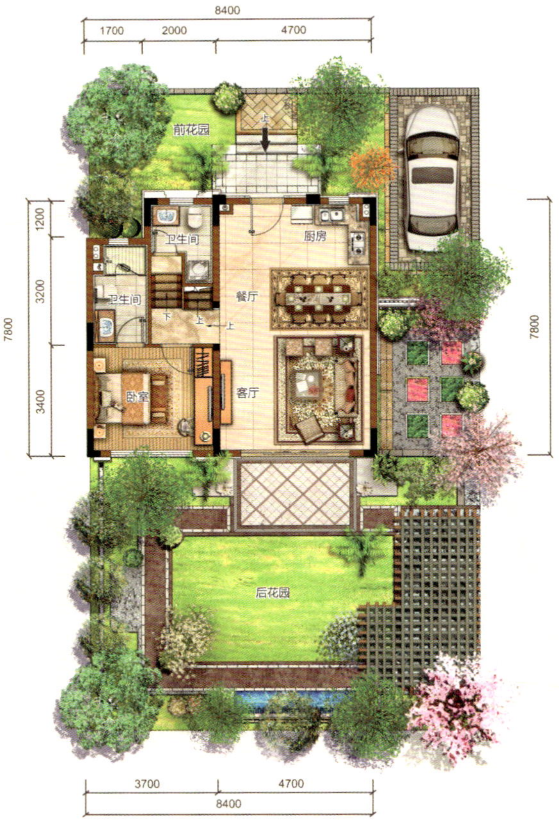


首
ONE
层

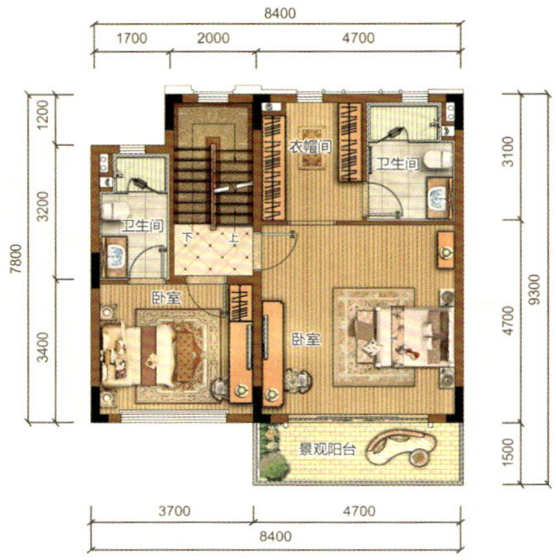


贰
TWO
层

叁
THREE
层

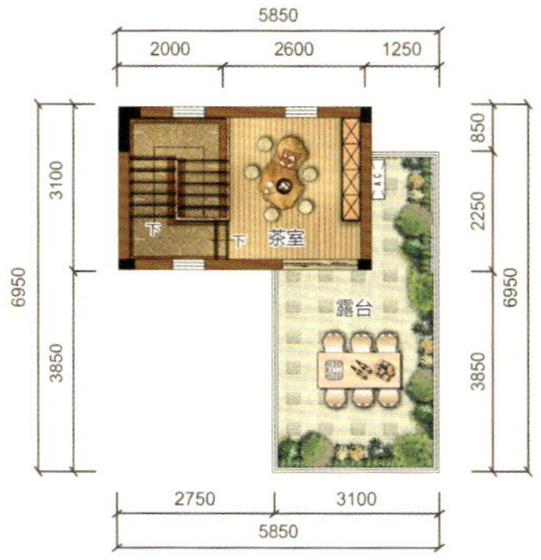


肆
FOUR
层

## 住宅小区设计

住宅产品以低密度别墅区和局部点式布置的高层洋房为主，别墅区围绕白鹭湖而建。

别墅为双拼，采用东南亚风格，均为3-4层，通过合理布局确保卧室的私密性。设置花园和停车位，既便利又富有生活趣味。

高层洋房面积为48-115平方米，采取客卧厅一体化设计，各功能空间布局合理。宽景阳台与休闲客厅相对，可将鹭湖美景引入室内。

绿地长滩
LONG BUND

金·盘 内·参

# 综合楼盘

设计方案

# 欧陆庄园精神 现代新城奢居

## 大连金地自在城设计方案

开发商：苏州辉耀弘阳置业有限公司 / 项目地址：大连市甘井子区大连湾镇 / 建筑设计：北京墨臣建筑设计事务所
用地面积：137 500平方米 / 建筑面积：280 070平方米 / 容积率：1.8 / 绿化率：30%

大连金地自在城基于对卢浮宫造园方式的思考，沿袭欧陆庄园的造园模式，在产品规模、形制和内部空间中体现得淋漓尽致，呈现极具艺术感的设计。独栋别墅在建筑风格上选用现代法式的设计手法，延续细腻、高贵、典雅的基调，呈现出与生俱来的浪漫与优雅。

### 项目概况

大连金地自在城位于大连市甘井子区大连湾镇，邻近规划在建的地铁站和金州国际机场，周边新建楼盘众多，生活氛围浓厚。

项目是金地集团在全国建设的第七个自在城，为了营造大气的城市边界和丰富多彩的休闲生活场景，设计将“欧陆皇家庄园文化”融入社区规制中，严谨地布局集中的商业区、视野开阔的高层区和超低容积率的高端洋房区，打造大连新都市中心城。

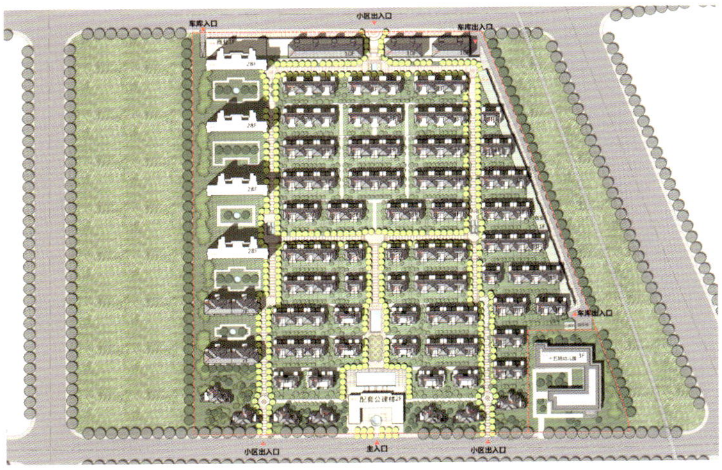


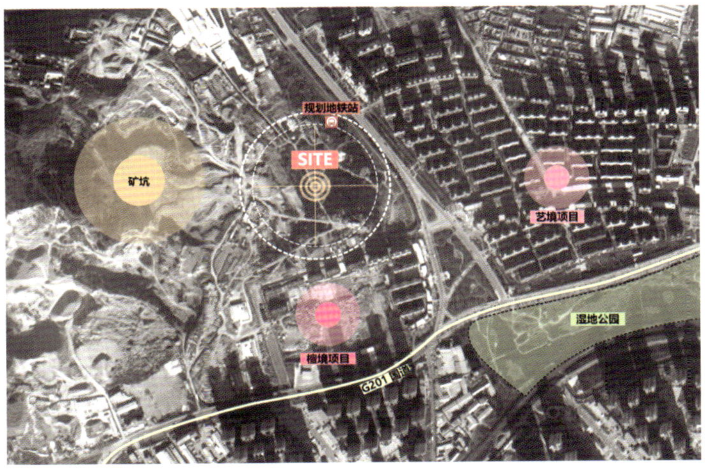


## 规划设计

项目的整体规划传承了欧陆皇家庄园精神，营造有序、经典、严谨的空间逻辑。中央主轴线控制整体，辅以横向轴线。轴线与路径组成了严谨的几何格网，主次分明，建筑居于其中，显现出强烈的理性色彩。同时，前广场、后花园、视觉通廊沿主轴布置，烘托归家路径的仪式感。

主轴线两侧为法式独栋别墅及红砖联排别墅组团，工整、庄重、对称，烘托欧陆庄园典雅、大气的礼序感；轴线尽端的意式红砖“回”字形院落，空间灵活，富有生活格调。城市道路旁布置新亚洲风格的低密度商墅，形成宽敞的空间格局，让社区更具别墅品质；用地西侧南北向排布高层，北侧布置小高层，充分尊重城市肌理，减少对城市的压迫。

## 建筑设计

项目在立面上注重还原经典形制，体现细腻、精致的古典美学气质。独栋别墅传承经典法式的建筑理念，外立面以米色为主，精心挑选石材，以精致、优雅的建筑线条演绎现代、尊贵的品质价值。红砖“回”字形院落将意式的审美意境与现代的生活方式、古典建筑之美与现代建筑元素有机结合，打造人性化的空间。外围建筑采用以红砖为主的现代砖法。

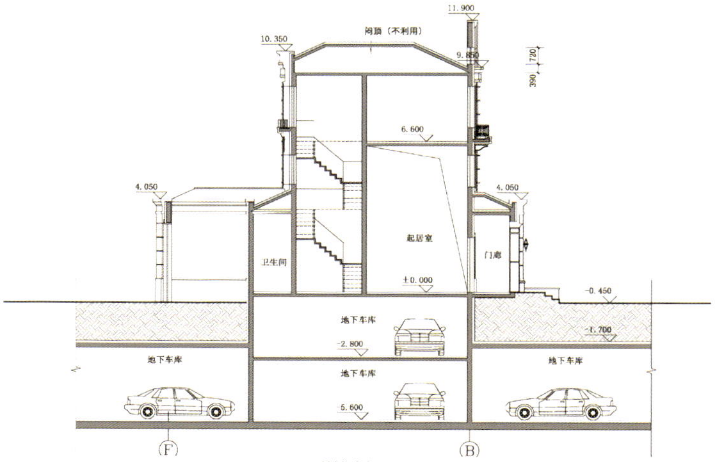


联排剖面图

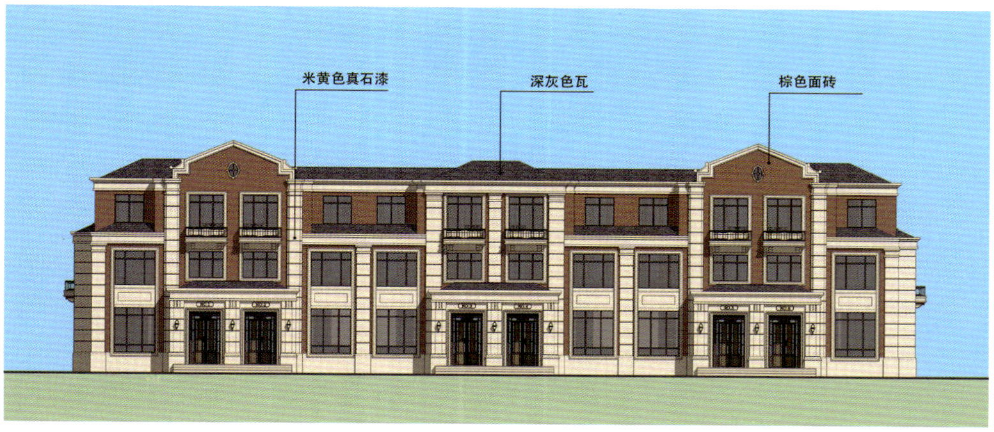


联排南立面图

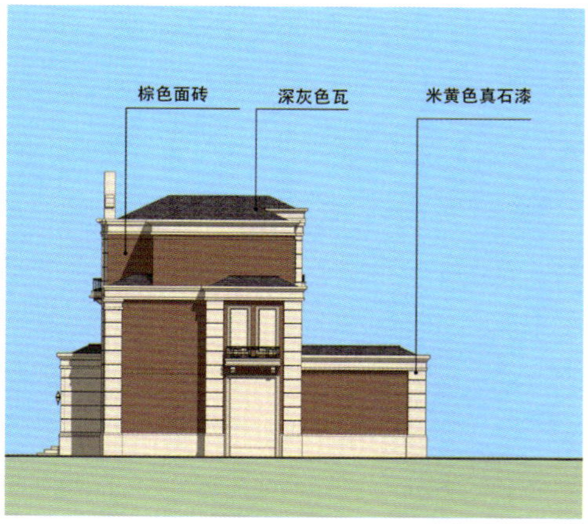


联排东立面图

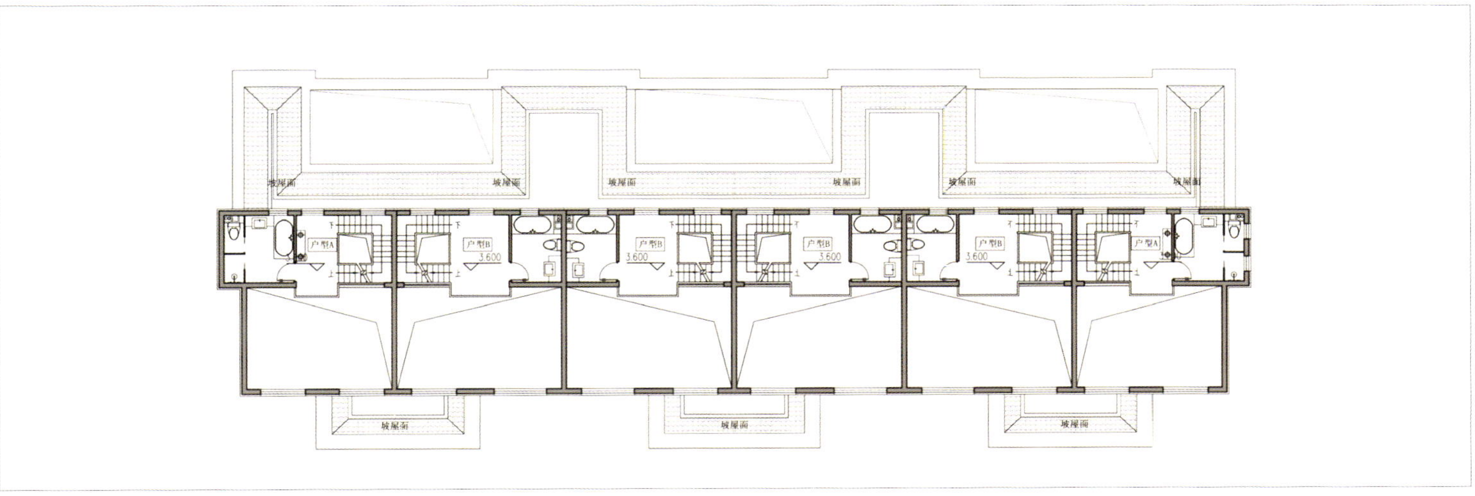


联排二层平面图

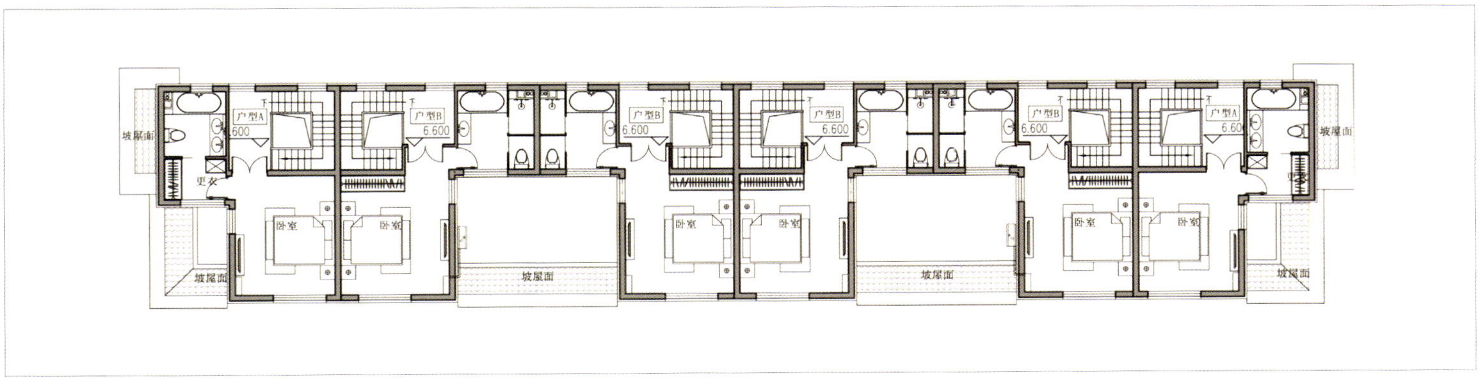


联排三层平面图

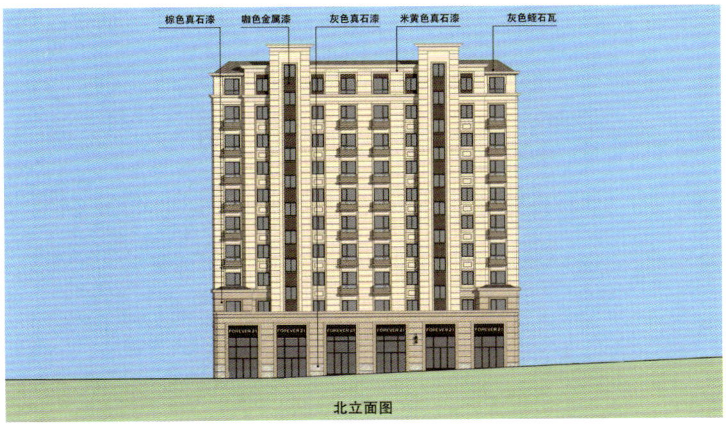


小高层北立面图

小高层南立面图

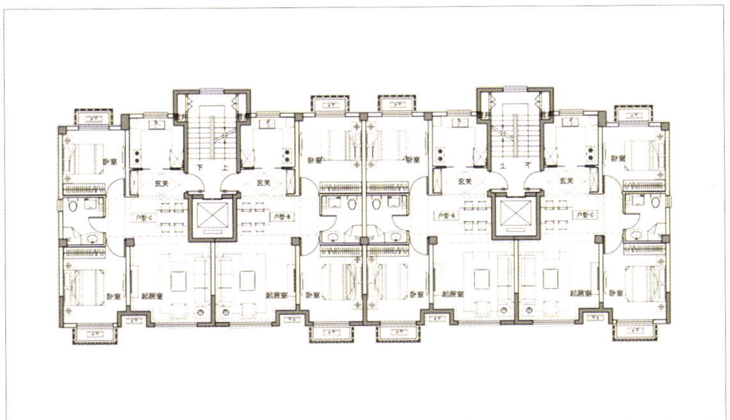

小高层标准层平面图

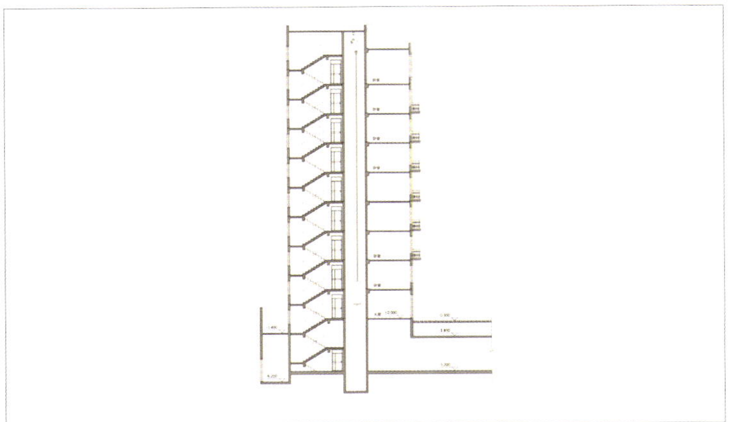

小高层剖面图

## 建筑设计

临街商墅效果图

高层及小高层效果图

红砖法式联排效果图

法式类独栋效果图

临街商墅效果图

后花园

售楼中心局部

# 滨江国际风情 缤纷花都生活

## 海门绿地·长滩示范区设计方案

开发商：绿地控股 / 项目地址：海门市东海中路
建筑设计：上海万千建筑设计咨询有限公司 / 用地面积：150 772平方米 / 建筑面积：295 175.2平方米 / 容积率：1.6 / 绿地率：36.2%

绿地·长滩位于素有“江海门户”之称的海门，南望长江，北临玲珑湖，以亲水生活、自然生长为核心理念，规划约 4 万平方米的风情文创水街，融汇异国建筑风格，筑就国际花都生活小镇。

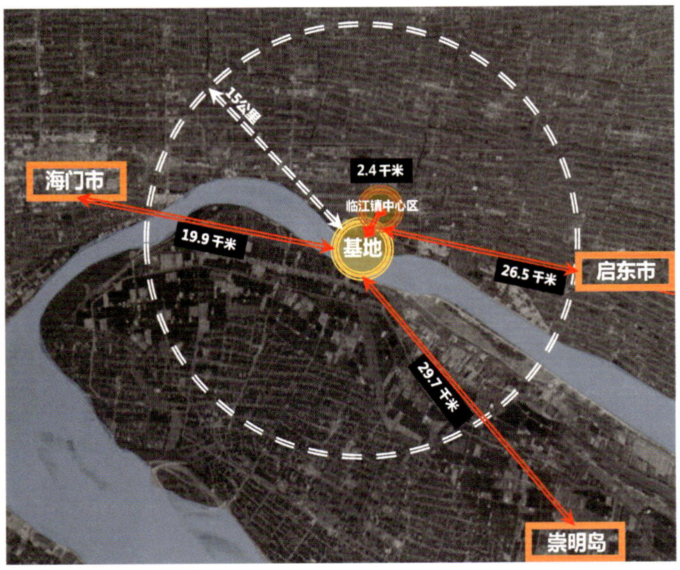


## 项目概况

绿地·长滩立于素有“江海门户”之称的海门，南望长江，北临玲珑湖，以亲水生活、自然生长为核心理念，规划约4万平方米风情文创水街，融汇异国建筑风格，筑就国际花都生活小镇。

项目运用场景造物生态逻辑，树立区域标杆；融入万国风情元素，建设文创主题区，开启生活新模式，打造滨江理想家。示范区秉承大区的设计理念，以水为线索，造就多样化生活场景，展现滨江国际风情小镇的典范。

## 规划设计

**沿水系线性自由生长：** 规划沿水系线性自由生长，形成主要节点，再由节点线性延伸，渗透进场地内部，形成各个组团。人流聚集区规划城市客厅，与路网相交形成主要节点，服务各个组团。

**有序交融的空间格局：** 规划形成了“一带，两心，三组团”的空间结构格局，融合了联排别墅和小高层等住宅产品，形成“一横，两纵，六入口”的道路体系，“一带，两廊，三节点”的景观体系。

**万国风情滨水街区：** 为了打造一个拥有国际化气质的滨江街区，项目结合建筑群风貌、业态与空间场景、临河驳岸形式三大维度进行设计。

## 立面设计

在沿水而生的规划基础上，建筑与水的元素相融。“水滴”“水涟”“水波”贯穿于立面细节中，增添建筑形态的柔美韵味。售楼处的金属条呈水波纹形状，充满现代感，形成独特的建筑标识感。商业广场建筑屋顶的折线呈波浪状，建筑表面金属穿孔板上的圈圈，是水滴入水后的“涟”状波纹，体现与场所相融的立面美学。

### 花都生活

整个社区以“花”为品牌 IP 形象，以“生活”为核心灵魂，搭建“花街生活”“花园生活”“花宅生活”体系，创造年轻人独特的“花漾年华”，打造一个美丽的花都。社区景观、生态和谐统一，形成活力阳光共享社区、便利活力生活综合体。

展示中心

# 超越古今的理想之城

## 西安万科·理想城设计方案

开发商：西安万科（设计团队：卢嘉、费琼、孙侃侃、李博、郑婷）/ 项目地址：西安市西咸新区秦汉新城兰池二路
建筑设计：长厦安基建筑设计有限公司 / 景观设计：水石设计 / 占地面积：473 659平方米 / 建筑面积：939 694平方米 / 容积率：2.0 / 绿地率：27.2%

作为西安万科在西咸新区的首个大型项目，西安万科·理想城被看做万科在西安城市发展方向的重要革新。
项目被赋予了一系列突破性配置：大型城市中央公园、商业轨交综合枢纽和紧凑邻里住区，重塑西安城市未来人居理想城。

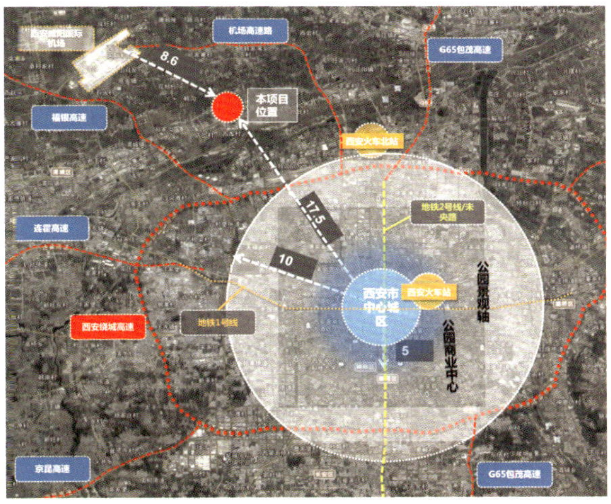


## 区位分析

西安万科·理想城位于西安以北、咸阳以东，属于西咸新区中心的秦汉新城板块；东接机场高速，南邻兰池大道，西接福银高速公路，北望西安咸阳国际机场，是连接西安主城与咸阳的枢纽。

作为西咸新区的核心区域，秦汉新城确定了"城市组团＋绿色廊道＋优美小镇"的发展模式，通过协调城市建设与陵、水、田、村等自然人文要素，实现城市与乡村的高度融合。

## 规划策略

一如“理想城”其名，项目的规划设计试图通过积极探索形成西安城市发展的新样本。

**宏观尺度：**项目的规划设计围绕“生态人居谷”概念展开。基地所在的秦汉新城核心地带、未来的轨交线路东西向横穿而过，将用地分为南北两个组团。项目围绕中心轨交站点构成中央商务区“原点”，向南北延伸出“绿色中轴”——中央公园。联排、叠拼、洋房与高层产品由低到高向两翼展开，形成“生态人居谷”。

**街坊尺度：**项目的住区地块切分也有细致的逻辑：遵循“紧凑肌理，邻里社区”的理念，追求一种“秦汉”古早街坊与现代社交住区的平衡。

中央公园两侧的地块尺度较小，地块间的道路尺度紧凑宜人，同时拥有丰富的次级路网配置，其中部分道路将会利用铺装进行慢行化处理。项目通过接近于“开放式街区”的小地块设计，鼓励邻里交往和公共绿地的使用，让中央公园成为社区“公共大中庭”；利用丰富的多级路网配置，优化社区交通体系，以缓解商务区和居住区之间的交通压力。

洋房效果图

商业社区效果图

幼儿园效果图

高层效果图

复式效果图

中央商务区远景规划图（以实际交付为准）

小学效果图

## 户型设计

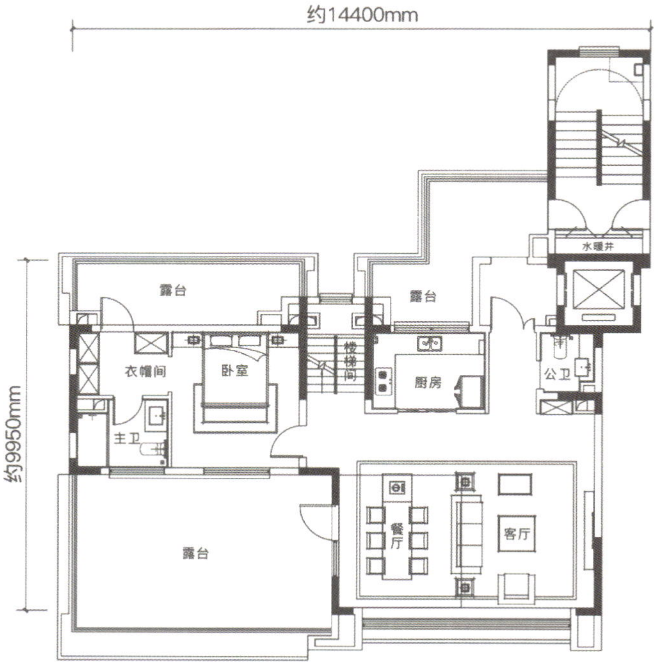


顶跃 F 一层户型图

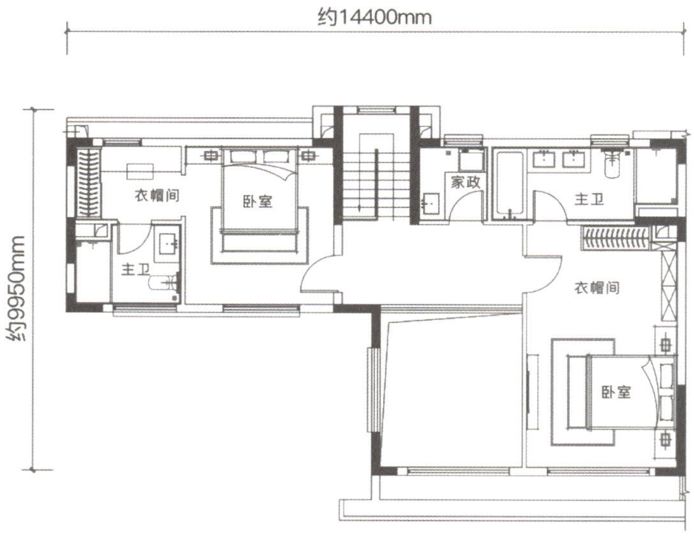


顶跃 F 二层户型图

# 艺术工业空间 全新城市功能

## 贵阳绿地新里城设计方案

开发商：绿地集团 / 项目地址：贵阳市白云区贵州铝厂氧化铝片区
建筑设计：上海一砼建筑规划设计有限公司 / 景观设计：成都基准方中建筑设计有限公司
占地面积： 53 552平方米 / 建筑面积：136 731平方米/ 容积率：2.79 / 绿化率：30%

任何城市都会以建筑的形式留下城市发展的痕迹，不同时期的建筑交织成城市独一无二的空间肌理，也是独家记忆。贵阳绿地新里城尊重贵州铝厂氧化铝片区的工业遗产，通过对厂房、烟囱、除尘器、传送带、煤料棚等不可复原的构筑物进行保护和改造，融入新的空间载体，发挥新的城市功能。

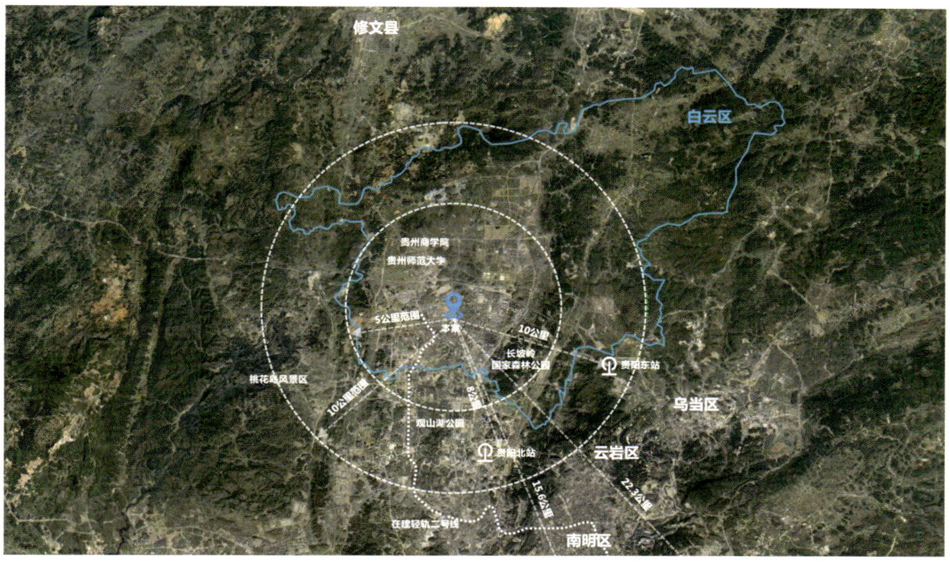


## 项目概况

贵阳绿地新里城位于贵阳市白云区贵州铝厂氧化铝片区核心区域，该片区具有鲜明的工业遗迹特色。项目东临青龙大道，北邻白沙关西路，距离老城区15千米，距离在建轻轨二号线1.5千米。项目尊重区域工业历史文脉，并顺应大数据产业的新时代，力图打造一片承载贵铝公共记忆、富有活力、引领片区崛起的名片街区。

## 建筑策略

**形态布局：**按生产顺序连续拼接的厂房空间布局演变为现代商业时尚空间布局。

**建筑立面：**重新组合根据工业生产元素建构的形象模块，形成全新的商业立面模块。

**原构筑物利用：**为烟囱等旧构筑物注入当代艺术元素，使其成为区域地标，并参与形成奇幻的工业城市空间景观。

**云功能互联：**作为办公生活空间，塔楼成为承载实体经济与虚拟经济的互联场所。

**云空间体验：**在高容积率与限高条件下，塔楼建筑立面采用咬合堆叠的体量，丰富贵铝片区的城市天际线，并以白色网格化肌理营造“云”视觉群体地标。

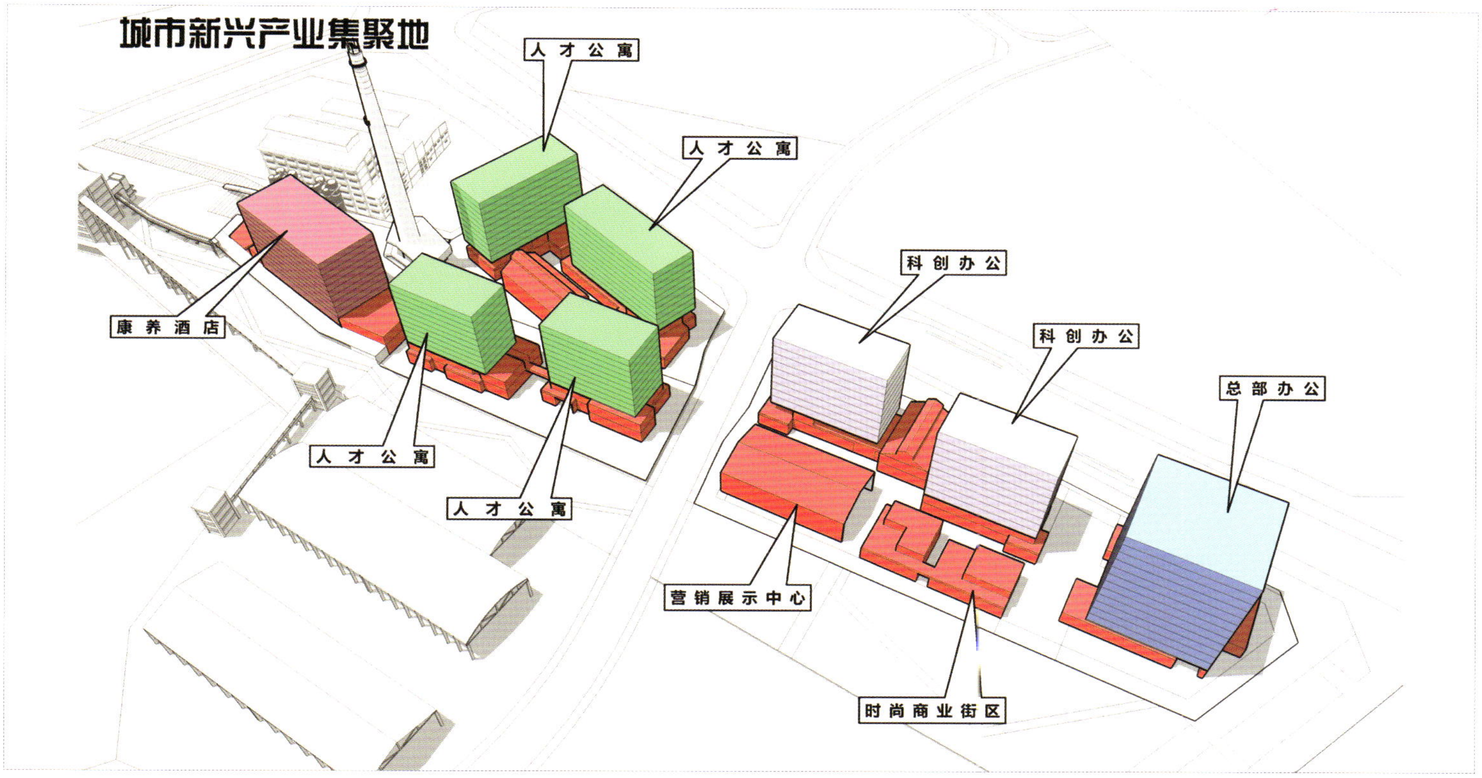

## 商业街区策略

项目规划一系列主题广场：街区入口广场“G-cloud 门廊”、水主题漫步庭院“云水院”、中心活力广场“云间秀场”、都市文化集市“记忆广场”，与工业遗迹公园纵横连接，形成富有时尚生活气息的公共活动网络。

项目在空间尺度上利用 3 米宽巷道、6 米宽次通道、9 米宽主通道、12 米宽城市节点、18 米宽次广场、24 米宽主广场的串联，营造都市游走趣味空间体验。

沿白沙关路的“沿街商业服务带”、串联整个商业内街的“中心活力商业带、沿工业遗迹公园展开的“禅韵娱乐商业带”等三个商业，利用主动脉形成商业网络，营造多层次商业功能体验。

## 立面设计

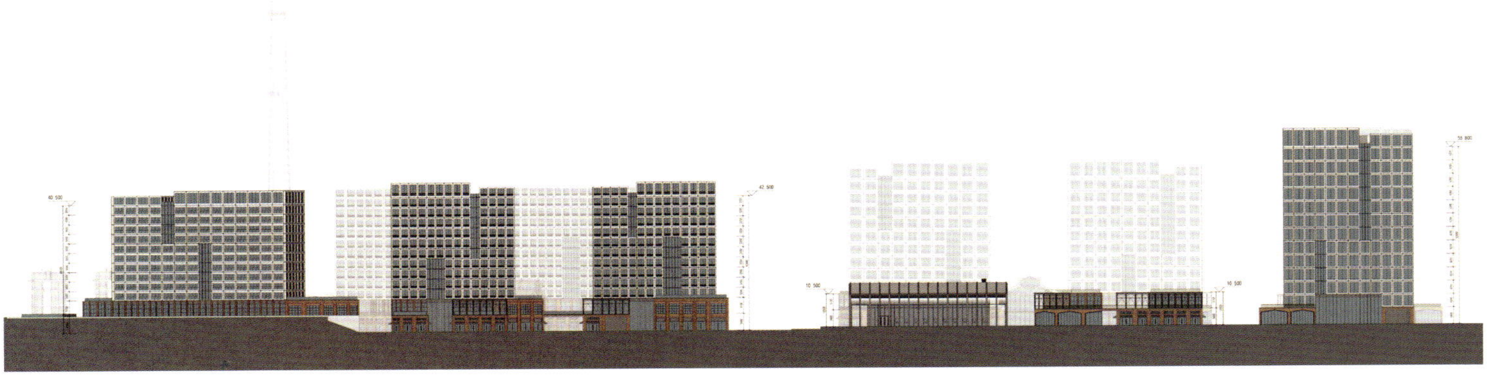

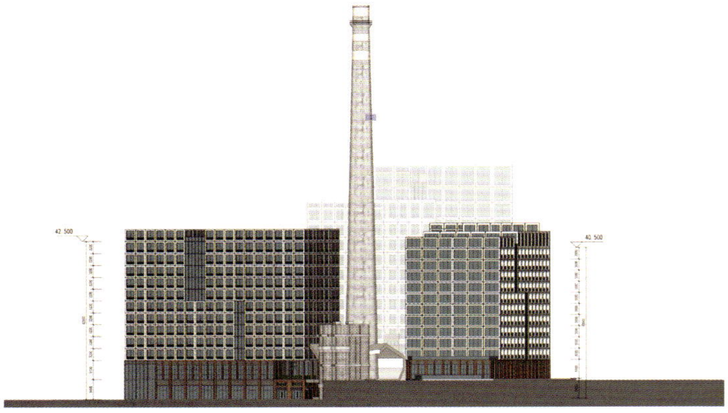

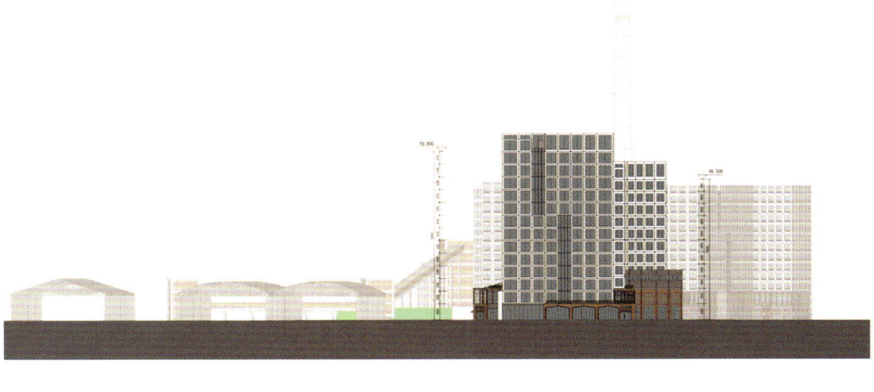

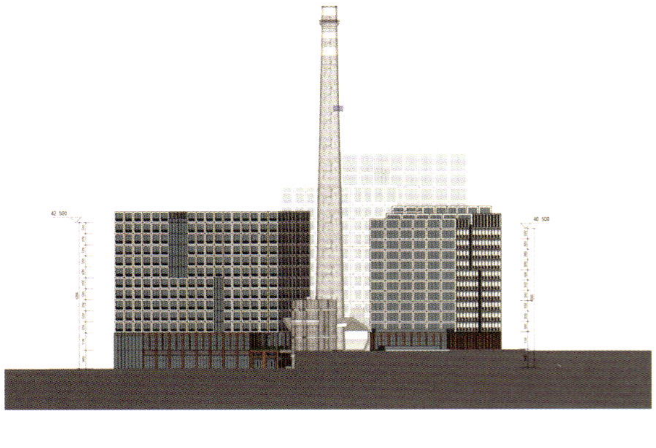

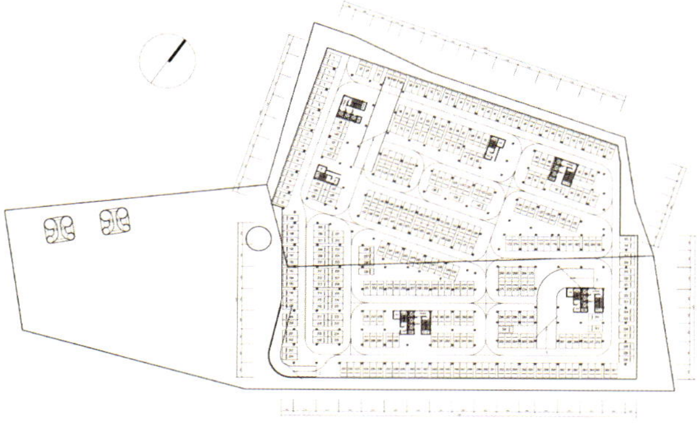

66# 67#地下一层平面图

| | | | |
|---|---|---|---|
| 66# 67#地块总地下车位数 | 508 | | |
| 地库面积（停车+塔楼+设备） | 17708.20 | 单车指标 | 34.86 |
| 66# 67#地下一层 | | | |
| 地下车位数 | 367 | | |
| 地库面积（停车+塔楼+设备） | 12930.08 | 单车指标 | 35.23 |
| 66# 67#地下二层 | | | |
| 地下车位数 | 141 | | |
| 地库面积（停车+塔楼+设备） | 4778.12 | 单车指标 | 33.89 |

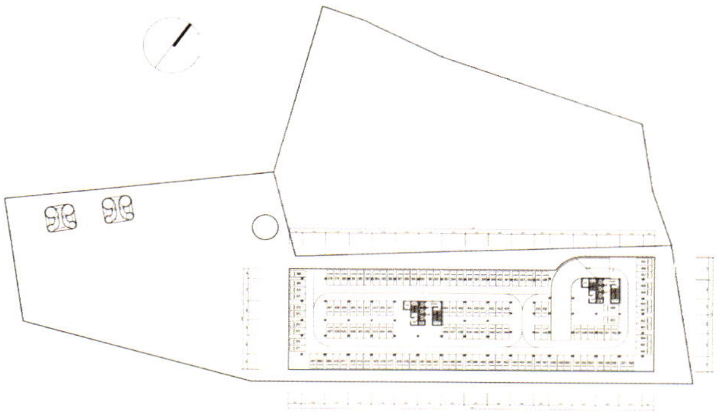

66# 67#地下二层平面图

| | | | |
|---|---|---|---|
| 66# 67#地块总地下车位数 | 508 | | |
| 地库面积（停车+塔楼+设备） | 17708.20 | 单车指标 | 34.86 |
| 66# 67#地下一层 | | | |
| 地下车位数 | 367 | | |
| 地库面积（停车+塔楼+设备） | 12930.08 | 单车指标 | 35.23 |
| 66# 67#地下二层 | | | |
| 地下车位数 | 141 | | |
| 地库面积（停车+塔楼+设备） | 4778.12 | 单车指标 | 33.89 |

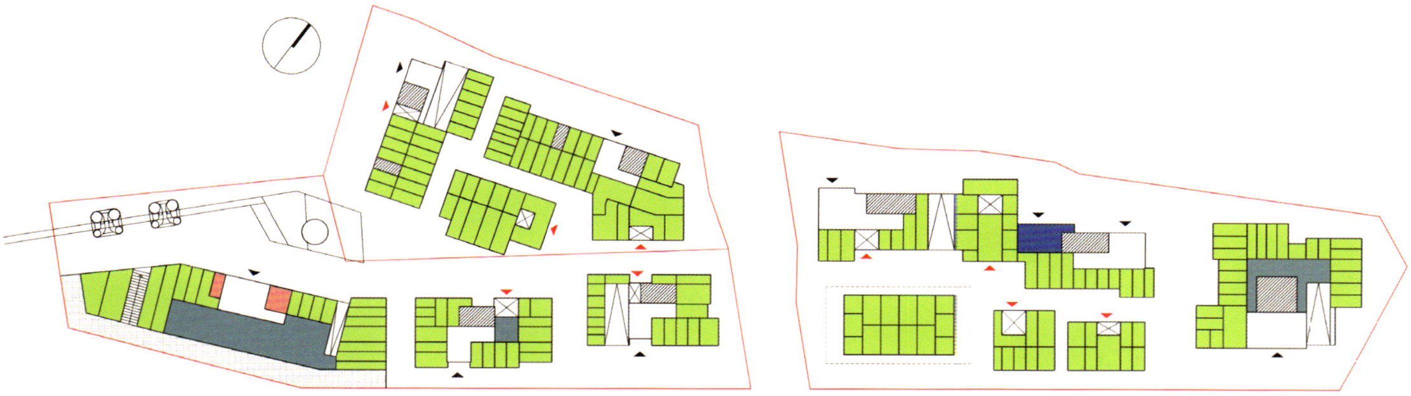

商业
露台
办公
塔楼交通
塔楼入口
商业入口
商业垂直交通
门厅挑空
110
配套
康养配套

一层平面示意图

商业
露台
办公
塔楼交通
塔楼入口
商业入口
商业垂直交通
门厅挑空
110
配套
康养配套

二层平面示意图

# 大简至美 东方禅韵

## 佛山信业阳光城绿岛湖壹号设计方案

开发商：阳光城集团 / 项目地址：佛山市禅城区禅港路68号
建筑设计：森拓设计机构 / 占地面积：79 892平方米 / 建筑面积：260 000平方米 / 容积率：2.5 / 绿地率：35%

佛山信业阳光城绿岛湖壹号是一个集高层、多层住宅、星级酒店、顶级会所及商业配套等功能于一体的城央湖岸高端社区。项目利用现有的区位条件，通过景观与建筑的组合以及周边景观的引入，融合国际先进设计理念与地域文脉，打造高品质、高品位、个性化的新东方人文生态社区。

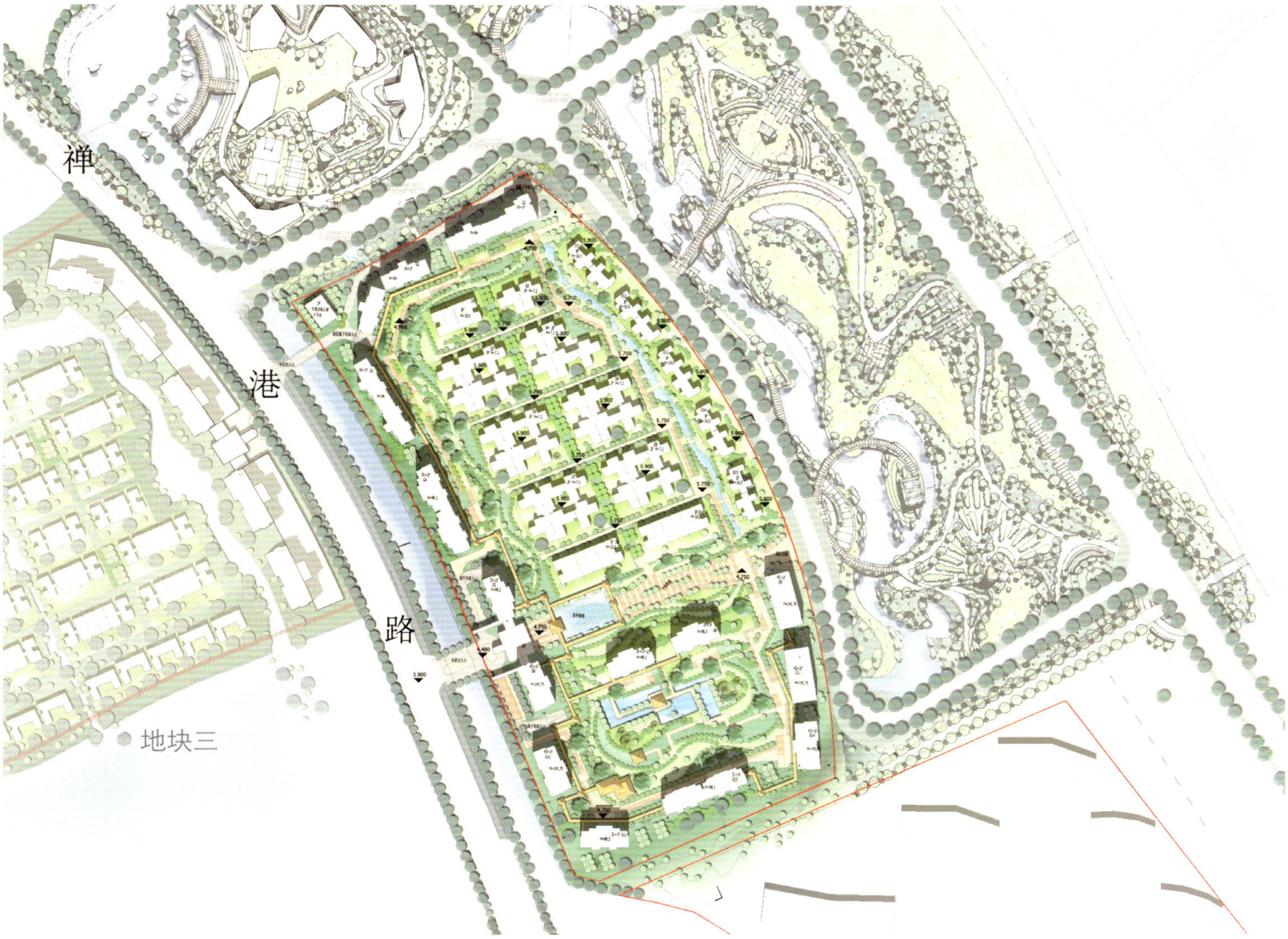

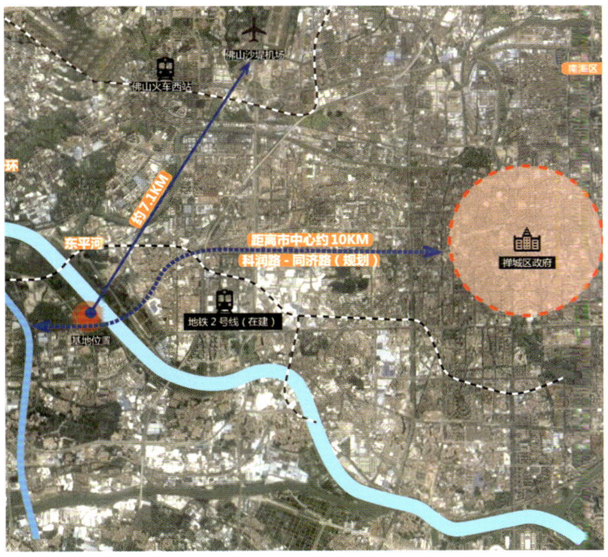


## 规划定位

佛山信业阳光城绿岛湖壹号位于佛山市绿岛湖片区，南拥绿岛湖，北揽东平河一线江景，自然资源得天独厚。项目采用半围合式布局，将建筑与周围优越的自然景观完美地融合在一起，并在内部形成层次丰富的景观空间，让建筑被围绕在花鸟鱼虫、天地日月之中。高层住宅风格采用大都会风格，多层住宅采用新东方风格，厚重与轻盈互为映衬，相得益彰。多层住宅传承了新中式风格之精髓，巧妙地融入“大简至美，东方禅韵”的东方美学思想，为现代空间注入凝练、唯美的中国古典情韵。

## 区位分析

佛山信业阳光城绿岛湖壹号位于佛山市禅城区，西侧紧邻禅港路，南侧为科润路，毗邻佛山地铁二号线，距离佛山市中心 9.2 千米，距离佛山火车西站 7 千米，距离佛山沙堤机场 7.1 千米，交通便利。项目西侧及南侧享有绿岛湖中央景观区和环绿岛湖生态景观带，北侧紧邻城市运动公园，东侧享有城市湿地公园和东平河，自然资源优越。

## 景观设计

项目在尊重场地空间的同时发挥场地的最大景观价值，并且注重人的需求，体现地方人文精神，强调景观的可感知、可参与、可体验。此外，项目结合国际化的居住模式和方法，摒弃表面文章，追求实用和简洁，使之具有地标引领性。

"柒院墅"匠心独运地安排了7个格局，将合院的空间功能运用发挥到极致。其中，外院是迎宾场地，划分为内、外两个部分。颐园与外院相邻，是让年迈父母享受莳花弄草之乐的空间。正院即主院，通过清池、迎客松和茶室营造赏花观鱼、品茶颂月的生活体验。居院即后院，位于餐厅和卧室北侧，是供亲友休闲娱乐的场所。

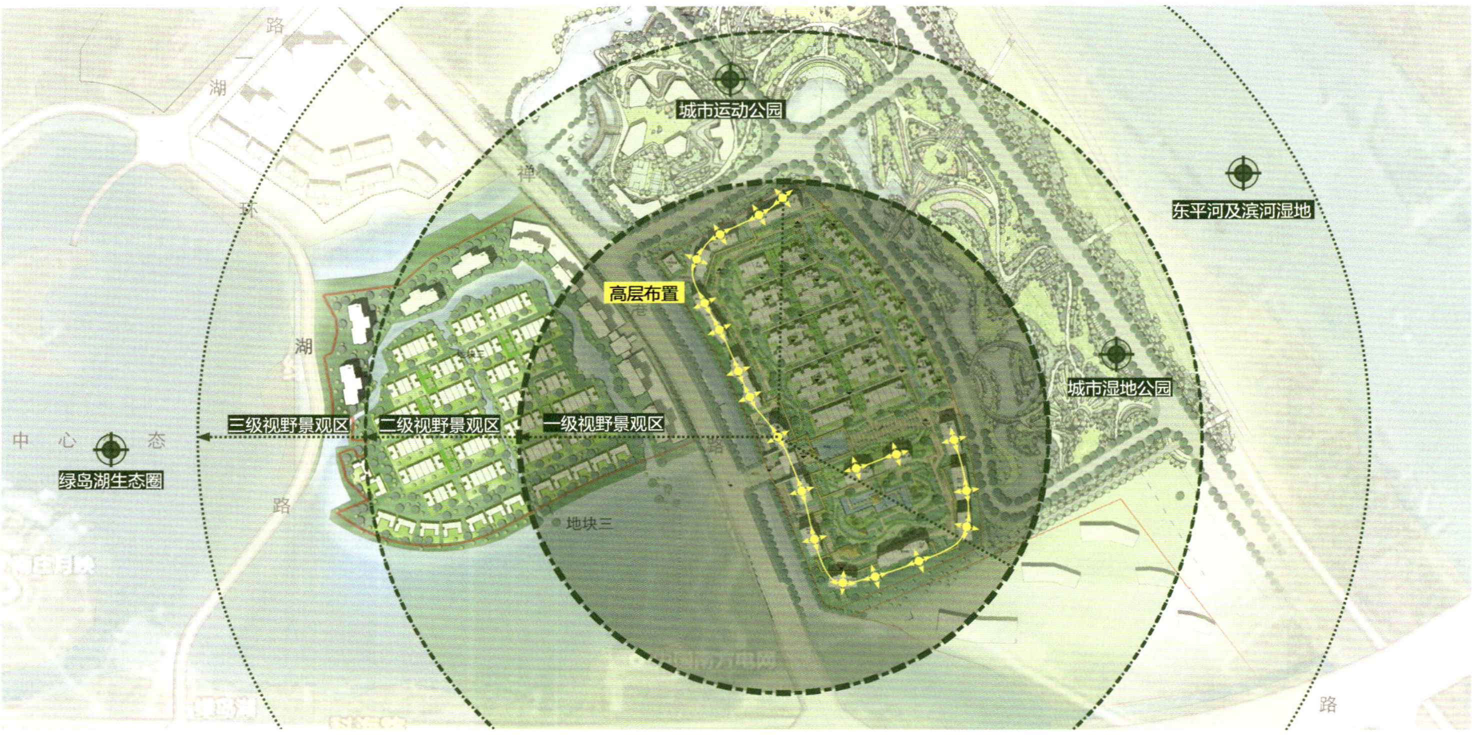


**高层住宅景观分析** 高层住宅布置在基地周边，视野开阔，一方面可以享受小区内部精品景观带来的优质生活体验，另一方面可以远眺城市生态公园景观。超高层住宅西侧尊享绿岛湖生态系统。东侧超高层住宅独揽东平河及东平河生态湿地公园。

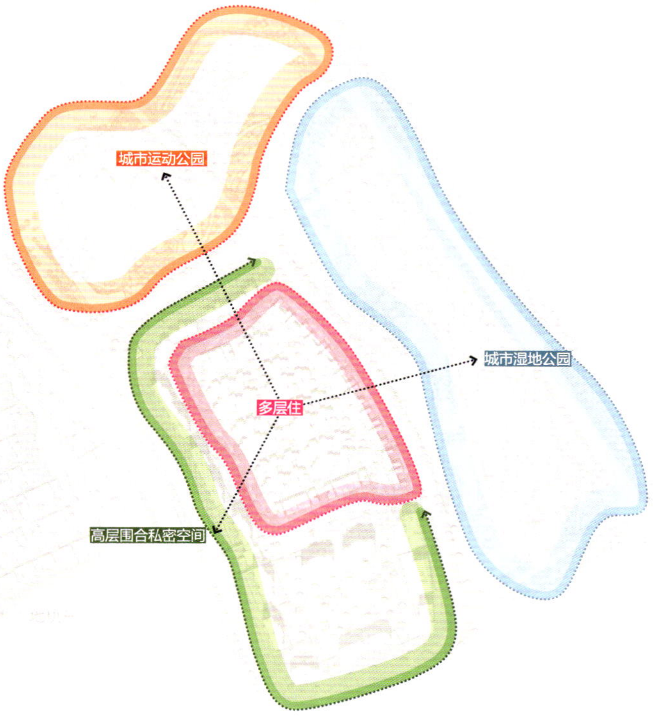


**多层住宅区景观分析** 多层住宅区紧邻两大城市后花园设置，在享受小区内部高档景观的同时，独享城市运动公园和城市湿地公园带来的优质生活体验。

七重院落示意图

## 景观节点分析

**景观主轴——景观次轴——中央景观——景观节点——宅间景观**

景观层次清晰，既有满足公共交流活动的中央景观和景观节点，又有保证私密的宅间景观，打造一个高端居住环境，提升生活品质。在入口处设置开敞空间景观主轴，连接高层住宅区的景观中心与多层住宅区的景观节点，同时在小区的内外两侧设置景观次轴，小区景观主轴、次轴连接景观节点，使小区内景观做到点、线、面的和谐统一。

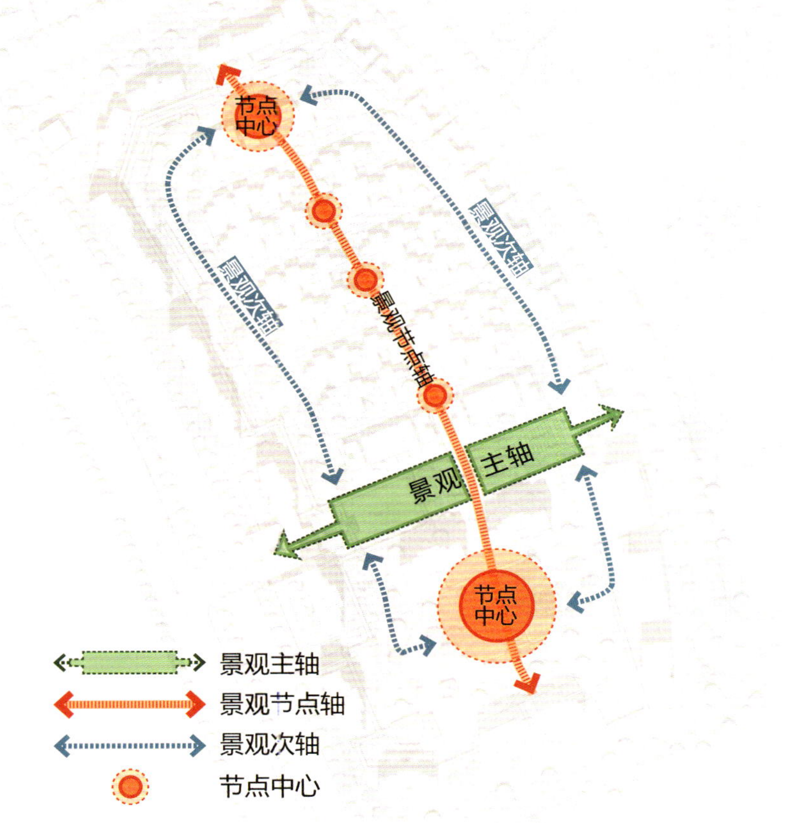


**景观主轴：**入口处设置开敞空间景观主轴，连接高层住宅区的景观中心与多层住宅区的景观节点，同时在小区的内外两侧设置景观次轴，小区景观主轴、次轴连接景观节点，使小区内景观做到点、线、面的和谐统一。

**景观次轴：**机动车在小区入口处直接下地库，可以最大限度地释放小区内的交通空间，提升小区内景观设计的自由度，同时也提高了小区内景观的品质，使建筑与小区景观有机地结合在一起。

**中央景观：**高层住宅围合成一个开放的空间，在为住户提供一个公共娱乐、交流空间的同时，使整个小区人与自然的联系更加的紧密。从而创造出一种积极、健康、活力的居住空间。

**宅间景观：**宅间景观是联系人与自然的最紧密的纽带和桥梁，给住户最直观的感受，院内景观小而精，邻里景观自然活泼。

❶ 景观主轴

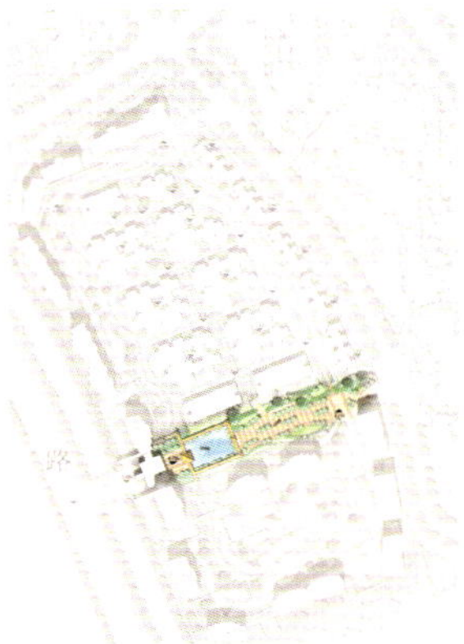

❷ 景观次轴

❸ 中央景观

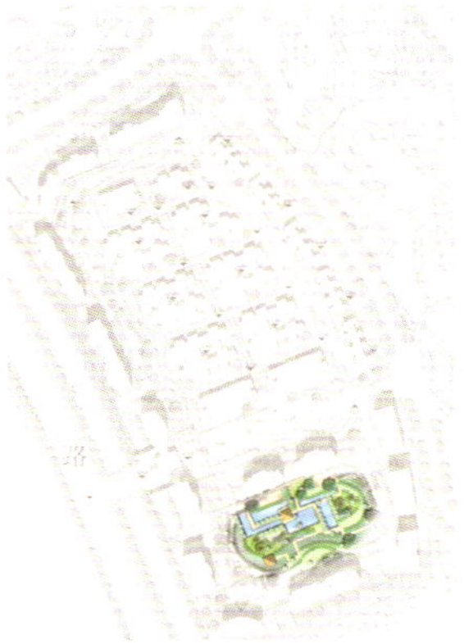

❹ 景观节点

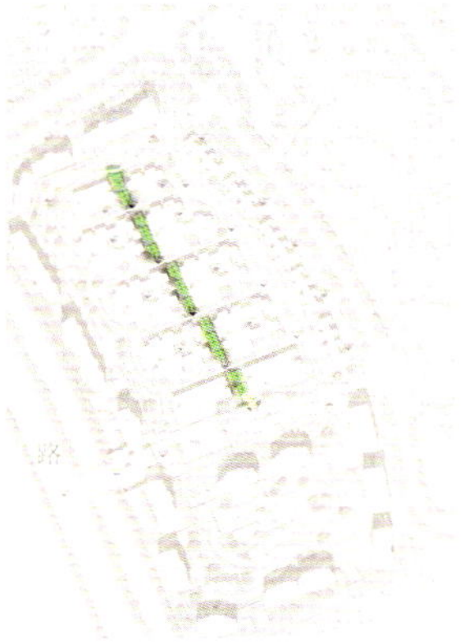

❺ 宅间景观

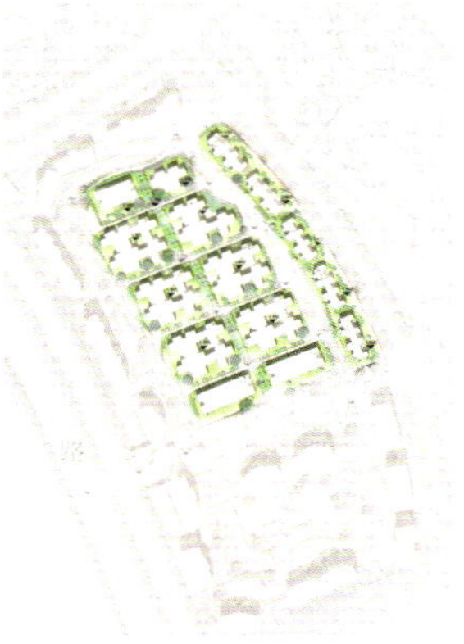

## 建筑设计

**高层住宅：** 立面设计上采用大都会风格，既富有美式风格特有的粗犷感，又不失尊贵精致，通过经典的构图比例和丰富精致的细部打造低调奢华的建筑形象。建筑在满足居住功能的基础上采用大面积的窗户和铝板，并强化公建化立面形象的造型风格，契合城市的时代精神。

效果图

**多层住宅：** 多层结合中式设计手法和现代建筑材料，植入现代人的审美需求，打造富有传统韵味的新东方大宅。建筑立面主要以新东方主义风格为主，通过传统元素与现代元素的融合，同时结合庭院景观，打造出具有中国特色的居住建筑。

在立面元素不变的情况下。通过变化给人一种耳目一新的感觉以及和入口庭院景观的结合，更是自然与建筑的完美表现。

## 户型设计

**豪宅产品核心价值点：**

1. 占据无与伦比的优质景观资源。
2. 面宽为王（宽厅、宽阳台、多南向面宽）。
3. 高得房率、高赠送。
4. 豪宅特质空间（洄游、家政、佣人间）。

**产品设计原则**

**三宽**——宽厅、宽阳台、宽凸窗

**两高**——高得房率，高赠送

**拓展空间**——洄游、家政、佣人间

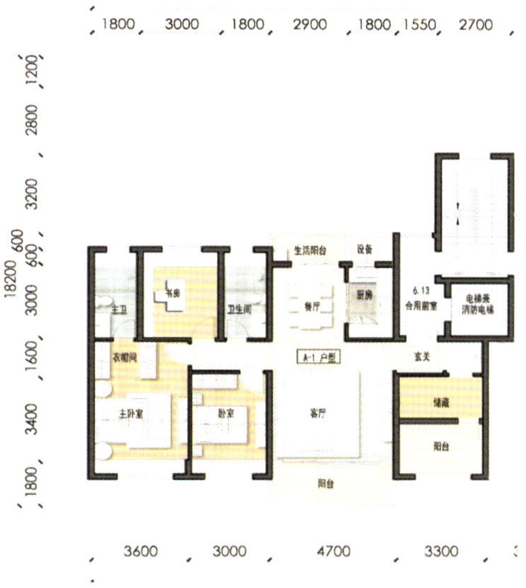


□双一字U形厨房

□操作面连续、空间宽敞

□两卫生间设计

客卫和主卧套卫保证了主卧的私密性

□大横厅设计

客厅、餐厅一体化，品质感不言而喻

□四开间朝南

主次卧及客厅全南向设计，享受阳光生活

合院户型采用全明式设计，三面采光，南北通透，并通过三座采光井解决地下层的采光问题。多院落设计既兼顾自然与私密的空间，又增加合院生活的灵活性和开放性。

**负一层：**约 6 米高的空间可做夹层，布置酒吧、棋牌、娱乐室等功能区，形成地下私密空间。

**一层：**约 344 平方米的私家花园与三面采光的会客厅相融合，让每一扇窗都绿意盎然。独立入口门厅和七重院落突出了合院的不凡气度。

**二层：**宽阔的主卧配置了书房，南、北双面采光，南向楼台面向院内景观，北向露台 270° 拥抱户外景观。儿童房采用套间设计，光线充足。

**三层：**全屋顶露台有利于打造多功能的自由天地，让人享受丰富的生活。

合院二层户型图

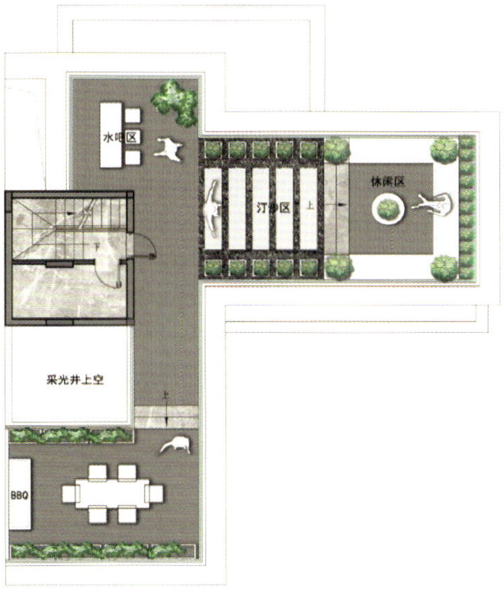


合院屋顶层户型图

**户型特点：**

1. 大面宽小进深。
2. 宽厅设计，南北通透。
3. 多庭院设计。

**赠送面积：**

1. 庭院赠送：412.67m。
2. 客厅挑空赠送：30m。
3. 露台赠送：46.17m。
4. 凹阳台赠送：6 ㎡。

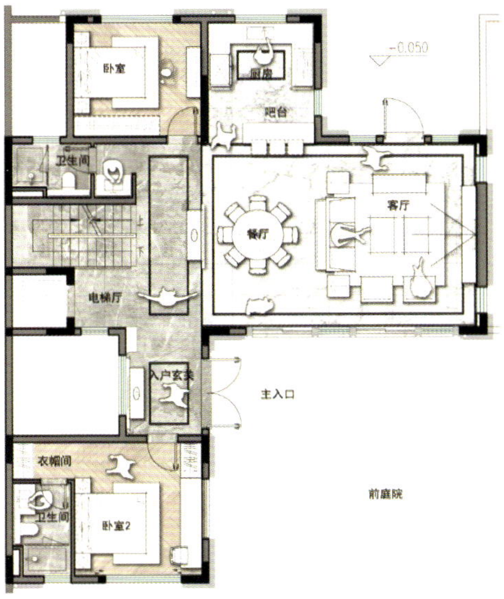


合院一层户型图

合院负一层户型图

# 山水大境 生态人居

## 重庆首创天阅嘉陵示范区设计方案

开发商：首创置业 / 项目地址：重庆市沙坪坝区嘉新路与奋进路交汇处
建筑设计：上海睿风建筑设计咨询有限公司 / 占地面积：81 544平方米 / 建筑面积：351 514平方米 / 容积率：3.25 / 绿地率：0.35

项目采用“双向揽江、水绿交融”的规划格局，创建一条贯穿全区的绿色走廊，利用层层高差将视野导向江景，将东面、北面的三个城市公园的景色导入社区，让社区开放空间与城市自然资源完美融合。

## 项目概况

重庆首创天阅嘉陵位于重庆市沙坪坝区嘉新路与奋进路交汇处，距离嘉陵江岸仅 200 米，紧邻三大绿地公园，毗邻三峡广场商圈，周边教育、医院、交通等配套完善。

项目为首创置业 TOP 级天阅系产品，其设计深得重庆“仁者乐山，智者乐水”的地域文化精髓，以“山水”之韵筑城，精心打造洋房和高层产品，为重庆城市精英打造现代生态人居环境。

## 示范区设计

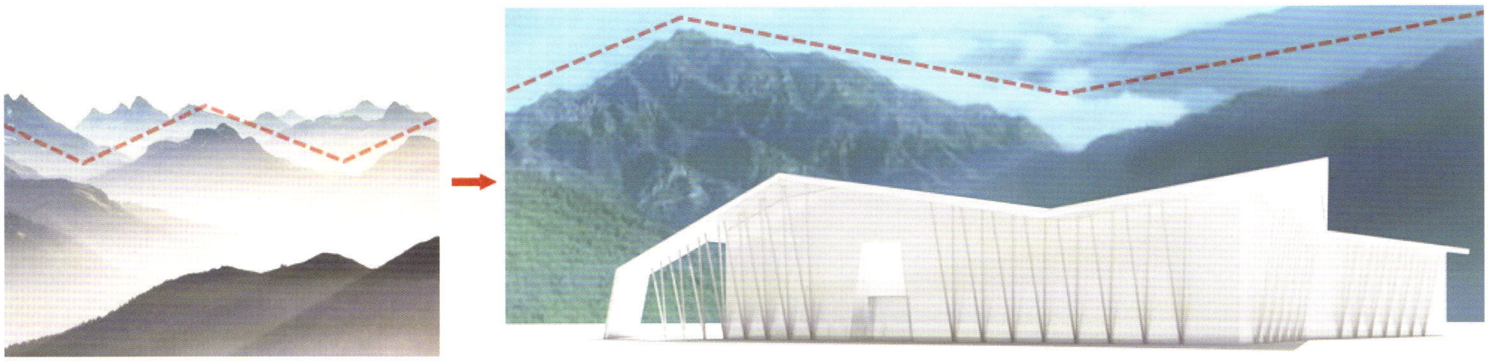

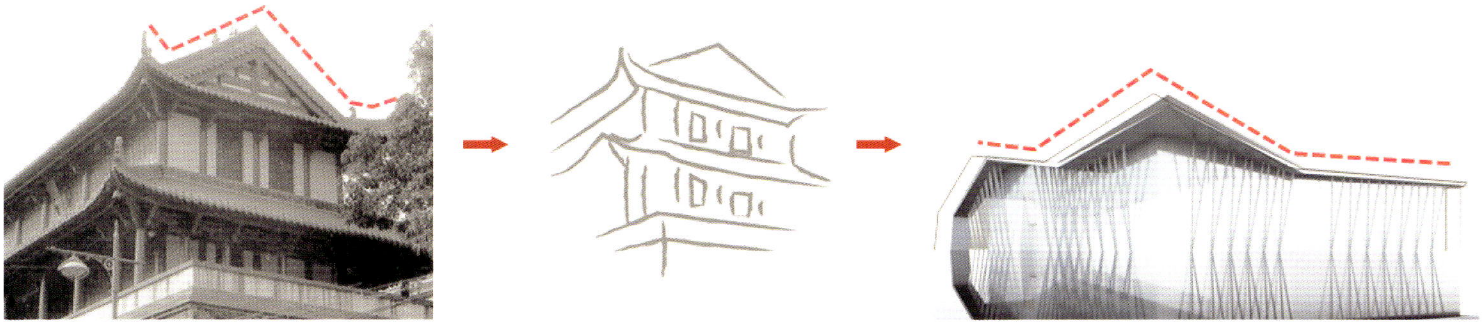

巴蜀的民居特性源于其山体起伏的地理特质，依山就势，陡壁悬挑，轮廓强烈，用材自由，犹如巴蜀人豪放开朗的性格和极富乐感的川音。

售楼部的建筑轮廓源自于歌乐山绵延起伏的山体，以简约的线条刻画山地的形象。厚重巨大的屋顶之下“漂浮”着一个玲珑剔透的玻璃体，纯净灵动如水，与优美的自然环境相互映衬。像竹子一样生长的有序钢架进一步突出屋面的悬浮感。屋面水平延展，与镜面水景交相辉映。

售楼部的室内空间秉承了建筑简约空灵的设计风格，以现代简洁的设计手法演绎传统东方美学，中正大气的空间以简练流畅的线条和素雅的配色为基础，恰到好处地点缀以精巧的绿植与艺术品，加上材料丰富细腻的纹理，营造出既典雅又灵动的氛围。

## 户型设计

B3 户型的建筑面积约 181.47 平方米，为 3 室 2 厅 3 卫。户型采用大横厅设计，与厨房相连接，客厅阳台与厨房阳台相通，连成大面积的观景空间，视野开阔，且有利于采光和通风。样板房采用现代轻奢的设计风格，在黑、白、灰的基调中融入柔和的暖色调，以鲜明的橙色作为点缀，搭配精致的金属装饰线条和璀璨的灯饰，给予人既精致奢华又不失舒适温馨的居家感觉。

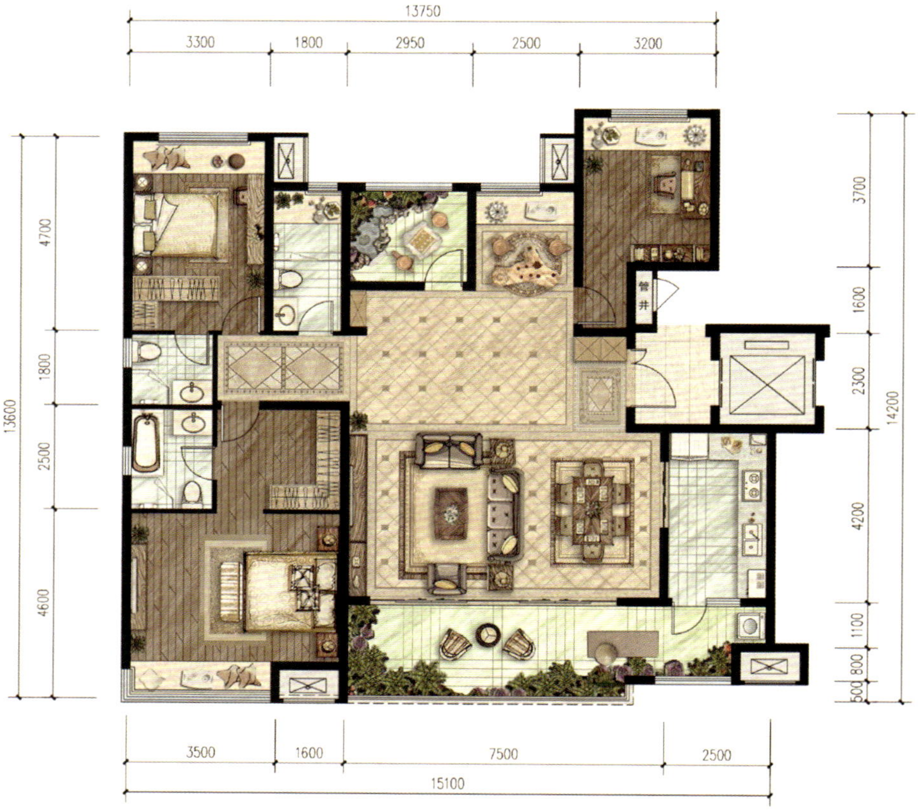


B3 户型图

# 国际都市云端生活

## 武汉绿地中心总裁公馆设计方案

开发商：绿地集团 / 项目地址：武汉市武昌滨江商务区
建筑面积：728 600平方米 / 容积率：8.75 / 绿地率：10.6%

武汉绿地中心总裁公馆位于武汉市的一座超高层地标式摩天大楼之中，矗立在长江之畔，俯瞰江城之美。
项目引入了绿地集团针对顶级居住类产品研发的"云端生活"产品系统，在户型设计上结合了现代时尚的建筑造型与高端优雅的室内设计，
最大限度地呈现户外无与伦比的高层景观，力图打造国际顶级居住产品的标杆。

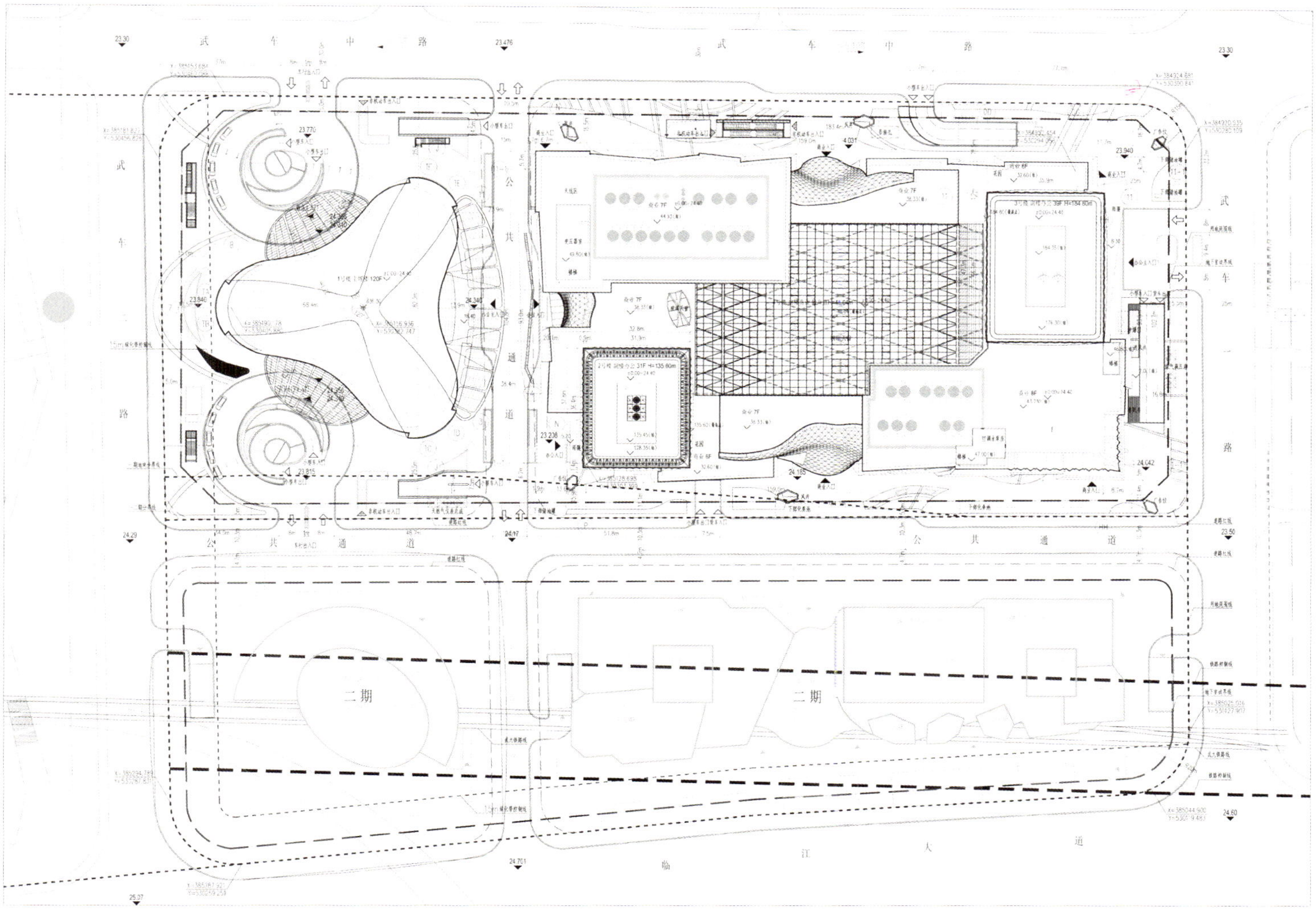

## 项目概况

武汉绿地中心是武汉绿地国际金融城项目的核心部分，位于武昌滨江商务区核心区，与汉口百年外滩隔江相望，属于武汉新一轮城市发展的重点区域。

武汉绿地中心是一个集超五星级酒店、高档商场、顶级写字楼和总裁公馆等业态于一体的超高层城市综合体。总裁公馆占据建筑的 66~85 层，主要针对国际长租客群及企业高管人群。

## 建筑设计

大楼主塔底座俯视图成“三瓣形”，是武汉三镇地势的抽象化体现；整个主塔外观呈流线型，下粗上细，顶部是一个光滑的穹体，宛如乘风破浪的轻帆。为了减小风压，主塔外部多处设有开槽，以便让风顺利通过。

**幕墙设计：**项目的幕墙面积约 15 万平方米，主要分为 7 个大系统和 12 个子系统。由于建筑外形的特点，幕墙各构件均为不同尺寸，共有 21 411 片单元板片、7 137 种单元板片。双曲玻璃面积约为 2 660 平方米，单曲玻璃面积约为 29 300 平方米。

**绿色节能：**外表皮是呼吸式幕墙系统，建筑能充分吸收阳光，最大限度地减少能耗；大楼内部装有智能环境监控和诱导式风机系统，可自动提供新鲜空气；大楼可直接抽取湖泊水用于冷却，进行水回收和循环利用。

## 公共空间设计设计

**公馆大堂：**展示“云端生活”的居住理念，东西方元素在此碰撞与结合，并融合了西方现代的幕墙元素和东方传统的围合特征。空间分为两个层次：一个层次将环境和建筑错落布置，另一个层次将室内与环境抽象结合。

**展示区：**拥有城市顶级社交功能，将接待入口、休息区、洽谈区、艺术空间、商务会所等功能融为一体。多种功能区设计成现代东方院落中的场景，将人带入悠远的居住情境之中。

## 户型设计

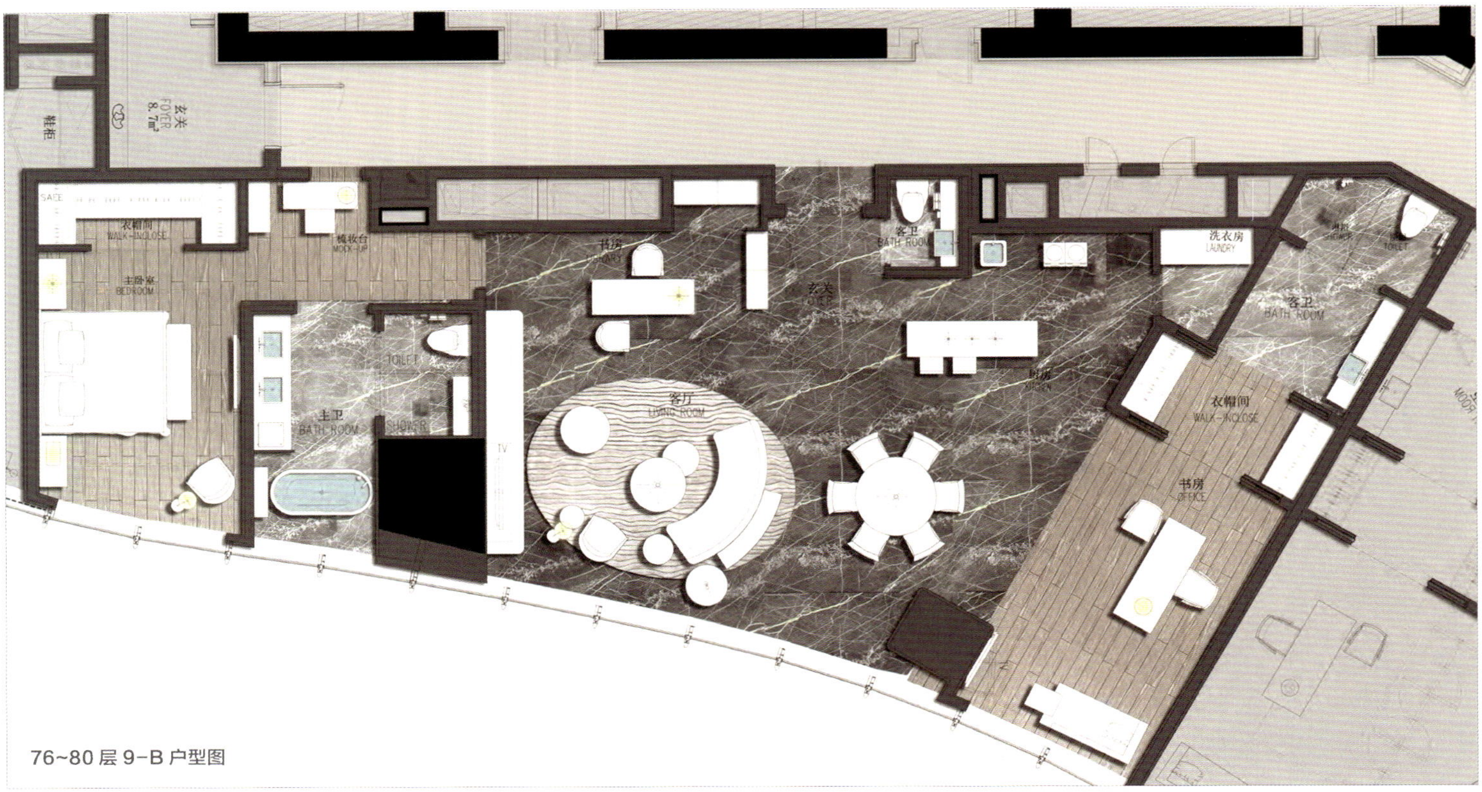


76~80 层 9-B 户型图

**9-B 户型：**该户型的建筑面积约为 288 平方米，设计以高山流水的主题呼应武汉的长江。设计采用大面积的暖灰色，融入彰显阳刚风格的金属铜与大理石，配以精致时尚的艺术品和灯饰，给人以自然安宁与丰盛饱满的双重视觉体验。

客厅与餐厅、开放厨房、多功能厅形成连续的空间，两侧端景墙以独具设计感的壁炉与大幅艺术原作对应。多功能厅的旋转门可开可合，在视觉延伸和空间组织上给人与众不同的体验。

81~85 层 6-B 户型图

**6-B 户型:** 该户型的建筑面积约为 469 平方米，设有客厅、餐厅、开放式厨房、书房、卧室、步入式衣帽间等空间，每个空间都拥有无敌的江景。空间的布置和软装摆设增强了室内空间的建筑性。设计利用大面积的落地窗、半通透屏风和开放式布局，在引入自然光线的同时，营造出丰富的光影效果。

室内以暖灰色为主，客厅黄色的休闲椅为空间增加了亮点。餐厅区墙身的“影松”画屏透露出行云流水的意象，既增加了空间的层次感，也呼应了整个空间的格调。两侧的卧室及办公空间以木格栅水晶屏风为背景，在光影的映衬下显得灵动优雅。

# 现代典雅 观景大宅

## 宁波招商西岸1872设计方案

开发商：宁波江湾房地产开发有限公司 / 项目地址：宁波市江北区湾头大桥东南侧靠近大闸路
建筑设计：上海霍普建筑设计事务所股份有限公司 / 景观设计：上海易亚源境景观工程有限公司
用地面积：46 900平方米 / 建筑面积：143 800平方米 / 容积率：2.2 / 绿化率：30%

宁波招商西岸 1872 位于宁波江北新城星湖片区，依傍星湖西岸，景观优越。项目是招商蛇口公园系 TOP 级产品，包含两个住宅地块和两个商办地块，整体规划设计以优越的星湖景观资源为出发点，融合现代典雅的建筑风格，赋予项目独一无二的价值。

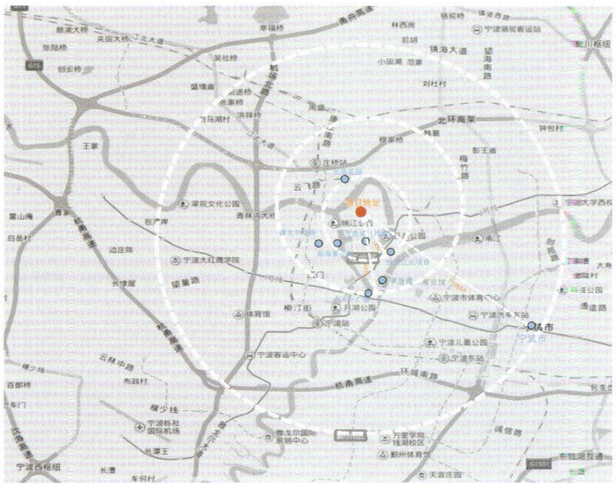

## 区位分析

宁波招商西岸 1872 位于宁波江北新城星湖片区，为甬城西北区域的门户，区位优势明显，交通便利。项目位于星湖西岸，环星湖新城西向空间轴线的两侧，是区域城市空间地标性的项目。

## 定位策略

项目贯彻建设“以人为本”“尊重自然”，既适应现代生活又具有鲜明个性的人性化居住空间；尊重人性和自然规律，力求做到产品生态化、环境生态化、社区规划生态化，打造一个集休闲、运动健身、健康养生和生态居住为一体的社区。

## 产品设计

项目呈南北向长条形，若加上日照的影响，面宽资源就成为户型设计的最大掣肘。因为东向具备优质湖景资源，东向客厅设计成为朝东户型的必然选择，并为同层其他户型释放南向面宽，进而做到景观资源和南向资源的平衡，有利于提高户型品质的均质化。

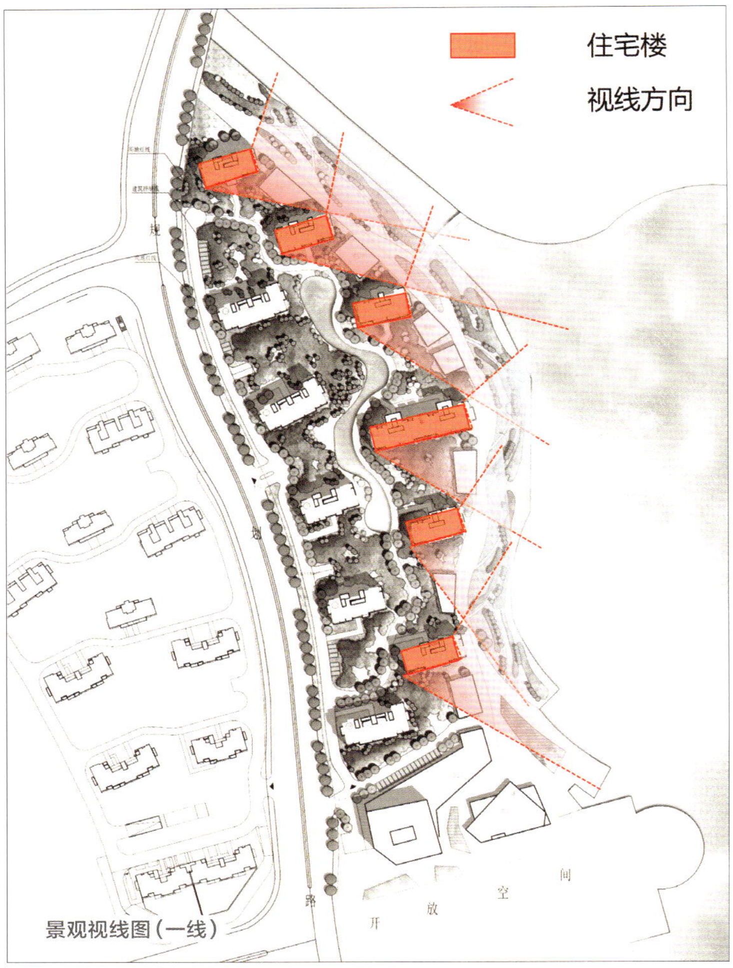

景观视线图（一线）

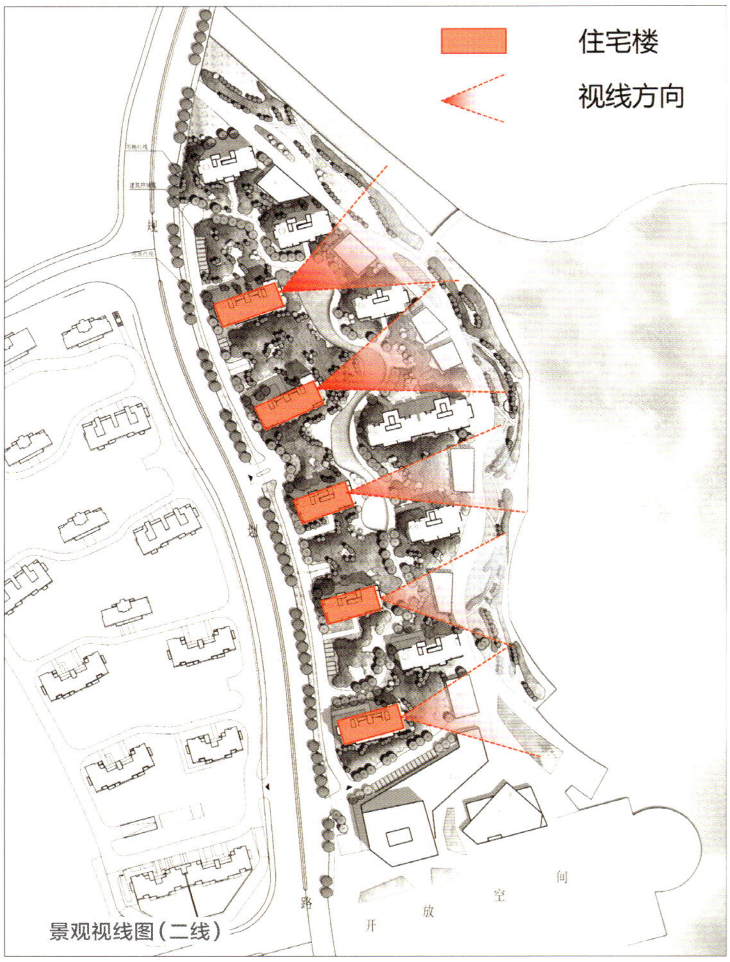

景观视线图（二线）

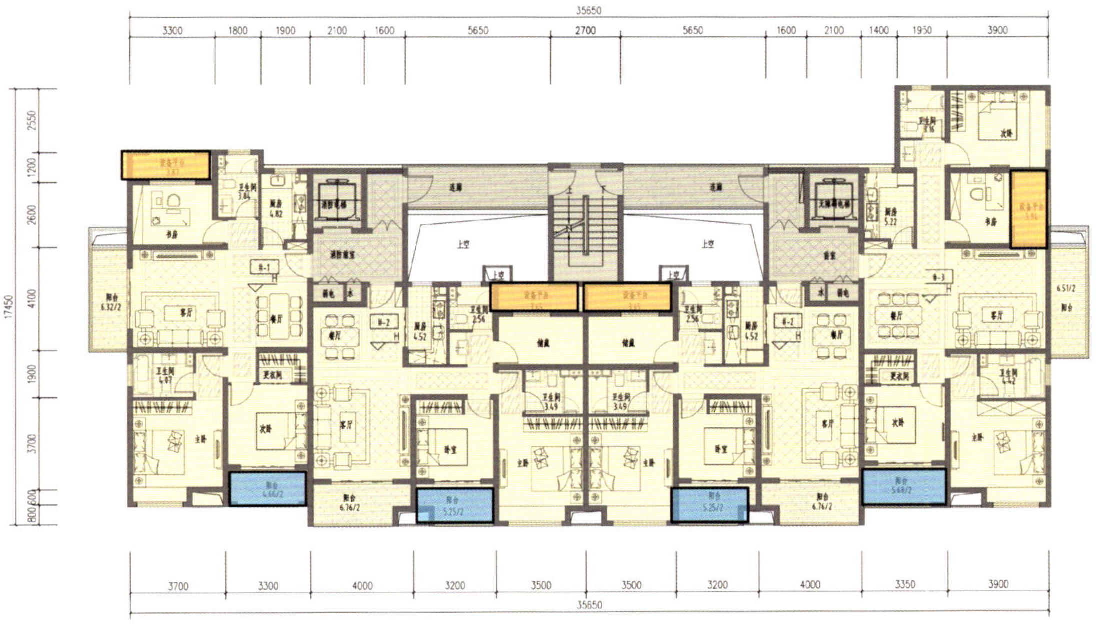


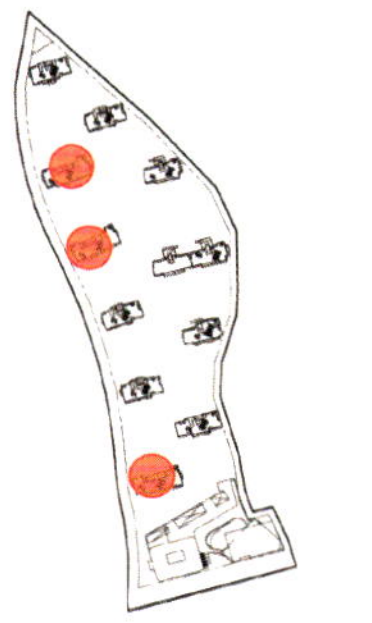

小户型三面宽朝南

赠送一半面积

赠送全面积

1、8、10 号楼平面图

| 房型类型 | T4 | | | | |
|---|---|---|---|---|---|
| 面积组成 | 115+105+105+139 | | | | |
| 得房率 | 83. 16% | | | | |
| 房号 | 房型 | 套内建筑面积 / 平方米 | | 小计 / 平方米 | 户型建筑面积 / 平方米（仅标准层平面） |
| | | 套内（使用 + 墙体） | 阳台面积 | | |
| Ba | 三房二厅二卫 | 87. 57 | 10. 99/2 | 93. 07 | 111. 91 |
| A | 三房二厅二卫 | 82. 5 | 11. 47/2 | 88. 24 | 106. 1 |
| Ca | 四房二厅二卫 | 102. 53 | 12. 18/2 | 108. 62 | 130. 61 |

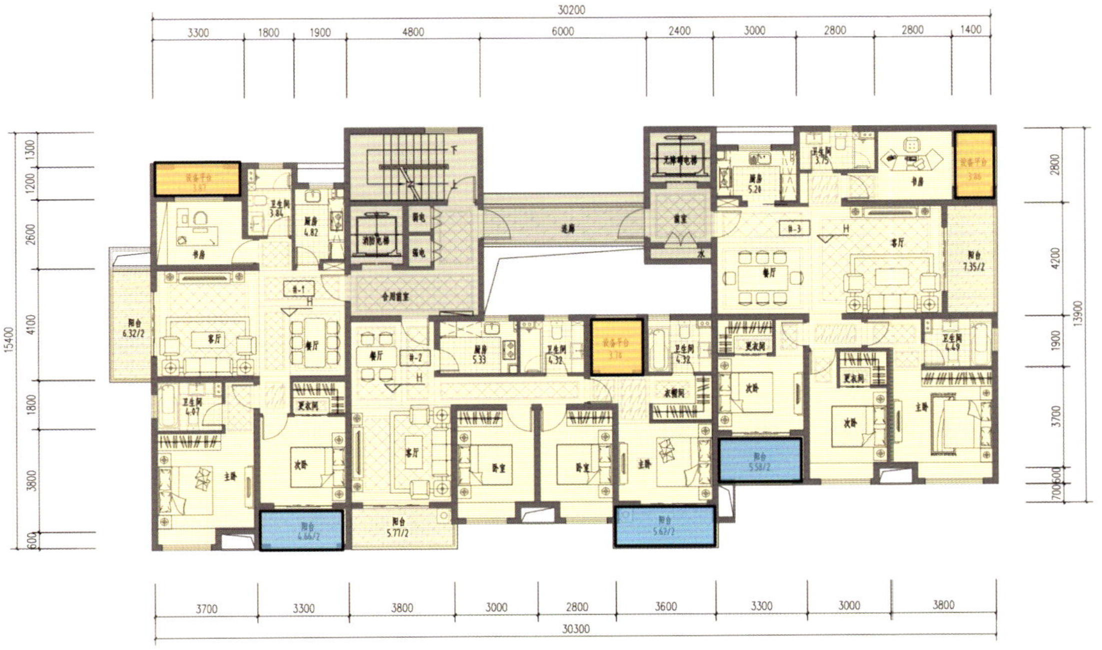


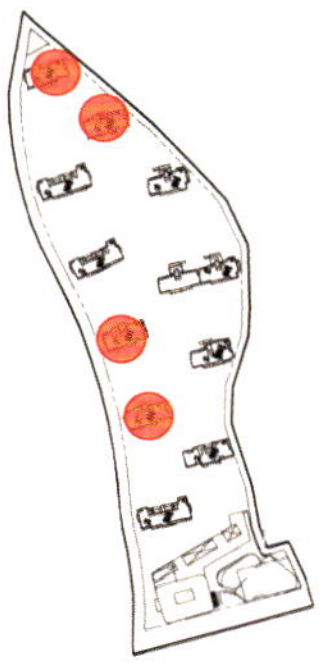

中间户四面宽朝南

赠送一半面积

赠送全面积

3、6、11、12 号楼平面图

| 房型类型 | T3 | | | | |
|---|---|---|---|---|---|
| 面积组成 | 115+115+139 | | | | |
| 得房率 | 82. 39% | | | | |
| 房号 | 房型 | 套内建筑面积 / 平方米 | | 小计 / 平方米 | 户型建筑面积 / 平方米（仅标准层平面） |
| | | 套内（使用 + 墙体） | 阳台面积 | | |
| Ba | 三房二厅二卫 | 87. 57 | 11. 16/2 | 93. 15 | 113. 06 |
| Bb | 三房二厅二卫 | 86. 77 | 11. 39/2 | 92. 47 | 112. 23 |
| Cb | 四房二厅二卫 | 108. 71 | 12. 92/2 | 115. 17 | 139. 78 |

## 建筑设计

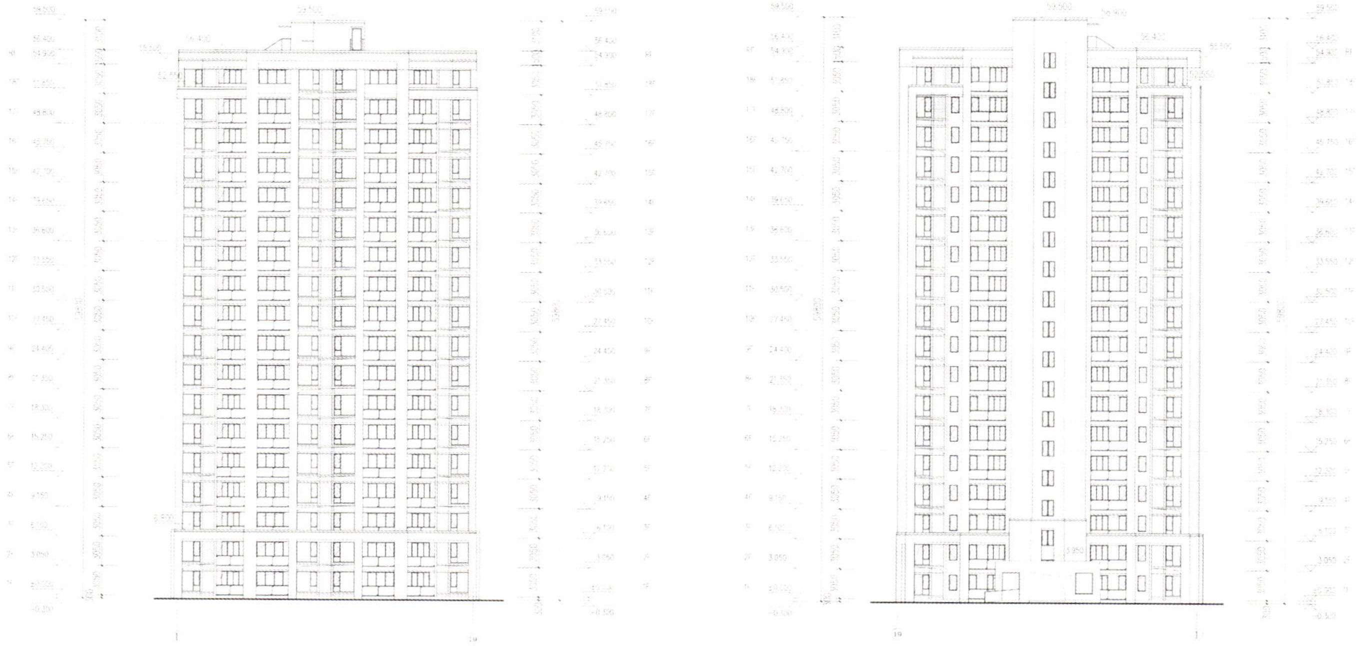

高层住宅正立面图

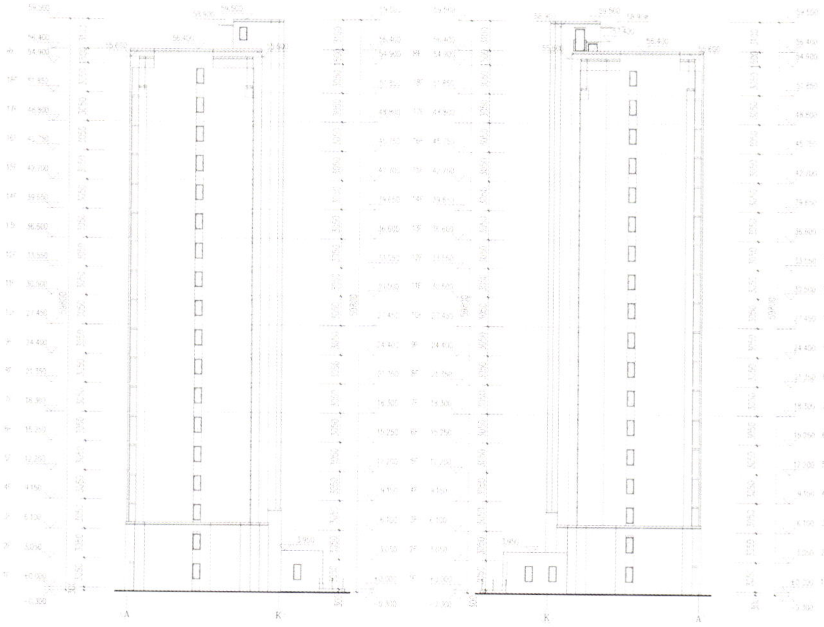

高层住宅侧立面图

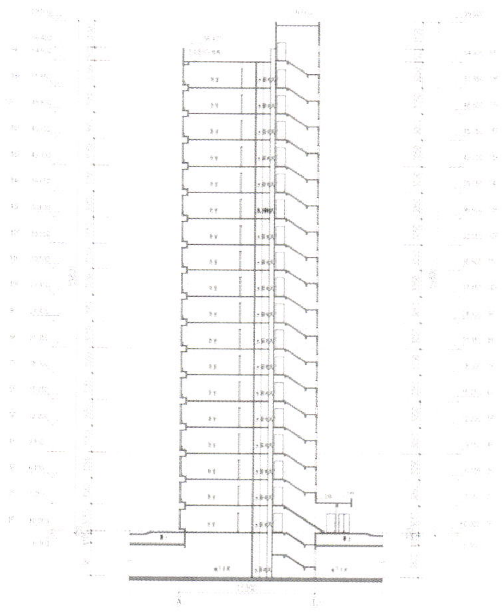

高层住宅剖面图

## 商业项目

商业布置在东南侧开放空间，结合开放空间下沉广场设置部分地下商业。商业建筑与开放空间及湖岸景观相结合设计。多退台设计，形成露台，营造生态的积极空间和打造开阔的景观视野。

## 商办项目

项目定位为全销售型商办项目，高度为 11 层，1-2 层为餐饮商业区，3 层以上为销售型办公区。商办楼位于临湖住宅地块南端，区域景观主轴的北侧，景观条件优越，适合打造临湖商业设施和生态景观办公设施。

塔楼的整体形体强调与阶梯状露台相融合的水平向延伸感。四周圆角的处理结合了层间的白色飘带，构成了柔美典雅的造型，与周围的环境客体相互包容，形成其特有的地标特性。

层间横向飘带式造型及长条窗在赋予建筑显著造型特征的同时，摒弃纯幕墙结构体系，节省了外立面建造成本。

# 全能品质生活城

## 重庆万科金域学府设计方案

开发商：云畔置业有限公司 / 项目地址：重庆市南岸区学府大道轻轨二塘站
建筑设计：长厦安基建筑设计有限公司 / 用地面积：250 000平方米 / 建筑面积：1 050 000平方米 / 容积率：2.8 / 绿地率：31.8%

万科金域学府是万科集团在重庆市学府路大道打造的百万方全能品质生活城，拥有一线江景资源和优质的教育配套两大优势。项目通过科学的规划布局、精心设计的建筑形象、多层次的景观营造以及万科全新的住宅产品设计，为所在区域树立新的人居标杆。

## 选址研究

万科金域学府位于重庆市南岸区二塘片区、南岸区与巴南区交界地带，到重庆主城各区交通便利。其中翰江地块前傍长江，背邻渝南分流道，毗邻重庆交通大学和轻轨3号线二塘站，景观条件优越，交通便利，学区氛围浓厚。

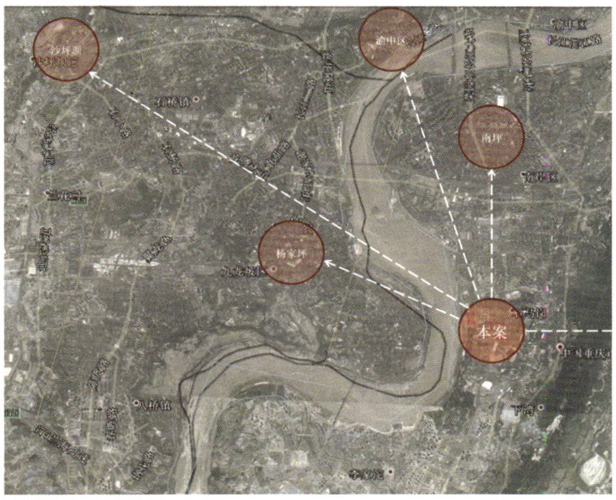

## 定位策略

万科金域学府是目前重庆万科首入南坪之作，定位为百万方全能品质生活城。项目规划万科全新的高层和跃层精装修产品，以及经典情景花园洋房等多种产品设计，引入从幼儿园到中学的全程教育配套，还打造近20万平方米的商业配套。其设计充分结合南滨路一线江景资源以及重庆交通大学浓厚的学习氛围，尊重城市空间形象，建筑高低结合，分块布局，形成丰富的空间形态。

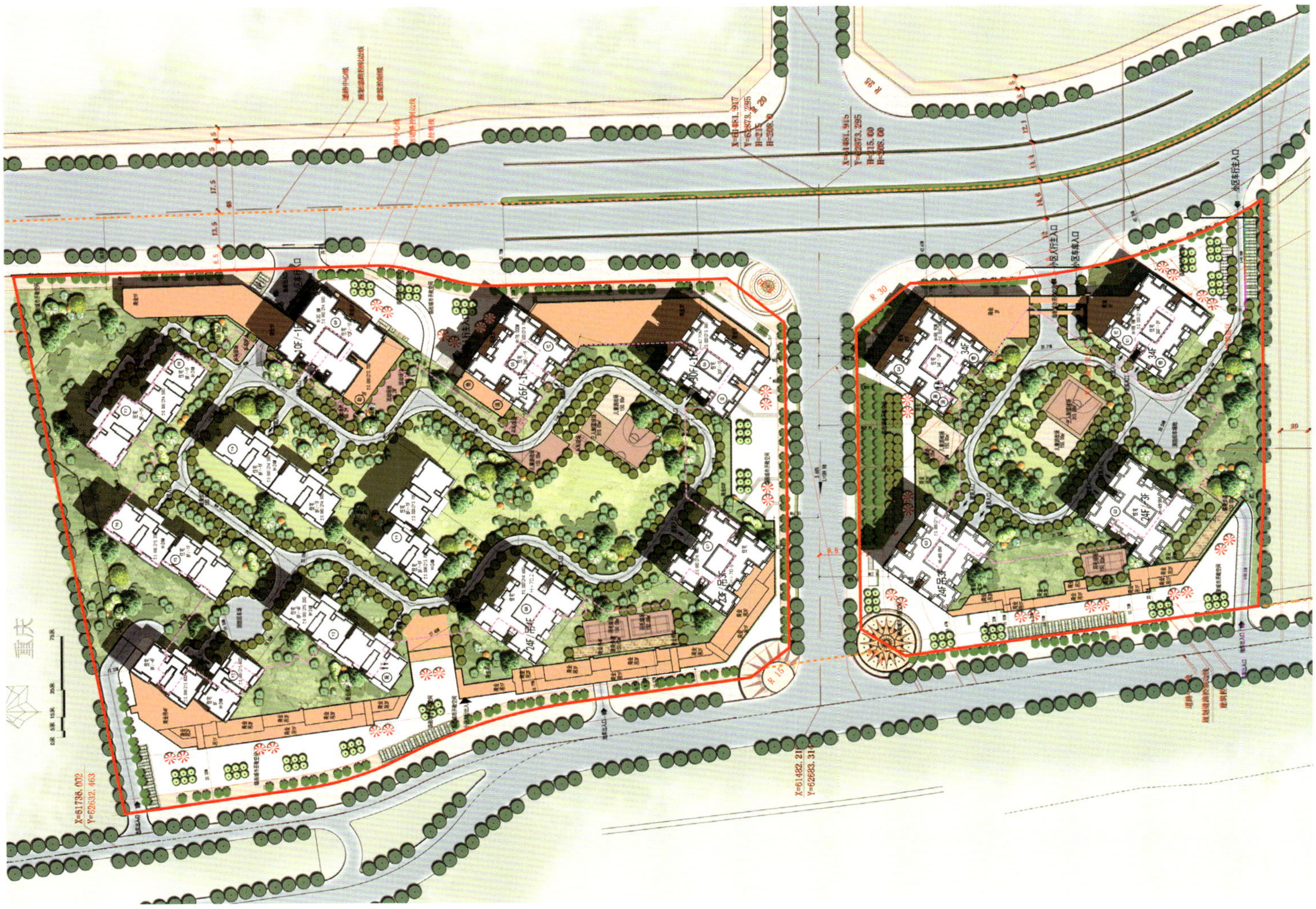

## 建筑设计

项目的建筑设计以“人居”为基准点，追求居住的舒适度与品位，同时建立社区独特的风格。其建筑立面设计将草原建筑风格与现代风格相结合。

洋房的造型设计采用了立面三段式构图的精髓，一、二层采用深咖啡色仿石材涂料，局部采用石材，作为稳重的基础；三到六层使用鲜明的浅色仿石涂料，体现主体的质感；七、八层及屋顶使用深色材料，构成层次丰富的顶部。

高层的现代风格体现了现代都市情怀与人们对生活的需求，兼容华贵典雅与现代时尚，反映出后工业时代个性化的美学观点和文化品位，展现小区良好的城市形象。

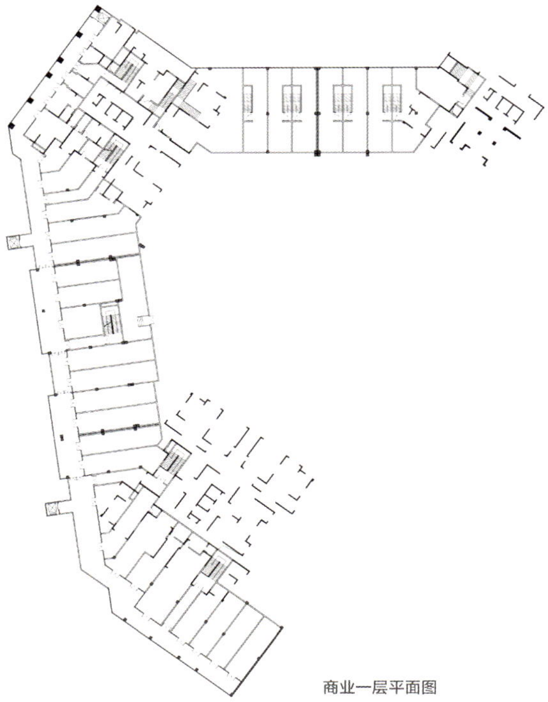

商业一层平面图

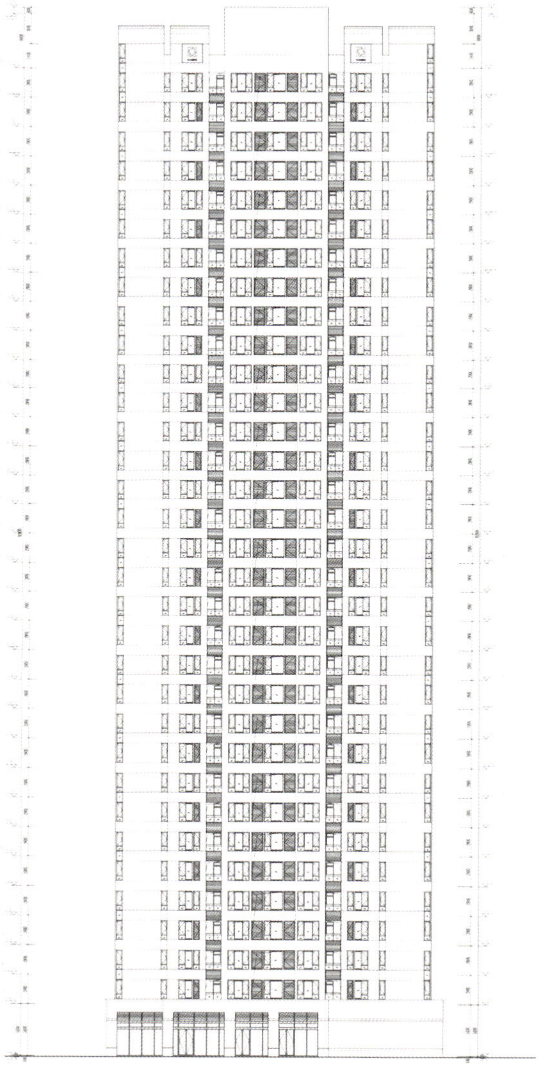

G1# 楼正立面图

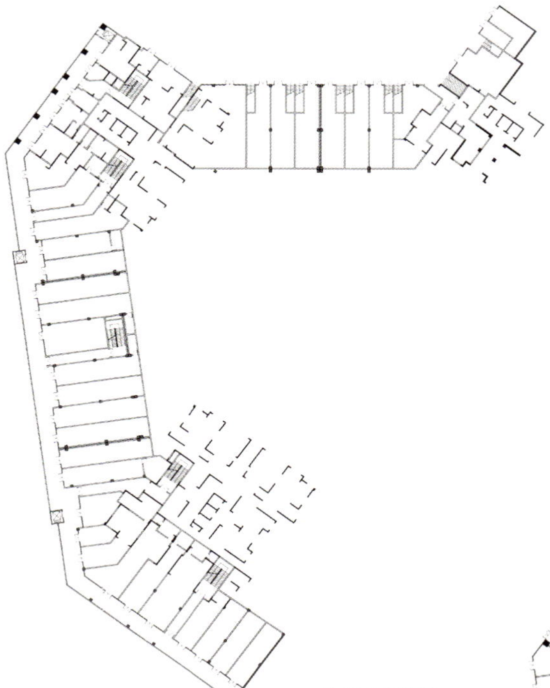

商业二层平面图

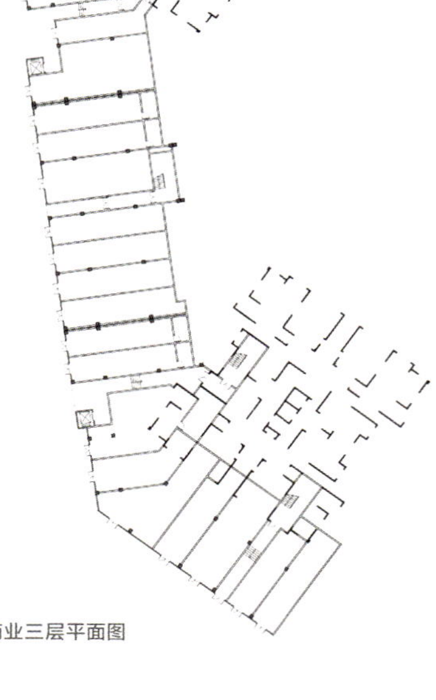

商业三层平面图

## 景观设计

景观设计采用自由式的设计手法，入口广场与居住区中庭景观形成浑然一体的环境体系，与滨江公园绿地环境相互映照。项目打造一组衔接内与外、动与静的景观序列，成为城市空间与小区之间的导体，并为进入小区做好景观铺垫。在中庭设计中，湿地系统与小区内的建筑、景观相结合，根据地势的渐变，同时把握中庭与小空间景观的对比关系，形成错落有致、有张有弛的景观，营造出大中有小、小中有大的景观空间。渐变的高度、不同主题的区域、不同功能的场所如同一粒粒珍珠，与湿地水流串联起来，形成既丰富又整体的绿地景观。

## 户型设计

112 平方米洋房户型为 2+1 室 2 厅 2 卫，户型方正，功能分区明确，设计合理。开间约 7.2 米，客餐厅相连，空间布局实用。主卧设置私人卫生间，衣帽间简约分区。卫生间干湿分离，生活便利。

112 平方米洋房户型图

# 生态花园 诗意栖居

## 上海桐南美麓设计方案

开发商：东原地产、碧桂园集团、中南置地 / 项目地址：上海市奉贤区南桥新城金海公路与广丰路交汇处
占地面积：87 916.4平方米 / 建筑面积：233 680.1平方米 / 容积率：1.8 / 绿地率：35%

上海桐南美麓凭借地块得天独厚的自然资源，精心打造生态科技社区，产品涵盖高层公寓、多层洋房及叠加别墅。项目在空间上设置“中高外低”的布局，构思三级公园环绕的模式，将生态资源完美融入到社区生活中，并以醇熟的设计手法构建清新典雅的新亚洲建筑形象，优化区域的天际线和城市界面。

## 定位策略

上海桐南美麓是由东原、碧桂园、中南三大房企联合打造的生态科技人居大盘，包含有高层公寓、多层洋房及叠加产品。项目从客户需求出发，建立关注客户的产品核心价值观，从规划、户型、景观到文化、配套、服务等多纬度进行社区营造，从功能出发创造生态社区健康生活方式，搭建平台，整合打通生活方式价值链，实现未来易居生活的理想。

## 区域分析

桐南美麓坐落于上海市奉贤区南桥新城金海公路与广丰路交汇处，为南上海生态核心区，坐拥天然水景且毗邻得天独厚的自然资源，如南桥中央公园、上海之鱼和奉浦四季生态园。此外，项目周围有BRT和5号线南延线环绕，交通便利。

基地位于沪金高速与郊环线之间，西侧与南侧临近规划地铁5号延线，北侧距离规划地铁8号线约为7.8千米，距离地铁16号线较远。基地周边四条道路宽阔便捷。

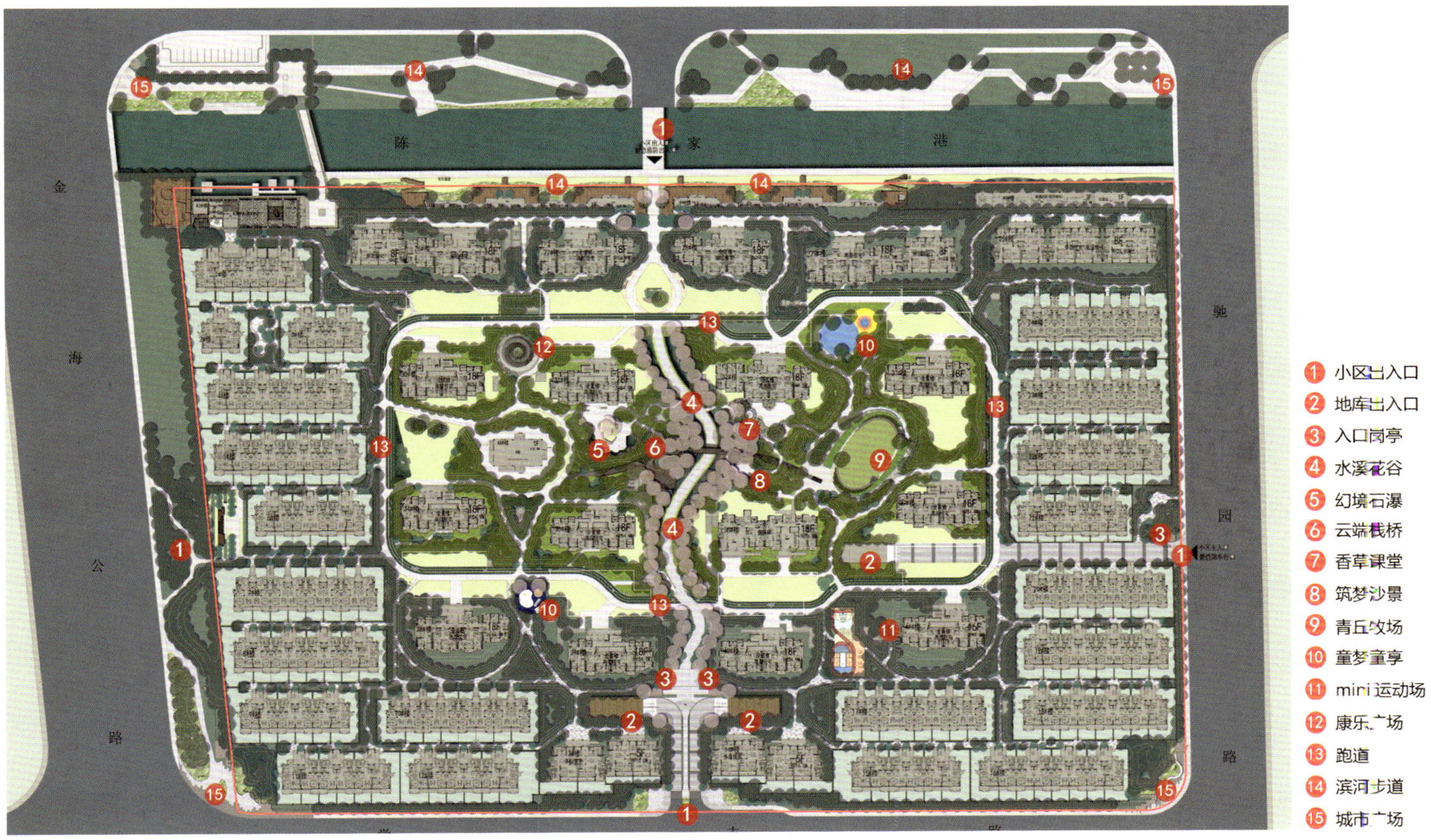

## 规划设计

在总体布局上，地块中央布置 18 层高层住宅，将多层住宅置于基地周边，形成整体四周低中间高的空间布局。中央部分以绿化带和道路广场作为联系的纽带，形成一个整体的居住空间。每个城市街角及主入口均设置半开放的街角广场，在其中打造优美的景观环境及小品，作为休闲及活动场所。别墅组团设有组团口袋公园，为组团住户提供半私密活动场所。

上海桐南美麓位于南上海生态核心区，其规划重点在于最大限度地利用地块的自然资源，让产品与生态融为一体。因此，项目采用纽约中央公园的设计理念，以外围低密度别墅、中间高层的布局形成一个社区内的中央公园，整个空间逐渐向城市渗透，打造多层次、多元化的公园体系。加上清新典雅的新亚洲建筑风格，为久居都市钢筋水泥森林中的人们筑造一座自然、诗意的生态公园住宅。

### 道路等级划分及全区交通分析

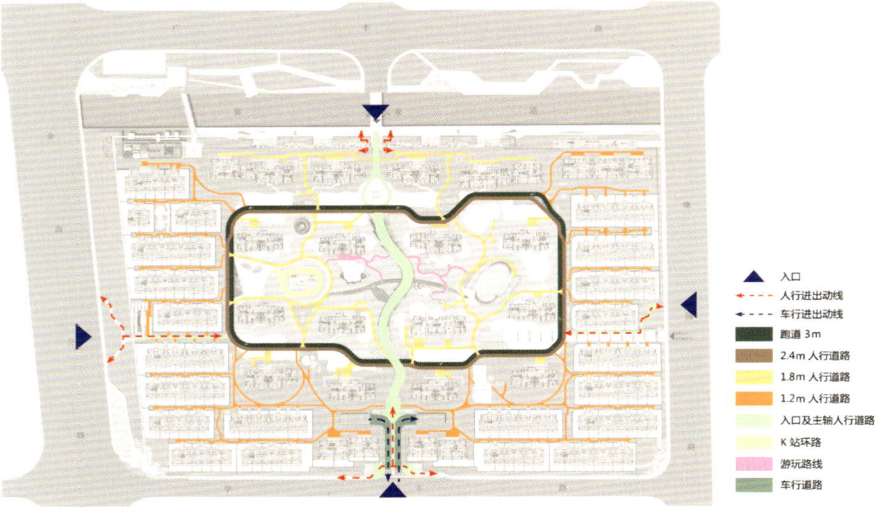


### 归家动线分析

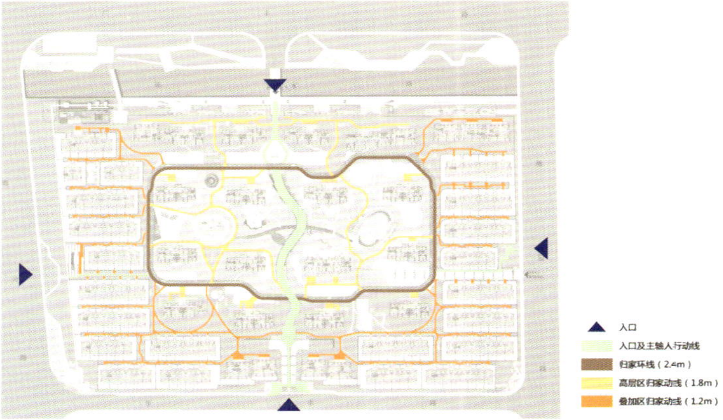


### 竖向分析

### 主要道路铺装

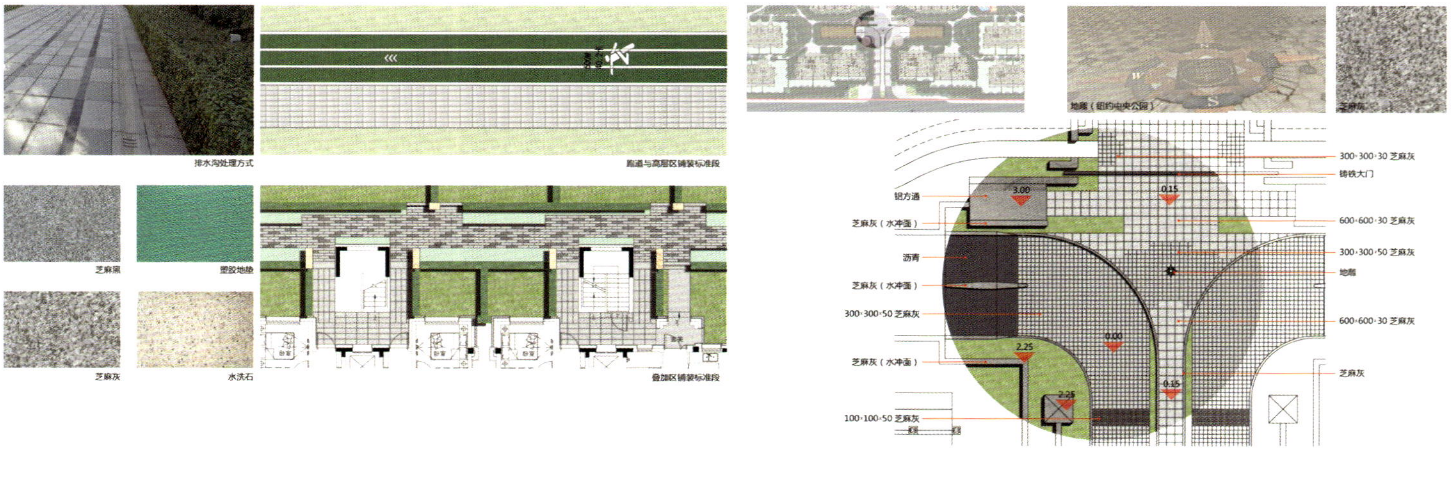

## 建筑设计

项目建筑采用新亚洲风格的立面和坡屋顶的造型，清新典雅。在不同的建筑功能设计与建筑体量设计上，项目力求做到风格的统一，同时又蕴含各自的建筑个性与特色。立面用色选用暖色的深浅搭配组合，并结合窗套、檐口、栏杆等细部的雕琢，使之端庄而不失亲切，精致而不繁琐。

### 叠加标准段

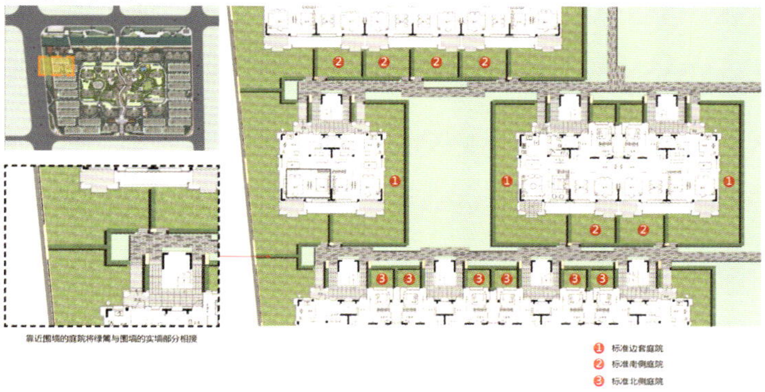


### 叠加北侧入户标准样式

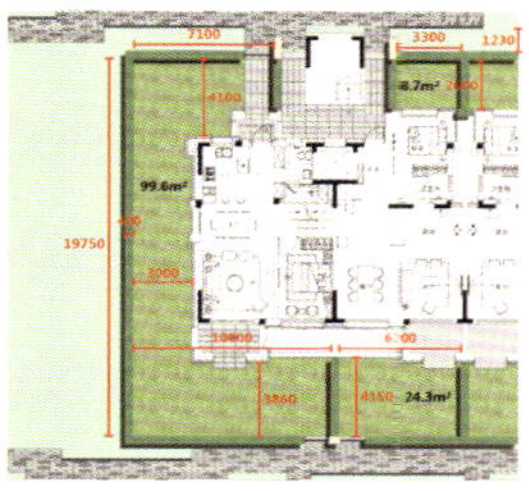

南立面图

北立面图

## 景观设计

项目景观根据整体规划特点采用了纽约中央公园的设计理念，并融合东原“童梦童享”的特色，打造三级公园环绕的绿化体系，包含一级城市公园、二级社区公园和三级口袋公园，为居住者提供不同私密程度的户外空间。

麓，本意是指鹿生活的地方，是在有树林的山脚下。实体示范区充分表现桐南美麓的主题，以现代的设计手法，糅合科技和艺术感，精心设计茂密的植被、花形的精神堡垒、现代的麋鹿雕塑、浪漫的河滨、掩映树丛间的灯光以及树屋主题的儿童乐园，营造饱含人性化关怀的公园式住宅。

### 功能分区

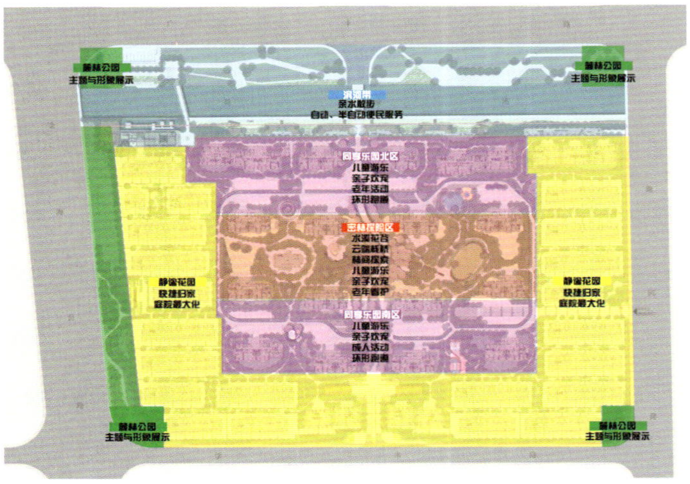


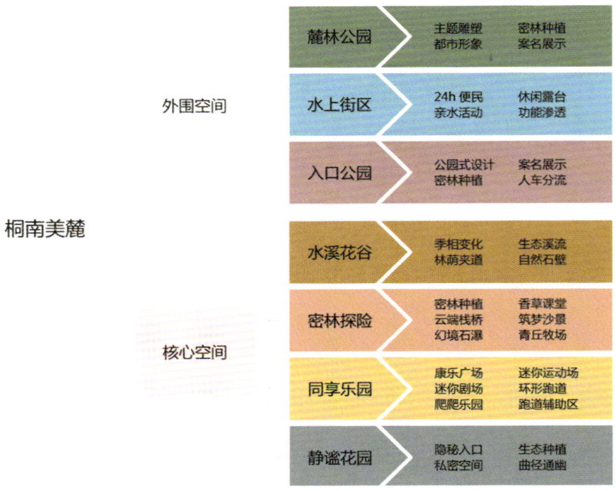


### 景观分析

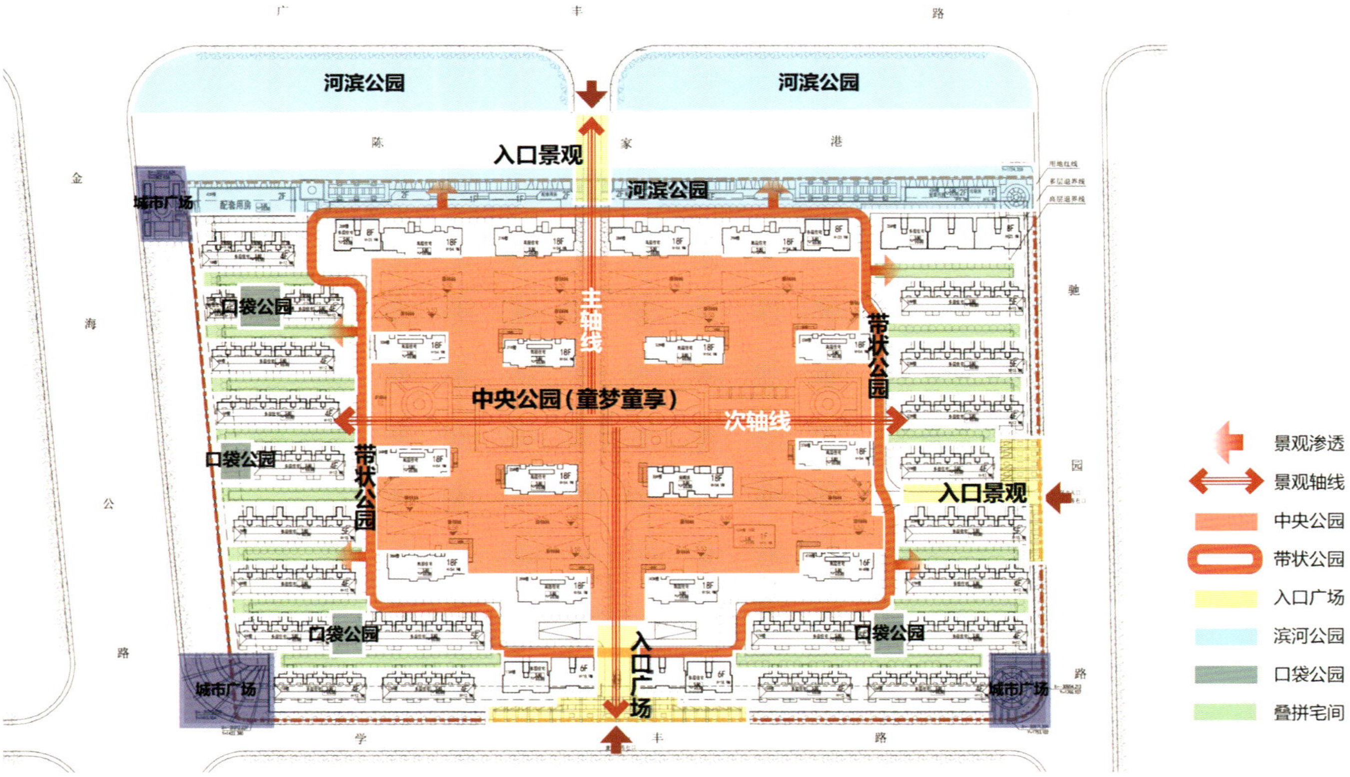

## 室内设计

上叠样板房延续了项目自然生态、以人为本的人居空间设计思路，以现代西方美学艺术为蓝本，采用主次有序的空间规划，虚实相间，层层推进。整个空间以尊贵香槟金色与高雅的藕粉色作为点缀，通过明暗冷暖对比使空间产生细腻丰富的变化，营造出明快、浪漫的空间氛围。

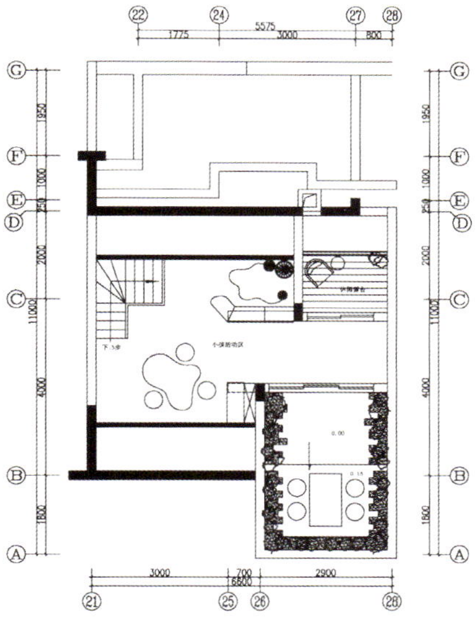

上叠三层户型图

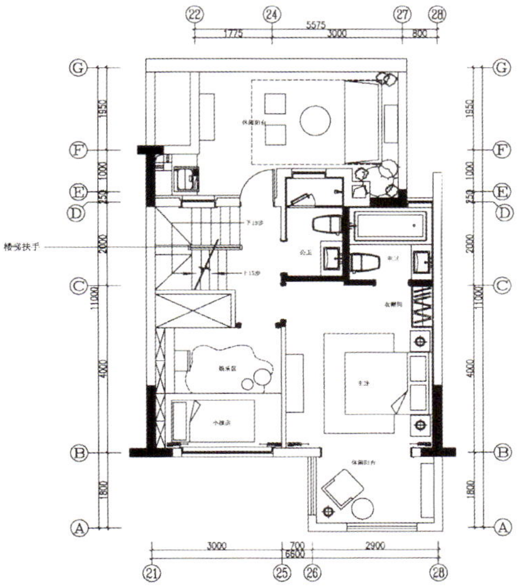

上叠二层户型图

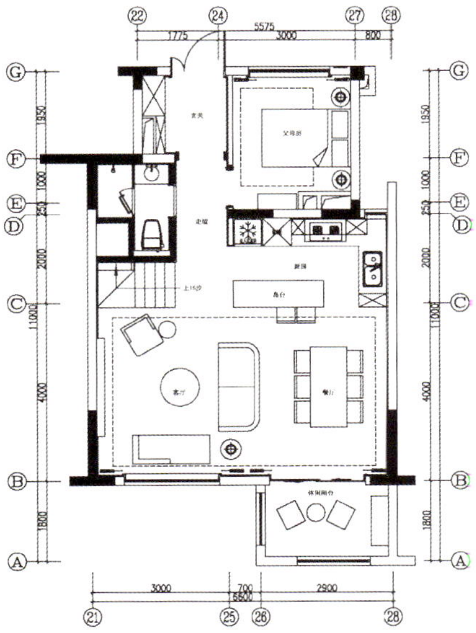

上叠一层户型图

# 美学生活博物馆

## 常州金坛万科·公园大道设计方案

开发商：万科集团 / 项目地址：常州市金坛区中兴南路与科教路交会处
建筑设计：上海都易建筑设计有限公司 / 室内设计：上海域正装饰设计有限公司 / 室内面积：1 800平方米

常州金坛万科·公园大道借鉴美式公园的人居理念，打造富有人文气息的公园社区，而大都会风格的售楼处打破了人们以往对于销售中心的刻板印象，浓缩了纽约第五大道的文艺空间和生活元素，成就“一座人文阅读、创意探索的美学生活博物馆”，旨在通过以人文、艺术、创意、生活为核心的复合式模式打造金坛的文化地标。

常州金坛万科·公园大道引入国际都市的人文生活氛围，其售楼处以大都会风格诠释一座“美学生活博物馆”，以漫步无声图书区、阶梯图书区、艺术区等文艺功能区为人们展示现代书香社区的魅力。这样的设计让人自然地与空间亲近和互动，产生真实的日常生活场景，从而产生认同感和归属感。

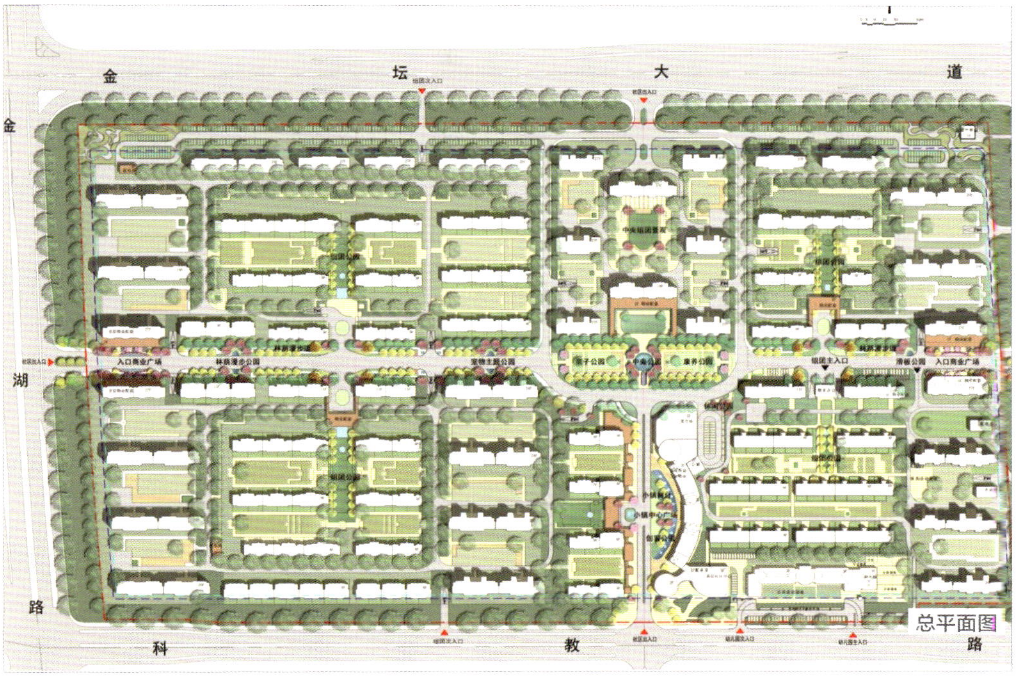

总平面图

## 项目概况

常州金坛万科·公园大道择址于钱资湖畔，集低层、高层、洋房等多业态于一体，秉承国际先进的公园人居理念，以美式公园为蓝本，精心打造美式低密公园住区。社区配套设施集中布置，商业、购物、教育、文化等多元业态汇集，构建社区生活中心，为居住者提供聚会、交流的公共空间，营造开放、包容、多元的小镇生活场景。

鸟瞰图

## 区位分析

常州金坛万科·公园大道位于金坛经济开发区金坛华罗庚科技产业园西北部，紧邻滨湖新城。西侧是二类居住用地及湿地公园，南侧东侧是科技产业园区。项目位于金湖路以东、中兴路以西，金武快速路以南、科教路以北。直线距离经开区管委会 0.1 千米，华罗庚中学( 滨湖校区 )0.6 千米，金坛区政府 2.6 千米。

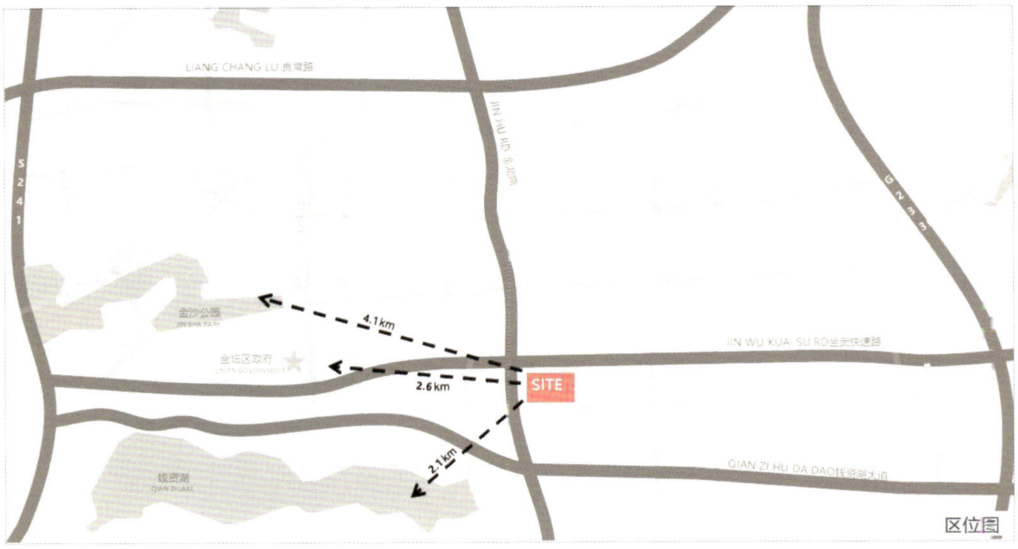

区位图

## 规划策略

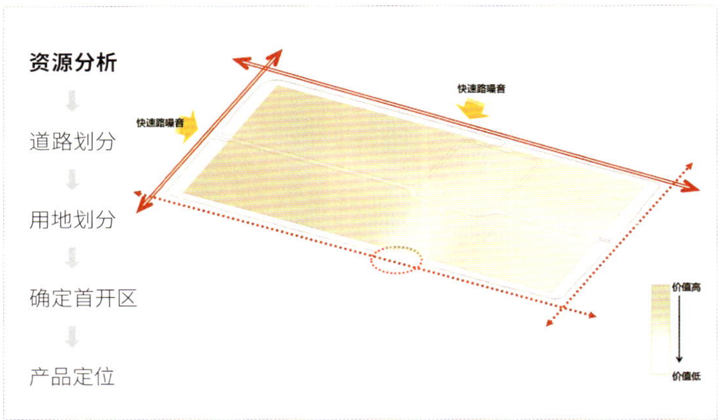


**避免楼栋跨用地界线，有效控制地价款支付节奏**

按照适宜街区尺度划分地块

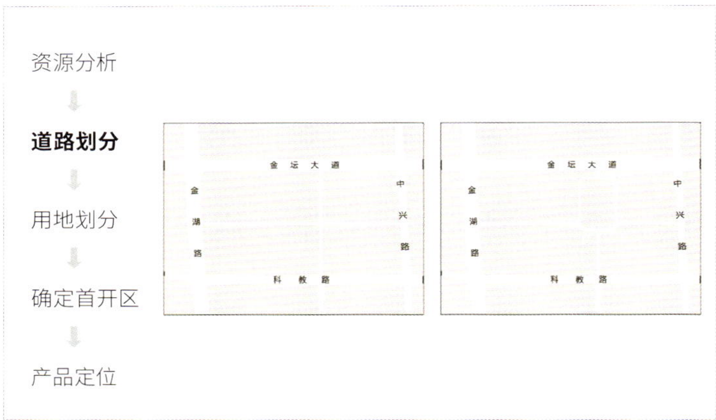


**打开城市主要界面，集中展示配套，体现大盘气势**

确定地块界面性格

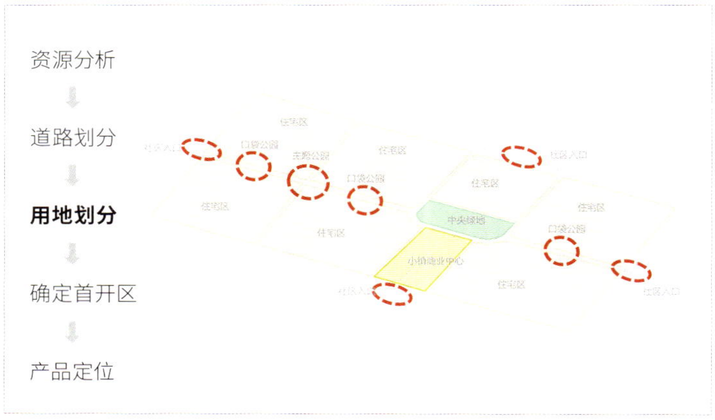


**集中配套打造小镇中心，营造活力商业街区氛围**

根据街区位置定义街区属性

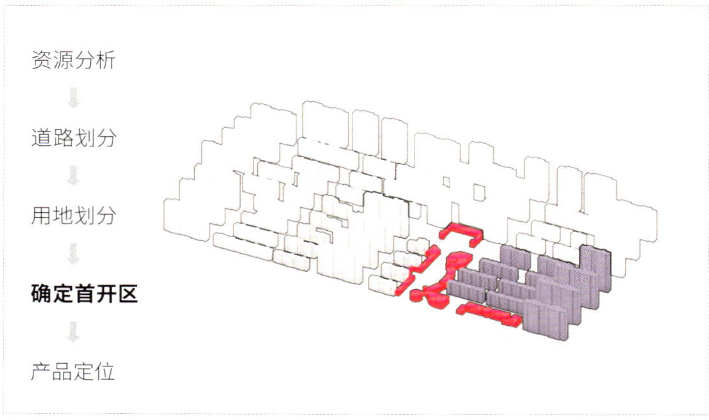


**展示区与住宅地块脱开，利于快速开盘， 实景营造，让 客户对未来生活方式有直观体验**

确定首开区范围

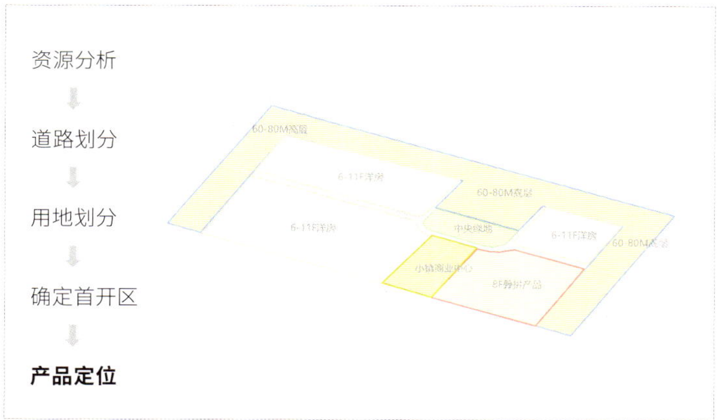


**同类产品独立组团，全周期产品，便于多盘联动。高低搭配满足政府对城市天际线要求，提高报规效率**

进行各产品的分配

## 建筑设计

**一心 两轴 五区**

**一心：** 社区邻里交流和服务配套中心。

**两轴：** 横轴由社区主干道和周边的开放公园构成活力线。纵轴由社区次干道、中央公园和集中服务配套构成，形成社区邻里生活轴线。

**五区：**通过横纵两轴将社区分为五个主题居住组团。组团通过产品、环境和文化植入形成不同体验。

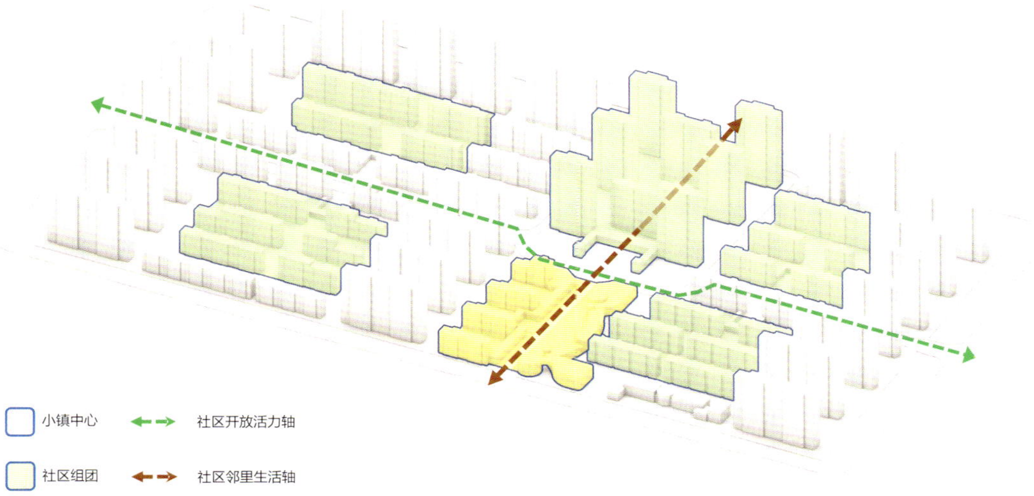


**秩序、轴线、城市界面**

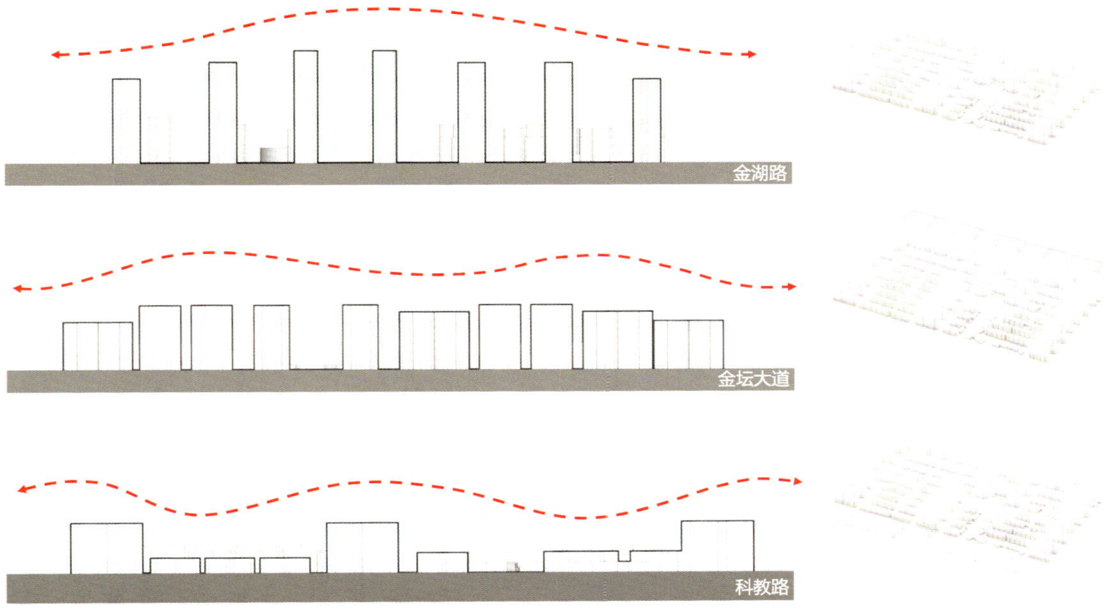


**立面设计**

都市风格的立面对称

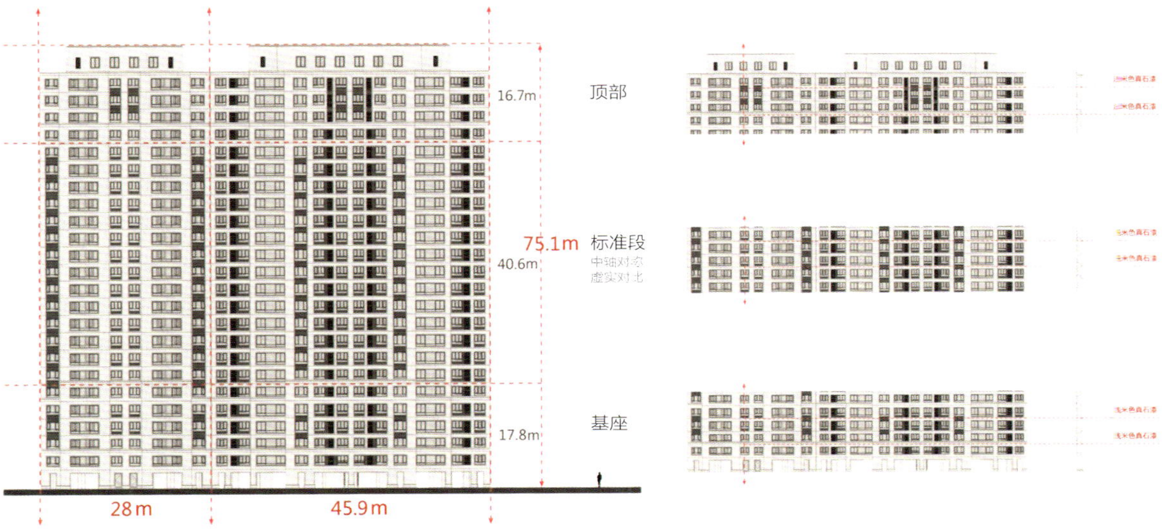

## 景观设计

**公园体系** 利用周边的景观资源、红线外公共绿地与小区内部公共绿地空间整体打造。

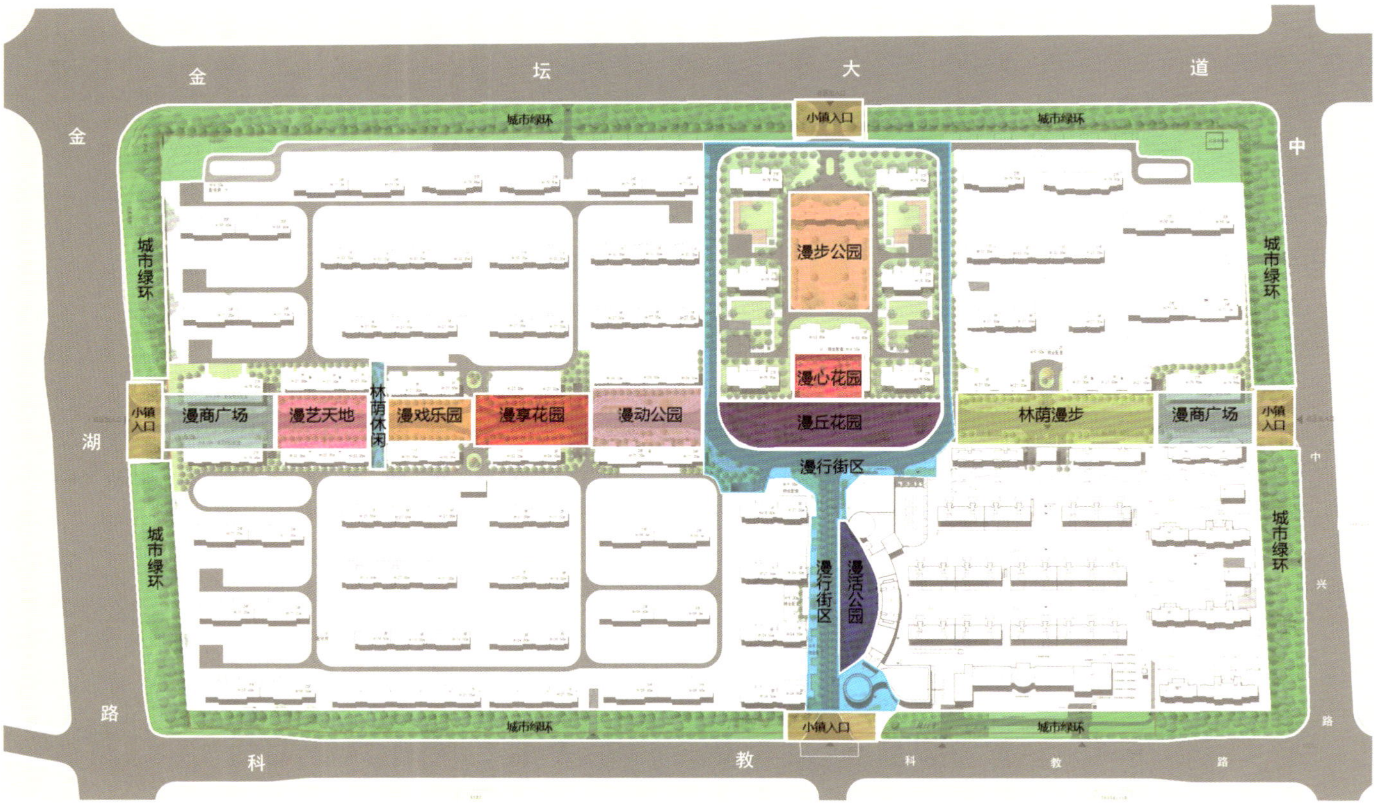


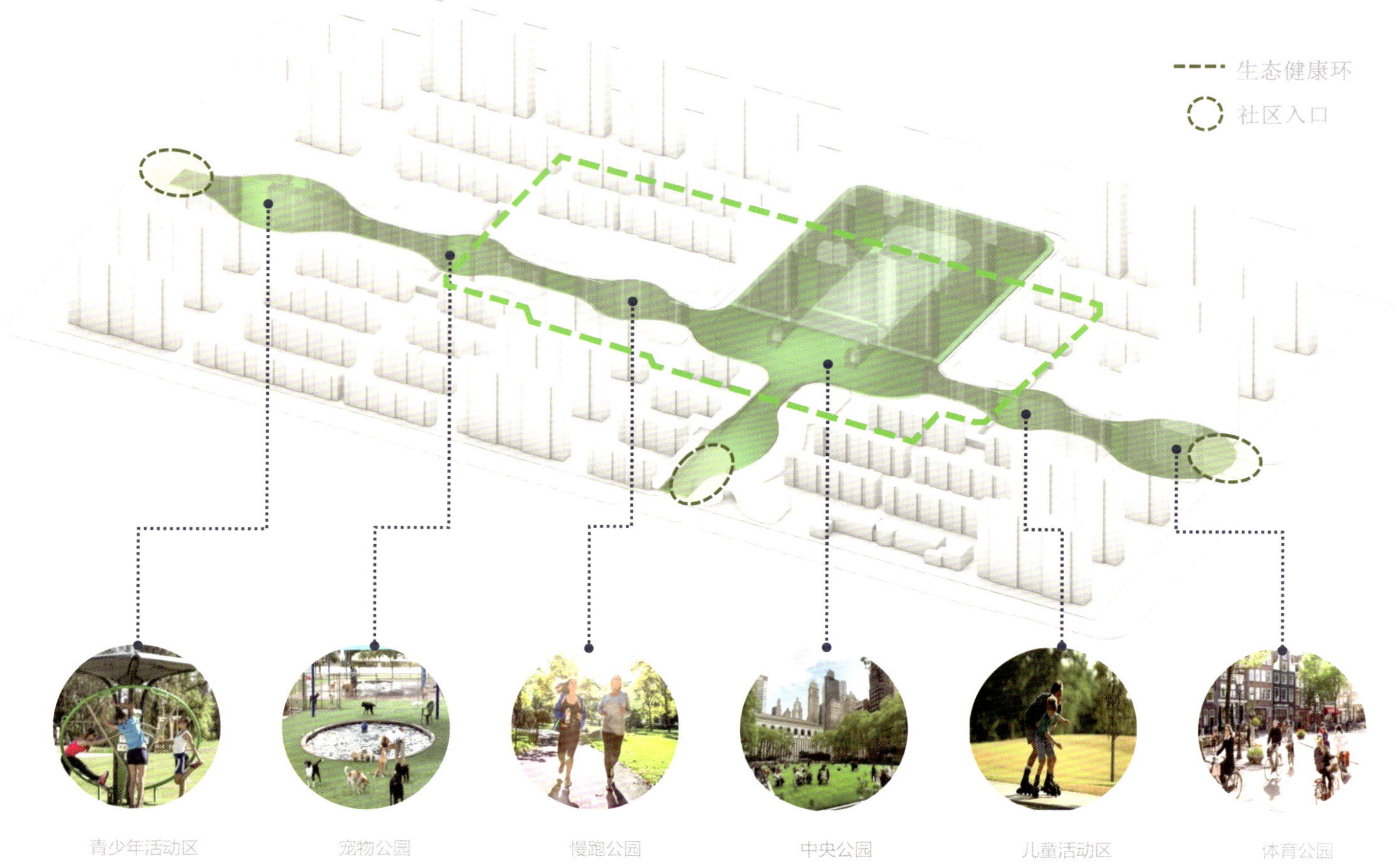

# 体验中心设计

## 大都会风范

售楼处结合社区生活中心的规划，以纽约第五大道为设计背景，延续大都会风格的设计理念，针对性地提取了第五大道地标性元素，如大都会艺术博物馆、纽约公共图书馆等设计元素，打造“一座人文阅读、创意探索的美学生活博物馆”。中轴对称的设计构建出端庄、典雅的建筑造型，而浅色石材和透明玻璃的搭配，既增强了建筑与周围环境的联系，又让建筑显得轻盈、时尚。

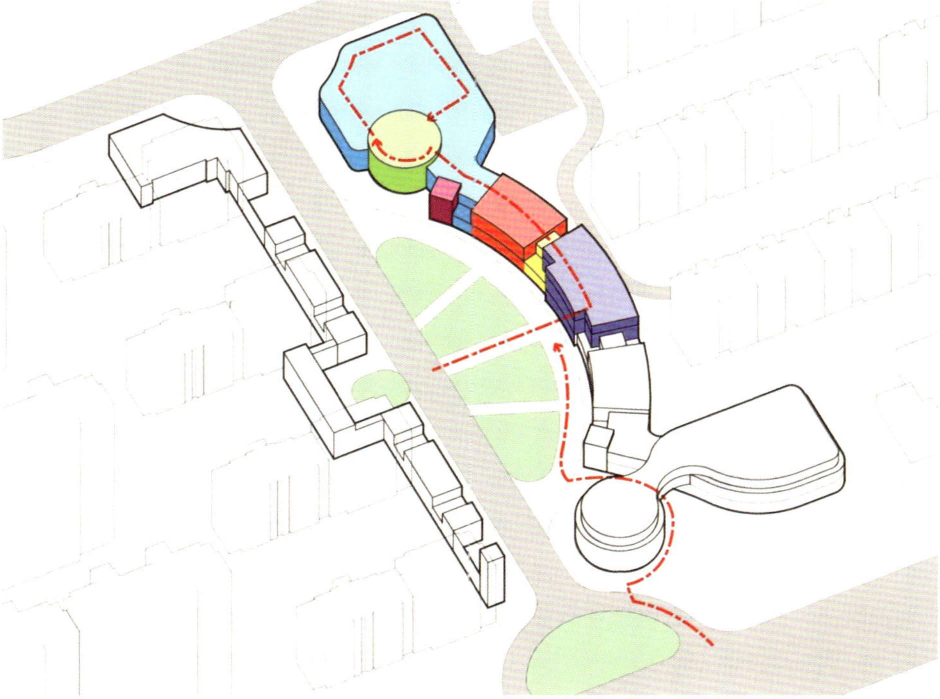

接待大厅　品牌展示区　模型展示区

样板房区　图书馆　儿童游戏区

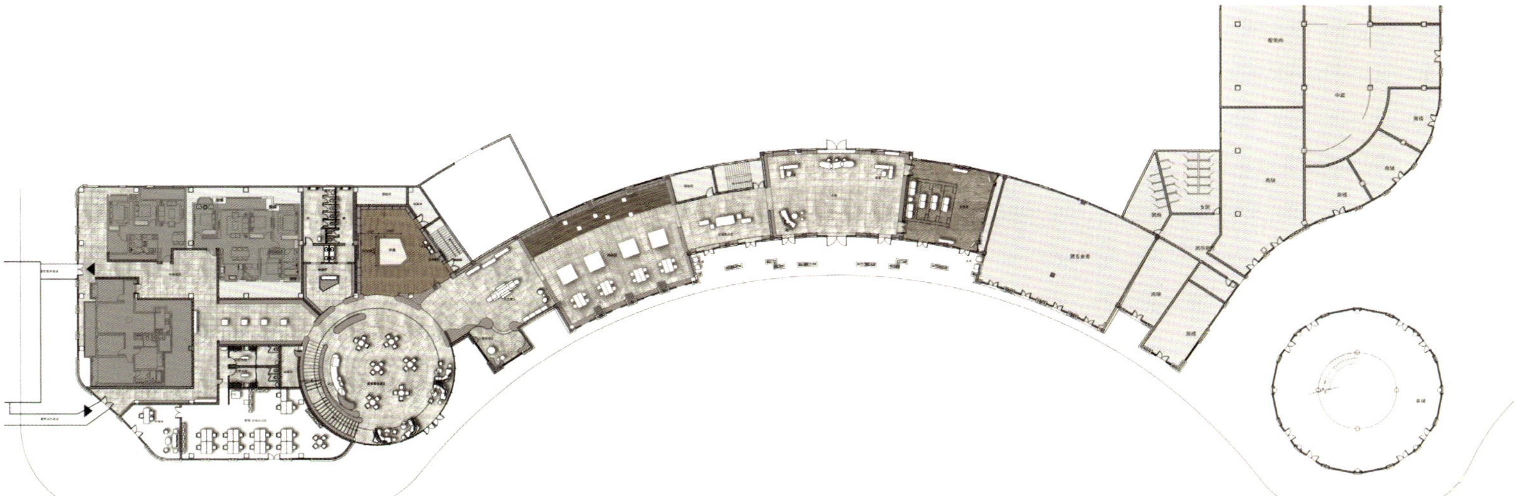

售楼处一层平面图

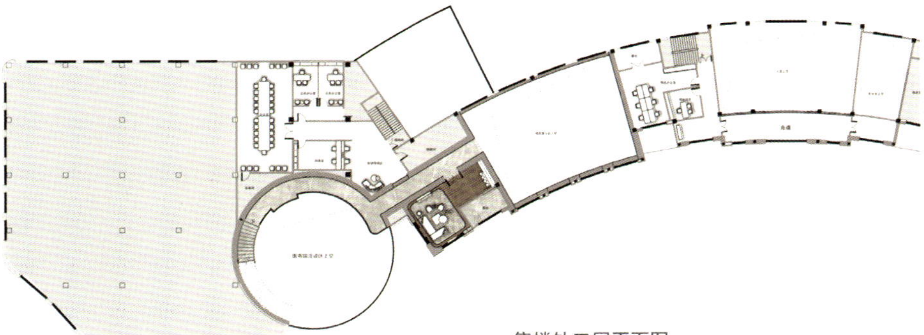

售楼处二层平面图

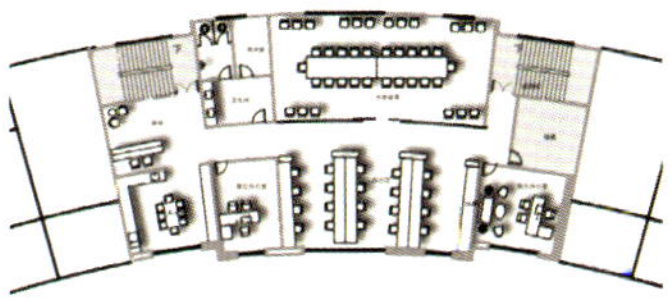

售楼处三层平面图

# 山水诗意 都会公园

## 重庆中交·中央公园示范区设计方案

开发商：重庆中交西南置业有限公司 / 项目地址：重庆市两江新区中央公园东侧
建筑设计：gad杭州绿城设计 / 占地面积：518 452平方米 / 建筑面积：1870 796平方米 / 容积率：2.71 / 绿地率：32.33%

中交·中央公园位于重庆市两江新区“黄金三角”核心区——“国际中心区”，紧邻亚洲第一、世界第三大开放式城市公园——“中央公园”，资源得天独厚。项目规划住宅、商务、商业等全业态产品，定位打造成国际、时尚、艺术的大型城市综合体，将为重庆开启世界级公园都会生活模式。

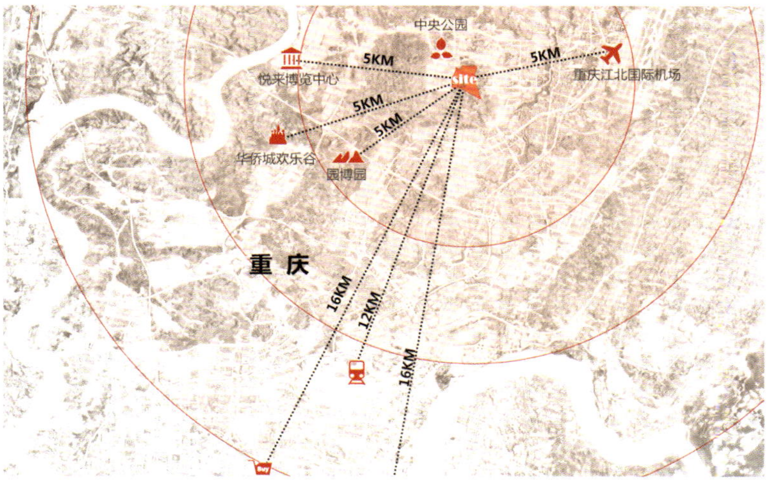


## 项目定位

重庆中交·中央公园项目位于两江新区，紧邻重庆中央公园，资源得天独厚。项目含住宅、商务、商业等全业态产品，定位打造成国际、时尚、艺术的大型城市综合体。作为未来的城市大社区，将人文艺术、自然风光等融为一体，以时尚、格调展现品质生活，为重庆开启公园都会生活模式。

## 区位分析

中央公园板块是政府重点打造的板块，其定位为重庆第二中心。区域内有亚洲第一的城市公园，拥有多条轨道交通以及城市主干道，多种配套达到市级标准。同时各个行政机构将会入驻，区域发展潜力巨大。未来项目周边 3 千米范围内将形成 4 横 4 纵、多节点交错的路网体系，交通便捷度、通达度高。

## 规划设计

**项目定义：**重庆中央公园项目是绿城集团项目开发体系中的一个特例，因为重庆地方城市建设的条例、地域居住习惯和房产品特征，以及上位规划对地区结构的限定，使得本项目具备了塑造一个完整的城市街区形态与理想城市片段的条件。

整体定义：令人难忘的城市形象；生机勃勃的区域中心；完整的街区结构——可步行的街道网络；邻里公园——街心花园和广场；温馨安宁的花园邻里——多元丰富的居住产品。

**规划策略：**通过公共空间和公共功能的植入，塑造超越一般居住邻里之上的城市特征和属性，共享开放的具有独特魅力和吸引力的生活场景和风情，是规划设计的核心价值和诉求。城市结构、公共空间设计，连接不同的居住邻里，塑造地块结构的主脊：公共服务设施、街廊和街面的设计、街道设计、街心花园广场的设计。

**城市性——公共空间 & 公共生活**
是规划设计的重要内容

中心 区域商业中心 | 街道 | 绿地公园广场 | 城市界面/天际形态/整体性塑造 | 交通（连接/转换）

用地交通

环境脉络

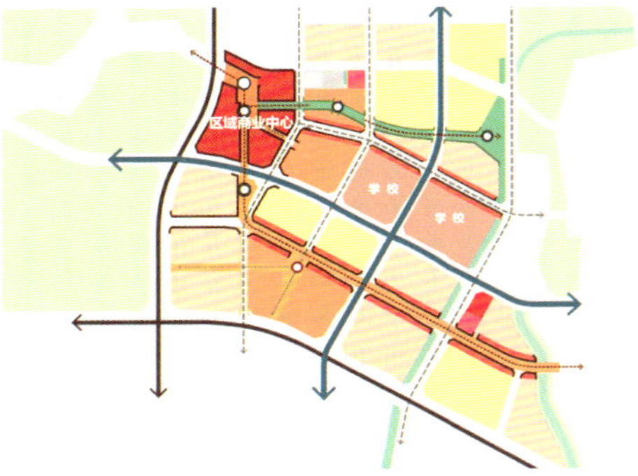

规划结构

用城市交通干道划分的用地分区

用地分区

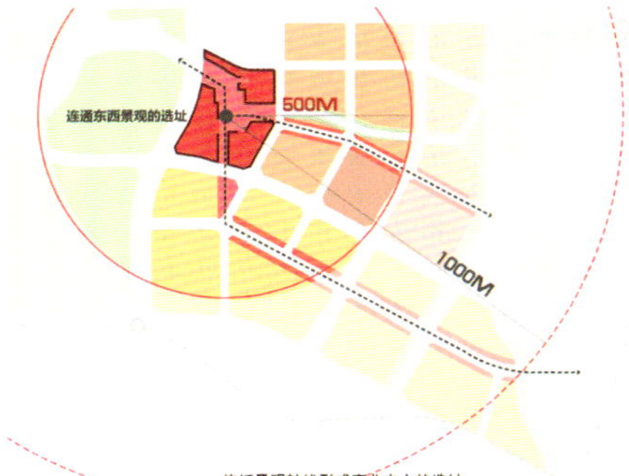

依托景观轴线形成商业中心的选址

中心选址

优化环境脉络界面的开放空间网络

开放空间

## 业态分布

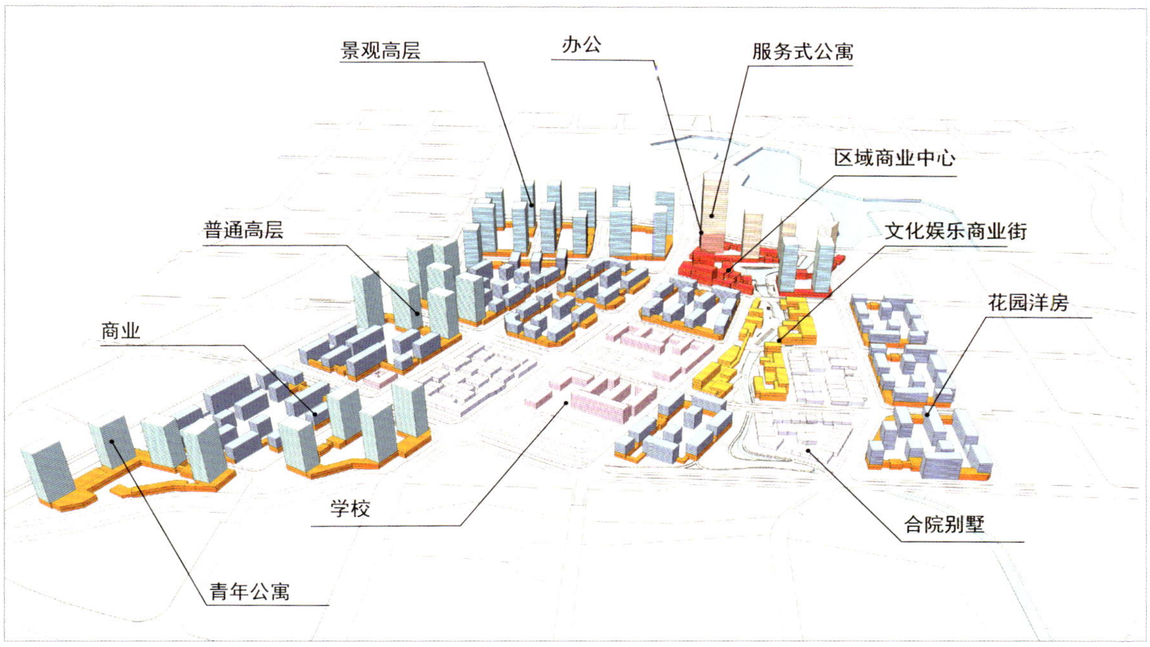


## 区域商业中心

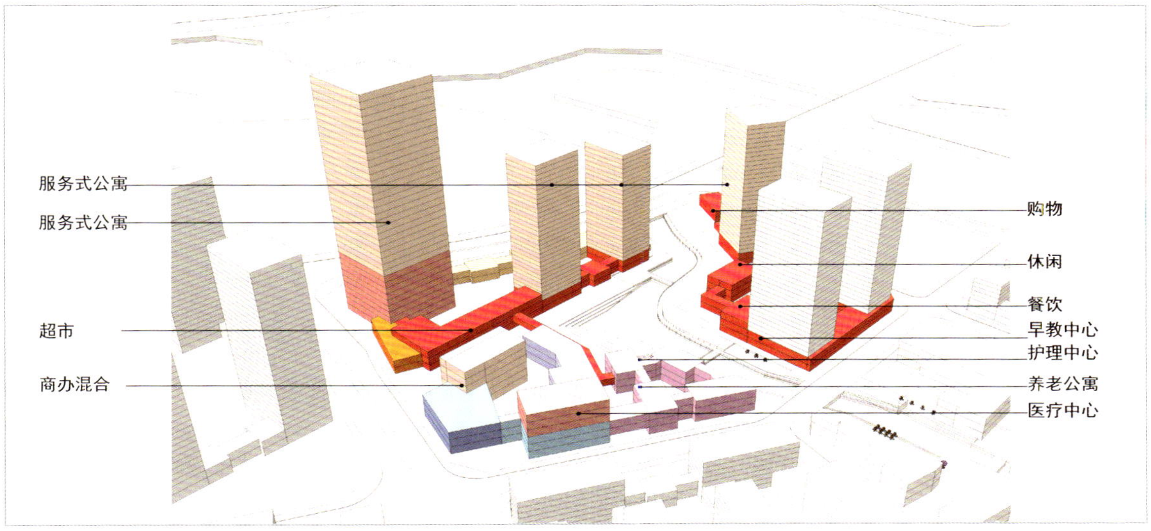


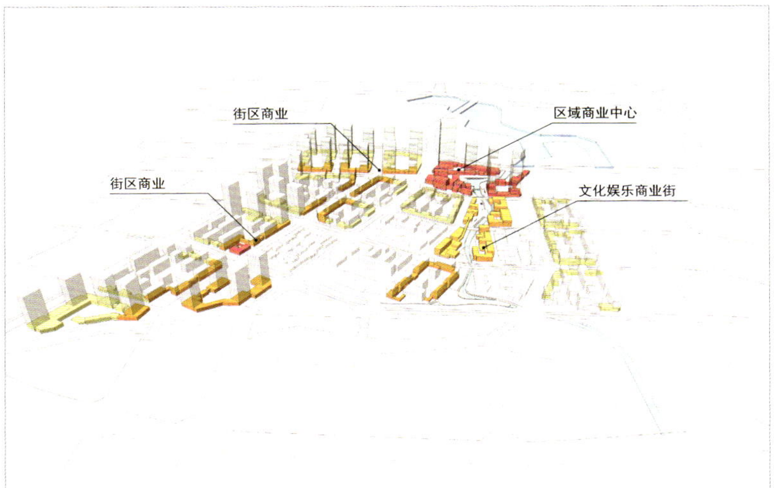


Π字形公共空间串联整个地块的各个部分

**总体业态**

整合为丰富的商业业态

**业态构成**

## 建筑设计

销售中心伫立在一片静谧水面，以极简主义建筑理念设计诠释“超现代”意味，体现出超然不俗的气质。设计师以悬殊的建筑与用地面积比为切入，将建筑整体沿一层铺开，呼应中央公园的巨大尺度。6 个功能不一的建筑体量围合内向型的院落空间，环绕式的动线布局强调内场与访客的互动体验。屋顶加盖一个横跨 27 米、厚仅 350 毫米的极薄金属屋檐，统摄形体要素，强化轻盈的建筑特质。通透不一的玻璃体块契合不同功能的场所体验，强调建筑丰富的透明性，内外渗透。入口半透明的拉丝 U 形玻璃，赋予建筑朦胧虚幻的气质；超大面落地玻璃，实现室内外场景的自然过渡。

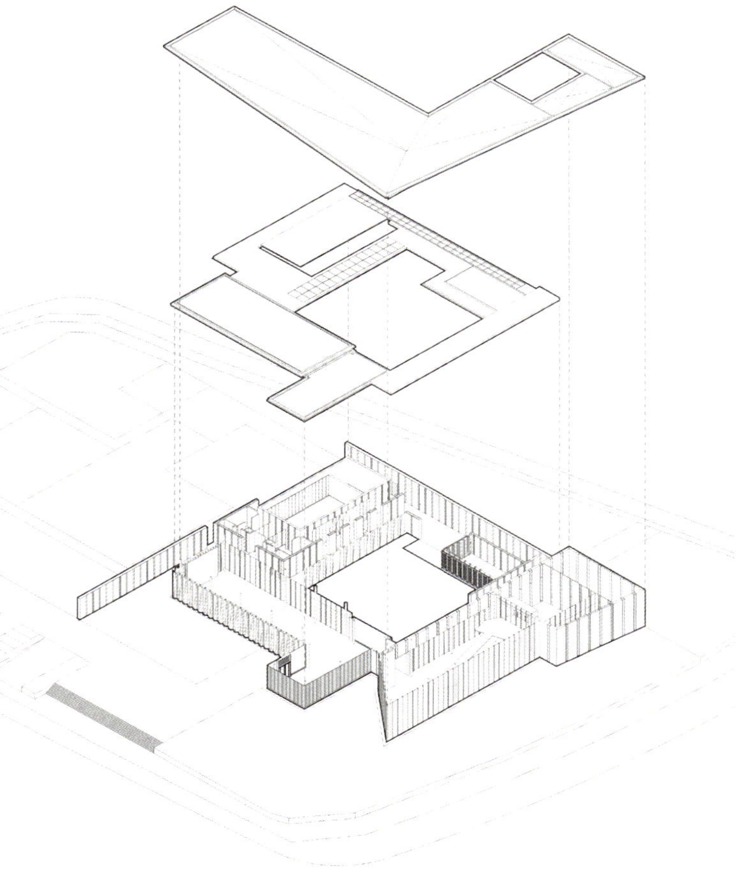

售楼处轴侧分解图

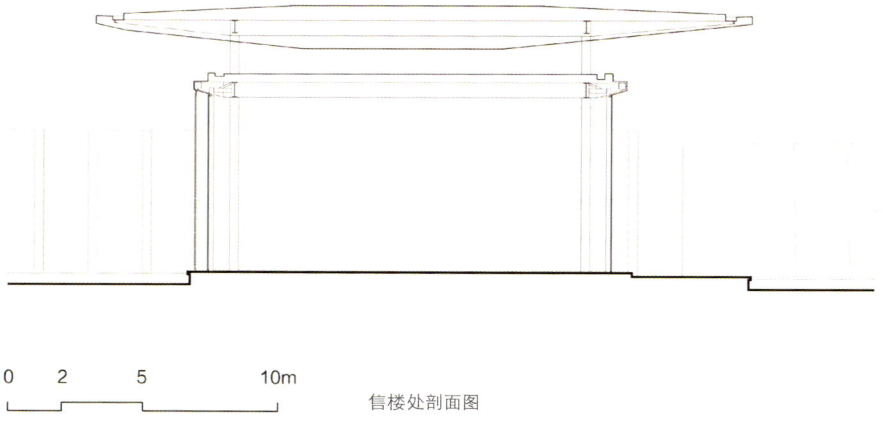


售楼处剖面图

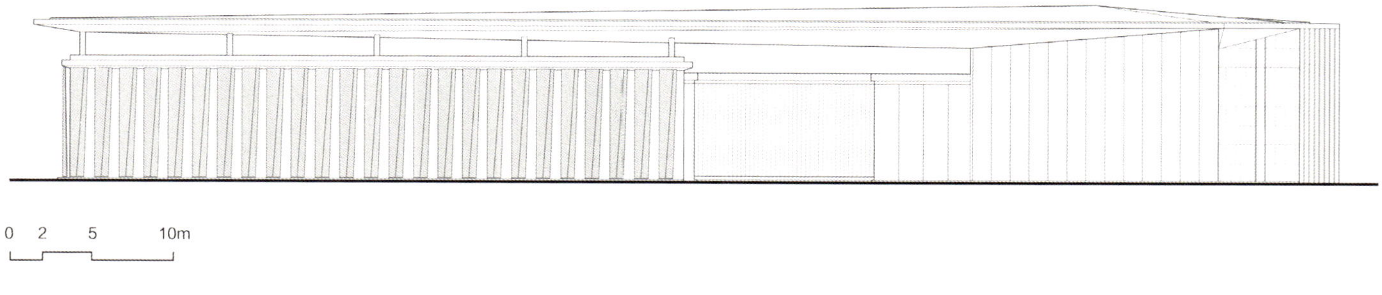


售楼处北立面图

## 景观设计

入口处，临时建筑的高度限制使得建筑无法在竖向体量上形成城市级的地标昭示性，因此设计师通过水面水平延展建筑，形成一种半岛式景观，把建筑最大化地呈现在城市界面上。

示范区前场通过石材的研磨、浅雕形成瀑布山涧、池塘芦苇丛，仿若一幅山水画卷，彰显静态美；到了夜晚，设计师运用电子光影虚化缥缈的方式进行叠加，让场景的描述增加厚度。

中庭运用“留白”与“墨分五色”的手法，以白为基调，并通过水的深浅、石材的颜色、光影的叠加和材料的肌理等变化模拟墨色疏淡。

后场取自苏州“留园”的一角，曲径通幽、以草为水、以廊当榭、以森林中的小动物化作太湖石那拟人般的情趣之美；逐步抬升的草坪区界定了舞台展示区的边界，1.2 米高的荷池后隐藏了一个吧台区，“抬升”的手法为后庭各种“交际活动”提供了复合性的场地条件。

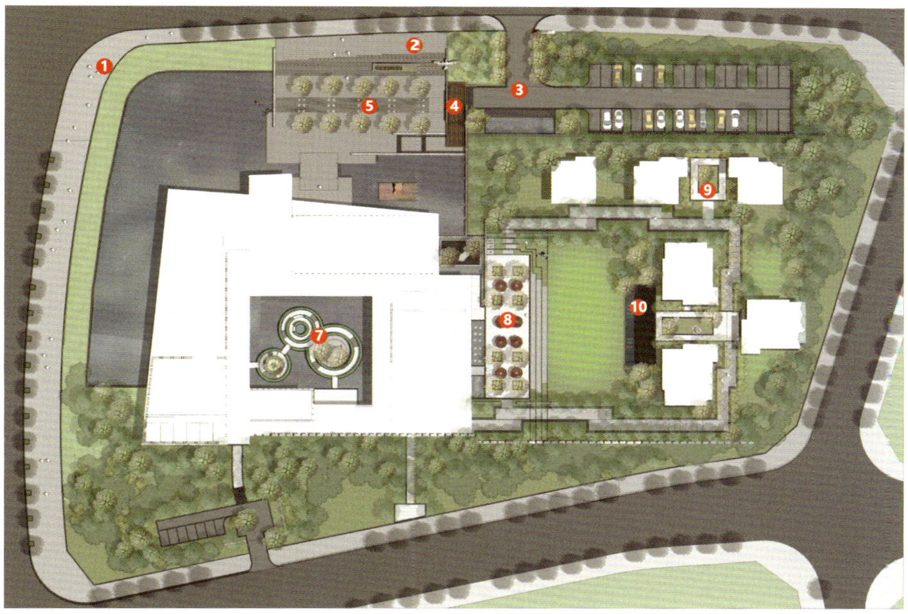

0 10m 20m 40m N

① 城市界面 ② 广场入口 ③ 停车入口 ④ 前场入口 ⑤ 艺术之森
⑥ 艺术中心入口 ⑦ 连廊看艺术中庭 ⑧ 宴会厅外休闲平台 ⑨ 样板小院 ⑩ 休闲水吧

① 城市界面 80 米城市打开面；
纯净而景色优美的界面中，建筑像雕塑一样硬朗地矗立在水池上面，独特的城市形象。

② 入口广场 途径入口满眼绿意中我们向艺术馆行进，有疑入仙境的玄幻感；
入口广场波光粼粼的水面倒影着天空与自然光与建筑交相辉映。

③ 停车入口 纹理如画的大理石，静静地安放在门口，体现着体验中心的品质和份量；
停车入口简洁精致的 logo 纹样，诠释品质。

④ 前场入口 浅抬的阶梯诠释着入口转换，铺垫情愫；
精装的大理石悬挂的鱼群装置着入口引导客户进入。

⑤ 艺术之森 走出狭小的售票厅和储藏室，眼前豁然开朗，镜水映天，形成开放且怀抱围合之感。
艺术没有内外的区别，都能感受艺术的存在，在有着绿荫、水池环绕的森林，延续着中央公园。

⑥ 艺术中心入口 连续的落地玻璃窗令空间延伸和连接起来，人在廊中，如在画卷中。
建筑与艺术品从来没有这样相得益彰！
忍不住走近、拉远，N 次，感动莫名。

⑦ 连廊看艺术中庭 开时迷宫变得更艳丽，温婉别致，婷婷而立在灵动的水面之上，场景激发人的想象空间。
将人与景观参与互动，只要你愿意停驻，就有诗意萌生，仿佛成为心灵的秘密花园。

⑨ 样板小院 掠过幻象，时光似乎在此停驻；
院落空间的转换自然、精美，清新雅致，随意搁置的小品点亮归家的内心情愫，充满对生活的想象。

⑩ 休闲水吧 端头的泛会所，生活体验的展示，最大限度的回望中庭景观，特别的随心随意，可以坐在这里休息，也可以随心所欲地翻看。

金·盘 内·参

# 商业楼盘

设计方案

# 时尚潮流 创新地标

## 西安万众国际W酒店设计方案

开发商：陕西万众地产有限公司 / 项目地址：西安市新城区 / 建筑设计：北京翰时国际建筑设计咨询有限公司
景观设计：深圳市当代景观艺术设计有限公司 / 用地面积：4 352.6平方米 / 建筑面积：306 588.8平方米 / 容积率：4.6 / 绿地率：30%

西安万众国际广场位于西安市曲江新区，致力于打造集白金五星级酒店、超 5A 级写字楼、购物、餐饮、娱乐、运动于一体的“纯高端生活方式”。作为全球现代奢华时尚生活品牌，W 酒店的目标宾客为时尚潮流的创造者。西安万众国际 W 酒店设有 310 间面阔 6.3 米豪华套房、4 000 平方米奢华水疗健身设施及玻璃顶泳池、超过 3 500 平方米水岸餐饮设施、近 1500 平方米会议中心。

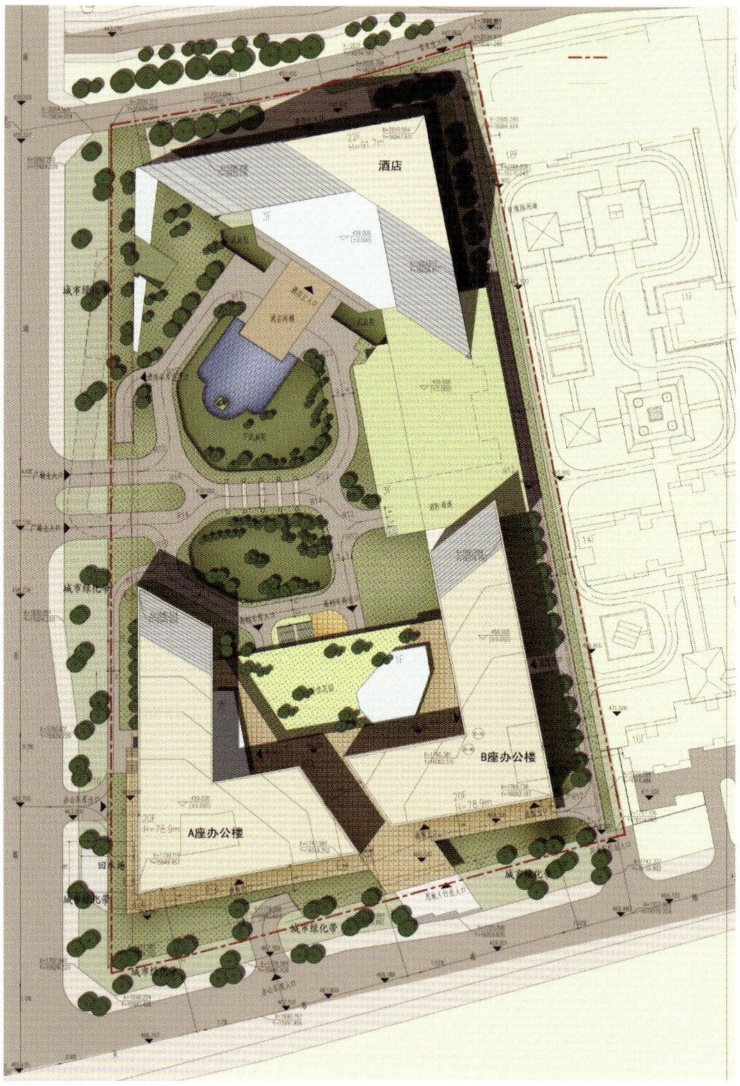

## 项目概况

西安万众国际广场位于西安市曲江新区，致力于打造集白金五星级酒店、超 5A 级写字楼、购物、餐饮、娱乐、运动于一体的“纯高端生活方式”。

作为全球现代奢华时尚生活品牌，W 酒店的目标宾客为时尚潮流的创造者。西安万众国际 W 酒店设有 310 间面阔 6.3 米豪华套房、4 000 平方米奢华水疗健身设施及玻璃顶泳池、超过 3 500 平方米水岸餐饮设施、近 1500 平方米会议中心。

## 建筑设计

三栋建筑占据了长方形用地四个边角中的三个，将用地中心的空间留出来作为庭园。西北面向美丽的大湖开放，以最大限度地利用城市中稀缺的自然风景。建筑外形像是“山”字，每栋建筑下大上小，体量被斜面收缩，到屋顶形成一个尖。这样独特的设计削减了巨大建筑对周围区域的不良影响。从远处看，建筑仍然保持足够的高度和新颖的外形，丰富城市的天际线。

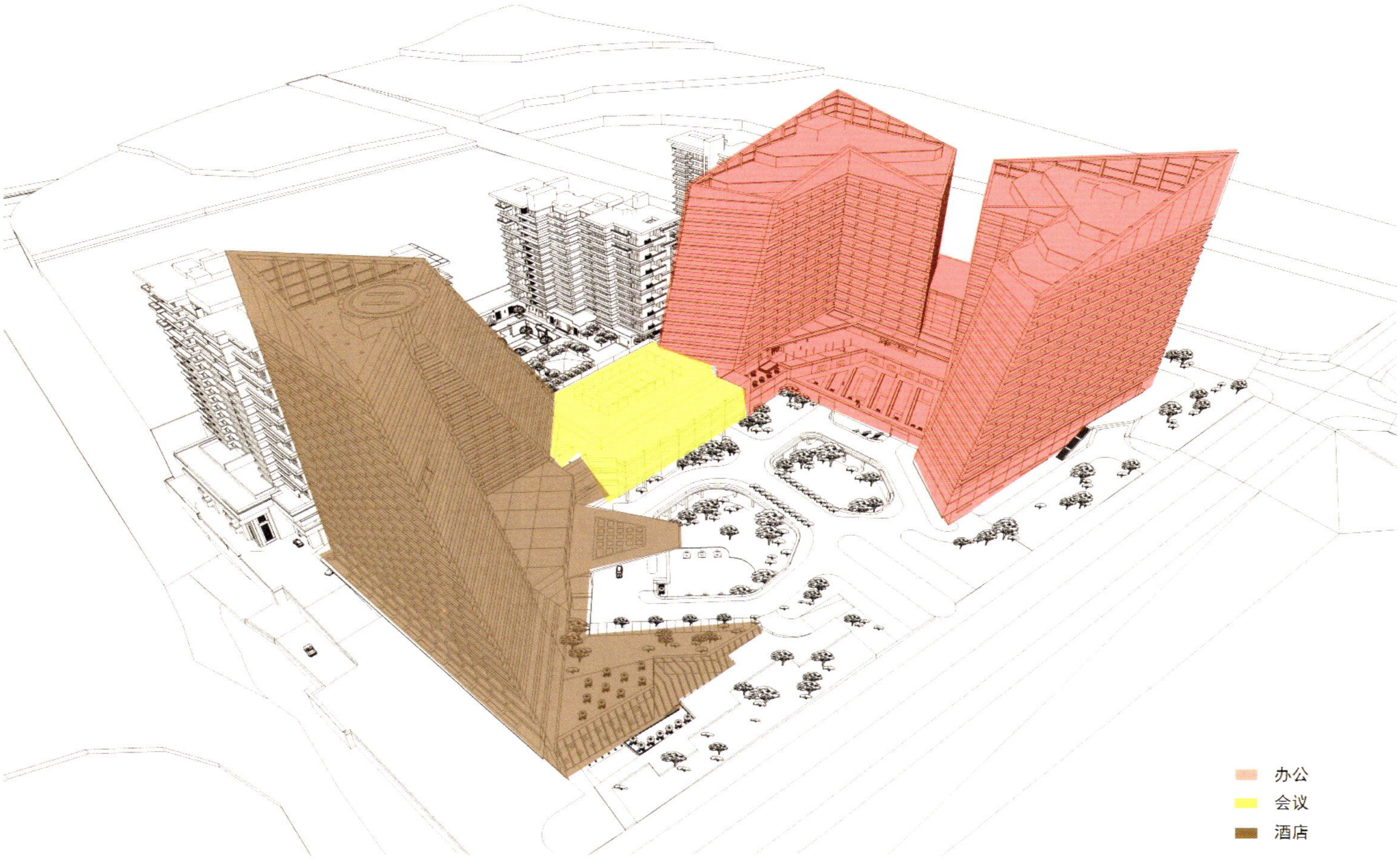


功能分析图

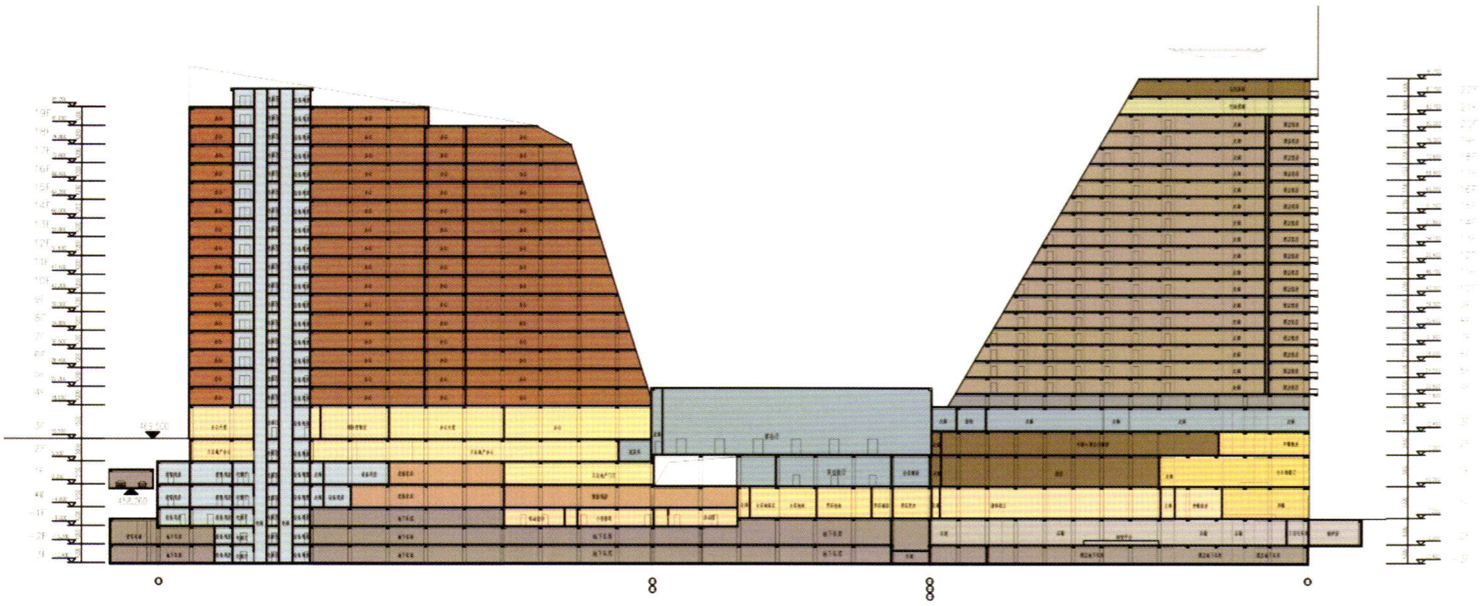

剖面图

Bank

## 楼层平面图

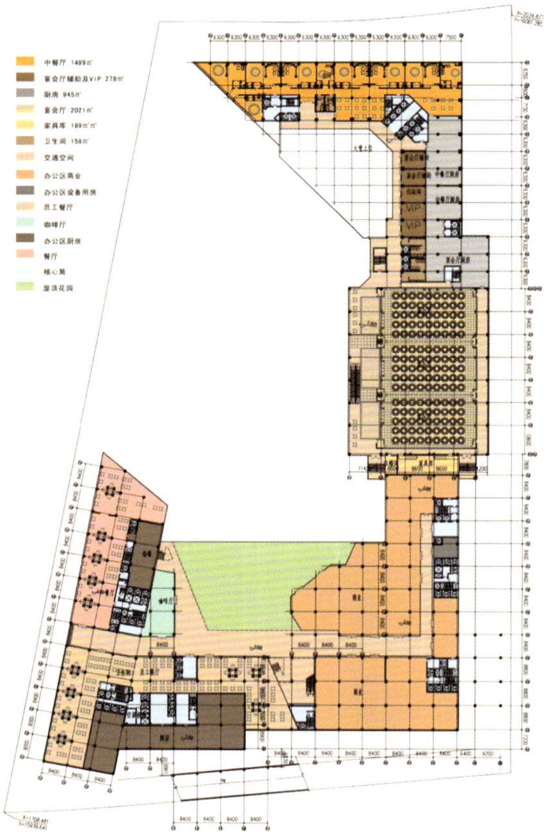


二层平面图

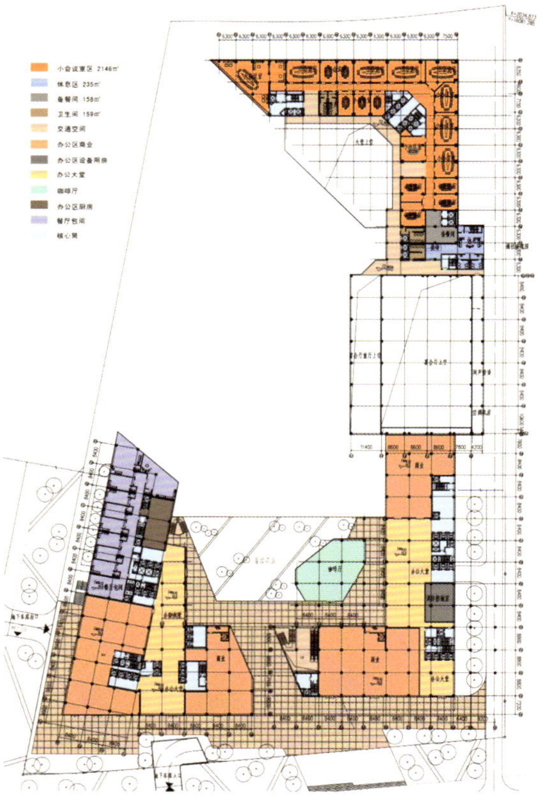


三层平面图

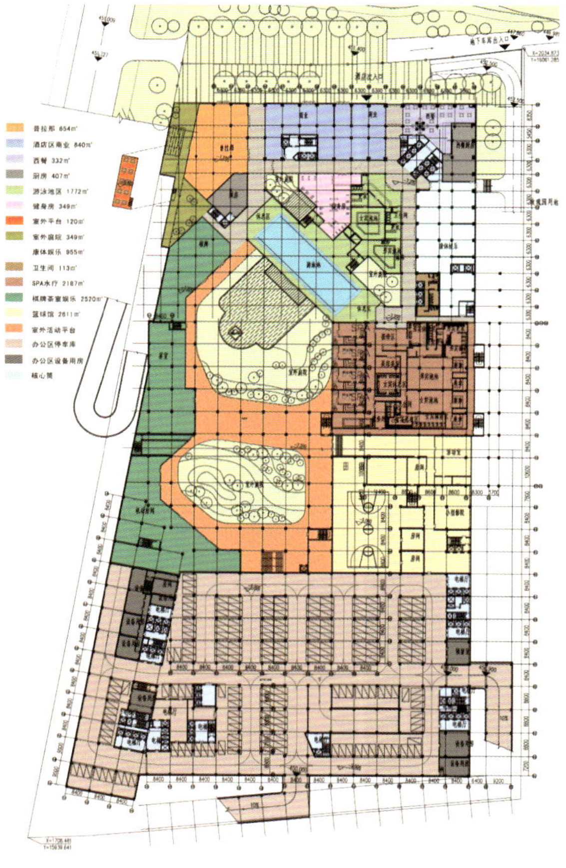


地下一层平面图

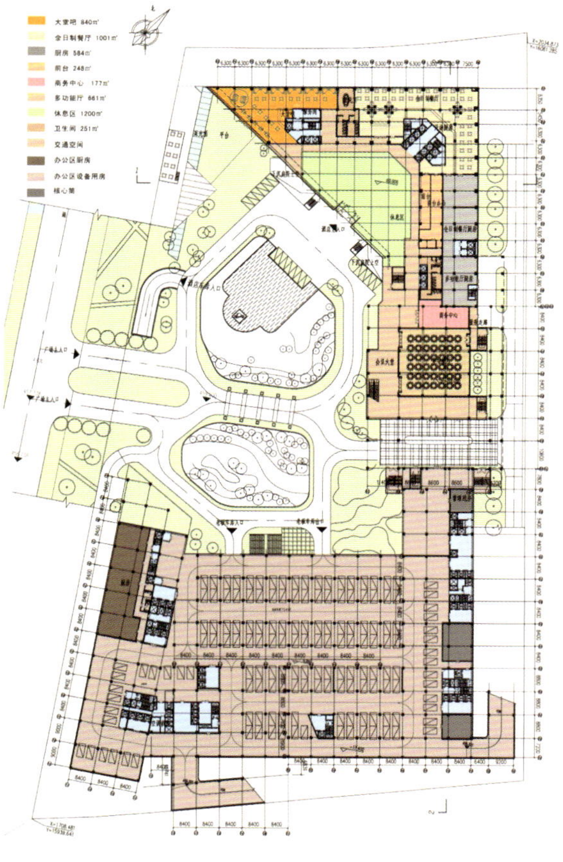


一层平面图

# 岭南商务花园复合体

## 广州绿地汇创国际广场设计方案

开发商：绿地集团 / 项目地址：广州市白云区北太路民营科技园科强路
建筑设计：上海一砼建筑规划设计有限公司 / 用地面积：33 682平方米 / 建筑面积：164 169平方米 / 容积率：4.0 / 绿化率：50%

广州绿地汇创国际广场位于广州市白云区北太路民营科技园内，距离白云新城 12 千米，距离广州中心区 20 千米。周边有环城高速、105 国道、106 国道等道路交通，轨道交通有地铁 3 号线延长线、14 号线。

## 项目概况

广州绿地汇创国际广场位于广州市白云区北太路民营科技园内，距离白云新城 12 千米，距离广州中心区 20 千米。周边有环城高速、105 国道、106 国道等道路交通，轨道交通有地铁 3 号线延长线、14 号线。

项目综合考虑岭南文化的独到传承与现代商务花园的未来趋势，结合商务办公与岭南园林，形成独具地域特色的岭南商务花园复合体。商务花园复合体的主要特点表现在企业功能复合、生态技术复合、信息网络复合、服务配套复合。

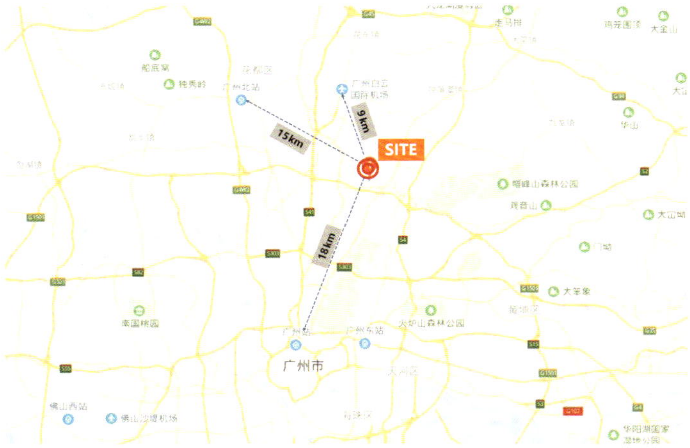


## 规划构思

形象价值和商业价值相对较高的东侧与北侧布置容易形成形象的高层办公和高层公寓，一层设置沿街商业；西北角布置一栋标志性高层，形成整个园区的地标；西南侧集中布置类独栋办公，形成统一、幽静的办公场所；北侧设置主入口，南侧设置次要出入口。项目整体功能独立，分区明确。

## 建筑设计

外立面设计采用简约的现代风格，外墙选用光影效果明显的面砖饰面，平面与凸面面砖相间拼贴。局部外墙嵌合具有拉丝不锈钢质感的复合铝板，提升地块的商务气氛。项目通过体型划分达到体型，遮阳的目的。外立面通过推敲横向构件和竖向构件的位置，既达到自身遮阳的目的又丰富和活跃了立面。项目通过不断的推敲、严格的选材，全力打造出一个与众不同的广州新地标。

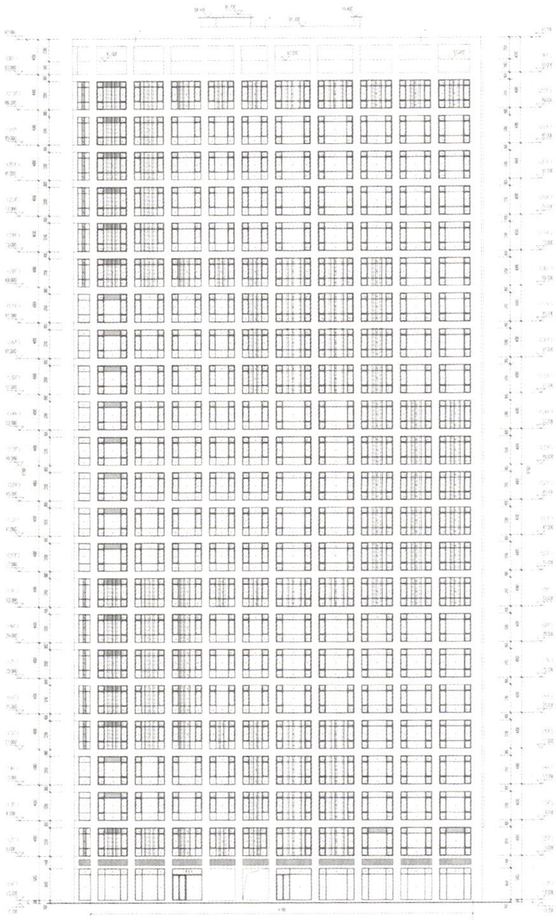

高层办公楼立面图

## 产品设计

**点式写字楼：**标准层面积 2 000 平方米。中间核心筒的标准层，可根据柱跨划分办公面积区间，面积区间 100 平方米（小单元办公）~2 000 平方米（大平层办公）。

**L 形独栋：**两个单元通过共用外挂楼梯解决疏散，最大限度地提高办公利用率；标准层面积 350 平方米。每栋大概 13 层，面积区间 350 平方米（单层办公）~4 200 平方米（整栋办公）；亦可划分为两个空中总部办公形式（上六层与下六层，一层分设两个独立的门厅）。

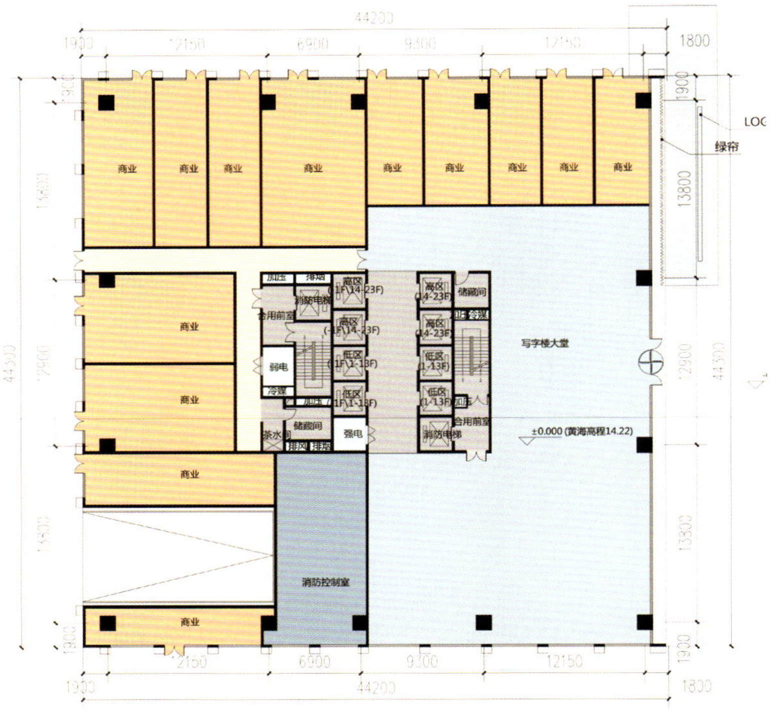


写字楼平面图

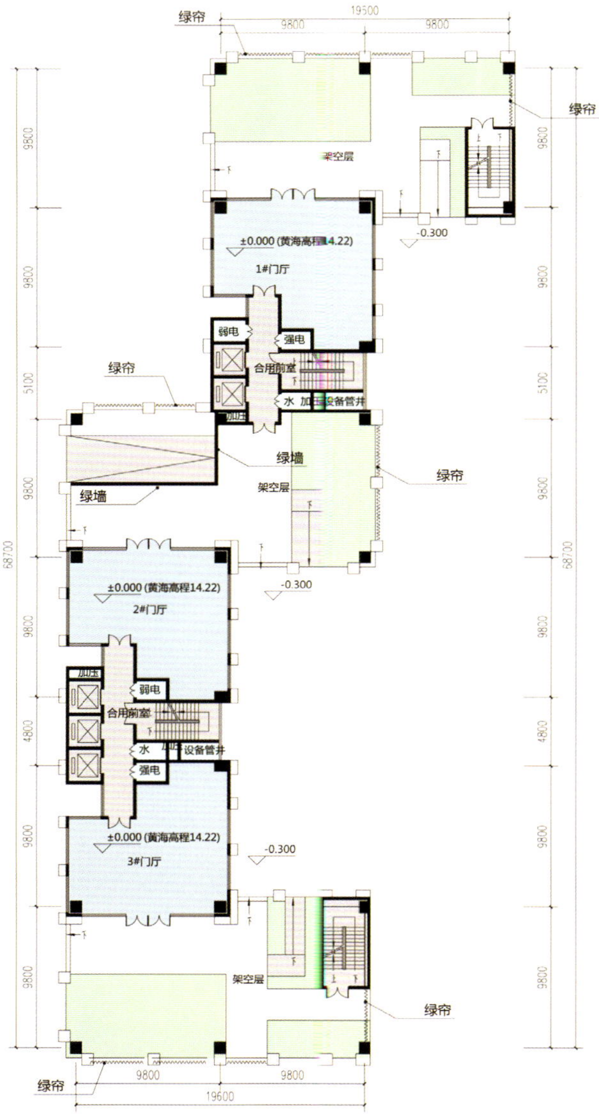


独栋办公一层平面图

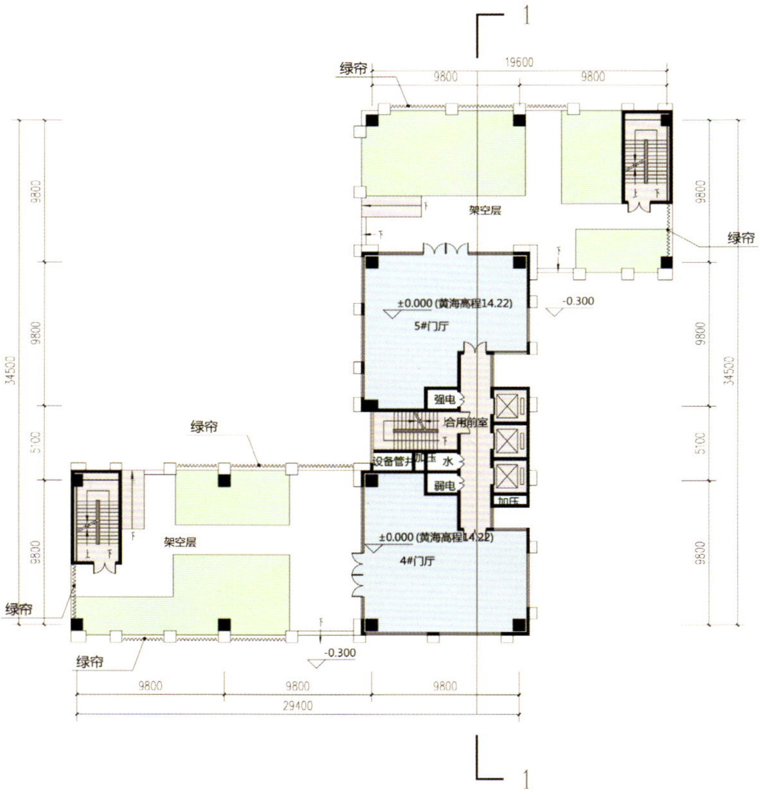


独栋办公一层平面图

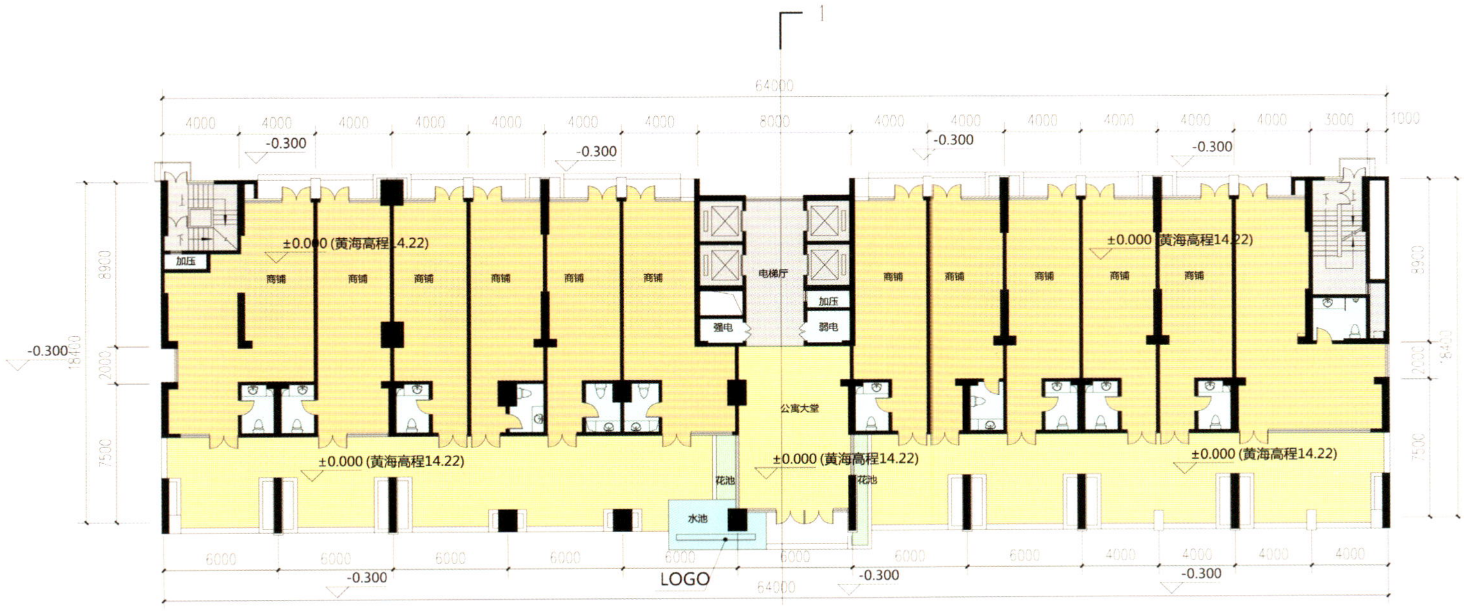


公寓一层平面图

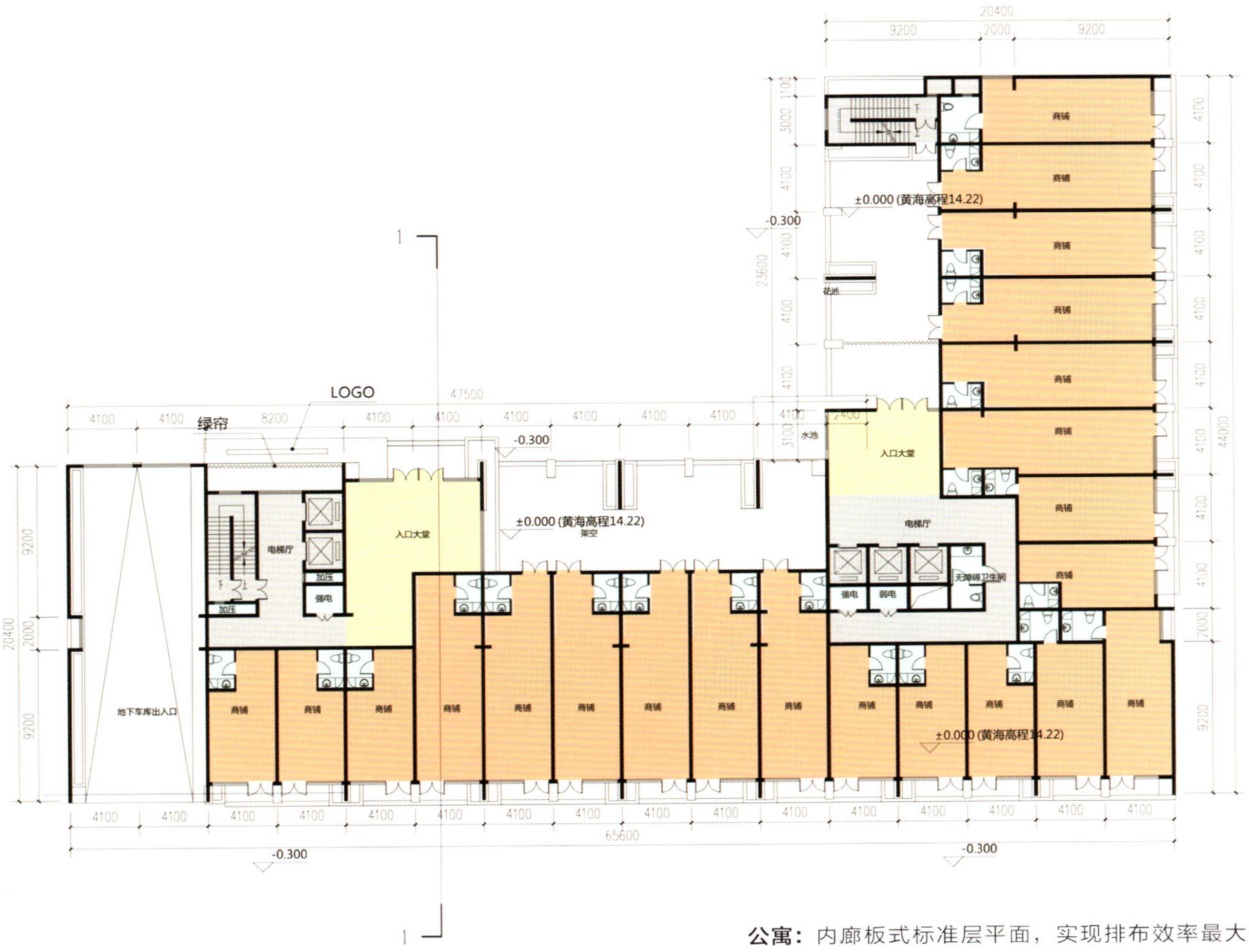


**公寓：**内廊板式标准层平面，实现排布效率最大化。标准层面积 1 100 平方米，层高 3.15 米。

**LOFT：**内廊板式标准层平面，实现排布效率最大化。标准层面积 1 700 平方米，层高 4.5 米，可做室内跃层，走廊夹层设置卫生间，达到 100% 附加值。

# 新森林风格 体验式街区

## 成都建发·鹭洲里商业街设计方案

开发商：建发房产 / 项目地址：成都市高新区天府二街

建筑&景观设计：基准方中建筑设计有限公司 / 用地面积：91 911.79平方米 / 建筑面积：约100 000平方米 / 景观面积：约39 000平方米 / 容积率：2.1/ 绿地率：30%

成都建发 · 鹭洲里商业街位于成都市高新区南区，北临嘉里雅颂居，东临伊藤洋华堂，地理位置优越。项目开拓性地提出了五维商业体验的概念，将超体验、绿色、互动、艺术融入商业建筑中，打造一个新森林风格的共享体验式街区。

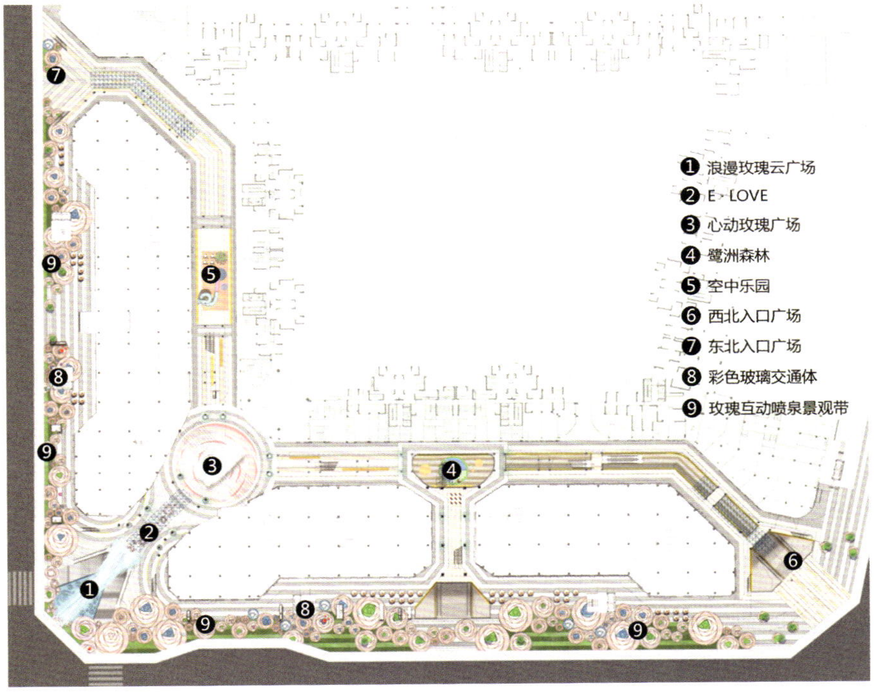

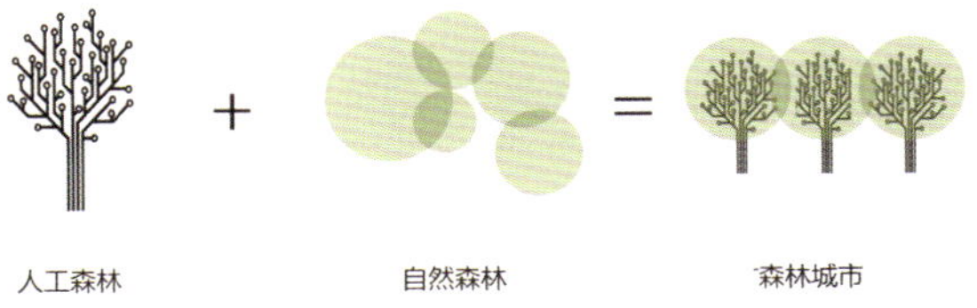


## 项目概况

成都建发 · 鹭洲里商业街位于成都市高新区南区，北临嘉里雅颂居，东临伊藤洋华堂，地理位置优越。项目开拓性地提出了五维商业体验的概念，将超体验、绿色、互动、艺术融入商业建筑中，打造一个新森林风格的共享体验式街区。

项目结合市政道路人群聚集位置布置商业广场，在有效聚集人群的同时，将大量的人流引入项目内部。开放式的布置方式、差异化的业态组合、退台式的商业设计、游玩式的创新体验以及绿色生态的植物立面，形成与众不同的商业形态。

## 建筑设计

项目着重打造宜人的商业气氛，并通过对细节的把握来凸显商业的高品质和高档次。建筑立面为现代风格，以米黄色面砖搭配咖啡色面砖，垂直角通体与外廊栏杆装饰采用木质元素，拉近了建筑与人的距离，展现了森林风格。

是时候回归 原本的样子了
别墅
CITY WALK
METRO 麦德龙
METRO 麦德龙

WALK

METRO

## 景观设计

建筑、景观和室内采用统一的森林主题，突出绿色生态的新都市理念。项目以“城市森林”为脉络，从森林中提炼绿色丛林、植物藤蔓、树屋、蜂巢等设计元素，打造与众不同的绿色体验式开放街区，体现都市休闲气氛。

同时，项目通过别具风情的互动体验花园，如慢生活咖啡花园、主题儿童活动花园、特色互动水花园、玻璃桥等，打造趣味无穷的花园式购物商业街区。

鹭洲里
西广场

Lomila

# 城郊新型商业社区

## 上海龙湖天琅设计方案

开发商：龙湖集团 / 项目地址：上海市闵行区马桥镇银春路与富才路交汇处
建筑设计：上海睿风建筑设计咨询有限公司 / 占地面积：41 726.5平方米 / 建筑面积：151 894.42平方米 / 容积率：2.5 / 绿地率：20%

上海龙湖天琅位于上海市闵行区马桥镇银春路与富才路交汇处，北侧邻近万科城与文来小学，西侧紧邻带状城市河滨公园，属于成熟的城郊板块。作为上海的“龙脊之地”，马桥镇是上海最早的人类文化发源地，拥有深厚的文化和人口基础，但缺乏基础商业与配套。

## 定位策略

项目的北侧规划约 3 万平方米潮流商业街“星悦荟”、长租公寓“冠寓”等业态，涵盖餐饮、零售、教育、生鲜超市、健身运动会所与巨幕影院等优质配套；南侧为花园式办公组团“天琅”，提供稀缺的会馆级办公产品。

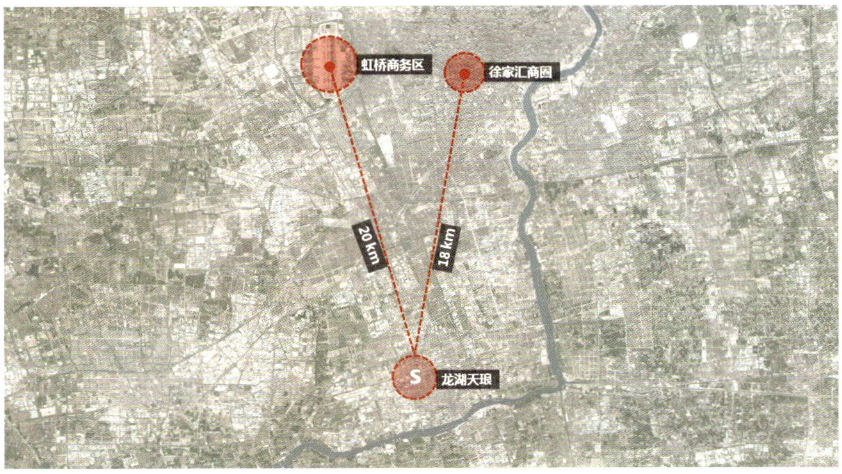


## 区位分析

上海龙湖天琅位于上海市闵行区马桥镇银春路与富才路交汇处，北侧邻近万科城与文来小学，西侧紧邻带状城市河滨公园，属于成熟的城郊板块。作为上海的“龙脊之地”，马桥是上海最早的人类文化发源地，拥有深厚的文化和人口基础，但缺乏基础商业与配套。

## 立面设计

1. 商业场地条件

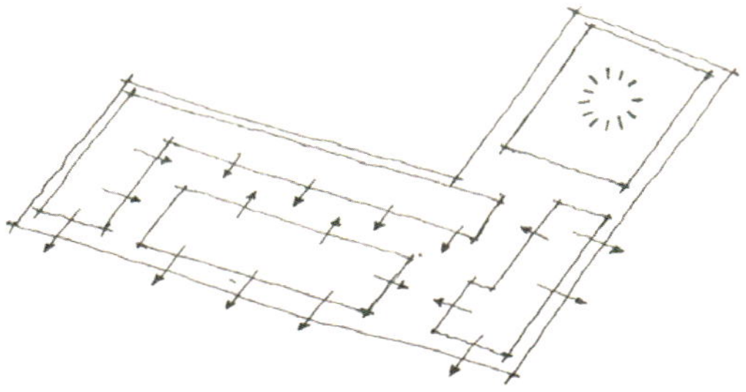

2. 空间利用和划分

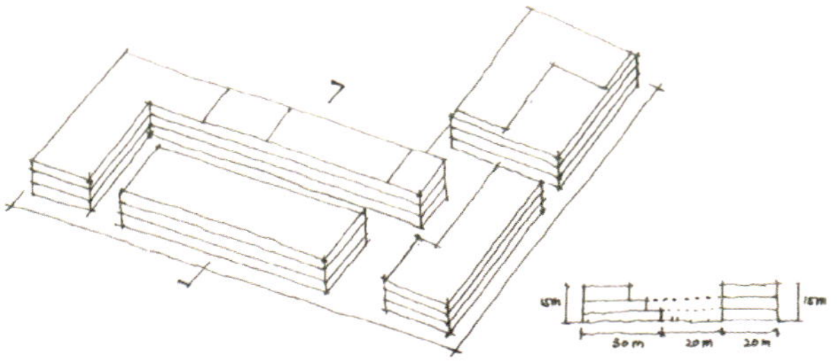

3. 竖向空间布局

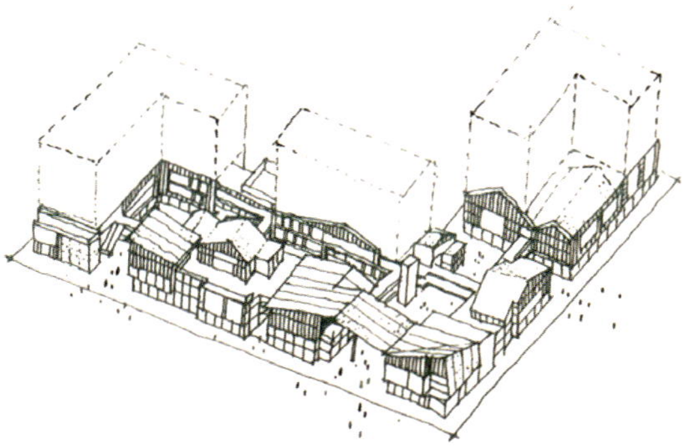

4. 文化融合和形态生成

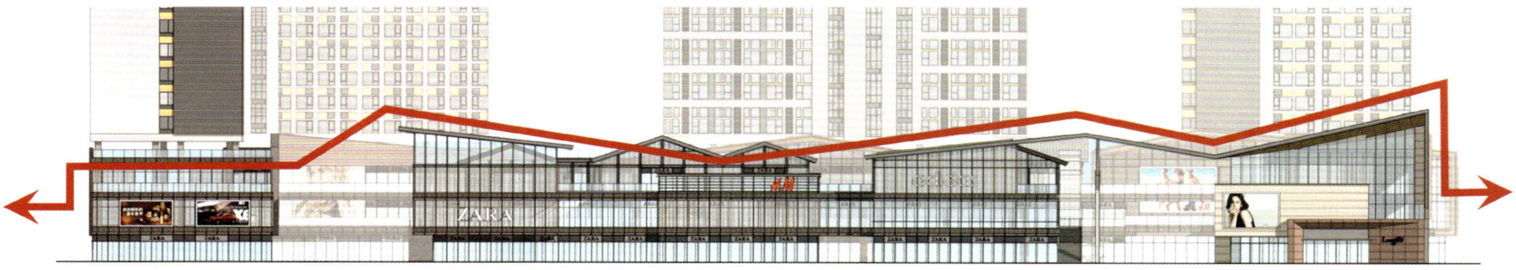


沿银春路界面

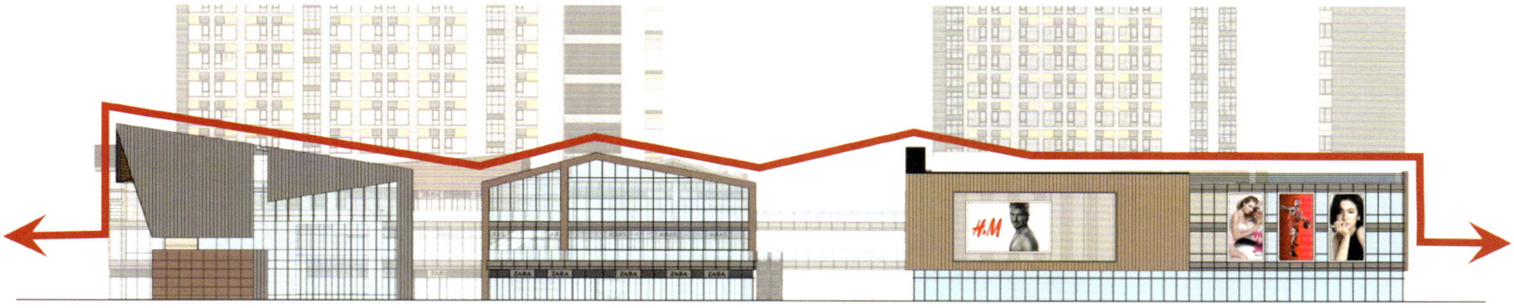


沿富才路界面

8# 楼 9-1 轴立面图

8# 楼 1-9 轴立面图

## 建筑设计

**星悦荟：**化整为零，将三个层次的界面拆分成大小比例适中的几个体块，并以一条折形大飘板使之连接在一起。设计追溯古马桥作为驿站的历史，以一支“Y”形钢柱支撑飘板，展现驿站的特质，也作为商业社区的场所限定。石材、铝板、玻璃、木格栅等材质由重到轻过渡，富有律动感。

**花园式办公：**建筑立面尊崇经典比例，融合现代风格，删繁就简，以简约线条构建平顶直墙，以内敛的细节刻画作为点缀，打造既轻奢又大气的花园式办公建筑。德国金砂石材、精致的铝板、落地玻璃窗等材料组合出虚实有度的立面效果，精致而典雅。

# 国际化生态坡地都市综合体

## 苏州圆融星座设计方案

开发商：苏州圆融发展集团有限公司 / 项目地址：苏州工业园区旺墩路269号
用地面积：30 257平方米 / 建筑面积：191 460 平方米（地上），76 088平方米（地下） / 容积率：6.33 / 绿化率：31%

圆融星座定位为CBD国际化生态坡地都市综合体，集精品时尚购物中心、5A甲级写字楼、湖景精装公寓、生态坡地公园于一体的复合地标性建筑，并通过“堆坡造山”的主题，将自然环境融合整体的规划中，将各种业态空间串联成为创新的“都市山林”。
项目曾荣获“亚太地区综合体典范金奖”与“亚太地区豪宅典范金奖”双料桂冠。

## 区位分析

圆融星座位于苏州市工业园区金鸡湖东岸 CBD 的核心位置，占据交通黄金枢纽，毗邻“苏州市域 CBD 最繁华的商业中心”——圆融时代广场，与金鸡湖一线之隔，世界第一天幕、文化艺术中心、国际博览中心、金鸡湖游艇俱乐部等城市景色尽收眼底。

## 定位策划

圆融星座定位为 CBD 国际化生态坡地都市综合体，集精品时尚购物中心、5A 甲级写字楼、湖景精装公寓、生态坡地公园于一体的复合地标性建筑，并通过“堆坡造山”的主题，将自然环境融合整体的规划中，将各种业态空间串联成为创新的“都市山林”。项目曾荣获“亚太地区综合体典范金奖”与“亚太地区豪宅典范金奖”双料桂冠。

商业总建筑面积约 6 万平方米，商业楼面分布在负一层至 5 层，集零售、餐饮、娱乐、休闲、文化等业态。写字楼共有 34 层，顶层规划了一个直升机停机坪，为企业精英预留空中通道。公寓分为南北两栋楼，分别为圆融天玺和圆融公馆，共有 249 套房子，全部为精装修湖景公寓。

## 规划设计

项目由 3 栋塔楼围合，依据城市规划条件，塔楼分别放置在城市的 3 个街角。基地东北角为办公楼，建筑高度约为 146 米，建筑面积约为 8 万平方米，标准层面积约为 3 000 平方米；南北楼均为公寓，建筑高度均低于 100 米，建筑面积约为 5.8 万平方米，标准层面积约为 1 200 平方米。3 栋塔楼均需要具有较高的形态，以及理念上的独特与标志性，以适应城市设计的需求，为周边区域提供良好的城市形态。

## 景观设计

项目整个生态坡地景观的设计理念来自地壳起源，构思“堆坡造山”的主题，打造成开放式的国际化城市生态坡地公园。

**城市山：**层层裙房退台设计，勾勒出山峦的轮廓，营造出张弛有度、错落有致的空间感受。对山峦之中生态植被、岩石、跌水瀑布等山之元素的不断解析与整合，将缓坡与丘陵的自然肌理抽象印刻于项目的城市界面之上。动静相宜的水平线条、自然和谐的岩石构造纹理，刻画出山的形制与神韵。

**星座峡谷：**通过裙房的流线纹理自然围合而成，入口处呈现出被岩石覆盖的空间，自然岩石构造的纹理融合不同主题的灯光，营造出“山中峡谷”造型。

峡谷内是十二星座主题的地下休闲步行街，通过聚光灯投射的原理，将太空中十二星座的图案投射到地面，呼应地面用石材铺制而成的十二个大小不同的圆圈，以及峡谷内的各种意境营造，如LED星象、雾森等。

## 建筑设计

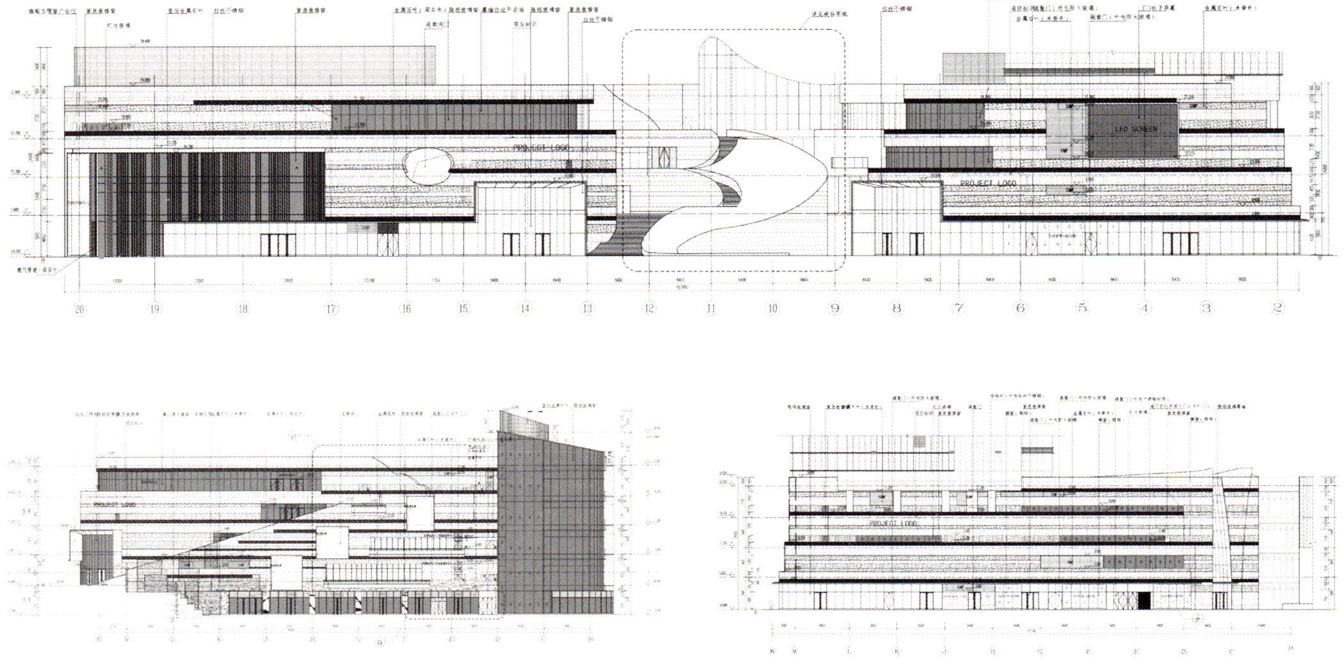


立面图

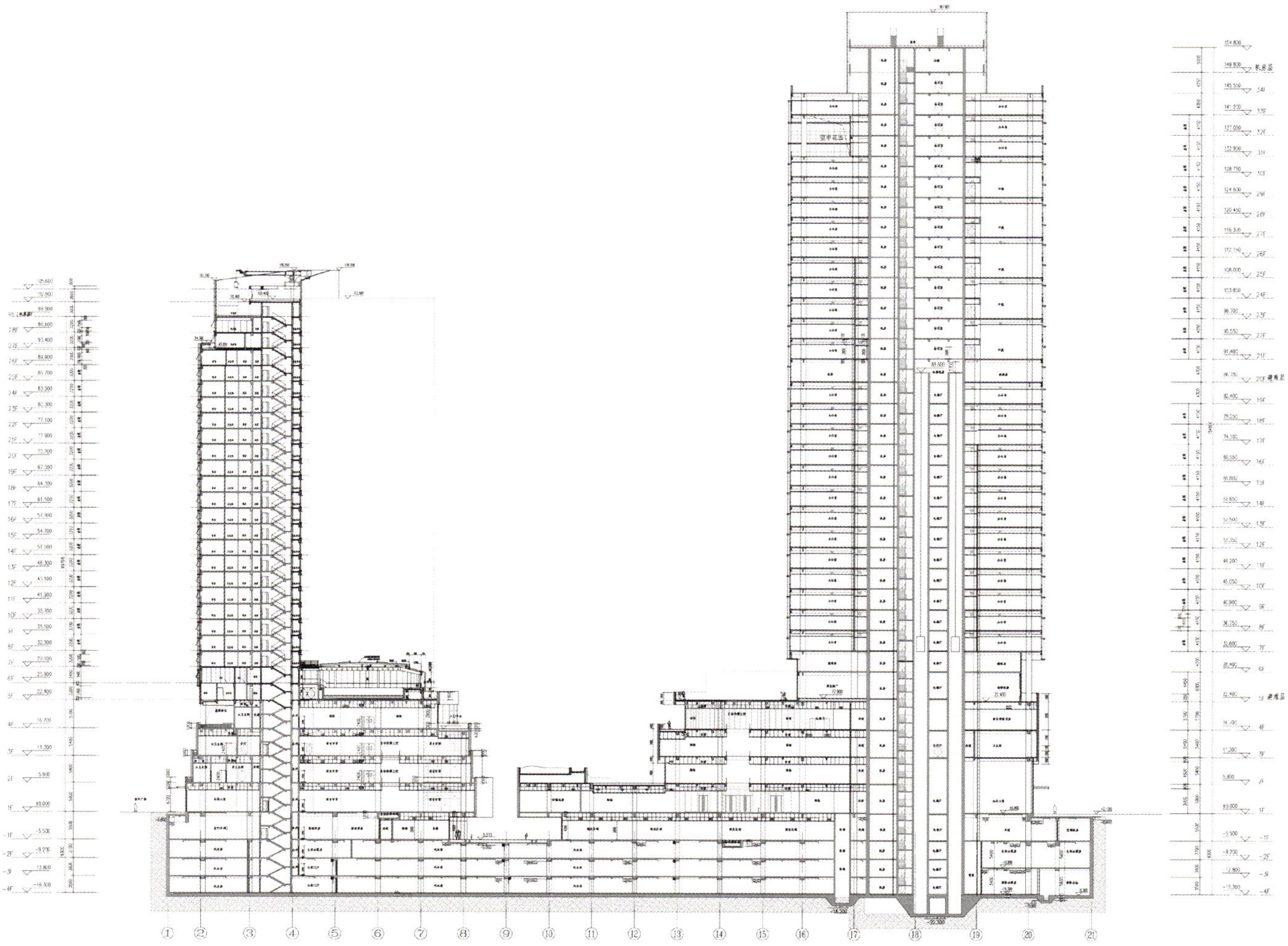

剖面图

3 栋塔楼在设计上均采用明快的体量变化与简洁的虚实对比手法，使塔楼形象挺拔干净。虚体部分分布在塔楼的东南向，由通体的玻璃幕墙围合而成；实体部分基本设计在塔楼的北侧，由米黄色铝合金格栅横向围绕，并采用“新风流动场”设计原理，构建会呼吸的生态建筑体。塔楼的形体设计还呼应整体建筑群体的“峡谷”意象，通过弧线的运用使塔楼自然生长于裙房“台地”之上。角部利用弧形处理，打破普通方正形体一贯的沉寂，呈现灵动的建筑形态。

商业裙楼采用坚实的天然材料，散发朴实无华、自然沉稳的外观韵味，而建筑内部各功能区域由峡谷状的内部廊道相连接。

# 滨海精品社区商业

## 青岛金茂湾购物中心设计方案

开发商：中国金茂 / 项目地址：青岛市市南区四川路23号
占地面积：19 994平方米 / 建筑面积：61 000平方米 / 容积率：1.72

项目以“360° 湾海新生活”为主题定位，以“聚会、欢乐、品味”为底蕴，汇集了青岛西部高品质的影院、餐饮美食、儿童体验、服饰零售等业态，并将融合文化创意、生活美学和跨界体验，构建城市空间新生态。

## 区位分析

青岛金茂湾购物中心位于青岛胶州湾湾口，紧邻青岛轮渡港，与黄岛前湾港隔海相望，风景优美；毗邻新冠高架、东西快速路等城市东西交通的主动脉，25 条连接主城区与西海岸的公交线路汇聚于此，4 条地铁线区域内便捷可达。

## 定位策略

青岛金茂湾购物中心是中国金茂零售商业板块的首个集中式精品社区商业项目，是百万平方米综合体“金茂湾”的核心商业部分。项目以极具滨海特色和工业美感的建筑外观，以及屋顶观海花园等多元化亲海景观，缔造胶州湾畔独具城市个性的新地标。

项目以“360° 湾海新生活”为主题定位，以“聚会、欢乐、品味”为底蕴，汇集了青岛西部高品质的影院、餐饮美食、儿童体验、服饰零售等业态，并将融合文化创意、生活美学和跨界体验，构建城市空间新生态。

## 建筑设计

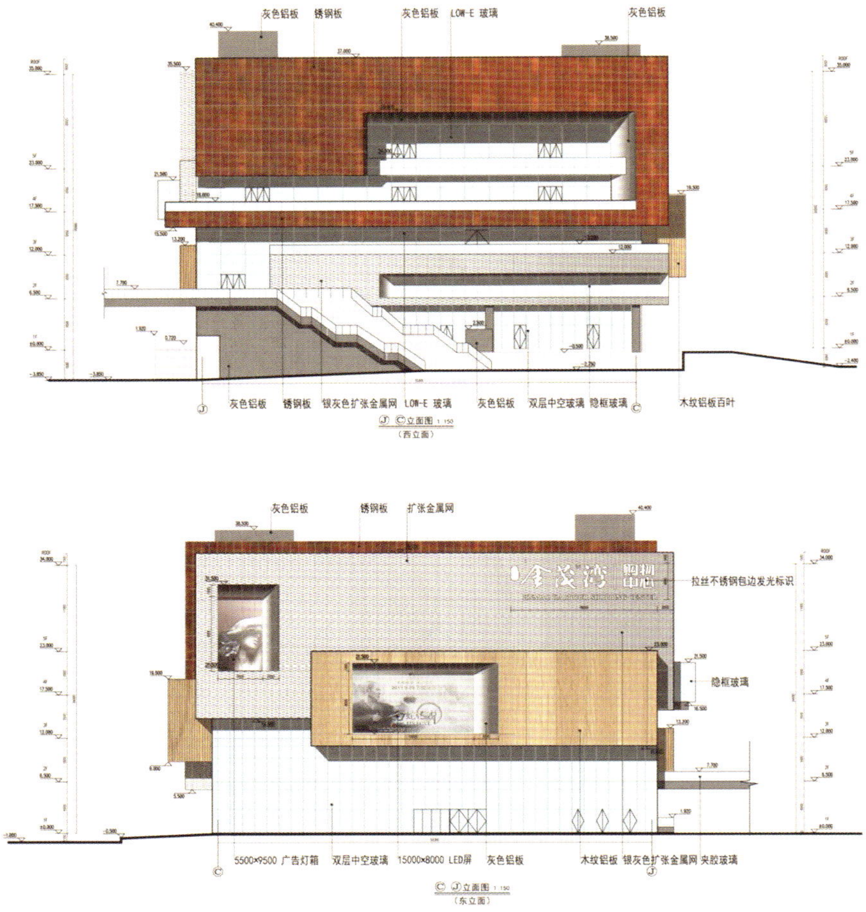
灰色铝板
锈钢板
灰色铝板
LOW-E 玻璃
灰色铝板
灰色铝板
锈钢板
银灰色扩张金属网
LOW-E 玻璃
灰色铝板
双层中空玻璃
隐框玻璃
木纹铝板百叶
Ⓙ Ⓒ立面图 1:150
（西立面）
灰色铝板
锈钢板
扩张金属网
金茂湾 购物中心
拉丝不锈钢包边发光标识
隐框玻璃
5500×9500 广告灯箱
双层中空玻璃
15000×8000 LED屏
灰色铝板
木纹铝板
银灰色扩张金属网
夹胶玻璃
Ⓒ Ⓙ立面图 1:150
（东立面）

东西立面图

EVERferry
EVERferry

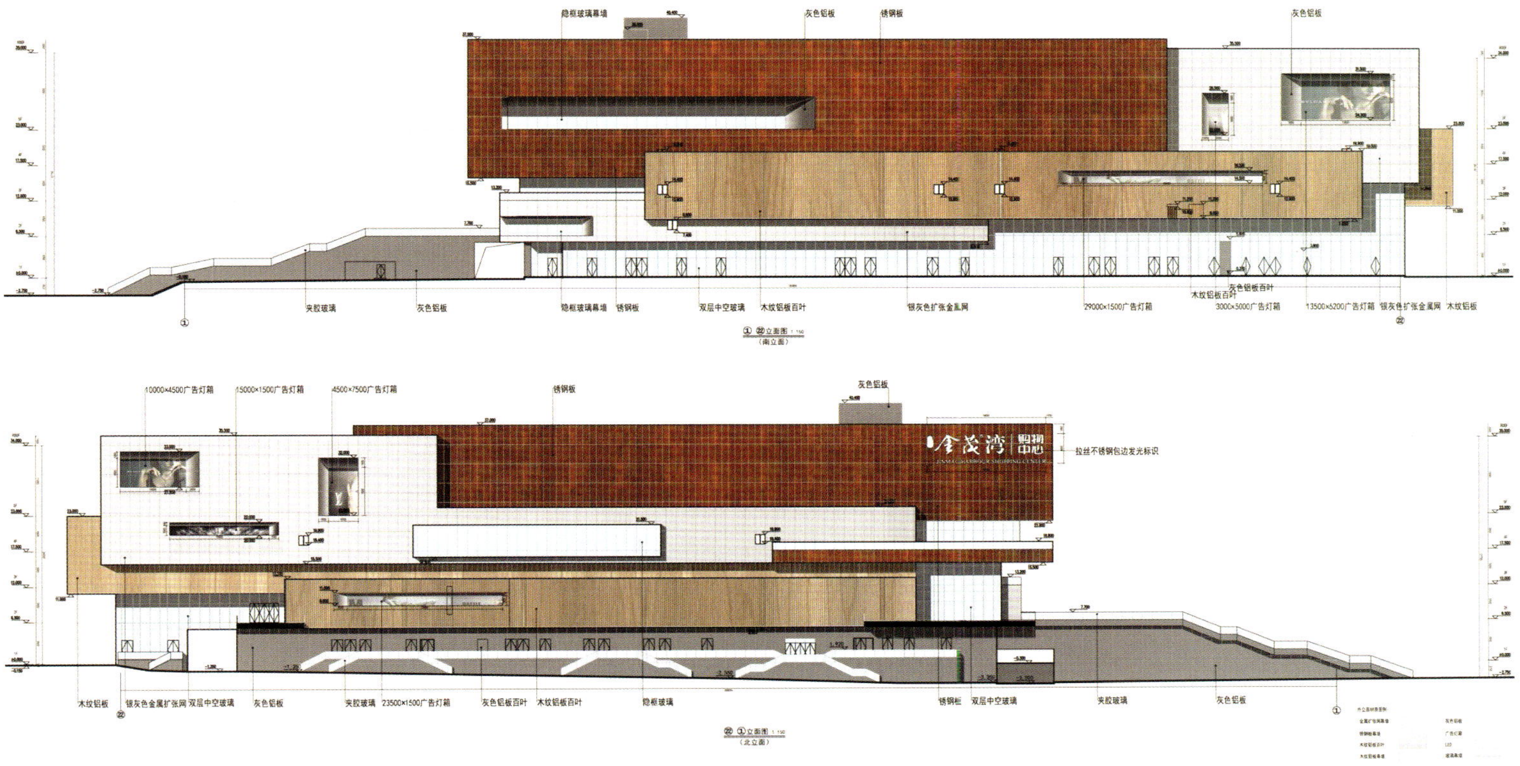
隐框玻璃幕墙
灰色铝板
锈钢板
灰色铝板
夹胶玻璃
灰色铝板
隐框玻璃幕墙
锈钢板
双层中空玻璃
木纹铝板百叶
银灰色扩张金属网
29000×1500广告灯箱
木纹铝板百叶
灰色铝板百叶
3000×5000广告灯箱
13500×6200广告灯箱
银灰色扩张金属网
木纹铝板
10000×4500广告灯箱
15000×1500广告灯箱
4500×7500广告灯箱
锈钢板
灰色铝板
拉丝不锈钢包边发光标识
木纹铝板
银灰色金属扩张网
双层中空玻璃
灰色铝板
夹胶玻璃
23500×1500广告灯箱
灰色铝板百叶
木纹铝板百叶
隐框玻璃
锈钢板
双层中空玻璃
夹胶玻璃
灰色铝板

南北立面图

剖面图

## 楼层平面图

项目的室外空间延续“页岩”的概念，模糊室内外空间的空间感。商业主要店面使用仿天然纹路的红砖作为基底，配以黑色深金属作为装饰和分割。红砖的复古亲切和深色金属的粗犷既形成对比又自成一体。穿插在中庭空间的主题方盒为商场空间增添了不少趣味：透明玻璃方盒简约而现代，木百叶方盒温馨而变化多端，金属网方盒个性独特，为商场的多种业态创造出丰富多彩的空间。此外，各种抽象艺术画和雕塑赋予空间浓厚的艺术文化气息且不失时尚感。

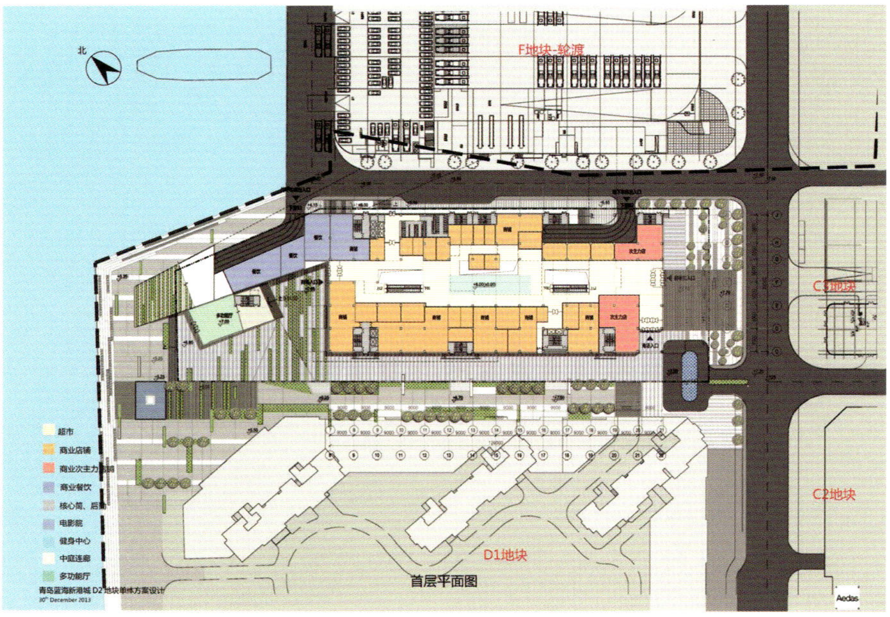

首层平面图

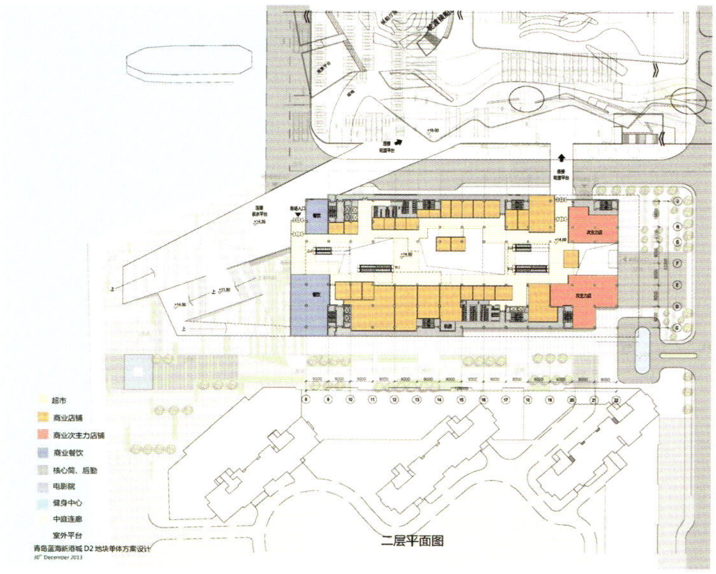

二层平面图

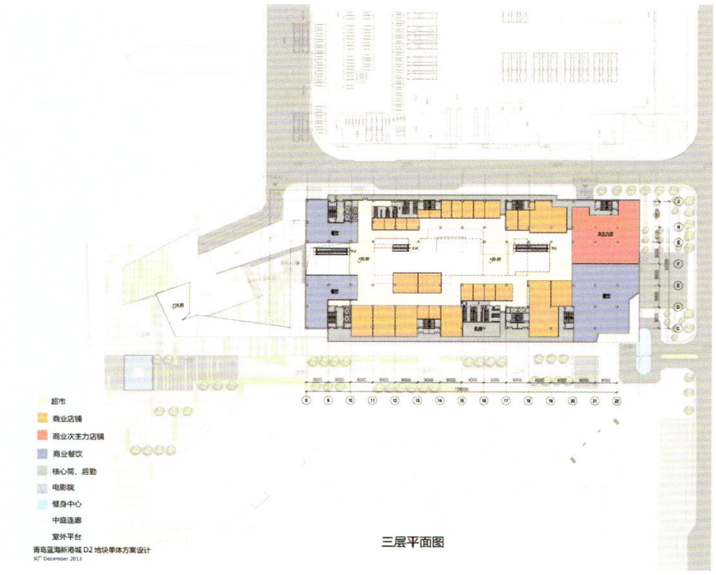

三层平面图

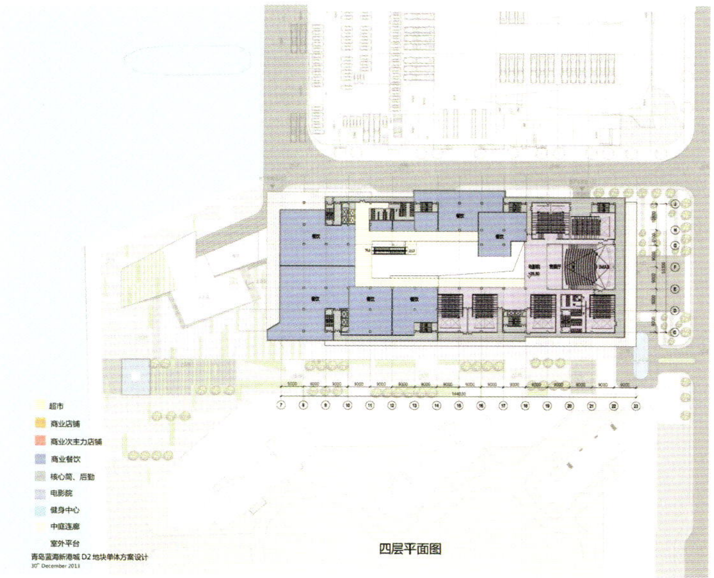

四层平面图

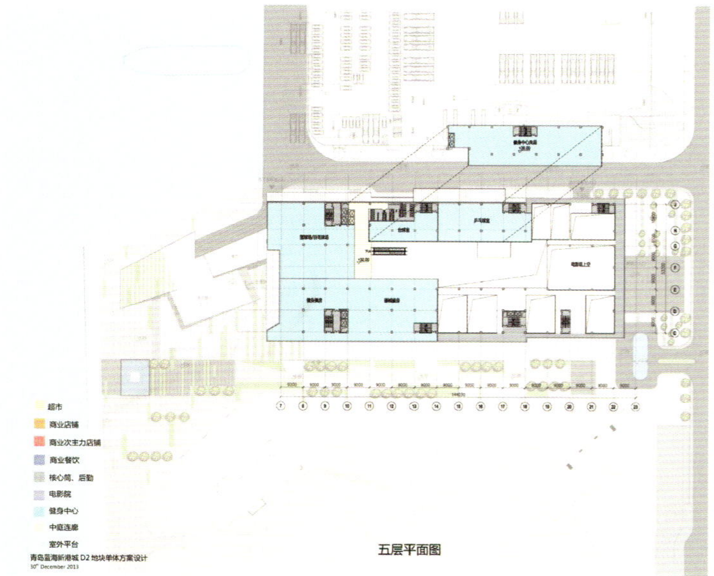

五层平面图

# 一站式购物乐园

## 北京龙湖大兴时代天街设计方案

开发商：龙湖地产 / 项目地址：北京市城南大兴区
建筑设计：天华建筑公建一所 / 占地面积：90 978平方米 / 建筑面积：206 530平方米 / 容积率：2.64 / 绿化率：30%

项目目标客群以区域内年轻家庭为主，辐射周边 8 千米内常住人口。项目交通便利，秉承龙湖天街系产品线的商业号召力，全方位打造家庭主题一站式购物乐园。项目是一个典型的地铁上盖的商业综合体项目，规划建筑群包括集中商业、销售内街、餐饮楼、公寓等多种业态类型，旨在结合当地人文特色，打造现代全新的大兴商业地标。项目租售并举，通过合理的规划和空间处理实现销售商业价值最大化。

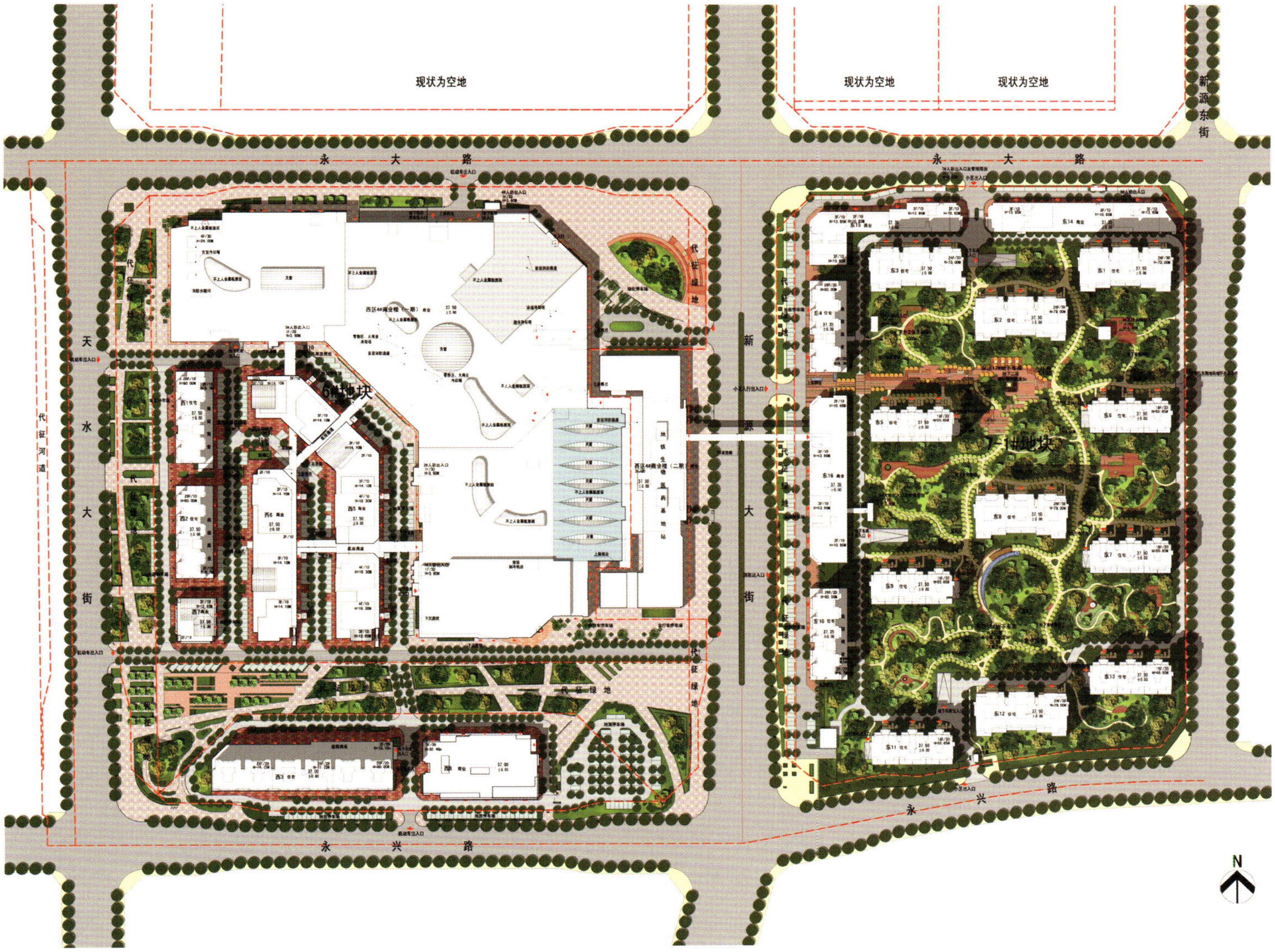


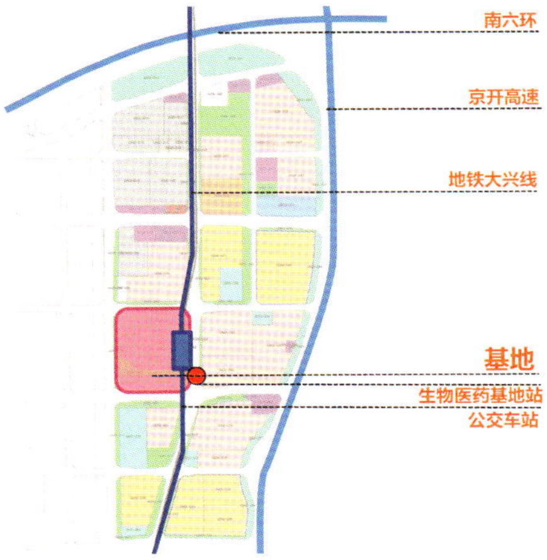


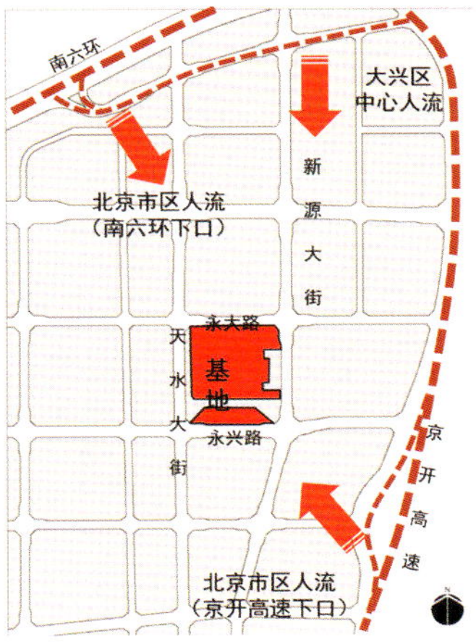

## 区位分析

大兴时代天街是位于北京市城南大兴区最大的商业综合体之一，北临南六环，东临京开高速，所在区域是大兴区的居住及物流中心、现代制造业及文化创意产业重点培育地区。项目沿大兴区主干道新源大街两侧分东区与西区两个地块。东区为住宅用地，西区为商住用地，东西区以过街天桥连接，西区商业接驳新源大街已建成的地铁四号线生物医药基地站。

## 规划布局

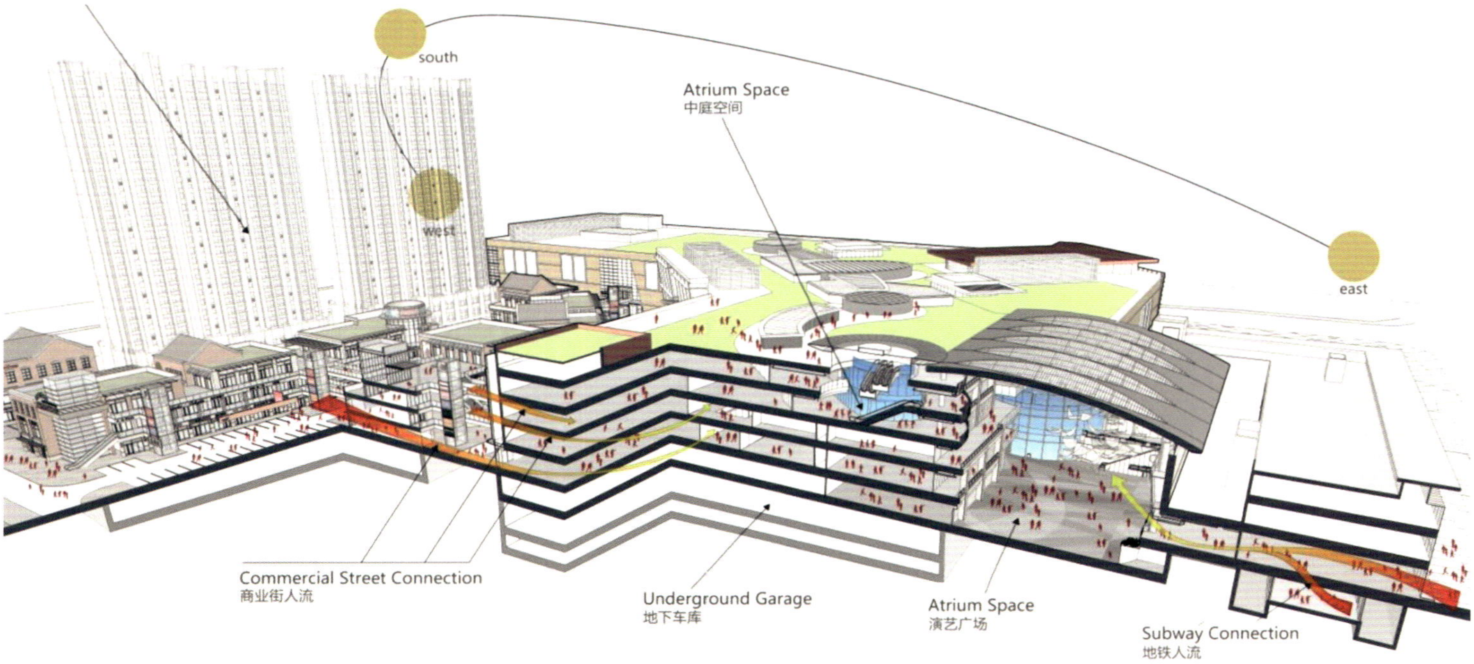

项目由购物中心、风情商业街、餐饮楼和公寓等组成。其中购物中心沿北侧永兴路和东侧新源大街以“L”形布局，主入口位于黄金转角朝东北角打开，并设置大型 LED 显示屏对位大型城市活动广场。购物中心在多点位布置主力业态以拉动人流：西北端布置儿童乐园和寓教于乐的培训业态，东北角主入口上方布置真冰溜冰场，东侧与地铁无缝连接并设置五层通高的四季中庭，东南角布置九厅电影院，地下一层布置大型生活超市，整体构建涵盖购物、餐饮、儿童、多功能休闲娱乐的消费目的地和社区中心。

风情商业街以简洁明快的街区形式布置在大型购物中心西侧，主体三层局部四层。在北中南三个方向与购物中心多楼层连接，实现充分的人流共享。街区内引入机动车道并沿街布置地面停车位，给郊区消费客流提供便利。垂直交通以自动扶梯和景观电梯结合组织，景观电梯同时兼作商家导视广告塔。

商业与住宅之间设置一条约 30 米宽的城市代征绿地，形成项目内部主要的开放空间，东连住宅区，西看永兴河，设计旨在让使用者在空间上能够认知这个开放空间与滨河景观带的联系。

## 楼层平面图

### 餐饮楼

图例

商业　卫生间　露台
餐饮　设备机房/后勤　货梯

一层平面
1ST FLOOR PLAN

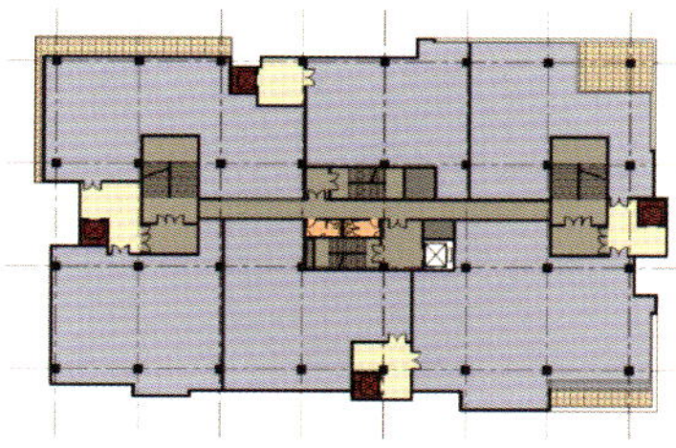

二层平面
2ND FLOOR PLAN

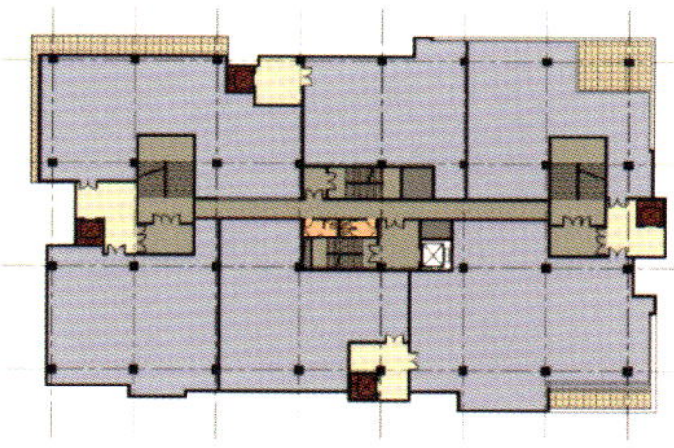

三、四层平面
3RD / 4TH FLOOR PLAN

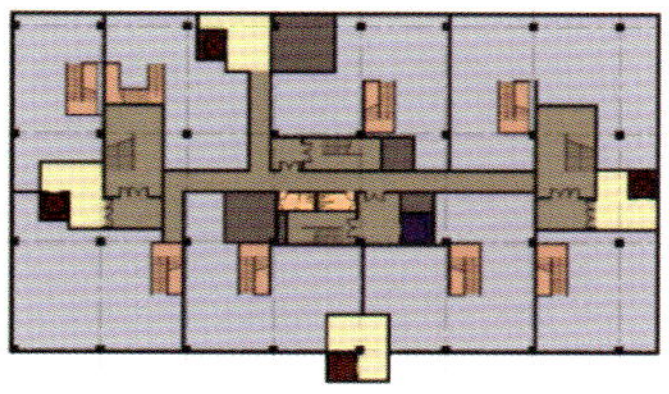

地下一层平面
B1 FLOOR PLAN

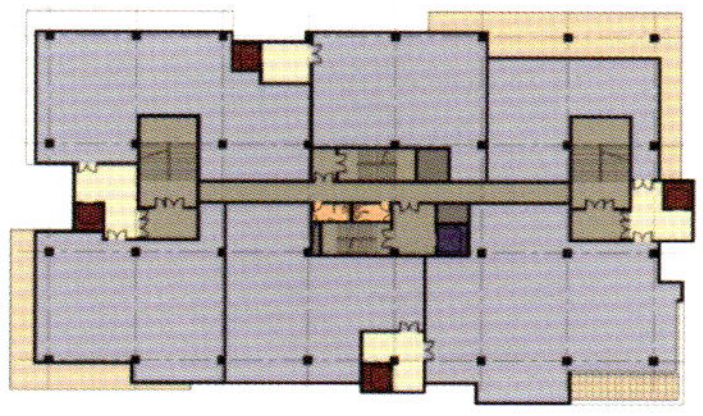

五、六层平面
5TH / 6TH FLOOR PLAN

七层平面
7TH FLOOR PLAN

### 购物中心

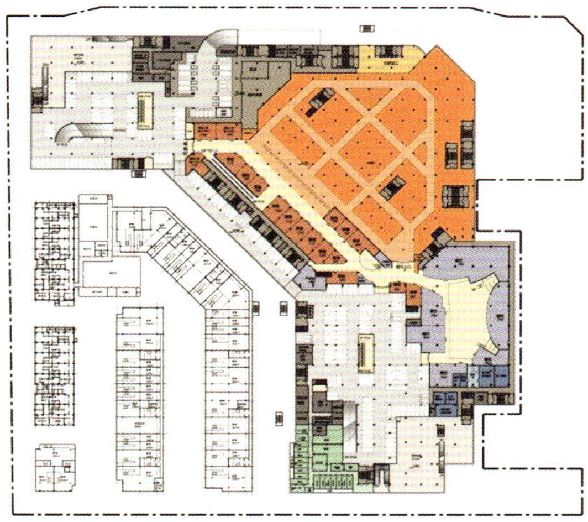

图例

百货　预留餐饮
商业　电影院
餐饮　办公
超市　物业办公
电玩城　后勤

地下一层平面
B1 FLOOR PLAN

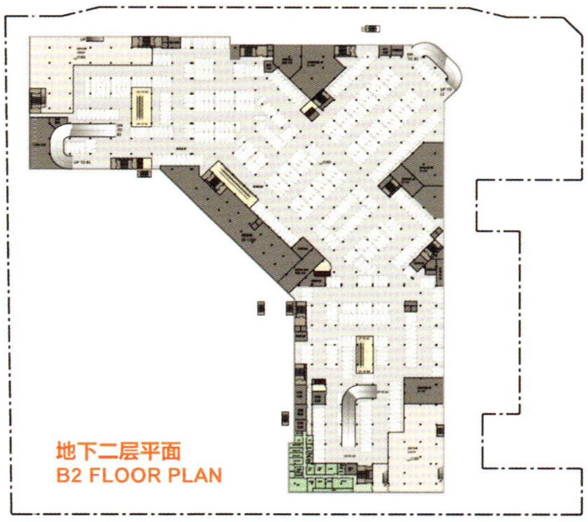

地下二层平面
B2 FLOOR PLAN

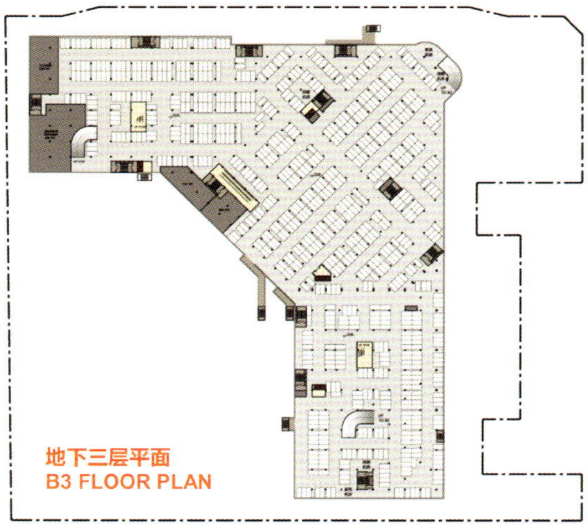

地下三层平面
B3 FLOOR PLAN

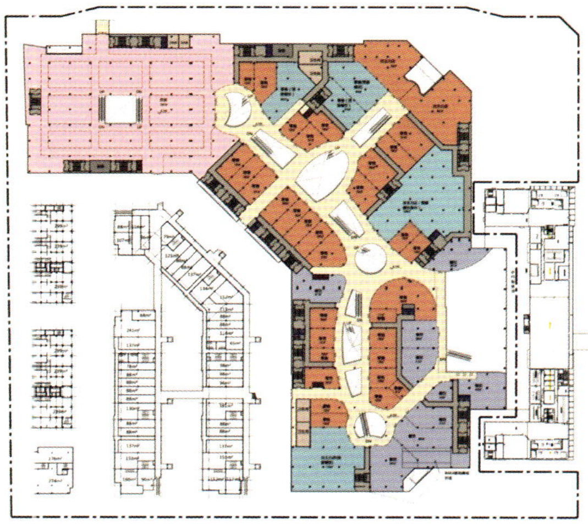

二层平面
2nd FLOOR PLAN

## 建筑设计

购物中心的建筑立面采用米色石材、赭色铝板和玻璃幕墙的组合，运用大量斜向元素，形成富有动感的现代立面效果，营造时尚活力的城市地标综合体印象。场内营造了面积超 2 000 平方米的四季中庭，形成从地下一层到地上四层的超大活动空间。为了让顾客充分感受与空间的对话关系，在中庭各层的侧壁设计了错动凸起的形态，层层退台的设计预留给外摆区，使每个微空间可以成为日常故事发生的场所，顾客可在不同楼层间穿梭或驻足，感受视线互动的趣味性。商业街的三层和四层建筑采用错落有致的坡屋顶形式，并辅以大面积露台，创造多维度的城市休闲环境。

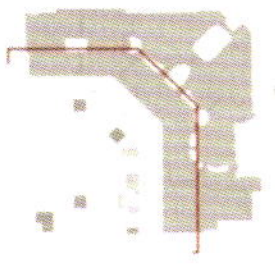

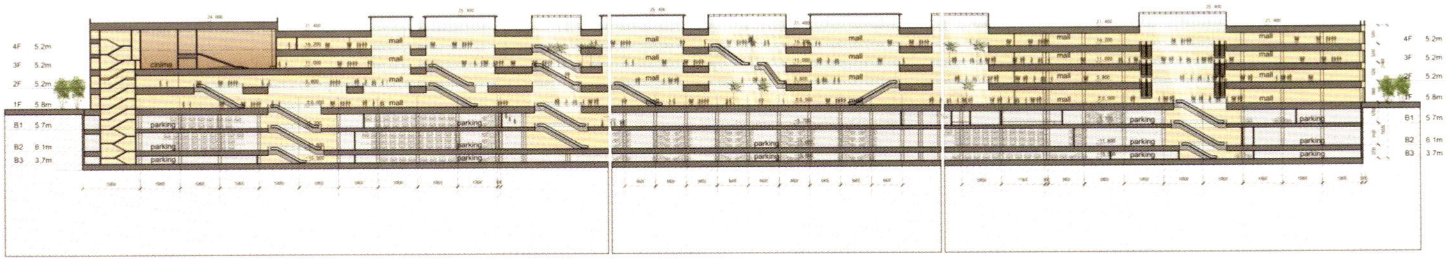

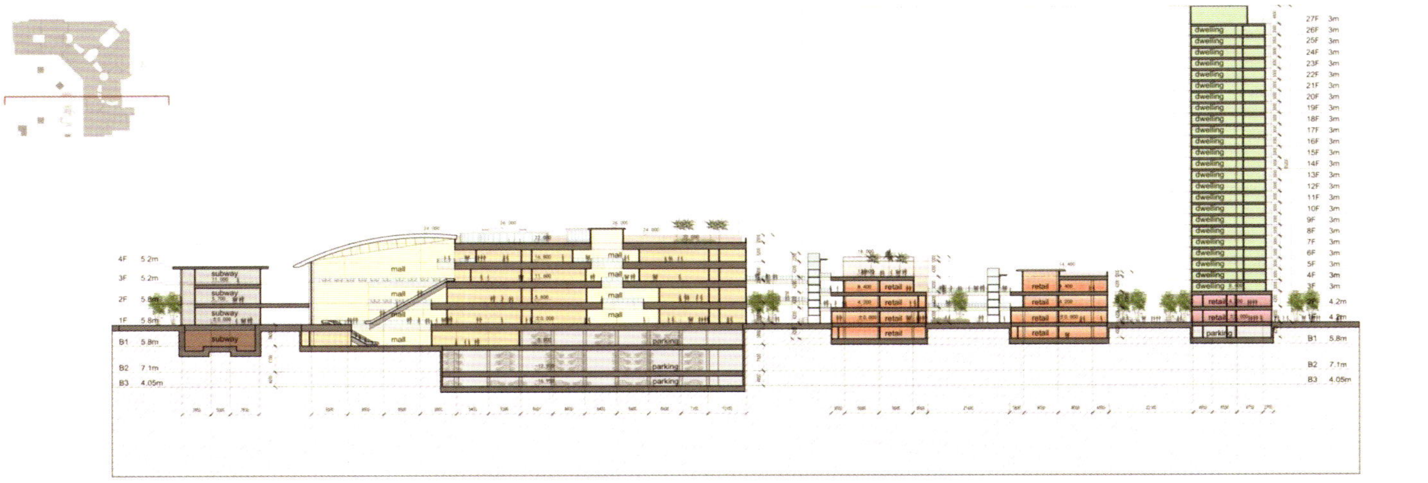

东立面图

西立面图

南立面图

北立面图

# 滨江生态商业集群

## 重庆东原1891·时光道设计方案

开发商：重庆东原房地产开发有限公司 / 项目地址：重庆市南滨路81-84号
占地面积：45 290平方米 / 建筑面积：199 801.4平方米 / 容积率：3.36 / 绿化率：30%

重庆东原 1891 · 时光道的设计灵感来自源远流长的长江之水，借鉴“水”的灵动与流畅的特质，构建出写意的建筑形式，浑然天成，自由开阔。项目以“行云流水”为基本设计理念，在功能与空间规划等方面都有具象的实际运用。无论是建筑外形与表皮充满活力动感的流线造型，交通动线与空间转换之间的平顺过渡，还是整体环境氛围的营造，项目均直扣“行云流水”之主题，给人以“闲庭信步”之意境。

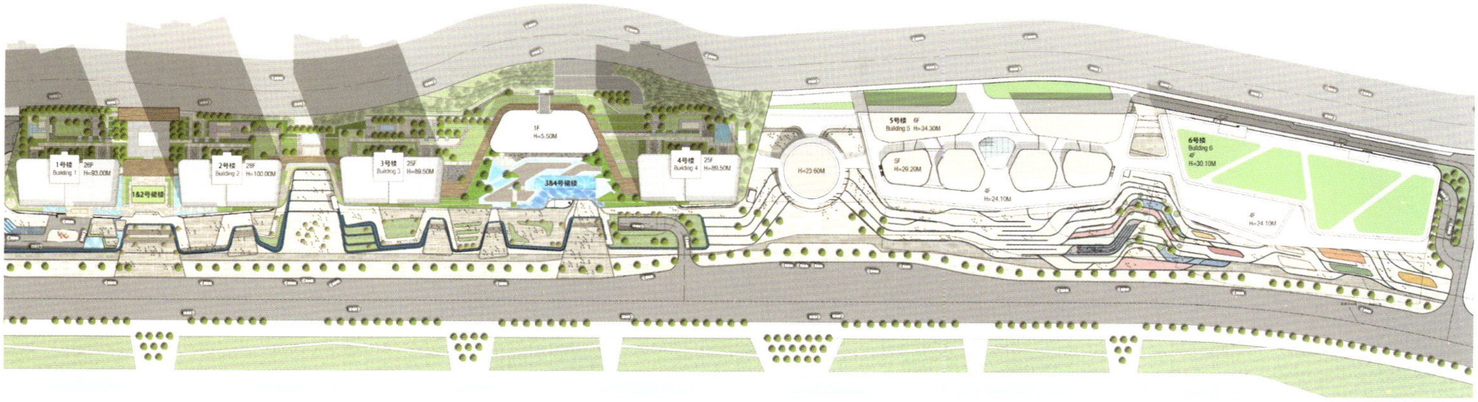

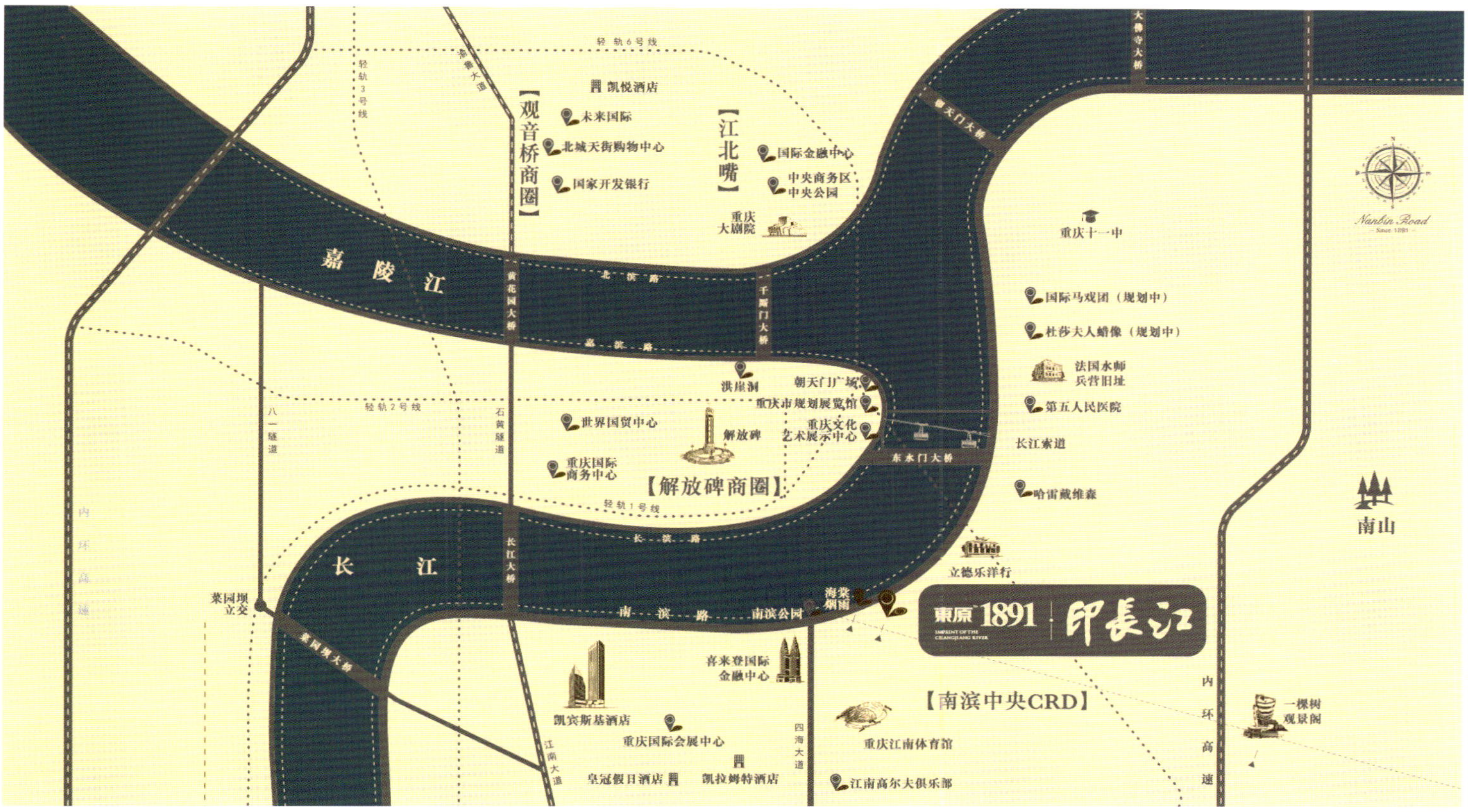

## 项目概况

重庆东原 1891 · 时光道位于重庆南滨路，共 199 801.4 平方米的开发总量，综合体的西侧近一千米长的临江面，远眺对岸重庆市中央商务区的城市建筑群，背靠著名的南山风景区。项目依托不可复制的地理环境，以开发商的精准定位和设计师巧夺天工的设计，将打造成为西南地区综合体开发的新高度。

作为南滨路核心一千米超级商业集群，东原 1891 · 时光道以亲近自然来抵消传统过于浓重的商业氛围，目标打造跃动活力、富有文化艺术氛围、融入自然、轻松又不失奢华的生态沿江生活方式。项目将携手数百品牌商，共筑重庆滨江商业新地标，已签约品牌包括：重庆最大滨江影城 UME、重庆本地独立书店精典书店、贵族精英专属的海派健身、念咖啡、Winema Sweet、迪卡侬以及重庆罕见的私人美术馆——“原美术馆”艺术中心。

## 设计理念

重庆东原 1891 · 时光道的设计灵感来自源远流长的长江之水，借鉴“水”的灵动与流畅的特质，构建出写意的建筑形式，浑然天成，自由开阔。项目以“行云流水”为基本设计理念，在功能与空间规划等方面都有具象的实际运用。无论是建筑外形与表皮充满活力动感的流线造型，交通动线与空间转换之间的平顺过渡，还是整体环境氛围的营造，项目均直扣“行云流水”之主题，给人以“闲庭信步”之意境。

## 建筑设计

重庆东原 1891 · 时光道邀请世界级顶尖建筑事务所，历经 10 年思潮碰撞，创作出“千帆逐浪”建筑方案。“船身”为高端商业，“船帆”为 4 栋顶级住宅组合而成。这样的魄力源于对南滨百年历史的尊重与传承，更源于对孕育着重庆文明的母亲河——长江的守望与感恩，被称为因地而生的时代建筑作品。背山面水的整体建筑格局，依托南山天际线，山高则建筑高，山低则建筑低，以道法自然的方式重塑南滨天际线。

### 融合自然的商业空间

自然景观与商业开发的巧妙融合是项目设计的一大亮点。六层的商业空间以一千米滨水长廊为切入点，通过不同的主题打造精准定位的功能区，充分利用自然景观特点，将沿江的亲水自然之风引入各个功能区间，贯穿移步易景的人行步道，结合现代风格的开放式商业与休闲空间，最大化滨水视野，同时使商业各功能之间有序且和谐。

半开放院落式商业的突破设计、自然景观与通透的中庭集中商业以及首层沿街商业的融合、人性尺度的沿河景观步道与生态绿色花园，为人们提供了休闲娱乐消费场所，同时增加了商铺的展示面，提升了商业品质。沿河裙房错落有序的出挑，形成立体多变、具有吸引力的步行环境。而屋顶平台的精致设计为公众和住户提供了娱乐与生活的专属场地。

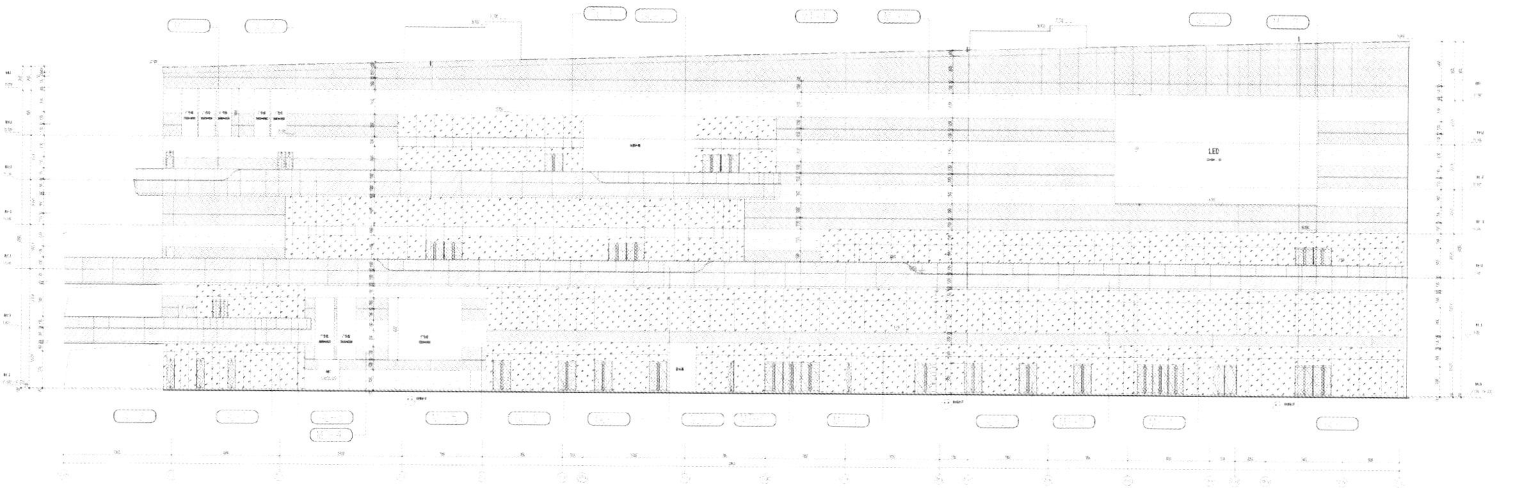

6号楼立面图

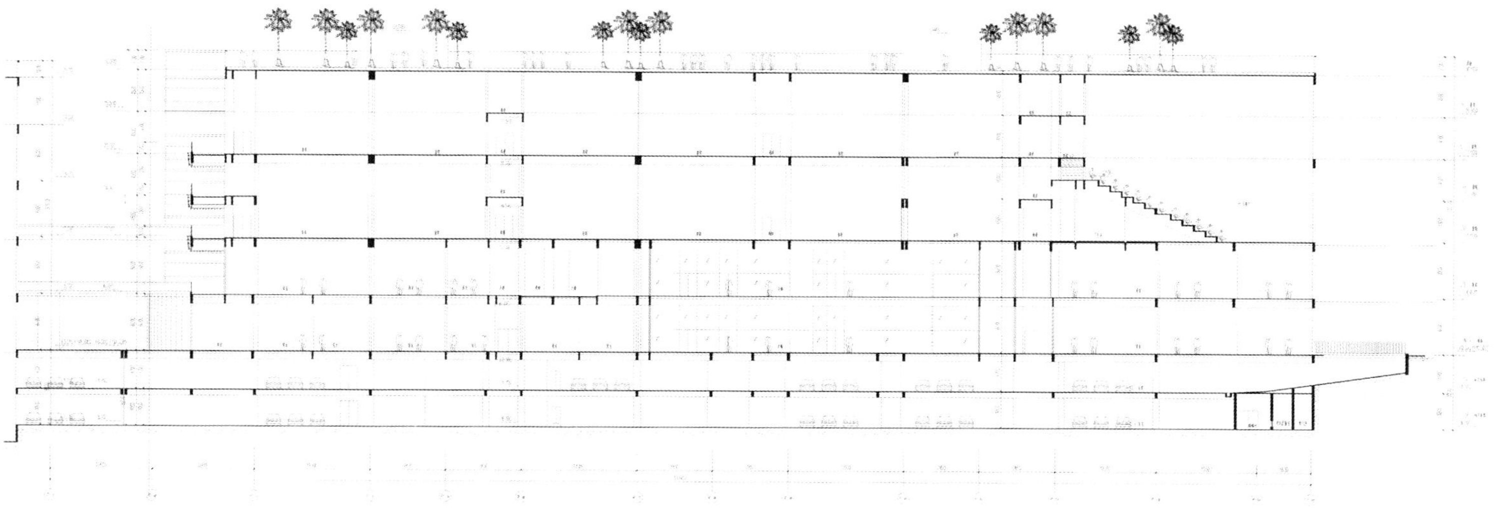

6号楼剖面图

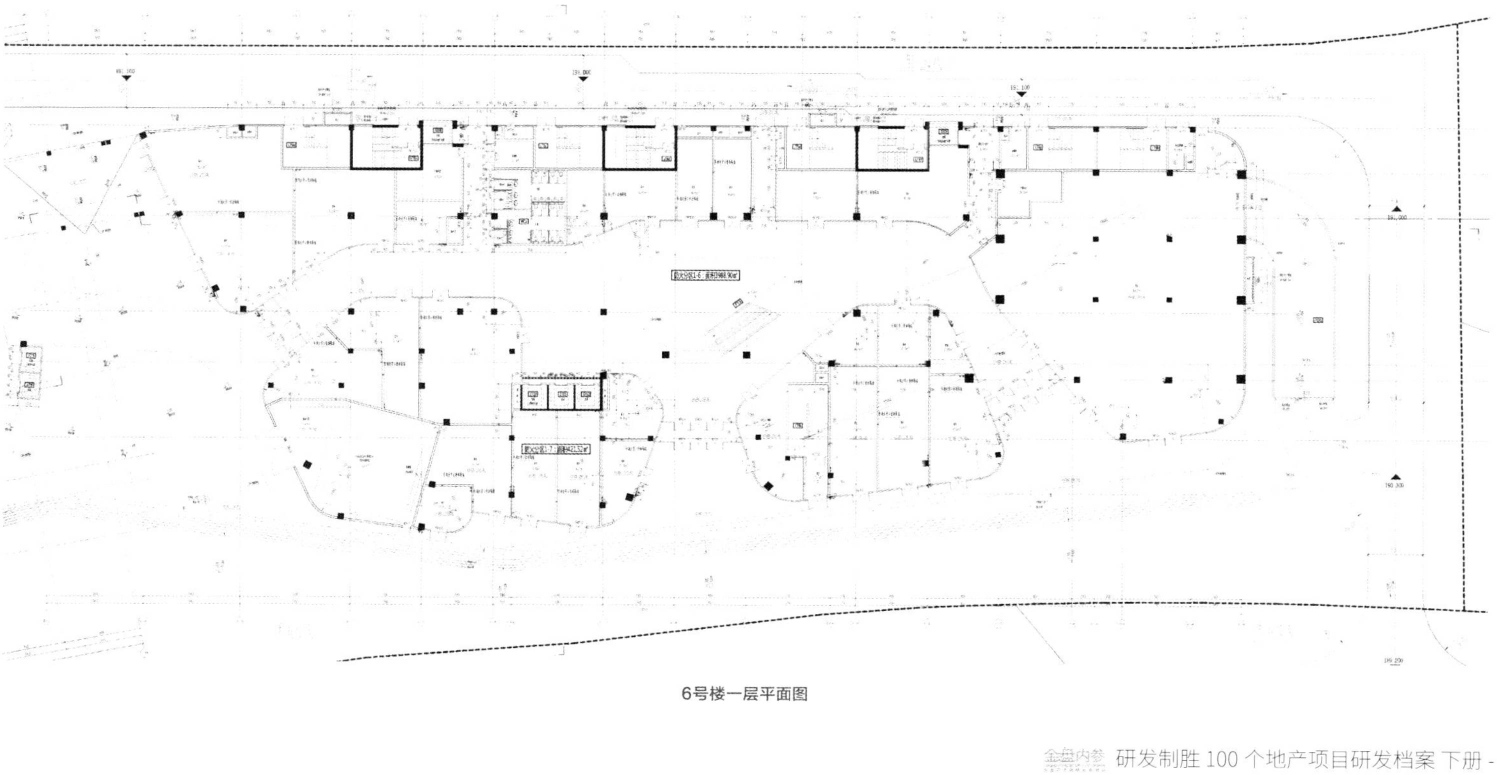

6号楼一层平面图

## 室内设计

# 都会人文商业区

## 重庆长嘉汇购物公园设计方案

开发商：重庆招商置地开发有限公司 / 项目地址：重庆南岸区弹子石

建筑设计：梁黄顾建筑设计有限公司 / 占地面积：27 150平方米 / 建筑面积：约114 500平方米 / 容积率：3.02/ 绿化率：6.54%

项目首创文化、商业和自然“三位一体”的国际规划理念，是涵盖国际娱乐、传统及精品餐饮、国际时尚、休闲观光、家庭娱乐、创意生活、精彩的娱乐购物体验以及亲水特色休闲等多元业态的一站式购物中心，与法国水师兵营、百年弹子石广场两大人文地标，以及黄葛古渡、海棠烟雨、龙门浩月、字水宵灯四大巴渝胜景，相互串联一体，致力构筑出重庆首个国际级都会人文旅游地标。

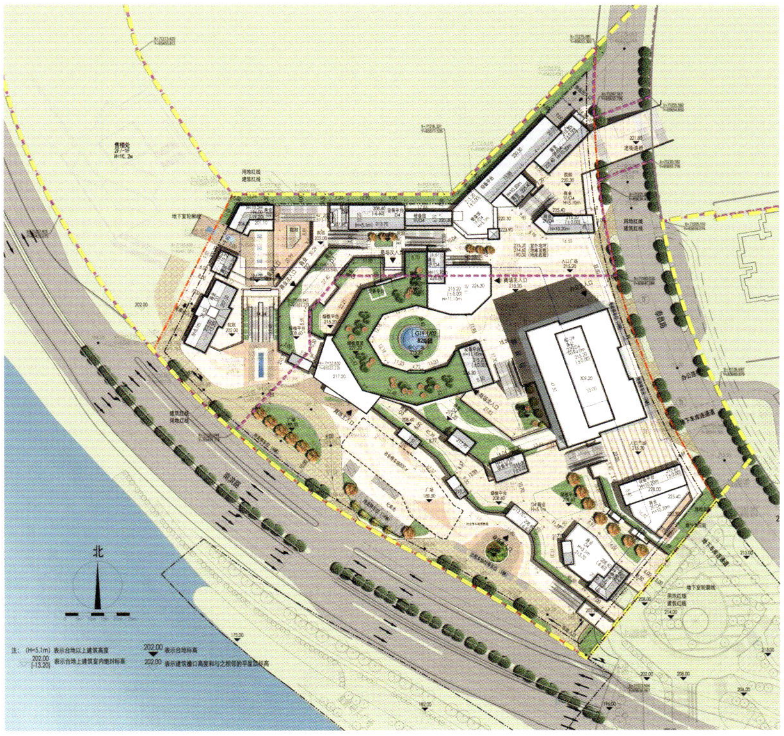


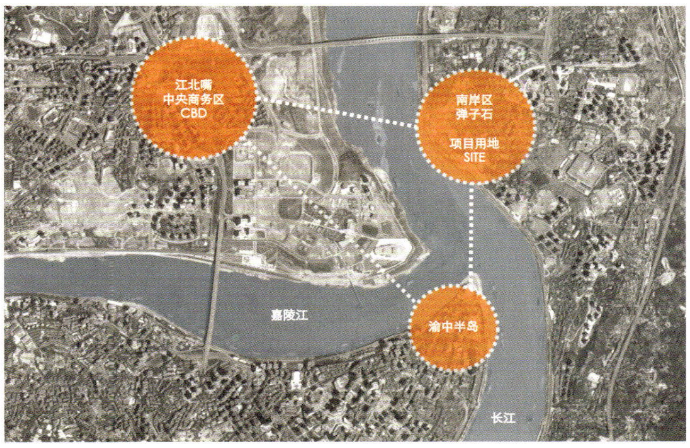


## 区位分析

长嘉汇购物公园位于重庆南岸区弹子石，属于弹子石 CBD 的核心配套区，紧邻法国水师兵营，正对重庆大剧院，毗邻长江、嘉陵江两江交汇处，遥望朝天门码头，与解放碑 CBD 和江北嘴 CBD 隔岸相对。

## 定位策划

项目首创文化、商业和自然“三位一体”的国际规划理念，是涵盖国际娱乐、传统及精品餐饮、国际时尚、休闲观光、家庭娱乐、创意生活、精彩的娱乐购物体验以及亲水特色休闲等多元业态的一站式购物中心，与法国水师兵营、百年弹子石广场两大人文地标，以及黄葛古渡、海棠烟雨、龙门浩月、字水宵灯四大巴渝胜景，相互串联一体，致力构筑出重庆首个国际级都会人文旅游地标。

## 用地概况

长嘉汇项目的三期建设计划包括老街 B2 组团（老街滨江）、老街 D 组团、E 组团，基于城市、场地、景观特色、文化资源等具体情况，因地制宜布置不同功能；同时，三期建设中的各组团之间也相互联系、配合及平衡，使之形成一个完整的城市系统和发展架构。

项目 B2 组团用地原始地貌大致北高南低，最大高差约为 27.5 米。用地西南侧紧贴南滨路，东北紧贴泰昌路，东南面接滨江弹子石广场，与 D 组团（老街）以连桥相连，与 E 组团隔路相望。

## 形象规划

**城市形象：**项目配置有老街风貌特色商业、集中式商业设施和高级写字楼，由南滨路向泰昌路纵深方向，天际线构成由低至高、逐渐递增的变化。作为老街风貌保护区的商业街，无论从空间序列还是建筑形式，都保有传统民俗的风情特色，再现山城一步三折的街道景象。办公楼形体简洁，线条明快，从形象和使用上都符合现代办公环境的诉求。

**沿江形象：**南滨路沿线占据了滨江的主景观面，故项目设计充分利用了地形高差，在商场部分形成多处花园平台，创造对江望景的绝佳视野。集中商业部分以南岸老建筑的风格为基座向南展开，在南滨路的主形象面从体量和建筑形式上都体现了“高端人文商业区”的定位，打造城市名片。南滨路的入口牌坊为老街的起点，拾级而上延续的院坝设计，提供灵活多变的商业休闲平台，同时形成趣味性的街道天际线，多元化、近人尺度的商铺形象和集中式商场部分相得益彰。

## 景观设计

整个项目用地现状为山地地形，呈不规则多边形，被数条市政道路划分为几个大小不一的地块，各地块结合地形、因地制宜，成为设计的重要原则。

长江景观资源是整个长嘉汇三期建设项目的依托，因此项目充分利用沿江面，在景观规划中以“老街、老街滨江商业、滨江公园”为发展主轴，从而打造城市名片，服务城市，提升片区的品质。

## 建筑设计

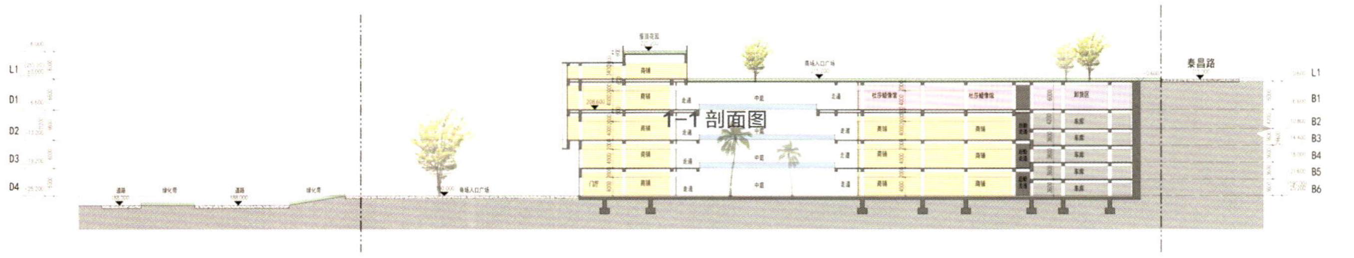


1-1 剖面图

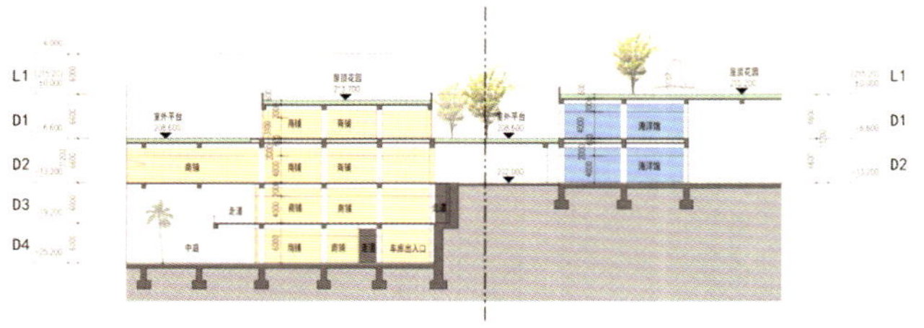


2-2 剖面图

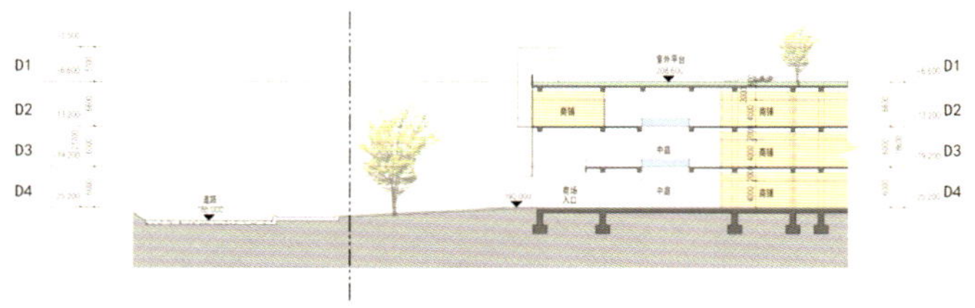


3-3 剖面图

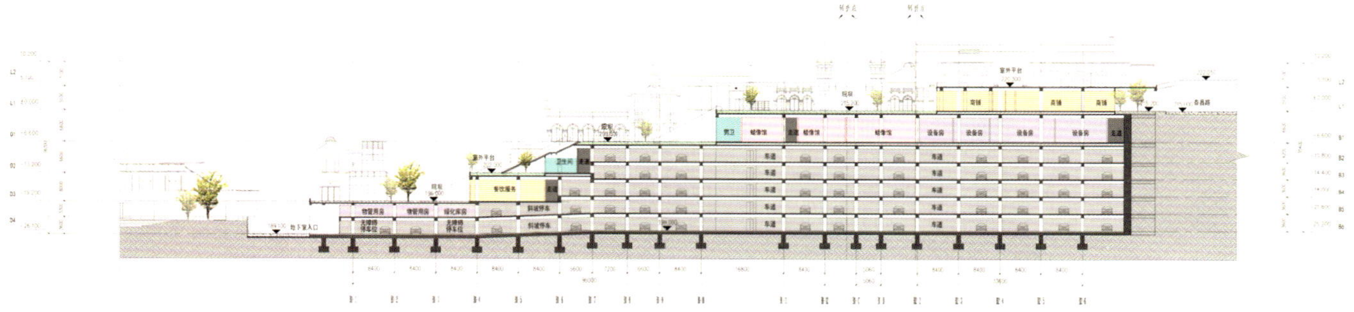

4-4 剖面图

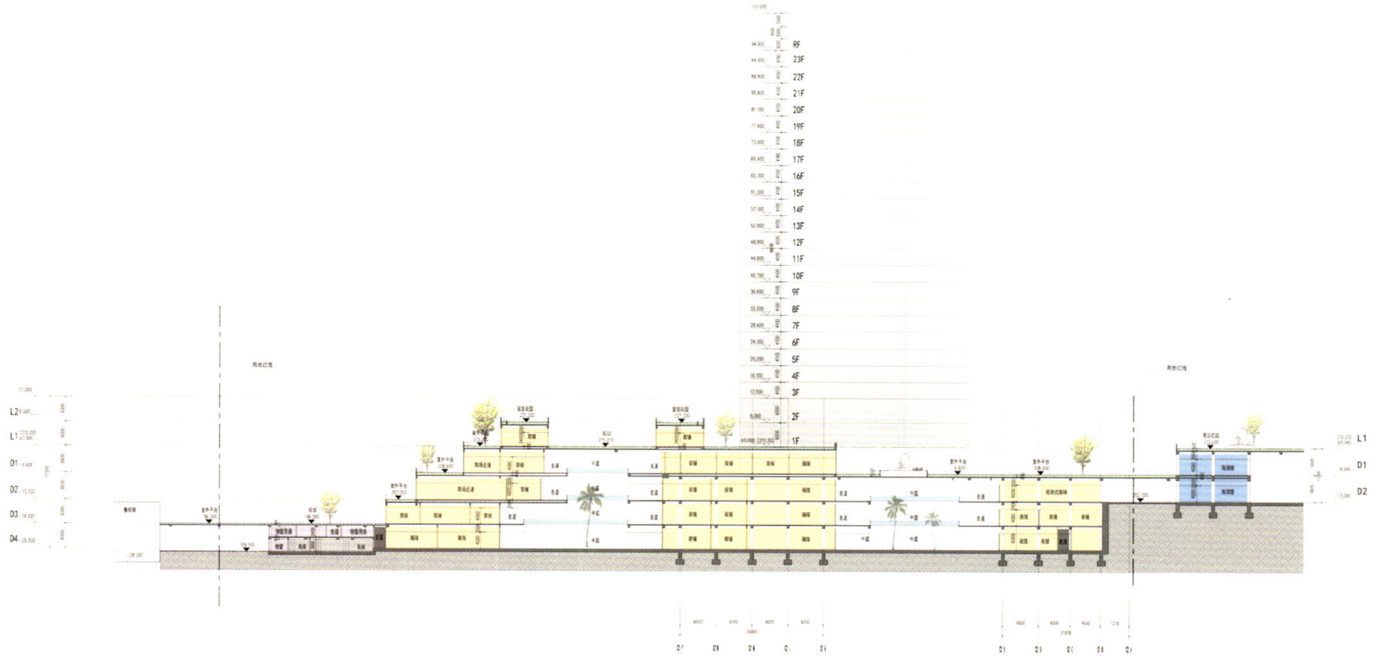


5-5 剖面图

**弹子石老街特色商业：**北侧的老街位于保护区用地范围内，同时也是一条户外的特色商业街，此段街道承上启下，在南滨路面向江岸打开，形成弹子石老街形象的主入口，向上建筑空间形式得以延续到 D 组团并直至弹子石转盘。

南滨路是老街的门户与起点，故在建筑形象上，贯彻了老街的设计手法，通过采用传统的建筑形式，入口处用简化石牌坊，在形式上对起点予以限定。商业单体采用街屋形式，立面设计提炼传统建筑元素，平面遵循传统街巷尺度，从建筑风格上再现和还原了传统的风俗风貌，构成一条具有民俗风情的步行商业街区。

**集中式商业：**作为地块内商业部分的主量，在南滨路及泰昌路均设有入口广场。各层以中庭空间为核心对平面功能进行布局，并通过自动扶梯和楼梯等构成立体的商业交通，共设四层吊层，地上一层，局部两层。平顶层业态以餐饮为主，主力店铺集中布置于底层，蜡像馆作为商业部分的特色业态，布置在地上一层及吊一层。

整个建筑体采用凹凸交错的退台设计，既迎合了地势，亦创造出活泼动感的商业形象。

屋顶部分为老街风貌延续区，分散出的数个小体块从体量上和形式上均呼应了老街形态。

**高层写字楼设计：**地块靠近泰昌路段布置高层写字楼，根据集约高效的精神，办公楼平面为长方形，长边沿路布置，服务于泰昌路和南滨路两个主要景观面，又在尽可能保证间距的同时，对邻近地块的高层办公楼进行呼应。办公楼层高 4.1 米，各层采用标准层面积约 1 500 平方米的中央核心筒方式组织平面。建筑体采用简洁明快的线条，办公楼形象及材质上与老街建筑相呼应。

老街核心风貌保护区是三期建设的纵轴，依据地势以院坝的形式丰富公共空间，结合庭院绿化和街道小品设计，与空间大环境形成良好的互动关系。商业主体部分，尤其是紧接市政道路的部分，通过区域绿化来美化城市空间，提供人性化的途径和驻留的体验。老街滨江部分沿长江南向延续并连接至弹子石广场，零距离接触自然景观以及充分享受滨江广场的沿江景观资源。

项目设计基于地块用地现状，利用高差，配合不同区域和不同标高，设计屋顶平台花园，这些景观也串联起不同标高的各个公共空间节点，组合成有层次的立体景观系统，同时形成多个适当的观景点，眺望江景。

# 尊重老街风貌 构筑新天际线

## 重庆融创·白象街商业示范区设计方案

开发商：重庆融创凯旋置业有限公司 / 项目地址：重庆渝中区凯旋路至滨江路之间
建筑设计：重庆市建筑工程设计院有限责任公司 / 用地面积：75257.5平方米

融创·白象街位于重庆市渝中区解放碑商圈，拥有 800 年人文历史的积淀，坐拥 11 处百年文物，是重庆唯一"商旅文"结合的历史文化商业区，以"一街两公园三巷九会馆"为蓝本，打造重庆城市新名片。新建组团延续了原建筑的风格，同时向现代建筑风格过渡，延伸了城市的文脉。

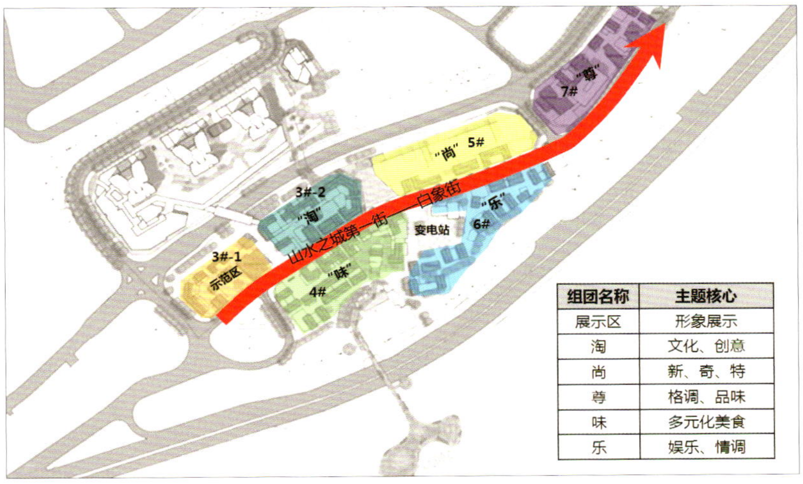


| 组团名称 | 主题核心 |
| --- | --- |
| 展示区 | 形象展示 |
| 淘 | 文化、创意 |
| 尚 | 新、奇、特 |
| 尊 | 格调、品味 |
| 味 | 多元化美食 |
| 乐 | 娱乐、情调 |

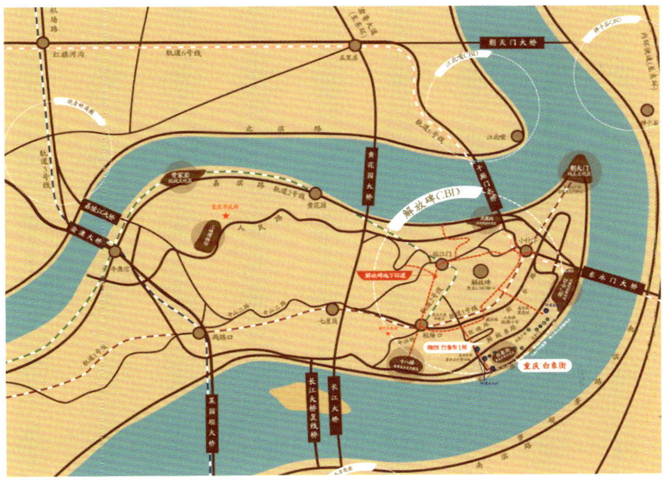

## 项目概况

融创·白象街位于中国重庆解放碑中央商务区和重庆历史文化风貌区，传承重庆 800 年母城文化根脉，拥有两处 800 年城门城墙遗迹（太平门、人和门），寓意天地人和，药材公会、私立兴华小学、大清邮局、李耀庭公馆等 9 大百年优秀文物建筑臻品，高度还原鼎盛时期的建筑风格。项目修建完成后将打造集餐饮购物、旅游商务、精品休闲等功能于一体的历史文化休闲商业步行街，让重庆商业名街的百年辉煌在此复苏。

示范区位于地块的西北端，直观展示白象街项目未来商业发展的方向及氛围，体现项目的品质及格调以及深厚的历史人文色彩，对后期商业的销售及招商工作的顺利执行起到一定的引导及促进作用。

## 区位分析

重庆融创·白象街商业示范区位于重庆市渝中区下半城白象街传统风貌区内，北邻解放东路，西接凯旋路，南通兰子坝。渝中区是重庆老城起源地，政治、经济与文化的中心区，而下半城更是重庆老城区文脉所在。示范区紧邻的白象街是渝中区下半城巴渝衙门文化和开埠金融文化的重要传承地，具有重庆开埠前后在西方近代文化影响下工商业繁荣发展带来的历史风貌，同时，又有老重庆历史特征及抗战留下的历史印记。在重庆“两江四岸”的城市规划中，该区域采用自下而上、选点激活的更新方案，形成了“一轴两带多组团”的空间结构，从规划的角度确保了空间肌理的完整。

## 规划设计

示范区启动前，区域内大部分建筑均作为民居使用，人口密度极大，私改乱建现象严重。整体风貌遭严重破坏，建筑质量堪忧，街巷氛围恶劣。针对这些问题，设计单位对区域内建筑进行了详细调研，综合考虑历史价值、风貌特色、建筑质量等多种因素，进行分级整理，再针对不同级别建筑采取修缮、织补、更新等不同力度的整饬更新措施，在恢复历史风貌、保护建筑遗产和延续文脉的同时改善基础设施，让建筑能够满足新的使用功能需要，努力通过设计的力量打造一个新的活力社区。总体上，示范区可以大概划分为两个区域：东侧以两栋建筑遗产为主，西侧则为新建的组团建筑，东侧区域需要着重保护与再利用，重塑历史风貌和新社区的关系。

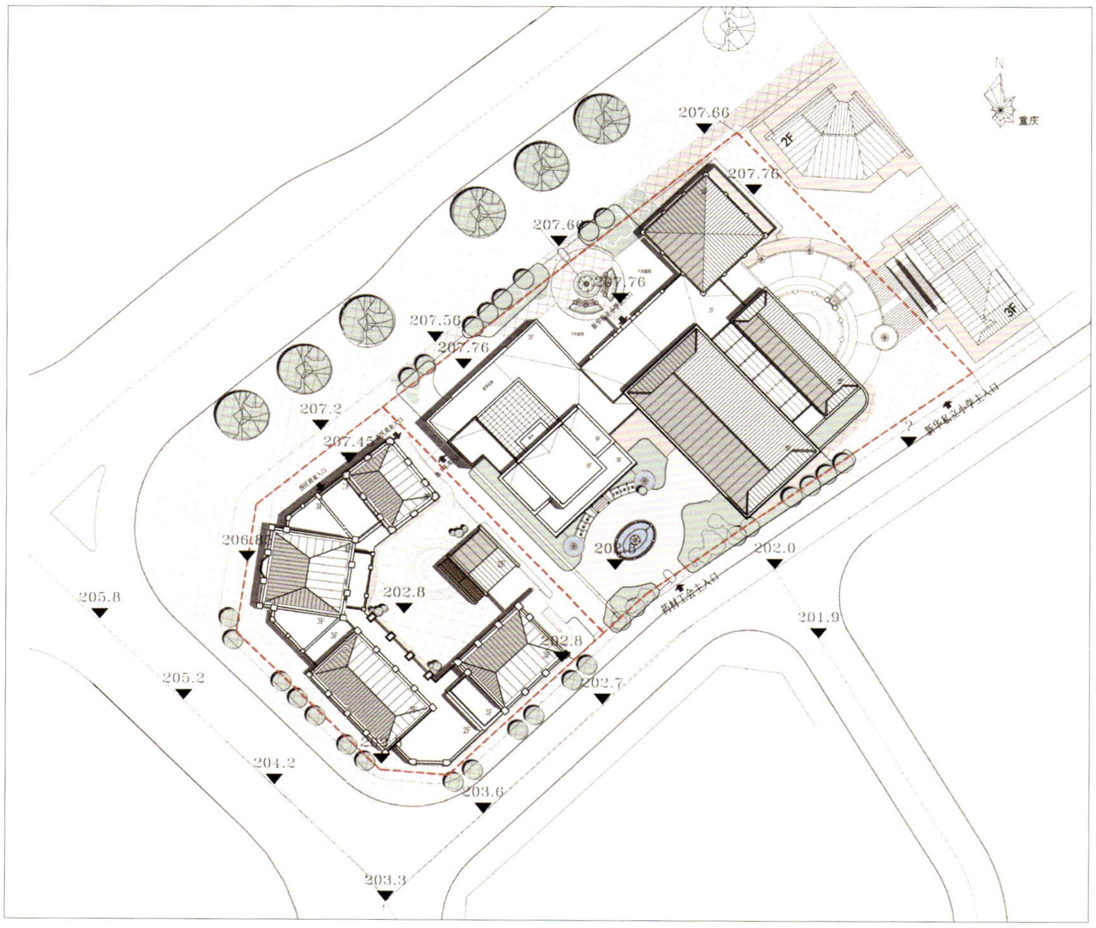


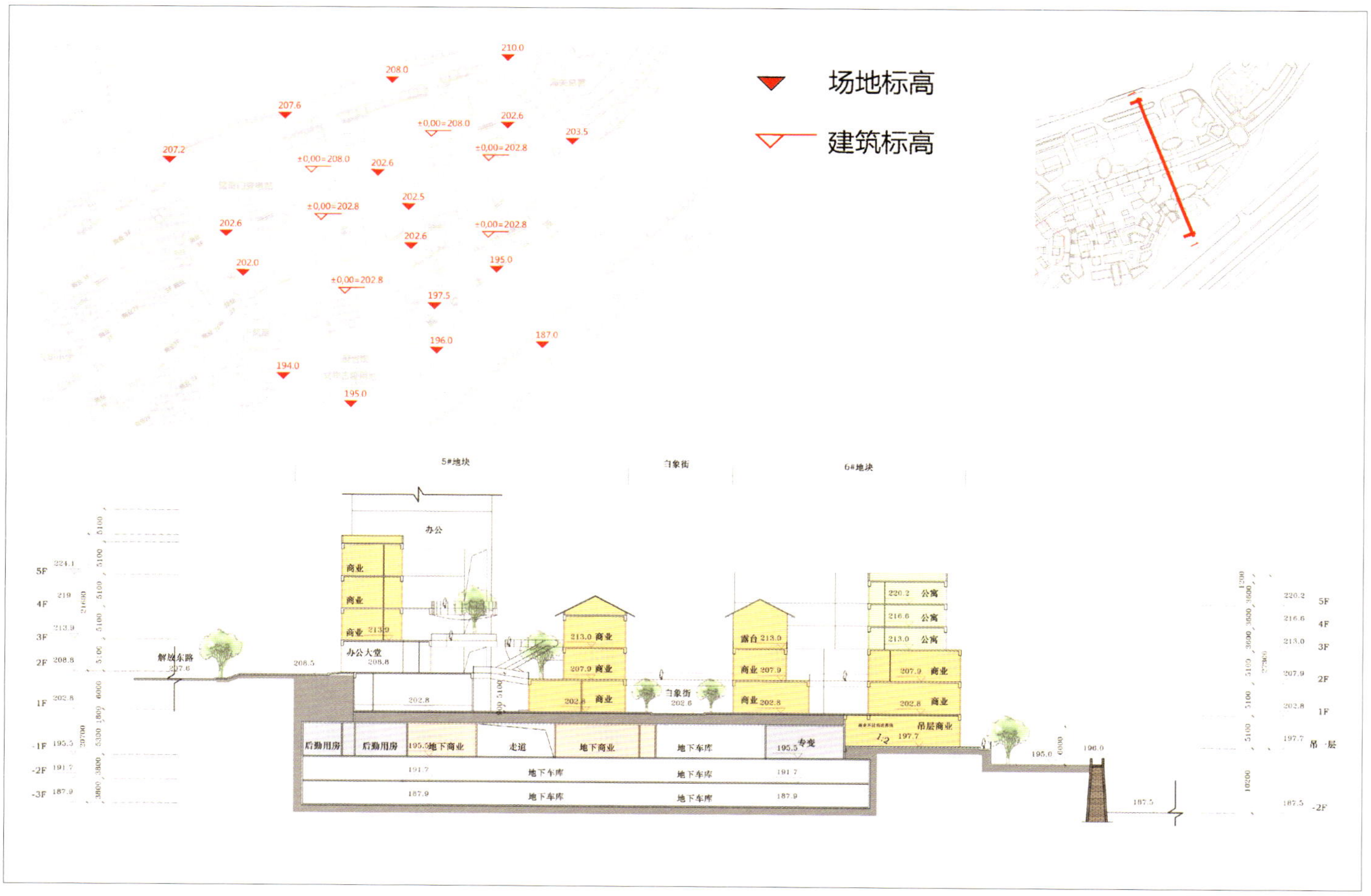

## 建筑遗产的更新

示范区东侧的两栋保护建筑包括药材公会与私立兴华小学。药材公会为重庆市市级文物保护单位，在重庆的近代开埠历史上占有非常重要的地位。典型的木结构仿巴洛克式，是该时期建筑风格的代表，反映了渝中区下半城药材行业由传统行业向现代商业转化的历程，记录了重庆药材行业兴旺发达的盛况，承载着重要的城市记忆。私立兴华小学作为当年药材公会附属的行业福利机构，对研究中国近代行会/公会职能的演变和运作有着重要的史料价值。

### 更新原则

该区域的设计核心任务是在遵循文物修复的“真实性原则”和“可识别性原则”的前提下，妥善处理新与旧、保护与利用的关系，营造符合历史文化氛围的街巷场景，同时通过保护修缮来引导历史建筑重回城市文脉，焕发新的生命。

**真实性原则：**根据历史的演化和发展事实，私立兴华小学的修复被纳入药材公会的整体保护当中，并对周边环境进行整体规划设计，防止无序的发展导致建筑本体与周边环境的关联消失。建筑单体的修缮将严格按照文物建筑修复的规定，清理后续使用过程中对建筑外观造成的破坏和遮挡，依照历史照片及残留构件复原门窗、砖雕等，最大限度地呈现历史原貌。改动严重的内部空间也得以修复，大

致恢复原有格局。

**可识别性原则：**在修缮中，单体建筑采取建筑“局部复原”和构件“局部更换”，并针对具体情况采取针对性的保护加固措施；同时保留原建筑材料，重视时代维修的印记以及特定历史事件相关的印记，修复在必要时可逆。

### 更新设计

根据现有建筑本身的现状条件，设计师在维持传统体量和尺度的基础上，在更新改造的过程中对建筑组团空间进行梳理和调整，最大限度地降低改造对建筑风貌和整体形象的影响，避免仿古造成建筑误读，同时也使整个组团能够适应新型的功能要求，保护与利用相互促进。

鉴于基地内现保留建筑有药材公会和私立兴华小学，而且药材公会一侧有后期加建的附属建筑一栋，但风貌及历史价值不高，设计师对药材公会主体以及周边围墙进行加固修缮保护，对后期加建的部分予以更新改造设计，同时鉴于私立兴华小学的建筑现状和文物级别，对其进行位移复建。

此外，设计师在基地北侧布置建筑体量，联系前后的场地高差，解决基地前后地坪高差，同时增加使用面积。现代处理手法和建筑材料的应用形成了新旧的对比，突出原建筑。设计师还利用插建的手法，在保留建筑之间插入交通与辅助空间，此部分建筑结构充分考虑与原有建筑的关系，采用轻型可无损拆卸的钢结构玻璃体连廊，实现文物保护的可逆性。

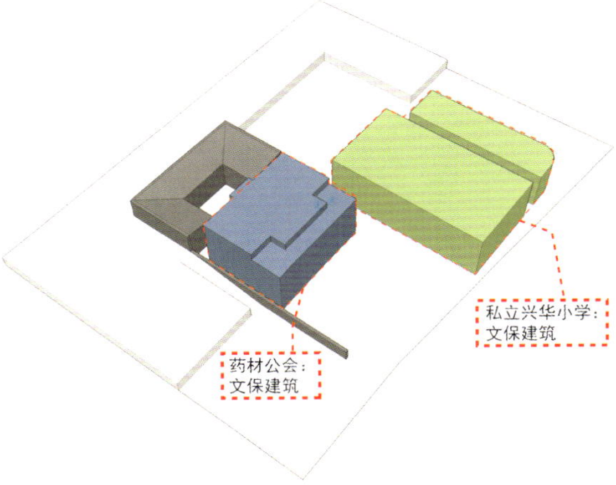


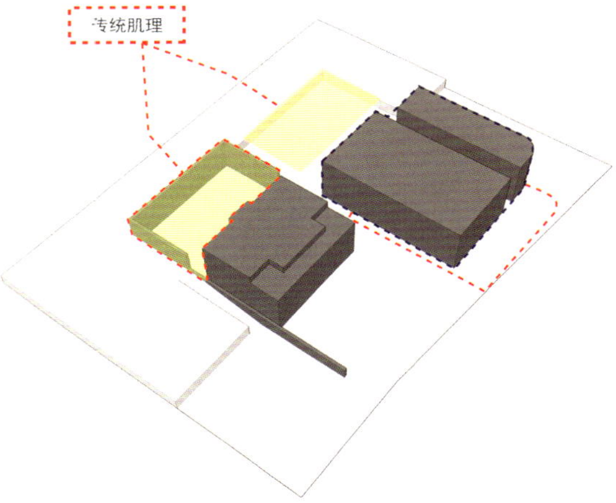


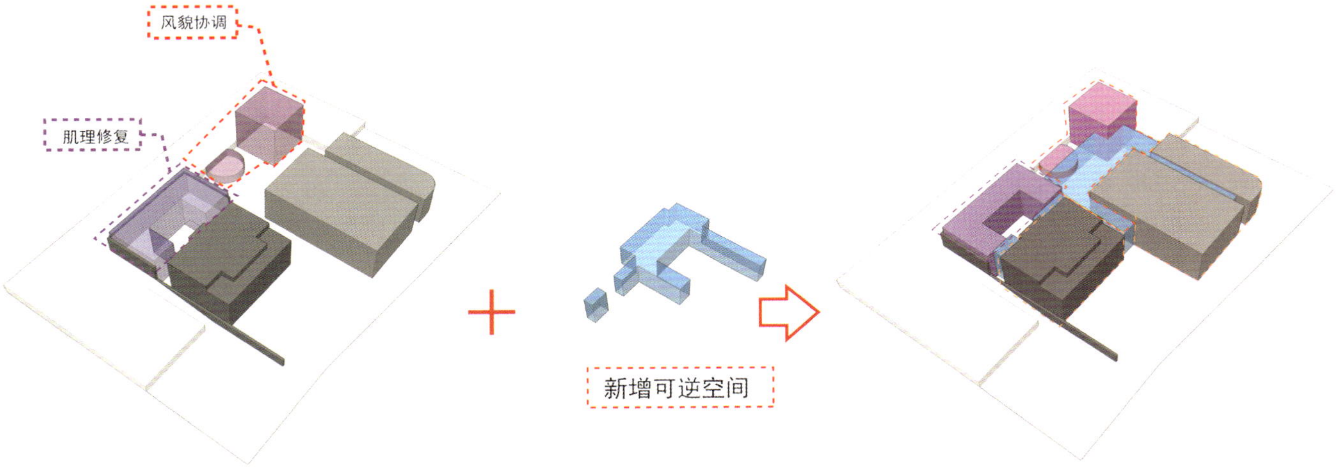

## 建筑设计

示范区西侧新建的组团北临解放东路，西临凯旋路，南临白象街，东侧紧邻药材公会，采用U形的围合空间组织方式。南北设置主要入口通道，北侧中端与西南侧设置辅助通道，同时结合商业主体双首层，使整个组团的交通动线以及使用空间更加丰富合理。地块范围内南北界面高差较大，建筑沿凯旋路立面采用梯坎，解决沿街商业高差，使之可以提供一个简单完整的经营面。

该组团延续药材公会周边建筑传统风貌，同时向现代建筑风格过渡，构建一个统一和谐又有层次的整体空间环境。其设计提取了重庆近代巴洛克风格建筑立面纹样，在风貌上展现中西建筑文化交融的历史特征，内部则通过连廊等设计，形成连续的建筑空间，提供现代舒适的游览、观光和购物场所。

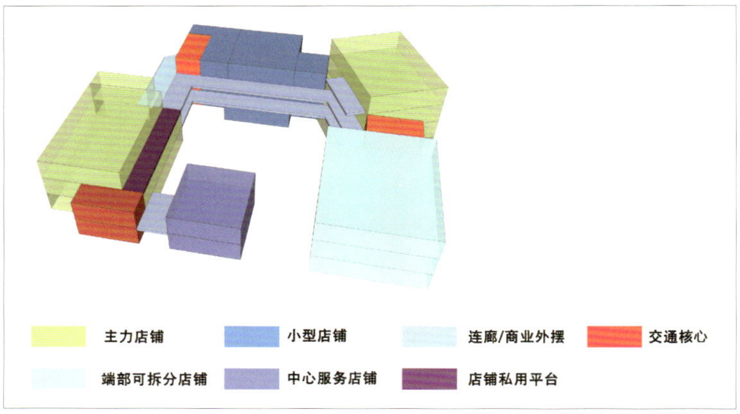


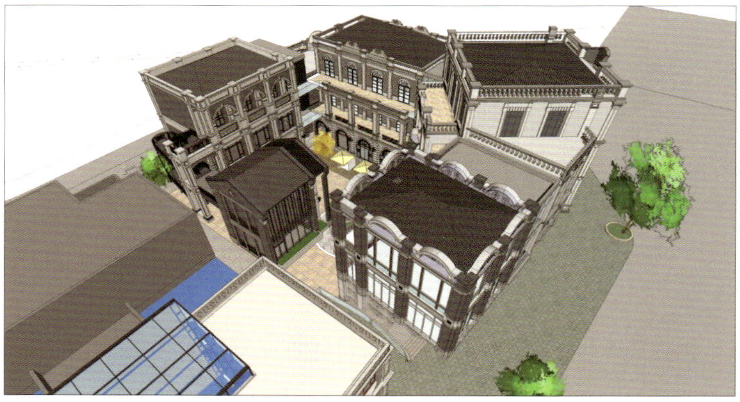

### 内院空间

设计师还通过设置下沉式内庭院，形成一个连续商业内院，使组团的商业功能最大化，经营空间尺度合理舒适。内院中设置中心商业店铺，结合玻璃幕墙、木格栅和室外露台的设计手段，提升内院商业活动氛围、增加商业经营人气。内院空间独特私密，不仅可以作为商业活动的主题活动场地，也可以作为商业外摆形式的支撑，在经营灵活度中担任着重要的角色。

5 号地块北立面

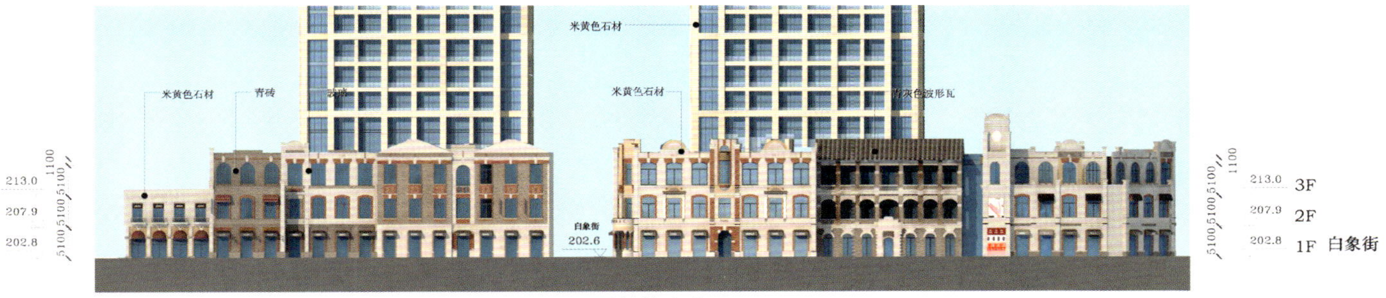


5 号地块南立面

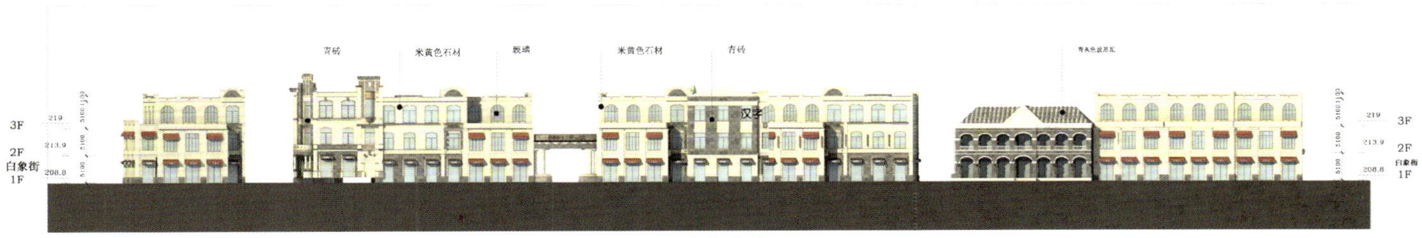


6 号地块北立面

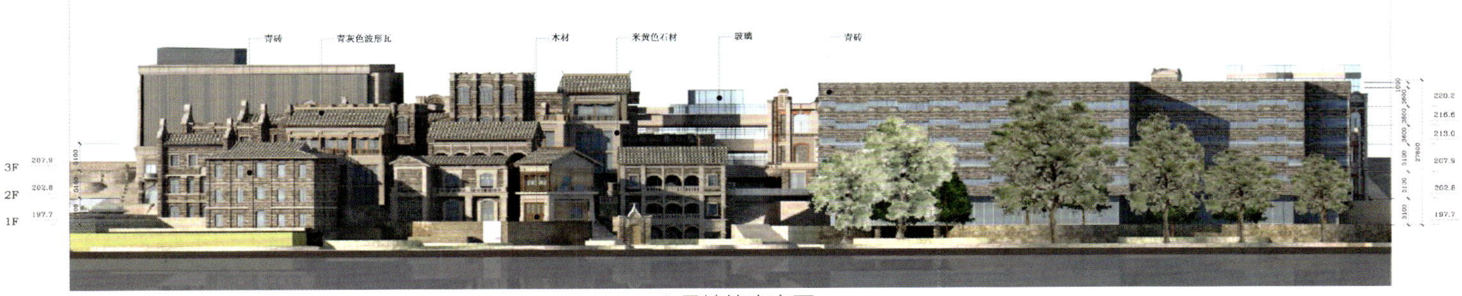


6 号地块南立面

# 办公楼盘

设计方案

金·盘 内·参

# 花园式独栋办公园区

## 上海绿地创新产业中心设计方案

开发商：绿地集团 / 项目地址：上海市宝山区沪太路2889号
建筑设计：水石设计 / 用地面积：27 966平方米 / 建筑面积：62 162平方米 / 容积率：1.5 / 绿地率：20%

上海绿地创新产业中心定位为花园式独栋办公园区，力图通过设计在园区内形成微气候。项目以生态绿轴与城市公园相连接，独栋办公楼沿绿轴分布在四个组团之内，围合出四大花园。独栋之间以连廊连接，独栋配置屋顶花园以及多层次阳台，构成富有层次感的开放空间，让人在办公时亦能亲近自然。

总平面图

## 项目概况

绿地创新产业中心是绿地集团汇聚全球资源、全力打造的全球创新产业地标。项目选址于宝山大场镇，地处“中环商务带”中心区，基地内设有地铁 7 号线上大路站出入口，位置得天独厚。项目规划 500-1 000 平方米的总部商务独栋，依托“互联网 + 文化创新产业”和“绿地企业服务平台”，以“硅谷式办公”为定位。

## 设计理念

项目旨在创造能够给区域营造微气候的花园式独栋办公园区。花园式办公由三大部分构成：屋顶花园绿化、入户灰空间花园和多层次阳台，以此来创造一个能与自然有一定互动的生态型园区，并由其生态性创造部分的微气候。

## 规划设计

项目沿地铁规划有 Loft 办公以及一座独栋办公。独栋办公兼具售楼处功能，未来是一个大型总部组团，通过有机组合形成四个组团，增强由公共空间、半公共空间到私密空间的体验感，强化办公私属性。各组团内的独栋之间通过连廊连接，办公面积可通过相互连接延展，满足不同企业的发展需求。

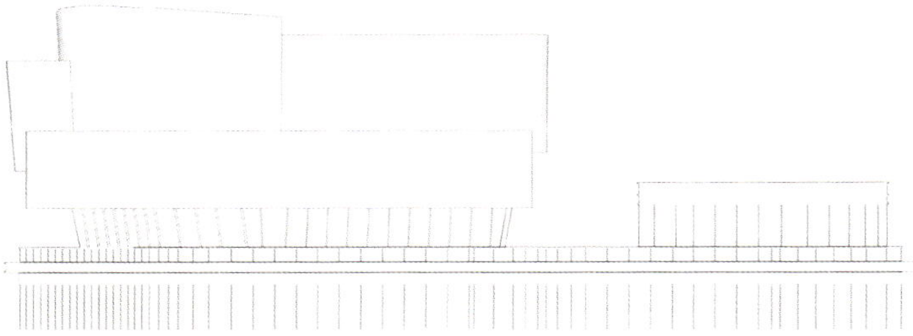

1 号楼西立面图

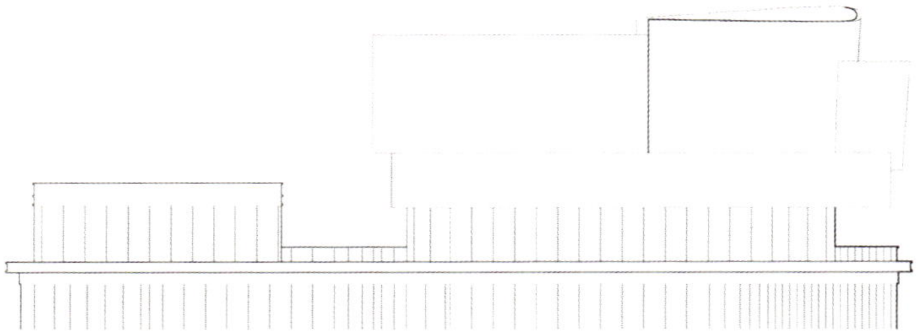

1 号楼东立面图

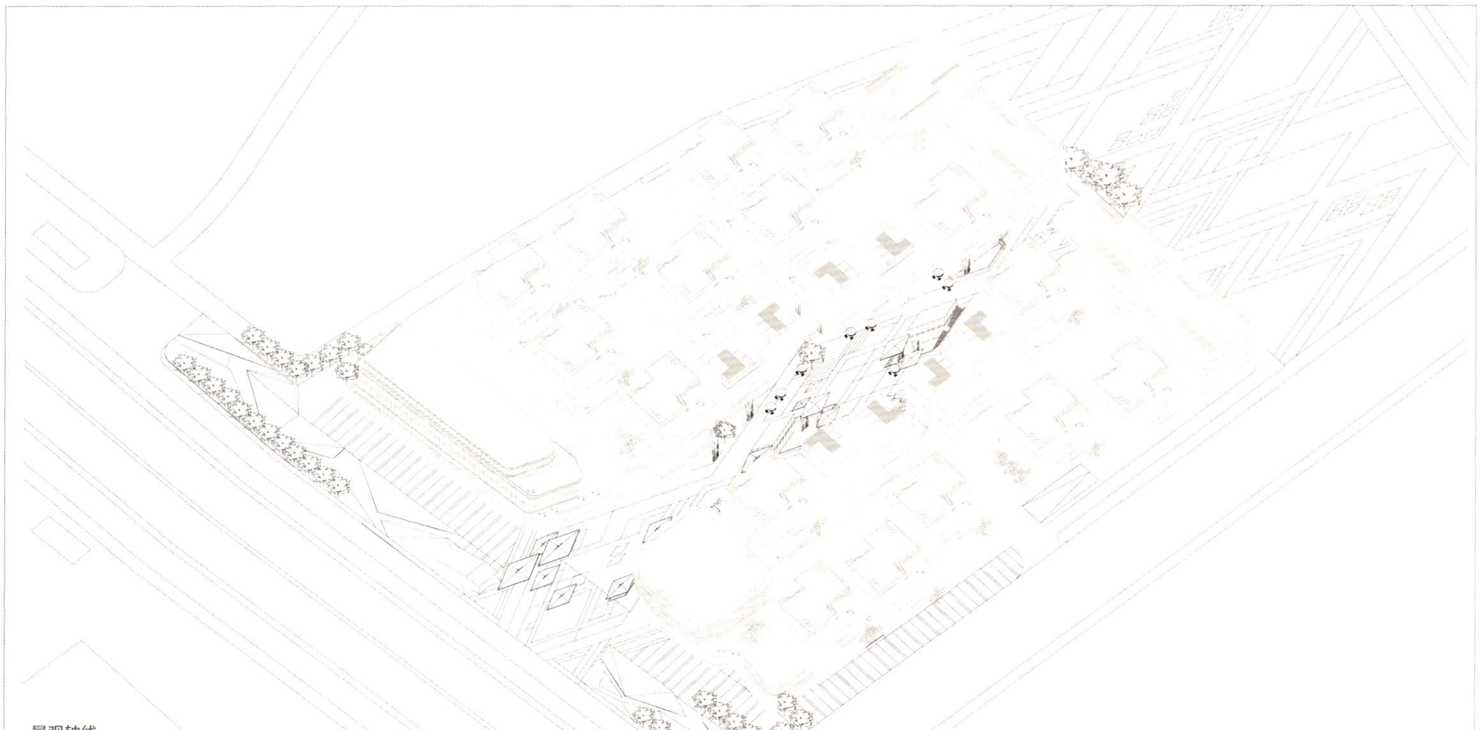

景观轴线

沿街－塔楼

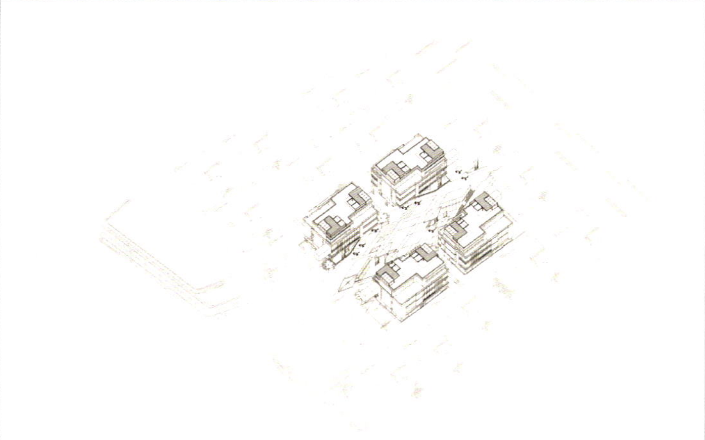

a 沿公园

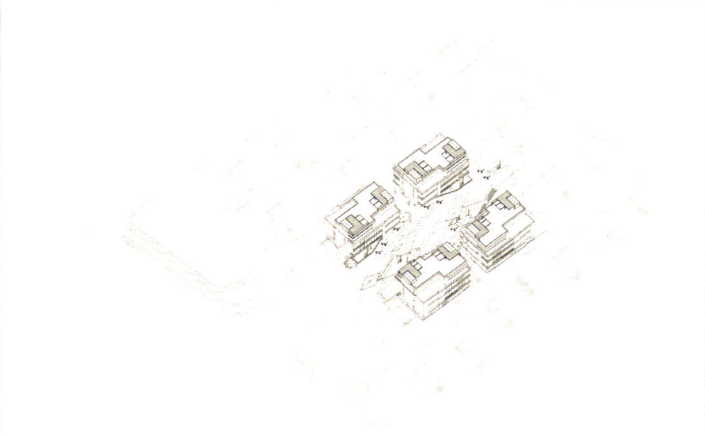

b 轴交点

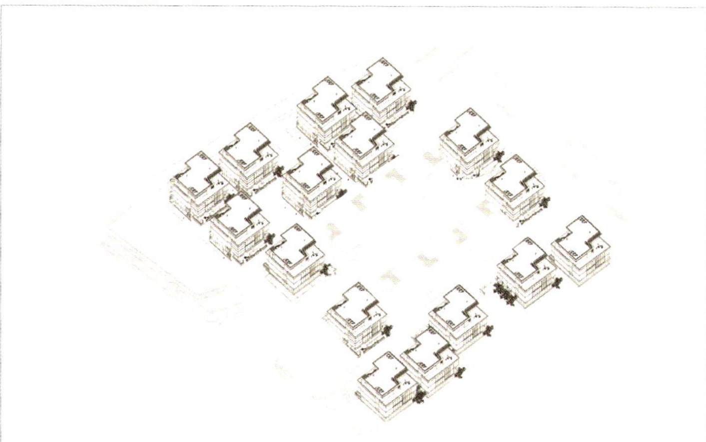

c 四组团

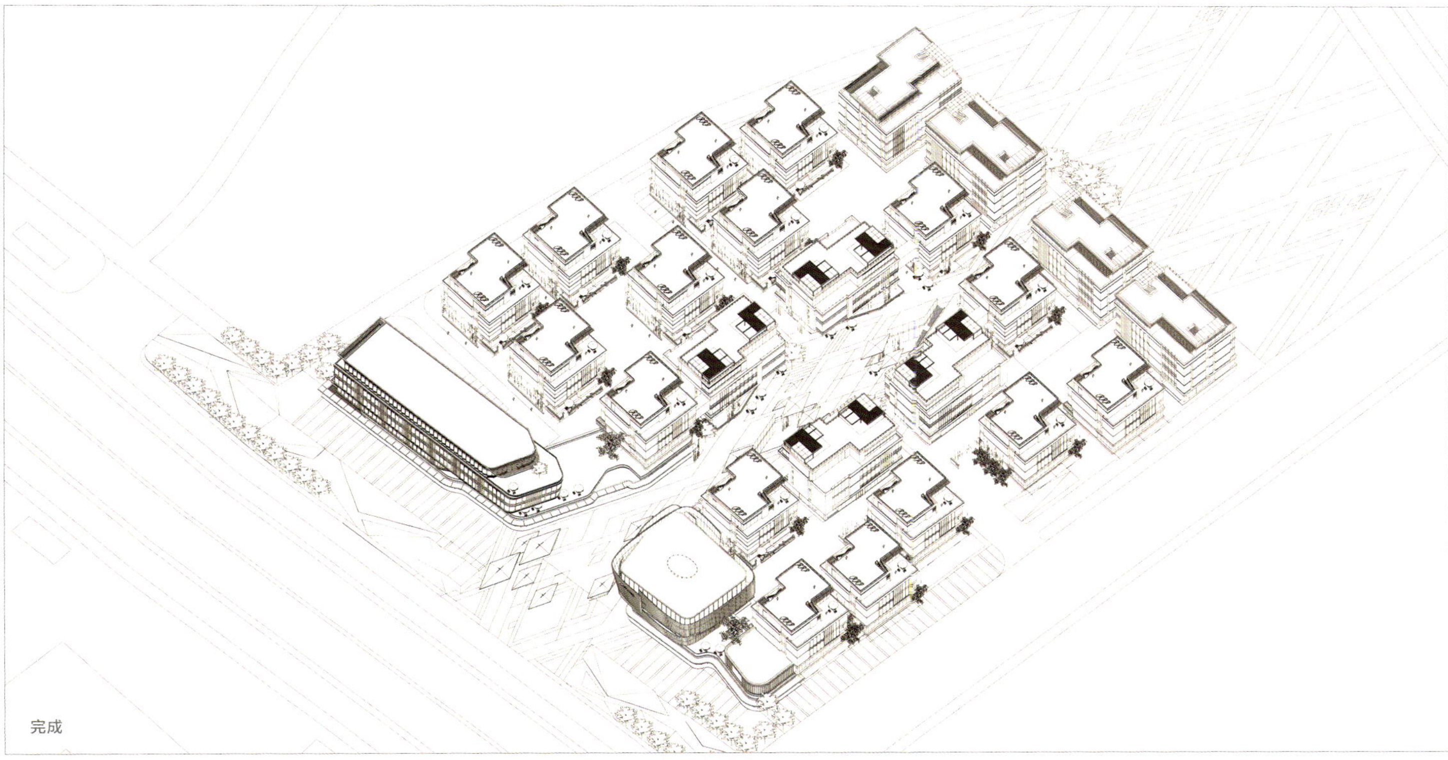

完成

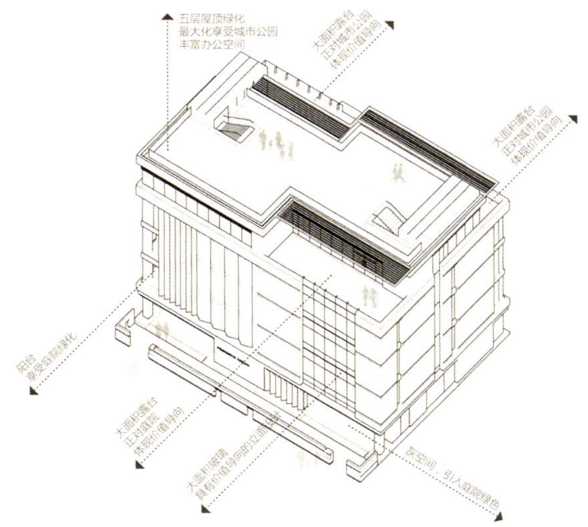


绿地独栋模型 –L 户型 –1

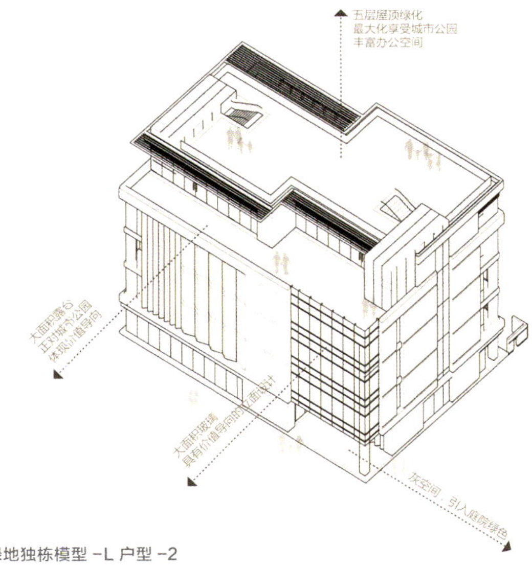


绿地独栋模型 –L 户型 –2

## 建筑设计

项目的建筑风格定位为现代风格，设计造型沉稳大气，力求营造出时尚稳重、精致高贵的花园式办公产业园。独栋办公建筑的材料以石材、玻璃、磨砂玻璃以及百叶格栅等为主，通过材质赋予办公场所现代的商务气息。

## 景观设计

项目融入了“生长之树”的景观设计理念，以生态绿轴延伸至东侧城市公园，为市民提供公共活动场所。规划的四个大型套型亦沿着该景观资源展开，围合出四大院落，与屋顶花园以及多层次阳台相融合，共同打造出一个花园式办公空间。

# “双生态”绿色办公

## 北京鸿坤金融谷示范区设计方案

开发商：北京鸿坤理想投资管理有限公司 / 项目地址：北京市大兴区西红门地区
建筑设计：ZOE ARCHITECTRUE & 北京宗禹建筑设计有限公司 / 占地面积：72 578.78平方米 / 建筑面积：145 157.56平方米 / 容积率：2.0 / 绿化率：30%

鸿坤金融谷位于北京市大兴区西红门地区，处于大兴距离市中心最近位置，东侧是团河路，对面是北京国际露营公园，位置优越，交通便利，具备参与南城及大兴产业发展的良好条件。

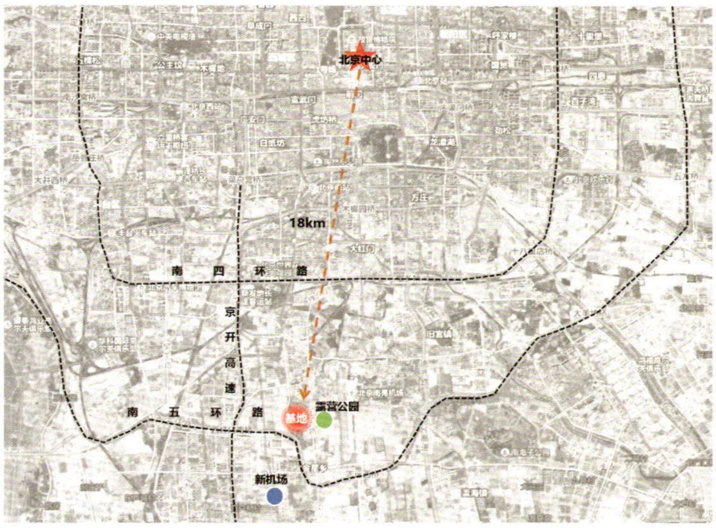

## 项目概况

鸿坤金融谷位于北京市大兴区西红门地区，处于大兴距离市中心最近位置，东侧是团河路，对面是北京国际露营公园，位置优越，交通便利，具备参与南城及大兴产业发展的良好条件。

项目致力于打造适合成长型企业发展的优势平台，依托区域产业发展优势，借政府扶持契机，力争形成以中小企业总部经济为特色的“总部功能平台”，成为“产业硅谷”，打造成功能齐全、配套与服务完善的综合性“微城市”园区。其设计运用“双生态”的绿色设计理念，即将产业生态和绿色生态相结合，实现真正的双生态 “绿色氧吧”办公空间。

## 设计理念

项目的示范楼建筑面积为 11 895 平方米，地上 3 层，地下 1 层，位于园区主入口。这座生态智能建筑以“绿色种源”为设计源泉，意将此作为园区绿色建筑起源来体现园区整体绿色生态设计理念。“如何能超越建筑技术，把建筑作为一个纯功能能量处理机，去探索其功能的同时赋予其建筑美学和体验的意义”，是项目设计的核心。

项目在功能、空间及五感体验设计中都作了不同尝试与创新，将建筑本身作为最经济的空间节能装置，进而合理运用呼吸幕墙、中庭气流引导、电动百叶遮阳、地源热泵、覆土绿化等节能技术，以营造出舒适的办公环境，达到智能绿色建筑系统和建筑造型的完美结合。

## 空间分析

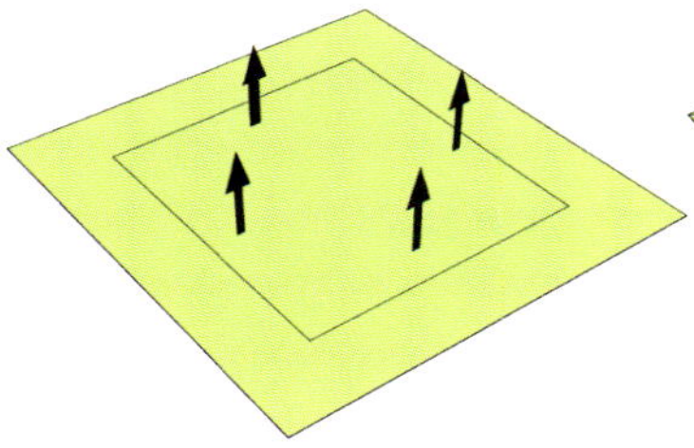
用地范围向上拖拽

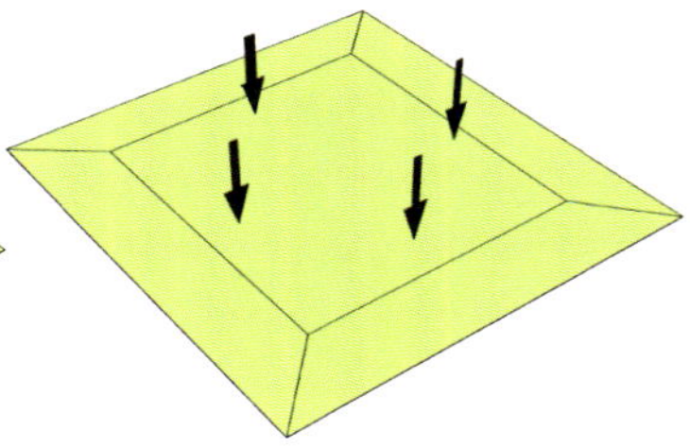
用地范围向下挖深

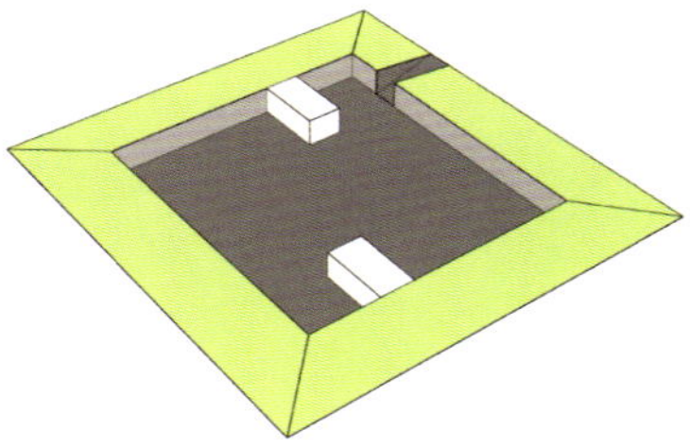
形成半地下层--地下车库

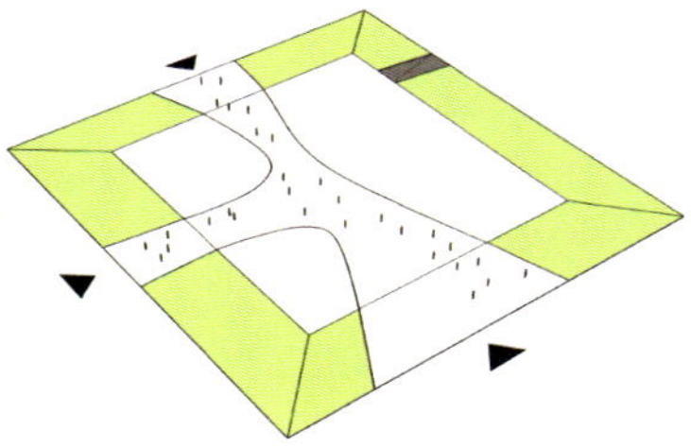
行走体验空间

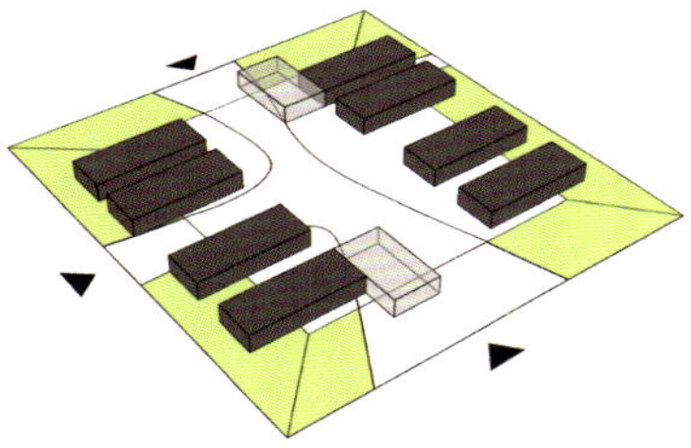
一层多功能盒子

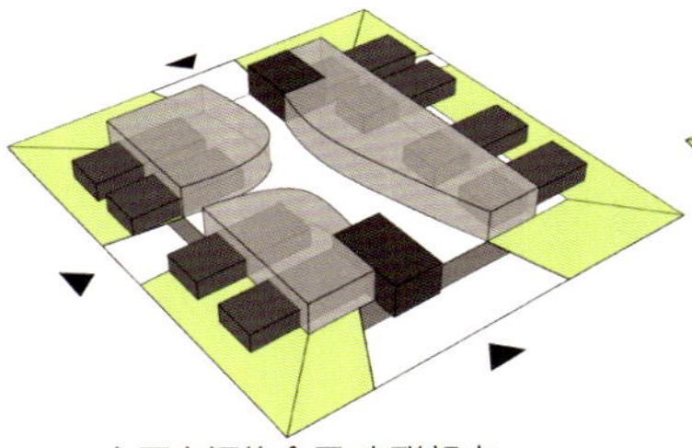
大厅空间将盒子 串联起来，组织交通

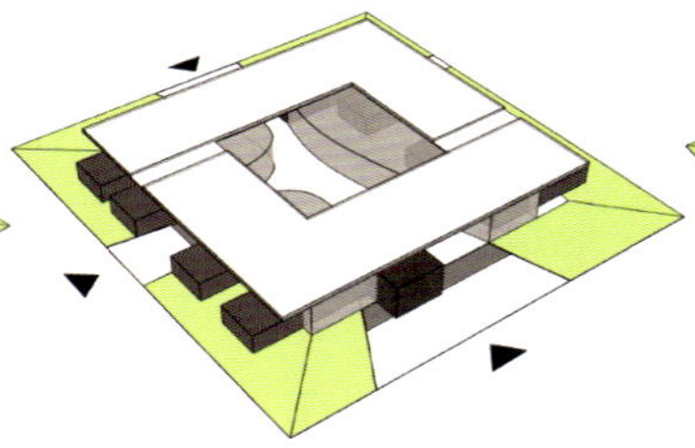
二层办公空间，中心形成上下连通内院空间

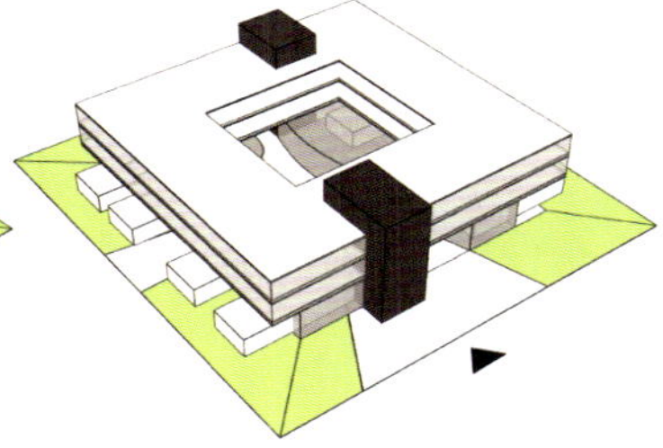
二三层办公空间架于多功能空间之上

空间功能以办公为主，是一个大体量盒子，位于建筑二层及三层。一层有效划分出咖啡吧、销售中心和服务大厅三个功能区，内部空间则通过中庭将不同用途（兼具展示和销售功能）的 8 个小盒子有机组合，并有效支撑起二、三层大体量办公。整个建筑依托地形，通过绿色坡地与周边环境相连，似是一颗绿色种子落于公园之上。

设计师在办公层的南、北侧立面通过设计双层呼吸幕墙，有效组织出舒适的室内气流，促进冬天蓄热与内部空间的热交换，有效降低室内能耗。夏天利用吹拔效应使室内空间气流在气压作用下被动交换，带走室内多余热量，增强体感舒适度。

东西两侧设计的核心是解决遮阳和阻隔噪声问题，根据不同的室内功能及日照角度，设计的梭形百叶以不同方向将热辐射阻挡在建筑表皮之外。

中庭空间可视为建筑中大型空气调节器，通过梳理其气流风动模拟实验，可创造建筑附近舒适的风环境。设计师在较密集的建筑空间使用反射率略高的玻璃，通过玻璃反射将建筑自身隐匿在周遭环境之中，以扩展空间。

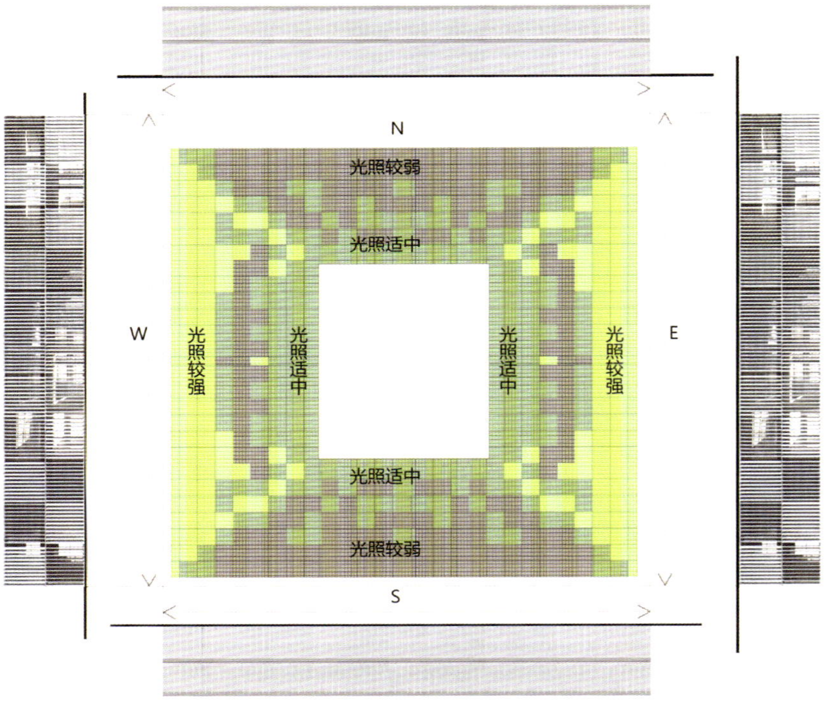

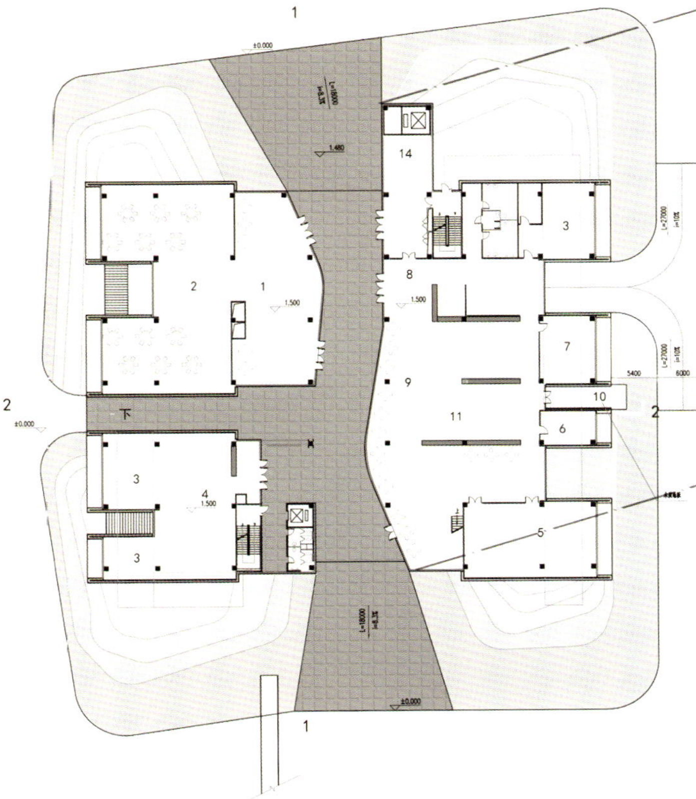

一层平面图

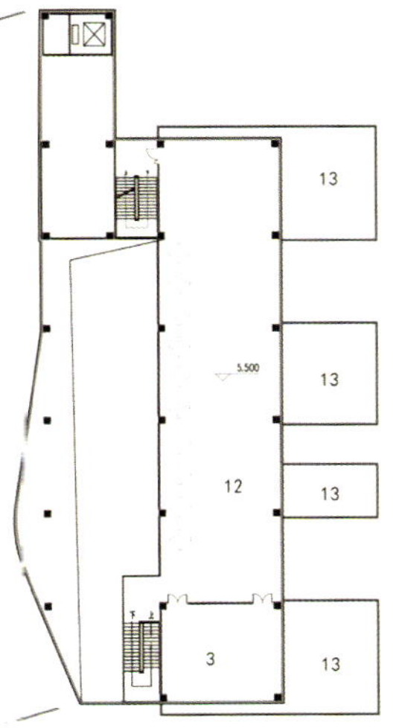

夹层平面图　1：300

| | | |
|---|---|---|
| 1 | 商务中心 | Business Centre |
| 2 | 咖啡厅 | Café |
| 3 | 办公区 | Administrative Area |
| 4 | 服务中心 | Service Centre |
| 5 | 发布厅 | Conference Hall |
| 6 | 签约区 | Contract area |
| 7 | 洽谈室 | Conference room |
| 8 | 售楼中心 | The sales center |
| 9 | 沙盘 | Sand table |
| 10 | 观景平台 | Viewing platform |
| 11 | 休闲区 | Leisure Area |
| 12 | 展厅 | Display Hall |
| 13 | 露台 | Terrace |
| 14 | 电梯厅 | Elevator hall |

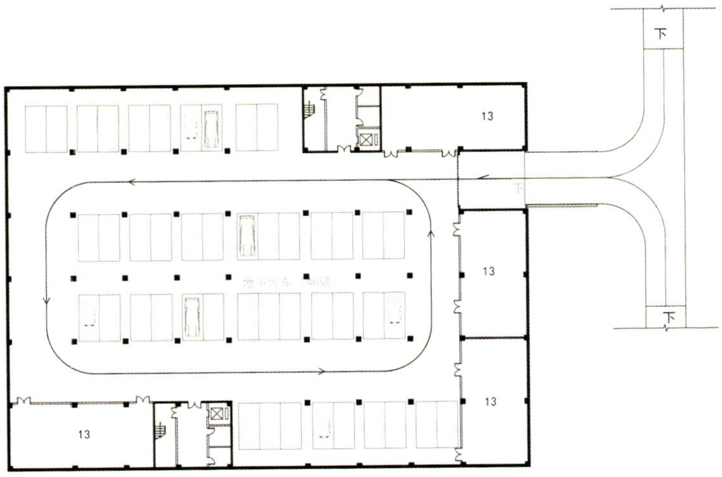

地下一层平面图

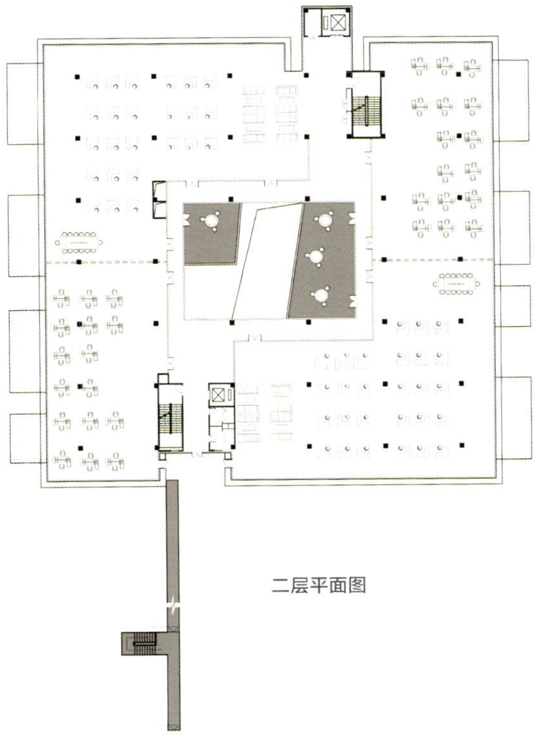

二层平面图

## 体验设计

园区的主体是企业，企业的主体是人，如何让工作与生活在这里的人们可以待得更久更舒适，是设计考虑的关键。设计在增强园区体验感方面做了丰富与拓展，试图促进人与园区更深层的互动，具体如下：

**绿色体验：**梭形百叶和呼吸幕墙的使用、微生态景观的点缀与环境和谐共生，犹如立于浅草坡地上的一颗绿色种源，给人以生生不息之感。

**造型体验：**示范楼由若干盒子组成，增强了功能性与辨识度。每个小盒子为一个功能单元，独立且各具性格，使用方便灵活，有利于提高效率。

**空间体验：**灰空间与中庭空间、露台与屋顶花园结合，灵动精致，有利于改善私密性与专属性。

**视觉体验：**清新自然、摩登干练的白色墙面与呼吸幕墙引导的光影交替产生了魔幻的视觉效果，让时间流动带来自然光影的随机演出，有益于减缓压力，愉悦心情。

**嗅觉体验：**因地制宜带来的鸟语花香让人倍感惬意与幸福。

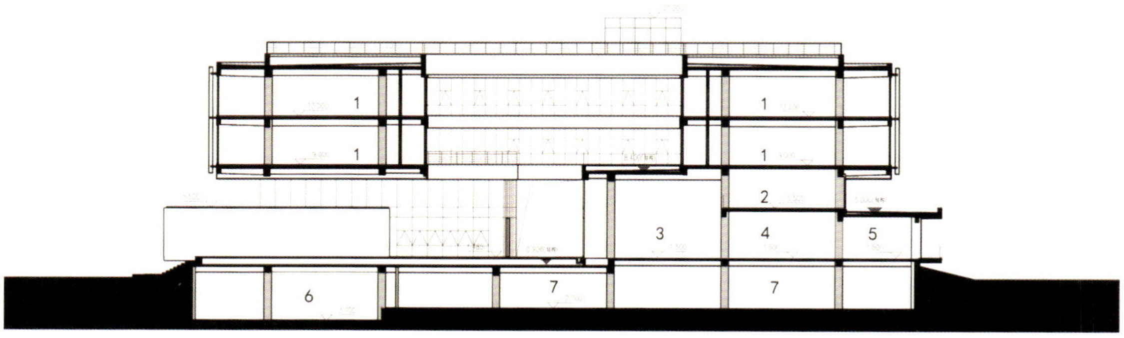


剖面图

1 办公　2 展厅　3 沙盘区　4 接待区
5 签约室　6 热泵机房　7 地下停车

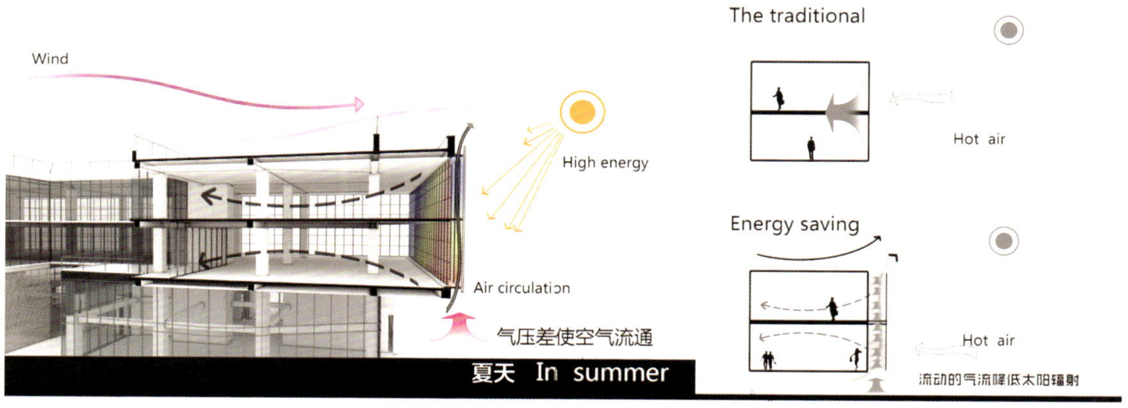


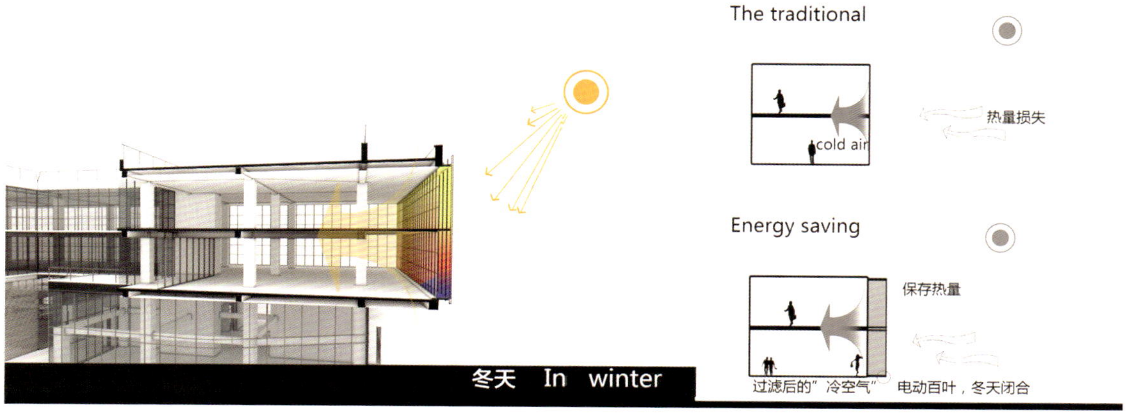

底层的开放与架空
得到了良好的风环境

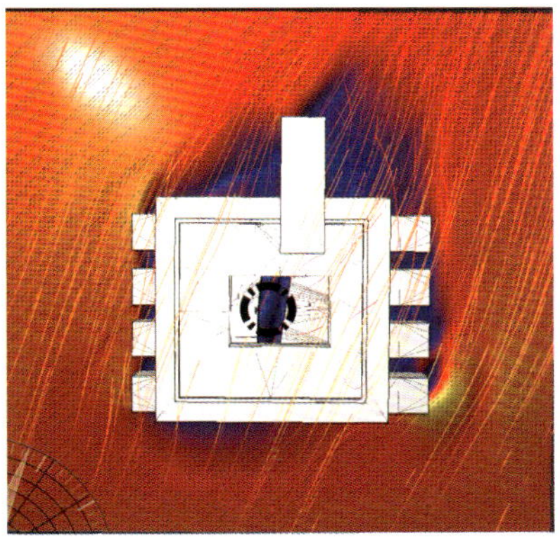

底层封闭

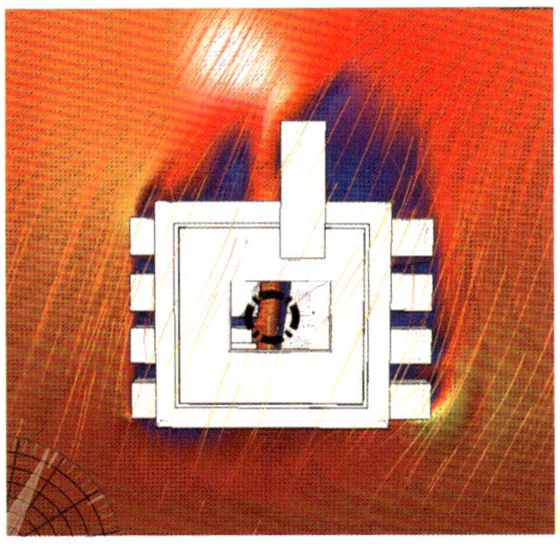

“呼吸”底层

用设计解决步行街的风环境，
节省了空调等设备带来的能耗

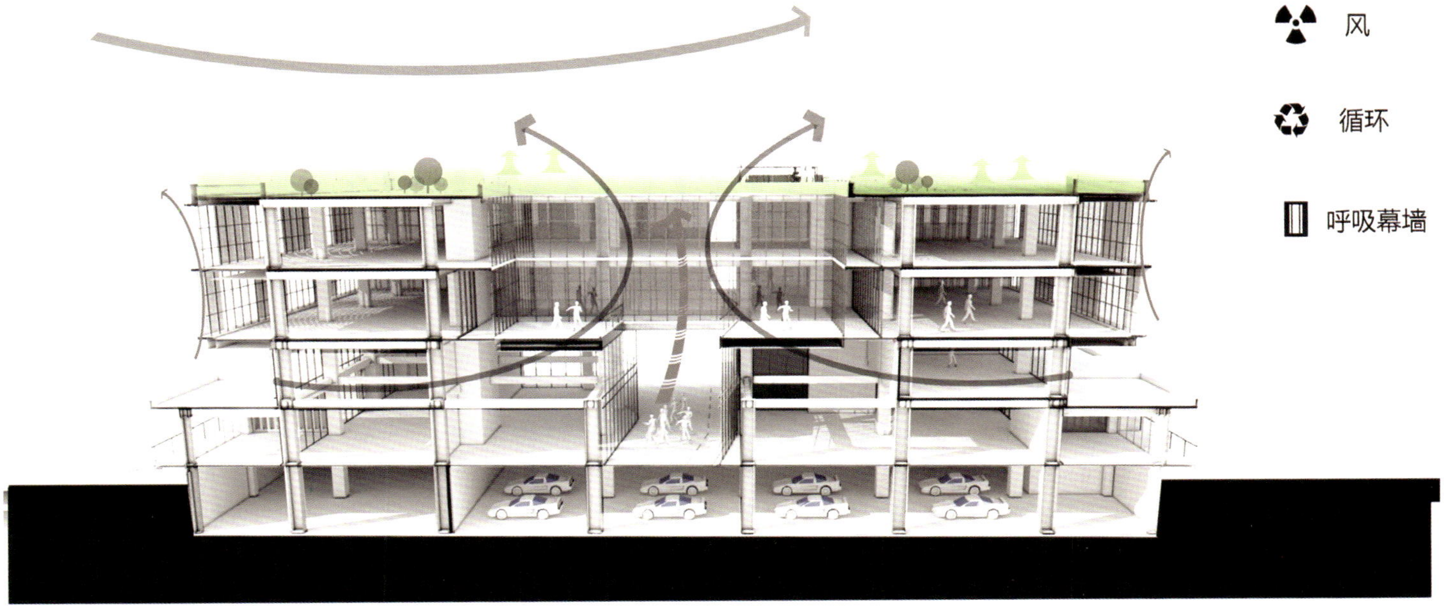

风

循环

呼吸幕墙

# 总部级商务集群

## 合肥金融港设计方案

开发商：合肥光谷联合发展有限公司 / 项目地址：合肥市滨湖新区徽州大道与扬子江路交叉口
建筑设计：AAI国际建筑师事务所 / 合作单位：武汉光谷联合设计院 / 占地面积：114 436平方米 / 建筑面积：650 981平方米 / 容积率：4.23

项目定位为全国性金融中后台特色聚集区、合肥互联网金融聚集区、合肥国际总部基地，由金融商务区、总部办公区和配套服务区组成，规划有高层甲级办公、多层独栋办公、OVU 创客星，同时自配员工食堂、商务酒店、会议中心以及商业街区等园区配套，运营服务体系完善，覆盖商务生活的方方面面，形成一个多功能、高效率的园区循环体系，助力企业加速发展。

### 区位分析

合肥金融港坐落于合肥市滨湖新区徽州大道与扬子江路交叉口。滨湖新区位于合肥主城区东南部，是合肥“141”城市空间发展战略的重要组成部分（“一个主城区，四个副中心，一个滨湖新区”），南依巢湖，北靠南二环路，西接沪蓉高速公路，东临南淝河。随着国际产业结构的调整进程发展，合肥逐渐成为建造业及高新技术产业的目标基地，并逐步成为中部热门发展城市之一。

## 定位策划

项目定位为全国性金融中后台特色聚集区、合肥互联网金融聚集区、合肥国际总部基地，由金融商务区、总部办公区和配套服务区组成，规划有高层甲级办公、多层独栋办公、OVU 创客星，同时自配员工食堂、商务酒店、会议中心以及商业街区等园区配套，运营服务体系完善，覆盖商务生活的方方面面，形成一个多功能、高效率的园区循环体系，助力企业加速发展。

## 规划理念

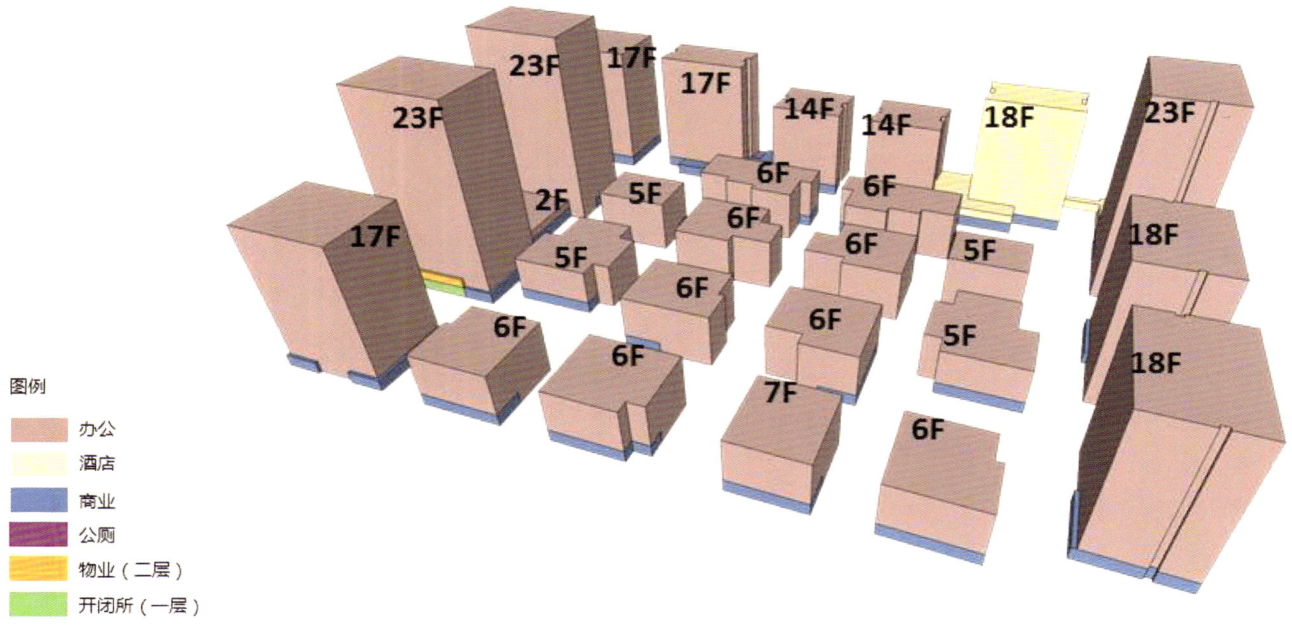


项目规划充分研究合肥市滨湖新区整体规划布局，将大城市构架内的街区体系理念延续到用地范围内，引入城市交通、广场、公共休闲空间，打破原有办公园区与城市的隔阂，实现基地资源及环境与城市共享。

**适宜的尺度：**承接整体城市设计结构与“紧凑城市”理念，在原有城市规划街区网络基础上，增加地块内的较低等级道路，进一步将街区网络细分为 100-150 米，创造宜人的步行尺度。

**向城市开放的活力街区：**突破一般园区设计封闭内向的状态，通过城市道路的引入，打开办公园区对外沟通的节点，将整个园区向城市开放，同时为园区带来额外的机遇。在功能上，商业、酒店、办公等各功能的混合，令街区成为一个 24 小时享有持续活力的区域。

**活跃的底层商业：**建筑底层采用架空和柱廊的方式，辅以挑空阳台、雨棚等元素，保证各单体间底层步行空间的延续性，使得建筑底层更加开放、有趣，从而创造更多的商业机会及活力。

**与城市共享的景观系统：**景观与道路系统错开布置，形成步行通廊，向城市开放，景观契合公共开放节点，注重点线结合，收放有度。

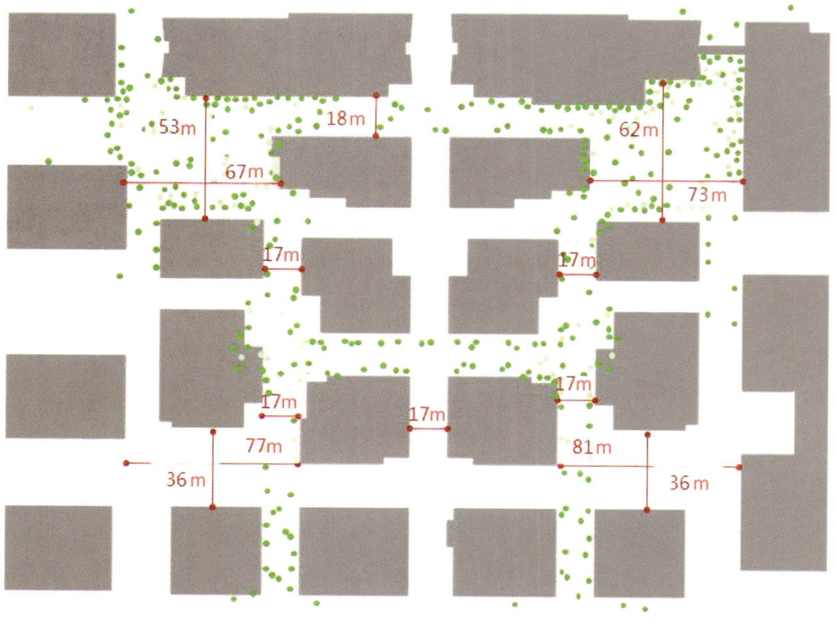


街区空间分析

## 建筑设计

不同单体建筑采用各具特色的表皮设计，在规划和风格相统一基础上，形成企业性格的区分。

A1 和 A4 办公楼采用现代简洁的设计手法，分解为两个体量组合，强调建筑的竖向挺拔感，肌理上虚实对比强烈，富有感染力，城市标识性好。

A2 和 A3 是两栋百米高层办公楼，由裙房联系，形成双塔，是今后徽州大道沿线最具识别性和展示性的办公建筑；同时充分利用沿城市绿化带的景观优势，设置中央水景和雕塑，强调空间的秩序和到达体验。

A5 和 A6 办公楼的造型新颖，以竖向装饰线条为主，考虑横向分段处理，风格现代，同时注重窗墙比控制，强调 soho 办公的生活化特征。

A7 建筑底部一至二层采用玻璃幕墙。标准段南北进深小，立面采用横向条窗设计，室内采光和通风效果极佳，而核心筒南北竖向布置，最大限度减少对采光和景观面的影响。形象上在临广场等景观面采用较大面积的玻璃幕墙。西侧较高的标志性塔利用暖色陶板饰面，从规划上起到控制整个多层区的作用，在视觉上也提高了 A7 的标志性。

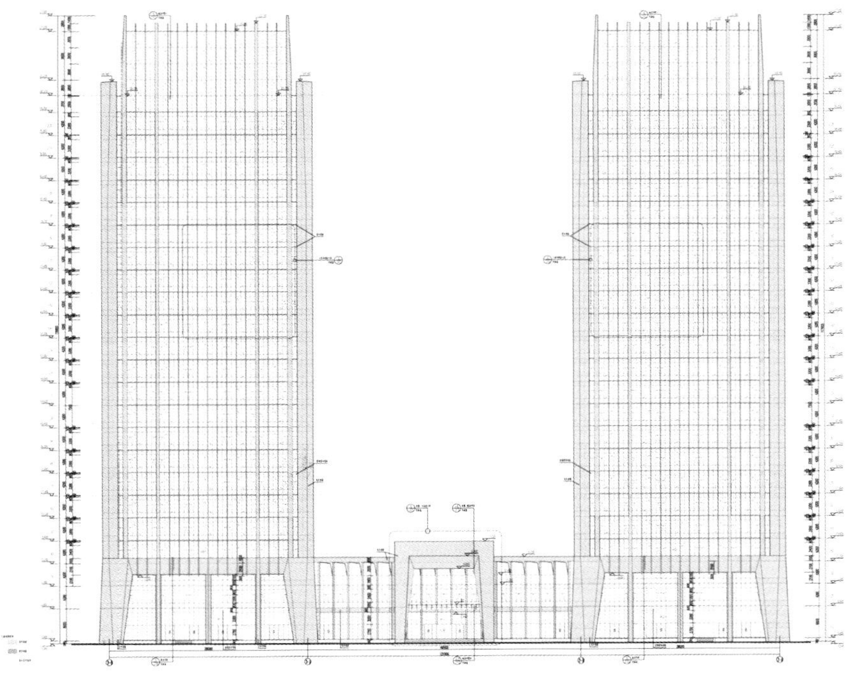

A2、A3 立面图

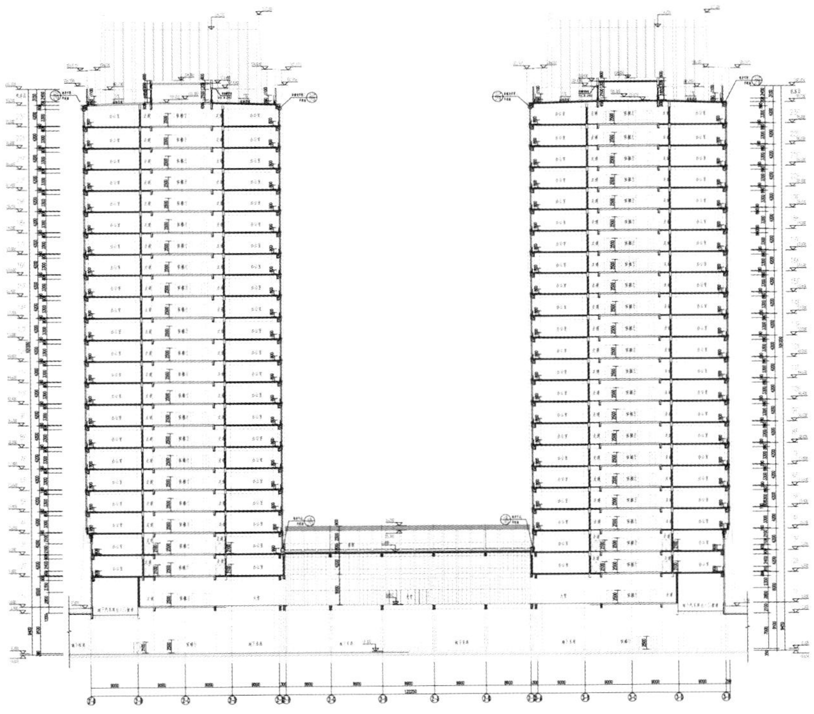

A2、A3 剖面图

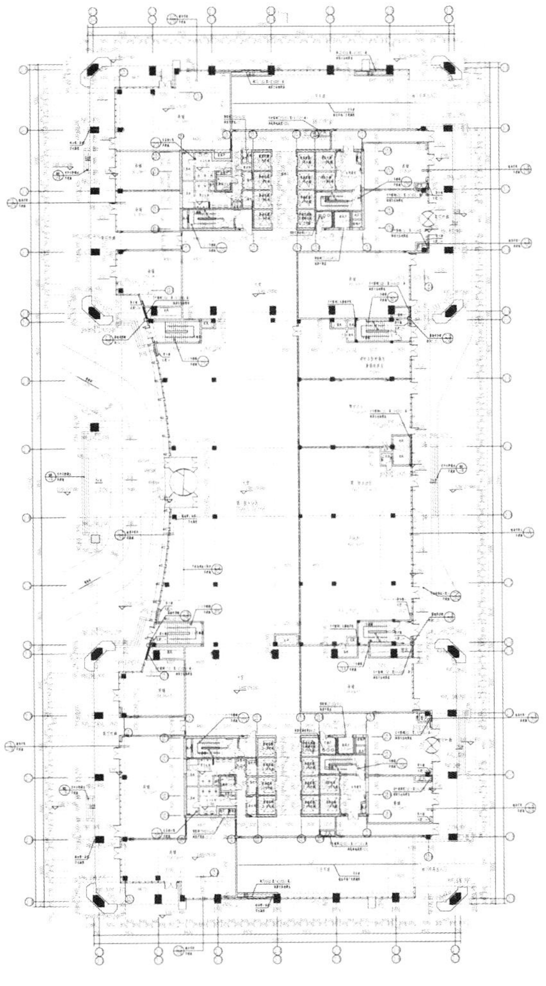

A2、A3 首层平面图

## 立面设计

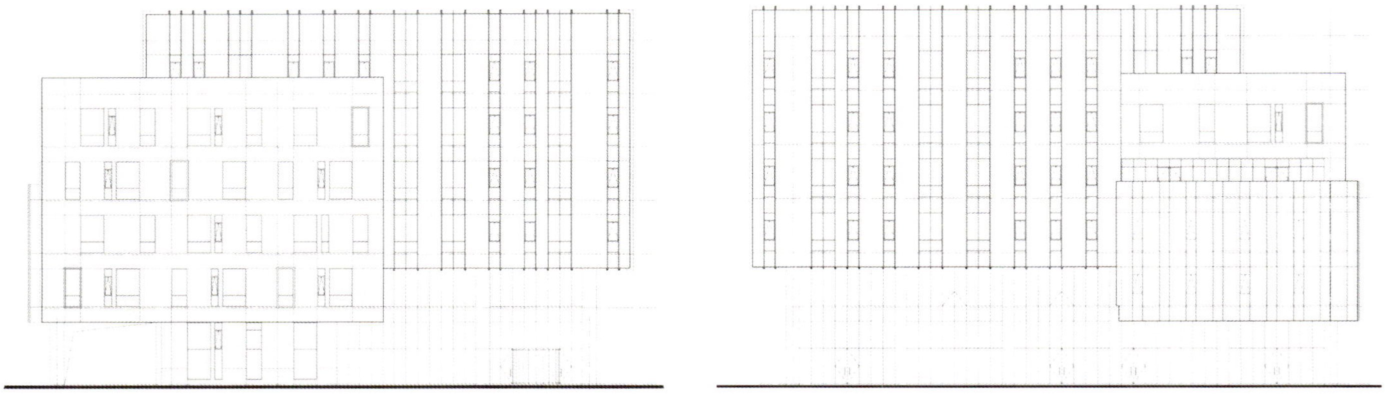

A8 立面图

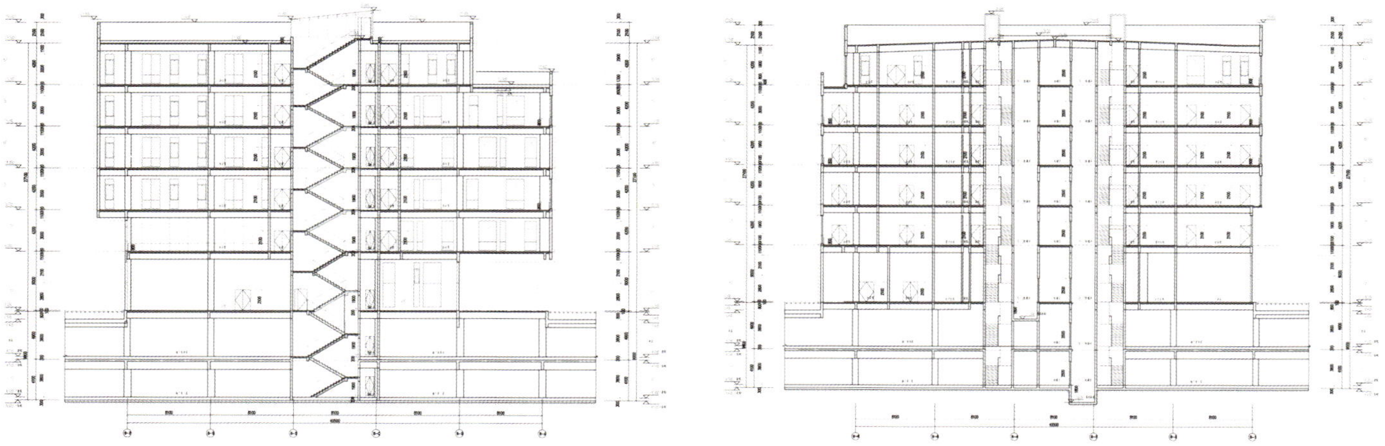

A8 剖面图

A8和A9具有独立的入口形象和落客空间，标准层方正，分区明确，适应各种企业的使用要求。两种不同肌理的处理进一步区分了两家独立企业的性格特征。材料选择则为石材幕墙，强调出建筑的时代感和品质感。

A11 南侧采用红色陶板设计，稳重大气，肌理上做竖向线条错落，不失现代感，而北侧结合休闲广场设置入口，视野开阔，品质高。

A12 入口鲜明的“V”形柱设计，个性突出，彰显企业特征，富有吸引力；而体量上临广场一侧做大尺度退台，为办公人员提供多元的休闲活动场所。

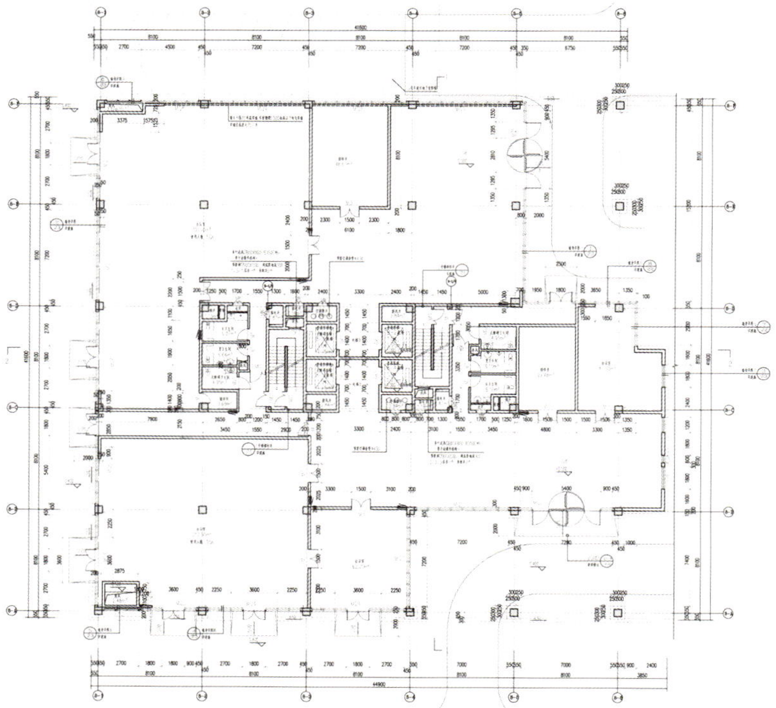

A8 首层平面图

# 创意院落格局 开放绿色空间

## 北京金融街园中园设计方案

开发商：金融街（北京）商务园置业有限公司 / 项目地点：北京市通州新城西北部
建筑设计：三磊设计 / 占地面积：165 125平方米 / 容积率：0.8 / 绿化率：40%

北京金融街园中园位于通州新城西北部，北邻温榆河，南望通州新城，地理位置优越，既享有温榆河生态走廊所带来的优质自然气候，又与主城区相融合。

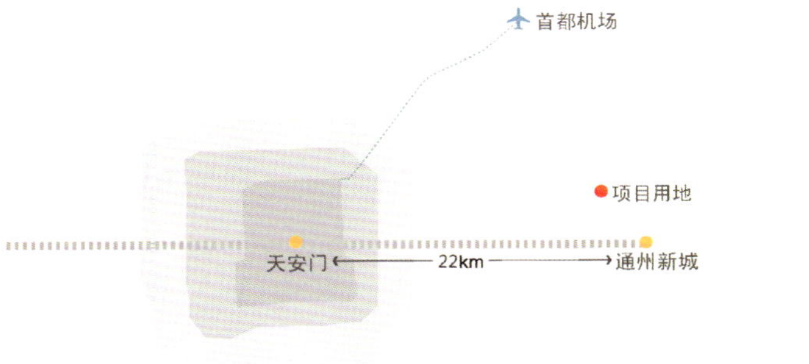


## 项目概况

北京金融街园中园位于通州新城西北部，北邻温榆河，南望通州新城，地理位置优越，既享有温榆河生态走廊所带来的优质自然气候，又与主城区相融合。

区别于传统办公方式，项目通过灵动的建筑空间，构建出“低密、生态、开放”的园区，引入“花园式办公”理念，为高速发展的创意型企业打造办公平台。

项目所提供的新型产业办公空间平台与形态，正与李克强总理在政府工作报告中提到的推动“双创”、推动大众创业、万众创新的目标相符合，为京城企业提供全新的商务办公选择。

## 规划布局

项目一期主要为360-650平方米小型办公空间，具有低密空间、利用灵活等优势。二期主要为2000-7000平方米的中型办公空间，提供绿色生态的“园林式”办公环境。

项目整体秉持“生态·低密度”的规划原则，建筑之间以不同的布局方式，形成丰富的围合空间，同时结合景观环境，通过简约明快的外立面设计，赋予园区多样的个性空间。

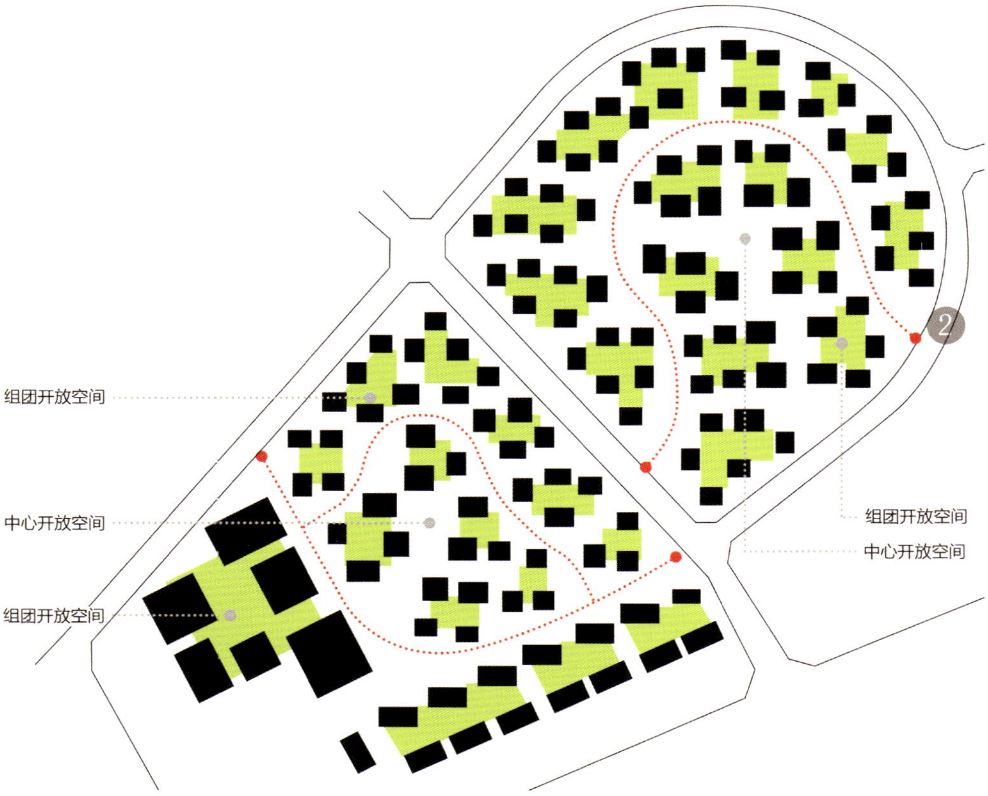


概念图

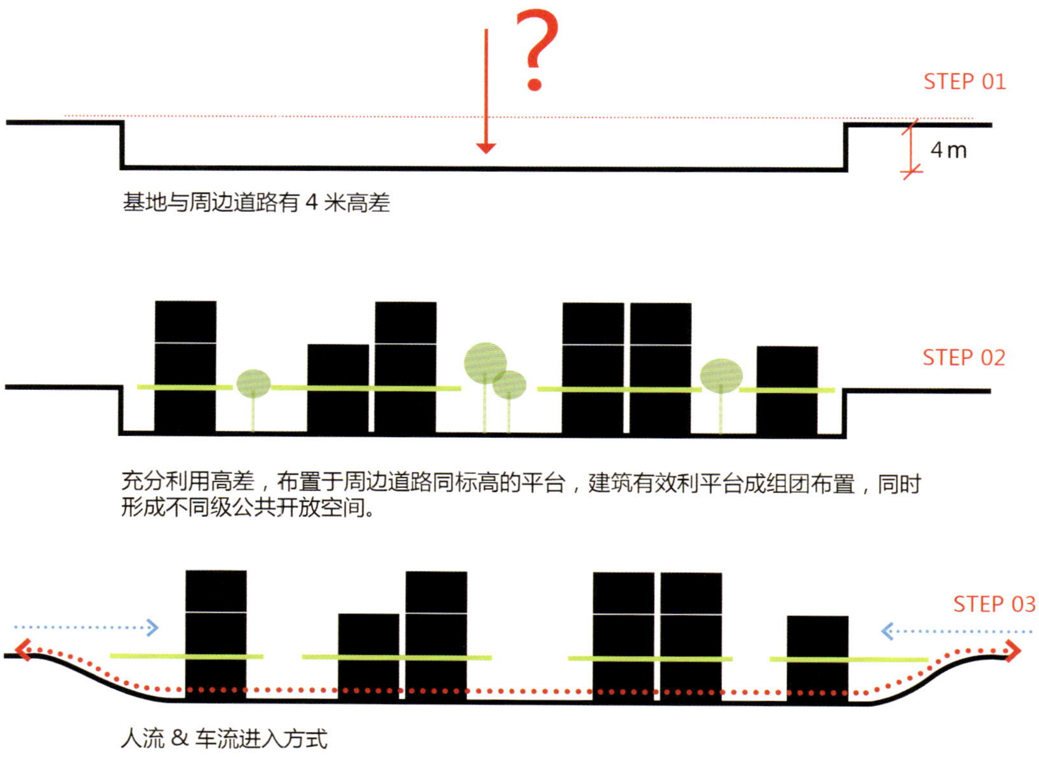


建筑合理利用场地高差，减少开挖成本，形成下沉庭院景观。下沉庭院半外向，可以作为适宜季节的公共空间，内庭院则全部内向，在冬季也可阻挡西北风对环境的影响。建筑面向区域中主要环形道路，强调通透的视线效果。

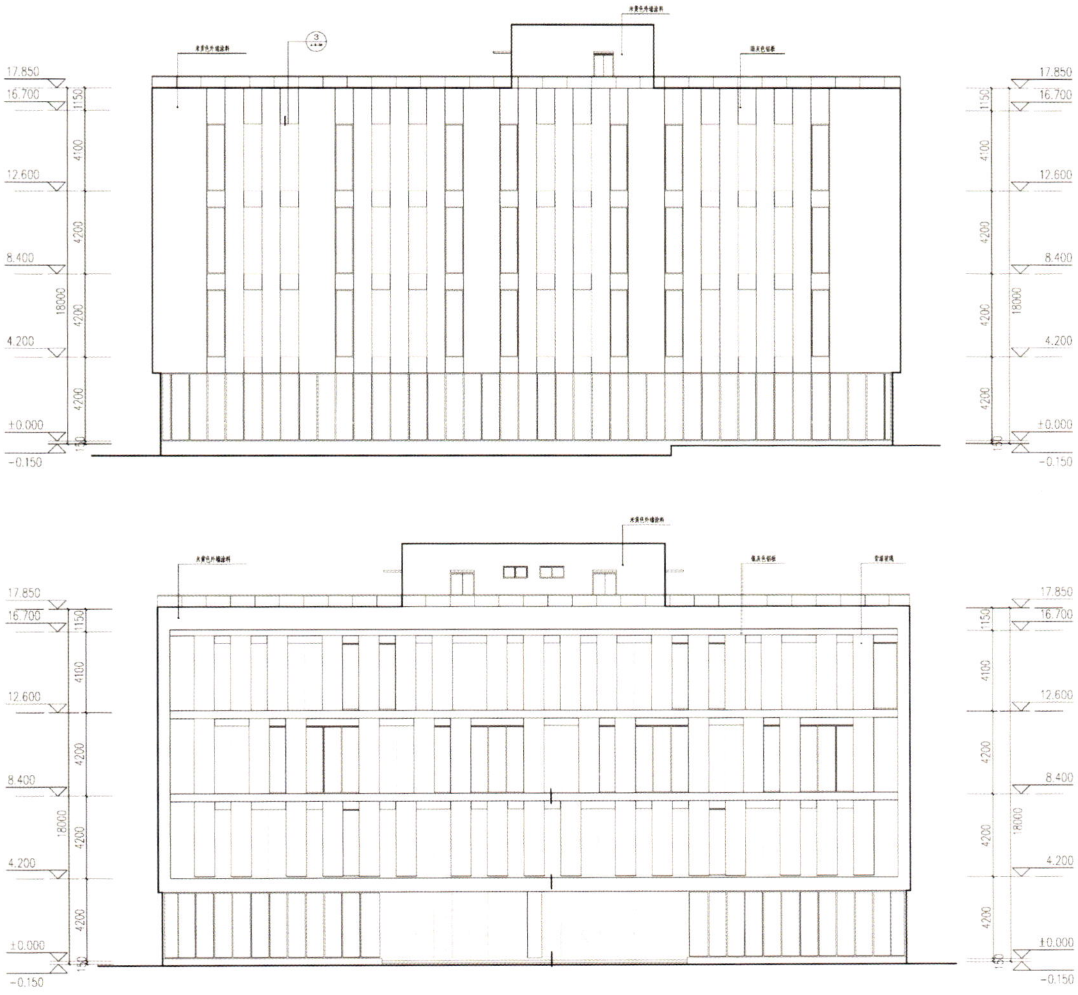


立面图

## 建筑设计

项目的建筑造型和建筑体量以空间的围合界面存在，朴实无华的界面更有利于将注意力集中于其所围合的空间，因此设计的策略始终如一：以单纯、近乎原型的建筑体量来组织空间，组织总体造型。项目赋予各组团不同类别的立面处理，形成园区中丰富的空间变化。

### 生态节能

项目采用地能热泵机组制冷，利用深层土壤常年保持低温的特性，通过热泵提升土壤中的低位能量制冷，节能环保，无排放污染，并且无室外机等散热装置。热泵系统除提供夏季空调冷冻水外，还能提供冬季采暖空调热水及生活热水，一机多用，集成化高，占用设备机房面积少，有效提高了建筑的使用率。

## 立面设计

剖面图

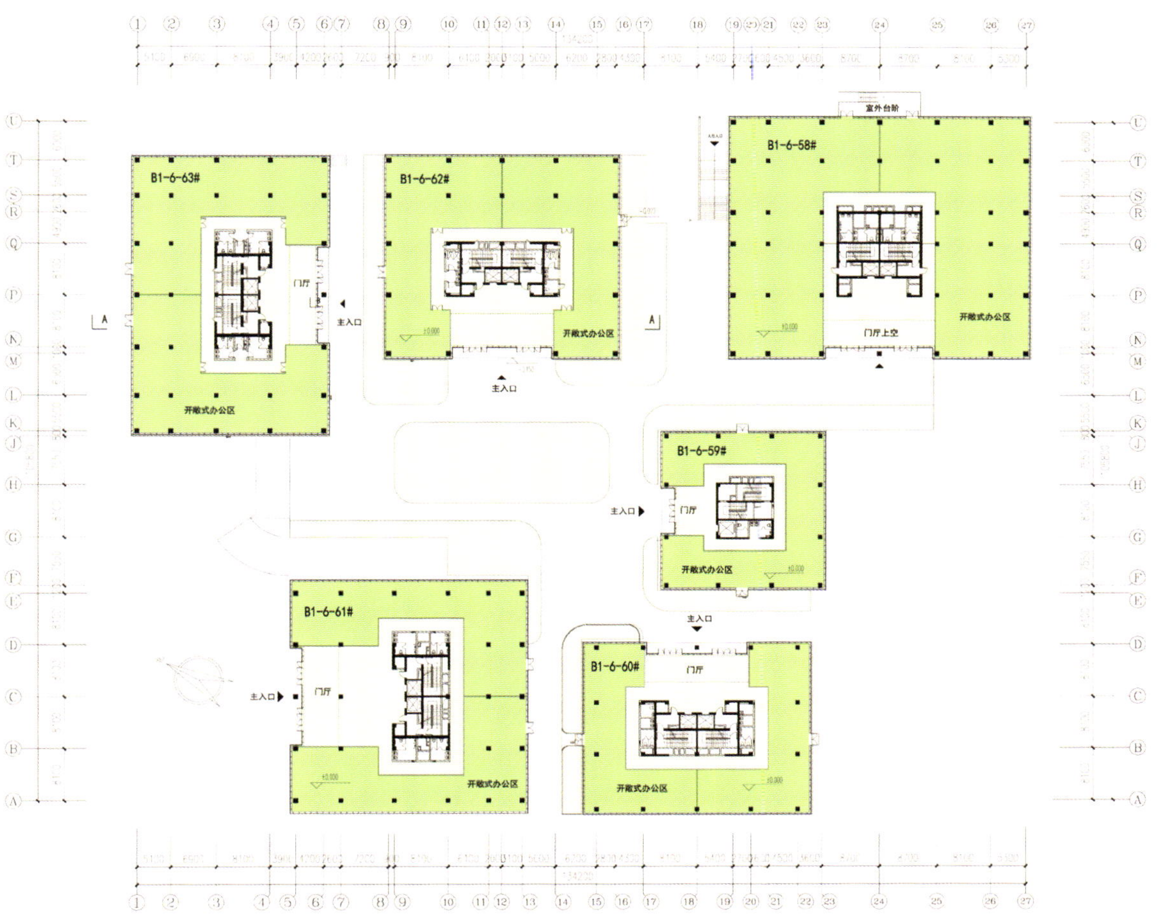


58 号 -63 号组团首层平面图